ESSAIS
DE
MONTAIGNE

PRÉCÉDÉS

D'UNE ÉTUDE BIOGRAPHIQUE ET LITTÉRAIRE

Par Alfred Delvau

ÉDITION J. BRY

TOME PREMIER

PARIS
J. BRY AINÉ, LIBRAIRE-ÉDITEUR
17, RUE GUÉNÉGAUD, 17
1859

ESSAIS
DE
MONTAIGNE

Paris, impr. Bry aîné, boulevart Montparnasse, 81.

ÉTUDE SUR MONTAIGNE

Michel de Montaigne est né le 28 février 1533 et il est mort le 13 septembre 1592, — à cinquante-neuf ans. Les philosophes vivent plus vieux, d'ordinaire; mais, quand ils ont bien vécu, l'âge n'y fait rien. Il y a des centenaires qui ont commencé seulement à vivre le jour où on est venu les chercher pour les conduire au cimetière.

La famille de Montaigne, originaire du Périgord, était une famille noble, — précédents dont l'auteur des *Essais* ne devait jamais songer à tirer vanité. Son éducation fut intelligemment dirigée par son père, homme remarquable lui-même, qui, pour ménager les jeunes organes de cet enfant qui devait être un jour la gloire de son nom, avait défendu qu'on l'éveillât jamais autrement qu'au son d'une musique douce et harmonieuse. Bonne éducation, assurément, — pour un fils de gentilhomme; car l'apprentissage de la misère est la seule chose qui ait manqué à Montaigne. Montaigne pauvre, Montaigne crucifié par les trivialités de la vie, eût été, en effet, beaucoup plus complet.

Sa débile santé, d'ailleurs, n'eût peut-être pas résisté aux odieuses tortures de la Misère : il était fait pour souffrir la vie, — non pour souffrir de la vie. La Nature prévoyante avait voulu lui ménager le vent.

Mais l'âme était forte, si le corps était faible : une âme robuste et vivace qui aurait dû cent fois incendier son fourreau, — si cette image de la lame et du fourreau n'était pas depuis longtemps une image ridicule et fausse. Le fourreau n'a pas plus d'influence sur la lame, que la lame n'en a sur le fourreau. Ils sont — Dieu merci ! — indépendants l'un de l'autre. L'âme, dans ses migrations incessantes et infinies, rencontre par hasard un corps et s'y loge, — sans se préoccuper le moins du monde des avantages ou des inconvénients de son logement. La plus vilaine âme peut habiter le corps le plus parfait, de même que le corps le plus grossier peut servir d'asile à l'âme la plus délicate. L'âme est une vagabonde; elle est condamnée à pérégriner éternellement, — sans souci des abris qu'elle pourra rencontrer, des mauvais lieux où elle sera forcée de passer sa nuit, des orages qu'elle aura à traverser, des humiliations qu'elle aura à subir, des spectacles auxquels elle sera contrainte d'assister. Voyez Ésope, Socrate, Platon, Diogène, Montaigne, Vauvenargues, Molière, Voltaire, Scarron, — et cent autres.

Quant à Montaigne, jamais plus flamboyante épée n'eut un plus pauvre fourreau. Jamais esprit plus robuste n'eut une enveloppe plus débile.

Élevé d'abord par son père, qui lui apprit le latin dès le berceau, avant même qu'il commençât à balbutier sa langue maternelle, Montaigne fut admis à l'âge de six ans au collége de Muret, — où ses progrès furent très rapides. Le contraire eût étonné, n'est-ce pas?

A seize ans, ses études terminées, sa famille hésita sur le choix de la carrière à lui faire embrasser. Elle aurait désiré qu'il choisît celle des armes; mais Michel de Montaigne avait trop l'admiration des grands héroïsmes pour aimer ces tueries, souvent sans gloire, — surtout à l'époque où il vivait, époque de guerres de religion, où les citoyens se battaient contre les citoyens, les voisins contre les voisins, les amis contre les amis. Il était doué d'une remarquable indépendance d'esprit; c'est pour cela qu'il préféra, quand il fut en âge, une charge de conseiller au parlement de Bordeaux, — où il sut mériter l'estime de l'illustre chancelier De L'Hospital. Ce fut aussi dans cette position honorable qu'il forma une étroite liaison avec cette vaillante intelligence et ce cœur antique qui avait nom Étienne de la Boëtie, — liaison dont il a fait une si charmante peinture, et qui est devenue l'idéal de l'amitié la plus tendre qui puisse unir deux honnêtes gens. Lisez la *Servitude volontaire*, ou *Le Contre un*, — et vous saurez ce que valait l'esprit de La Boëtie; lisez le chapitre XXVII des *Essais*, — et vous verrez ce que valait le cœur de Montaigne.

Toute la vie *vraie* du gentilhomme périgourdin est dans son livre. Sa vie *vécue*, quoique intéressante, intéresse moins que sa vie *pensée*. Montaigne fit comme tout le monde : il se maria, eut une femme qu'il aima, des enfants qu'il perdit, et souffrit des maux inhérents à la nature humaine, — la pauvreté exceptée. C'est donc dans ses *Essais*, — commencés en 1572, dans toute la maturité de son âge et de son esprit, — qu'il faut aller chercher des détails sur lui-même, donnés par lui-même. Il est la propre matière de son propre livre. Cela vaut toutes les biographies du monde.

Les *Essais* sont une œuvre à part parmi toutes les œuvres des moralistes anciens et modernes, — un chef-d'œuvre, un monument littéraire en même temps qu'un monument philosophique. Saint Augustin et Jean-Jacques Rousseau — à quinze cents ans d'intervalle — ont écrit leurs *Confessions*; mais ni le livre de l'évêque d'Hippone, ni celui du fils de l'horloger genevois, n'approchent de cette autobiographie où le *moi* s'efface en se généralisant. Le peintre des *Essais* n'a pas raconté la vie d'un homme, — mais bien la vie de l'homme. Il parle à la première personne, pour les commodités du récit; mais, tout en parlant de lui, c'est d'un autre qu'il est question, — de ses contemporains, de ses voisins, de vous et de moi. C'est là, en dehors de la forte saveur du style, ce qui fait de ce livre un livre unique, sans analogue dans le passé et sans rival dans l'avenir.

Ce que j'en dis ici, n'est pas pour le prôner et l'annoncer. Je suis né trop tard pour ce rôle-là : j'aurais l'air d'avoir découvert la Méditerranée ou le détroit de Behring. Je veux seulement donner mon impression de lecture, sans chercher à l'imposer à personne, — et je la donne « non comme bonne, mais comme mienne. » Je n'annonce donc pas les *Essais* de Michel de Montaigne ; je cause d'eux familièrement avec cet ami inconnu qui s'appelle le public, et qui souvent partage vos admirations et vos haines, — quelque petit écrivain que vous soyez et quelque grand public qu'il soit. Je pense bien comme vous ; pourquoi ne penseriez-vous pas comme moi ?

Les lettrés ne sont pas nombreux, — et cela explique pourquoi les trois quarts d'une nation ne connaissent pas les trois quarts de ses richesses littéraires. On connaît Molière, en France, parce qu'il amuse et qu'on aime à être amusé ; on connaît Béranger, parce qu'il chante et qu'on aime à chanter. Qui connaît Pascal ? Qui connaît Descartes ? Qui connaît Montaigne ?

« Si ces *Essais*, — dit ce profond moraliste, — étaient dignes qu'on en jugeât, il en pourrait advenir, à mon avis, qu'ils ne plairaient guère aux esprits communs et vulgaires, ni guère aux singuliers et excellents ; ceux-là ni entendraient pas assez, ceux-ci y entendraient trop ; ils pourraient vivoter en la moyenne région. »

Montaigne a raison quand il juge son livre insuffisant et inintelligible pour « d'aulcuns » : tout le monde, en effet, ne peut pas le lire. Il y a des esprits rebelles à toute culture, à toute éducation, — des esprits où rien ne germe de ce qu'on y sème : cervelles mouvantes et vaseuses. *Margaritas antè porcos!* Ne semons rien sur le granit, rien sur la mer, rien sur le sable, rien dans la cervelle des niais : rien n'y pousse !

Mais il a tort, à mon sens, lorsqu'il suppose que ses *Essais* ne peuvent aller aux esprits « excellents » : ils ne vont précisément qu'à ceux-là. Hormis les ignorants et les sots, tout ce qui sent battre sa cervelle et son cœur aime et comprend couramment cette mâle intelligence qui voit si clair et de si haut dans l'apocalypse douloureuse de la vie. Peu de génies ont la taille et l'envergure du sien. Puisqu'il plane sur tous, il peut être compris de tous, — excepté, bien entendu, de ceux qui ne comprennent rien.

Il y a, évidemment, parmi les cerveaux bien faits, des catégories dont il faut tenir compte. L'intelligence, d'ailleurs, a ses lois de croissance et d'épanouissement auxquelles elle ne peut se soustraire, et nos appétits intellectuels ne sont les mêmes à aucune époque de notre existence : les horizons se déplacent à mesure que nous marchons. Il en est des livres comme des jeux : chaque âge a les siens. Ce que nous n'aimons pas à lire à vingt ans, nous sommes heureux de nous en repaître à quarante ; de même, ce qui nous réjouissait si fort à vingt ans, nous ennuie grandement à quarante. Le vin, qui fortifie l'homme, tuerait l'enfant ; le lait, qui fortifie l'enfant, écœurerait l'homme.

C'est, je le confesse, une adorable nourriture pour les cervelles vingtenaires, que les romans de chevalerie, par exemple. On est alors dans la saison de l'illusion et de la crédulité. On a l'amour du merveilleux et de l'extravagant. On a l'innocence de Chérubin et la fougue de Don Quichotte. On ne voit de la vie que ses horizons bleus et ensoleillés; on ne connaît d'elle que ses printemps, ses parfums, ses grâces, ses sourires. Chacun de nous, cent fois, a voulu partir pour des pays mystérieux et lointains, à la recherche d'un X quelconque, — quelque fée ou quelque femme, Morgane ou Bradamante ! Que de lances rompues — contre des moulins — en faveur de notre Dulcinée du Toboso ! Ah ! la prime-jeunesse, comme son souvenir sent bon, — même à cette distance !...

Mais voici les années qui arrivent, et, avec elles, les soucis, les mécomptes, les désenchantements, les trahisons, les rougeurs, les fautes : les nuages crèvent sur votre tête et sur votre cœur — qu'ils noient. L'apprentissage de la vie se fait. Ah ! nous nous imaginions autre chose, — en partant ! Nous ne nous attendions pas à ces heurts, à ces luttes, à ces misères, à ces chutes, à ces maladies ! Nous croyions que nous allions courir toujours ainsi, beaux, braves, jeunes, roses, joyeux et bien portants, avec nos jambes de quinze ans ! O naïfs que nous étions !... Les années sont venues et les jambes s'en sont allées ; et, avec nos jambes, nos cheveux noirs, nos dents blanches, nos joues roses !... Notre tête est chenue ou presque chenue, — grise. Nos yeux sont éteints, nos fronts sont ridés, nos joues sont creusées : nous avons vécu. Ah ! c'est fini ; nous n'irons plus au bois : la moisson de lauriers est faite par d'autres, plus ingambes, — la moisson de lauriers et de myrtes. Adieu la gloire ! adieu l'amour ! Nous avons été fous : soyons sages.

Sage, oui ; mais comment l'être, lorsqu'on a été fou ? En consultant les sages.

Montaigne est un de ces sages : ouvrez ses *Essais* — et ne les fermez plus. Vous n'avez pas su vivre : il va vous apprendre à mourir. « La préméditation de la mort est la préméditation de la liberté... Il faut être toujours botté et prêt à partir, en tant que nous est, » — ainsi qu'il le dit lui-même, ce rude homme, dans son rude langage. Allez-vous vous effrayer ? mais la vie n'est pas autre chose qu'un long préparatif de voyage : tant que vous vivez, vous n'êtes pas encore parti, — vous êtes seulement sur le point de partir ; tout ce que vous faites et dites, durant vingt, trente, quarante ou cinquante ans, n'a pas d'autre but que ce voyage au long cours — que tant de gens ne peuvent se décider à entreprendre. La philosophie, c'est-à-dire la contemplation et la « préméditation » de la mort, — la philosophie est le viatique qu'il vous faut : munissez-vous en, si vous voulez voyager à votre aise.

Jeunes ou vieux, — je parle toujours des lettrés, — tout le monde a lu Montaigne, et tout monde veut le relire, parce que « le plus jeune ne se refuse pas plus à philosopher que le plus vieux ne s'en lasse. » Seulement, il est bien vrai que, pour savoir ce que vaut ce robuste génie, pour sucer avec profit la moelle de cette intelligence géante, il faut avoir vécu, — c'est-à-dire souffert et pleuré. C'est le hâvre-de-grâce des naufragés de la vie, le port de salut des âmes battues par les tempêtes du sort : le paraclet philosophique, en un mot. Les jeunes gens l'ont lu, parce qu'il est de ces livres qu'il n'est pas permis d'ignorer; mais il ne leur a pas produit l'effet prodigieux qu'il leur produira plus tard, lorsque les années auront neigé sur leurs têtes. Ils l'ont lu : ils vont le relire bientôt, — et ce sera même le seul livre qu'ils liront désormais. Pourquoi en lire d'autres? Celui-ci les contient tous, et vous ne trouverez rien de celui-ci dans aucun autre. Il n'y a pas, dans toutes les bibliothèques du monde, de livre dont la lecture soit plus saine et plus fortifiante. Il amuse et console; il instruit comme la Raison, et distrait comme la Fantaisie : ce n'est pas un livre, — c'est le Livre. Le cardinal Du Perron l'a appelé le « Bréviaire des honnêtes gens » : c'est bien dit. Bréviaire, en effet, excellent Bréviaire, — à lire chaque jour, sans y manquer.

N'écoutez pas Pascal lorsqu'il s'écrie : « Le sot projet que Montaigne a eu de se peindre! » Pascal était janséniste, — ne l'oublions pas plus qu'il ne l'oubliait lui-même.

Écoutons plutôt Voltaire, — qui devait s'y connaître : « Le charmant projet que Montaigne a eu de se peindre naïvement comme il a fait, car il a peint la nature humaine; et le pauvre projet de Nicole, de Malebranche et de Pascal, de décrier Montaigne! »

Que lui reprochent donc ces métaphysiciens, trop préoccupés d'abstractions et de choses supernaturelles pour ne pas se laisser choir dans le puits de l'erreur, — comme l'astrologue du bonhomme La Fontaine?

« Montaigne — dit Nicole — a très bien découvert le néant de la grandeur et l'inutilité des sciences; mais comme il ne connaissait guères d'autre vie que celle-ci, il a conclu qu'il n'y avait donc guères rien à faire qu'à tâcher de passer agréablement le petit espace qui nous est donné. » On voit trop passer ici le bout de l'oreille de Port-Royal, n'est-ce pas?

« Les idées de Montaigne sont belles, mais fausses, ses expressions agréables, mais irrégulières, » — dit le père Malbranche. On voit bien que cet oratorien a fait la *Recherche de la Vérité* — et qu'il ne l'a pas toujours trouvée.

« Montaigne — dit le cicéronien Balzac — sait bien ce qu'il dit, mais il ne sait pas toujours ce qu'il va dire. » « Balzac — répond La Bruyère — ne pensait pas assez pour estimer un auteur qui pense beaucoup. » Bonne réponse!

« Les défauts de Montaigne sont grands, — dit à son tour Pascal; — il est plein de mots sales et déshonnêtes. Cela ne vaut rien. Ses sentiments sur l'homicide volontaire et sur la mort sont horribles. Il inspire une nonchalance de salut, sans crainte et sans repentir. »

Pascal s'effarouchait à tort, quant au style du gentilhomme périgourdin; mais à raison, quant à ses sentiments — qui n'ont rien de commun avec le jansénisme. Le style de Montaigne a la verdeur et la gaillardise qu'il doit avoir : homme libre, style libre. L'indépendance des pensées fait l'indépendance des mots qui sont chargés de les rendre. « Notre langue, — dit quelque part Voltaire, — est une gueuse fière : il faut lui faire l'aumône malgré elle. » Montaigne a fait l'aumône à cette bégueule et l'a enrichie, en parlant sans cesse la langue plébéienne, — le *sermo pedestris* d'Horace. Remercions donc la langue de Montaigne, — au lieu de nous plaindre d'elle.

Quant aux sentiments qui dominent dans ce livre original, il n'en faut pas demander compte à l'auteur. Ils sont siens — et ils sont nôtres. Quand on a l'honneur insigne de penser comme la majorité des lecteurs intelligents, la minorité — quelque intelligente qu'elle soit — n'a rien à voir là dedans. Qu'elle dise « Cet homme n'est pas mon homme, » — et qu'elle passe. Un homme d'esprit vaut mieux que cent imbéciles; mais cent hommes d'esprit valent bien un homme de talent.

Pascal ne partage pas les idés de Montaigne sur la mort et sur le suicide. Il en a le droit. Mais sait-il — plus que Montaigne et plus que personne au monde — de quoi se compose la vie et de quoi est faite la mort? Nul Œdipe n'est venu lui souffler à l'oreille le mot de la grande énigme : conséquemment il n'a pas plus autorité que vous ou moi pour se prononcer en dernier ressort sur cette aimable plaisanterie qui préoccupe tant d'illustres cerveaux depuis que le monde est monde. Qu'il me permette de m'en tenir à Montaigne — et à moi-même. Quoiqu'il fasse et dise, ce janséniste de génie, il ne m'empêchera jamais de me rappeler, quand le moment en sera venu, que la Nature nous a « laissé la clef des champs, » et que « s'il n'y a qu'une entrée à la vie » il y a, en revanche, « cent mille issues. »

Mais « revenons à nos bouteilles, » — comme dit Montaigne.

Les *Essais* peuvent être consultés avec fruit dans toutes les circonstances graves de notre existence, — à propos de ceci et à propos de cela, sur les sentiments et sur les usages, sur la paix et sur la guerre, sur les vices et sur les vertus, sur l'éducation et sur l'amour. Il a touché à tout, cet homme supérieur, d'une façon magistrale, — tout en « écornifflant par ci, par là, des livres, les sentences qui lui plaisaient. » Si l'espace ne me faisait pas défaut, je guillemettrais ici les passages qui sont des réponses à certaines accusations, — le chapitre sur l'éducation, entre autres, adressé à madame Diane de Foix. Ce chapitre là vaut, à mon sens, tous les livres écrits sur la matière, par des gens justement honorés : l'*Éducation des filles*, par Fenélon; l'*Éducation des enfants*, par Locke; le *Traité de l'éducation*, par Milton; le *Traité des études*, par Rollin; l'*Émile* de Jean-Jacques Rousseau, — et cinquante autres dont les titres m'échappent. Formez des enfants par les procédés qu'il indique, et vous en ferez des hommes et des femmes, — et non des mannequins hypocondriaques et chlorotiques.

Maintenant, aux esprits amoureux d'indépendance, qui redouteraient la contagion des doctrines semées à pleines mains dans les *Essais*, il faut dire — puisqu'ils paraissent l'ignorer — qu'il y a plus d'austère fierté et de véritable dignité humaine dans ce vieux gentilhomme périgourdin, *portant d'azur semé de trèfles d'or*, que dans beaucoup de démocrates puritains, fils de Jean, de Pierre ou de Paul. Il aime son roi, soit! — son éducation de gentilhomme l'a voulu ainsi. Mais il aime surtout, et pardessus tout, son pays — et l'humanité. Les couronnes ne lui imposent pas; les titres ne lui font aucun effet; il « n'aboye pas après la richesse » — pour employer sa pittoresque expression. Vous êtes prince, duc, comte, gentilhomme, je ne sais plus quoi encore? Allons, déshabillez-vous l'âme; montrez-vous à nu, que je m'assure que vous n'avez nulle tare, et que vous êtes bien l'homme de votre rang et de votre habit! A quelque étage qu'il naisse, — sur la pourpre ou sur le fumier, — l'homme qui sort victorieux de cet examen est « à cinq cents brasses au-dessus des royaumes et des duchés; il est lui-même à soi son empire. » Dans ce cas-là, en effet, le roi et le manant ne diffèrent que par « leurs chausses... Les âmes des empereurs et des savetiers sont jetées à même moule. »

Ainsi du reste.

Mais j'ai grand tort, vraiment, de vous arrêter ainsi aux bagatelles de la porte, — quand il vous est si facile et si agréable d'entrer. Tournez donc le feuillet, s'il vous plaît : vous êtes chez Montaigne! Il vous fera mieux que moi les honneurs de chez lui.

Alfred DELVAU.

ESSAIS
DE MONTAIGNE

L'AUCTEUR AU LECTEUR

C'est icy un livre de bonne foy, lecteur. Il t'advertit dez l'entree, que ie ne m'y suis proposé aulcune fin, que domestique et privee : ie n'y ay eu nulle consideration de ton service, ny de ma gloire ; mes forces ne sont pas capables d'un tel dessein. Ie l'ay avoué à la commodité particuliere de mes parents et amis : à ce que m'ayants perdu (ce qu'ils ont à faire bientost), ils y puissent retrouver quelques traicts de mes conditions et humeurs, et que par ce moyen ils nourrissent plus entiere et plus vifve la cognoissance qu'il ont euë de moy. Si c'eust esté pour rechercher la faveur du monde, ie me feusse paré de beautez empruntees : ie veulx qu'on m'y veoye en ma façon simple, naturelle et ordinaire, sans estude et artifice ; car c'est moy que ie peinds. Mes deffauts s'y liront au vif, mes imperfections et ma forme naïfve, autant que la reverence publicque me l'a permis. Que si i'eusse esté parmy ces nations qu'on dict vivre encores soubs la doulce liberté des premieres loix de la nature, ie t'assure que ie m'y feusse tres volontiers peinct tout entier et tout nud. Ainsi, lecteur, ie suis moy mesme la matiere de mon livre : ce n'est pas raison que tu employes ton loisir en un subiect si frivole et si vain ; adieu donc.

De Montaigne, ce 12 de juin 1580.

LIVRE PREMIER

Chapitre premier. — Par divers moyens on arrive à pareille fin.

La plus commune façon d'amollir les cœurs de ceulx qu'on a offensez, lors qu'ayants la vengeance en main, ils nous tiennent à leur mercy, c'est de les esmouvoir, par soubmission, à commiseration et à pitié : toutesfois la braverie, la constance et la resolution, moyens tout contraires, ont quelquesfois servy à ce mesme effect.

Edouard, prince de Galles, celuy qui regenta si longtemps nostre Guienne, personnage duquel les conditions et la fortune ont beaucoup de notables parties de grandeur, ayant esté bien fort offensé par les Limosins, et prenant leur ville par force, ne peut estre arresté par les cris du peuple et des femmes et enfants abandonnèz à la boucherie, luy criants mercy, et se iectants à ses pieds ; iusqu'à ce que, passant tousiours oultre dans la ville, il apperceut trois gentilshommes françois qui, d'une hardiesse incroyable, soustenoient seuls l'effort de son armee victorieuse. La consideration et le respect d'une si notable vertu reboucha premierement la poincte de sa cholere ; et commencea par ces trois à faire misericorde à touts les aultres habitants de la ville.

Scanderberch, prince de l'Epire, suyvant un soldat des siens pour le tuer, ce soldat, ayant essayé par toute espece d'humilitez et de supplications de l'appaiser, se resolut à toute extremité de l'attendre l'espee au poing : cette sienne resolution arresta sus bout la furie de son maistre, qui pour luy avoir veu prendre un si honorable party, le receut en grâce. Cet exemple pourra souffrir aultre interpretation de ceulx qui n'auront leu la prodigieuse force et vaillance de ce prince là.

L'empereur Conrad troisiesme, ayant assiegé Guelphe, duc de Bavieres, ne voulut condescendre à plus doulces conditions, quelques viles et lasches satisfactions qu'on luy offrist, que de permettre seulement aux gentilsfemmes qui estoient assiegees avec le duc, de sortir, leur honneur sauve, à pied, avecques ce qu'elles pourroient emporter sur elles. Et elles, d'un cœur magnanime, s'adviserent de charger sur leurs espaules leurs maris, leurs enfants, et le duc mesme. L'empereur print si grand plaisir à veoir la gentillesse de leur courage, qu'il en pleura d'ayse, et amortit toute cette aigreur d'inimitié mortelle et capitale qu'il avait portee à ce duc, et dez lors en avant traicta humainement luy et les siens.

L'un et l'aultre de ces deux moyens m'emporteroit aysement, car i'ay une merveilleuse lascheté vers la misericorde et mansuetude. Tant y a, qu'à mon advis ie serois pour me rendre plus naturellement à la compassion qu'à l'estimation : si est la passion vicieuse aux Stoïcques ; ils veulent qu'on secoure les affligez, mais non pas qu'on flechisse et compatisse avecques eulx. Or ces exemples me semblent plus à propos, d'autant qu'on veoit ces ames, assaillies et essayees par ces deux moyens, en soustenir l'un sans s'esbranler, et courber soubs l'aultre. Il se pourroit dire que, de rompre son cœur à la commiseration, c'est l'effect de la facilité, debonnaireté et mollesse, d'où il advient que les natures plus foibles, comme celles des femmes, des enfants et du vulgaire, y sont plus subiectes ; mais, ayant eu à desdaing les larmes et les pleurs, de se rendre à la seule reverence de la saincte image de la vertu, que c'est l'effect d'une ame forte et impitoyable, ayant en affection et en honneur une vigueur masle et obstinee. Toutesfois, ez ames moins genereuses, l'estonnement et l'admiration peuvent faire naistre un pareil effect : tesmoing le peuple thebain, lequel, ayant mis en iustice d'accusation capitale ses capitaines, pour avoir continué leur charge oultre le temps qui leur avoit esté prescrit et preordonné, absolut à toute peine Pelopidas qui plioit soubs le faix de telles obiections, et n'employoit à se garantir que requestes et supplications ; et au contraire Epaminondas, qui veint à raconter magnifiquement les choses par luy faictes, et à les reprocher au peuple d'une façon fiere et arrogante, il n'eut pas le cœur de prendre seulement les balotes en main ; et se departit l'assemblee, louant grandement la haultesse du courage de ce personnage.

Dionysius le vieil, aprez des longueurs et difficultez extremes, ayant prins la ville de Regge, et en icelle le capitaine Phyton, grand homme de bien, qui l'avoit si obstineement deffendue, voulut en tirer un tragique exemple de vengeance. Il luy dict premierement, comme le iour avant il avoit faict noyer son fils, et touts ceulx de sa parenté : à quoy Phyton respondit seulement « Qu'ils en estoient d'un iour plus heureux que luy. » Aprez il le feit despouiller et saisir à des bourreaux, et le traisner par la ville, en le fouettant tres ignominieusement et cruellement, et en oultre le chargeant de felonnes paroles et contumelieuses : mais il eut le courage tousiours constant, sans se perdre ; et, d'un visage ferme, alloit au contraire rementevant à haulte voix l'honnorable et glorieuse cause de sa mort, pour n'avoir voulu rendre son païs entre les mains d'un tyran ; le menaceant d'une prochaine punition des dieux. Dionysius, lisant dans les yeulx de la commune de son armee, que, au lieu de s'animer des bravades de cet ennemy vaincu, au mespris de leur chef et de son triumphe, elle alloit s'amollissant par l'estonnement d'une si rare vertu, et marchandoit de se mutiner et mesme d'arracher Phyton d'entre les mains de ses sergeants, feit cesser ce martyre, et à cachettes l'envoya noyer en la mer.

Certes c'est un subiect merveilleusement vain, divers et ondoyant, que l'homme : il est malaysé d'y fonder iugement constant et uniforme. Voylà Pompeius qui pardonna à toute la ville des Mamertins, contre laquelle il estoit fort animé, en consideration de la vertu et magnanimité du citoyen Zenon, qui se chargeoit seul de la faulte publicque, et ne requeroit aultre grace que d'en porter seul la peine : et l'hoste de Sylla, ayant usé, en la ville de Peruse, de semblable vertu, n'y gaigna rien ny pour soy ny pour les aultres.

Et, directement contre mes premiers exemples, le plus hardy des hommes et si gracieux aux vaincus, Alexandre, forceant, aprez beaucoup de grandes difficultez, la ville de Gaza, rencontra Betis qui y commandoit, de la valeur duquel il avoit pendant ce siege senti des preuves merveilleuses, lors seul, abandonné des siens, ses armes despecees, tout couvert de sang et de playes, combattant encores au milieu de plusieurs Macedoniens qui le chamailloient de toutes parts; et luy dict, tout picqué d'une si chere victoire (car, entre aultres dommages, il avoit receu deux fresches bleceures sur sa personne) : « Tu ne mourras pas comme tu as voulu, Betis; fais estat qu'il te fault souffrir toutes les sortes de torments qui se pourront inventer contre un captif : » l'aultre, d'une mine non seulement asseuree, mais rogue et altiere, se teint sans mot dire à ces menaces. Lors Alexandre, voyant son fier et obstiné silence : « A-t-il flechy un genouil? lui est-il eschappé quelque voix suppliante? Vrayement, ie vainqueray ce silence; et si ie n'en puis arracher parole, i'en arracheray au moins du gemissement : » et, tournant sa cholere en rage, commanda qu'on lui perceast les talons; et le feit ainsi traisner tout vif, deschirer et desmembrer au cul d'une charrette. Seroit ce que la force de courage luy feust si naturelle et commune, que, pour ne l'admirer point, il la respectast moins? ou qu'il l'estimast si proprement sienne, qu'en cette haulteur il ne peust souffrir de la veoir en un aultre, sans le despit d'une passion envieuse? ou que l'impetuosité naturelle de sa cholere feust incapable d'opposition? De vray, si elle eust receu bride, il est à croire que, en la prinse et desolation de la ville de Thebes, elle l'eust receue, à veoir cruellement mettre au fil de l'espee tant de vaillants hommes perdus et n'ayants plvs moyen de deffense publicque; car il en feut tué bien six mille, desquels nul ne feut veu ny fuyant, ny demandant mercy; au rebours, cherchants, qui çà, qui là, par les rues, à affronter les ennemis victorieux; les provoquants à les faire mourir d'une mort honnorable. Nul ne feut veu si abattu de bleceures, qui n'essayast en son dernier souspir de se venger encores, et, à tout les armes du desespoir, consoler sa mort en la mort de quelque ennemy. Si ne trouva l'affliction de leur vertu aulcune pitié, et ne suffit la longueur d'un iour à assouvir sa vengeance : ce carnage dura iusques à la derniere goutte de sang espandable, et ne s'arresta qu'aux personnes desarmees, vieillards, femmes et enfants, pour en tirer trente mille esclaves.

Chapitre II. — De la tristesse.

Ie suis des plus exempts de cette passion, et ne l'ayme ni l'estyme; quoyque le monde ayt entreprins, comme à prix faict, de l'honnorer de faveur particuliere : ils en habillent la sagesse, la vertu, la conscience : sot et vilain ornement! Les Italiens ont plus sortablement baptisé de son nom la malignité : car c'est une qualité tousiours nuisible, tousiours folle ; et, comme tousiours couarde et basse, les Stoïciens en deffendent le sentiment à leur sage.

Mais le conte dict que Psammenitus, roy d'Aegypte, ayant esté desfaict et prins par Cambyses, roy de Perse, veoyant passer devant luy sa fille prisonniere habillee en servante, qu'on envoyoit puiser de l'eau, touts ses amis pleurants et lamentants autour de luy, se teint coy, sans mot dire, les yeulx fichez en terre; et, veoyant encores tantost qu'on menoit son fils à la mort, se maintient en cette mesme contenance; mais qu'ayant apperceu un de ses domestiques conduict entre les captifs, il se meit à battre sa teste, et mener un deuil extreme.

Cecy ne pourroit apparier à ce qu'on veit dernierement d'un prince des nostres, qui ayant ouy à Trente, où il estoit, nouvelles de la mort de son frere aisné, mais un frere en qui consistoit l'appuy et l'honneur de toute sa maison, et bientost aprez d'un puisné sa seconde esperance, et ayant soustenu ces deux charges d'une constance exemplaire; comme, quelques iours aprez, un de ses gents veint à mourir, il se laissa emporter à ce dernier accident, et quittant sa resolution, s'abandonna au deuil et aux regrets, en maniere qu'aulcuns en prinrent argument qu'il n'avoit esté touché au vif que de cette derniere secousse; mais, à la vérité, ce feut que, estant d'ailleurs plein et comblé de tristesse, la moindre surcharge brisa les barrieres de la patience. Il s'en pourroit, dis-ie, autant iuger de nostre histoire, n'estoit qu'elle adiouste que, Cambyses s'enquerant à Psammenitus pourquoy, ne s'estant esmeu au malheur de son fils et de sa fille, il portoit si impatiemment celuy d'un de ses amis : C'est, respondit il, que ce seul desplaisir se peult signifier par larmes, les deux premiers surpassants de bien loing tout moyen de se pouvoir exprimer.

A l'adventure reviendroit à ce propos l'invention de cet ancien peintre, lequel, ayant à representer, au sacrifice de Iphigenia, le dueil des assistants selon les degrez de l'interest que chascun apportoit à la mort de cette belle fille innocente, ayant espuisé les derniers efforts de son art, quand ce veint au pere de la vierge, il le peignit le visage couvert, comme si nulle contenance ne pouvoit rapporter ce degré de deuil. Voylà pourquoy les poëtes feignent cette miserable mere Niobé, ayant perdu premierement sept fils, et puis de suite autant de filles, surchargée de pertes, avoir esté enfin transmuee en rochier,

      Diriguisse malis

pour exprimer cette morne, muette et sourde stupidité qui nous transit, lorsque les accidents nous accablent surpassants nostre portee. De vray, l'effort d'un desplaisir, pour estre extreme, doibt estonner toute l'ame et lui empescher la liberté de ses actions : comme il nous advient, à la chaulde alarme d'une bien mauvaise nouvelle, de nous sentir saisis, transis, et comme perclus de touts mouvements; de façon que l'ame, se relaschant aprez aux larmes et aux plaintes, semble se despendre, se desmesler, et se mettre plus au large et à son ayse :

    Et via vix tandem voci laxata dolore est.

En la guerre que le roy Ferdinand mena contre la veufve du roy Iean de Hongrie, autour de Bude, un gendarme feut particulierement remarqué de chascun, pour avoir excessifvement bien faict de sa personne en certaine mesle, et incogneu, haultement loué et plaint, y estant demouré, mais de nul tant que de Raïsciac, seigneur allemand, esprins d'une si rare vertu. Le corps estant rapporté, cettuy cy, d'une commune curiosité, s'approcha pour veoir qui c'estoit; et, les armes ostees au trespassé, il recogneut son fils. Cela augmenta la compassion aux assistants : luy seul, sans rien dire, sans ciller les yeulx, se teint debout, contemplant fixement le corps de son fils; iusques à ce que la vehemence de la tristesse, ayant accablé ses esprits vitaux, le porta roide mort par terre.

    Chi può dir com' egli arde, è in picciol fuoco,

disent les amoureux qui veulent representer une passion insupportable :

    Misero quod omnes
  Eripit sensus mihi ; nam, simul te,
  Lesbia, adspexi, nihil est super mi
    Quod loquar amens :
  Lingua sed torpet, tenuis sub artus
  Flamma dimanat, sonitu suopte
  Tinniunt aures, gemina teguntur
    Lumina nocte.

Aussi n'est ce pas en la vifve et plus cuysante chaleur de l'accez, que nous sommes propres à desployer nos plainctes et nos persuasions; l'ame est trop aggravee de profondes pensees, et le corps abattu et languissant d'amour : et de là s'engendre par fois la defaillance fortuite qui surprend les amoureux si hors de saison, et cette glace qui les saisit, par la force d'une ardeur extrême, au giron mesme de la iouissance. Toutes passions qui se laissent gouster et digerer ne sont que mediocres :

    Curæ leves loquuntur, ingentes stupent.

La surprinse d'un plaisir inesperé nous estonne de mesme :

  Ut me conspexit venientem, et Troïa circum
  Arma amens vidit : magnis exterrita monstris,
  Diriguit visu in medio, calor ossa reliquit ;
  Labitur, et longo vix tandem tempore fatur.

Oultre la femme romaine qui mourut surprinse d'ayse de veoir son fils revenu de la route de Cannes, Sophocles et Denys le tyran qui trespasserent d'ayse, et Talva qui mourut en Corsegue, lisant les nouvelles des honneurs que le senat de Rome lui avoit decernez; nous tenons, en notre siecle, que le pape Leon dixiesme, ayant esté adverty de la prinse de Milan qu'il avait extremement souhaitee, entra en tel excez de ioye, que la fiebvre l'en print, et en mourut. Et, pour un plus notable tesmoignage de l'imbecillité humaine, il a esté remarqué par les anciens, que Diodorus le dialecticien mourut sur le champ, esprins d'une extreme passion de honte pour, en son eschole et en public, ne se pouvoir desvelopper d'un argument qu'on lui avait faict. Je suis peu en prinse de ces violentes passions : i'ai l'apprehension naturellement dure, et l'encrouste et espessis touts les iours par discours.

Chapitre III. — Nos affections s'emportent au delà de nous.

Ceulx qui accusent les hommes d'aller tousiours beants aprez les choses futures, et nous apprennent à nous saisir des biens presents et nous rasseoir en ceux là, comme n'ayants aulcune prinse sur ce qui est à venir, voire assez moins que nous n'avons sur ce qui est passé, touchent la plus commune des humaines erreurs, s'ils osent appeler erreur chose à quoy nature mesme nous achemine pour le service de la continuation de son ouvrage; nous imprimant, comme assez d'aultres, cette imagination fausse, plus ialouse de nostre action que de nostre science.

Nous ne sommes iamais chez nous; nous sommes touiours au delà; la crainte, le desir, l'esperance, nous eslancent vers l'advenir, et nous desrobbent le sentiment et la consideration de ce qui est, pour nous amuser à ce qui sera, voire quand nous ne serons plus. *Calamitosus est animus futuri anxius.*

Ce grand precepte est souvent allegué en Platon : « Fay ton faict, et te « cognoy. » Chascun de ces deux membres enveloppe generalement tout nostre debvoir, et semblablement son compaignon. Qui auroit à faire son faict, verroit que sa premiere leçon, c'est cognoistre ce qu'il est, et ce qui lui est propre : et qui se cognoist, ne prend plus le faict estrangier pour le sien ; s'ayme et se cultive avant toute aultre chose; refuse les occupations superflues et les pensees et propositions inutiles. Comme la folie, quand on lui octroyera ce qu'elle desire, ne sera pas contente; aussi est la sagesse contente de ce qui est present, ne se desplaist iamais de soy. Epicurus dispense son sage de la prevoyance et soucy de l'advenir.

Entre les loix qui regardent les trespassez, celle icy me semble autant solide, qui oblige les actions des princes à estre examinees aprez leur mort. Ils sont compaignons, sinon maistres des loix : ce que la iustice n'a peu sur leurs testes, c'est raison qu'elle le puisse sur leur reputation, et biens de leurs successeurs; choses que souvent nous preferons à la vie. C'est une usance qui apporte des commoditez singulieres aux nations où elle est observee, et desirable à touts bons princes qui ont à se plaindre de ce qu'on traicte la memoire des meschants comme la leur. Nous debvons la subiection et obeissance egalement à touts roys, car elle regarde leur office ; mais l'estimation, non plus que l'affection, nous ne la debvons qu'à leur vertu. Donnons à l'ordre politique de les souffrir patiemment, indignes; de celer leurs vices; d'aider de nostre recommandation leurs actions indifferentes, pendant que leur auctorité a besoing de nostre appuy : mais nostre commerce finy, ce n'est pas raison de refuser à la iustice et à nostre liberté l'expression de nos vrays ressentiments; et nommeement de refuser aux bons subiects la gloire d'avoir reveremment et fidellement servy un maistre, les imperfections duquel leur estoient si bien cogneues; frustrant la posterité d'un si utile exemple. Et ceulx qui, par respect de quelque obligation privee, espousent iniquement la memoire d'un prince meslouable, font iustice particuliere aux despens de la iustice publicque. Titus Livius dict vray « que le langage des hommes nourris soubs la royauté, est touiours plein de vaines ostentations et faulx tesmoignages : » chascun eslevant indifferemment son roy à l'extreme ligne de valeur et grandeur souveraine. On peult reprouver la magnanimité de ces deux soldats qui respondirent à Neron, à sa barbe, l'un enquis de luy pourquoy il luy vouloit mal : « Ie t'aymoy quand tu le valois; mais depuis que tu es devenu parricide, boutefeu, basteleur, cochier, ie te hay comme tu merites ; » l'aultre, pourquoi il le vouloit tuer : « Parcequ'ie ne treuve aultre remede à tes continuels maleficcs : » mais les publics et universels tesmoignages qui, aprez sa mort, ont esté rendus, et le seront à tout iamais à luy et à touts meschants comme luy, de ses tyranniques et vilains deportements, qui de sain entendement les peult reprouver ?

Il me desplaist qu'en une si saincte police que la lacedemonienne, se feust meslee une si feincte cerimonie : A la mort des roys, touts les confederez et voisins, et touts les ilotes, hommes, femmes, peslemesle, se descoupoient le front pour tesmoignage de dueil, et disoient en leurs cris et lamentations, que celuy là, quel qu'il eust esté, estoit le meilleur roy de touts les leurs; attribuant au reng le loz qui appartenoit au merite, et qui appartient au premier merite, au postreme et dernier reng.

Aristote, qui remue toutes choses, s'enquiert, sur le mot de Solon que « Nul avant mourir ne peult estre dict heureux », si celuy là mesme qui a vescu, et qui est mort à souhait, peult estre dict heureux si sa renommee va mal, si sa posterité est miserable. Pendant que nous nous remuons, nous nous portons par preoccupation où il nous plaist; mais estant hors de l'estre, nous n'avons aucune communication avecques ce qui est : et seroit meilleur de dire à Solon que iamais homme n'est donc heureux, puisqu'il ne l'est qu'aprez qu'il n'est plus.

> Quisquam
> Vix radicitus et vita se tollit, et eiicit;
> Sed facit esse sui quiddam super inscius ipse...
> Nec removet satis a proiecto corpore sese, et
> Vindicat.

Bertrand du Glesquin mourut au siege du chasteau de Randon prez du Puy en Auvergne : les assiegez, s'estants rendus aprez, feurent obligez de porter les clefs de la place sur le corps du trespassé. Barthelemy d'Alviane, general de l'armee des Venitiens, estant mort au service de leurs guerres en la Bresse, et son corps ayant esté rapporté à Venise par le Veronois, terre ennemie, la pluspart de ceulx de l'armee estoient d'advis qu'on demandast sauf-conduict pour le passage à ceulx de Verone : mais Theodore Trivulce y contredict; et choisit plustost de le passer par vifve force, au hazard du combat; « N'estant convenable, disoit il, que celuy qui en sa vie n'avoit iamais eu peur de ses ennemis, estant mort feist demonstration de les craindre. » De vray, en chose voysine, par les loix grecques, celuy qui demandoit à l'ennemy un corps pour l'inhumer, renonçoit à la victoire, et ne luy estoit plus loisible d'en dresser trophee : à celuy qui en estoit requis, c'estoit tiltre de gaing. Ainsi perdit Nicias l'advantage qu'il avoit nettement gaigné sur les Corinthiens; et, au rebours, Agesilaus asseura celuy qui luy estoit bien doubteusement acquis sur les Bœotiens.

Ces traicts se pourroient trouver estranges, s'ils n'estoit receu de tout temps non seulement d'estendre le soing de nous au delà cette vie, mais encores de croire que bien souvent les faveurs celestes nous accompaignent au tumbeau et continuent à nos reliques. De quoy il y a tant d'exemples anciens, laissant à part les nostres, qu'il n'est besoing ic m'y estende. Edouard premier, roy d'Angleterre, ayant essayé aux longues guerres d'entre luy et Robert roy d'Escosse, combien sa presence donnoit d'advantage à ses affaires, rapportant tousiours la victoire de ce qu'il entreprenoit en personne; mourant, obligea son fils, par solennel serment, a ce qu'estant trespassé il feist bouillir son corps pour despendre sa chair d'avecques les os, laquelle il feist enterrer; et quant aux os, qu'il les reservast pour les porter avecques luy et en son armee, toutes les fois qu'il lui adviendroit d'avoir guerre contre les Ecossois : comme si la destinee avoit fatalement attaché la victoire à ses membres. Iean Zischa, qui troubla la Boëme pour la deffense des erreurs de Wiclef, voulut qu'on l'escorchast aprez sa mort, et de sa peau qu'on feist un tabourin à porter à la guerre contre ses ennemis; estimant que cela ayderoit à continuer les advantages qu'il avoit eus aux guerres par luy conduictes contre eulx. Certains Indiens portoient aussi au combat contre les Espaignols les ossements d'un de leurs capitaines, en consideration de l'heur qu'il avoit eu en vivant : et d'aultres peuples, en ce mesme monde, traisnent à la guerre les corps des vaillants hommes qui sont morts en leurs battailles, pour leur servir de bonne fortune et d'encouragement. Les premiers exemples ne reservent au tumbeau que la reputation acquise par leurs actions passees; mais ceulx cy y veulent encores mesler la puissance d'agir.

Le faict du capitaine Bayard est de meilleure composition : lequel, se sentant blecé à mort d'une harquebusade dans le corps, conseillé de se retirer de la meslee, respondit qu'il ne commenceroit point sur sa fin à tourner le dos à l'ennemy; et ayant combattu autant qu'il eut de force, se sentant defaillir et eschapper du cheval, commanda à son maistre d'hostel de le coucher au pied d'un arbre, mais que ce feust en façon qu'il moürust le visage tourné vers l'ennemy : comme il feit.

Il me fault adjouster cet aultre exemple aussi remarquable, pour cette consideration, que nul des precedents. L'empereur Maximilian, bisayeul du roy Philippes qui est à present, estoit prince doué de tout plein de grandes qualitez, et entre aultres d'une beaulté de corps singuliere : mais parmy ces humeurs il avait cette cy, bien contraire à celle des princes qui, pour despescher les plus importantes affaires, font leur throsne de leur chaire percee ; c'est qu'il n'eut iamais valet de chambre si privé, à qui il permeist de le veoir en sa garderobbe : il se desroboit pour tumber de l'eau, aussi religieux qu'une pucelle à ne descouvrir ny à medecin, ny à qui que ce feust, les parties qu'on a accoustumé de tenir cachees. Moi qui ay la bouche si effrontee, suis pourtant par complexion touché de cette honte : si ce n'est à une grande suasion de la necessité ou de la volupté, ie ne communique gueres aux yeulx de personne les membres et actions que nostre coustume ordonne estre couvertes ; ie souffre plus de contrainctes que ie n'estime bienseant à un homme, et surtout à un homme de ma profession. Mais luy en veint à telle superstition, qu'il ordonna, par paroles expresses de son testament, qu'on lui attachast des calessons quand il seroit mort. Il debvoit adiouter, par codicile, que celuy qui les luy monteroit eust les yeulx bandez. L'ordonnance que Cyrus faict à ses enfants que ny eulx, ny aultre, ne veoye et touche son corps aprez que l'ame en sera separee, ie l'attribue à quelque sienne devotion ; car son historien et luy, entre leurs grandes qualitez, ont semé par tout le cours de leur vie un singulier soing et reverence à la religion.

Ce conte me despleut, qu'un grand me feit d'un mien allié, homme assez cogneu et en paix et en guerre : c'est que, mourant bien vieil en sa court, tormenté de douleurs extremes de la pierre, il amusa toutes ses heures dernieres, avec un soing vehement, à disposer l'honneur et la cerimonie de son enterrement ; et somma toute la noblesse qui le visitoit de luy donner parole d'assister à son convoy : à ce prince mesme, qui le veit sur ses derniers traicts, il feit une instante supplication que sa maison feust commandée de s'y trouver, employant plusieurs exemples et raisons à prouver que c'estoit chose qui appartenoit à un homme de sa sorte ; et sembla expirer content, ayant retiré cette promesse, et ordonné à son gré la distribution et ordre de sa montre. Ie n'ay guere veu de vanité si perseverante.

Cette aultre curiosité contraire, en laquelle ie n'ay point aussi faulte d'exemple domestique, me semble germaine à cette cy ; d'aller se soignant et passionnant à ce dernier poinct, à regler son convoy à quelque particuliere et inusitee parcimonie, à un serviteur et une lanterne. Ie v oy louer cette humeur, et l'ordonnance de Marcus Aemilius Lepidus, qui deffendit à ses heritiers d'employer pour lui les cerimonies qu'on avoit accoustumé en telles choses. Est ce encores temperance et frugalité d'eviter la despense et la volupté, desquelles l'usage et la cognoissance nous est imperceptible? voilà une aysee reformation, et de peu de coust. S'il estoit besoing d'en ordonner, ie serois d'advis qu'en celle là, comme en toutes actions de la vie, chascun en rapportast la regle au degré de sa fortune. Et le philosophe Lycon prescrit sagement à ses amis de mettre son corps où ils adviseront pour le mieulx ; et quant aux funerailles, de les faire ny superflues ny mechaniques. Ie lairray purement là coustume ordonner de cette cerimonie, et m'en remettray à la discretion des premiers à qui ie tumberay en charge. *Totus his locus est contemnendus in nobis, non negligendus in nostris.* Et est sainctement dict à un sainct : *Curatio funeris, conditio sepulturæ, pompa exsequiarum, magis sunt vivorum solatia, quam subsidia mortuorum.* Pour tant Socrates à Criton, qui sur l'heure de sa fin luy demande comment il veult estre enterré : « Com ne vous voudrez, » respond il. Si i'avois à m'en empescher plus avant, je trouveroy plus galant d'imiter ceulx qui entreprennent, vivants et respirants, iouyr de l'ordre et honneur de leur sepulture, et qui se plaisent de veoir en marbre leur morte contenance. Heureux qui sachent resiouyr et gratifier leur sens par l'insensibilité, et vivre de leur mort !

A peu que ie n'entre en haine irreconciliable contre toute domination populaire, quoyqu'elle me semble la plus naturelle et equitable, quand il me souvient de cette inhumaine iniustice du peuple athenien, de faire mourir sans remission, et sans vouloir seulement ouyr en leurs deffenses, ces braves capitaines venants de gaigner contre les Lacedemoniens la bataille navale prez les isles Argineuses, la plus contestee, la plus forte bataille que les Grecs ayent oncques donnee en mer de leurs forces; parcequ'aprés la victoire ils avoient suyvi les occasions que la loy de la guerre leur presentoit, plustost que de s'arrester à recueillir et inhumer leurs morts. Et rend cette exécution plus odieuse le faict de Diomedon : cettuy cy est l'un des condamnez, homme de notable vertu et militaire et politique, lequel, se tirant avant pour parler, après avoir ouï l'arrest de leur condamnation, et trouvant seulement lors temps de paisible audience, au lieu de s'en servir au bien de sa cause, et à descouvrir l'évidente iniustice d'une si cruelle conclusion, ne representa qu'un soing de la conservation de ses iuges ; priant les dieux de tourner ce iugement à leur bien ; et, à fin que, par faulte de rendre les vœux que luy et ses compaignons avoient vouez en recognoissance d'une illustre fortune, ils n'attirassent l'ire des dieux sur eulx, les advertissant quels vœux c'estoient; et, sans dire aultre chose, et sans marchander, s'achemina de ce pas courageusement au supplice.

La fortune, quelques annees apres, les punit de mesme pain soupe : car Chabrias, capitaine general de leur armee de mer, ayant eu le dessus du combat contre Pollis, admiral de Sparte, en l'isle de Naxe, perdit le fruict tout net et comptant de sa victoire, tres important à leurs affaires, pour n'encourir le malheur de cet exemple ; et, pour ne perdre peu de corps morts de ses amis qui flottaient en mer, laissa voguer en sauveté un monde d'ennemis vivants qui, depuis, leur feirent bien acheter cette importune superstition.

> Quæris, quo iaceas, post obitum, loco ?
> Quo non nata iacent.

Cet aultre redonne le sentiment du repos à un corps sans ame :

> Neque sepulcrum, quo recipiatur, habeat, portum corporis;
> Ubi, remissa humana vita, corpus requiescat a malis :

tout ainsi que nature nous faict veoir que plusieurs choses mortes ont encores des relations occultes à la vie : le vin s'altere aux caves, selon aulcunes mutations des saisons de sa vigne ; et la chair de venaison change d'estat aux saloirs, et de goust, selon les loix de la chair vifve, à ce qu'on dict.

Chapitre IV. — Comme l'âme descharge ses passions sur des obiects faulx, quand les vrais luy defaillent.

Un gentilhomme des nostres, merveilleusement subiect à la goutte, estant pressé par les médecins de laisser du tout l'usage des viandes salées, avoit accoustumé de respondre plaisamment, que « Sur les efforts et tormens du mal, il vouloit avoir à qui s'en prendre ; et que s'escriant, et mauldissant tantost le cervelat, tantost la langue de bœuf et le iambon, il s'en sentoit d'autant allegé. » Mais, en bon escient, comme le bras estant haulsé pour frapper, il nous deult si le coup ne rencontre et qu'il aille au vent ; aussi que pour rendre une veue plaisante, il ne fault pas qu'elle soit perdue et escartee dans le vague de l'air, ains qu'elle ayt butte pour la soustenir à raisonneble distance :

> Ventus ut amittit vires, nisi robore densæ
> Occurrant silvæ, spatio diffusus inani :

de mesme il semble que l'ame esbranlee et esmue se perde en soy mesme si on ne luy donne prinse ; et fault tousiours luy fournir d'obiect où elle s'abbutte et agisse. Plutarque dict, à propos de ceulx qui s'affectionnent aux guenons et petits chiens, que la partie amoureuse qui est en nous, à faulte de prinse legitime, plustost que de demourer en vain, s'en forge ainsin une faulse et frivole. Et nous veoyons que l'ame en ses passions se pipe plustost elle mesme, se dressant un fauls subiect et fantastique, voire contre sa propre creance, que de n'agir contre quelque chose. Ainsin emporte les bestes leur rage à s'attaquer à la pierre et au fer qui les a blecees, et à se venger à belles dents sur soy mesme du mal qu'elles sentent :

> Pannonis haud aliter post ictum sævior ursa,
> Cui iaculum parva Libys amentavit habena,
> Se rotat in vulnus, telumque irata receptum
> Impetit, et secum fugientem circuit hastam.

Quelles causes n'inventons nous des malheurs qui nous adviennent? à quoy ne nous prenons nous, à tort ou à droict, pour avoir où nous escrimer? Ce ne sont pas ces tresses blondes que tu deschires, ny la blancheur de cette poictrine que despitee tu bats si cruellement, qui ont perdu d'un malheureux plomb ce frere bien aymé : prens t'en ailleurs. Livius parlant de l'armee romaine en Espaigne, aprez la perte des deux freres, ses grands capitaines, *flere omnes repente, et offensare capita :* c'est un usage commun. Et le philosophe Bion, de ce roy qui de dueil s'arrachoit les poils, feut il pas plaisant? « Cestuy cy pense il que la pelade soulage le dueil? » Qui n'a veu mascher et engloutir les chartes, se gorger d'une balle de dez, pour avoir où se venger de la perte de son argent? Xerxes fouetta la mer, et escrivit un cartel de desfi au mont Athos; et Cyrus amusa toute une armee plusieurs jours à se venger de la riviere de Gyndus, pour la peur qu'il avoit eue en la passant; et Caligula ruina une tresbelle maison, pour le plaisir que sa mere y avoit eu.

Le peuple disoit en ma ieunesse, qu'un roy de nos voysins, ayant receu de Dieu une bastonade, iura de s'en venger, ordonnant que de dix ans on ne le priast ny parlast de luy, ny, autant qu'il estoit en son auctorité, qu'on ne creust en luy. Par où on vouloit peindre non tant la sottise que la gloire naturelle à la nation, dequoy estoit le conte; ce sont vices tousiours conioincts : mais telles actions tiennent, à la vérité, un peu plus encores d'oultrecuidance que de bestise. Augustus Cesar, ayant esté battu par la tempeste sur mer, se print à desfier le dieu Neptunus, et en la pompe des ieux circenses feit oster son image du reng où elle estoit parmi les aultres dieux, pour se venger de lui : en quoy il est encores moins excusable que les precedents, et moins qu'il ne feut depuis, lors qu'ayant perdu une bataille soubs Quintilius Varus en Allemaigne, il alloit de cholere et de desespoir chocquant sa teste contre la muraille, en s'escriant : « Varus, rends moy mes soldats : » car ceulx là surpassent toute folie, d'autant que l'impieté y est ioincte, qui s'en adressent à Dieu mesme ou à la fortune, comme si elle avoit des aureilles subiectes à nostre batterie ; à l'exemple des Thraces, qui, quand il tonne ou esclaire, se mettent à tirer contre le ciel d'une vengeance titanienne, pour renger Dieu à raison, à coups de fleches. Or, comme dict cet ancien poëte chez Plutarque :

> Point ne se fault courroucer aux affaires,
> Il ne leur chault de toutes nos choleres.

Mais nous ne dirons iamais assez d'iniures au desreglement de notre esprit.

Chapitre v. — Si le chef d'une place assiegee doit sortir pour parlementer.

Lucius Marcius, legat des Romains en la guerre contre Perseus, roy de Macedoine, voulant gaigner le temps qu'il luy falloit encores à mettre en poinct son armee, sema des entreiects d'accord, desquels le roy endormy accorda trefve pour quelques iours, fournissant par ce moyen son ennemy d'opportunité et loisir pour s'armer; d'où le roy encourut sa derniere ruyne. Si est ce que les vieux du senat, memoratifs des mœurs de leurs peres, accuserent cette practique, comme ennemie de leur style ancien, qui feut, disoient ils, combattre de vertu, non de finesse, ny par surprinses et rencontres de nuict, ny par fuittes appostees et recharges inopinees; n'entreprenants guerre qu'aprez l'avoir denoncee, et souvent aprez avoir assigné l'heure et le lieu de la bataille. De cette conscience ils renvoyerent à Pyrrhus son traistre medecin, et aux Phalisques leur desloyal maistre d'eschole. C'estoient les formes vraiment romaines, non de la grecque subtilité et astuce punique, où le vaincre par force est moins glorieux que par fraude. Le tromper peult servir pour le coup : mais celuy seul se tient pour surmonté, qui sçait l'avoir esté ny par ruse ny de sort, mais par vaillance, de troupe à troupe, en une franche et iuste guerre. Il appert bien par ce langage de ces bonnes gents, qu'ils n'avoient encores receu cette belle sentence,

> Dolus an virtus, quis in hoste requirat?

Les Achaïens, dict Polybe, detestoient toute voye de tromperie en leurs guerres, n'estimants victoire, sinon où les courages des ennemis sont abattus. *Eam vir sanctus et sapiens sciet veram esse victoriam, quæ, salva fide et integra dignitate, parabitur,* dict un aultre.

> Vosne velit, an me, regnare hera, quidve ferat, fors,
> Virtute experiamur.

Au royaume de Ternate, parmy ces nations que si à pleine bouche nous appellons barbares, la coustume porte qu'ils n'entreprennent guerre sans l'avoir premierement denoncee; y adioustants ample declaration des moyens qu'ils ont à y employer, quels, combien d'hommes, quelles munitions, quelles armes, offensifves et defensifves; mais aussi, cela faict, si leurs ennemis ne cedent et viennent à accord, ils se donnent loy de se servir à leur guerre, sans reproche, de tout ce qui aide à vaincre.

Les anciens Florentins estoient si esloignez de vouloir gaigner advantage sur leurs ennemis par surprinse, qu'ils les advertissoient, un mois avant que mettre leur exercite aux champs, par le continuel son de la cloche qu'ils nommoient *Martinella*.

Quant à nous, moins superstitieux, qui tenons celuy avoir l'honneur de la guerre, qui en a le proufit, et qui, aprez Lysander, disons que, « où la peau du lyon ne peult suffire, il y fault coudre un loppin de celle du regnard, » les plus ordinaires occasions de surprinse se tirent de cette practique; et n'est heure, disons nous, où un chef doibve avoir plus l'œil au guet, que celle des parlements et traictez d'accord; et, pour cette cause, c'est une regle, en la bouche de touts les hommes de guerre de nostre temps, « qu'il ne fault iamais que le gouverneur en une place assiegee sorte luy mesme pour parlementer. » Du temps de nos peres cela feut reproché aux seigneurs de Montmord et de l'Assigny, deffendants Mouson contre le comte de Nansau. Mais aussi, à ce compte, celuy là seroit excusable qui sortiroit en telle façon, que la seureté et l'advantage demourast de son costé; comme feit en la ville de Regge le comte Guy de Rangon (s'il en fault croire du Bellay, car Guicciardin dict que ce feut luy mesme), lors que le seigneur de l'Escut s'en approcha pour parlementer; car il abandonna de si peu son fort, qu'un trouble s'estant esmeu pendant ce parlement, non seulement monsieur de l'Escut, et sa trouppe qui estoit approchee avecques luy, se trouva le plus foible, de façon qu'Alexandre Trivulce y feut tué, mais luy mesme feut contrainct, pour le plus seur, de suyvre le comte, et se ieter, sur sa foy, à l'abri des coups dans la ville.

Eumenes, en la ville de Nora, pressé par Antigonus, qui l'assiegeoit, de sortir pour luy parler, alleguant que c'estoit raison qu'il veinst devers lui, attendu qu'il estoit le plus grand et le plus fort, aprez avoir faict cette noble response, « ie n'estimeray iamais homme plus grand que moy, tant que i'auray mon espee en ma puissance, » n'y consentit, qu'Antigonus ne luy eust donné Ptolemeus son propre nepveu en ostage, comme il demandoit.

Si est ce qu'encores y a il qui se sont trouvez de sortir sur la parole de l'assaillant : tesmoing Henry de Vaux, chevalier champenois, lequel estant assiegé dans le chasteau de Commercy par les Anglois, Barthelemy de Bonnes, qui commandoit au siege, ayant par dehors faict sapper la pluspart du chasteau, si qu'il ne restoit que le feu pour accabler les assiegez soubs les ruynes, somma ledit Henry de sortir à parlementer pour son proufit, comme il feit luy quatriesme; et son evidente ruyne luy ayant esté montree à l'œil, il s'en sentit singulierement obligé à l'ennemy; à la discretion duquel aprez qu'il se feut rendu et sa trouppe, le feu estant mis à la mine, les estansons de bois venus à faillir, le chasteau feut emporté de fond en comble.

Ie me fie ayseement à la foy d'aultruy; mais malayseement le feroy ie, lors que ie donnerois à iuger l'avoir plustot faict par desespoir et faulte de cœur, que par franchise et fiance de sa loyauté.

Chapitre VI. — L'heure des parlements, dangereuse.

Toutesfois ie veis dernierement en mon voisinage de Mussidan, que ceulx qui en feurent deslogez à force par nostre armee, et aultres de leur party, crioyent, comme de trahison, de ce que pendant les entremises d'accord, et le traicté se continuant encores, on les avoit surprins et mis en pieces : chose qui eust eu à l'adventure apparence en aultre siecle. Mais, comme ie viens de dire, nos façons sont entierement esloingnees de ces regles; et ne se doibt attendre fiance des uns aux aultres, que le dernier sceau d'obligation n'y soit passé; encores y a il lors assez à faire : et a tousiours esté conseil hazardeux, de fier à la licence d'une armee victorieuse l'observation de la foy qu'on a donnee à une ville, qui vient de se rendre par doulce et favorable composition, et d'en laisser, sur la chaulde, l'entree libre aux soldats.

L. Aemilius Regillus, preteur romain, ayant perdu son temps à essayer de prendre la ville de Phocees à force, pour la singuliere prouesse des habitants à se bien deffendre, feit pache avec eulx de les recevoir pour amis du peuple romain, et d'y entrer comme en ville confederee, leur ostant toute crainte d'action hostile : mais y ayant quand et luy introduict son armee pour s'y faire veoir en plus de pompe, il ne feut en sa puissance, quelque effort qu'il y employast, de tenir la bride à ses gents; et veit devant ses yeulx fourrager bonne partie de la ville, les droicts de l'avarice et de la vengeance suppeditant ceulx de son auctorité et de la discipline militaire.

Cleomenes disoit que quelque mal qu'on peust faire aux ennemis en guerre, cela estoit par dessus la iustice, et non subiect à icelle, tant envers les dieux qu'envers les hommes; et ayant faict trefve avec les Argiens pour sept iours, la troisiesme nuict aprez il les alla charger tout endormis, et les desfeit, alleguant qu'en sa trefve il n'avoit pas esté parlé des nuicts; mais les dieux vengerent cette perfide subtilité.

Pendant le parlement, et qu'ils musoient sur leurs seuretez, la ville de Casilinum feust saisie par surprinse; et cela pourtant au siecle et des plus iustes capitaines et de la plus parfaicte milice romaine : car il n'est pas dict qu'en temps et lieu il ne soit permis de nous prevaloir de la sottise de nos ennemis, comme nous faisons de leur lascheté. Et certes la guerre a naturellement beaucoup de privileges raisonnables, au preiudice de la raison; et icy fault la regle, *neminem id agere, ut ex alterius prædetur inscitia ;* mais ie m'estonne de l'estendue que Xenophon leur donne, et par les propos, et par divers exploicts de son parfaict empereur ; aucteur de merveilleux poids en telles choses, comme grand capitaine, et philosophe des premiers disciples de Socrates; et ne consens pas à la mesure de sa dispense en tout et par tout.

Monsieur d'Aubigny assiegeant Capoue, et aprez y avoir faict une furieuse batterie, le seigneur Fabrice Colonne, capitaine de la ville, ayant commencé à parlementer de dessus un bastion, et ses gents faisants plus molle garde, les nostres s'en emparerent et meirent tout en pieces. Et de plus fresche memoire, à Yvoy, le seigneur Iulian Rommero, ayant faict ce pas de clerc de sortir pour parlementer aveccques monsieur le connestable, trouva au retour sa place saisie. Mais à fin que nous ne nous en allions pas sans revenche, le marquis de Pesquaire assiegeant Genes, où le duc Octavian Fregose commandait soubs nostre protection, et l'accord entre eulx ayant esté poulsé si avant qu'on le tenoit pour faict; sur le point de la conclusion, les Espaignols, s'estants coulés dedans, en userent comme en une victoire planiere. Et depuis, à Ligny en Barrois, où le comte de Brienne commandoit, l'empereur l'ayant assiegé en personne, et Bertheville, lieutenant du dict comte, estant sorty pour parlementer, pendant le parlement la ville se trouva saisie.

>Fù il vincer sempremai laudabil cosa,
>Vincasi o per fortuna, o per ingegno,

disent ils : mais le philosophe Chrysippus n'eust pas esté de cet advis; et moy aussi peu : car il disoit que ceulx qui courent à l'envy doibvent bien employer toutes leurs forces à la vistesse, mais il ne leur est pourtant aulcunement loisible de mettre la main sur leur adversaire pour l'arrester, ny de luy tendre la iambe pour le faire cheoir. Et plus genereusement encores ce grand Alexandre à Polypercon, qui luy suadoit de se servir de l'advantage que l'obscurité de la nuict luy donnoit pour assaillir Darius : « Point, dict il, ce n'est pas à moy de chercher des victoires desrobees : *malo me fortunæ pœniteat, quam victoriæ pudeat.* »

>Atque idem fugientem haud est dignatus Oroden
>Sternere, nec iacta cæcum dare cuspide vulnus :
>Obvius, adversoque occurit, seque viro vir
>Contulit, haud furto melior, sed fortibus armis.

Chapitre VII. — Que l'intention iuge nos actions.

La mort, dict on, nous acquitte de toutes nos obligations. I'en sçay qui l'ont prins en diverse façon. Henry septiesme, roy d'Angleterre, feit composition avec dom Philippe, fils de l'empereur Maximilian, ou, pour le confronter plus honnorablement, pere de l'empereur Charles cinquiesme, que le dict Philippe remettroit entre ses mains le duc de Suffolc de la Rose blanche, son ennemy, lequel s'en estoit fuy et retiré au Païs Bas, moyennant qu'il promettoit de n'attenter rien sur la vie dudict duc : toutesfois, venant à mourir, il commanda par son testament à son fils de le faire mourir soubdain aprez qu'il seroit decedé. Dernierement, en cette tragedie que le duc d'Albe nous feit voir à Bruxelles ez comtes de Horne et d'Aiguemond, il y eut tout plein de choses remarquables; et, entre aultres, que le comte d'Aiguemond, soubs la foy et assurance duquel le comte de Horne s'estoit venu rendre au duc d'Albe, requit avec grande instance qu'on le feist mourir le premier, à fin que sa mort l'affranchist de l'obligation qu'il avoit audict comte de Horne. Il semble que la mort n'ayt point deschargé le premier de sa foy donnee, et que le second en estoit quitte, mesme sans mourir. Nous ne pouvons estre tenus au delà de nos moyens; à cette cause, parce que les effects et executions ne sont aulcunement en nostre puissance, et qu'il n'y a rien à bon escient en nostre puissance, que la volonté; en celle là se fondent par necessité, et s'establissent toutes les regles du debvoir de l'homme : par ainsi le comte d'Aiguemond tenant son ame et volonté endebtee à sa promesse, bien que la puissance de l'effectuer ne feust pas en ses mains, estoit sans doubte absouls de son debvoir, quand il eust survescu le comte de Horne. Mais le roy d'Angleterre faillant à sa parole par son intention, ne se peult excuser pour avoir retardé iusques aprez sa mort l'execution de sa desloyauté; non plus que le masson de Herodote, lequel ayant loyalement conservé durant sa vie le secret des thresors du roy d'Aegypte son maistre, mourant, le descouvrit à ses enfants.

I'ay veu plusieurs de mon temps, convaincus par leur conscience retenir de l'aultruy, se disposer à y satisfaire par leur testament et aprez leur decez. Ils ne font rien qui vaille, ny de prendre terme à chose si pressante, ny de vouloir restablir une iniure avecques si peu de leur ressentiment et interest. Ils doibvent du plus leur; et d'autant qu'ils payent plus poisamment et incommodeement, d'autant en est leur satisfaction plus iuste et meritoire : la penitence demande à charger. Ceulx là font encore pis, qui reservent la declaration de quelque haineuse volonté envers le proche, à leur derniere volonté, l'ayant cachee pendant la vie; et montrent avoir peu de soing du propre honneur, irritants l'offensé à l'encontre de leur memoire, et moins de leur conscience, n'ayants, pour le respect de la mort mesme, sceu faire mourir leur maltalent, et en estendant la vie oultre la leur. Iniques iuges, qui remettent à iuger alors qu'ils n'ont plus cognoissance de cause. Ie me garderay, si ie puis, que ma mort die chose que ma vie n'ayt premierement dict, et apertement.

Chapitre VIII. — De l'oysifveté.

Comme nous veoyons des terres oysifves, si elles sont grasses et fertiles, foisonner en cent mille sortes d'herbes sauvages et inutiles, et que, pour les tenir en office, il les fault assubiectir et employer à certaines semences pour nostre service; et comme nous veoyons que les femmes produisent bien toutes seules des amas et pieces de chair informes, mais que pour faire une generation bonne et naturelle, il les fault embesongner d'une autre semence : ainsin est il des esprits; si on ne les occupe à certain subiect qui les bride et contraigne, ils se iectent desreglez, par cy par là, dans le vague champ des imaginations,

    Sicut aquæ tremulum labris ubi lumen ahenis,
    Sole repercussum, aut radiantis imagine lunæ,
    Omnia pervolitat late loca ; iamque sub auras
    Erigitur, summique ferit laquearia tecti;

et n'est folie ny resverie qu'ils ne produisent en cette agitation,

    Velut ægri somnia, vanæ
    Finguntur species.

L'ame qui n'a point de but estably, elle se perd : car, comme on dict, c'est n'estre en aulcun lieu, que d'estre par tout.

    Quisquis ubique habitat, Maxime, nusquam habitat.

Dernierement que ie me retiray chez moy, deliberé, autant que ie pourroy, ne me mesler d'aultre chose que de passer en repos et à part ce peu qui me reste de vie, il me sembloit ne pouvoir faire plus grande faveur à mon esprit, que de le laisser en pleine oysifveté s'entretenir soy mesme, et s'arrester et rasseoir en soy, ce que i'esperoy qu'il peust meshuy faire plus ayseement, devenu avecques le temps plus poisant et plus meur : mais ie treuve, comme

Variam semper dant otia mentem.

qu'au rebours, faisant le cheval eschappé, il se donne cent fois plus de carriere à soy mesme qu'il n'en prenoit pour aultruy; et m'enfante tant de chimeres et monstres fantasques les un ssur les aultres, sans ordre et sans propos, que, pour en contempler à mon ayse l'ineptie et l'estrangeté, i'ay commencé de les mettre en roolle, esperant avecques le temps luy en faire honte à luy mesme.

Chapitre IX. — Des menteurs.

Il n'est homme à qui il siese si mal de se mesler de parler de memoire; car ie n'en recognois quasy trace en moy; et ne pense qu'il y en ayt au monde une aultre si merveilleuse en defaillance. I'ay toutes mes aultres parties viles et communes; mais, en cette là, ie pense estre singulier et tresrare, et digne de gaigner nom et reputation. Oultre l'inconvenient naturel que i'en souffre (car certes, veu sa necessité, Platon a raison de la nommer une grande et puissante deesse), si en mon païs on veult dire qu'un hômme n'a point de sens, ils disent qu'il n'a point de memoire; et quand ie me plains du default de la mienne ils me reprennent et m'escroyent, comme si ie m'accusois d'estre insensé : ils ne veoyent pas de chois entre memoire et entendement. C'est bien empirer mon marché! Mais ils me font tort; car il se veoid par experience, plustost au rebours, que les memoires excellentes se ioignent volontiers aux iugements debiles. Ils me font tort aussi en cecy, qui ne sçay rien si bien faire qu'estre amy, que les mesmes paroles qui accusent ma maladie representent l'ingratitude; on se prend de mon affection, à ma memoire; et d'un default naturel, on en faict un default de conscience : « Il a oublié, dict on, cette priere ou cette promesse : Il ne se souvient point de ses amis : Il ne s'est point souvenu de dire, ou faire, ou taire cela, pour l'amour de moy. » Certes, ie puis aysement oublier : mais de mettre à nonchaloir la charge que mon amy m'a donnee, ie ne le fois pas. Qu'on se contente de ma misere, sans en faire une espece de malice, et de la malice autant ennemie de mon humeur!

Ie me console aulcunement : Premierement, sur ce, Que c'est un mal duquel principalement i'ay tiré la raison de corriger un mal pire, qui se feust facilement produict en moy, sçavoir est l'ambition; car cette defaillance est insupportable à qui s'empestre des negociations du monde : Que, comme disent plusieurs pareils exemples du progrez de nature, elle a volontiers fortifié d'aultres facultez en moy à mesure que cette cy s'est affoiblie; et irois facilement couchant et alanguissant mon esprit et mon iugement sur les traces d'aultruy, sans exercer leurs propres forces, si les inventions et opinions estrangieres m'estoient presentes par le benefice de la memoire : Que mon parler en est plus court; car le magasin de la memoire est volontiers plus fourny de matiere que n'est celuy de l'invention. Si elle m'eust tenu bon, i'eusse assourdi tous mes amis de babil, les subiects esveillants cette telle quelle faculté que i'ai de les manier et employer, eschauffants et attirants mes discours. C'est pitié : ie l'essaye par la preuve d'aulcuns de mes privez amis; à mesure que la memoire leur fournit la chose entiere et presente, ils reculent si arriere leur narration, et la chargent de tant de vaines circonstances, que, si le conte est bon, ils en estouffent la bonté : s'il ne l'est pas, vous estes à maudire ou l'heur de leur memoire, ou le malheur de leur iugement. Et c'est chose difficile de fermer un propos et de le coupper depuis qu'on est arrouté ; et n'est rien où la force d'un cheval se cognoisse plus, qu'à faire un arrest rond et net. Entre les pertinents mesmes, i'en veoy qui veulent et ne se peuvent desfaire de leur course : ce pendant qu'ils cherchent le poinct de clorre le pas, ils s'en vont balivernant et traisnant comme des hommes qui defaillent de foiblesse. Surtout les vieillards sont dangereux, à qui la souvenance des choses passees demeure, et ont perdu la souvenance de leurs redictes : i'ai veu des recits bien plaisants devenir tresennuyeux en la bouche d'un seigneur, chacun de l'assistance en ayant esté abbruvé cent fois.

Secondement, Qu'il me souvient moins des offenses receues, ainsi que disoit cet ancien : il me fauldroit un protocolle; comme Darius, pour n'oublier l'offense qu'il avoit receue des Atheniens, faisoit qu'un page, à tous les coups qu'il se mettoit à table, luy veinst rechanter par trois fois à l'orcille : « Sire, souvienne vous des Atheniens; » d'autre part, les lieux et les livres que ie reveoy, me rient tousiours d'une fresche nouvelleté.

Ce n'est pas sans raison qu'on dict, que qui ne se sent point assez ferme de memoire, ne se doibt pas mesler d'estre menteur. Ie sçay bien que les grammairiens font difference entre dire mensonge, et mentir; et disent que dire mensonge, c'est dire chose faulse, mais qu'on a prins pour vraye; et que la definition du mot de mentir en latin, d'où nostre françois est party, porte autant comme aller contre sa conscience; et que, par consequent, cela ne touche que ceulx qui disent contre ce qu'ils sçavent, desquels ie parle. Or ceulx icy, ou ils inventent marc et tout, ou ils deguisent et alterent un fond veritable. Lors qu'ils deguisent et changent, à les remettre souvent en ce mesme conte, il est malaysé qu'ils ne se desferrent, parce que la chose, comme elle est, s'estant logee la premiere dans la memoire, et s'y estant empreinte par la voye de la cognoissance et de la science, il est malaysé qu'elle ne se represente à l'imagination, deslogeant la faulseté qui n'y peult avoir le pied si ferme ny si rassis, et que les circonstances du premier apprentissage, se coulants à touts coups dans l'esprit, ne facent perdre le souvenir des pieces rapportées faulses ou abastardies. En ce qu'ils inventent tout à faict, d'autant qu'il n'y a nulle impression contraire qui chocque leur faulseté, ils semblent avoir d'autant moins à craindre de se mescompter. Toutefois encores cecy, parce que c'est un corps vain et sans prinse, eschappe volontiers à la memoire, si elle n'est bien asseuree. De quoy i'ay souvent veu l'experience, et plaisamment, aux despens de ceulx qui font profession de ne former aultrement leur parole que selon qu'il sert aux affaires qu'ils negocient, et qu'il plaist aux grands à qui ils parlent; car ces circonstances à quoy ils veulent asservir leur foy et leur conscience, estant subiectes à plusieurs changements, il fault que leur parole se diversifie quand et quand : d'où il advient que de mesme chose ils disent tantost gris, tantost iaune, à tel homme d'une sorte, à tel d'une aultre; et si par fortune ces hommes rapportent en butin leurs instructions si contraires, que devient cette belle art? oultre ce qu'imprudemment ils se desferrent eulx mesmes si souvent; car quelle memoire leur pourroit suffire à se souvenir de tant de diverses formes qu'ils ont forgées en un mesme subiect? I'ay veu plusieurs de mon temps envier la reputation de cette belle sorte de prudence; qui ne veoyent pas que si la reputation y est, l'effect n'y peut estre.

En verité le mentir est un mauldict vice : nous ne sommes hommes, et ne nous tenons les uns aux aultres, que par la parole. Si nous en cognoissions l'horreur et le poids, nous le poursuivrions à feu, plus iustement que d'aultres crimes. Ie treuve qu'on s'amuse ordinairement à chastier aux enfants des erreurs innocentes, tresmal à propos, et qu'on les tormente pour des actions temeraires qui n'ont ny impression ny suite. La menterie seule, et, un peu dessoubs, l'opiniastreté, me semblent estre celles desquelles on debvroit à toute instance combattre la naissance et le progrez : elles croissent quand et eulx; et depuis qu'on a donné ce faulx train à la langue, c'est merveille combien il est impossible de l'en retirer : par où il advient que nous veoyons des honnestes hommes d'ailleurs, y estre subiects et asservis. I'ay un bon garçon de tailleur à qui ie n'ouy iamais dire une verité, non pas quand elle s'offre pour luy servir utilement. Si, comme la verité, le mensonge n'avoit qu'un visage, nous serions en meilleurs termes; car nous prendrions pour certain l'opposé de ce que diroit le menteur : mais le revers de la verité a cent mille figures et un champ indefiny. Les Pythagoriens font le bien certain et finy, le mal infiny et incertain. Mille routes desvoyent du blanc : une y va. Certes ie ne m'asseure pas que ie peusse venir à bout de moy, à guarantir un danger evident et extreme par une effrontee et solenne mensonge. Un ancien Pere dict que nous sommes mieulx en la compagnie d'un chien cogneu, qu'en celle d'un homme duquel le langage nous est incogneu. *Ut externus alieno non sit hominis vice.* Et de combien est le langage faulx moins sociable que le silence !

Le roy François premier se vantoit d'avoir mis au rouet, par ce moyen, Francisque Taverna, ambassadeur de François Sforce, duc de Milan, homme tresfameux en science de parlerie. Cettuy-cy avoit esté despesché pour excuser son maistre vers sa maiesté, d'un fait de grande consequence, qui estoit tel : Le roy, pour maintenir tousiours quelques intelligences en Italie, d'où il avoit esté dernierement chassé, mesme au duché de Milan, avoit advisé d'y tenir prez du duc un gentilhomme de sa part, ambassadeur par effect, mais par apparence homme privé, qui feist la mine d'y estre pour ses affaires particulieres; d'autant que le duc, qui dependoit beaucoup plus de l'empereur (lors principalement qu'il estoit en traicté de mariage avec sa niepce, fille du roy de Danemac, qui est à present douairiere de Lorraine), ne pouvoit descouvrir avoir auleune practique et conference avecques nous, sans son grand interest. A cette commission se trouva propre un gentilhomme milannois, escuyer d'escurie chez le roy, nommé Merveille. Cettuy cy, despesché avecques lettres secrettes de creances et instructions d'ambassadeur, et avecques d'aultres lettres de recommandation envers le duc en faveur de ses affaires particulieres, pour le masque et la montre, feut si long temps auprez du duc, qu'il en veint quelque ressentiment à l'empereur; qui donna cause à ce qui s'ensuivit aprez, comme nous pensons : ce feut que, soubs couleur de quelque meurtre, voilà le duc qui luy faict trancher la teste de belle nuict, et son procez faict en deux iours. Messire Francisque estant venu, prest d'une longue deduction contrefaicte de cette histoire (car le roy s'en estoit adressé, pour demander raison, à touts les princes de chrestienté et au duc mesme), feut ouy aux affaires du matin; et ayant estably pour le fondement de sa cause, et dressé à cette fin plusieurs belles apparences du faict : que son maistre n'avoit iamais prins nostre homme que pour gentilhomme privé et sien subiect, qui estoit venu faire ses affaires à Milan, et qui n'avoit iamais vescu là sous aultre visage : desadvouant mesme avoir sceu qu'il feust en estat de la maison du roy, ny cogneu de luy, tant s'en fault qu'il le prinst pour ambassadeur : le roy, à son tour, le pressant de diverses obiections et demandes, et le chargeant de toutes parts, l'accula enfin sur le poinct de l'execution faicte de nuict et comme à la desrobee; à quoy le pauvre homme embarrassé respondit, pour faire l'honneste, que, pour le respect de sa maiesté, le duc eust été bien marry que telle execution se feust faicte de iour. Chacun peult penser comme il feut relevé, s'estant si lourdement couppé, à l'endroict d'un tel nez que celui du roy François.

Le pape Iule second ayant envoyé un ambassadeur vers le roy d'Angleterre, pour l'animer contre le roy François, l'ambassadeur ayant esté ouy sur sa charge, et le roy d'Angleterre s'estant arresté en sa response aux difficultez qu'il trouvoit à dresser les preparatifs qu'il fauldroit pour combattre un roy si puissant, et en alleguant quelques raisons; l'ambassadeur repliqua mal à propos qu'il les avoit aussi considerees de sa part, et les avoit bien dictes au pape. De cette parole, si esloingnee de sa proposition, qui estoit de le poulser incontinent à la guerre, le roy d'Angleterre print le premier argument de ce qu'il trouva depuis par effect, que cet ambassadeur, de son intention particuliere, pendoit du costé de France; et, en ayant adverty son maistre, ses biens feurent confisquez, et ne teint à gueres qu'il n'en perdist la vie.

Chapitre x. — Du parler prompt, ou tardif.

Onc ne furent à touts toutes graces donnees;

aussi veoyons nous qu'au don d'eloquence, les uns ont la facilité et la promptitude, et, ce qu'on dict, le boutehors si aisé, qu'à chasque bout de champ ils sont prests; les aultres, plus tardifs, ne parlent iamais rien qu'elaboré et premedité.

Comme on donne des regles aux dames de prendre les ieux et les exercices du corps, selon l'advantage de ce qu'elles ont le plus beau; si i'avois à conseiller de mesme en ces deux divers advantages de l'eloquence, de laquelle il semble en nostre siecle que les prescheurs et les advocats facent principale profession, le tardif seroit mieulx prescheur, ce me semble, et l'aultre, mieulx advocat; parce que la charge de cettuy là luy donne autant qu'il luy plaist de loisir pour se preparer; et puis sa carriere se passe d'un fil et d'une suitte sans interruption : là où les commoditez de l'advocat le pressent à toute heure de se mettre en lice; et les responses improuveues de sa partie adverse le reiectent de son bransle, où il luy fault sur le champ prendre nouveau party. Si est ce qu'à l'entreveue du pape Clement et du roy François à Marseille, il advint, tout au rebours, que monsieur Poyet, homme toute sa vie nourry au barreau, en grande reputation, ayant charge de faire la harangue au pape, et l'ayant de longue main pourpensee, voire, à ce qu'on dict, apportee de Paris toute preste; le iour mesme qu'elle debvoit estre prononcee, le pape, se craignant qu'on luy teinst propos qui peust offenser les ambassadeurs des aultres princes qui estoient autour de luy, manda au roy l'argument qui lui sembloit estre le plus propre au temps et au lieu, mais, de fortune, tout aultre que celui sur lequel monsieur Poyet s'estoit travaillé; de façon que sa harangue demeuroit inutile, et luy en falloit promptement refaire une aultre : mais s'en sentant incapable, il fallut que monsieur le cardinal du Bellay en prinst la charge. La part de l'advocat est plus difficile que celle du prescheur, et nous trouvons pourtant, ce m'est advis, plus de passables advocats que prescheurs, au moins en France. Il semble que ce soit plus le propre de l'esprit d'avoir son operation prompte et soubdaine; et plus le propre du iugement de l'avoir lente et posee. Mais qui demeure du tout muet, s'il n'a loisir de se preparer, et celuy aussi à qui le loisir ne donne advantage de mieulx dire, sont en pareil degré d'estrangeté.

On recite de Severus Cassius, qu'il disoit mieulx sans y avoir pensé; qu'il debvoit plus à la fortune qu'à sa diligence; qu'il luy venoit à proufit d'estre troublé en parlant; et que ses adversaires craignoyent de le picquer, de peur que la cholere ne luy feist redoubler son eloquence. Ie cognoy par experience cette condition de nature, qui ne peult soustenir une vehemente premeditation et laborieuse : si elle ne va gayement et librement, elle ne va rien qui vaille. Nous disons d'aulcuns ouvrages, qu'ils puent à l'huyle et à la lampe, pour certaine aspreté et rudesse que le travail imprime en ceulx où il a grande part. Mais oultre cela, la solicitude de bien faire, et cette contention de l'ame trop bandee et trop tenduë à son entreprinse, la rompt et l'empesche; ainsi qu'il advient à l'eau qui, par force de se presser, de sa violence et abondance ne peult trouver issue en un goulet ouvert. En cette condition de nature dequoy ie parle, il y a quand et quand aussi cela, qu'elle demande à estre non pas esbranlee et picquee par ces passions fortes, comme la cholere de Cassius (car ce mouvement seroit trop aspre), elle veult estre non pas secouee, mais solicitee; elle veult estre eschauffee et reveillee par les occasions estrangeres, presentes, et fortuites : si elle va toute seule, elle ne faict que traisner et languir; l'agitation est sa vie et sa grace. Ie ne me tiens pas bien en ma possession et disposition, le hazard y a plus de droict que moy; l'occasion, la compaignie, le bransle mesme de ma voix, tire plus de mon esprit, que ie n'y treuve lorsque ie le sonde et employe à part moy. Ainsi les paroles en valent mieulx que les escripts, s'il y peult avoir chois où il n'y a point de prix. Cecy m'advient aussi, que ie ne me treuve pas où ie me cherche; et me treuve plus par rencontre, que par inquisition de mon iugement. l'auray eslancé quelque subtilité en escrivant (i'entens bien, mornee pour un aultre, affilee pour moy : laissons toutes ces honnestetez; cela se dict par chascun selon sa force) : ie l'ay si bien perduc, que ie ne sçay ce que i'ay voulu dire; et l'a l'estranger descouverte par fois avant moy. Si ie portoy le rasoir par tout où cela m'advient, ie me desferoy tout. Le rencontre m'en offrira le iour quelque aultre fois, plus apparent que celuy du midy, et me fera estonner de ma hesitation.

Chapitre XI. — Des prognostications.

Quant aux oracles, il est certain que bonne piece avant la venue de Iesus-Christ, ils avoyent commencé à perdre leur credit; car nous veoyons que Cicero se met en peine de treuver la cause de leur defaillance; et ces mots sont à luy : *Cur isto modo iam oracula Delphis non eduntur, non modo nostra œtate, sed iamdiu; ut nihil possit esse contemptius?* Mais quant aux aultres prognostiques qui se tiroyent de l'anatomie des bestes aux sacrifices, auxquels Platon attribue en partie la constitution naturelle des membres internes d'icelles, du trepignement des poulets, du vol des oyseaux (*Aves quasdam... rerum augurandarum causa natas esse putamus*), des fouldres, du tournoyement des rivieres (*Multa cernunt aruspices, multa augures provident, multa oraculis declarantur, multa vaticinationibus, multa somniis, multa portentis*), et aultres sur lesquels l'antiquité appuyoit la pluspart des entreprinses tant publicques que privees, nostre religion les a abolies. Et encores qu'il reste entre nous quelques moyens de divination ez astres, ez esprits, ez figures du corps, ez songes, et ailleurs; notable exemple de la forcenee curiosité de nostre nature, s'amusant à preoccuper les choses futures, comme si elle n'avoit pas assez à faire à digerer les presentes.

> Cur hanc tibi, rector Olympi,
> Sollicitis visum mortalibus addere curam;
> Noscant venturas ut dira per omina clades?
> . . . .
> Sit subitum, quodcumque paras; sit cæca futuri
> Mens hominum fati; liceat sperare timenti :

Ne utile quidem est scire, quid futurum sit; miserum est enim, nihil proficientem angi : si est ce qu'elle est de beaucoup moindre auctorité. Voilà pourquoy l'exemple de François, marquis de Sallusses, m'a semblé remarquable : car lieutenant du roy François en son armee delà les monts, infiniment favorisé de nostre court, et obligé au roy du marquisat mesme qui avoit esté confisqué de son frere; au reste ne se presentant occasion de le faire, son affection mesme y contredisant, se laissa si fort espouvanter, comme il a esté adveré, aux belles prognostications qu'on faisoit lors courir de touts costez à l'advantage de l'empereur Charles cinquiesme, et à nostre desadvantage (mesme en Italie, où ces propheties avoyent trouvé tant de place, qu'à Rome il feut baillé grande somme d'argent au change, pour cette opinion de nostre ruyne), qu'aprez s'estre souvent condolu à ses privez des maulx qu'il veoyoit inevitablement preparez à la couronne de France et aux amis qu'il y avoit, se revolta et changea de party; à son grand dommage pourtant, quelque constellation qu'il y eust. Mais il s'y conduisit en homme combattu de diverses passions : car ayant et villes et forces en sa main, l'armee ennemie soubs Antoine de Leve à trois pas de luy, et nous sans souspeçons de son faict, il estoit en luy de faire pis qu'il ne feit; car pour sa trahison nous ne perdismes ny homme ny ville que Fossan, encores aprez l'avoir longtemps contestee.

> Prudens futuri temporis exitum
> Caliginosa nocte premit Deus;
> Ridetque, si mortalis ultra
> Fas trepidat.
> . . . Ille potens sui,
> Lætusque deget, cui licet in diem
> Dixisse, VIXI, cras vel atra
> Nube polum pater occupato,
> Vel sole puro.
> Lætus in præsens animus, quod ultra est
> Oderit curare.

Et ceulx qui croyent ce mot, au contraire, le croyent à tort : *Ista sic reciprocantur, ut et, si divinatio sit, dii sint; et, si dii sint, si divinatio.* Beaucoup plus sagement Pacuvius,

> Nam istis, qui linguam avium intelligunt
> Plusque ex alieno iecore sapiunt, quam ex suo,
> Magis audiendum, quam auscultandum censeo.

Ce tant celebre art de deviner des Toscans nasquit ainsin : Un laboureur, perceant de son coultre profondement la terre, on veit sourdre Tages, demi dieu, d'un visage enfantin, mais de senile prudence; chascun y accourut, et feurent ses paroles et sa science recueillie et conservee à plusieurs siecles, contenant les principes et moyens de cet art : naissance conforme à son progrez. J'aimeroy bien mieulx reigler mes affaires par le sort des dez que par ces songes. Et de vray, en toutes republiques on a touiours laissé bonne part d'auctorité au sort. Platon, en la police qu'il forge à discretion, lui attribue la decision de plusieurs effets d'importance, et veult, entre aultres choses, que les mariages se facent par sort entre les bons : et donne si grand poids à cette election fortuite, que les enfants qui en naissent, il ordonne qu'ils soyent nourris au païs; ceulx qui naissent des mauvais, en soyent mis hors : toutesfois si quelqu'un de ces bannis venoit, par cas d'adventure, à montrer en croissant quelque bonne esperance de soy, qu'on le puisse rappeler; et exiler aussi celuy d'entre les retenus qui montrera peu d'esperance de son adolescence.

J'en veoy qui estudient et glosent leurs almanacs, et nous en alleguent l'auctorité aux choses qui se passent. A tant dire, il faut qu'ils dient et la verité et le mensonge : *quis est enim, qui totum diem iaculans non aliquando collineet?* Ie ne les estime de rien mieulx, pour les veoir tumber en quelque rencontre. Ce seroit plus de certitude, s'il y avoit regle et verité à mentir tousiours : ioinct que personne ne tient registre de leurs mescomptes, d'autant qu'ils sont ordinaires et infinis ; et faict on valoir leurs divinations de ce qu'elles sont rares, incroiables, et prodigieuses. Ainsi respondit Diagoras, qui feut surnommé l'athee, estant en la Samothrace, à celuy qui, en luy montrant au temple force vœux et tableaux de ceulx qui avoient eschappé le nauffrage, lui dict : « Eh bien ! vous qui pensez que les dieux mettent à nonchaloir les choses humaines, que dictes vous de tant d'hommes sauvez par leur grace ? » — « Il se faict ainsi, respondit il ; ceulx là ne sont pas peincts qui sont demourez noyez, en bien plus grand nombre. »

Cicero dit que le seul Xenophanes colophonien, entre touts les philosophes qui ont advoué les dieux, a essayé de desraciner toute sorte de divination. D'autant il est moins de merveille si nous avons veu, par fois à leur dommage, aulcunes de nos ames principesques s'arrester à ces vanitez. Je vouldrois bien avoir recogneu de mes yeulx ces deux merveilles, du livre de Ioachim, abbé calabrois, qui predisoit touts les papes futurs, leurs noms et formes, et celuy de Léon l'empereur, qui presidoit les empereurs et patriarches de Grèce. Cecy ay ie recogneu de mes yeulx, qu'ez confusions publicques, les hommes, estonnez de leur fortune, se vont reiectants, comme à toute superstition, à rechercher au ciel les causes et menaces anciennes de leur malheur ; et y sont si estrangement heureux de mon temps, qu'ils m'ont persuadé qu'ainsi que c'est un amusement d'esprits aigus et oysifs, ceulx qui sont duicts à cette subtilité de les replier et desnouer, seroyent en touts escripts capables de trouver tout ce qu'ils y demandent : mais sur tout leur preste beau ieu le parler obscur, ambigu et fantastique du iargon prophetique, auquel leurs aucteurs ne donnent aulcun sens clair, à fin que la posterité y en puisse appliquer de tels qu'il luy plaira.

Le daimon de Socrates estoit à l'adventure certaine impulsion de volonté, qui se presentoit à luy sans le conseil de son discours : en une ame bien espurée, comme la sienne, et preparee par continu exercice de sagesse et de vertu, il est vraysemblable que ces inclinations, quoyque temeraires et indigestes, estoient touiours importantes et dignes d'estre suyvies. Chacun sent en soy quelque image de telles agitations d'une opinion prompte, vehemente, et fortuite : c'est à moy de leur donner quelque auctorité, qui en donne si peu à nostre prudence ; et en ay eu de pareillement foibles en raison, et violentes en persuasion, ou en dissuasion, qui estoient plus ordinaires à Socrates, auxquelles ie me suis laissé emporter si utilement et heureusement, qu'elles pourroient estre iugees tenir quelque chose d'inspiration divine.

Chapitre xii. — De la constance.

La loy de la resolution et de la constance ne porte pas que nous ne nous debvions couvrir, autant qu'il est en nostre puissance, des maulx et inconvenients qui nous menacent, ny par consequent d'avoir peur qu'ils nous surprennent : au rebours, touts moyens honnestes de se guarantir des maulx, sont non seulement permis, mais louables, et le ieu de la constance se ioue principalement à porter de pied ferme les inconvenients où il n'y a point de remede. De maniere qu'il n'y a souplesse de corps ny mouvement aux armes de main, que nous trouvions mauvais, s'il sert à nous guarantir du coup qu'on nous rue.

Plusieurs nations tresbelliqueuses se servoyent, en leurs faicts d'armes de la fuyte pour advantage principal, et montroyent le dos à l'ennemy plus dangereusement que leur visage : les Turcs en retiennent quelque chose ; et Socrates, en Platon, se mocque de Laches qui avoit defiuy la fortitude, « Se tenir ferme en son reng contre les ennemis. » Quoy, feit il, seroit ce doncques lascheté de les battre en leur faisant place ? et luy allegue Homère, qui loue en Aeneas la science de fuir. Et, parce Lasches, se r'advisant, advouë cet usage aux Scythes et enfin generalement à touts gens de cheval, il luy allegue encores l'exemple des gents de pied lacedemoniens, nation sur toutes duicte à combattre de pied ferme, qui, en la iournee de Platees, ne pouvant ouvrir la phalange persienne, s'adviserent de s'escarter et sier arriere ; pour, par l'opinion de leur fuyte, faire rompre et dissouldre cette masse, en les poursuivant ; par où ils se donnerent la victoire.

Touchant les Scythes, on dict d'eux, quand Darius alla pour les subiuguer, qu'il manda à leur roy force reproches, pour le veoir tousiours reculant devant luy, et gauchissant la meslee. A quoy Indathyrses, car ainsi se nommait il, feit response, « Que ce n'estoit pour avoir peur de luy ny d'homme vivant, mais que c'estoit la façon de marcher de sa nation, n'ayant ny terre cultivee, ny ville, ny maison à deffendre, et à craindre que l'ennemy en peust faire proufit : mais s'il avoit si grand'faim d'y mordre, qu'il approchast pour veoir le lieu de leurs anciennes sepultures, et que là il trouveroit à qui parler tout son saoul. »

Toutesfois aux canonades, depuis qu'on leur est planté en butte, comme les occasions de la guerre portent souvent, il est messeant de s'esbranler pour la menace du coup; d'autant que, par sa violence et vistesse, nous le tenons inevitable; et en y a maint un qui pour avoir ou haulsé la main, ou baissé la teste, en a, pour le moins, appresté à rire à ses compaignons. Si est ce qu'au voyage que l'empereur Charles cinquiesme feit contre nous en Provence, le marquis de Guast estant allé recognoistre la ville d'Arles, et s'estant iecté hors du couvert d'un moulin à vent, à la faveur duquel il s'estoit approché, feut apperçeu par les seigneurs de Bonneval et seneschal d'Agenois, qui se pourmenoyent sus le theatre aux arenes : lesquels l'ayant montré au sieur de Villiers, commissaire de l'artillerie, il braqua si à propos une couleuvrine, que sans ce que ledict marquis, veoyant mettre le feu, se lanca à quartier, il feut tenu qu'il en avoit dans le corps. Et de mesme quelques annees auparavant, Laurent de Medicis, duc d'Urbin, pere de la royne mere du roy, assiegeant Mondolphe, place d'Italie, aux terres qu'on nomme du Vicariat, veoyant mettre le feu à une pièce qui le regardoit, bien luy servit de faire la cane; car aultrement le coup, qui ne lui raza que le dessus de la teste, lui donnoit sans doubte dans l'estomach. Pour en dire le vray, ie ne croy pas que ces mouvements se feissent avecques discours ; car quel iugement pouvez vous faire de la mire haulte ou basse en chose si soubdaine ? et est bien plus aisé à croire que la fortune favorisa leur frayeur; et que ce seroit moyen une aultre fois aussi bien pour se iecter dans le coup, que pour l'eviter. Ie ne me puis deffendre, si le bruit esclatant d'une arquebusade vient à me frapper les aureilles à l'improuveu, en lieu où ie ne le deusse pas attendre, que ie n'en tressaille : ce que i'ay veu encores advenir à d'aultres qui valent mieulx que moy.

N'y n'entendent les Stoïciens que l'ame de leur sage puisse resister aux premieres visions et fantasies qui luy surviennent; ains, comme à une subiection naturelle, consentent qu'il cede au grand bruit du ciel ou d'une ruyne, pour exemple, iusques à la pasleur et contraction, ainsin aux aultres passions, pourveu que son opinion demeure saulve et entiere, et que l'assiette de son discours n'en souffre atteinte ny alteration quelconque, et qu'il ne preste nul consentement à son effroy et souffrance. De celuy qui n'est pas sage, il en va de mesme en la premiere partie ; mais tout aultrement en la seconde : car l'impression des passions ne demeure pas en luy superficielle, ains va penetrant iusques au siege de sa raison, l'infectant et le corrompant; il iuge selon icelles, et s'y conforme. Veoyez bien disertement et plainement l'estat du sage stoïque :

Mens immota manet; lacrymæ volvuntur inanes.

Le sage peripateticien ne s'exempte pas des perturbations, mais il les modere.

Chapitre XIII. — Cerimonie de l'entreveue des roys.

Il n'est subiect si vain qui ne merite un reng en cette rapsodie. A nos regles communes, ce seroit une notable discourtoisie, et à l'endroict d'un pareil, et plus à l'endroict d'un grand, de faillir à vous trouver chez vous quand il vous auroit adverty d'y debvoir venir : voire, adioustoit la royne de Navarre Marguerite à ce propos, que c'estoit incivilité à un gentilhomme de partir de sa maison, comme il se faict le plus souvent, pour aller au devant de celuy qui le vient trouver, pour grand qu'il soit; et qu'il est plus respectueux et civil de l'attendre pour le recevoir, ne feust que de peur de faillir sa route; et qu'il suffit de l'accompagner à son partement. Pour moy i'oublie souvent l'un et l'aultre de ces vains offices; comme ie retranche en ma maison autant que ie puis de la cerimonie. Quelqu'un s'en offense, qu'y feroy ie ? Il vault mieulx que ie l'offense pour une fois, que moy touts les iours; ce serait une subiection continuelle. A quoy faire fuit on la servitude des courts, si on l'entraisne iusques en sa taniere? C'est aussi une regle commune en toutes assemblees, qu'il touche aux moindres de se trouver les premiers à l'assignation, d'autant qu'il est mieulx deu aux plus apparents de se faire attendre.

Toutesfois, à l'entreveue qui se dressa du pape Clement et du roy François à Marseille, le roy, y ayant ordonné les appests necessaires, s'esloigna de la ville, et donna loisir au pape de deux ou trois iours pour son entree et refreschissement, avant qu'il le veinst trouver. Et de mesme, à l'entree aussi du pape et de l'empereur à Bouloigne, l'empereur donna moyen au pape d'y estre le premier, et y survenit aprez luy. C'est, disent-ils, une cerimonie ordinaire aux abouchements de tels princes, que le plus grand soit avant les aultres au lieu assigné, voire avant celuy chez qui se faict l'assemblée; et le prennent de ce biais, que c'est à fin que cette apparence tesmoigne que c'est le plus grand que les moindres vont trouver, et le recherchent, non pas luy eulx.

Non seulement chasque païs, mais chasque cité, et chasque vacation, a sa civilité particuliere. I'y ay esté assez soigneusement dressé en mon enfance, et ay vescu en assez bonne compagnie, pour n'ignorer pas les loix de la nostre françoise, et en tiendrois eschole. I'ayme à les ensuivre, mais non pas si couardement que ma vie en demeure contraincte : elles ont quelques formes penibles, lesquelles pourveu qu'on oublie par discretion, non par erreur, on n'en a pas moins de grace. I'ay veu souvent des hommes incivils par trop de civilité, et importuns de courtoisie.

C'est au demourant une tresutile science que la science de l'entregent. Elle est, comme la grace et la beaulté, conciliatrice des premiers abords de la société et familiarité; et par conséquent nous ouvre la porte à nous instruire par les exemples d'aultruy, et à exploicter et produire nostre exemple, s'il a quelque chose d'instruisant et communicable.

Chapitre xiv. — On est puny pour s'opiniastrer à une place sans raison.

La vaillance a ses limites, comme les aultres vertus; lesquels franchis, on se treuve dans le train du vice : en maniere que par chez elle on se peult rendre à la temerité, obstination et folie, qui n'en sçait bien les bornes, malaysees en verité à choisir sur leurs confins. De cette consideration est nee la coustume que nous avons aux guerres, de punir, voire de mort, ceulx qui s'opiniastrent à deffendre une place qui par les regles militaires ne peult estre soustenue. Aultrement, soubs l'esperance de l'impunité, il n'y auroit poullier qui n'arrestat une armee.

Monsieur le connestable de Montmorency, au siege de Pavie, ayant esté commis pour passer le Tesin, et se loger aux fauxbourgs sainct Antoine, estant empesché d'une tour au bout du pont, qui s'opiniastra iusques à se faire battre, feit pendre tout ce qui estoit dedans; et encores depuis, accompaignant monsieur le Dauphin au voyage delà les monts, ayant prins par la force le chasteau de Villane, et tout ce qui estoit dedans ayant été mis en pieces par la furie des soldats, horsmis le capitaine et l'enseigne, il les feit pendre et estrangler pour cette mesme raison : comme feit aussi le capitaine Martin du Bellay, lors gouverneur de Turin en cette mesme constree, le capitaine de Sainct Bony, le reste de ses gents ayant esté massacré à la prinse de la place.

Mais d'autant que le iugement de la valeur et foiblesse du lieu se prend par l'estimation et contrepoids des forces qui l'assaillent (car tel s'opiniastreroit iustement contre deux couleuvrines, qui feroit l'enragé d'attendre trente canons), où se met encores en compte la grandeur du prince conquerant, sa reputation, le respect qu'on luy doibt; il y a danger qu'on presse un peu la balance de ce costé là : et en advient par ces mesmes termes, que tels ont si grande opinion d'eulx et de leurs moyens, que ne leur semblant raisonnable qu'il y ait rien digne de leur faire teste, ils passent le coulteau partout où ils treuvent resistance, autant que fortune leur dure; comme il se veoid par les formes de sommation et desfi que les princes d'orient, et leurs successeurs qui sont encores, ont en usage, fière, haultaine et pleine d'un commandement barbaresque. Et au quartier par où les Portugalois escornerent les Indes, ils trouverent des estats avecques cette loy universelle et inviolable, que tout ennemy vaincu par le roy en presence, ou par son lieutenant, est hors de composition de rançon et de mercy.

Ainsi sur tout il se fault garder, qui peult, de tumber entre les mains d'un iuge ennemy, victorieux et armé.

Chapitre xv. — De la punition de la couardise.

I'ouy aultrefois tenir à un prince et tresgrand capitaine, que pour lascheté de cœur un soldat ne pouvoit estre condemné à mort; luy estant à table faict recit du procez du seigneur de Vervins, qui feut condemné à mort pour avoir rendu Bouloigne. A la verité c'est raison qu'on face grande difference entre les faultes qui viennent de nostre foiblesse, et celles qui viennent de nostre malice : car en celles icy nous nous sommes bandez à nostre escient contre les regles de la raison que nature a empreintes en nous; et en celles là, il semble que nous puissions appeller à garant cette mesme nature, pour nous avoir laissez en telle imperfection et defaillance. De maniere que prou de gents ont pensé qu'on ne se pouvoit prendre à nous que de ce que nous faisons contre nostre conscience : et sur cette regle est en partie fondee l'opinion de ceulx qui condemnent les punitions capitales aux heretiques et mescreants, et celle qui establit qu'un advocat et un iuge ne puissent estre tenus de ce que par ignorance ils ont failly en leur charge.

Mais quant à la couardise, il est certain que la plus commune façon est de la chastier par honte et ignominie : et tient on que cette regle a esté premierement mise en usage par le legislateur Charondas; et qu'avant luy les loix de Grece punissoient de mort ceulx qui s'en estoyent fuys d'une bataille : au lieu qu'il ordonna seulement qu'ils fussent par trois iours assis emmy la place publicque, vestus de robe de femme; esperant encores s'en pouvoir servir, leur ayant faict revenir le courage par cette honte. *Suffundere malis hominis sanguinem, quam effundere.* Il semble aussi que les loix romaines punissoyent anciennement de mort ceulx qui avoient fuy : car Ammianus Marcellinus dict que l'empereur Iulien condemna dix de ses soldats, qui avoient tourné le dos en une charge contre les Parthes, à estre degradez, et, aprez, à souffrir mort, suyvant, dict il, les loix anciennes. Toutesfois ailleurs, pour une pareille faulte, il en condemne d'aultres seulement à se tenir parmy les prisonniers soubs l'enseigne du bagage. L'aspre chastiement du peuple romain contre les soldats eschapez de Cannes, et, en cette mesme guerre, contre ceulx qui accompaignerent Cn. Fulvius en sa desfaicte, ne veint pas à la mort. Si est il à craindre que la honte les desespere, et les rende non froids amis seulement, mais ennemis.

Du temps de nos peres, le seigneur de Franget, iadis lieutenant de la compaignie de monsieur le mareschal de Chastillon, ayant, par M. le mareschal de Chabannes, esté mis gouverneur de Fontarabie au lieu de monsieur du Lude, et l'ayant rendue aux Espaignols, fut condemné à estre degradé de noblesse, et tant luy que sa posterité declaré roturier, taillable, et incapable de porter armes : et feut cette rude sentence executee à Lyon. Depuis, souffrirent pareille punition touts les gentilshommes qui se trouverent dans Guyse, lors que le comte de Nansau y entra; et aultres encores, depuis. Toutesfois quand il y auroit une si grossiere et apparente ou ignorance ou couardise, qu'elle surpassast toutes les ordinaires, ce seroit raison de la prendre pour suffisante preuve de meschanceté et de malice, et de la chastier pour telle.

Chapitre xvi. — Un traict de quelques ambassadeurs.

I'observe en mes voyages cette practique, pour apprendre touiours quelque chose pour la communication d'aultruy (qui est une des plus belles escholes qui puisse estre), de ramener touiours ceulx avecques qui ie confere, aux propos des choses qu'ils sçavent le mieulx ;

> Basti al nocchiero ragionar de' venti,
> Al bifolco dei tori ; e le sue piaghe
> Conti'l guerrier, conti'l pastor gli armenti ;

car il advient le plus souvent, au contraire, que chascun choisit plustost à discourir du mestier d'un aultre que du sien, estimant que c'est autant de nouvelle reputation acquise : tesmoing le reproche qu'Archidamus feit à Periander, qu'il quittoit la gloire de bon medecin, pour acquerir celle mauvais poëte. Veoyez combien Cesar se desploye largement à nous faire entendre ses inventions à bastir ponts et engins; et combien, au prix, il va se des offices de sa profession, de sa vaillance, et conduicte de sa milice : ses exploicts le verifient assez capitaine excellent; il se veult faire cognoistre excellent engineur : qualité aulcunement estrangiere. Le vieil Dionysius estoit tresgrand chef de guerre, comme il convenoit à sa fortune : mais il se travailloit à donner principale recommendation de soy par la poësie; et si n'y sçavoit guere. Un homme de vacation iuridique, mené ces iours passez veoir un'estude fournie de toute sorte de livres de son mestier et de tout aultre mestier, n'y trouva nulle occasion de s'entretenir; mais il s'arresta à gloser rudement et magistralement une barricade logee sur la vis de l'estude, que cent capitaines et soldats recognoissent touts les iours sans remarque et sans offense.

    Optat ephippia bos piger, optat arare caballus.

Par ce train vous ne faictes iamais rien qui vaille. Ainsi il fault travailler de reiecter touiours l'architecte, le peintre, le cordonnier, et ainsi du reste, chascun à son gibbier.

Et, à ce propos, à la lecture des histoires, qui est le subiect de toutes gents, i'ay accoustumé de considerer qui en sont les escrivains : si ce sont personnes qui'ne facent aultre profession que de lettres, i'en apprends principalement le style et le langage; si ce sont medecins, ie les crois plus volontiers en ce qu'ils nous disent de la temperature de l'air, de la santé et complexion des princes, des blecures et maladies; si iurisconsultes, il en fault prendre les controverses des droits, les loix, l'establissement des polices, et choses pareilles; si theologiens, les affaires de l'Eglise, censures ecclesiastiques, dispenses et mariages, si courtisans, les mœurs et les cerimonies; si gents de guerre, ce qui est de leur charge, et principalement les deductions des exploits où ils se sont trouvez en personne ; si ambassadeurs, les menees, intelligences, et practiques, et maniere de les conduire.

A cette cause, ce que i'eusse passé à un aultre sans m'y arrester, ie l'ai poisé et remarqué en l'histoire du seigneur de Langey, tres entendu en telles choses : c'est qu'aprez avoir conté ces belles remontrances de l'empereur Charles cinquiesme, faictes au consistoire à Rome, presents l'evesque de Mascon et le seigneur du Velly, nos ambassadeurs, où il avoit meslé plusieurs paroles outrageuses contre nous, et, entre aultres, que si ses capitaines et soldats n'estoient d'aultre fidélité et suffisance en l'art militaire, que ceulx du roi, tout sur l'heure il s'attacheroit la chorde au col pour luy aller demander misericorde (et de cecy il semble qu'il en creust quelque chose, car deux ou trois fois en sa vie, depuis, il luy advint de redire ces mesmes mots); aussi qu'il desfia le roi de le combattre en chemise, avecques l'espee et le poignard, dans un batteau; le dict seigneur de Langey, suyvant son histoire, adiouste que lesdicts ambassadeurs faisants une despesche au roy de ces choses, luy en dissimulerent la plus grande partie, mesme lui celerent les deux articles precedents. Or, i'ai trouvé bien estrange qu'il feust en la puissance d'un ambassadeur de dispenser sur les advertissements qu'il doibt faire à son maistre, mesme de telle consequence, venants de telle personne, et dicts en si grand' assemblee : et m'eust semblé l'office du serviteur estre de fidelement representer les choses en leur entier, comme elles sont advenues, à fin que la liberté d'ordonner, iuger et choisir, demeurast au maistre; car, de luy alterer ou cacher la verité, de peur qu'il ne preigne aultrement qu'il ne doibt et que cela ne le pousse à quelque mauvais party, et ce pendant le laisser ignorant de ses affaires, cela m'eust semblé appartenir à celuy qui donne la loy, non à celuy qui la reçoit; au curateur et maistre d'eschole, non à celuy qui se doibt penser inferieur, non en auctorité seulement, mais aussi en prudence et en bon conseil. Quoy qu'il en soit, ie ne vouldrois pas estre servy de cette façon en mon petit faict.

Nous nous soustrayons si volontiers du commandement, soubs quelque pretexte, et usurpons sur la maistrise; chacun aspire si naturellement à la liberté et auctorité, qu'au supérieur nulle utilité ne doibt estre si chere, venant de ceulx qui le servent, comme luy doibt estre chere leur simple et naïfve obéissance. On corrompt l'office du commander, quand on y obeït par discretion, non par subiection. Et P. Crassus, celuy que les Romains estimerent cinq fois heureux lorsqu'il estoit en Asie consul, ayant mandé à un engineur grec de luy faire mener le plus grand des deux masts de navire qu'il avoit veus à Athenes, pour quelque engin de batterie qu'il en vouloit faire ; cettuy cy, soubs titre de sa science, se donna loy de choisir aultrement, et mena le plus petit, et, selon la raison de son art, le plus commode. Crassus, ayant patiemment ouï ses raisons, lui feit tresbien donner le fouet, estimant l'interest de la discipline plus que l'interest de l'ouvrage.

D'aultre part pourtant, on pourroit aussi considerer que cette obeïssance si contraincte n'appartient qu'aux commandements precis et prefix. Les ambassadeurs ont une charge plus libre, qui en plusieurs parties despend souverainement de leur disposition ; ils n'executent pas simplement, mais forment aussi et dressent par leur conseil la volonté du maistre. I'ay veu, en mon temps, des personnes de commandement reprins d'avoir plustost obeï aux paroles des lettres du roy, qu'à l'occasion des affaires qui estoient près d'eulx. Les hommes d'entendement accusent encores auiourd'huy l'usage des roys de Perse de tailler les morceaux si courts à leurs agents et lieutenants, qu'aux moindres choses ils eussent à recourir à leur ordonnance ; ce delay, en une si longue estendue de domination, ayant souvent apporté des notables dommages à leurs affaires. Et Crassus, escrivant à un homme du mestier, et luy donnant advis de l'usage auquel il destinoit ce mast, sembloit il pas entrer en conference de sa deliberation, et le convier à interposer son decret ?

Chapitre XVII. — De la peur.

Obstupui, steteruntque comæ, et vox faucibus hæsit.

Ie ne suis pas bon naturaliste (qu'ils disent) et ne sçais gueres par quels ressorts la peur agit en nous ; mais tant y a que c'est une estrange passion ; et disent les medecins qu'il n'en est aulcune qui emporte plutost nostre iugement hors de sa deue assiette. De vray, i'ai veu beaucoup de gents devenus insensez, de peur ; et, au plus rassis, il est certain, pendant que son accez dure, qu'elle engendre de terribles esblouïssements. Ie laisse à part le vulgaire, à qui elle represente tantost les bisayeuls sortis du tumbeau enveloppez en leur suaire, tantost des loups-garous, des lutins et des chimeres ; mais parmy les soldats mesmes, où elle debvroit trouver moins de place, combien de fois a elle changé un troupeau de brebis en esquadron de corselets ? des roseaux et des cannes, en gentsdarmes et lanciers ? nos amis, en nos ennemis ? et la croix blanche, à la rouge ? Lors que monsieur de Bourbon print Rome, un port' enseigne, qui estoit à la garde du bourg sainct Pierre, feut saisi de tel effroy à la premiere alarme, que par le trou d'une ruyne, il se iecta, l'enseigne au poing, hors la ville, droict aux ennemis, pensant tirer vers le dedans de la ville ; et à peine enfin, voyant la troupe de monsieur de Bourbon se renger pour le soustenir, estimant que ce feust une sortie que ceulx de la ville feissent, ils se recogneut, et tournant teste, rentra par ce mesme trou, par lequel il estoit sorty plus de trois cents pas avant en la campaigne. Il n'en advient pas du tout si heureusement à l'enseigne du capitaine Iulle, lors que sainct Paul feut prins sur nous par le comte de Bures et monsieur du Reu ; car, estant si fort esperdu de frayeur, que de se iecter à tout son enseigne hors de la ville par une canoniere, il feut mis en pieces par les assaillants : et, au mesme siege, feut memorable la peur qui serra, saisit et glaçsa si fort le cœur d'un gentilhomme, qu'il en tumba roide mort par terre, à la bresche, sans aulcune blecure. Pareille rage poulse par fois toute une multitude : en l'une des rencontres de Germanicus contre les Allemans, deux grosses troupes prinrent, d'effroy, deux routes opposites ; l'une fuyoit d'où l'aultre partoit. Tantost elle nous donne des ailes aux talons, comme aux deux premiers ; tantost elle nous cloue les pieds et les entrave, comme on lit de l'empereur Theophile, lequel en une bataille qu'il perdit contre les Agarenes, deveint si estonné et si transi qu'il ne pouvoit prendre party de s'enfuyr, *adeo pavor etiam auxilia formidat;* iusques à ce que Manuel, l'un des principaulx chefs de son armee, l'ayant tirassé et secoué, comme pour l'esveiller d'un profond somme, lui dict : « Si vous ne me suyvez, ie vous tueray ; car il vault mieulx que vous perdiez la vie, que si, estant prisonnier, vous veniez à perdre l'empire. » Lors exprime elle sa derniere force, quand, pour son service, elle nous reiecte à la vaillance, qu'elle a soustraicte à nostre debvoir et à nostre honneur : en la premiere iuste battaille que les Romains perdirent contre Hannibal, soubs le consul Sempronius, une troupe de bien dix mille hommes de pied qui print l'espouvante, ne veoyant ailleurs par où faire passage à sa lascheté, s'alla iecter au travers le gros des ennemis, lequel elle percea d'un merveilleux effort, avec grand meurtre de Carthaginois; achetant une honteuse fuyte au mesme prix qu'elle eust eu une glorieuse victoire.

C'est de quoy i'ay le plus de peur que la peur : aussi surmonte elle en aigreur touts aultres accidents. Quelle affection peult estre plus aspre et plus iuste, que celle des amis de Pompeius, qui estoient en son navire, spectateurs de son horrible massacre? Si est ce que la peur des voiles aegyptiennes, qui commenceoient à les approcher, l'estouffa de maniere qu'on a remarqué qu'ils ne s'amuserent qu'à haster les mariniers de diligenter et de se sauver à coups d'aviron; iusques à ce que, arrivez à Tyr, libres de crainte, ils eurent loy de tourner leur pensee à la perte qu'ils venoient de faire, et lascher la bride aux lamentations et aux larmes que cette aultre plus forte passion avoit suspendues.

Tum pavor sapientiam omnem mihi ex animo expectorat.

Ceulx qui auront esté bien frottez en quelque estour de guerre, touts blecez encores et ensanglantez, on les ramene bien landemein à la charge : mais ceulx qui ont conceu quelque bonne peur des ennemis, vous ne les leur feriez pas seulement regarder en face. Ceulx qui sont en pressante crainte de perdre leur bien, d'estre exilez, d'estre subiuguez, vivent en continuelle angoisse, en perdant le boire, le manger, le repos : là où les pauvres, les bannis, les serfs, vivent souvent aussi ioyeusement que les aultres. Et tant de gents qui, de l'impatience des poinctures de la peur, se sont pendus, noyez et precipitez, nous ont bien apprins qu'elle est encores plus importune et plus insupportable que la mort.

Les Grecs en recognoissent une aultre espèce, qui est oultre l'erreur de nostre discours, venant, disent ils, sans cause apparente et d'une impulsion celeste : des peuples entiers s'en veoyent souvent frappez, et des armees entieres. Telle feut celle qui apporta à Carthage une merveilleuse desolation : on n'y oyoit que cris et voix effrayees ; on veoyoit les habitants sortir de leurs maisons comme à l'alarme, et se charger, blecer et entretuer les uns les aultres, comme si ce feussent ennemis qui veinssent à occuper leur ville ; tout y estoit en desordre et en fureur, iusques à ce que, par oraisons et sacrifices, ils eussent appaisé l'ire des dieux. Ils nomment cela *terreurs paniques*.

Chapitre XVIII. — Qu'il ne fault iuger de nostre heur qu'aprez la mort.

Scilicet ultima semper
Exspectanda dies homini est ; dicique beatus
Ante obitum nemo supremaque funera debet.

Les enfants sçavent le conte du roy Crœsus à ce propos : lequel ayant esté prins et condemné à la mort ; sur le poinct de l'execution il s'escria : « O Solon ! Solon ! » Cela rapporté à Cyrus, et s'estant enquis que c'estoit à dire ; il luy feit entendre qu'il verifioit lors à ses despens l'advertissement qu'aultrefois luy avoit donné Solon : « Que les hommes, quelque beau visage que fortune leur face, ne se peuvent appeler heureux iusques à ce qu'on leur ayt veu passer le dernier iour de leur vie, » pour l'incertitude et varieté des choses humaines, qui, d'un bien legier mouvement, se changent d'un estat en aultre tout divers. Et pourtant Agesilaus, à quelqu'un qui disoit heureux le roy de Perse, de ce qu'il estoit venu fort ieune à un si puissant estat : « Ouy ; mais, dict il, Priam en tel aage ne feut pas malheureux. » Tantost, des roys de Macedoine, successeurs de ce grand Alexandre, il s'en faict des menuisiers et greffiers à Rome ; des tyrans de Sicile, des pedantes à Corinthe ; d'un conquerant de la moitié du monde et empereur de tant d'armees, il s'en faict un miserable suppliant des belistres officiers d'un roy d'Aegypte : tant cousta à ce grand Pompeius la prolongation de cinq ou six mois de vie ! Et du temps de nos peres, ce Ludovic Sforce, dixiesme duc de Milan, soubs qui avoit si longtemps branslé toute l'Italie, on l'a veu mourir prisonnier à Loches, mais apres y avoir vescu dix ans, qui est le pis de son marché. La plus belle royne, veufve du plus grand roy de la chrestienté, vient elle pas de mourir par la main d'un bourreau ? indigne et barbare cruauté ! Et mille tels exemples ; car il semble que, comme les orages et tempestes se picquent contre l'orgueil et haultaineté de nos bastiments, il y ayt aussi là hault des esprits envieux des grandeurs de çà bas ;

> Usque adeo res humanas vis abdita quædam
> Obterit, et pulchros fasces, sævasque secures
> Proculcare, ac ludibrio sibi habere videtur !

La plus belle royne, veufve du plus grand roy de la chrestienté, vient-elle pas de mourir par la main d'un bourreau ?

et semble que la fortune quelquefois guette à poinct nommé le dernier iour de nostre vie, pour montrer sa puissance de renverser en un moment ce qu'elle avoit basty en longues annees ; et nous faict crier, aprez Laberius,

> Nimirum hac die
> Una plus vixi mihi, quam vivendum fuit!

Ainsi se peult prendre avecques raison ce bon advis de Solon : mais d'autant que c'est un philosophe (à l'endroict desquels les faveurs et disgraces de la fortune ne tiennent reng ny d'heur ny de malheur, et sont les grandeurs et puissances accidents de qualité à peu prez indifferente), ie treuve vraysemblable qu'il ayt regardé plus avant, et voulu dire que ce mesme bonheur de nostre vie, qui dépend de la tranquillité et contentement d'un esprit bien nay, et de la resolution et asseurance d'une ame reglee, ne se doibve iamais attribuer à l'homme, qu'on ne luy ayt veu iouer le dernier acte de sa comedie, et sans doute le plus difficile. En tout le reste il y peult avoir du masque : ou ces beaux discours de la philosophie ne sont en nous que par contenance, ou les accidents ne nous essayant pas iusques au vif, nous donnent loisir de maintenir tousiours nostre visage rassis ; mais à ce dernier roolle de la mort et de nous, il n'y a plus que feindre, il fault parler françois, il fault montrer ce qu'il y a de bon et de net dans le fond du pot.

> Nam veræ voces tum demum pectore ab imo
> Eliciuntur ; et eripitur persona, manet res.

Voylà pourquoy se doibvent à ce dernier traict toucher et esprouver toutes les aultres actions de nostre vie : c'est le maistre iour ; c'est le iour iuge de touts les aultres ; c'est le iour, dict un ancien, qui doibt iuger de toutes mes annees passees. Ie remets à la mort l'essay du fruict de mes estudes : nous verrons là si mes discours me partent de la bouche ou du cœur. I'ai veu plusieurs donner par leur mort reputation en bien ou en mal à toute leur vie. Scipion, beau père de Pompeius, rabilla en bien mourant la mauvaise opinion qu'on avoit eu de luy iusques alors. Epaminondas, interrogé lequel des trois il estimoit le plus, ou Chabrias, ou Iphicrates, ou soy mesme : « Il nous fault veoir mourir, dict-il, avant que d'en pouvoir resoudre. » De vray, on desroberoit beaucoup à celuy là, qui le poiseroit sans l'honneur et grandeur de sa fin.

Dieu l'a voulu comme il luy a pleu ; mais en mon temps trois les plus exsecrables personnes que ie cogneusse en toute abomination de vie, et les plus infames, ont eu des morts reglees, et, en toute circonstance, composees iusques à la perfection. Il est des morts braves et fortunees : ie luy ay veu trancher le fil d'un progrez de merveilleux advancement, et dans la fleur de son croist, à quelqu'un, d'une fin si pompeuse, qu'à mon advis ses ambitieux et courageux desseings n'avoient rien de si hault que feut leur interruption : il arriva, sans y aller, où il pretendoit, plus grandement et glorieusement que ne portoit son desir et esperance ; et devança par sa cheute le pouvoir et le nom où il aspiroit par sa course. Au iugement de la vie d'aultruy ie regarde touiours comment s'en est porté le bout ; et des principaulx estudes de la mienne, c'est qu'il se porte bien, c'est à dire quietement et sourdement.

Chapitre xix. — Que philosopher c'est apprendre à mourir.

Cicero dict que philosopher ce n'est aultre chose que s'appreter à la mort. C'est d'autant que l'estude et la contemplation retirent aulcunement nostre ame hors de nous, et l'embesongnent à part du corps, qui est quelque apprentissage et ressemblance de la mort ; ou bien, c'est que toute la sagesse et discours du monde se resoult enfin à ce poinct, de nous apprendre à ne craindre point à mourir. De vray, ou la raison se moque, ou elle ne doibt viser qu'à nostre contentement, et tout son travail tendre en somme à nous faire bien vivre, et à nostre aise, comme dict la saincte escriture. Toutes les opinions du monde en sont là, que le plaisir est nostre but ; quoyqu'elles en prennent divers moyens : aultrement on les chasseroit d'arrivee ; car qui escouteroit celuy qui, pour sa fin, establiroit nostre peine et mesaise ? Les dissentions des sectes philosophiques en ce cas sont verbales ; *transcurramus solertissimas nugas ;* il y a plus d'opiniastreté et de picoterie qu'il n'appartient à une si saincte profession : mais quelque personnage que homme entreprenne, il ioue touiours le sien parmy.

Quoy qu'ils dient, en la vertu mesme, le desnier bu de nostre vie, c'est la volupté. Il me plaist de battre leurs aureilles de ce mot, qui leur est si fort à contrecœur : et s'il signifie quelque supreme plaisir et excessif contentement, il est mieulx deu à l'assistance de la vertu qu'à nulle aultre assistance. Cette volupté, pour estre plus gaillarde, nerveuse, robuste, virile, n'en est que plus serieusement voluptueuse : et luy debvions donner le nom du plaisir, plus favorable, plus doulx et naturel, non celuy de la vigueur, duquel nous l'avons denommée. Cette aultre volupté plus basse, si elle meritoit ce beau nom, ce debvoit estre en concurrence, non par privilege : ie la treuve moins pure d'incommoditez et de traverses, que n'est la vertu ; oultre que son goust est plus momentanée, fluide et caducque, elle a ses veilles, ses iesunes et ses travaulx, et la sueur et le sang, et en oultre particulierement ses passions trenchantes de tant de sortes, et à son costé une satieté si lourde, qu'elle equipolle à penitence. Nous avons grand tort d'estimer que ces incommoditez luy servent d'aiguillon, et de condiment à sa douleeur (comme en nature le contraire se vivifie par son contraire); et de dire quand nous venons à la vertu, que pareilles suittes et difficultez l'accablent, la rendent austere et inaccessible ; là où, beaucoup plus proprement qu'à la volupté, elles anoblissent, aiguisent et rehaulsent le plaisir divin et parfaict qu'elle nous moyenne. Celuy là est certes bien indigne de son accointance, qui contrepoise son coust à son faict; et n'en cognoist ny les graces ny l'usage. Ceux qui nous vont instruisant que sa queste est scabreuse et laborieuse, sa iouïssance agréable; que nous disent ils par là, sinon qu'elle est toujours desagreable ? car quel moyen humain arriva iamais à sa iouïssance ? les plus parfaicts se sont bien contentez d'y aspirer et de l'approcher, sans la posseder. Mais ils se trompent; veu que de tous les plaisirs que nous cognoissons, la poursuitte mesme en est plaisante : l'entreprinse sesent de la qualité de la chose qu'elle regarde; car c'est une bonne portion de l'effect, et consubstantielle. L'heur et la beatitude qui reluit en la vertu remplit toutes ses appartenances et advenues, iusques à la premiere entrée, et extreme barriere.

Or des principaulx bienfaicts de la vertu est le mespris de la mort : moyen qui fournit nostre vie d'une molle tranquillité, et nous en donne le goust pur et amiable; sans qui toute aultre volupté est esteincte. Voylà pourquoy toutes les regles se rencontrent et conviennent à cet article. Et combien qu'elles nous conduisent aussi toutes d'un commun accord à mespriser la douleur, la pauvreté, et aultres accidents à quoy la vie humaine est subiecte, ce n'est pas d'un pareil soing : tant parce que ces accidents ne sont pas de telle necessité (la plupart des hommes passent leur vie sans gouster de la pauvreté, et tels encores sans sentiment de douleur et de maladie, comme Xenophilus le musicien qui vescut cent et six ans d'une entiere santé); qu'aussi d'autant qu'au pis aller la mort peult mettre fin, quand il nous plaira, et coupper broche à touts aultres inconvenients. Mais quant à la mort, elle est inevitable :

> Omnes eodem cogimur ; omnium
> Versatur urna serius ocius
> Sors exitura, et nos in æternum
> Exsilium impositura cymbæ,

et par consequent, si elle nous faict peur, c'est un subiect continuel de torment, et qui ne se peult aulcunement soulager. Il n'est lieu d'où il ne nous vienne ; nous pouvons tourner sans cesse la teste çà et là, comme en païs suspect ; *quæ quasi saxum Tantalo, semper impendet*. Nos parlements renvoyent souvent executer les criminels au lieu où le crime est commis : durant le chemin, promenez les par de belles maisons, faictes leur tant de bonne chere qu'il vous plaira,

> Non Siculæ dapes
> Dulcem elaborabunt saporem ;
> Non avium cithareæque cantus
> Somnum reducent :

pensez vous qu'ils s'en puissent resiouïr; et que la finale intention de leur voyage leur estant ordinairement devant les yeulx, ne leur ayt alteré et affadi le goust à toutes ces commoditez ?

> Audit iter, numeratque dies, spatioque viarum
> Metitur vitam ; torquetur peste futura.

Le but de nostre carriere c'est la mort; c'est l'obiect necessaire de nostre visée : si elle nous effroye, comme est il possible d'aller un pas avant sans fiebvre ? Le remede du vulgaire, c'est de n'y penser pas : mais de quelle brutale stupidité luy peult venir un si grossier aveuglement ? Il luy fault faire brider l'asne par la queue :

> Qui capite ipse suo instituit vestigia retro.

Ce n'est pas de merveille s'il est si souvent prins au piege. On faict peur à nos gents seulement de nommer la mort; et la pluspart s'en seignent, comme du nom du diable. Et parce qu'il s'en faict mention aux testaments, ne vous attendez pas qu'ils y mettent la main, que le medecin ne leur ayt donné l'extreme sentence : et Dieu sçait lors, entre la douleur et la frayeur, de quel bon iugement ils vous le pastissent.

Parce que cette syllabe frappoit trop rudement leurs aureilles, et que cette voix leur sembloit malencontreuse, les Romains avoient apprins de l'amollir ou l'estendre en periphrases : au lieu de dire, il est mort : « Il a cessé de vivre, disent ils, il a vescu : » pourveu que ce soit vie, soit elle passee, ils se consolent. Nous en avons emprunté nostre, *feu maistre Iehan*. A l'adventure est ce que, comme on dict, le terme vault l'argent. Ie nasquis entre unze heures et midi, le dernier iour de febvrier, mille cinq cents trente trois, comme nous comptons à cette heure, commenceant l'an en ianvier. Il n'y a iustement que quinze iours que i'ai franchi trente neuf ans : il m'en fault, pour le moins, encore autant. Cependant s'empescher du pensement de chose si esloingnee, ce serait folie. Mais quoy ? les ieunes et les vieux laissent la vie de mesme condition : nul n'en sort aultrement que comme si tout presentement il y entroit; joinct qu'il n'est homme si decrepite, tant qu'il veoid Mathusem devant, qui ne pense avoir encores vingt ans dans le corps. Davantage, pauvre fol que tu es, qui t'a estably les termes de ta vie ? Tu te fondes sur les contes des medecins : regarde plustost l'effect et l'experience. Par le commun train des choses, tu vis pieça par faveur extraordinaire : tu as passé les termes accoutumez de vivre. Et qu'il soit ainsi, compte de tes cognoissants combien il en est mort avant ton aage plus qu'il n'y en a qui l'ayent atteint : et de ceulx mesmes qui ont anobli leur vie par renommee, fais en registre; et i'entreray en gageure d'en trouver plus qui sont morts avant, qu'aprez trente cinq ans. Il est plein de raison et pieté de prendre exemple de l'humanité mesme de Iesus-Christ : or il finit sa vie à trente et trois ans. Le plus grand homme, simplement homme, Alexandre, mourut aussi à ce terme. Combien a la mort de façons de surprinse !

> Quid quisque vitet, numquam homini satis
> Cautum est in horas :

ie laisse à part les fiebvres et les pleuresies : qui eust iamais pensé qu'un duc de Bretaigne deust estre estouffé de la presse, comme feut celuy là à l'entree du pape Clement, mon voysin, à Lyon ? N'as tu pas veu tuer un de nos roys en se iouant ? et un de ses ancestres mourut il pas chocqué par un pourceau ? Aeschylus, menacé de la cheute d'une maison, a beau se tenir à l'airte; le voylà assommé d'un toict de tortue, qui eschappa des pattes d'un aigle en l'air : l'aultre mourut d'un grain de raisin; un empereur, de l'esgratigneure d'un peigne en se testonnant; Aemilius Lepidus, pour avoir heurté du pied contre le seuil de son huis ; et Aufidius, pour avoir chocqué, en entrant, contre la porte de la chambre du conseil; et entre les cuisses des femmes, Cornelius Gallus preteur, Tigillinus capitaine du guet à Rome, Ludovic fils de Guy de Gonsague, marquis de Mantoue; et d'un encores pire exemple, Speusippus philosophe platonicien, et l'un de nos papes. Le pauvre Bebius, iuge, ce pendant qu'il donne delay de huictaine à une partie, le voylà saisi, le sien de vivre estant expiré; et Caïus Julius, medecin, gressant les yeulx d'un patient, voylà la mort qui clost les siens : et s'il m'y fault mesler, un mien frere, le capitaine S. Martin, aagé de vingt et trois ans, qui avoit desià faict assez bonne preuve de sa valeur, iouant à la paulme, receut un coup d'esteuf qui l'assena un peu au dessus de l'aureille droicte, sans aulcune apparence de contusion ny bleceure; il ne s'en assit ny reposa, mais cinq ou six heures aprez il mourut d'une apoplexie que ce coup luy causa.

Ces exemples si frequents et si ordinaires nous passants devant les yeulx, comme est il possible qu'on se puisse desfaire du pensement de la mort, et qu'à chasque instant il ne nous semble qu'elle nous tienne au collet ! Qu'importe il, me direz-vous, comment que ce soit, pourveu qu'on ne s'en donne point de peine ? Ie suis de cet advis; et, en quelque maniere qu'on se puisse mettre à l'abri des coups, feust ce soubs la peau d'un veau, ie ne suis pas homme qui y reculast; car il me suffit de passer à mon ayse, et le meilleur ieu que ie me puisse donner, ie le prends, si peu glorieux au reste et exemplaire que vous vouldrez.

> Prætulerim... delirus inersque videri,
> Dum mea delectent mala me, vel denique fallant,
> Quam sapere, et ringi.

Mais c'est folie d'y penser arriver par là. Ils vont, ils viennent, ils trottent, ils dansent; de mort, nulles nouvelles : tout cela est beau; mais aussi, quand elle arrive ou à eulx, ou à leurs femmes, enfants et amis, les surprenant en dessoude et à descouvert, quel torments, quels cris, quelle rage et quel desespoir les accable? vistes vous iamais rien si rabbaissé, si changé, si confus ! Il y fault prouveoir de meilleure heure : et cette nonchalance bestiale, quand elle pourroit loger en la teste d'un homme d'entendement, ce que ie treuve entierement impossible, nous vend trop cher ses denrees. Si c'estoit ennemy qui se peust eviter, ie conseillerois d'emprunter les armes de la couardise : mais puisqu'il ne se peult, puisqu'il vous attrappe fuyant et poltron aussi bien qu'honneste homme,

> Nempe et fugacem persequitur virum;
> Nec parcit imbellis inventæ
> Poplitibus timidoque tergo.

et que nulle trempe de cuirasse ne vous couvre,

> Ille licet ferro cautus se condat et ære,
> Mors tamen inclusum protrahet inde caput,

apprenons à le soustenir de pied ferme et à le combattre : et pour commencer à luy oster son plus grand advantage contre nous, prenons voye toute contraire à la commune; ostons luy l'estrangeté, practiquons le, accoustumons le, n'ayons rien si souvent en la teste que la mort, à touts instants representons le à nostre imagination et en touts visages; au broncher d'un cheval, à la cheute d'une tuile, à la moindre piequeure d'espingle, remaschons soubdain : « Eh bien ! quand ce serait la mort mesme ! » et là dessus, roidissons nous, et nous efforceons. Parmy les festes et la ioie, ayons tousiours ce refrain de la souvenance de nostre condition; et ne nous laissons pas si fort emporter au plaisir, que par fois il ne nous repasse en la memoire, en combien de sortes cette nostre alaigresse est en butte à la mort, et de combien de prinses elle la menace. Ainsi faisoient les Aegyptiens, qui, au milieu de leurs festins, et parmy leur meilleur chere, faisoient apporter l'anatomie seche d'un homme, pour servir d'advertissement aux conviez.

> Omnem crede diem tibi diluxisse supremum :
> Grata superveniet, quæ non sperabitur, hora.

Il est incertain où la mort nous attende : attendons la partout. La premeditation de la mort est premeditation de la liberté : qui a apprins à mourir, il a desapprins à servir : il n'y a rien de mal en la vie pour celuy qui a bien comprins que la privation de la vie n'est pas mal : le sçavoir mourir nous affranchit de toute subiection et contraincte. Paulus Aemilius respondit à celuy que ce miserable roy de Macedoine, son prisonnier, luy envoyoit pour le prier de ne le mener pas en son triomphe : « Qu'il en face la requeste à soy mesme. »

A la verité, en toutes choses, si nature ne preste un peu, il est malaysé que l'art et l'industrie aillent gueres avant. Ie suis de moy mesme non melancholique, mais songe-creux : il n'est rien dequoy ie me soye, dez touiours, plus entretenu que des imaginations de la mort; voire en la saison la plus licentieuse de mon aage,

> Iucundum quum ætas florida ver ageret.

Parmy les dames et les ieux, tel me pensoit empesché à digerer, à part moy, quelque ialousie, ou l'incertitude de quelque esperance, ce pendant que ie m'entretenois de ie ne sçais qui, surprins les iours precedents d'une fiebvre chaulde et de sa fin, au partir d'une feste pareille, la teste pleine d'oysiveté, d'amour et de bon temps, comme moy, et qu'autant m'en pendoit à l'aureille

> Iam fuerit, nec post unquam revocare licebit;

ie ne ridois non plus le front de pensement là, que d'un aultre. Il est impossible que, d'arrivée, nous ne sentions des picqueures de telles imaginations; mais en les maniant et repassant, au long aller, on les apprivoise sans doubte : aultrement, de ma part, ie feusse en continuelle frayeur et frenesie; car iamais homme ne se desfia tant de sa vie; iamais homme ne feit moins d'estat de sa durée. Ny la santé, que i'ai iouï iusques à present tresvigoureuse et peu souvent interrompue, ne m'en allonge l'esperance; ny les maladies ne me l'accourcissent : à chaque minute il me semble que ie m'eschappe, et me rechante sans cesse : « Tout ce qui peult estre faict un aultre iour, le « peult estre auiourd'huy. » De vray, les hazards et dangiers nous approchent peu ou rien de nostre fin; et si nous pensons combien il en reste, sans cet accident qui semble nous menacer le plus, de millions d'aultres sur nos testes, nous trouverons que, gaillards et fiebvreux, en la mer et en nos maisons, en la battaille et en repos, elle nous est egualement prez. *Nemo altero fragilior est; nemo in crastinum sui certior.* Ce que i'ai à faire avant mourir, pour l'achever tout loisir me semble court, feust ce d'une heure.

Quelqu'un, feuilletant l'aultre iour mes tablettes, trouva un memoire de quelque chose que ie voulois estre faicte aprez ma mort : ie luy dis, comme il estoit vray, que n'estant qu'à une lieue de ma maison, et sain et gaillard, ie m'estois hasté de l'escrire là, pour ne m'asseurer point d'arriver iusques chez moy. Comme celuy qui continuellement me couve de mes pensées et les couche en moy, ie suis à toute heure preparé environ ce que ie le puis estre, et ne m'advertira de rien de nouveau la survenance de la mort. Il fault estre tousiours botté et prest à partir, entant qu'en nous est, et surtout se garder qu'on n'aye lors affaire qu'à soy;

> Quid brevi fortes iaculamur ævo
> Multa ?

car nous y aurons assez de besongne, sans aultre surcroist. L'un se plainct, plus que de la mort, de quoy elle luy rompt le train d'une belle victoire; l'aultre, qu'il luy fault desloger avant qu'avoir marié sa fille, ou contreroollé l'institution de ses enfants : l'un plainct la compaignie de sa femme, l'aultre de son fils, comme commoditez principales de son estre. Ie suis pour cette heure en tel estat, Dieu mercy, que ie puis desloger quand il luy plaira, sans regret de chose quelconque. Ie me desnoue partout; mes adieux sont tantost prins de chascun, sauf de moy. Iamais homme ne se prepara à quitter le monde plus purement et pleinement, et ne s'en desprint plus universellement, que ie m'attends de faire. Les plus mortes morts sont les plus saines.

> . . . . . Miser ? o miser ! (aiunt) omnia ademit
> Una dies infesta mihi tot præmia vitæ :

et le bastisseur,

> Manent (dict il) opera interrupta, minæque
> Murorum ingentes.

Il ne fault rien desseigner de si longue haleine, ou au moins avecques telle intention de se passionner pour en veoir la fin. Nous sommes nayz pour agir :

> Quum moriar, medium solvar et inter opus;

ie veux qu'on agisse et qu'on alonge les offices de la vie, tant qu'on peult; et que la mort me treuve plantant mes choulx, mais nonchalant d'elle, et encores plus de mon iardin imparfaict. I'en veis mourir un qui, estant à l'extremité, se plaignoit incessamment de quoy sa destinée coupoit le fil de l'histoire qu'i avoit en main, sur le quinziesme ou seiziesme de nos roys.

> Illud in his rebus non addunt, nec tibi earum
> Iam desiderium rerum super insidet una.

Il fault se descharger de ces humeurs vulgaires et nuisibles. Tout ainsi qu'on a planté nos cimetieres ioignant les eglises et aux lieux les plus frequentez de la ville, pour accoustumer, disoit Lycurgus, le bas populaire, les femmes et les enfants à ne s'effaroucher point de veoir un homme mort, et à fin que ce continuel spectacle d'ossements, de tumbeaux et de convois nous advertisse de nostre condition;

> Quin etiam exhilarare viris convivia cæde
> Mos olim, et miscere epulis spectacula dira
> Certantum ferro, sæpe et super ipsa cadentum
> Pocula, respersis non parco sanguine mensis;

et comme les Aegyptiens, aprez leurs festins, faisoient presenter aux assistants une grande image de la mort par un qui leur crioit : « Boy, et t'esiouy ; car, mort, tu seras tel : » aussi ay ie prins en coustume d'avoir, non seulement en l'imagination, mais continuellement la mort en la bouche. Et n'est rien dequoy ie m'informe si volontiers que de la mort des hommes, « quelle parole, quel visage, quelle contenance ils y ont eu ; » ny endroict des histoires que ie remarque si attentifvement : il y paroist à la farcissure de mes exemples, et que i'ai en particuliere affection cette matiere. Si i'estoy faiseur de livres, ie feroy un registre commenté des morts diverses. Qui apprendroit les hommes à mourir, leur apprendroit à vivre. Dicearchus en feit un de pareil titre, mais d'aultre et moins utile fin.

On me dira que l'effect surmonte de si loing la pensee, qu'il n'y a si belle escrime qui ne se perde quand on en vient là. Laissez-les dire : le premediter donne sans doubte grand avantage ; et puis, n'est ce rien d'aller au moins iusques là sans alteration et sans fiebvre ? Il y a plus ; nature mesme nous preste la main, et nous donne courage : si c'est une mort courte et violente, nous n'avons pas loisir de la craindre ; si elle est aultre, ie m'apperccoy qu'à mesure que ie m'engage dans la maladie, i'entre naturellement en quelque desdaing de la vie. Ie treuve que i'ay bien plus à faire à digerer cette resolution de mourir, quand ie suis en santé, que quand ie suis en fiebvre : d'autant que ie ne tiens plus si fort aux commoditez de la vie, à raison que ie commence à en perdre l'usage et le plaisir ; i'en veoy la mort d'une veue beaucoup moins effroyee. Cela me faict esperer que plus ie m'esloingneray de celle-là et approcheray de cette cy, plus aysement i'entreray en composition de leur eschange. Tout ainsi que i'ay essayé, en plusieurs aultres occurrences, ce que dict Cesar, que les choses nous paroissent souvent plus grandes de loing que de prez ; i'ay treuvé que sain i'avois eu les maladies beaucoup plus en horreur que lors que ie les ay senties. L'alaigresse ou ie suis, le plaisir et la force me font paroistre l'aultre estat si disproportionné à celuy là, que par imagination ie grossis ces incommoditez de la moitié, et les conceoy plus poisantes que ie ne les treuve quand ie les ay sur les espaules. I'espere qu'il m'en adviendra ainsi de la mort.

Veoyons, à ces mutations et declinaisons ordinaires que nous souffrons, comme nature nous desrobe la veue de nostre perte et empirement. Que reste il à un vieillard de la vigueur de sa ieunesse et de sa vie passee?

Heu ! senibus vitæ portio quanta manet !

Cesar, à un soldat de sa garde, recreu et cassé, qui veint en la rue luy demander congé de se faire mourir, regardant son maintien decrepite, respondit plaisamment : « Tu penses doncques estre en vie ? » Qui y tomberoit tout à un coup, ie ne crois pas que nous feussions capables de porter un tel changement : mais conduicts par sa main, d'une doulce pente et comme insensible, peu à peu, de degré en degré, elle nous roule dans ce miserable estat, et nous y apprivoise, si que nous ne sentons aulcune secousse quand la ieunesse meurt en nous, qui est, en essence et en verité, une mort plus dure que n'est la mort entiere d'une vie languissante, et que n'est la mort de la vieillesse ; d'autant que le sault n'est pas si lourd du mal estre au non estre, comme il est d'un estre doulx et fleurissant à un estre penible et douloureux. Le corps courbe et plié a moins de force à soustenir un fais ? aussi a nostre ame ; il la fault dresser et eslever contre l'effort de cet adversaire. Car, comme il est impossible qu'elle se mette en repos pendant qu'elle le craint ; si elle s'en asseure aussi, elle se peult vanter (qui est chose comme surpassant l'humaine condition) qu'il est impossible que l'inquietude, le torment et la peur, non le moindre desplaisir, loge en elle :

> Non vultus instantis tyranni
> Mente quatit solida, neque Auster,
> Dux inquieti turbidus Adriæ,
> Nec fulminantis magna Iovis manus ;

elle est rendue maistresse de ses passions et concupiscences ; maistresse de l'indigence, de la honte, de la pauvreté, et de toutes aultres iniures de fortune. Gaignons cet advantage, qui pourra. C'est icy la vraye et souveraine liberté, qui nous donne de quoy faire la figue à la force et à l'iniustice, et nous moc-quer des prisons et des fers.

> In manicis et
> Compedibus, sævo te sub custode tenebo.
> Ipse Deus, simul atque volam, me solvet. Opinor,
> Hoc sentit : Moriar. Mors ultima linea rerum est.

Nostre religion n'a point eu de plus asseuré fondement humain, que le mespris de la vie. Non seulement le discours de la raison nous y appelle; car pourquoy craindrions nous de perdre une chose, laquelle perdue ne peult estre regrettée? mais aussi, puisque nous sommes menacez de tant de façons de mort, n'y a il pas plus de mal à les craindre toutes qu'à en soustenir une? Que chault il quand ce soit, puisqu'elle est inevitable? A celuy qui disoit à Socrates : Les trente tyrans t'ont condamné à la mort : « Et nature, eulx, » respondit il. Quelle sottise de nous peiner, sur le poinct du passage à l'exemption de toute peine ! Comme nostre naissance nous apporta la naissance de toutes choses; aussi fera la mort de toutes choses, nostre mort. Parquoy c'est pareille folie de pleurer ce que d'icy à cent ans nous ne vivrons pas, que de pleurer de ce que nous ne vivions pas il y a cent ans. La mort est origine d'une aultre vie; ainsi pleurasmes nous, ainsi nous cousta il d'entrer en cette cy, ainsi nous despouillasmes nous de nostre ancien voile en y entrant. Rien ne peult estre grief, qui n'est qu'une fois. Est ce raison, de craindre si long temps chose de si brief temps? Le long temps vivre, et le peu de temps vivre, est rendu tout un par la mort : car le long et le court n'est point aux choses qui ne sont plus. Aristote dict qu'il y a des petistes bestes sur la riviere Hypanis, qui ne vivent qu'un iour : celle qui meurt à huict heures du matin, elle meurt en ieunesse; celle qui meurt à cinq heures du soir, meurt en sa decrepitude. Qui de nous ne se mocque de veoir mettre en consideration d'heur ou de malheur ce moment de duree? Le plus et le moins en la nostre, si nous la comparons à l'eternité, ou encores à la duree des montaignes, des rivieres, des estoiles, des arbres, et mesme d'aulcuns animaulx, n'est pas moins ridicule.

Mais nature nous y force. « Sortez, dict elle, de ce monde, comme vous y estes entrez. Le mesme passage que vous feistes de la mort à la vie, sans passion et sans frayeur, refaictes le de la vie à la mort. Vostre mort est une des pieces de l'ordre de l'univers; c'est une piece de la vie du monde.

> Inter se mortales mutua vivunt,
> . . . .
> Et, quasi cursores, vitæ lampada tradunt.

Changeray ie pas pour vous cette belle contexture des choses? C'est la condition de vostre creation; c'est une partie de vous, que la mort; vous vous fuyez vous mesmes. Cettuy vostre estre, que vous iouissez, est egalement party à la mort et à la vie. Le premier iour de vostre naissance vous achemine à mourir comme à vivre.

> Prima, quæ vitam dedit, hora, carpsit.
> Nascentes morimur; finisque ab origine pendet.

Tout ce que vous vivez, vous le desrobez à la vie; c'est à ses depens. Le continuel ouvrage de vostre vie, c'est bastir la mort. Vous estes en la mort pendant que vous estes en vie; car vous estes aprez la mort quand vous n'estes plus en vie; ou, si vous l'aimez mieulx ainsi, vous estes mort aprez la vie; mais pendant la vie, vous estes mourant; et la mort touche bien plus rudement le mourant que le mort, et plus vifvement et essentiellement. Si vous avez faict vostre proufit de la vie, vous en estes repeu : allez vous en satisfaict.

> Cur non ut plenus vitæ conviva recedis?

Si vous n'en avez sceu user, si elle vous estoit inutile, que vous chault il de l'avoir perdue? à quoi faire la voulez vous encores?

> Cur amplius addere quæris,
> Rursum quod pereat male, et ingratum occidat omne?

La vie n'est de soy ny bien ny mal; c'est la place du bien et du mal, selon que vous la leur faictes. Et si vous avez vescu un iour, vous avez tout veu : un iour est égal à touts iours. Il n'y a point d'aultre lumiere ni d'aultre nuict : ce soleil, cette lune, ces estoiles, cette disposition, c'est celle mesme que vos ayeuls ont iouye, et qui entretiendra vos arrieres-nepveux.

> Non alium videre patres, aliumve nepotes
> Adspicient.

Et au pis aller, la distribution et varieté de touts les actes de ma comedie se parfournit en un an. Si vous avez prins garde au bransle de mes quatre saisons, elles embrassent l'enfance, l'adolescence, la virilité et la vieillesse du monde : Il a ioué son ieu; il n'y sçait aultre finesse qne de recommencer; ce sera tousiours cela mesme.

    Versamur ibidem, atque insumus usque.
    Atque in se sua per vestigia volvitur annus.

Ie ne suis pas deliberee de vous forger aultres nouveaux passe-temps :

    Nam tibi præterea quod machiner, inveniamque,
    Quod placeat, nihil est : eadem sunt omnia semper.

Faictes place aux aultres, comme d'aultres vous l'ont faicte. L'equalité est la premiere piece de l'equité. Qui se peult plaindre d'estre comprins où touts sont comprins ? Aussi avez vous beau vivre, vous n'en rabattrez rien du temps que vous avez à estre mort : c'est pour neant; aussi longtemps serez vous en cet estat là que vous craignez, comme si vous estiez mort en nourrice :

    Licet quot vis vivendo vincere secla,
    Mors æterna tamen nihilominus illa manebit.

Et si vous mettray en tel point, auquel vous n'aurez auleun mescontentement :

    In vera nescis nullum fore morte alium te,
    Qui possit vivus tibi in lugere peremptum,
    Stansque iacentem ?

ny ne desirerez la vie que vous plaignez tant ;

    Nec sibi enim quisquam tum se, vitamque requirit.
    . . . .
    Nec desiderium nostri nos afficit ullum.

La mort est moins à craindre que rien, s'il y avoit quelque chose de moins que rien :

    Multo... mortem minus ad nos esse putandum,
    Si minus esse potest, quam quod nihil esse videmus;

elle ne vous concerne ny mort ny vif; vif, parce que vous estes ; mort, parce que vous n'êtes plus. Davantage, nul ne meurt avant son heure : ce que vous laissez de temps n'estoit non plus vostre, que celuy qui s'est passé avant vostre naissance, et ne vous touche non plus.

    Respice enim, quam nil ad nos anteacta vetustas
    Temporis æterni fuerit.

Où que vostre vie finisse, elle y est toute. L'utilité du vivre n'est pas en l'espace ; elle est en l'usage : tel a vescu longtemps, qui a peu vescu. Attendez vous y pendant que vous y estes : il gist en vostre volonté, non au nombre des ans, que vous ayez assez vescu. Pensiez vous iamais n'arriver là où vous alliez sans cesse ? encores n'y a il chemin qui n'ayt son issue. Et si la compaignie vous peult soulager, le monde ne va il pas mesme train que vous allez ?

    ... Omnia te, vita perfuncta, sequentur.

Tout ne bransle il pas vostre bransle ? y a il chose qui ne vieillisse quant et vous ? mille hommes, mille animaulx et mille aultres creatures meurent en ce mesme instant que vous mourez.

    Nam nox nulla diem, neque noctem aurora sequuta est,
    Quæ non audierit mixtos vagitibus ægris
    Ploratus, mortis comites et funeris atri.

A quoy faire y reculez vous, si vous ne pouvez tirer arriere ? Vous en avez assez veu qui se sont bien trouvez de mourir, eschevant par là des grandes miseres : mais quelqu'un que s'en soit mal trouvé, en avez vous veu? si est ce grand simplesse de condemner chose que vous n'avez esprouvee, ny par vous, ny par aultre. Pourquoy te plains tu de moy et de la destinee? Te faisons nous tort ? Est ce à toy de nous gouverner, ou à nous toy ? Encores que ton aage ne soit pas achevé, ta vie l'est : un petit homme est homme entier comme un grand; ny les hommes ny leurs vies ne se mesurent à l'aulne. Chiron refusa l'immortalité, informé des conditions d'icelle par le dieu mesme du temps et de la duree, Saturne son pere. Imaginez, de vray, combien serait une vie perdurable moins supportable à l'homme, et plus penible, que n'est la vie que ie luy ay donnee. Si vous n'aviez la mort, vous me mauldiriez sans cesse de vous en avoir privé : i'y ay à escient meslé quelque peu d'amertume, pour vous empescher, veoyant la commodité de son usage, de l'embrasser trop avidement et indiscrettement. Pour vous loger en cette moderation, ny de fuir la vie, ny de refuir à la mort, que ie demande de vous, i'ay temperé l'une et l'aultre entre la douleeur et l'aigreur. l'apprins à Thales, le premier de vos sages, que le vivre et le mourir estoit indifferent : par où, à celuy qui luy demanda pourquoy doncques il ne mouroit, il respondit tressagement : *Pource qu'il est indifferent.* L'eau, la terre, l'air et le feu, et aultres membres de ce mien bastiment, ne sont plus instruments de ta vie qu'instruments de ta mort. Pourquoy crains tu ton dernier iour ? il ne confere non plus à ta mort que chascun des aultres : le dernier pas ne faict pas la lassitude; il la declare. Touts les iours vont à la mort : le dernier y arrive. » Voylà les bons advertissements de nostre mere nature.

Or j'ay pensé souvent d'où venait cela, qu'aux guerres le visage de la mort, soit que nous la veoyons en nous ou en aultruy, nous semble sans comparaison moins effroyable qu'en nos maisons (aultrement ce seroit une armee de medecins et de pleurars); et, elle estant touiours une, qu'il y ait toutesfois beaucoup plus d'asseurance parmi les gents de village et de basse condition, qu'ez aultres. Ie crois, à la verité, que ce sont ces mines et appareils effroyables, dequoy nous l'entournons, qui nous font plus de peur qu'elle : une toute nouvelle forme de vivre; les cris des meres, des femmes et des enfants; la visitation de personnes estonnees et transies; l'assistance d'un nombre de valets pasles et esplorez; une chambre sans iour, des cierges allumez; nostre chevet assiégé de medecins et de prescheurs; somme, tout horreur et tout effroy autour de nous : nous voylà desia ensepvelis et enterrez. Les enfants ont peur de leurs amis mesmes, quand ils les voyent masquez : aussi avons nous. Il faut oster le masque aussi bien des choses que des personnes : osté qu'il sera, nous ne trouverons au dessoubs que cette mesme mort, qu'un valet ou simple chambriere passerent dernierement sans peur. Heureuse la mort qui oste le loisir aux apprets de tel equipage !

Chapitre xx. — De la force de l'imagination.

Fortis imaginatio generat casum, disent les clercs.

Ie suis de ceulx qui sentent tresgrand effort de l'imagination : chascun en est heurté, mais aulcuns en sont renversez. Son impression me perce; et mon art est de luy eschapper, par faulte de force à luy resister. Ie vivroy de la seule assistance de personnes saines et gayes : la veue des angoisses d'aultruy m'angoisse materiellement, et a mon sentiment souvent usurpé le sentiment d'un tiers ; un tousseur continuel irrite mon poulmon et mon gosier; ie visite plus mal volontiers les malades auxquels le debvoir m'interesse, que ceulx auxquels ie m'attends moins et que ie considere moins : ie saisis le mal que i'estudie, et le couche en moy. Ie ne trouve pas estrange qu'elle donne et les fiebvres et la mort à ceulx qui la laissent faire et qui luy applaudissent. Simon Thomas estoit un grand medecin de son temps : il me souvient que me rencontrant un iour à Toulouse, chez un riche vieillard pulmonaire, et traictant avec luy des moyens de sa guerison, il luy dict que c'en estoit l'un, de me donner occasion de me plaire en sa compaignie, et que, fichant ses yeulx sur la frescheur de mon visage, et sa pensee sur cette alaigresse et vigueur qui regorgeoit de mon adolescence, et remplissant touts ses sens de cet estat florissant en quoy i'estoy, son habitude s'en pourroit amender : mais il oublioit à dire que la mienne s'en pourroit empirer aussi. Gallus Vibius banda si bien son ame à comprendre l'essence et les mouvements de la folie, qu'il emporta son iugement hors de son siege, si qu'oncques puis il ne l'y peut remettre, et se pouvoit vanter d'estre devenu fol par sagesse. Il y en a qui de fraveur anticipent la main du bourreau; et celuy qu'on desbandoit pour luy lire sa grace, se trouva roide mort sur l'eschaffaud, du seul coup de son imagination. Nous tressuons, nous tremblons, nous paslissons, et rougissons, aux secousses de nos imaginations; et, renversez dans la plume, sentons nostre corps agité à leur bransle, quelquefois iusques à en expirer: et la ieunesse bouillante s'eschauffe si avant en son harnois, toute endormie, qu'elle assouvit en songe ses amoureux desirs :

> Ut, quasi transactis sæpe omnibu' rebu', profundant
> Fluminis ingentes fluctus, vestemque cruentent.

Et encores qu'il ne soit pas nouveau de veoir croistre la nuict des cornes à tel qui ne les avoit pas en se couchant, toutesfois l'evenement de Cippus, roy d'Italie, est memorable, lequel pour avoir assisté le iour, avecques grande affection, au combat des taureaux, et avoir eu en songe toute la nuict des cornes en la teste, les produisit en son front par la force de l'imagination. La passion donna au fils de Crœsus la voix que nature luy avoit refusee. Et Antiochus print la fiebvre, par la beauté de Stratonice trop vifvement empreinte en son ame. Pline dict avoir veu Lucius Cossitius, de femme, changé en homme le iour de ses nopces. Pontanus et d'aultres racontent pareilles metamorphoses advenues en Italie ces siecles passez. Et, par vehement desir de luy et de sa mere,

> Vota puer solvit, quæ femina voverat, Iphis.

Passant à Vitry le François, ie peus veoir un homme que l'evesque de Soissons avoit nommé Germain en confirmation, lequel touts les habitants de là ont cogneu et veu fille iusques à l'aage de vingt deux ans, nommee Marie. Il estoit à cette heure là fort barbu et vieil, et point marié. Faisant, dict il, quelque effort en saultant, ses membres virils se produisirent : et est encores en usage, entre les filles de là, une chanson, par laquelle elles s'entradvertissent de ne faire point de grandes eniambees, de peur de devenir garçons, comme Marie Germain. Ce n'est pas tant de merveille que cette sorte d'accident se rencontre frequent ; car, si l'imagination peult en telles choses, elle est si vigoreusement attachee à ce subiect, que, pour n'avoir si souvent à recheoir en mesme pensee et aspreté de desir, elle a meilleur compte d'incorporer, une fois pour toutes, cette virile partie aux filles.

Les uns attribuent à la force de l'imagination les cicatrices du roy Dagobert et de sainct François. On dict que les corps s'en enlevent, telle fois, de leur place ; et Celsus recite d'un presbtre qui ravissoit son ame en telle extase, que le corps en demouroit longue espace sans respiration et sans sentiment : sainct Augustin en nomme un aultre, à qui il ne falloit que faire ouïr des cris lamentables et plaintifs ; soubdain il defailloit, et s'emportoit si vifvement hors de soy, qu'on avoit beau le tempester, et hurler, et le pincer, et le griller, iusques à ce qu'il feust ressuscité : lors, il disoit avoir ouï des voix, mais comme venants de loing ; et s'appercevoit de ses eschauldures et meurtrisseures. Et, que ce ne feust une obstination apostee contre son sentiment, cela le montroit, qu'il n'avoit ce pendant ny pouls ny haleine.

Il est vraysemblable que le principal credit des visions, des enchantements et de tels effects extraordinaires, vienne de la puissance de l'imagination, agissant principalement contre les ames du vulgaire, plus molles ; on leur a s fort saisi la creance, qu'ils pensent veoir ce qu'ils ne veoyent pas.

Ie suis encores en ce doubte, que ces plaisantes liaisons, dequoy nostre monde se veoid si entravé, qu'il ne se parle d'aultre chose, ce sont volontiers des impressions de l'apprehension et de la crainte : car ie sais, par experience, que tel, de qui ie puis respondre comme de moy mesme, en qui il ne pouvoit cheoir souspeçon aulcun de foiblesse et aussi peu d'enchantement, ayant ouï faire le conte à un sien compaignon d'une defaillance extraordinaire, en quoy il estoit tombé, sur le poinct qu'il en avoit le moins de besoing, se trouvant en pareille occasion, l'horreur de ce conte luy veint à coup si rudement frapper l'imagination, qu'il encourut une fortune pareille ; et de là en hors feut subiect à y recheoir, ce vilain souvenir de son inconvenient le gourmandant et tyrannisant. Il trouva quelque remede à cette resverie par une aultre resverie ; c'est que, advouant luy mesme et preschant avant la main cette sienne subiection, la contention de son ame se soulageoit sur ce que, apportant ce mal comme attendu, son obligation en amoindrissoit et luy en poisoit moins. Quand il a eu loy, à son chois (sa pensee desbrouillee et desbandee, son corps se trouvant en son deu), de le faire lors premierement tenter, saisir, et surprendre à la cognoissance d'aultruy, il s'est guari tout net. A qui on a esté une fois capable, on n'est plus incapable, sinon par iuste foiblesse. Ce malheur n'est à craindre qu'aux entreprinses où nostre ame se trouve oultre mesure tendue de desir et de respect, et notamment où les commoditez se rencontrent improuveues et pressantes : on n'a pas moyen de se r'avoir de ce trouble. I'en sçais à qui il a servy d'y apporter le corps mesme, demy rassasié d'ailleurs, pour endormir l'ardeur de cette fureur, et qui, par l'aage, se trouve moins impuissant de ce qu'il est moins puissant; et tel aultre à qui il a servy aussi qu'un amy l'ayt asseuré d'estre fourni d'une contrebatterie d'enchantements certains à le preserver. Il vault mieulx que ie die comment ce feut.

Et celuy qu'on desbandoit pour lui lire sa grâce....

Un comte de tresbon lieu, de qui i'estois fort privé, se mariant avec une belle dame, qui avoit esté poursuyvie de tel qui assistoit à la feste, mettoit en grande peine ses amis, et nommeement une vieille dame sa parente, qui présidoit à ces nopces et les faisoit chez elle, craintifve de ces sorcelleries : ce qu'elle me feit entendre. Ie la priay s'en reposer sur moy. J'avoy, de fortune, en mes coffres certaine petite piece d'or platte, où estoient gravees quelques figures celestes, contre le coup du soleil, et pour oster la douleur de teste, la logeant à poinct sur la couture du test; et pour l'y tenir, elle estoit cousue à un ruban propre à rattacher soubs le menton; resverie germaine à celle de quoy nous parlons. Iacques Pelletier, vivant chez moy, m'avoit faict ce present singulier. I'advisay d'en tirer quelque usage, et dis au comte qu'il pourroit courre fortune comme les aultres, ayant là des hommes pour luy en vouloir prester une ; mais que hardiment il s'allast coucher; que ie luy ferois un tour d'amy, et n'espargnerois à son besoing un miracle qui estoit en ma puissance, pourveu que sur son honneur il me promist de le tenir tresfidelement secret : seulement, comme sur la nuict on iroit lui porter le resveillon, s'il luy estoit mal allé, il me feist un tel signe. Il avoit eu l'ame et les aureilles si battues, qu'il se trouva lié du trouble de son imagination, et me feict son signe à l'heure susdicte. Ie luy dis lors à l'aureille, qu'il se levast, soubs couleur de nous chasser, et prinst en se iouant la robbe de nuict que i'avoy sur moy (nous estions de taille fort voysine), et s'en vestist tant qu'il auroit executé mon ordonnance, qui feut, quand nous serions sortis, qu'il se retirast à tumber de l'eau ; dist trois fois telles parolles, et feist tels mouvements; qu'à chascune de ces trois fois il ceignist le ruban que ie luy mettois en main, et couchast bien soigneusement la medaille qui y estoit attachee, sur ses roignons, la figure en telle posture : cela faict, ayant, à la derniere fois, bien estreinct ce ruban pour qu'il ne se peust ny desnouer ny mouvoir de sa place, qu'en toute asseurance il s'en retournast à son prix faict, et n'oubliast de reiecter ma robe sur son lict, en maniere qu'elle les abritast touts deux. Ces singeries sont le principal de l'effect, nostre pensee ne se pouvant desmeler que moyens si estranges ne viennent de quelque abstruse science : leur inanité leur donne poids et reverence. Somme, il feut certain que mes characteres se trouverent plus veneriens que solaires, plus en action qu'en prohibition. Ce feut une humeur prompte et curieuse qui me convia à tel effect, esloingné de ma nature. Ie suis ennemy des actions subtiles et feinctes; et hay la finesse, en mes mains, non seulement recreative, mais aussi proufitable : si l'action n'est vicieuse, la route l'est.

Amasis, roy d'Aegypte, espousa Laodice, tresbelle fille grecque : et luy, qui se monstroit gentil compaignon par tout ailleurs, se trouva court à iouïr d'elle, et menaça de la tuer, estimant que ce feust quelque sorcerie. Comme ez choses qui consistent en fantaisie, elle le reiecta à la devotion : et ayant faict ses vœux et promesses à Venus, il se trouva divinement remis dez la premiere nuict, d'aprez ses oblations et sacrifices. Or, elles ont tort de nous recueillir de ces contenances mineuses, querelleuses et fuyardes, qui nous esteignent en nous allumant. La bru de Pythagoras disoit que la femme qui se couche avecques un homme, doibt, avecques sa cotte, laisser quand et quand la honte, et la reprendre avecques sa cotte. L'ame de l'assaillant, troublee de plusieurs diverses alarmes, se perd aysement : et à qui l'imagination a faict une fois souffrir cette honte (et elle ne la faict souffrir qu'aux premieres accointances, d'autant qu'elles sont plus ardentes et aspres, et aussi qu'en cette premiere cognoissance qu'on donne de soy, on craint beaucoup plus de faillir), ayant mal commencé, il entre en fiebvre et despit de cet accident, qui luy dure aux occasions suyvantes.

Les mariez, le temps estant tout leur, ne doibvent n'y presser ny taster leur entreprinse, s'ils ne sont prests : et vaulx mieulx faillir indecemment à estrener la couche nuptiale, pleine d'agitation et de fiebvre, attendant une et une aultre commodité plus privee et moins alarmee, que de tomber en une perpetuelle misere, pour s'estre estonné et desesperé du premier refus. Avant la possession prinse, le patient se doibt, à saillies et divers temps, legierement essayer et offrir, sans se picquer et opiniastrer à se convaincre definitivement soy mesme. Ceulx qui sçavent leurs membres de nature docile, qu'ils se soignent seulement de contrepiper leur fantaisie.

On a raison de remarquer l'indocile liberté de ce membre, s'ingerant si importunement lors que nous n'en avons que faire, et defaillant si importunement lors que nous en avons le plus affaire, et contestant de l'auctorité si imperieusement avecques nostre volonté, refusant avecques tant de fierté et d'obstination nos sollicitations et mentales et manuelles. Si toutefois, en ce qu'on gourmande sa rebellion, et qu'on en tire preuve de sa condemnation, il m'avoit payé pour plaider sa cause, à l'adventure mettrois ie en souspeçon nos aultres membres ses compaignons de luy estre allé dresser, par belle envie de l'importance et doulceur de son usage, cette querelle apostée, et avoir, par complot, armé le monde à l'encontre de luy, le chargeant malignement, seul, de leur faulte commune : car je vous donne à penser s'il y a une seule des parties de nostre corps qui ne refuse à nostre volonté souvent son operation, et qui souvent ne s'exerce contre nostre volonté. Elles ont chascune des passions propres, qui les esveillent et endorment sans nostre congé. A quant de fois tesmoignent les mouvements forcez de nostre visage, les pensees que nous tenions secrettes, et nous trahissent aux assistants! Cette mesme cause qui anime ce membre, anime aussi, sans nostre sceu, le cœur, le poulmon, et le pouls; la veue d'un obiet agréable, respandant imperceptiblement en nous la flamme d'une esmotion fiebvreuse. N'y a il que ces muscles et ces veines qui s'eslevent et se couchent sans l'adveu non seulement de nostre volonté, mais aussi de nostre pensee? nous ne commandons pas à nos cheveux de se herisser, et à nostre peau de fremir de desir ou de crainte; la main se porte souvent où nous ne l'envoyons pas; la langue se transit, et la voix se fige à son heure; lors mesme que, n'ayant de quoy frire, nous le luy deffendrions volontiers, l'appetit de manger et de boire ne laisse pas d'esmouvoir les parties qui luy sont suiectes, ny plus ny moins que cet aultre appetit, et nous abandonne de mesme hors de propos, quand bon luy semble; les utils qui servent à descharger le ventre ont leurs propres dilatations et compressions, oultre et contre advis, comme ceulx cy destinés à descharger les roignons. Et ce que, pour auctoriser la puissance de nostre volonté, sainct Augustin allegue avoir veu quelqu'un commandoit à son derriere autant de pets qu'il en vouloit, et que Vives son glossateur encherit d'un aultre exemple de son temps, de pets organisez, suyvants le ton des voix qu'on leur prononçoit, ne suppose non plus pure l'obeïssance de ce membre; car en est il ordinairement de plus indiscret et tumultuaire? ioinct que i'en cognois un si turbulent et revesche, qu'il y a quarante ans qu'il tient son maistre à peter d'une haleine et d'une obligation constante et irremittente, et le mene ainsin à la mort. Et pleust à Dieu que ie ne le sceusse que par les histoires, combien de fois nostre ventre, par le refus d'un seul pet, nous mene iusques aux portes d'une mort tresangoisseuse! et que l'empereur, qui nous donna liberté de peter par tout, nous en eust donné le pouvoir! Mais nostre volonté, pour les droicts de qui nous mettons en avant ce reproche, combien plus vraysemblablement la pouvons nous marquer de rebellion et sedition, par son deresglement et desobeïssance? Veult elle tousiours ce que nous vouldrions qu'elle voulsist? ne veult elle pas souvent ce que nous luy prohibons de vouloir, et à nostre evident dommage? se laisse elle non plus mener aux conclusions de nostre raison? Enfin, ie diroy pour monsieur ma partie, que plaise à considerer qu'en ce faict sa cause estant inseparablement conioincte à un consort, et indistinctement, on ne s'addresse pourtant qu'à luy, et par les arguments et charges qui ne peuvent appartenir à son dict consort : car l'effect d'iceluy est bien de convier inopportunement par fois, mais refuser, iamais; et de convier encore tacitement et quietement : partant se veoid l'animosité et illegalité manifeste des accusateurs. Quoy qu'il en soit, protestant que les advocats et iuges ont beau quereller et sentencier, nature tirera ce pendant son train; qui n'auroit faict que raison, quand elle auroit doué ce membre de quelque particulier privilege; aucteur du seul ouvrage immortel des mortels : ouvrage divin, selon Socrates; et amour, desir d'immortalité et daimon immortel luy mesme.

Tel, à l'adventure, par cet effect de l'imagination, laisse icy les escrouelles, que son compaignon reporte en Espaigne. Voylà pourquoy en telles choses, l'on a accoustumé de demander une ame preparee. Pourquoy practiquent les medecins avant main la creance de leur patient, avec tant de faulses promesses de sa guarison, si ce n'est à fin que l'effect de l'imagination supplee l'imposture de leur apozeme? ils sçavent qu'un des maistres de ce mestier leur a laissé par escript, qu'il s'est trouvé des hommes à qui la seule veue de la medecine faisoit l'operation. Et tout ce caprice m'est tumbé presentement en main, sur le conte que me faisoit un domestique apoticaire de feu mon pere, homme simple et souysse, nation peu vaine et mensongiere, d'avoir cogneu longtemps un marchand à Toulouse maladif et subiect à la pierre, qui avoit souvent besoing de clysteres, et se les faisoit diversement ordonner aux medecins selon l'occurrence de son mal : apportez qu'ils estoyent, il n'y avoit rien obmis des formes accoutumees; souvent il tastoit s'ils estoyent trop chauds; le voylà couché, renversé, et toutes les approches faictes, sauf qu'il ne s'y faisoit aulcune iniection. L'apotiquaire retiré aprez cette cerimonie, le patient accommodé comme s'il avoit véritablement prins le clystere, il en sentoit pareil effect à ceulx qui les prennent. Et si le medecin n'en trouvoit l'operation suffisante, il lui en donnoit deux ou trois aultres de mesme forme. Mon tesmoing iure que pour espargner la despense (car il les payoit comme s'ils les eust receus), la femme de ce malade ayant quelquesfois essayé d'y faire seulement mettre de l'eau tiede, l'effect en descouvrit la fourbe; et, pour avoir trouvé ceulx là inutiles, qu'il faulsit revenir à la premiere façon.

Une femme, pensant avoir avalé une espingle avecques son pain, crioit et se tormentoit comme ayant une douleur insupportable au gosier, où elle pensoit la sentir arrestee : mais parce qu'il n'y avoit ny enfleure ny alteration par le dehors, un habile homme ayant iugé que ce n'estoit que fantaisie et opinion, prinse de quelque morceau de pain qui l'avoit picquée en passant, la feit vomir, et iecta à la desrobee dans ce qu'elle rendit une espingle tortue. Cette femme, cuidant l'avoir rendue, se sentit soubdain deschargee de sa douleur. Ie sçay qu'un gentilhomme, ayant traicté chez lui une bonne compaignie, se vanta trois ou quatre iours aprez, par maniere de ieu (car il n'en estoit rien), de leur avoir faict manger un chat en paste : dequoy une damoiselle de la troupe print telle horreur, qu'en estant tumbee en un grand desvoyement d'estomac et fiebvre, il feut impossible de la sauver. Les bestes mesmes se veoyent, comme nous, suiects à la force de l'imagination; tesmoings les chiens qui se laissent mourir de deuil de la perte de leurs maistres : nous les veoyons aussi iapper et tremousser en songe, hennir les chevaulx et se debattre.

Mais tout cecy se peut rapporter à l'estroicte cousture de l'esprit et du corps s'entrecommuniquants leurs fortunes; c'est aultre chose, que l'imagination agisse quelquesfois non contre son corps seulement, mais contre le corps d'aultruy. Et tout ainsi qu'un corps reiecte son mal à son voisin, comme il se veoid en la peste, en la verolle, et au mal des yeulx, qui se chargent de l'un à l'aultre :

> Dum spectant oculi læsos, læduntur et ipsi;
> Multaque corporibus transitione nocent :

pareillement l'imagination, esbranlee avecques vehemence, eslance des traits qui puissent offenser l'obiect estrangier. L'antiquité a tenu de certaines femmes de Scythie, qu'animees et courroucees contre quelqu'un, elles le tuoient du seul regard. Les tortues et les autruches couvent leurs œufs de la seule veue; signe qu'ils y ont quelque vertu eiaculatrice. Et quant aux sorciers, on les dict avoir des yeulx offensifs et nuisants:

> Nescio quis teneros oculus mihi fascinat agnos.

Ce sont pour moy mauvais respondants que magiciens. Tant y a que nous veoyons par experience les femmes envoyer, aux corps des enfants qu'elles portent au ventre, des marques de leurs fantaisies; tesmoing celle qui engendra le more : et il feut presenté à Charles, roy de Boheme et empereur, une fille d'auprez de Pise, toute velue et herissee, que sa mere disoit avoir esté ainsi conceuë à cause d'une image de sainct Jean Baptiste pendue en son lict.

Des animaulx il en est de mesme; tesmoings les brebis de Iacob, et les perdris et lievres que la neige blanchit aux montaignes. On veit dernierement chez moy un chat guestant un oyseau au hault d'un arbre, et, s'estants fichez la veue ferme l'un contre l'aultre quelque espace de temps, l'oyseau s'estre laissé cheoir comme mort entre les pattes du chat; ou enyvré par sa propre imagination, ou attiré par quelque force attractive du chat. Ceulx qui aiment la volerie ont ouy faire le conte du faulconnier, qui, arrestant obstineement sa veue contre un milan en l'air, gageoit, de la seule force de sa veue, le ramener contrebas, et le faisait, à ce qu'on dict; car les histoires que i'emprunte, ie les renvoye sur la conscience de ceulx de qui ie les prens. Les discours sont à moy, et se tiennent par la preuve de la raison, non de l'experience : chascun y peult ioindre ses exemples; et qui n'en a point, qu'il ne laisse pas de croire qu'il en est assez, veu le nombre et varieté des accidents. Si ie ne comme bien, qu'un aultre comme pour moy. Aussi en l'estude que ie traite de nos mœurs et mouvements, les tesmoignages fabuleux, pourvu qu'ils soyent possibles, y servent comme les vrais : advenu ou non advenu, à Rome ou à Paris, à Iean ou à Pierre, c'est touiours un tour de l'humaine capacité, duquel ie suis utilement advisé par ce recit. Ie le veoy, et en fay mon proufit, esgalement en umbre qu'en corps ; et aux diverses leçons qu'ont souvent les histoires, ie prens à me servir de celle qui est la plus rare et memorable. Il y a des aucteurs desquels la fin, c'est dire les evenements : la mienne, si i'y sçavois arriver, seroit dire sur ce qui peult advenir. Il est iustement permis aux escholes de supposer des similitudes, quand ils n'en ont point : ie n'en fay pas ainsi pourtant, et surpasse de ce costé là en religion superstitieuse toute foy historiale. Aux exemples que ie tire ceans de ce que i'ai leu, ouï, faict, ou dict, ie me suis deffendu d'oser alterer iusques aux plus legieres et inutiles circonstances : ma conscience ne falsifie pas un iota : mon inscience, ie ne sçay.

Sur ce propos, i'entre par fois en pensee qu'il puisse assez bien convenir à un theologien, à un philosophe, et telles gents d'exquise et exacte conscience et prudence, d'escrire l'histoire. Comment peuvent ils engager leur foy sur une foy populaire ? comment respondre des pensees de personnes incogneues, et donner pour argent comptant leurs coniectures ? Des actions à divers membres qui se passent en leur présence, ils refuseroient d'en rendre tesmoignage, assermentez par un iuge ; et n'ont homme si familier, des intentions duquel ils entreprennent de pleinement respondre. Ie tiens moins hazardeux d'escrire les choses passees, que presentes : d'autant que l'escrivain n'a à rendre compte que d'une verité empruntee.

Aulcuns me convient d'escrire les affaires de mon temps, estimants que ie les veoy d'une veue moins blecee de passion qu'un aultre, et de plus prez, pour l'accez que fortune m'a donné aux chefs de divers partis. Mais ils ne disent pas, Que pour la gloire de Salluste ie n'en prendroy pas la peine ; ennemy iuré d'obligation, d'assiduité, de constance : Qu'il n'est rien si contraire à mon style, qu'une narration estenduee ; ie me recouppe si souvent, à faulte d'haleine ; ie n'ay ny composition ny explication, qui vaille ; ignorant, au delà d'un enfant, des frases et vocables qui servent aux choses plus communes ; pourtant ay ie prins à dire ce que ie sçay dire, accommodant la matiere à ma force ; si i'en prenois qui me guidast, ma mesure pourroit faillir à la sienne : Que, ma liberté estant si libre, i'eusse publié des iugements, à mon gré mesme et selon raison, illegitimes et punissables.

Plutarque nous diroit volontiers, de ce qu'il en a faict, que c'est l'ouvrage d'aultruy que ses exemples soyent en tout et par tout veritables : qu'ils soyent utiles à la posterité, et presentez d'un lustre qui nous esclaire à la vertu, que c'est son ouvrage. Il n'est pas dangereux, comme en une drogue medecinale, en un conte ancien, qu'il soit ainsin ou ainsi.

Chapitre XXI. — Le proufit de l'un est dommage de l'aultre.

Demades, Athenien, condemna un homme de sa ville qui faisoit mestier de vendre les choses necessaires aux enterrements, soubs tiltre de ce qu'il en demandoit trop de proufit, et que ce proufit ne luy pouvoit venir sans la mort de beaucoup de gents. Ce iugement semble estre mal prins ; d'autant qu'il ne se faict aucun proufit qu'au dommage d'aultruy, et qu'à ce compte il fauldroit condemner toute sorte de gaings. Le marchand ne faict bien ses affaires qu'à la desbauche de la ieunesse ; le laboureur, à la cherté des bleds ; l'architecte, à la ruine des maisons ; les officiers de la iustice, aux procez et querelles des hommes ; l'honneur mesme et practique des ministres de la religion se tire de nostre mort et de nos vices ; nul medecin ne prend plaisir à la santé de ses amis mesmes, dict l'ancien comique grec ; ny soldat, à la paix de sa ville : ainsi du reste. Et qui pis est, que chascun se sonde au dedans, il trouvera que nos souhaits interieurs, pour la pluspart, naissent et se nourrissent aux despens d'aultruy. Ce que considerant, il m'est venu en fantasie, comme nature ne se desment point en cela de sa generale police ; car les physiciens tiennent que la naissance, nourrissement et augmentation de chaque chose, est l'alteration et corruption d'une aultre :

> Nam quodcumque suis mutatum finibus exit,
> Continuo hoc mors est illus, quod fuit ante.

Chapitre XXII. — De la coustume, et de ne changer ayseement une loi receue.

Celuy me semble avoir tresbien conceu la force de la coustume, qui premier forgea ce conte, qu'une femme de village, ayant apprins de caresser et porter entre ses bras un veau dez l'heure de sa naissance, et continuant tousiours à ce faire, gaigna cela par l'accoustumance, que, tout grand bœuf qu'il estoit, elle le portoit encore : car c'est, à la verité, une violente et traistresse maistresse d'eschole que la coustume. Elle establit en nous, peu à peu, à la desrobee, le pied de son auctorité : mais, par ce doulx et humble commencement, l'ayant rassis et planté avec l'ayde du temps, elle nous descouvre tantost un furieux et tyrannique visage, contre lequel nous n'avons plus la liberté de haulser seulement les yeulx. Nous luy voeyons forcer, touts les coups, les regles de nature : *Usus efficacissimus rerum omnium magister.* I'en croy l'antre de Platon en sa Republique; et les medecins, qui quittent si souvent à son auctorité les raisons de leur art; et ce roy, qui par son moyen rengea son estomach à se nourrir de poison; et la fille qu'Albert recite s'estre accoustumee à vivre d'araignees : et en ce monde des Indes nouvelles, on trouva des grands peuples, et en fort divers climats, qui en vivoient, en faisoient provision et les appastoient, comme aussi des saulterelles, formis, lezards, chauvesouris; et feut un crapaud vendu six escus en une necessité de vivres; ils les cuisent et apprestent à divers saulces : il en feut trouvé d'aultres auxquels nos chairs et nos viandes estoient mortelles et venimeuses. *Consuetudinis magna vis est : pernoctant venatores in nive; in montibus uri se patiuntur; pugiles, cœstibus contusi, ne ingemiscunt quidem.*

Ces exemples estrangiers ne sont pas estranges, si nous considerons, ce que nous essayons ordinairement, combien l'accoustumance hebete nos sens. Il ne nous fault pas aller chercher ce qu'on dict des voysins des cataractes du Nil; et ce que les philosophes estiment de la musique celeste, que les corps de ces cercles, estants solides, polis, et venants à se lescher et frotter l'un à l'autre en roulant, ne peuvent faillir de produire une merveilleuse harmonie, aux coupures et nuances de laquelle se manient les contours et changements des carolles des astres, mais qu'universellement les ouïes des creatures de çà bas, endormies, comme celles des Aegyptiens, par la continuation de ce son, ne le peuvent appercevoir, pour grand qu'il soit : les mareschaux, meulniers, armuriers, ne sçauroient demeurer au bruit qui les frappe, s'il les perceoit comme nous.

Mon collet de fleurs sert à mon nez : mais, aprez que ie m'en suis vestu trois iours de suite, il ne sert qu'aux nez assistants. Cecy est plus estrange, que, nonobstant des longs intervalles et intermissions, l'accoustumance puisse joindre et establir l'effect de son impression sur nos sens : comme essayent les voysins des clochiers. Ie loge chez moy en une tour, où, à la diane et à la retraicte, une fort grosse cloche sonne touts les iours l'*Ave, Maria*. Ce tintamarre estonne ma tour mesme : et aux premiers iours me semblant insupportable, en peu de temps m'appriveise de maniere que ie l'oy sans offense, et souvent sans m'en esveiller.

Platon tansa un enfant qui iouoit aux noix. Il luy respondit : « Tu me tanses de peu de chose. — L'accoustumance, repliqua Platon, n'est pas chose de peu. » Ie treuve que nos plus grands vices prennent leur ply dez nostre plus tendre enfance, et que nostre principal gouvernement est entre les mains des nourrices. C'est passetemps aux meres de veoir un enfant tordre le col à un poulet, et s'esbattre à blecer un chien et un chat : et tel pere est si sot, de prendre à bon augure d'une ame martiale, quand il veoid son fils gourmer iniurieusement un païsan ou un laquay qui ne se deffend point; et à gentillesse, quand il le veoid affiner son compaignon par quelque malicieuse desloyauté et tromperie. Ce sont pourtant les vrayes semences et racines de la cruauté, de la tyrannie, de la trahison : elles se germent là; et s'eslevent aprez gaillardement, et proufitent à force entre les mains de la coustume. Et est une tresdangereuse institution, d'excuser ces vilaines inclinations par la foiblesse de l'aage et legiereté du suiect : premierement, c'est nature qui parle, de qui la voix est lors plus pure et plus naïfve, qu'elle est plus graile et plus neufve : secondement, la laideur de la piperie ne despend pas de la difference des escus aux espingles; elle despend de soy. Ie treuve bien plus iuste de conclure ainsi : « Pourquoy ne tromperoit il aux escus, puisqu'il trompe aux espingles? » que, comme ils font : « Ce n'est qu'aux espingles; il n'auroit garde de le faire aux escus. » Il fault apprendre soigneusement aux enfants de haïr les vices de leur propre contexture, et leur en fault apprendre la naturelle difformité, à ce qu'ils les fuyent non en leur action seulement, mais sur tout en leur cœur; que la pensee mesme leur en soit odieuse, quelque masque qu'ils portent.

Ie sçais bien que pour m'estre duict, en ma puerilité, de marcher tousiours mon grand et plain chemin, et avoir eu à contrecœur de mesler ni tricotterie ny finesse à mes ieux enfantins (comme de vray il fault noter que les ieux des enfants ne sont pas ieux, et les fault iuger en culx comme leurs plus serieuses actions), il n'est passetemps si legier où ie n'apporte, du dedans et d'une propension naturelle et sans estude, une extreme contradiction à tromper. Ie manie les chartes pour les doubles, et tiens compte, comme pour les doubles doublons; lorsque le gaigner et le perdre, contre ma femme et ma fille, m'est indifferent, comme lorsqu'il va de bon. En tout et par tout, il y a assez de mes yeulx à me tenir en office; il n'y en a point qui me veillent de si prez, ny que ie respecte plus.

Ie viens de veoir chez moy un petit homme natif de Nantes, nay sans bras, qui a si bien façonné ses pieds au service que luy debvoient les mains, quils en ont, à la verité, à demy oublié leur office naturel. Au demourant, il les nomme ses mains; il trenche, il charge un pistolet et le lasche, il enfile son aiguille, il coud, il escrit, il tire le bonnet, il se peigne, il ioue aux chartes et aux dez, et les remue avecques autant de dexterité que sçauroit faire quelqu'autre : l'argent que ie luy ay donné (car il gaigne sa vie à se faire veoir), il l'a emporté en son pied, comme nous faisons en nostre main. I'en veis un aultre, estant enfant, qui manioit un' espee à deux mains, et un' hallebarde, du ply du col, à faulte de mains; les iectoit en l'air, et les reprenoit; lanceoit une dague; et faisoit craqueter un fouet, aussi bien que charretier de France.

Mais on descouvre bien mieulx ses effets aux estranges impressions qu'elle faict en nos ames, où elle ne treuve pas tant de resistance. Que ne peult elle en nos iugements et en nos creances? y a il opinion si bizarre (ie laisse à part la grossiere imposture des religions, dequoy tant de grandes nations et tant de suffisants personnages se sont veus enyvrez; car cette partie estant hors de nos raisons humaines, il est plus excusable de s'y perdre, à qui n'y est extraordinairement esclairé par faveur divine), mais d'aultres opinions, y en a il de si estranges qu'elle n'aye planté et estably par loix, ez regions que bon luy a semblé, et est tresiuste cette ancienne exclamation : *Non pudet physicum, id est, speculatorem venatoremque naturæ, ab animis consuetudine imbutis quærere testimonium veritatis!*

I'estime qu'il ne tumbe en l'imagination humaine aulcune fantasie si forcenee, qui ne rencontre l'exemple de quelque usage publicque, et par consequent que nostre raison n'estaye et ne fonde. Il est des peuples où on tourne le dos à celuy qu'on salue, et ne regarde l'on iamais celuy qu'on veult honnorer. Il en est où, quand le roy crache, la plus favorie des dames de sa court tend la main; et, en aultre nation, les plus apparents, qui sont autour de luy, se baissent à terre pour amasser en du linge son ordure. Desrobbons ici la place d'un conte.

Un gentilhomme françois se mouchoit tousiours de sa main; chose tresennemie de nostre usage : deffendant là dessus son faict (et estoit fameux en bons rencontres), il me demanda quel privilege avoit ce sale excrement, que nous allassions luy apprestant un beau linge delicat à le recevoir, et puis, qui plus est, à l'empaqueter et serrer soigneusement sur nous : que cela debvoit faire plus de mal au cœur; que de le veoir où que ce feust, comme nous faisons toutes nos aultres ordures. Ie trouvay qu'il ne parloit pas du tout sans raison : et m'avoit la coustume osté l'appercevance de cette estrangeté, laquelle pourtant nous trouvons si hideuse, quand elle est recitee d'un aultre païs. Les miracles sont selon l'ignorance en quoy nous sommes de la nature, non selon l'estre de la nature; l'assuefaction endort la veue de nostre iugement : les barbares ne nous sont de rien plus merveilleux, que nous sommes à culx, ny avecques plus d'occasion; comme chascun advoueroit, si chascun sçavoit, aprez s'estre promené par ces loingtains exemples, se coucher sur les propres, et les conferer sainement. La raison humaine est une teincture infuse environ de pareil poids à toutes nos opinions et mœurs, de quelque forme qu'elles soyent ; infinie en matiere, infinie en diversité. Je m'en retourne.

Il est des peuples où, sauf sa femme et ses enfants, aulcun ne parle au roy que par sarbatane. En une mesme nation, et les vierges montrent à descouvert leurs parties honteuses, et les mariees les couvrent et cachent soigneusement. A quoy cette aultre coustume, qui est ailleurs, a quelque relation : la chasteté n'y est en prix que pour le service du mariage ; car les filles se peuvent abandonner à leur poste, et, engroissees, se faire avorter par medicaments propres, au veu d'un chascun. Et ailleurs, si c'est un marchand qui se marie, touts les marchands conviez à la nopce, couchent avecques l'espousee avant luy ; et plus il y en a, plus a elle d'honneur et de recommendation de fermeté et de capacité : si un officier se marie, il en va de mesme ; de mesme si c'est un noble ; et ainsi des aultres : sauf si c'est un laboureur ou quelqu'un du bas peuple ; car lors c'est au seigneur à faire : et si, on ne laisse pas d'y recommander estroictement la loyauté pendant le mariage. Il en est où il se veoid des bordeaux publics de masles, voire et des mariages : où les femmes vont à la guerre quand et leurs maris, et ont reng, non au combat seulement, mais aussi au commandement : où non seulement les bagues se portent au nez, aux levres, aux ioues, et aux orteils des pieds ; mais des verges d'or bien poisantes au travers des tettins et des fesses : où en mangeant on s'essuye les doigts aux cuisses, et à la bourse des genitoires, et à la plante des pieds : où les enfants ne sont pas heritiers, ce sont les freres et nepveux, et ailleurs les nepveux seulement ; sauf en la succession du prince : où, pour regler la communauté des biens, qui s'y observe, certains magistrats souverains ont charge universelle de la culture des terres et de la distribution des fruicts, selon le besoing d'un chascun : où l'on pleure la mort des enfants, et festoye lon celle des vieillards : où ils couchent en des licts dix ou douze ensemble avec leurs femmes : où les femmes qui perdent leurs maris par mort violente se peuvent remarier, les aultres non : où l'on estime si mal de la condition des femmes, que l'on y tue les femelles qui y naissent, et achepte lon, des voysins, des femmes pour le besoing : où les maris peuvent repudier, sans alleguer aucune cause ; les femmes non, pour cause quelconque : où les maris ont loy de les vendre si elles sont steriles : où ils font cuire le corps du trespassé, et puis piler, iusques à ce qu'il se forme comme en bouillie ; laquelle ils meslent à leur vin, et la boivent : où la plus desirable sepulture est d'estre mangé des chiens ; ailleurs des oyseaux : où l'on croit que les ames heureuses vivent, en toute liberté, en des champs plaisants fournis de toutes commoditez, et que ce sont elles qui font cet echo que nous oyons : où ils combattent en l'eau, et tirent seurement de leurs arcs en nageant : où, pour signe de subiection, il fault haulser les espaules et baisser la teste ; et deschausser ses souliers quand on entre au logis du roy : où les eunuques, qui ont les femmes religieuses en garde, ont encore le nez et les levres à dire, pour ne pouvoir estre aymez : et les prebtres se crevent les yeulx, pour accointer les daimons et prendre les oracles : où chascun faict un dieu de ce qu'il luy plaist ; le chasseur, d'un lyon ou d'un regnard ; le pescheur, de certain poisson ; et des idoles, de chasque action ou passion humaine : le soleil, la lune, et la terre, sont les dieux principaulx ; la forme de iurer, c'est toucher la terre regardant le soleil ; et y mange lon la chair et le poisson crud ; où le grand serment, c'est iurer le nom de quelque homme trespassé qui a esté en bonne reputation au pays, touchant de la main sa tumbe : où les estrenes annuelles que le roy envoye aux princes ses vassaux, touts les ans, c'est du feu ; lequel apporté, tout le vieil feu est esteint : et de ce feu nouveau, le peuple, despendant de ce prince, en doibt venir prendre chascun pour soy, sur peine de crime de leze maiesté ; où, quand le roy, pour s'adonner du tout à la devotion, se retire de sa charge. ce qui advient souvent, son premier successeur est obligé d'en faire autant, et passe le droict du royaume au troisieme successeur : où l'on diversifie la forme de la police, selon que les affaires semblent le requerir ; on depose le roy, quand il semble bon ; et luy substitue lon des anciens à prendre le gouvernail de l'estat ; et le laisse lon par fois aussi ez mains de la commune : où hommes et femmes sont circoncis, et pareillement baptisez : où le soldat qui, en un ou divers combats, est arrivé à presenter à son roy sept testes d'ennemis, est faict noble : où l'on vit soubs cette opinion si rare et insociable de la mortalité des ames : où les femmes s'accouchent sans plaincte et sans effroy : où les femmes, en l'une et l'aultre iambe, portent des greves de cuivre ; et, si un pouil les mord, sont tenues par debvoir de magnanimité de le remordre ; et n'osent espouser, qu'elles n'ayent offert à leur roy, s'il le veut, leur pucellage : où l'on salue mettant le doigt à terre, et puis le haulsant vers le ciel : où les hommes portent les charges sur la teste, les femmes sur les espaules ; elles pissent debout, les hommes accroupis : où ils envoyent du sang en signe d'amitié, et encensent, comme les dieux, les hommes qu'ils veulent honnorer : où non seulement iusques au quatriesme degré, mais en aulcun plus cloingné, la parenté n'est soufferte aux mariages : où les enfants sont quatre ans à nourrice, et souvent douze, et là mesme il est estimé mortel, de donner à l'enfant à tetter tout le premier iour : où les peres ont charge du chastiment des masles ; et les meres, à part, des femelles ; et est le chastiment de les fumer pendus par les pieds : où on faict circoncire les femmes : où l'on mange toutes sortes d'herbes, sans aultre discretion que de refuser celles qui leur semblent avoir mauvaise senteur : où tout est ouvert ; et les maisons, pour belles et riches qu'elles soyent, sans porte, sans fenestre, sans coffre qui ferme ; et sont les larrons doublement punis qu'ailleurs : où ils tuent les pouils avec les dents comme les magots, et trouvent horrible de les veoir escacher soubs les ongles : où l'on ne coupe en toute la vie ny poil ny ongle ; ailleurs, où l'on ne coupe que les ongles de la droicte, ceux de la gauche se nourrissent par gentillesse : où ils nourrissent tout le poil du costé droict, tant qu'il peult croistre, et tiennent raz le poil de l'aultre costé ; et en voysines provinces, celle icy nourrit le poil de devant celle là le poil de derriere, et rasent l'opposite : où les peres prestent leurs enfants, les maris leurs femmes, à iouïr aux hostes, en payant : où on peult honnestement faire des enfants à sa mere, les peres se mesler à leurs filles et à leurs fils : où, aux assemblees des festins, ils s'entreprestent, sans distinction de parenté, les enfants les uns aux aultres : icy on vit de chair humaine : là c'est office de pieté de tuer son pere en certain aage : ailleurs les peres ordonnent, des enfants encores au ventre des meres, ceulx qu'ils veulent estre nourris et conservez, et ceux qu'ils veulent estre abandonnez et tuez : ailleurs les vieux maris prestent leurs femmes à la ieunesse pour s'en servir ; et ailleurs elles sont communes sans peché ; voire, en tel païs, portent par marques d'honneur autant de belles houppes frangees au bord de leurs robbes, qu'elles ont accointé de masles. N'a pas faict la coustume encores une chose publicque de femmes à part ? leur a elle pas mis les armes à la main ? faict dresser des armees, et livrer des batailles ? Et, ce que toute la philosophie ne peult planter en la teste des plus sages, ne l'apprend elle pas de sa seule ordonnance au plus grossier vulgaire ? car nous sçavons des nations entieres, où non seulement la mort estoit mesprisee, mais festoyee ; où les enfants de sept ans souffroient à estre fouettez iusques à la mort, sans changer de visage ; où la richesse estoit en tel mespris, que le plus chestif citoyen de la ville n'eust daigné baisser le bras pour amasser une bourse d'escus. Et sçavons des regions tresfertiles en toutes façons de vivres, où toutesfois les plus ordinaires mets et les plus savoureux, c'estoient du pain, du nasitort et de l'eau. Feit elle pas encores ce miracle en Cio, qu'il s'y passa sept cents ans, sans memoire que femme ny fille y eust faict faulte à son honneur ?

Et somme, à ma fantasie, il n'est rien qu'elle ne face, ou qu'elle ne puisse ; et avecques raison l'appelle Pindarus, à ce qu'on m'a dict, « la royne et emperiere du monde. » Celuy qu'on rencontra battant son pere, respondit que c'estoit la coustume de sa maison ; que son pere avoit ainsi battu son ayeul ; son ayeul, son bisayeul ; et, montrant son fils, cettuy cy me battra, quand il sera venu au terme de l'aage où ie suis : et le pere, que le fils tirassoit et sabouloit emmy la rue, luy commanda de s'arrester à certain huis, car luy n'avoit traisné son pere que iusque là ; que c'estoit la borne des iniurieux traitements hereditaires, que les enfants avoient de faire aux peres, en leur famille. Par coustume, dit Aristote, aussi souvent que par maladie, des femmes s'arrachent le poil, rongent leurs ongles, mangent des charbons et de la terre ; et, plus par coustume que par nature, les masles se meslent aux masles.

Les loix de la conscience, que nous disons naistre de nature, naissent de la coustume ; chascun, ayant en veneration interne les opinions et mœurs approuvees et receues autour de luy, ne s'en peult despendre sans remors, ny s'y appliquer sans applaudissement. Quand ceulx de Crete vouloient, au temps passé, mauldire quelqu'un, ils prioient les dieux de l'engager en quelque coustume. Mais le principal effect de sa puissance, c'est de nous saisir et empieter de telle sorte, qu'à peine soit il en nous de nous r'avoir de sa prinse et de r'entrer en nous, pour discourir et raisonner de ses ordonnances. De vray, parce que nous les humons avec le laict de nostre naissance, et que le visage du monde se presente en cet estat à nostre premiere veue, il semble que nous soyons nayz à la condition de suivre ce train ; et les communes imaginations que nous treuvons en credit autour de nous, et infuses en nostre ame par la semence de nos peres, il semble que ce soyent les generales et naturelles : par où il advient que ce qui est hors les gonds de la coustume, on le croit hors les gonds de la raison ; Dieu sçait combien desraisonnablement le plus souvent !

Si, comme nous, qui nous estudions, avons apprins de faire, chascun, qui oid une iuste sentence, regardoit incontinent par où elle luy appartient en son propre, chascun trouveroit que ceste cy n'est pas tant un bon mot, qu'un bon coup de fouet à la bestise ordinaire de son iugement ; mais on receoit les advis de la verité et ses preceptes comme adressez au peuple, non iamais à soy ; et au lieu de les coucher sur ses mœurs, chascun les couche en sa memoire, tressottement et tresinutilement. Revenons à l'empire de la coustume.

Les peuples nourris à la liberté, et à se commander eulx mesmes, estiment toute aultre forme de police monstrueuse et contre nature : ceulx qui sont duicts à la monarchie en font de mesme; et, quelque facilité que leur preste fortune au changement, lors mesme qu'ils se sont, avecques grandes difficultez, desfaicts de l'importunité d'un maistre, ils courent à en replanter de nouveau avecques pareilles difficultez, pour ne se pouvoir resoudre de prendre en haine la maistrise. C'est par l'entremise de la coustume que chascun est content du lieu où nature l'a planté ; et les sauvages d'Escosse n'ont que faire de la Touraine, ni les Scythes de la Thessalie. Darius demandoit à quelques Grecs pour combien ils voudroient prendre la coustume des Indes, de manger leurs peres trespassez (car c'estoit leur forme, estimants ne leur pouvoir donner plus favorable sepulture que dans eulx mesmes) ; ils lui respondirent que pour chose au monde ils ne le feroient : mais s'estant aussi essayé de persuader aux Indiens de laisser leur façon, et prendre celle de Grece, qui estoit de brusler les corps de leurs peres, il leur feit encore plus d'horreur. Chascun en faict ainsi, d'autant que l'usage nous desrobe le vray visage des choses.

> Nil adeo magnum, nec tam mirabile quidquam
> Principio, quod non minuant mirarier omnes
> Paullatim.

Aultrefois, ayant à faire valoir quelqu'une de nos observations, et receue avec resolue auctorité bien loing autour de nous ; et ne voulant point, comme il se faict, l'establir seulement par la force des loix et des exemples, mais questant tousiours iusques à son origine, i'y trouvay le fondement si foible, qu'à peine que ie ne m'en degoustasse, moy, qui avois à la confirmer en aultruy. C'est cette recepte, par laquelle Platon entreprend de chasser les desnaturees et preposteres amours de son temps, qu'il estime souveraine et principale ; à sçavoir, que l'opinion publicque les condemne, que les poëtes, que chascun en face des mauvais contes ; recepte par le moyen de laquelle les plus belles filles n'attirent plus l'amour des peres, ny les freres plus excellents en beauté, l'amour des sœurs ; les fables mesmes de Thyestes, d'Oedipus, de Macareus, ayant, avecques le plaisir de leur chant, infus cette utile creance en la tendre cervelle des enfants. De vray, la pudicité est une belle vertu, et de laquelle l'utilité est assez cogneue ; mais de la traicter et faire valoir selon nature, il est autant malaysé, comme il est aysé de la faire valoir selon l'usage, les loix et les preceptes. Les premieres et universelles raisons sont de difficile perscrutation ; et les passent nos maistres en escumant ; ou, en ne les osant pas seulement taster, se iectent d'abordee dans la franchise de la coustume ; là ils s'enflent, et triumphent à bon compte. Ceulx qui ne se veulent laisser tirer hors cette originelle source faillent encores plus, et s'obligent à des opinions sauvages ; tesmoing Chrysippus, qui sema, en tant de lieux de ses escripts, le peu de compte en quoy il tenoit les conionctions incestueuses, quelles qu'elles feussent.

Qui vouldra se desfaire de ce violent preiudice de la coustume, il trouvera plusieurs choses receues d'une resolution indubitable, qui n'ont appuy qu'en la barbe chenue et rides de l'usage qui les accompaigne; mais ce masque arraché, rapportant les choses à la verité et à la raison, il sentira son iugement comme tout bouleversé, et pourtant en bien plus seur estat. Pour exemple, ie luy demanderai lors quelle chose peult estre plus estrange que de veoir un peuple obligé à suyvre les loix qu'il n'entendit oncques; attaché en touts ses affaires domestiques, mariages, donations, testaments, ventes et achapts, à des regles qu'il ne peult sçavoir, n'estants escriptes ny publiees en sa langue, et desquelles, par necessité, il luy faille acheter l'interpretation et l'usage : non selon l'ingenieuse opinion d'Isocrates, qui conseille à son roy de rendre les traficques et negociations de ses subiects, libres, franches et lucratives, et leurs debats et querelles, onereuses, chargees de poisants subsides; mais selon une opinion prodigieuse, de mettre en traficque la raison mesme, et donner aux loix cours de marchandise. Ie sçay bon gré a la fortune dequoy, comme disent nos historiens, ce feut un gentilhomme gascon et de mon pays qui le premier s'opposa à Charlemaigne nous voulant donner des loix latines et imperiales.

Qu'est il plus farouche que de veoir une nation où, par legitime coustume, la charge de iuger se vende, et les iugememts soyent payez à purs deniers comptants, et où legitimement la iustice soit refusee à qui n'a dequoy la payer; et ayt cette marchandise si grand credit, qu'il se face en une police un quatriesme estat de gents maniants les procez, pour le ioindre aux trois anciens, de l'eglise, de la noblesse et du peuple; lequel estat, ayant la charge des loix et souveraine auctorité des biens et des vies, face un corps à part de celuy de la noblesse : d'où il advienne qu'il y ayt doubles loix, celles de l'honneur et celles de la iustice, en plusieurs choses fort contraires; aussi rigoureusement condemnent celles là un dementi souffert, comme celles icy un dementi revenché; par le debvoir des armes, celuy là soit degradé d'honneur et de noblesse, qui souffre une injure, et par le debvoir civil, celuy qui s'en venge encoure une peine capitale; qui s'adresse aux loix pour avoir raison d'une offense faicte à son honneur, il se deshonnore, et qui ne s'y adresse, il en est puny et chastié par les loix : et de ces deux pieces si diverses, se rapportants toutefois à un seul chef, ceulx là ayent la paix, ceulx cy la guerre, en charge; ceulx là ayent le gaing, ceulx cy l'honneur; ceulx-là le savoir, ceulx cy la vertu; ceulx là la parole, ceulx cy l'action; ceulx là la iustice, ceux cy la vaillance; ceulx-là la raison, ceulx cy la force; ceulx là la robbe longue, ceulx cy la courte, en partage?

Quant aux choses indifferentes, comme vestements, qui les vouldra ramener à leur vraye fin, qui est le service et commodité du corps, d'où despend leur grace et bienseance originelle : pour les plus fantastiques à mon gré qui se puissent imaginer, ie luy donray entre aultres nos bonnets quarrez, cette longue queue de veloux plissé qui pend aux testes de nos femmes aveucques nos attirails bigarrés, et ce vain modele et inutile d'un membre que nous ne pouvons seulement honnestement nommer, duquel toutesfois nous faisons montre et parade en public. Ces considerations ne destournent pourtant pas un homme d'entendement de suyvre le style commun : ains au rebours, il me semble que toutes façons escartees et particulieres partent plustost de folie ou d'affectation ambitieuse, que de vraye raison; et que le sage doibt au dedans retirer son ame de la presse, et la tenir en liberté et puissance de iuger librement des choses; mais, quant au dehors, qu'il doibt suyvre entierement les façons et formes receues. La société publique n'a que faire de nos pensees; mais le demourant comme nos actions, nostre travail, nos fortunes et nostre vie, il-la fault prester et abandonner à son service et aux opinions communes : comme ce bon et grand Socrates refusa de sauver sa vie, par la desobeïssance du magistrat, voire d'un magistrat tresiniuste et tresinique; car c'est la regle des regles, et generale loy des loix, que chascun observe celle du lieu où il est :

Νόμοις ἕπεσθαι τοῖσιν ἐγχωρίοις καλόν.

En voicy d'une aultre cuvee. Il y a grand doubte s'il se peult trouver si evident proufit au changement d'une loy receue, telle qu'elle soit, qu'il y a de mal à la remuer : d'autant qu'une police, c'est comme un bastiment de diverses pieces ioinctes ensemble d'une telle liaison, qu'il est impossible d'en esbranler une, que tout le corps ne s'en sente. Le legislateur des Thuriens ordonna que quiconque vouldroit, ou abolir une des vieilles loix, ou en establir une nouvelle, se presenteroit au peuple la chorde au col; à fin que, si la nouvelleté n'estoit approuvee d'un chascun, il feust incontinent estranglé : et celuy de Lacedemone employa sa vie, pour tirer de ses citoyens une promesse asseuree de n'enfreindre aulcune de ses ordonnances. L'ephore qui coupa si rudement les deux chordes que Phrynis avoit adiousté à la musique, ne s'esmoie pas si elle en vault mieulx, ou si les accords en sont mieulx remplis; il luy suffit, pour les condemner, que ce soit une alteration de la vieille façon. C'est ce que signifioit cette espec rouillee de la iustice de Marseille.

Ie suis desgouté de la nouvelleté, quelque visage qu'elle porte; et ay raison, car i'en ay veu des effets tresdommageables : celle qui nous presse depuis tant d'ans, elle n'a pas tout exploicté; mais on peult dire, avecques apparence, que par accident elle a tout produict et engendré, voire et les maulx et ruynes qui se font depuis, sans elle et contre elle : à s'en prendre au nez;

Heu! patior telis vulnera facta meis!

Ceulx qui donnent le bransle à un estat, sont volontiers les premiers absorbez en sa ruyne : le fruict du trouble ne demeure gueres à celuy qui l'a esmeu; il bat et brouille l'eau pour d'aultres pescheurs. La liaison et contexture de cette monarchie et ce grand bastiment ayant esté desmis et dissoult, notamment sur ses vieux ans, par elle, donne tant qu'on veult d'ouverture et d'entree à pareilles iniures : la maiesté royalle s'avalle plus difficilement du sommet au milieu, qu'elle ne se precipite du milieu à fond. Mais si les inventeurs sont plus dommageables, les imitateurs sont plus vicieux de se iecter en des exemples desquels ils ont senty et puny l'horreur et le mal : et s'il y a quelque degré d'honneur, mesme au mal à faire, ceulx ci doibvent aux aultres la gloire de l'invention et le courage du premier effort. Toutes sortes de nouvelles desbauches puisent heureusement, en cette premiere et feconde source, les images et patrons à troubler nostre police : on lit en nos loix mesmes, faictes pour le remede de ce premier mal, l'apprentissage et l'excuse de toutes sortes de mauvaises entreprinses; et nous advient, ce que Thucydides dict des guerres civiles de son temps, qu'en faveur des vices publicques on les baptisoit de mots nouveaulx plus doulx pour leur excuse, abastardissant et amollissant leurs vrays tiltres : c'est pourtant pour reformer nos consciences et nos creances! *honesta oratio est.* Mais le meilleur pretexte de nouvelleté est tresdangereux : *adeo nihil motum ex antiquo, probabile est!* Si me semble il, à le dire franchement, qu'il y a grand amour de soy et presumption, d'estimer ses opinions iusques là que, pour les establir, il faille renverser une paix publicque, et introduire tant de maulx inevitables, et une si horrible corruption de mœurs que les guerres civiles apportent, et les mutations d'estat en chose de tel poids, et les introduire en son païs propre. Est ce pas malmesnagé, d'advancer tant de vices certains et cogneus, pour combattre des erreurs contestees et debattables? est il quelque pire espece de vices, que ceulx qui choquent la propre conscience et naturelle cognoissance? Le senat osa donner en payement cette desfaicte, sur le differend d'entre luy et le peuple, pour le ministere de leur religion, *ad deos id magis, quam ad se, pertinere; ipsos visuros, ne sacra sua polluantur;* conformement à ce que respondit l'oracle à ceulx de Delphes, en la guerre medoise, craignants l'invasion des Perses : ils demanderent au dieu ce qu'ils avoient à faire des tresors sacrez de son temple, ou les cacher, ou les emporter : il leur respondit, qu'ils ne bougeassent rien, qu'ils se souciassent d'eulx; qu'il estoit suffisant pour prouveoir à ce qui luy estoit propre.

La religion chrestienne a toutes les marques d'extreme iustice et utilité; mais nulle plus apparente que l'exacte recommendation de l'obeïssance du magistrat et manutention des polices. Quel merveilleux exemple nous en a laissé la sapience divine, qui, pour establir le salut du genre humain, et conduire cette sienne glorieuse victoire contre la mort et le peché, ne l'a voulu faire qu'à la mercy de nostre ordre politique; et a soubmis son progrez, et la conduicte d'un si hault effect et si salutaire, à l'aveuglement et iniustice de nos observations et usances, y laissant courir le sang innocent de tant d'esleus ses favoris, et souffrant une longue perte d'années à meurir ce fruict inestimable! Il y a grand à dire entre la cause de celuy qui suyt les formes et les loix de son païs, et celuy qui entreprend de les regenter et changer : celuy là allegue pour son excuse la simplicité, l'obeïssance et l'exemple; quoy qu'il face, ce ne peult estre malice, c'est, pour le plus, malheur : *quis est enim, quem non moveat clarissimis monumentis testata consignataque antiquitas?* oultre ce que dict Isocrates, que la defectuosité a plus de part à la moderation que n'a l'excez : l'aultre est en bien plus rude party; car qui se mesle de choisir et de changer, usurpe l'auctorité de iuger, et se doibt faire fort de veoir la faulte de ce qu'il chasse, et le bien de ce qu'il introduict.

Cette si vulgaire consideration m'a fermy en mon siege, et tenu ma ieunesse, mesme, plus temeraire, en bride, de ne charger mes espaules d'un si lourd faix, que de me rendre respondant d'une science de telle importance, et oser en cette cy ce qu'en sain iugement ie ne pourrois oser en la plus facile de celles ausquelles on m'avoit instruict, et ausquelles la temerité de iuger est de nul preiudice; me semblant tresinique de vouloir soubmettre les constitutions et observances publicques et immobiles à l'instabilité d'une privée fantasie (la raison privee n'a qu'une iurisdiction privée), et entreprendre sur les loix divines ce que nulle police ne supporteroit aux civiles; ausquelles encores que l'humaine raison ayt beaucoup plus de commerce, si sont elles souverainement iuges de leurs iuges, et l'extreme suffisance sert à expliquer et estendre l'usage qui en est receu, non à le detourner et innover. Si quelquefois la providence divine a passé par dessus les regles ausquelles elle nous a necessairement astreincts, ce n'est pas pour nous en dispenser : ce sont coups de sa main divine, qu'il nous fault non pas imiter, mais admirer; et exemples extraordinaires, marquez d'un exprez et particulier adveu, du genre des miracles, qu'elle nous offre pour tesmoignage de sa toute puissance, au dessus de nos ordres et de nos forces, qu'il est folie et impieté d'essayer à representer, et que nous ne debvons pas suyvre, mais contempler avec estonnement; actes de son personnage, non pas du nostre. Cotta proteste bien opportunecment : *Quum de religione agitur, Ti. Coruncanium, P. Scipionem, P. Scævolam, pontifices maximos, non Zenonem, aut Cleanthem, aut Chrysippum sequor.* Dieu le sçache, en nostre presente querelle, où il y a cent articles à oster et remettre, grands et profonds articles, combien ils sont qui se puissent vanter d'avoir exactement recogneu les raisons et fondements de l'un et l'aultre party : c'est un nombre, si c'est nombre, qui n'aurait pas grand moyen de nous troubler. Mais toute cette aultre presse, où va elle? soubs quelle enseigne se iecte elle à quartier? Il advient de la leur comme des aultres medecines foibles et mal appliquees : les humeurs qu'elle vouloit purger en nous, elles les a eschauffees, exasperees et aigries par le conflict; et si, nous est demeuree dans le corps : elle n'a sceu nous purger par sa faiblessse, et nous a cependant affaiblis, en maniere que nous ne la pouvons vuider non plus, et ne recevons de son operation que des douleurs longues et intestines.

Si est ce que la fortune, reservant toujours son auctorité au dessus de nos discours, nous presente aulcunesfois la necessité si urgente, qu'il est besoing que les loix lui facent quelque place : et, quand on resiste à l'accroissance d'une innovation qui vient par violence à s'introduire, de se tenir en tout et par tout en bride et en regle contre ceulx qui ont la clef des champs, ausquels tout cela est loisible qui peult advancer leur desseing, qui n'ont ny loy ny ordre que de suyvre leur advantage, c'est une dangereuse obligation et inequalité.

Aditum nocendi perfido præstat fides :

d'autant que la discipline ordinaire d'un estat, qui est en sa santé, ne pourveoit pas à ces accidents extraordinaires; elle presuppose un corps qui se tient en ses principaulx membres et offices, et un commun consentement à son observation et obeïssance. L'aller legitime est un aller froid, poisant et contrainct, et n'est pas pour tenir bon à un aller licencieux et effrené. On sçait qu'il est encores reproché à ces deux grands personnages, Octavius et Caton, aux guerres civiles, l'un de Sylla, l'aultre de Cesar, d'avoir plustost laissé encourir toutes extremitez à leur patrie, que de la secourir aux despens de ses loix, et que de rien remuer : car, à la verité, en ces dernières necessitez où il n'y a plus que tenir, il seroit à l'adventure plus sagement faict de baisser la teste et de prester un peu au coup, que, s'abeurtant, oultre la possibilité, à ne rien relascher, donner occasion à la violence de fouler tout aux pieds ; et vauldroit mieulx faire vouloir aux loix ce qu'elles peuvent, puis qu'elles ne peuvent ce qu'elles veulent. Ainsi feit celuy qui ordonna qu'elles dormissent vingt et quatre heures ; et celuy qui remua pour cette fois un iour du calendrier ; et cet aultre qui du mois de iuin feit le second may. Les Lacedemoniens mesmes, tant religieux observateurs des ordonnances de leur païs, estants pressez de leur loy qui deffendoit d'eslire par deux fois admiral un mesme personnage, et de l'aultre part leurs affaires requerants de toute necessité que Lysander prinst de rechef cette charge, ils feirent bien un Aracus admiral, mais Lysander surintendant de la marine : et de mesme subtilité, un de leurs ambassadeurs, estant envoyé vers les Atheniens pour obtenir le changement de quelqu'ordonnance, et Pericles luy alleguant qu'il estoit deffendu d'oster le tableau où une loy estoit une fois posee, luy conseilla de le tourner seulement, d'aultant que cela n'estoit pas deffendu. C'est ce dequoy Plutarque loue Philopœmen, qu'estant nay pour commander, il sçavoit non seulement commander selon les loix, mais aux lois mesmes, quand la necessité publicque le requeroit.

Chapitre XXIII. — Divers evenements de mesme conseil.

Iacques Amyot, grand aumosnier de France, me recita un iour cette histoire à l'honneur d'un prince des nostres (et nostre estoit il à tresbonnes enseignes, encores que son origine feust estrangiere), que durant nos premiers troubles, au siege de Rouan, ce prince ayant esté adverti, par la royne mere du roy d'une entreprinse qu'on faisoit sur sa vie, et instruict particulierement, par ses lettres, de celuy qui la debvoit conduire à ce chef, qui estoit un gentilhomme angevin, ou manceau, frequentant lors ordinairement pour cet effect la maison de ce prince, il ne communiqua à personne cet advertissement : mais se promenant l'endemain au mont saincte Catherine, d'où se faisoit nostre batterie à Rouan (car c'estoit au temps que nous la tenions assiegee), ayant à ses costes ledict seigneur grand aumosnier et un aultre evesque, il apperceut ce gentilhomme qui luy avoit esté remarqué, et le feit appeler. Comme il feut en sa presence, il luy dict ainsi, le voyant desia paslir et fremir des alarmes de sa conscience : « Monsieur de tel lieu, vous vous doubtez bien de ce que ie vous veulx, et vostre visage le montre. Vous n'avez rien à me cacher ; car ie suis instruict de vostre affaire si avant, que vous ne feriez qu'empirer vostre marché d'essayer à le couvrir. Vous sçavez bien telle chose et telle (qui estoyent les tenants et aboutissants des plus secretes pieces de cette menee) : ne faillez, sur vostre vie, à me confesser la verité de tout ce desseing. » Quand ce pauvre homme se trouva prins et convaincu (car le tout avoit esté descouvert à la royne par l'un des complices), il n'eut qu'à ioindre les mains et requerir la grace et misericorde de ce prince, aux pieds duquel il se voulut iecter ; mais il l'en garda, suyvant ainsi son propos : « Venez ça ; vous ai ie aultrefois faict desplaisir ? ay ie offensé quelqu'un des vostres par haine particuliere ? Il n'y a pas trois semaines que ie vous cognoy ; quelle raison vous a peu mouvoir à entreprendre ma mort ? » Le gentilhomme respondit à cela, d'une voix tremblante, que ce n'estoit aulcune occasion particuliere qu'il en eust, mais l'interest de la cause generale de son party, et qu'aulcuns luy avoient persuadé que ce seroit une execution pleine de pieté, d'extirper, en quelque maniere que ce feust, un si puissant ennemy de leur religion. « Or, suyvit ce prince, ie vous veulx montrer combien la religion que ie tiens est plus doulce que celle dequoy vous faictes profession. La vostre vous a conseillé de me tuer sans m'ouïr, n'ayant receu de moy aulcune offense ; et la mienne me commande que ie vous pardonne, tout convaincu que vous estes de m'avoir voulu tuer sans raison. Allez vous en, retirez vous ; que ie ne vous voye plus icy : et, si vous estes sage, prenez doresnavant en vos entreprinses des conseillers plus gents de bien que ceulx là. »

L'empereur Auguste, estant la Gaule, receut certain advertissement d'une coniuration que luy brassoit L. Cinna : il delibera de s'en venger, et manda pour cet effect au lendemain le conseil de ses amis. Mais la nuict d'entre deux, il la passa avecques grande inquietude, considerant qu'il avoit à faire mourir un ieune homme de bonne maison et nepveu du grand grand Pompeius, et produisoit en se plaignant plusieurs divers discours : « Quoy doncques, disoit-il, sera il vray que ie demeureray en crainte et en alarme, et que ie lairray mon meurtrier se promener ce pendant à son ayse? S'en ira il quitte, ayant assailly ma teste, que i'ay sauvee de tant de guerres civiles, de tant de battailles par mer et par terre, et après avoir estably la paix universelle du monde? sera il absoult, ayant deliberé non de me meurtrir seulement, mais de me sacrifier? » car la coniuration estoit faicte de le tuer comme il feroit quelque sacrifice.

Aprez cela, s'estant tenu coy quelque espace de temps, il recommenceoit d'une voix plus plus forte, et s'en prenoit à soy mesme : « Pourquoy vis tu, s'il importe à tant de gents que tu meures? n'y aura il point de fin à tes vengeances et à tes cruautez? Ta vie vault elle que tant de dommage se face pour la conserver? » Livia, sa femme, le sentant en ces angoisses : « Et les conseils des femmes y seront ils receus? luy dict elle : fay ce que font les medecins; quand les receptes accoustumees ne peuvent servir, ils en essayent de contraires. Par severité, tu n'as iusques à cette heure rien proufité; Lepidus a suyvi Salvidienus; Murena, Lepidus; Caepio, Murena; Egnatius, Caepio : commence à experimenter comment se succederont la douleur et la clemence. Cinna est convaincu : pardonne luy : de te nuire desormais, il ne pourra, et proufitera à ta gloire. » Auguste feut bien ayse d'avoir trouvé un advocat de son humeur; et, ayant remercié sa femme, et contremandé ses amis qu'il avoit assignez au conseil, commanda qu'on feist venir à luy Cinna tout seul : et ayant faict sortir tout le monde de sa chambre et faict donner un siege à Cinna, il uy parla en cette maniere : « En premier lieu, ie te demande, Cinna, paisible audience; n'interromps pas mon parler; ie te donray temps et loisir d'y respondre. Tu sçais, Cinna, que t'ayant prins au camp de mes ennemis, non seulement t'estant faict mon ennemy, mais estant nay tel, ie te sauvay, ie te meis entre mains touts tes biens, et t'ai enfin rendu si accommodé et si aysé, que les victorieux sont envieux de la condition du vaincu : l'office du sacerdoce que tu me demandas, ie te l'octroyay, l'ayant refusé à d'aultres, desquels les peres avoyent tousiours combattu avecques moy. T'ayant si fort obligé, tu as entreprins de me tuer. » A quoy Cinna s'estant escrié qu'il estoit bien esloingé d'une si meschante pensee : « Tu ne me tiens pas, Cinna, ce que tu m'avois promis, suyvit Auguste; tu m'avois asseuré que ie ne seroy pas interrompu. Ouy, tu as entreprins de me tuer en tel lieu, tel iour, en telle compaignie, et de telle façon. » En le veoyant transi de ces nouvelles, et en silence, non plus pour tenir le marché de se taire, mais de la presse de sa conscience : « Pourquoy, adiousta il, le fais tu? Est ce pour estre empereur? Vrayement il va bien mal à la chose publicque, s'il n'y a que moy qui t'empesche d'arriver à l'empire. Tu ne peulx pas seulement deffendre ta maison, et perdis dernierement un procez par la faveur d'un simple libertin. Quoy! n'as tu moyen ny pouvoir en aultre chose qu'à entreprendre Cesar? Ie le quitte, s'il n'y a que moy qui empesche tes esperances. Penses tu que Paulus, que Fabius, que les Cosseens et Serviliens te souffrent, et une si grande troupe de nobles, non seulement nobles de nom, mais qui, par leur vertu, honnorent leur noblesse? » Aprez plusieurs aultres propos (car il parla à luy plus de deux heures entieres) : » Or va, luy dict il, ie te donne, Cinna, la vie à traistre et à parricide, que ie te donnay aultrefois à ennemy; que l'amitié commence de ce iourd'huy entre nous; essayons qui de nous deux de meilleure foy, moy t'aye donné ta vie, ou tu l'ayes receue. » Et se despartit d'avecques luy en cette maniere. Quelque temps aprez il luy donna le consulat, se plaignant de quoy il ne le luy avoit osé demander. Il l'eut depuis pour fort amy, et feut seul par luy heritier de ses biens. Or depuis cet accident, qui advint à Auguste au quarantiesme an de son aage, il n'y eut iamais de coniuration n'y d'entreprinse contre luy, et receut une iuste recompense de cette sienne clemence. Mais il n'en advint pas de mesme au nostre; car sa douceur ne le sceut garantir qu'il ne cheust depuis aux lacs de pareille trahison : tant c'est chose vaine et frivole que l'humaine prudence! et au travers de touts nos proiects, de nos conseils et precautions, la fortune maintient tousiours la possession des evenements.

Nous appellons les medecins heureux, quand ils arrivent à quelque bonne fin : comme s'il n'y avoit que leur art qui ne se peust maintenir d'elle mesme, et qui eust les fondements trop frailes pour s'appuyer de sa propre force, et comme s'il n'y avoit qu'elle qui aye besoing que la fortune preste la main à ses operations. Ie croy d'elle tout le pis ou le mieulx qu'on vouldra : car nous n'avons, dieu mercy¹ nul commerce ensemble. Ie suis au rebours des aultres ; car ie ha meprise bien tousiours : mais quand ie suis malade, au lieu d'entrer en composition, ie commence encores à la haïr et à la craindre ; et responds à ceulx qui me pressent de prendre medecine, qu'ils attendent au moins que ie sois rendu à mes forces et à ma santé, pour avoir plus de moyen de soustenir l'effort et le hazard de leur bruvage. Ie laisse faire nature et presuppose qu'elle se soit pourveue de dents et de griffes, pour se deffendre des assaults qui luy viennent, et pour maintenir cette contexture dequoy elle fuit la dissolution. Ie crains, au lieu de l'aller secourir, ainsi comme elle est aux prinses bien estroictes et bien ioinctes avecques la maladie, qu'on secoure son adversaire au lieu d'elle, et qu'on la recharge de nouveaux affaires.

Or, ie dy que, non en la medecine seulement, mais en plusieurs arts certaines, la fortune y a bonne part : les saillies poetiques qui emportent leur aucteur et le ravissent hors de soy, pourquoy ne les attribuerons nous à son bon heur, puis qu'il confesse luy mesme qu'elles surpassent sa suffisance et ses forces, et les recognoist venir d'ailleurs que de soy, et ne les avoir aulcunement en sa puissance ; non plus que les orateurs ne disent avoir en la leur ces mouvements et agitations extraordinaires qui les poulsent au delà de leur desseing ? Il en est de mesme en la peincture, qu'il eschappe par fois des traicts de la main du peintre, surpassants sa conception et sa science, qui le tirent luy mesme en admiration, et qui l'estonnent. Mais la fortune montre bien encores plus evidemment la part qu'elle a en touts ces ouvrages, par les graces et beautez qui s'y treuvent non seulement sans l'intention, mais sans la cognoissance mesme de l'ouvrier : un suffisant lecteur descouvre souvent ez esprits d'aultruy des perfections aultres que celles que l'aucteur y a mises et apperceues, et y preste des sens et des visages plus riches.

Quant aux entreprinses militaires, chascun veoid comment la fortune y a bonne part. En nos conseils mesmes et en nos deliberations, il fault certes qu'il y ayt du sort et du bon heur meslé parmy ; car tout ce que nostre sagesse peult, ce n'est pas grand'chose : plus elle est aigue et vifve, plus elle treuve en soy de foiblesse, et se desfie d'autant plus d'elle mesme. Ie suis de l'advis de Sylla ; et quand ie me prends garde de prez aux plus glorieux exploicts de la guerre, ie veoy, ce me semble, que ceulx qui les conduisent n'y employent la deliberation et le conseil que par acquit ; et que la meilleure part de l'entreprinse, ils l'abandonnent à la fortune ; et, sur la fiance qu'ils ont à son secours, passent à touts les coups au delà des bornes de tout discours. Il survient des alaigresses fortuites et des fureurs estrangieres parmy leurs deliberations, qui les poulsent le plus souvent à prendre le party le moins fondé en apparence, et qui grossissent leur courage au dessus de la raison. D'où il est advenu à plusieurs grands capitaines anciens, pour donner credit à ces conseils temeraires, d'alleguer à leurs gents qu'ils y estoyent conviez par quelque inspiration, par quelque signe et prognostique.

Voylà pourquoy, en cette incertitude et perplexité que nous apporte l'impuissance de veoir et choisir ce qui est le plus commode, pour les difficultez que les divers accidents et circonstances de chaque chose tirent, le plus seur, quand aultre consideration ne nous y convieroit, est, à mon advis, de se reiecter au party où il y a plus d'honnesteté et de iustice ; et, puis qu'on est en doubte du plus court chemin, tenir tousiours le droict : comme en ces deux exemples, que ie viens de proposer, il n'y a point de doubte qu'il ne feust plus beau et plus genereux à celuy qui avoit receu l'offense, de la pardonner, que s'il eust faict aultrement. S'il en est mesadvenu au premier, il ne s'en fault pas prendre à ce sien bon desseing ; et ne sçait on, quand il eust prins le party contraire, s'il eust eschappé à la fin à laquelle son destin l'appelloit ; et si, eust perdu la gloire d'une telle humanité.

Il se veoid, dans les histoires, force gents en cette crainte ; d'où la pluspart ont suyvi le chemin de courir au devant des coniurations qu'on faisoit contre eulx, par vengeance et par supplices ; mais i'en veoy fort peu ausquels ce remede ayt servy ; tesmoing tant d'empereurs romains. Celuy qui se treuve en ce danger, ne doibt pas beaucoup esperer ny de sa force ny de sa vigilance : car combien est il mal aysé de se garantir d'un ennemy qui est couvert du visage du plus officieux amy que nous ayons, et de cognoistre les volontez et pensements intérieurs de ceulx qui nous assistent? Il a beau employer des nations estrangieres pour sa garde, et estre touiours ceinct d'une haye d'hommes armez; quiconque aura sa vie à mespris se rendra touiours maistre de celle d'aultruy; et puis, ce continuel souspeçon qui met le prince en doubte de tout le monde, luy doibt servir d'un merveilleux torment. Pourtant Dion, estant adverty que Callippus espioit les moyens de le faire mourir, n'eut iamais le cœur d'en informer, disant qu'il aymoit mieulx mourir, que vivre en cette misere d'avoir à se garder, non de ses ennemis seulement, mais aussi de ses amis : ce qu'Alexandre representa bien plus vifvement par effect, et plus roidement, quand ayant eu advis, par une lettre de Parmenion, que Philippus, son plus cher medecin, estoit corrompu par l'argent de Darius pour l'empoisonner; en mesme temps qu'il donnoit à lire sa lettre à Philippus, il avala le bruvage qu'il luy avoit presenté. Feut ce pas exprimer cette resolution, que si ses amis le vouloient tuer, il consentoit qu'ils le peussent faire? Ce prince est le souverain patron des actes hazardeux; mais ie ne sçay s'il y a traict en sa vie qui ayt plus de fermeté que cettuy cy, ny une beauté illustre par tant de visages.

Il en est de mesme de la peincture, qu'il eschappe par fois des traicts de la main du peintre...

Ceulx qui preschent aux princes la desfiance si attentive, soubs couleur de leur prescher leur seureté, leur preschent leur ruyne et leur honte : rien de noble ne se faict sans hazard. I'en sçais un de courage tresmartial de sa complexion, et entreprenant, de qui touts les iours on corrompt la bonne fortune par telles persuasions : « Qu'il se resserre entre les siens; qu'il n'entende à aulcune reconciliation de ses anciens ennemis; se tienne à part, et ne se commette entre mains plus fortes, quelque promesse qu'on luy face, quelque utilité qu'il y veoye. » I'en sçais un aultre qui a inesperement advancé sa fortune pour avoir prins conseil tout contraire.

La hardiesse, dequoy ils cherchent si avidement la gloire, se represente, quand il est besoing, aussi magnifiquement en pourpoint qu'en armes; en un cabinet, qu'en un camp; le bras pendant, que le bras levé.

La prudence si tendre et circonspecte est mortelle ennemie des haultes executions. Scipion sceut, pour practiquer la volonté de Syphax, quittant son armée, et abandonnant l'Espaigne doubteuse encores soubs sa nouvelle conqueste, passer en Afrique dans deux simples vaisseaux pour se commettre, en terre ennemie, à la puissance d'un roy barbare, à une foy incogneue, sans obligation, sans ostage, soubs la seule seureté de la grandeur de son propre courage, de son bon heur, et de la promesse de ses haultes esperances. *Habita fides ipsam plerumque fidem obligat.* A une vie amb tieuse et fameuse, il fault, au rebours, prester peu et porter la bride courte aux souspeçons : la crainte et la desfiance attirent l'offense, et la convient. Le plus desfiant de nos roys establit ses affaires principalement pour avoir volontairement abandonné et commis sa vie et sa liberté entre les mains de ses ennemis : montrant avoir entiere fiance d'eulx, à fin qu'ils la prinssent de luy. A ses legions mutinées et armées contre luy, Cesar opposoit seulement l'auctorité de son visage et la fierté de ses paroles ; il se fioit tant à soy et à sa fortune, qu'il ne craignoit point de s'abandonner et commettre avec une armee seditieuse et rebelle :

     Stetit aggere fultus
 Cespitis, intrepidus vultu ; meruitque timeri,
 Nil metuens.

Mais il est bien vray que cette forte asseurance ne se peult representer bien entiere et naïfve, que par ceulx ausquels l'imagination de la mort, et du pis peult advenir aprez tout, ne donne point d'effroy : car de la presenter tremblante encores, doubteuse et incertaine, pour le service d'une importante reconciliation, ce n'est rien faire qui vaille. C'est un excellent moyen de gaigner le cœur et volonté d'aultruy, de s'y aller soubmettre et fier, pourveu que ce soit librement et sans contraincte d'aulcune necessité, et que ce soit en condition qu'on y porte une fiance pure et nette, le front au moins deschargé de tout scrupule. Je veis, en enfance, un gentilhomme commandant à une grande ville, empressé à l'esmotion d'un peuple furieux : pour esteindre ce commencement de trouble, il print party de sortir d'un lieu tresasseuré où il estoit, et se rendre à cette tourbe mutinée ; d'où mal luy print, et y feut malheureusement tué. Mais il ne me semble pas que sa faulte feust tant d'estre sorty, ainsi qu'ordinairement on le reproche à sa memoire, comme ce feut d'avoir prins une voye de soubmission et de mollesse, et d'avoir voulu endormir cette rage plustost en suyvant qu'en guidant, et en requerant plustost qu'en remontrant ; et estime qu'une gracieuse severité, avecques un commandement militaire plein de securité et de confiance, convenable à son reng et à la dignité de sa charge, luy eust mieulx succedé, au moins avecques plus d'honneur et de bienseance. Il n'est rien moins esperable de ce monstre ainsin agité, que l'humanité et la doulceur ; il recevra bien plustost la reverence et la crainte. Je luy reprocherois aussi, qu'ayant prins une resolution, plustost brave à mon gré que temeraire, de se jecter foible et en pourpoinct, emmy cette mer tempestueuse d'hommes insensez, il la debvoit avaller toute, et n'abandonner ce personnage : au lieu qu'il luy advint, aprez avoir recogneu le danger de prez, de saigner du nez, et d'alterer encores depuis cette contenance desmise et flatteuse, qu'il avoit entreprinse, en une contenance effroyée : chargeant sa voix et ses yeulx d'estonnement et de penitence ; cherchant à conniller et à se desrober, il les enflamma et appella sur soy.

On deliberoit de faire une montre generale de diverses troupes en armes (c'est le lieu des vengeances secrettes ; et n'est poinct ici où, en plus grande seureté, on les puisse exercer) : il y avoit publicques et notoires apparences qu'il n'y faisoit pas fort bon pour aulcuns, ausquels touchoit la principale et necessaire charge de les recognoistre. Il s'y proposa divers conseils, comme en chose difficile, et qui avoit beaucoup de poids et de suyte. Le mien feut qu'on evitast sur tout de donner aulcun tesmoignage de ce doubte ; et qu'on s'y trouvast et meslast parmy les files, la teste droicte et le visage ouvert ; et qu'au lieu d'en retrencher aulcune chose (à quoy les aultres opinions visoyent le plus), au contraire, l'on solicitast les capitaines d'advertir les soldats de faire leurs salves belles et gaillardes, en l'honneur des assistants, et n'espargner leur pouldre. Cela servit de gratification envers les troupes suspectes, et engendra dez lors en avant une mutuelle et utile confiance.

La voye qu'y teint Iulius Cesar, ie treuve que c'est la plus belle qu'on y puisse prendre. Premierement, il essaya par clemence à se faire aymer de ses ennemis mesmes, se contentant aux coniurations qui lui estoient descouvertes, de declarer simplement qu'il en estoit adverty : cela faict, il print une tresnoble resolution d'attendre sans effroy et sans solicitude ce qui luy en pourroit advenir, s'abandonnant et se remettant à la garde des dieux et de la fortune; car certainement c'est l'estat où il estoit, quand il feut tué.

Un estrangier ayant dict et publié par tout, qu'il pourroit instruire Dionysius, tyran de Syracuse, d'un moyen de sentir et descouvrir en toute certitude les parties que ses subiets machineroient contre luy, s'il luy vouloit donner une bonne piece d'argent; Dionysius, en estant adverty, le feit appeler à soy, pour s'esclaircir d'une art si necessaire à sa conservation. Cet estrangier luy dict qu'il n'y avoit pas d'aultre art, sinon qu'il luy feist delivrer un talent et se vantast d'avoir apprins de luy un singulier secret. Dionysius trouva cette invention bonne, et luy feit compter six cents escus. Il n'estoit pas vraysemblable qu'il eust donné si grande somme à un homme incogneu, qu'en recompense d'un tresutile apprentissage; et servoit cette reputation à tenir ses ennemis en crainte. Pourtant les princes sagement publient les advis qu'ils reçoivent des menees qu'on dresse contre leur vie, pour faire croire qu'ils sont bien advertis, et qu'il ne se peult rien entreprendre dequoy ils ne sentent le vent. Le duc d'Athenes feit plusieurs sottises, en l'establissement de sa fresche tyrannie sur Florence; mais cette cy la plus notable, qu'ayant receu le premier advis des monopoles, que ce peuple dressoit contre luy, par Matteo di Morozo, complice d'icelles, il le feit mourir pour supprimer cet advertissement et ne faire sentir qu'aulcun en la ville s'ennuyast de sa domination.

Il me souvient avoir leu aultrefois l'histoire de quelque Romain, personnage de dignité, lequel, fuyant la tyrannie du triumvirat, avoit eschappé mille fois les mains de ceulx qui le poursuivoyent, par la subtilité de ses inventions. Il adveint un iour qu'une troupe de gents de cheval, qui avoit charge de le prendre, passa tout ioignant un hallier où il s'estoit tapy, et faillit de le descouvrir; mais luy, sur ce poinct là, considerant la peine et les difficultez auxquelles il avoit desia si longtemps duré, pour se sauver des continuelles et curieuses recherches qu'on faisoit de luy par tout, le peu de plaisir qu'il pouvoit esperer d'une telle vie, et combien il lui valoit mieulx passer une fois le pas, que demourer tousiours en cette transe, luy mesme les r'appela et leur trahit sa cachette, s'abandonnant volontairement à leur cruauté, pour oster eulx et luy d'une plus longue peine. D'appeler les mains ennemies, c'est un conseil un peu gaillard: si crois ie qu'encores vaudroit il mieux le prendre que de demourer en la fiebvre continuelle d'un accident qui n'a point de remede. Mais puisque les provisions qu'on y peult apporter sont pleines d'inquietude et d'incertitude, il vault mieulx d'une belle asseurance se preparer à tout ce qui en pourra advenir, et tirer quelque consolation de ce qu'on n'est pas asseuré qu'il advienne.

Chapitre XXIV. — Du pedantisme.

Ie me suis souvent despité, en mon enfance, de veoir ez comedies italiennes tousiours un Pedante pour badin, et le surnom de Magister n'avoir gueres plus honnorable signification parmi nous: car, leur estant donné en gouvernement, que pouvois ie moins faire que d'estre ialoux de leur reputation? Ie cherchoy bien de les excuser par la disconvenance naturelle qu'il y a entre le vulgaire, et les personnes rares et excellentes en jugement et en sçavoir, d'autant qu'ils vont un train entierement contraire les uns des aultres; mais en cecy perdois ie mon latin, que les plus galants hommes c'estoient ceulx qui les avoyent le plus à mespris, tesmoing nostre bon du Bellay:

> Mais ie hay par sur tout un sçavoir pedantesque;

et est cette coustume ancienne; car Plutarque dict que Grec et Escholier estoient mots de reproche entre les Romains, et de mespris. Depuis, avec l'aage, i'ai trouvé qu'on avoit une grandissime raison, et que *magis magnos clericos non sunt magis magnos sapientes*. Mais d'où il puisse advenir qu'une âme riche de la cognoissance de tant de choses n'en devienne pas plus vifve et plus esveillee; et qu'un esprit grossier et vulgaire puisse loger en soy, sans s'amender, les discours et les iugements des plus excellents esprits que le monde ait porté, i'en suis encore en doubte. A recevoir tant de cervelles estrangieres, et si fortes et si grandes, il est necessaire (me disoit une fille, la premiere de nos princesses, parlant de quelqu'un) que la sienne se foule, se contraigne et rapetisse, pour faire place aux aultres : ie dirois volontiers que, comme les plantes s'estouffent de trop d'humeur, et les lampes de trop d'huile; aussi faict l'action de l'esprit, par trop d'estude et de matiere : lequel, occupé et embarrassé d'une grande diversité de choses, perde le moyen de se desmeler, et que cette charge le tienne courbe et croupy. Mais il en va autrement; car nostre ame s'eslargit d'autant plus qu'elle se remplit : et aux exemples des vieux temps, il se veoid, tout au rebours, des suffisants hommes au maniement des choses publicques, des grands capitaines et grands conseillers aux affaires d'estat, avoir été ensemble tressçavants.

Et quant aux philosophes, retirez de toute occupation publicque, ils ont esté quelquesfois, à la verité, mesprisez par la liberté comique de leur temps ; leurs opinions et façons les rendants ridicules. Les voulez vous faire iuges des droicts d'un procez, des actions d'un homme? ils en sont bien prests! ils cherchent encores s'il y a vie, s'il y a mouvement, si l'homme est aultre chose qu'un bœuf; que c'est qu'agir et souffrir; quelles bestes ce sont que loix et iustice. Parlent ils du magistrat, ou parlent ils à luy? c'est une liberté irreverente et incivile. Oyent ils louer leur prince ou un roy? c'est un pastre pour eulx, oisif comme un pastre, occupé à pressurer et tondre ses bestes, mais bien plus rudement qu'un pastre. En estimez vous quelqu'un plus grand, pour posseder deux mille arpents de terre? eulx s'en mocquent, accoustumez d'embrasser tout le monde comme leur possession. Vous vantez vous de vostre noblesse, pour compter sept ayeulx riches? ils vous estiment de peu, ne concevant l'image universelle de nature, et combien chascun de nous a eu de predecesseurs, riches, pauvres, roys, valets, grecs, barbares; et quand vous seriez cinquantiesme descendant de Hercules, ils vous trouvent vain de faire valoir ce present de la fortune. Ainsi les desdaignoit le vulgaire, comme ignorants les premieres choses et communes, et comme presumptueux et insolents.

Mais cette peincture platonique est bien esloignee de celle qu'il fault à nos hommes. On envioit ceulx là comme estants au dessus de la commune façon, comme mesprisants les actions publicques, comme ayants dressé une vie particuliere et inimitable, reglee à certains discours haultains et hors d'usage : ceulx cy, on les desdaigne comme estants au dessoubs de la commune façon, comme incapables des charges publicques, comme traisnants une vie et des mœurs basses et viles aprez le vulgaire :

Odi homines ignava opera, philosopha sententia.

Quant à ces philosophes, dis ie, comme ils estoient grands en science, ils estoient encores plus grands en toute action. Et tout ainsi qu'on dict de ce geometrien de Syracuse, lequel ayant esté destourné de sa contemplation, pour en mettre quelque chose en practique à la deffense de son païs, qu'il meit soubdain en train des engins espouvantables et des effects surpassants toute creance humaine; desdaignant toutesfois luy mesme toute cette sienne manufacture, et pensant en cela avoir corrompu la dignité de son art, de laquelle ses ouvrages n'estoient que l'apprentissage et le iouet : aussi eulx, si quelquesfois on les a mis à la preuve de l'action, on les a veu voler d'une aile si haulte, qu'il paroissoit bien leur cœur et leur ame s'estre merveilleusement grossie et enrichie par l'intelligence des choses. Mais aulcuns, veoyants la place du gouvernement politique saisie par des hommes incapables, s'en sont reculez; et celuy qui demanda à Crates, iusques à quand il fauldrait philosopher, en receut cette response : « Jusques à tant que ce ne soient plus des asniers qui conduisent nos armees. » Heraclitus resigna la royauté à son frere; et aux Ephesiens, qui luy reprochoient à quoy il passoit son temps, à iouer aveccques les enfants devant le temple : « Vaut il pas mieulx faire cecy, que gouverner les affaires en vostre compaignie? » D'aultres, ayant leur imagination logee au dessus de la fortune et du monde, trouverent les sieges de la iustice, et les throsnes mesmes des roys, bas et vils; et refusa à Empedocles la royauté que les Agrigentins luy offrirent. Thales, accusant quelquesfois le soing du mesnage et de s'enrichir, on luy reprocha que c'estoit à la mode du regnard, pour n'y pouvoir advenir : il luy print envie, par passetemps, d'en montrer l'experience; et, ayant pour ce coup ravalé son sçavoir au service du proufit et du gaing, dressa une traficque qui dans un an rapporta telles richesses, qu'à peine en toute leur vie les plus experimentez de ce mestier là en pouvoyent faire de pareilles. Ce qu'Aristote recite d'aulcuns, qui appeloyent et celuy là et Anaxagoras, et leurs semblables, sages, et non prudents, pour n'avoir assez de soing des choses plus utiles : oultre ce que ie ne digere pas bien cette difference de mots, cela ne sert point d'excuse à mes gents; et à veoir la basse et necessiteuse fortune dequoy ils se payent, nous aurions plustost occasion de prononcer touts les deux, qu'ils sont et non sages, et non prudents.

Ie quitte cette premiere raison, et croy qu'il vault mieux dire que ce mal vienne de leur mauvaise façon de se prendre aux sciences; et qu'à la mode dequoy nous sommes instruicts, il n'est pas merveille, ny les escholiers, ny les maistres, n'en deviennent pas plus habiles, quoy qu'ils s'y facent plus doctes. De vray, le soing et la despense de nos peres ne vise qu'à nous meubler la teste de science : du iugement et de la vertu, peu de nouvelles. Criez d'un passant à nostre peuple : « O le sçavant homme! » et d'un aultre : « O le bon homme! » il ne fauldra pas à destourner les yeulx et son respect vers le premier. Il y fauldroit un tiers crieur : « O les lourdes testes! » Nous nous enquerons volontiers : « Sçait il du grec ou du latin? escrit il en vers ou en prose? » mais s'il est devenu meilleur ou plus advisé, c'estoit le principal, et c'est ce qui demeure derriere. Il falloit s'enquerir qui est mieulx sçavant, non qui est plus sçavant.

Nous ne travaillons qu'à remplir la memoire, et laissons l'entendement et la conscience vuides. Tout ainsi que les oyseaux vont quelquesfois à la queste du grain, et le portent au bec sans le taster pour en faire bechee à leurs petits : ainsi nos pedantes vont pillotants la science dans les livres, et ne la logent qu'au bout de leurs levres, pour la degorger seulement et mettre au vent. C'est merveille combien proprement la sottise se loge sur mon exemple : est ce pas faire de mesme ce que ie fais en la plus part de cette composition? ie m'en vois escornifflant, par cy par là, des livres, les sentences qui me plaisent, non pour les garder (car ie n'ay point de gardoire), mais pour les transporter en cettuy cy; où, à vray dire, elles ne sont non plus miennes qu'en leur premiere place : nous ne sommes, ce crois ie, sçavants que de la science presente; non de la passee, aussi peu que de la future. Mais, qui pis est, leurs escholiers et leurs petits ne s'en nourrissent et alimentent nont plus; ains elle passe de main en main, pour cette seule fin d'en faire parade, d'en entretenir aultruy, et d'en faire des contes, comme une vaine monnoye inutile à tout aultre usage et emploite qu'à compter et iecter. *Apud alios loqui didicerunt, non ipsi secum. Non est loquendum, sed gubernandum.* Nature, pour montrer qu'il n'y a rien de sauvage en ce qu'elle conduict, faict naistre souvent, ez nations moins cultivees par art, des productions d'esprit, qui luictent les plus artistes productions. Comme, sur mon propos, le proverbe gascon, tiré d'une chalemie, « *Bouha prou bouha, mas à remuda lous dits qu'em?* souffler prou, souffler; mais à remuer les doigts, nous en sommes là. » Nous sçavons dire : « Cicero dict ainsi; Voilà les mœurs de Platon; Ce sont les mots mesmes d'Aristote : » mais nous, que disons nous nous mesmes? que iugeons nous? que faisons nous? Autant en diroit bien un perroquet.

Cette façon me faict souvenir de ce riche Romain qui avoit esté soigneux, à fort grande despense, de recouvrer des hommes suffisants en tout genre de sciences, qu'il tenoit continuellement autour de luy, afin que, quand il eschecoit entre ses amis quelque occasion de parler d'une chose ou d'aultre, ils suppleassent en sa place, et feussent tout prests à lui fournir, qui d'un discours, qui d'un vers d'Homere, chascun selon son gibbier ; et pensoit ce savoir estre sien, parce qu'il estoit en la teste de ses gents; et comme font aussi ceulx desquels la suffisance loge en leurs somptueuses librairies. I'en cognois à qui quand ie demande ce qu'il sçait, il me demande un livre pour me le montrer; et n'oseroit me dire qu'il a le derriere galeux, s'il ne va sur le champ estudier, en son lexicon, que c'est que Galeux, et que c'est que Derriere.

Nous prenons en garde les opinions et le sçavoir d'aultruy, et puis c'est tout : il les fault faire nostre. Nous semblons proprement celuy qui, ayant besoing de feu, en iroit querir chez son voysin, et, y en ayant trouvé un beau et grand, s'arresteroit là à se chauffer, sans plus se souvenir d'en rapporter chez soy. Que nous sert il d'avoir la panse pleine de viande, si elle ne se digere, si elle ne se transforme en nous, si elle ne nous augmente et fortifie? Pensons nous que Lucullus, que les lettres rendirent et formerent si grand capitaine sans l'experience, les eust prinses à nostre mode? Nous nous laissons si fort aller sur les bras d'aultruy, que nous aneantissons nos forces. Me veulx ie armer contre la crainte de la mort? c'est aux despens de Seneca. Veulx ie tirer de la consolation pour moy et pour un aultre? ie l'emprunte de Cicero. Ie l'eusse prinse en moy mesme, si on m'y eust exercé. Ie n'ayme point cette suffisance relative et mendiee : quand bien nous pourrions estre sçavants du sçavoir d'aultruy, au moins sages ne pouvons nous estre que de nostre propre sagesse.

Μισῶ σοφιστήν, ὅστις οὐχ αὑτῷ σοφός.

« Ie hay le sage qui n'est pas sage pour soy mesme. » *Ex quo Ennius : Nequidquam sapere sapientem, qui ipse sibi prodesse non quiret :*

Si cupidus, si
Vanus, et Euganea quamtumvis mollior agna.

Non enim paranda nobis solum, sed fruenda sapientia est.

Dionysius se mocquoit des grammairiens qui ont soing de s'enquerir des maulx d'Ulysses, et ignorent les propres; des musiciens qui accordent leurs fleutes, et n'accordent pas leurs mœurs; des orateurs qui estudient à dire iustice, non à la faire. Si nostre ame n'en va un meilleur bransle, si nous n'en avons le iugement plus sain, i'aymerois aussi cher que mon escholier eust passé le temps à iouer à la paulme : au moins le corps en seroit plus alaigre. Voyez le revenir de là, aprez quinze ou seize ans employez; il n'est rien si mal propre à mettre en besongne : tout ce que vous y recognoissez davantage, c'est que son latin et son grec l'ont rendu plus sot et presumptueux qu'il n'estoit party de la maison. Il en debvoit rapporter l'ame pleine, il ne l'en rapporte que bouffie; et l'a seulement enflee, au lieu de la grossir.

Ces maistres icy, comme Platon dict des sophistes leurs germains, sont, de touts les hommes, ceulx qui promettent d'estre les plus utiles aux hommes ; et seuls, entre tous les hommes, qui non seulement n'amendent point ce qu'on leur commet, comme faict un charpentier et un masson, mais l'empirent, et se font payé de l'avoir empiré. Si la loy que Protagoras proposoit à ses disciples estoit suyvie, « ou qu'ils le payassent selon son mot, ou qu'ils iurassent au temple combien ils estimoient le proufit qu'ils avoient reçeu de sa discipline, et selon iceluy satisfissent sa peine, » mes pédagogues se trouveroient choucz, s'estant remis au serment de mon experience. Mon vulgaire perigordin appelle fort plaisamment *Lettres-ferits*, ces sçavanteaux ; comme si vous disiez *Lettre-ferus*, ausquels les lettres ont donné un coup de marteau, comme on dict. De vray, le plus souvent ils semblent estre ravalez, mesme du sens commun : car le paīsan et le cordonnier, vous leur veoyez aller simplement et naïvement leur train, parlant de ce qu'ils sçavent ; ceulx cy, pour se vouloir eslever et gendarmer de ce sçavoir, qui nage en la superficie de leur cervelle, vont s'embarrassant et empestrant sans cesse. Il leur eschappe de belles paroles ; mais qu'un aultre les accommode : ils cognoissent bien Galien, mais nullement le malade : ils vous ont desia rempli la teste de loix, et si, n'ont encores conceu le nœud de la cause : ils sçavent la theorique de toutes choses ; cherchez qui la mette en practique.

I'ay veu chez moy un mien amy, par maniere de passetemps, ayant affaire à un de ceulx cy, contrefaire un iargon de galimatias, propos sans suitte, tissu de pieces rapportees, sauf qu'il estoit souvent entrelardé de mots propres à leur dispute, amuser ainsi tout un iour ce sot à desbattre, pensant tousiours respondre aux obiections qu'on luy faisoit ; et si, estoit homme de lettres et de reputation, et qui avoit une belle robbe.

Vos, o patricius sanguis, quos vivere par est
Occipiti cæco, pos icæ occurrite sannæ.

Qui regardera de bien prez à ce genre de gents, qui s'estend bien loing, il trouvera comme moy que le plus souvent ils ne s'entendent ny aultruy, et qu'ils ont la souvenance assez pleine, mais le iugement entierement creux ; sinon que leur nature d'elle mesme le leur ayt aultrement façonné : comme i'ay veu Adrianus Turnebus qui n'ayant faict aultre profession que de lettres, en laquelle c'estoit, à mon opinion, le plus grand homme qui feust il y a mille ans, n'ayant toutesfois rien de pedantesque que le port de sa robbe, et quelque façon externe qui pouvoit n'estre pas civilisee à la courtisane, qui sont choses de neant ; et hay nos gents qui supportent plus malayseement une robbe qu'une ame de travers, et regardent à sa reverence, à son maintien et à ses bottes, quel homme il est ; car au dedans c'estoit l'ame la plus polie du monde : ie l'ay souvent à mon escient iecté en propos esloingnez de son usage : il y veoyait si clair, d'une apprehension si prompte, d'un iugement si sain, qu'il sembloit qu'il n'eust iamais faict aultre mestier que la guerre et affaires d'estat. Ce sont natures belles et fortes,

> Queis arte benigna
> Et meliore luto finxit præcordia Titan,

qui se maintiennent au travers d'une mauvaise institution. Or, ce n'est pas assez que nostre institution ne nous gaste pas ; il fault qu'elle nous change en mieulx.

Il y a aulcuns de nos parlements, quand ils ont à recevoir des officiers, qui les examinent seulement sur la science : les aultres y adioustent encores l'essay du sens, en leur presentant le iugement de quelque cause. Ceulx-cy me semblent avoir un beaucoup meilleur style ; et encores que ces deux pieces soyent necessaires, et qu'il faille qu'elles s'y trouvent toutes deux, si est ce qu'à la verité celle du sçavoir est moins prisable que celle du iugement ; cette cy se peult passer de l'aultre, et non l'aultre de cette cy. Car, comme dict ce vers grec

> Ὡς οὐδὲν ἡ μάθησις, ἢν μὴ νοῦς παρῇ.

« A quoy faire la science, si l'entendement n'y est ? » Pleust à Dieu que, pour le bien de nostre iustice, ces compaignies là se trouvassent aussi bien fournies d'entendement et de conscience, comme elles sont encores de science ! *Non vitæ, sed scholæ discimus.* Or, il ne fault pas attacher le sçavoir à l'ame, il l'y fault incorporer ; il ne l'en fault pas arrouser, il l'en fault teindre ; et, s'il ne la change, et meliore son estat imparfaict, certainement il vault beaucoup mieulx le laisser là : c'est un dangereux glaive, et qui empesche et offense son maistre, s'il est en main foible, et qui n'en sçache l'usage ; *ut fuerit melius non didicisse.*

A l'adventure est ce la cause que et nous et la theologie ne requerons pas beaucoup de science aux femmes, et que François, duc de Bretaigne, fils de Iean V, comme on luy parla de son mariage avec Isabeau, fille d'Ecosse, et qu'on luy adiousta qu'elle avoit esté nourrie simplement et sans aulcun intruction de lettres, respondit. « qu'il l'en aymoit mieulx, et qu'une femme estoit assez sçavante quand elle sçavoit mettre difference entre la chemise et le pourpoinct de son mary. »

Aussi ce n'est pas si grande merveille, comme on crie, que nos ancestres n'ayent pas faict grand estat des lettres, et qu'encores auiourd'hui elles ne se treuvent que par rencontre aux principaulx conseils de nos roys, et si cette fin de s'en enrichir, qui seule nous est auiourd'hy proposee, par le moyen de la iurisprudence, de la medecine, du pedantisme, et de la theologie encores, ne les tenoit en credit, vous les verriez sans doubte aussi marmiteuses qu'elles feurent oncques. Quel dommage, si elles ne nous apprennent ny à bien penser ny à bien faire ! *Postquam docti prodierunt, boni desunt.* Toute aultre science est dommageable à celuy qui n'a la science de la bonté.

Mais la raison que ie cherchoy tantost seroit elle pas aussi de là, que, nostre estude en France n'ayant quasi aultre but que le proufit, moins de ceulx que nature a faict naistre à plus genereux offices que lucratifs, s'adonnants aux lettres, ou si courtement (retirez, avant que d'en avoir prins le goust, à une profession qui n'a rien de commun avecques les livres), il ne reste plus ordinairement, pour s'engager tout à faict à l'estude, que les gents de basse fortune qui y questent des moyens à vivre ; et de ces gents là les ames estants, et par nature, et par institution domestique et exemple, du plus bas aloy, rapportent faulsement le fruict de la science : car elle n'est pas pour donner iour à l'ame qui n'en a point, ny pour faire veoir un aveugle ; son mestier est, non de luy fournir de veue, mais de la luy dresser, de luy regler ses allures, pourveu qu'elle ayt de soy les pieds et les iambes droictes et capables. C'est une bonne drogue que la science ; mais nulle drogue n'est assez forte pour se preserver sans alteration et corruption, selon le vice du vase qui l'estuye. Tel à la veue claire, qui ne l'a pas droicte ; et par consequent veoid le bien, et ne le suyt pas ; et veoid la science, et ne s'en sert pas. La principale ordonnance de Platon en sa Republique, c'est « donner à ses citoyens, selon leur nature, leur charge. » Nature peult tout, et faict tout. Les boiteux sont mal propres aux exercices du corps; et aux exercices de l'esprit, les ames boiteuses : les bastardes et vulgaires sont indignes de la philosophie. Quand nous veoyons un homme mal chaussé, nous disons que ce n'est pas merveille, s'il est chaussetier : de mesme il semble que l'experience nous offre souvent un medecin plus mal medeciné, un theologien moins reformé, et coustumierement un sçavant moins suffisant que tout aultre.

Aristo Chius avoit anciennement raison de dire que les philosophes nuisoient aux auditeurs ; d'autant que la pluspart des ames ne se treuvent propres à faire leur proufit de telle instruction: qui, si elle ne se met à bien, se met à mal : ἀσώτους *ex Aristippi, acerbos ex Zenonis schola exire.*

En cette belle institution que Xenophon preste aux Perses, nous trouvons qu'ils apprenoient la vertu à leurs enfants, comme les aultres nations font les lettres. Platon dict que le fils aisné, en leur succession royale, estoit ainsi nourry : aprez sa naissance, on le donnoit, non à des femmes, mais à des eunuques de la premiere auctorité autour des roys, à cause de leur vertu. Ceulx cy prenoient charge de luy rendre le corps beau et sain; et aprez sept ans le duisoient à monter à cheval et aller à la chasse. Quand il estoit arrivé au quatorziesme, ils le deposoient entre les mains de quatre; le plus sage, le plus iuste, le plus temperant, le plus vaillant de la nation : le premier luy apprenoit la religion ; le second, à estre touiours veritable : le tiers, à se rendre maistre des cupiditez ; le quart, à ne rien craindre.

C'est chose digne de tresgrande consideration, que, en cette excellente police de Lycurgus, et à la verité monstrueuse par sa perfection, si soingneuse pourtant de la nourriture des enfants comme de sa principale charge, et au giste mesme des muses, il s'y face si peu de mention de la doctrine : comme si, cette genereuse ieunesse desdaignant tout aultre ioug que de la vertu, on luy aye deu fournir, au lieu de nos maistres de science, seulement des maistres de vaillance, prudence et iustice : exemple que Platon a suivy en ses Loys. La façon de leur disciple, c'estoit leur faire des questions sur le iugement des hommes et de leurs actions; et, s'ils condamnoient et louoient ou ce personnage ou ce faict, il falloit raisonner leur dire; et, par ce moyen, ils aiguisoient ensemble entendement, et apprenoient le droict. Astyages, en Xenophon, demanda à Cyrus compte de sa derniere leçon: C'est, dict il, qu'en nostre eschole un grand garçon, ayant un petit saye, le donna à l'un de ses compaignons de plus petite taille, et luy osta son saye qui estoit plus grand : nostre precepteur m'ayant faict iuge de ce different, ie iugeay qu'il failloit laisser les choses en cet estat, et que l'un et l'aultre sembloit estre mieulx accommodé en ce poinct ; sur quoy il me remonstra que i'avois mal faict; car ie m'estois arresté à considerer la bienseance, et il falloit premierement avoir prouveu à la iustice, qui vouloit que nul ne feust forcé en ce qui luy appartenoit ; et dict qu'il en feut fouetté, tout ainsi que nous sommes en nos villages, pour avoir oublié le premier aoriste de *typtô.* Mon regent me feroit une belle harangue *in genere demonstrativo,* avant qu'il me persuadast que son eschole vault celle là. Ils ont voulu couper chemin ; et puis qu'il est ainsi que les sciences, lors mesme qu'on les prend de droict fil, ne peuvent que nous enseigner la prudence, la preud'hommie et la resolution, ils ont voulu d'arrivee mettre leurs enfants au propre des effetes, et les instruire, non par ouïr dire, mais par l'essay de l'action, en les formant et moulant vifvement, non seulement de preceptes et paroles, mais principalement d'exemples et d'œuvres : à la fin que ce ne feust pas un acquest, mais une naturelle possession. A ce propos, on demandoit à Agesilaus ce qu'il seroit d'advis que les enfants apprinssent : « Ce qu'ils doibvent faire estants hommes, » respondit-il. Ce n'est pas merveille, si une telle institution a produict des effects si admirables.

On alloit, dict-on, aux aultres villes de Grece chercher des rethoriciens, des peintres et des musiciens ; mais en Lacedemone, des legislateurs, des magistrats, et empereurs d'armes : à Athenes, on apprenoit à bien dire, et icy à bien faire : là à se desmesler d'un argument sophistique, et à rabattre l'imposture des mots captieusement entrelacez; icy, à se desmesler des appasts de la volupté, et à rabattre d'un grand courage, les menaces de la fortune et de la mort : ceulx là s'embesongnoient aprez les paroles ; ceulx cy, aprez les choses : là, c'estoient une continuelle exercitation de la langue; icy, une continuelle exercitation de l'ame. Parquoy il n'est pas estrange si Antipater, leur demandant cinquante enfants pour ostages, ils respondirent, tout au rebours de ce que nous ferions, qu'ils aymoient mieulx donner deux fois autant d'hommes faicts : tant ils estimoient la perte de l'education de leur païs ! Quand Agesilaus convie Xenophon d'envoyer nourrir ses enfants à Sparte, ce n'est pas pour y apprendre la rhetorique ou dialectique ; mais pour apprendre (ce dict-il) la plus belle science qui soit, à sçavoir la science d'obeïr et de commander. »

Il est tres plaisant de voir Socrates, à sa mode, se mocquant de Hippias, qui luy recite comment il a gaigné, specialement en certaines petites villettes de la Sicile, bonne somme d'argent à regenter; et qu'à Sparte, il n'a gaigné pas un sol; que ce sont gents idiots, qui ne sçavent ny mesurer ny compter, ne font estat ny de grammaire ny de rhythme, s'amusants seulement à sçavoir la suitte des roys, establissements et decadences des estats, et tels fatras de de contes; et au bout de cela, Socrates, luy faisant advouer par le menu l'excellence de leur forme de gouvernement public, l'heur et vertu de leur vie privee, luy laisse deviner la conclusion de l'inutilité de ses arts.

Les exemples nous apprennent, en cette martiale police et en toutes ses semblables, que l'estude des sciences amollit et effemine les courages plus qu'il ne les fermit et aguerrit. Le plus fort estat qui paroisse pour le présent au monde est celui des Turcs, peuples egalement duicts à l'estimation des armes et mespris des lettres. Ie treuve Rome plus vaillante avant qu'elle feust sçavante. Les plus belliqueuses nations, en nos iours, sont les plus grossieres et ignorantes : les Scythes, les Parthes, Tamburlan, nous servent à cette preuve. Quand les Gots ravagerent la Grece, ce qui sauva toutes les librairies d'estre passees au feu, ce feut un d'entre eulx qui sema cette opinion, qu'il falloit laisser ce meuble entier aux ennemis, propre à les destourner de l'exercice militaire, et amuser à des occupations sedentaires et oysifves. Quand nostre roy Charles huictieme, quasi sans tirer l'espee du fourreau, se veit maistre du royaume de Naples et d'une bonne partie de la Toscane, les seigneurs de sa suitte attribuerent cette inesperee facilité de conqueste, à ce que les princes et la noblesse d'Italie s'amusoient plus à se rendre ingenieux et sçavants, que vigoureux et guerriers.

Chapitre xxv. — De l'institution des enfants.

A madame Diane de Foix, comtesse de Gurson

Ie ne veis iamais pere, pour bossé ou teigneux que feust son fils, qui laissast de l'advouer : non pourtant, s'il n'est du tout enyvré de cette affection, qu'il ne s'apperçoive de sa défaillance : mais tant y a qu'il est sien : aussi moy, ie veoy mieulx que tout aultre que ce ne sont icy que resveries d'homme qui n'a gousté des sciences que la crouste premiere en son enfance, et n'en a retenu qu'un general et informe visage ; un peu de chaque chose, et rien du tout, à la françoise. Car, en somme, ie sçay qu'il y a une medecine, une iurisprudence, quatre parties en la mathematique, et grossierement ce à quoy elles visent ; et à l'adventure encores sçay ie la pretention des sciences en general au service de nostre vie ; mais d'y enfoncer plus avant, de m'estre rongé les ongles à l'estude d'Aristote, monarque de la doctrine moderne, ou opiniastré aprez quelque science, ie ne l'ay iamais faict ; ni n'est art dequoy ie sceusse peindre seulement les premiers lineaments ; et n'est enfant des classes moyennes qui ne se puisse dire plus sçavant que moy, qui n'ay seulement pas de quoy l'examiner sur sa premiere leçon ; et si l'on m'y force, ie suis contrainct assez ineptement d'en tirer quelque matiere de propos universel, sur quoy i'examine son iugement naturel : leçon qui leur est autant incogneue, comme à moy la leur.

Ie n'ay dressé commerce avecques aulcun livre solide, sinon Plutarque et Seneque, où ie puyse comme les Danaïdes, remplissant et versant sans cesse. I'en attache quelque chose à ce papier ; à moy, si peu que rien. L'histoire, c'est mon gibbier en matiere de livres, ou la poësie, que i'ayme d'une particuliere inclination : car, comme disoit Cleanthes, tout ainsi que la voix, contraincte dans l'estroict canal d'une trompette, sort plus aigre et plus forte ; ainsi me semble il que la sentence, pressee aux pieds nombreux de la poësie, s'eslance bien plus brusquement, et me fiert d'une plus vifve secousse. Quant aux facultez naturelles qui sont en moy, dequoy c'est icy l'essay, ie les sens flechir sous la chargé : mes conceptions et mon iugement ne marche qu'à tastons, chancelant, bronchant et chopant ; et quand ie suis allé le plus avant que ie puis, si ne me suis ie aulcunement satisfaict ; ie veois encore du païs au delà, mais d'une veue trouble et en nuage, que ie ne puis desmesler. Et entreprenant de parler indifferemment de tout ce qui se présente à ma fantaisie, et n'y employant que mes propres et naturels moyens, s'il m'advient, comme il faict souvent, de rencontrer de bonne fortune dans les bons aucteurs ces mesmes lieux que i'ay entreprins de traicter, comme ie viens de faire chez Plutarque tout presentement son discours de la force de l'imagination, à me recognoistre, au prix de ces gents là, si foible et si chestif, si poisant et si endormy, ie me foys pitié ou desdaing à moy mesme : si me gratifie ie de cecy, que mes opinians ont cet honneur de rencontrer souvent aux leurs, et que ie veois au moins de loing aprez, disant que voire ; aussi que i'ay cela, que chascun n'a pas, de cognoistre l'extreme difference d'entre eulx et moy ; et laisse, ce neantmoins, courir mes inventions ainsi foibles et basses comme ie les ay produictes, sans en replastrer et recoudre les défaults que cette comparaison m'y a descouverts.

Il fault avoir les reins biens fermes pour entreprendre de marcher front à front avec ces gents là. Les escrivains indiscrets de nostre siecle, qui, parmy leurs ouvrages de neant, vont semant des lieux entiers d'anciens aucteurs pour se faire honneur, font le contraire ; car cette infinie dissemblance de lustres rend un visage si pasle, si terni et si laid à ce qui est leur, qu'ils y perdent beaucoup plus qu'ils n'y gaignent.

C'estoient deux contraires fantaisies : le philosophe Chrysippus mesloit à ses livres, non les passages seulement, mais des ouvrages entiers d'aultres aucteurs, et en un la Medee d'Euripides ; et disoit Apollodorus que, qui en retrancheroit ce qu'il y avoit d'estrangier, son papier demeureroit en blanc : Epicurus, au rebours, en trois cents volumes qu'il laissa, n'avoit pas mis une seule allégation.

Il m'advint, l'autre iour, de tumber sur un tel passage : i'avois traisné languissant aprez des paroles françoises si exsangues, si descharnees et si vuides de matiere et de sens, que ce n'estoit voirement que paroles françoises ; au bout d'un long et ennuyeux chemin, ie veins à rencontrer une piece haulte, riche, et eslevee iusques aux nues. Si i'eusse trouvé la pente doulce, et la montee un peu allongee, cela eust esté excusable : c'estoit un precipice si droict et si coupé, que, des six premieres paroles, ie cogneus que ie m'envolois en l'aultre monde ; de là ie descouvris la fondriere d'où ie venois, si basse et si profonde, que ie n'eus oncques puis le cœur de m'y ravaler. Si iestoffois l'un de mes discours de ces riches despouilles, il esclaireroit par trop la bestise des aultres. Reprendre en aultruy mes propres faultes, ne me semble non plus incompatible que de reprendre, comme ie foys souvent, celles d'aultruy en moy : il les fault accuser par tout, et leur oster tout lieu de franchise. Si sçay ie combien audacieusement i'entreprends moy mesme, à touts coups, de m'eguaier à mes larrecins, d'aller pair quand et eulx, non sans une temeraire esperance que ie puisse tromper les yeulx des iuges à les discerner ; mais c'est autant par le benefice de mon application, que par le benefice de mon invention et de ma force. Et puis, ie ne luicte point en gros ces vieux champions là, et corps à corps ; c'est par reprinses, menues et legieres attainctes : ie ne m'y aheurte pas ; ie ne foys que les taster ; et ne voys point tant, comme ie marchande d'aller. Si ie leur pouvois tenir palot, ie serois honneste homme ; car ie ne les entreprends que par où ils sont les plus roides. De faire ce que i'ay descouvert d'aulcuns, se couvrir des armes d'aultruy iusques à ne montrer pas seulement le bout de ses doigts ; conduire son desseing, comme il est aysé aux sçavants en une matiere commune, soubs les inventions anciennes rappiecees par cy par là : à ceulx qui les veulent cacher et faire propres, c'est premierement iniustice et laschété, que, n'ayants rien en leur vaillant par où se produire, ils cherchent à se presenter par une valeur purement estrangiere ; et puis, grande sottise, se contentants par piperie de s'acquerir l'ignorante approbation du vulgaire, se descrier envers les gents d'entendement, qui hochent du nez cette incrustation empruntee, desquels seuls la louange a du poids. De ma part il n'est rien que ie veuille moins faire : ie ne dis les aultres, sinon pour d'autant plus me dire. Cecy ne touche pas les centons, qui se publient pour centons ; et i'en ay veu de tresingenieux en mon temps, entre aultres un, soubs le nom de Capilupus, oultre les anciens : ce sont des esprits qui se font veoir, et par ailleurs, et par là, comme Lipsius, en ce docte et laborieux tissu de ses Politiques.

Quoy qu'il en soit, veulx ie dire, et quelles que soient ces inepties, ie n'ay pas deliberé de les cacher; non plus qu'un mien pourtraict chauve et grisonnant où le peintre auroit mis, non un visage parfaict, mais le mien. Car aussi ce sont icy mes humeurs et opinions; ie les donne pour ce qui est en ma creance, non pour ce qui est à croire : ie ne vise icy qu'à descouvrir moy mesme, qui seray par adventure aultre demain, si nouvel apprentissage me change. Ie n'ay point l'auctorité d'estre creu, ny ne le desire, me sentant trop mal instruict pour instruire aultruy.

Quelqu'un doncques, ayant veu l'article precedent, me disoit chez moy, l'aultre iour, que ie me debvois estre un petit estendu sur le discours de l'institution des enfants. Or, madame, si i'avoy quelque suffisance en ce subiect, ie ne pourroy la mieulx employer que d'en faire un présent à ce petit homme qui vous menace de faire tantost une belle sortie de chez vous (vous estes trop genereuse pour commencer aultrement que par un masle); car ayant eu tant de part à la conduicte de vostre mariage, i'ay quelque droit et interest à la grandeur et prospérité de tout ce qui en viendra; oultre ce que l'ancienne possession que vous avez sur ma servitude m'oblige assez à desirer honneur, bien et advantage à tout ce qui vous touche : mais à la vérité ie n'y entends, sinon cela, que la plus grande difficulté et importante de l'humaine science semble estre en cet endroict, où il se traicte de la nourriture et institution des enfants. Tout ainsi qu'en l'agriculture, les façons qui vont avant le planter sont certaines et aysees, et le planter mesme; mais, depuis que ce qui est planté vient à prendre vie, à l'eslever il y a une grande variété de façons, et difficulté : pareillement aux hommes, il y a peu d'industrie à les planter; mais depuis qu'ils sont nayz, on se charge d'un soing divers, plein d'embesongnement et de crainte, à les dresser et nourrir. La montre de leurs inclinations est si tendre en ce bas aage et si obscure, les promesses si incertaines et faulses, qu'il est malaysé d'y establir aucun solide iugement. Veoyez Cimon, veoyez Themistocles, et mille aultres, combien ils se sont disconvenus à eulx mesmes. Les petits des ours et des chiens montrent leur inclination naturelle; mais les hommes, se iectants incontinent en des accoutumances, en'des opinions, en des loys, se changent ou se desguisent facilement : si est il difficile de forcer les propensions naturelles. D'où il advient que par faulte d'avoir bien choisi leur route, pour neant se travaille on souvent, et employe lon beaucoup d'aage, à dresser des enfants aux choses auxquelles ils ne peuvent prendre pied. Toutesfois, en cette difficulté, mon opinion est de les acheminer tousiours aux meilleures choses et plus profitables; et qu'on se doibt peu appliquer à ces legieres divinations et prognostiques que nous prenons des mouvements de leur enfance : Platon, en sa République, me semble leur donner trop d'auctorité.

Madame, c'est un grand ornement que la science, et un util de merveilleux service, notamment aux personnes eslevees en tel degré de fortune, comme vous estes. A la verité, elle n'a point son vray usage en mains viles et basses : elle est bien plus fiere de prester ses moyens à conduire une guerre, à commander un peuple, à practiquer l'amitié d'un prince ou d'une nation estrangiere, qu'à dresser un argument dialectique, ou à plaider un appel, ou ordonner une masse de pilules. Ainsi, madame, parce que ie croy que vous n'oublierez pas cette partie en l'institution des vostres, vous qui en avez savouré la doulceur, et qui estes d'une race lettree (car nous avons encores les escripts de ces anciens comtes de Foix, d'où monsieur le comte vostre mary et vous estes descendus, et François monsieur de Candale, vostre oncle, en faict naistre touts les iours d'aultres qui estendront la cognoissance de cette qualité de vostre famille à plusieurs siecles); ie vous veulx dire là dessus une seule fantasie que i'ay, contraire au commun usage : c'est tout ce que ie puis conferer à vostre service en cela.

La charge du gouverneur que vous lui donnez, du chois duquel despend tout l'effect de son institution, elle a plusieurs aultres grandes parties, mais ie n'y touche point pour n'y sçavoir rien apporter qui vaille; et de cet article sur lequel ie me mesle de luy donner advis, il m'en croira autant qu'il y verra d'apparence. A un enfant de maison, qui recherche les lettres, non pour le gaing (car une fin si abiecte est indigne de la grace et faveur des muses, et puis elle regarde et despend d'aultruy), ny tant pour les commoditez externes que pour les siennes propres, et pour s'en enrichir et parer au dedans, ayant plustost envie d'en reussir habile homme qu'homme sçavant, ie vouldrais qu'on feust soingneux de luy choisir un conducteur qui eust plustost la teste bien faite que bien pleine ; et qu'on y requist touts les deux, mais plus les mœurs et l'entendement, que la science ; et qu'il se conduisist en sa charge d'une nouvelle maniere.

On ne cesse de criailler à nos aureilles, comme qui verseroit dans un entonnoir ; et nostre charge, ce n'est que redire ce qu'on nous a dict : ie vouldrois qu'il corrigeast cette partie ; et que de belle arrivée, selon la portee de l'ame qu'il a en main, il commenceast à la mettre sur la montre, luy faisant gouster les choses, les choisir, et discerner d'elle mesme ; quelquefois luy ouvrant chemin ; quelquefois le luy laissant ouvrir. Ie ne veulx pas qu'il invente et parle seul ; ie veulx qu'il escoute son disciple parler à son tour. Socrates, et depuis Arcesilaus, faisoient premierement parler leurs disciples, et puis ils parloient à eulx. *Obest plerumque iis, qui discere volunt, auctoritas eorum, qui docent.* Il est bon qu'il le face trotter devant luy, pour iuger de son train, et iuger iusques à quel poinct il se doibt ravaller pour s'accommoder à sa force. A faulte de cette proportion, nous gastons tout ; et de la sçavoir choisir et s'y conduire bien mesureement, c'est une des plus ardues besongnes que ie sçache ; et est l'effect d'une haulte ame et bien forte, sçavoir condescendre à ces allures pueriles, et les guider. Ie marche plus seur et plus ferme à mont qu'à val.

Ceulx qui, comme nostre usage porte, entreprennent, d'une mesme leçon et pareille mesure de conduicte, regenter plusieurs esprits de si diverses mesures et formes ; ce n'est pas merveille, si en tout un peuple d'enfants ils en rencontrent a peine deux ou trois qui rapportent quelque iuste fruict de leur discipline. Qu'il ne luy demande pas seulement compte des mots de sa leçon, mais du sens et de la substance : et qu'il iuge du proufit qu'il aura faict, non par le tesmoignage de sa memoire, mais de sa vie. Que ce qu'il viendra d'apprendre, il le luy face mettre en cent visages, et accommoder à autant de divers subiects, pour veoir s'il l'a encores bien prins et bien faict sien : prenant l'instruction de son progrez, des paidagogismes de Platon. C'est tesmoignage de crudité et indigestion, que de regorger la viande comme on l'a avallee : l'estomach n'a pas faict son operation, s'il n'a faict changer la façon et la forme de ce qu'on luy avoit donné à cuire. Nostre ame ne bransle qu'à credit, liee et contrainete à l'appetit des fantaisies d'aultruy, serve et captivee soubs l'auctorité de leur leçon : on nous a tant assubiectis aux chordes, que nous n'avons plus de franches allures ; nostre vigueur et liberté est esteincte : *nunquam tutelæ suæ fiunt.*

Ie veis priveement à Pise un honneste homme, mais si aristotelien que le plus general de ses dogmes est : « Que la touche et regle de toutes imaginations « solides et de toute vérité, c'est la conformité à la doctrine d'Aristote ; que « hors de là, ce ne sont que chimeres et inanité ; qu'il a tout veu et tout dict : » cette sienne proposition, pour avoir esté un peu trop largement et iniquement interpretee, le meit aultrefois et teint longtemps en grand accessoire à l'inquisition à Rome.

Qu'il luy face tout passer par l'estamine, et ne loge rien en sa teste par simple auctorité et à credit. Les principes d'Aristote ne luy soient principes, non plus que ceulx des stoïciens ou epicuriens : qu'on luy propose cette diversité de iugements, il choisira, s'il peult ; sinon il en demeurera en doubte :

Che non men che saper, dubbiar m' aggrata :

car s'il embrasse les opinions de Xenophon et de Platon par son propre discours, ce ne seront plus les leurs, ce seront les siennes : qui suyt un aultre, il ne suyt rien, il ne treuve rien, voire il ne cherche rien. *Non sumus sub rege : sibi quisque se vindicet.* Qu'il sçache qu'il sçait, au moins. Il fault qu'il imboive leurs humeurs, non qu'il apprenne leurs preceptes ; et qu'il oublie hardiment, s'il veult, d'où il les tient, mais qu'il se les sçache approprier. La verité et la raison sont communes à un chascun, et ne sont non plus à qui les a dictes premierement, qu'à qui les dict aprez : ce n'est non plus selon Platon que selon moy, puis que luy et moy l'entendons et veoyons de mesme. Les abeilles pillotent deçà delà les fleurs; mais elles en font aprez le miel, qui est tout leur; ce n'est plus thym, ny mariolaine : ainsi les pieces empruntees d'aultruy, il les transformera et confondra pour en faire un ouvrage tout sien, à sçavoir son iugement : son institution, son travail et estude ne vise qu'à le former. Qu'il cele tout ce dequoy il a esté secouru, et ne produise que ce qu'il en a faict. Les pilleurs, les emprunteurs, mettent en parade leurs bastiments, leurs achapts; non pas ce qu'ils tirent d'aultruy : vous ne veoyez pas les espices d'un homme de parlement; vous veoyez les alliances qu'il a gaignees, et honneurs à ses enfants : nul ne met en compte publicque sa recepte; chascun y met son acquest.

Le gaing de nostre estude, c'est en estre devenu meilleur et plus sage. C'est, disait Epicharmus, l'entendement qui veoid et qui oyt; c'est l'entendement qui approfite tout, qui dispose tout, qui agit, qui domine et qui regne; toutes aultres choses sont aveugles, sourdes et sans ame. Certes, nous le rendons servile et couard, pour ne luy laisser la liberté de rien faire de soy. Qui demanda iamais à son disciple ce qu'il luy semble de la rhetorique et de la grammaire, de telle ou telle sentence de Ciceron? on nous les placque en la memoire toutes empennées, comme des oracles, où les lettres et les syllabes sont de la substance de la chose. Sçavoir par cœur n'est pas sçavoir; c'est tenir ce qu'on a donné en garde à sa memoire. Ce qu'on sçait droictement, on en dispose, sans regarder au patron, sans tourner les yeulx vers son livre. Fascheuse suffisance, qu'une suffisance pure livresque! Ie m'attends qu'elle serve d'ornement, non de fondement; suyvant l'advis de Platon qui dict : « La fermeté, la foy, la sincerité, estre la vraye philosophie; les aultres sciences, et qui visent ailleurs, n'estre que fard. » Ie vouldrois que le Paluël ou Pompee, ces beaux danseurs de mon temps, apprinssent des caprioles à les veoir seulement faire, sans nous bouger de nos places; comme ceulx cy veulent instruire nostre entendement, sans l'esbranler : ou qu'on nous apprinst à manier un cheval, ou une picque, ou un luth, ou la voix, sans nous y exercer; comme ceulx cy nous veulent apprendre à bien iuger et à bien parler, sans nous exercer à parler ny à iuger. Or, à cet apprentissage, tout ce qui se presente à nos yeulx sert de livre suffisant : la malice d'un page, la sottise d'un valet, un propos de table, ce sont autant de nouvelles matieres.

A cette cause, le commerce des hommes y est merveilleusement propre, et la visite des païs estrangiers : non pour en rapporter seulement, à la mode de nostre noblesse françoise, combien de pas a *Santa Rotonda*, ou la richesse des calessons de la signora Livia; ou, comme d'aultres, combien le visage de Neron, de quelque vieille ruyne de là, est plus long ou plus large de celuy de quelque pareille medaille; mais pour en rapporter principalement les humeurs de ces nations et leurs façons, et pour frotter et limer nostre cervelle contre celle d'aultruy. Ie vouldrois qu'on commenceast à le promener dez sa tendre enfance; et premierement, pour faire d'une pierre deux coups, par les nations voysines où le le langage est plus esloingné du nostre, et auquel, si vous ne la formez de bonne heure, la langue ne se peult plier.

Aussi bien est ce une opinion receue d'un chascun, que ce n'est pas raison de nourrir un enfant au giron de ses parents : cette amour naturelle les attendrit trop et relasche, voire les plus sages; ils ne sont capables ny de chastier ses faultes, ny de le veoir nourry grossierement comme il fault et hazardeusement; ils ne le sçauroient souffrir revenir suant et pouldreux de son exercice, boire chauld, boire froid, ny le veoir sur un cheval rebours, ny contre un rude tireur le floret au poing, ou la premiere harquebuse. Car il n'y a remede : qui en veult faire un homme de bien, sans doubte il ne le fault espargner en cette ieunesse; et fault souvent choquer les regles de la medecine :

> Vitamque sub dio, et trepidis agat.
> In rebus.

Ce n'est pas assez de luy roidir l'ame; il luy fault aussi roidir les muscles : elle est trop pressee, si elle n'est secondee; et a trop à faire de, seule, fournir à deux offices. Ie sçais combien ahanne la mienne en compaignie d'un corps si tendre, si sensible, qui se laisse si fort aller sur elle; et apperceois souvent, en ma leçon, qu'en leurs escripts mes maistres font valoir, pour magnanimité et force de courage, des exemples qui tiennent volontiers plus de l'espessissure de la peau et dureté des os.

l'ay veu des hommes, des femmes et des enfants ainsi nays, qu'une bastonnade leur est moins qu'à moy une chiquenaude ; qui ne remuent ny langue ny sourcil aux coups qu'on leur donne : quand les athletes contrefont les philosophes en patience, c'est plustost vigueur de nerfs que de cœur. Or, l'accoustumance à porter le travail est accoustumance à porter la douleur : *labor callum obducit dolori*. Il le fault rompre à la peine et aspreté des exercices, pour le dresser à la peine et aspreté de la dislocation, de la cholique, du cautere, et de la geaule aussi et de la torture ; car de ces dernieres icy, encores peult il estre en prinse, qui regardent les bons, selon le temps, comme les meschants : nous en sommes à l'espreuve ; quiconque combat les loix, menace les plus gents de bien d'escourgees et de la chorde.

Et puis, l'auctorité du gouverneur, qui doibt estre souveraine sur luy, s'interrompt et s'empesche par la presence des parents : ioinct que ce respect que la famille luy porte, la cognoissance des moyens et grandeurs de sa maison, ce ne sont pas, à mon opinion, legieres incommoditez en cet aage.

En cette eschole du commerce des hommes, i'ay souvent remarqué ce vice, qu'au lieu de prendre cognoissance d'aultruy, nous ne travaillons qu'à la donner de nous, et sommes plus en peine de debiter nostre marchandise, que d'en acquerir de nouvelle : le silence et la modestie sont qualitez trescommodes à la conversation. On dressera cet enfant à estre espargnant et mesnagier de sa suffisance, quand il l'aura acquise ; à ne se formalizer point des sottises et fables qui se diront en sa presence : car c'est une incivile importunité de choquer tout ce qui n'est pas de nostre appetit. Qu'il se contente de se corriger soy mesme, et ne semble pas reprocher à aultruy tout ce qu'il refuse à faire, ny contraster aux mœurs publiques : *Licet sapere sine pompa, sine invidia*. Fuye ces images regenteuses et inciviles, et cette puerile ambition de vouloir paroistre plus fin, pour estre aultre ; et, comme si ce feust marchandise malaysee que reprehensions et nouvelletez, vouloir tirer de là nom de quelque peculiere valeur. Comme il n'affiert qu'aux grands poëtes d'user des licences de l'art, aussi n'est-il supportable qu'aux grandes ames et illustres de se privilegier au dessus de la coustume. *Si quid Socrates aut Aristippus contra morem et consuetudinem fecerunt ; idem sibi ne arbitretur licere : magnis enim illi et divinis bonis hanc licentiam assequebantur*. On luy apprendra de n'entrer en discours et contestation, que là où il verra un champion digne de sa luicte ; et, là mesme, à n'employer pas touts les tours qui luy peuvent servir, mais ceulx là seulement qui luy peuvent le plus servir. Qu'on le rende delicat au chois et triage de ses raisons, et aymant la pertinence, et par consequent la briefveté. Qu'on l'instruise sur tout à se rendre et à quitter les armes à la verité tout aussitost qu'il l'appercevra, soit qu'elle naisse en luy mesme par quelque radvisement : car il ne sera pas mis en chaise pour dire un roole prescript ; il n'est engagé à aulcune cause, que parce qu'il l'appreuve ; ny ne sera du mestier où se vend à purs deniers comptants la liberté de se pouvoir repentir et recognoistre : *neque, ut omnia, quæ præscripta et imperata sint, defendat, necessitate ulla cogitur*.

Si son gouverneur tient de mon humeur, il luy formera la volonté à estre tresloyal serviteur de son prince, et tresaffectionné et trescourageux ; mais il luy refroidira l'envie de s'y attacher aultrement que par un debvoir publicque. Oultre plusieurs aultres inconvenients qui blecent nostre liberté par ces obligations particulieres, le iugement d'un homme gagé et acheté, ou il est moins entier et moins libre, ou il est taché et d'imprudence et d'ingratitude. Un pur courtisan ne peult avoir ny loy ny volonté de dire et penser que favorablement d'un maistre qui, parmi tant de milliers d'aultres suiets, l'a choisi pour le nourrir et eslever de sa main ; cette faveur et utilité corrompent, non sans quelque raison, sa franchise, et l'esblouïssent : pourtant veoid on coustumierement le langage de ces gents là divers à tout aultre langage en un estat, et de peu de foy en telle matiere.

Que sa conscience et sa vertu reluisent en son parler, et n'ayent que la raison pour conduicte. Qu'on luy face entendre que de confesser la faulte qu'il descouvrira en son propre discours, encores qu'elle ne soit apperceue que par luy, c'est un effect de iugement et de sincérité, qui sont les principales parties qu'il cherche ; que l'opiniastrer et contester sont qualitez communes, plus apparentes aux plus basses ames ; que se r'adviser et se corriger, abandonner un mauvais party sur le cours de son ardeur, ce sont qualitez rares, fortes et philosophiques. On l'advertira, estant en compagnie, d'avoir les yeulx par tout; car ie treuve que les premiers sieges sont communement saisis par les hommes moins capables, et que les grandeurs de fortune ne se treuvent gueres meslees à la suffisance : i'ai veu, ce pendant qu'on s'entretenoit au hault bout d'une table de la beauté d'une tapisserie ou du goust de la malvoisie, se perdre beaucoup de beaux traicts à l'aultre bout. Il sondera la portee d'un chascun : un bouvier, un masson, un passant, il fault tout mettre en besongne, et emprunter chascun selon sa marchandise, car tout sert en mesnage; la sottise mesme et foyblesse d'aultruy luy sera instruction : à contrerooler les graces et façons d'un chascun, il s'engendrera envie des bonnes, et mespris des mauvaises.

Qu'on luy mette en fantasie une honneste curiosité de s'enquerir de toutes choses : tout ce qu'il y aura de singulier autour de luy, il le verra; un bastiment, une fontaine, un homme, le lieu d'une bataille ancienne, le passage de Cesar ou de Charlemaigne;

> Quæ tellus sit lenta gelu, quæ putris ab æstu ;
> Ventus in Italiam quis bene veta ferat;

il s'enquerra des mœurs, des moyens et des alliances de ce prince et de celuy là : ce sont choses tresplaisantes à apprendre, et tresutiles à sçavoir.

En cette practique des hommes, i'entends y comprendre, et principalement, ceux qui ne vivent qu'en la memoire des livres : il practiquera, par le moyen des histoires, ces grandes ames des meilleurs siecles. C'est un vain estude, qui veult; mais qui veult aussi, c'est un estude de fruict inestimable, et le seul estude, comme dict Platon, que les Lacedemoniens eussent reservé à leur part. Quel proufit ne fera il, en cette part là, à la lecture des vies de nostre Plutarque ? Mais que mon guide se souvienne où vise sa charge ; et qu'il n'imprime pas tant à son disciple la date de la ruyne de Carthage, que les mœurs de Hannibal et de Scipion; ny tant où mourut Marcellus, que pourquoi il feut indigne de son debvoir qu'il mourust là. Qu'il ne luy apprenne pas tant les histoires qu'à en iuger. C'est à mon gré, entre toutes, la matiere à laquelle nos esprits s'appliquent de plus diverse mesure : i'ai leu en Tite Live cent choses que tel n'y a pas leu; Plutarque y en a leu cent, oultre ce que i'y ai sceu lire, et à l'adventure oultre ce que l'aucteur y avoit mis : à d'aulcuns, c'est un pur estude grammairien; à d'aultres, l'anatomie de la philosophie, par laquelle les plus abstruses parties de nostre nature se penetrent. Il y a dans Plutarque beaucoup de discours estendus tresdignes d'estre sceus; car, à mon gré, c'est le maistre ouvrier de telle besongne; mais il y en a mille qu'il n'a que touchez simplement : il guigne seulement du doigt par où nous irons, s'il nous plaist; et se contente quelquefois de ne donner qu'une attainte dans le plus vif d'un propos. Il les fault arracher de là, et mettre en place marchande : comme ce sien mot, « Que les habitants d'Asie servoient à un seul, pour ne sçavoir prononcer une seule syllabe, qui est, Non, » donna peut estre la matiere et l'occasion à la Boëtie de sa SERVITUDE VOLONTAIRE. Cela mesme de luy veoir trier une legiere action, en la vie d'un homme, ou un mot, qui semble ne porter pas cela, c'est un discours. C'est dommage que les gents d'entendement ayment tant la briefveté : sans doubte leur reputation en vault mieulx; mais nous en valons moins. Plutarque ayme mieulx que nous le vantions de son iugement, que de son sçavoir; il ayme mieulx nous laisser desir de soy, que satieté : il sçavoit qu'ez choses bonnes mesme on peult trop dire; et que Alexandridas reprocha iustement à celuy qui tenoit aux Ephores des bons propos, mais trop longs : « O estrangier, tu dis ce qu'il fault aultrement qu'il ne fault. » Ceulx qui ont le corps graile, le grossissent d'embourrures; ceulx qui ont la matiere exile, l'enflent de paroles.

Il se tire une merveilleuse clarté, pour le iugement humain, de la frequentation du monde : nous sommes touts contraincts et amoncelez en nous, et avons la veue raccourcie à la longueur de nostre nez. On demandoit à Socrates d'où il estoit : il ne respondit pas, d'Athenes; mais, du monde : luy qui avoit l'imagination plus pleine et plus estendue, embrassoit l'univers comme sa ville, iectoit ses cognoissances, sa societé et ses affections à tout le genre humain; non pas comme nous, qui ne regardons que soubs nous. Quand les vignes gelent en mon village, mon presbtre en argumente l'ire de Dieu sur la race humaine, et iuge que la pepie en tienne desia les Cannibales. A veoir nos guerres civiles, qui ne crie que cette machine se bouleverse, et que le iour du iugement nous prend au collet? sans s'adviser que plusieurs pires choses se sont veues, et que les dix mille parts du monde ne laissent pas de galler le bon temps ce pendant : moy, selon leur licence et impunité, admire de les veoir si douices et molles. A qui il gresle sur la teste, tout l'hemisphere semble estre en tempeste et orage; et disoit le Savoïard, que « Si ce sot de roy de France eust sceu bien conduire sa fortune, il estoit homme pour devenir maistre d'hostel de son duc : » son imagination ne concevoit aultre plus eslevee grandeur que celle de son maistre. Nous sommes insensiblement touts en cette erreur : erreur de grande suitte et preiudice. Mais qui se presente comme dans un tableau cette grande image de nostre mere nature en son entiere maiesté; qui lit en son visage une si generale et constante varieté; qui se remarque là dedans, et non soy, mais tout un royaume, comme un traict d'une poincte tresdelicate, celuy là seul estime les choses selon leur iuste grandeur.

Ce grand monde, que les uns multiplient encores, comme especes soubs un genre, c'est le mirouer où il nous fault regarder, pour nous cognoistre de bon biais. Somme, ie veulx que ce soit le livre de mon escholier. Tant d'humeurs, de sectes, de iugements, d'opinions, de loix et de coustumes, nous apprennent à iuger sainement des nostres, et apprennent nostre iugement à recognoistre son imperfection et sa naturelle foiblesse ; qui n'est pas un legier apprentissage : tant de remuements d'estat et changements de fortune publicque nous instruisent à ne faire pas grand miracle de la nostre : tant de noms, tant de victoires et conquestes ensepvelies soubs l'oubliance, rendent ridicule l'esperance d'eterniser nostre nom par la prinse de dix argoulets et d'un pouiller qui n'est cogneu que de sa cheute : l'orgueil et la fierté de tant de pompes estrangieres, la maiesté si enflee de tant de courts et de grandeurs, nous fermit et asseure la veue à soustenir l'esclat des nostres, sans ciller les yeux : tant de milliasses d'hommes enterrez avant nous, nous encouragent à ne craindre d'aller trouver si bonne compaignie en l'aultre monde; ainsi du reste. Nostre vie, disoit Pythagoras, retire à la grande et populeuse assemblee des ieux olympiques : les uns s'y exercent le corps, pour en acquerir la gloire des ieux ; d'aultres y portent des marchandises à vendre, pour le gaing : il en est, et qui ne sont pas les pires, lesquels n'y cherchent aultre fruict que de regarder comment et pourquoy chasque chose se faict, et estre spectateurs de la vie des aultres hommes, pour en iuger, et regler la leur.

Aux exemples se pourront proprement assortir touts les plus proufitables discours de la philosophie, à laquelle se doibvent toucher les actions humaines comme à leur regle. On luy dira,

> Quid fas optare, quid asper
> Utile nummus habet; patriæ carisque propinquis
> Quantum elargiri deceat : Quem te Deus esse
> Jussit, et humana qua parte locatus es in re;
> Quid sumus, aut quidnam victuri gignimur...

que c'est que sçavoir et ignorer, qui doibt estre le but de l'estude; que c'est que vaillance, temperance, et iustice; ce qu'il y a à dire entre l'ambition et l'avarice, la servitude et la subiection, la licence et la liberté; à quelles marques on cognoist le vray et solide contentement; iusques où il fault craindre la mort, la douleur et la honte;

> Et quo quemque modo fugiatque feratque laborem;

quels ressorts nous meuvent, et le moyen de tant de divers branles en nous : car il me semble que les premiers discours dequoy on luy doibt abruver l'entendement, ce doibvent estre ceulx qui reglent ses mœurs et son sens; qui luy apprendront à se cognoistre, et à sçavoir bien mourir et bien vivre. Entre les arts liberaux, commenceons par l'art qui nous faict libres : elles servent toutes voirement en quelque maniere à l'instruction de nostre vie et à son usage, comme toutes aultres choses y servent en quelque maniere aussi; mais choisissons celle qui y sert directement et professoirement. Si nous sçavions restreindre les appartenances de nostre vie à leurs iustes et naturels limites, nous trouverions que la meilleure part des sciences qui sont en usage est hors de nostre usage; et en celles mesmes qui le sont, qu'il y a des estendues et enfonceures que nous ferions mieulx de laisser là; et, suyvant l'institution de Socrates, borner le cours de nostre estude en icelles où fault l'utilité :

> Sapere aude.
> Incipe : vivendi recte qui prorogat horam,
> Rusticus exspectat, dum defluat amnis; at ille
> Labitur, et labetur in omne volubilis ævum.

C'est une grande simplesse d'apprendre à nos enfants,

> Quid moveant Pisces, animosaque signa Leonis,
> Lotus et Hesperia quid Capricornus aqua;

la science des astres et le mouvement de la huictiesme sphere, avant que les leurs propres :

> Τί Πλειάδεσσι κάμοί;
> Τί δ'ἀστράσιν Βοώτεω;

Anaximenes escrivant à Pythagoras : « De quel sens puis je m'amuser au secret des estoiles, ayant la mort ou la servitude tousiours presente aux yeux ? » car lors les roys de Perse preparoient la guerre contre son païs. Chascun doibt dire ainsi : « Estant battu d'ambition, d'avarice, de temerité, de superstition, et ayant au dedans tels aultres ennemis de la vie, iray ie songer au bransle du monde ? »

Aprez qu'on luy aura apprins ce qui sert à le faire plus sage et meilleur, on l'entretiendra que c'est que logique, physique, geometrie, rhetorique; et la science qu'il choisira, ayant desia le iugement formé, il en viendra bientost à bout. Sa leçon se fera tantost par devis, tantost par livre : tantost son gouverneur lui fournira de l'aucteur mesme, propre à cette fin de son institution; tantost il luy en donra la moelle et la substance toute maschee; et si de soy mesme il n'est assez familier des livres pour y trouver tant de beaux discours qui y sont, pour l'effect de son desseing, on luy pourra ioindre quelque homme de lettres qui à chaque besoing fournisse les munitions qu'il faudra, pour les distribuer et dispenser à son nourrisson. Et que cette leçon ne soit plus aysee et naturelle que celle de Gaza, qui y peult faire doubte ? Ce sont là preceptes espineux et mal plaisants, et des mots vains et descharnez, où il n'y a point de prinse, rien qui vous esveille l'esprit : en cette cy l'ame trouve où mordre, et où se paistre. Ce fruict est plus grand sans comparaison, et si sera plutost meury.

C'est grand cas que les choses en soyent là en nostre siecle, que la philosophie soit, iusques aux gents d'entendement, un nom vain et fantastique, qui se treuve de nul usage et de nul prix, par opinion et par effect. Ie croy que ces ergotismes en sont cause, qui ont saisi ses avenues. On a grand tort de la peindre inaccessible aux enfants, et d'un visage renfrongné, sourcilleux et terrible : qui me l'a masquee de ce faulx visage, pasle et hideux ? Il n'est rien plus gay, plus gaillard, plus enioué, et à peu que ie ne die follastre; elle ne presche que feste et bon temps : une mine triste et transie montre que ce n'est pas là son giste. Demetrius le grammairien rencontrant, dans le temple de Delphes, une troupe de philosophes assis ensemble, il leur dict : « Ou ie me trompe, où, à vous veoir la contenance si paisible et si gaye, vous n'estes pas en grand discours entre vous : » à quoy l'un d'eux, Heracleon le Megarien, respondit : « C'est à faire à ceulx qui cherchent si le futur du verbe βάλλω a double λ, ou qui cherchent la derivation des comparatifs χεῖρον et βέλτιον, et des superlatifs χείριστον et βέλτιστον, qu'il fault rider le front s'entretenant de leur science : mais quant aux discours de la philosophie, ils ont accoustumé d'esgayer et resiouïr ceulx qui les traictent; non les renfrongner et contrister. »

> Deprendas animi tormenta latentis in ægro
> Corpore; deprendas et gaudia : sumit utrumque
> Inde habitum facies.

L'ame qui loge la philosophie doibt, par sa santé, rendre sain encores le corps : elle doibt faire luire iusques au dehors son repos et son ayse; doibt former à son moule le port exterieur, et l'armer par consequent d'une gratieuse fierté, d'un maintien actif et alaigre, et d'une contenance contente et debonnaire. La plus expresse marque de la sagesse, c'est une esiouïssance constante; son estat est, comme des choses au dessus de la lune, tousiours serein : c'est *Baroco* et *Baralipton*, qui rendent leurs suppost ainsi crottez et enfumez ; ce n'est pas elle : ils ne la cognoissent que par ouyr dire. Comment ? elle faict estat de screiner les tempestes de l'ame, et d'apprendre la faim et les fiebvres à rire, non par quelques epicycles imaginaires, mais par raisons naturelles et palpables : elle a pour son but la vertu, qui n'est pas, comme dict l'eschole, plantee à la teste d'un mont coupé, rabotteux et inaccessible : ceulx qui l'ont approchee la tiennent, au rebours, logee dans une belle plaine fertile et fleurissante, d'où elle veoid bien soubs soy toutes choses ; mais si peult on y arriver, qui en sçait l'addresse, par des routes ombrageuses, gazonnees et doux fleurantes, plaisamment, et d'une pente facile et polie, comme est celle des voultes celestes. Pour n'avoir hanté cette vertu supreme, belle, triumphante, amoureuse, delicieuse pareillement et courageuse, ennemie professe et irreconciliable d'aigreur, de desplaisir, de crainte et de contraincte, ayant pour guide nature, fortune et volupté pour compaignes ; ils sont allez, selon leur foiblesse, feindre cette sotte image, triste, querelleuse, despite, menaceuse, mineuse, et la placer sur un rochier à l'escart, emmy des ronces ; fantosme à estonner les gents.

Mon gouverneur, qui cognoist debvoir remplir la volonté de son disciple autant ou plus d'affection que de reverence envers la vertu, luy sçaura dire que les poëtes suyvent les humeurs communes ; et luy faire toucher au doigt que les dieux ont mis plustost la sueur aux advenues des cabinets de Venus, que de Pallas. Et, quand il commencera de se sentir, luy presentant Bradamante, ou Angelique, pour maistresse à iouir ; et d'une beauté naïfve, active, genereuse, non hommasse, mais virile, au prix d'une beauté molle, affettee, delicate, artificielle ; l'une travestie en garson, coiffee d'un morion luisant ; l'aultre vestue en garse, coiffee d'un attiffet emperlé : il iugera masle son amour mesme, s'il choisit tout diversement à cet effeminé pasteur de Phrygie.

Il luy fera cette nouvelle leçon : Que le prix et haulteur de la vraye vertu est en la facilité, utilité et plaisir de son exercice ; si esloingné de difficulté, que les enfants y peuvent comme les hommes, les simples comme les subtils. Le reglement, c'est son util, non pas la force. Socrates, son premier mignon, quitte à escient sa force, pour glisser en la naïfveté et aysance de son progrez. C'est la mere nourrice des plaisirs humains : en les rendant iustes, elle les rend seurs et purs ; les moderant, elle les tient en haleine et en appetit ; retranchant ceulx qu'elle refuse, elle nous aiguise envers ceulx qu'elle nous laisse ; et nous laisse abondamment touts ceulx que veult nature, et iusques à la satieté, sinon iusques à la lasseté, maternellement : si d'adventure nous ne voulons dire que le regime qui arreste le beuveur avant l'yvresse, le mangeur avant la crudité, le paillard avant la pelade, soit ennemy de nos plaisirs. Si la fortune commune luy fault, elle luy eschappe, ou elle s'en passe, et s'en forge une aultre toute sienne, non plus flottante et roulante. Elle sçait estre riche, et puissante, et sçavante, et coucher en des matelats musquez ; elle aime la vie, elle aime la beauté, et la gloire, et la santé : mais son office propre et particulier, c'est sçavoir user de ces biens là reglement, et les sçavoir perdre constamment ; office bien plus noble qu'aspre, sans lequel tout cours de vie est desnaturé, turbulent et difforme, et y peult on iustement attacher ces escueils, ces halliers, et ces monstres.

Si ce disciple se rencontre de si diverse condition, qu'il ayme mieulx ouyr une fable, que la narration d'un beau voyage, ou un propos, quand il l'entendra ; qui, au son du tabourin qui arme la ieune ardeur de ses compaignons, se destourne à un aultre qui l'appelle au ieu des batteleurs ; qui, par souhait, ne treuve plus plaisant et plus doulx revenir pouldreux et victorieux d'un combat, que de la paulme ou du bal, avecques le prix de cet exercice : ie n'y treuve aultre remede, sinon qu'on le mette pastissier dans quelque bonne ville, feust il fils d'un duc ; suyvant le precepte de Platon, « Qu'il fault colloquer les enfants, non selon les facultez de leur père, mais selon les facultez de leur ame. »

Puisque la philosophie est celle qui nous instruit à vivre, et que l'enfance y a sa leçon comme les aultres aages, pourquoy ne la luy communique l'on ?

Udum et molle lutum est ; nunc properandus, et acri
Fingendus sine fine rota ?

On nous apprend à vivre quand la vie est passee. Cent escholiers ont prins la verole, avant que d'estre arrivez à leur leçon d'Aristote, De la temperance.

Cicero disoit que, quand il vivroit la vie de deux hommes, il ne prendroit pas le loisir d'estudier les poëtes lyriques; et ie treuve ces ergotistes plus tristement encores inutiles. Nostre enfant est bien plus pressé : il ne doibt au paidagogisme que les premiers quinze ou seize ans de sa vie; le demourant est deu à l'action. Employons un temps si court aux instructions necessaires. Ce sont abus ; ostez toutes ces subtilitez espineuses de la dialectique, dequoy nostre vie ne se peult amender ; prenez les simples discours de la philosophie, sçachez les choisir et traicter à poinct : ils sont plus aysez à concevoir qu'un conte de Boccace; un enfant en est capable au partir de la nourrice, beaucoup mieux que d'apprendre à lire ou escrire. La philosophie a des discours pour la naissance des hommes, comme pour la decrepitude.

Ie suis de l'advis de Plutarque, qu'Aristote n'amusa pas tant son grand disciple à l'artifice de composer syllogismes, ou aux principes de geometrie, comme à l'instruire des bons preceptes touchant la vaillance, prouesse, la magnanimité et temperance, et l'asseurance de ne rien craindre ; et, avecques cette munition, il l'envoya encores enfant subiuguer l'empire du monde à tout trente mille hommes de pied, quatre mille chevaulx, et quarante-deux mille escus seulement. Les aultres arts et sciences, dict il, Alexandre les honoroit bien, et louoit leur excellence et gentillesse; mais, pour plaisir qu'il y prinst, il n'estoit pas facile à se laisser surprendre à l'affection de les vouloir exercer.

  Petite hinc, iuvenesque senesque,
  Finem animo certum, miserisque viatica canis.

C'est ce que dict Epicurus au commencement de sa lettre à Meniceus : « Ny le plus iceune refuye à philosopher, ny le plus vieil s'y lasse. » Qui faict aultrement, il semble dire, ou qu'il n'est pas encores saison d'heureusement vivre, ou qu'il n'en est plus saison. Pour tout cecy, ie ne veulx pas qu'on emprisonne ce garson ; ie ne veulx pas qu'on l'abandonne à la cholere et humeur melancholique d'un furieux maistre d'eschole; ie ne veulx pas corrompre son esprit à le tenir à la gehenne et au travail, à la mode des aultres, quatorze ou quinze heures par iour, comme un portefaix; ny ne trouverois bon, quand, par quelque complexion solitaire et melancholique, on le verroit adonné d'une application trop indiscrette à l'estude des livres, qu'on la luy nourrist : cela les rend ineptes à la conversation civile, et les destourne de meilleures occupations. Et combien ay ie veu de mon temps d'hommes abestis par temeraire avidité de science? Carneades s'en trouva si affollé, qu'il n'eut plus le loisir de se faire le poil et les ongles. Ny ne veulx gaster ses mœurs genereuses par l'incivilité et barbarie d'aultruy. La sagesse françoise a esté anciennement en proverbe, pour une sagesse qui prenoit de bonne heure, et n'avoit gueres de tenue. A la vérité, nous veoyons encores qu'il n'est rien de si gentil que les petits enfants en France; mais ordinairement ils trompent l'esperance qu'on en a conceue; et hommes faicts, on n'y veoid aulcune excellence : i'ay ouy tenir à gents d'entendement que ces colleges où on les envoye, dequoy ils ont foison, les abrutissent ainsin.

Au nostre, un cabinet, un iardin, la table et le lict, la solitude, la compaignie, le matin et le vespre, toutes heures luy seront unes, toutes places luy seront estude : car la philosophie, qui, comme formatrice des iugements et des mœurs, sera sa principale leçon, a ce privilege de se mesler par tout. Isocrates l'orateur estant prié en un festin de parler de son art, chascun treuve qu'il eut raison de respondre : « Il n'est pas maintenant temps de ce que ie sçay faire ; et ce dequoy il est maintenant temps, ie ne le sçay pas faire : » car de presenter des harangues ou des disputes de rhetorique à une compaignie assemblee pour rire et faire bonne chere, ce seroit un meslange de trop mauvais accord; et autant en pourroit on dire de toutes les aultres sciences. Mais, quant à la philosophie, en la partie où elle traicte de l'homme et de ses debvoirs et offices, c'a esté le iugement commun de touts les sages, que, pour la doulceur de sa conversation, elle ne debvoit estre refusee ny aux festins, ny aux ieux ; et Platon l'ayant invitee à son Convive, nous veoyons comme elle entretient l'assistance, d'une façon molle et accommodee au temps et au lieu, quoyque ce soit de ses plus haults discours et plus salutaires.

  Æque pauperibus prodest, locupletibus æque;
  Et, neglecta, æque pueris senibusque nocebit.

Ainsi, sans doubte, il choumera moins que les aultres. Mais, comme les pas que nous employons à nous promener dans une galerie, quoyqu'il y en ayt trois fois autant, ne nous lassent pas comme ceulx que nous mettons à quelque chemin desseigné : aussi nostre leçon, se passant comme par rencontre, sans obligation de temps et de lieu, et se meslant à toutes nos actions, se coulera sans se faire sentir ; les ieux mesmes et les exercices seront une bonne partie de l'estude ; la course, la luicte, la musique, la danse, la chasse, le maniement des chevaulx et des armes. Ie veulx que la bienseance exterieure, et l'entregent, et la disposition de la personne, se façonne quand et quand l'ame. Ce n'est pas une ame, ce n'est pas un corps, qu'on dresse ; c'est un homme : il n'en fault pas faire à deux ; et, comme dict Platon, il ne fault pas les dresser l'un sans l'aultre, mais les conduire egualement, comme une couple de chevaulx attelez à mesme timon ; et, à l'ouyr, semble il pas prester plus de temps et plus de sollicitude aux exercices du corps, et estimer que l'esprit s'en exerce quand et quand, et non au contraire?

Au demourant, cette institution se doibt conduire par une severe doulceur, non comme il se faict : au lieu de convier les enfants aux lettres, on ne leur presente, à la verité, que horreur et cruauté. Ostez moy la violence et la force : il n'est rien, à mon advis, qui abastardisse et estourdisse si fort une nature bien nee. Si vous avez envie qu'il craigne la honte et le chastiment, ne l'y endurcissez pas : endurcissez le à la sueur et au froid, au vent, au soleil, et aux hazards qu'il luy fault mespriser ; ostez luy toute mollesse et delicatesse au vestir et coucher, au manger et au boire ; accoustumez le à tout ; que ce ne soit pas un beau garson et dameret, mais un garson vert et vigoreux. Enfant, homme vieil, i'ay tousiours creu et iugé de mesme. Mais, entre aultres choses, cette police de la plus part de nos colleges m'a tousiours despleu : on eust failly, à l'adventure, moins dommageablement, s'inclinant vers l'indulgence. C'est une vraye geaule de ieunesse captive : on la rend desbauchee ; l'en punissant avant qu'elle le soit. Arrivez y sur le poinct de leur office ; vous n'oyez que cris, et d'enfants suppliciez, et de maistres enyvrez en leur cholere. Quelle maniere pour esveiller l'appetit envers leur leçon, à ces tendres ames et craintifves, de les y guider d'une trongne effroyable, les mains armees de fouets ! Inique et pernicieuse forme ! ioinct, ce que Quintilian en a tresbien remarqué, que cette imperieuse auctorité tire des suittes perilleuses, et nommeement, à nostre façon de chastiement. Combien leurs classes seraient plus decemment ionchees de fleurs et de feuillees, que de tronçons d'osier sanglants ! I'y ferois pourtraire la Ioie, l'Alaigresse, et Flora, et les Graces, comme feit en son eschole le philosophe Speusippus. Où est leur proufit, que là feust aussi leur esbat : on doibt ensucrer les viandes salubres à l'enfant, et enfieller celles qui luy sont nuisibles. C'est merveille combien Platon se montre soingneux, en ses Loix, de la gayeté et passetemps de la ieunesse de sa cité ; et combien il s'arreste à leurs courses, ieux, chansons, saults et danses, desquelles il dict que l'antiquité a donné la conduicte et le patronnage aux dieux mesmes, Apollon, les Muses et Minerve : il s'estend à mille preceptes pour ses gymnases ; pour les sciences lettrees, il s'y amuse fort peu, et semble ne recommender particulierement la poësie que pour la musique.

Toute estrangeté et particularité en nos mœurs et conditions est evitable, comme ennemie de société. Qui ne s'estonneroit de la complexion de Demophon, maistre d'hostel d'Alexandre, qui suoit à l'umbre, et trembloit au soleil? I'en ay veu fuir la senteur des pommes, plus que les harquebuzades ; d'aultres s'effrayer pour une souris ; d'aultres rendre la gorge à veoir de la cresme ; d'aultres à veoir brasser un lict de plume ; comme Germanicus ne pouvoit souffrir ny la veue ny le chant des coqs. Il y peult avoir, à l'adventure, à cela quelque proprieté occulte ; mais on l'esteindroit, à mon advis, qui s'y prendroit de bonne heure. L'institution a gaigné cela sur moy (il est vray que ce n'a point esté sans quelque soing), que, sauf la biere, mon appetit est accommodable indifferemment à toutes choses dequoy on se paist.

Le corps est encores souple ; on le doibt, à cette cause, plier à toutes façons et coustumes ; et, pourveu qu'on puisse tenir l'appetit et la volonté soubs boucle, qu'on rende hardiment un ieune homme commode à toutes nations et compaignies, voire au desreglement et aux excez, si besoing est. Son exercitation suive l'usage : qu'il puisse faire toutes choses, et n'ayme à faire que les bonnes. Les philosophes mesmes ne trouvent pas louable en Callisthenes d'avoir perdu la bonne grace du grand Alexandre, son maistre, pour n'avoir voulu boire d'autant à luy. Il rira, il follastrera, il se desbauchera avecques son prince. Ie veulx qu'en la desbauche mesme il surpasse en vigueur et en fermeté ses compaignons; et qu'il ne laisse à faire le mal ny à faulte de force ny de science, mais à faulte de volonté : *Multum interest, utrum peccare aliquis nolit, an nesciat.* Ie pensois faire honneur à un seigneur aussi esloingné de ces desbordements qu'il en soit en France de m'enquerir à lui en bonne compaignie, combien de fois en sa vie il s'estoit envvré pour la necessité des affaires du roy, en Allemaigne : il le print de cette façon; et me respondit que c'estoit trois fois, lesquelles il recita. I'en sçay qui, à faulte de cette faculté, se sont mis en grand'peine, ayants à practiquer cette nation. I'ay souvent remarqué avecques grande admiration la merveilleuse nature d'Alcibiades, de se transformer si aysement à des façons si diverses, sans interest de sa santé; surpassant tantost la sumptuosité et pompe persienne, tantost l'austérité et frugalité lacedemonienne; autant reformé à Sparte, comme voluptueux en Ionie.

Omnis Aristippum decuit color, et status, et res.

Tel vouldrois ie former mon disciple.

Quem duplici panno patientia velat,
Mirabor, vitæ via si conversa decebit,
Personamque feret non inconcinnus utramque.

Voicy mes leçons : Celuy là y a mieulx proufité, qui les faict, que qui les sçait. Si vous le veoyez, vous l'oyez; si vous l'oyez, vous le veoyez. Ia à Dieu ne plaise, dict quelqu'un en Platon, que philosopher ce soit apprendre plusieurs choses, et traicter les arts! *Hanc amplissimam omnium artium bene vivendi disciplinam, vita magis, quam litteris, persecuti sunt!* Leon, prince des Phliasiens, s'enquerant à Heraclides Ponticus de quelle science, de quelle art il faisoit profession : « Ie ne sçay, dict il, ny art ny science; mais ie suis philosophe. » On reprochoit à Diogenes, comment, estant ignorant, il se mesloit dé la philosophie : « Ie m'en mesle, dict il, d'aultant mieulx à propos. » Hegesias le prioit de luy lire quelque chose : « Vous estes plaisant, luy respondit il : vous choisissez les figues vrayes et naturelles, non peinctes; que ne choisissez vous aussi les exercitations naturelles, vrayes, et non escriptes? »

Il ne dira pas tant sa leçon, comme il la fera; il la repetera en ses actions : on verra s'il y a de la prudence en ses entreprinses, s'il y a de la bonté, de la iustice en ses deportements; s'il a du iugement et de la grace en son parler, de la vigueur en ses maladies, de la modestie en ses ieux, de la temperance en ses voluptez, de l'ordre en son œconomie; de l'indifference en son goust, soit chair, poisson, vin ou eau : *qui disciplinam suam non ostentationem scientiæ, sed legem vitæ putet; quique obtemperet ipse sibi, et decretis pareat.* Le vray mirouer de nos discours est le cours de nos vies. Zeuxidamus respondit, à un qui luy demanda pourquoy les Lacedemoniens ne redigeoient par escript les ordonnances de la prouesse, et ne les donnoient à lire à leurs ieunes gents, « Que c'estoit parce qu'ils les vouloyent accoustumer aux faicts, non pas aux paroles. » Comparez, au bout de quinze ou seize ans, à cettuy cy un de ces latineurs de college, qui aura mis autant de temps à n'apprendre simplement qu'à parler. Le monde n'est que babil; et ne veis iamais homme qui ne die plutost plus, que moins qu'il ne doibt. Toutesfois la moitié de nostre aage s'en va là : on nous tient quatre ou cinq ans à entendre les mots, et les coudre en clauses; encores autant à en proportionner un grand corps, estendu en quatre ou cinq parties; aultres cinq, pour le moins, à les sçavoir briefvement mesler et entrelacer de quelque subtile façon : laissons le à ceulx qui en font profession expresse.

Allant un iour à Orleans, ie trouvay dans cette plaine, au deçà de Clery, deux regents qui venoyent à Bourdeaux, environ à cinquante pas l'un de l'aultre : plus loing derriere eux ie veoyois une troupe, et un maistre en teste, qui estoit feu M. le comte de la Rochefoucault. Un de mes gents s'enquit au premier de ces regents, qui estoit ce gentilhomme qui venoit aprez luy : luy, qui n'avoit pas veu ce train qui le suyvoit, et qui pensoit qu'on lui parloit de son compagnon, respondit plaisamment : « Il n'est pas gentilhomme, c'est un grammairien; et ie suis logicien. » Or, nous qui cherchons icy, au rebours, de former, non un grammairien ou logicien, mais un gentilhomme, laissons les abuser de leur loisir: nous avons affaire ailleurs. Mais que nostre disciple soit bien pourveu de choses, les paroles ne suyvront que trop ; il les traisnera, si elles ne veulent suivre. I'en oy qui s'excusent de ne se pouvoir exprimer, et font contenance d'avoir la teste pleine de plusieurs belles choses, mais, à faulte d'eloquence, ne les pouvoir mettre en evidence : c'est une baye. Sçavez-vous, à mon advis, que c'est que cela? ce sont des umbrages qui leur viennent de quelques conceptions informes, qu'ils ne peuvent desmesler et esclaircir au dedans, ny par consequent produire au dehors; ils ne s'entendent pas encores eulx mesmes, et veoyez les un peu begayer sur le poinct de l'enfanter, vous iugez que leur travail n'est point à l'accouchement, mais à la conception, et qu'ils ne font que leicher cette matiere imparfaicte. De ma part, ie tiens, et Socrates l'ordonne, que qui a dans l'esprit une vifve imagination et claire, il la produira, soit en bergamasque, soit par mines, s'il est muet :

Verbaque prævisam rem non invita sequentur.

Et comme disoit celuy là, aussi poëtiquement en sa prose, *quum res animum occupavere, verba ambiunt;* et cet aultre, *ipsæ res verba rapiunt.* Il ne sçait pas ablatif, coniunctif, substantif, ny la grammaire, ne faict pas son laquais ou une harangiere du Petit pont ; et si, vous entretiendront tout votre saoul, si vous en avez envie, et se desferreront aussi peu, à l'adventure, aux regles de leur langage, que le meilleur maistre ez arts de France. Il ne sçait pas la rhetorique, ny, pour avant ieu, capter la benevolence du candide lecteur ; ny ne luy chault de le sçavoir. De vray, toute cette belle peincture s'efface aysement par le lustre d'une verité simple et naïfve : ces gentillesses ne servent que pour amuser le vulgaire, incapable de prendre la viande plus massive et plus ferme ; comme Afer montre bien clairement chez Tacitus. Les ambassadeurs de Samos estoient venus à Cleomenes, roy de Sparte, preparez d'une belle et longue oraison, pour l'esmouvoir à la guerre contre le tyran Polycrates ; aprez qu'il les eut bien laissez dire, il leur respondit : « Quant à vostre commencement et exorde, il ne m'en souvient plus, ni par consequent du milieu, et quant à vostre conclusion, ie n'en veulx rien faire. » Voylà une belle responce, ce me semble, et des harangueurs bien camus ! Et quoy cet aultre? Les Atheniens estoient à choisir de deux architectes à conduire une grande fabrique : le premier, plus affeté, se presenta avecques un beau discours premedité sur le subiect de cette besongne, et tiroit le iugement du peuple en sa faveur ; mais l'aultre en trois mots : « Seigneurs Atheniens, ce que cettuy a dict, ie le feray. » Au fort de l'eloquence de Cicero, plusieurs en entroient en admiration; mais Caton n'en faisant que rire : « Nous avons, disoit il, un plaisant consul. » Aille devant ou aprez, une utile sentence, un beau traict, est tousiours de saison : s'il n'est pas bien pour ce qui va devant, ny pour ce qui vient aprez, il est bien en soy. Ie ne suis pas de ceulx qui pensent la bonne rhythme faire le bon poëme : laissez luy allonger une courte syllabe, s'il veult ; pour cela, non force : si les inventions y rient, si l'esprit et le iugement y ont bien faict leur office, voylà un bon poëte, dirai ie, mais un mauvais versificateur,

Emunctæ naris, durus componere versus.

Qu'on face, dit Horace, perdre à son ouvrage toutes ses coustures et mesures,

Tempora certa modosque, et, quod prius ordine verbum est,
Posterius facias, præponens ultima primis...
Invenias etiam disiecti membra poetæ :

il ne se dementira point pour cela; les pieces mesmes en seront belles. C'est ce que respondit Menander, comme on le tansast, approchant le iour auquel il avoit promis une comedie, de quoy il n'y avoit encores mis la main : « Elle est composee et preste ; il ne reste qu'à y adiouster les vers : » ayant les choses et la matiere disposee en l'âme, il mettoit en peu de compte le demourant. Depuis que Ronsard et du Bellay ont donné credit à nostre poësie françoise, ie ne veois si petit apprenti qui n'enfle des mots, qui ne renge les cadences à peu prez comme eux : *Plus sonat, quam valet.* Pour le vulgaire, il ne feut iamais tant de poëtes ; mais, comme il leur a esté bien aysé de representer leurs rhythmes, ils demeurent bien aussi court à imiter les riches descriptions de l'un, et les delicates inventions de l'aultre.

Voire mais, que fera il si on le presse de la subtilité sophistique de quelque syllogisme? « Le iambon faict boire; le boire desaltere : parquoy le iambon desaltere. » Qu'il s'en mocque : il est plus subtil de s'en mocquer que d'y respondre. Qu'il emprunte d'Aristippus cette plaisante contrefinesse : » Pourquoy le deslieray ie, puis que tout lié il m'empesche? » Quelqu'un proposait contre Cleanthes des finesses dialecticques; à quoy Chrysippus dict :. «Ioue toy de ces battelages avecques les enfants; et ne destourne à cela les pensees serieuses d'un homme d'aage. » Si ces sottes arguties, *contorta et aculeata sophismata*, luy doibvent persuader un mensonge, cela est dangereux; mais si elles demeurent sans effect, et ne l'esmeuvent qu'à rire, ie ne veois pas pourquoy il s'en doibve donner garde. Il en est de si sots, qu'ils se destournent de leur voye un quart de lieue pour courir aprez un beau mot; *aut qui non verba rebus aptant, sed res extrinsecus arcessunt, quibus verba conveniant:* et l'aultre, *qui, alicuius verbi decore placentis, vocentur ad id, quod non proposuerant scribere.* Ie tors bien plus volontiers une bonne sentence, pour la coudre sur moy, que ie ne destors mon fil pour l'aller querir. Au rebours c'est aux paroles à servir et à suyvre; et que le gascon y arrive, si le françois n'y peult aller. Ie veulx que les choses surmontent, et qu'elles remplissent de façon l'imagination de celuy qui escoute, qu'il n'aye aulcune souvenance des mots. Le parler que i'ayme, c'est un parler simple et naïf, tel sur le papier qu'à la bouche; un parler succulent et nerveux, court et serré ; non tant délicat et peigné, comme vehement et brusque ;

Hæc demum sapiet dictio, quæ feriet ;

plutost difficile qu'ennuyeux; esloingné d'affectation, desreglé, descousu et hardy : chasque loppin y face son corps; non pedantesque, non fratesque, non plaideresque, mais plustost soldatesque, comme Suetone appelle celuy de Iulius Cesar ; et si ne seus pas bien pourquoy il l'en appelle.

I'ay volontiers imité cette desbauche qui se veoid en nostre ieunesse au port de leurs vestements : un manteau en escharpe, la cape sur une espaule, un bas mal tendu, qui represente une fierté desdaigneuse de ces parements estrangiers, et nonchalante de l'art; mais ie la treuve encore mieulx employee en la forme du parler. Toute affectation, nommeement en la gayeté et la liberté françoise, est mesadvenante au courtisan; et en une monarchie, tout gentilhomme doibt estre dressé au port d'un courtisan : parquoy nous faisons bien de gauchir un peu sur le naïf et mesprisant. Ie n'ayme point de tissure où les liaisons et les coustures paroissent : tout ainsi qu'en un beau corps il ne fault pas quon y puisse compter les os et les veines. *Quæ veritati operam dat oratio, incomposita sit et simplex. Quis accurate loquitur, nisi qui vult putide loqui?* L'eloquence faict iniure aux choses, qui nous destourne à soy. Comme aux accoustrements, c'est pusillanimité de se vouloir marquer par quelque façon particuliere et inusitee : de mesme au langage, la recherche des phrases nouvelles et des mots peu cogneus vient d'une ambition scholastique et puerile. Peusse ie ne me servir que de ceulx qui servent aux halles à Paris! Aristophanes le grammairien n'y entendoit rien, de reprendre en Epicurus la simplicité de ses mots, et la fin de son art oratoire, qui estoit perspicuité de langage seulement. L'imitation du parler, par sa facilité, suyt incontinent tout un peuple : l'imitation du iuger, de l'inventer, ne va pas si viste. La pluspart des lecteurs, pour avoir trouvé une pareille robbe, pensent tresfaulsement tenir un pareil corps : la force et les nerfs ne s'empruntent point; les atours et le manteau s'empruntent. La pluspart de ceulx qui me hantent parlent de mesme les Essais; mais ie ne sçay s'ils pensent de mesme. Les Atheniens, dict Platon, ont pour leur part le soing de l'abondance et elegance du parler; les Lacedemoniens, de la briefveté ; et ceulx de Crete, de la fecondité des conceptions plus que du langage : ceulx ci sont les meilleurs. Zenon disoit qu'il avoit deux sortes de disciples : les uns, qu'il nommoit *philologous* curieux d'apprendre les choses, qui estoient ses mignons ; les autres *logophilous* qui n'avoyent soing que du langage. Ce n'est pas à dire que ce ne soit une belle et bonne chose que le bien dire ; mais non pas si bonne qu'on la faict ; et suis despit de quoy nostre vie s'embesongne toute à cela. Ie vouldrois premierement bien sçavoir ma langue, et celle de mes voysins où i'ay plus ordinaire commerce.

C'est un bel et grand adgencement sans doubte que le grec et latin, mais on l'achete trop cher. Ie diray icy une façon d'en avoir meilleur marché que de coustume, qui a esté essayee en moy mesme : s'en servira qui vouldra. Feu mon pere, ayant faict toutes les recherches qu'homme peult faire, parmy les gents sçavants et d'entendement, d'une forme d'institution exquise, feut advisé de cet inconvenient qui estoit en usage; et luy disoit on que cette longueur que nous mettions à apprendre les langues qui ne leur coustoient rien, est la seule cause pourquoy nous ne pouvons arriver à la grandeur d'ame et de cognoissance des anciens Grecs et Romains. Ie ne croy pas que ce en soit la seule cause. Tant y a que l'expedient que mon pere y trouva, ce feut qu'en nourrice, et avant le premier desnouement de ma langue, il me donna en charge à un Allemand, qui depuis est mort fameux medecin en France, du tout ignorant de nostre langue, et tresbien versé en la latine. Cettuy cy, qu'il avoit faict venir exprez, et qui estoit bien cherement gagé, m'avoit continuellement entre les bras. Il en eut aussy avecques luy deux aultres moindres en sçavoir, pour me suyvre, et soulager le premier : ceulx cy ne m'entretenoient d'aultre langue que latine. Quant au reste de sa maison, c'estoit une regle inviolable que ny luy mesme, ny ma mere, ny valet, ny chambriere, ne parloient en ma compaignie qu'autant de mots de latin que chascun avoit apprins pour iargonner avec moy. C'est merveille du fruict que chascun y feit : mon pere et ma mere y apprindrent assez de latin pour l'entendre, et en acquirent à suffisance pour s'en servir à la necessité, comme feirent aussi les aultres domestiques qui estoient plus attachez à mon service. Somme, nous nous latinizasmes tant, qu'il en regorgea jusques à nos villages tout autour, où il y a encores, et ont prins pied par l'usage, plusieurs appellations latines d'artisans et d'utils. Quant à moy, i'avoy plus de six ans, avant que i'entendisse non plus de françois ou de perigourdin que d'arabesque ; et, sans art, sans livre, sans grammaire ou precepte, sans fouet, et sans larmes, i'avois apprins du latin tout aussi pur que mon maistre d'eschole le sçavoit : car ie ne le pouvois avoir meslé ny alteré. Si par essay on me vouloit donner un theme, à la mode des colleges ; on le donne aux aultres en françois; mais à moy il me le falloit donner en mauvais latin pour le donner en bon. Et Nicolas Grouchy, qui a escript *de comitiis Romanorum;* Guillaume Guerente, qui a commenté Aristote ; Georges Buchanan, ce grand poëte escossais; Marc Antoine Muret, que la France et l'Italie recognoist pour le meilleur orateur du temps, mes precepteurs domestiques, m'ont dict souvent que i'avois ce langage en mon enfance si prest et si à main, qu'ils craignoient à m'accoster. Buchanan, que ie veis depuis à la suitte de feu monsieur le mareschal de Brissac, me dict qu'il estoit aprez à escrire de l'institution des enfants, et qu'il prenoit l'exemplaire de la mienne; car il avoit lors en charge ce comte de Brissac que nous avons veu depuis si valeureux et si brave.

Quant au grec, duquel ie n'ay quasi du tout point d'intelligence, mon pere desseigna me le faire apprendre par art, mais d'une voye nouvelle, par forme d'esbat et d'exercice : nous pelotions nos declinaisons, à la maniere de ceulx qui, par certains ieux de tablier, apprennent l'arithmetique et la geometrie. Car entre aultres choses, il avoit esté conseillé de me faire gouster la science et le debvoir par une volonté non forcee, et de mon propre desir; et d'eslever mon ame en toute doulceur et liberté, sans rigueur et contraincte : ie dis iusques à telle superstition, que, par ce qu'aulcuns tiennent que cela trouble la cervelle tendre des enfants de les esveiller le matin en sursault, et de les arracher du sommeil (auquel ils sont plongez beaucoup plus que nous ne sommes) tout à coup et par violence, il me faisoit esveiller par le son de quelque instrument ; et ne feus iamais sans homme qui m'en servist.

Cet exemple suffira pour en iuger le reste, et pour recommender aussi et la prudence et l'affection d'un si bon pere; auquel il ne se fault prendre, s'il n'a recueilly aulcuns fruicts respondants à une si exquise culture. Deux choses en furent cause : en premier, le champ sterile et incommode ; car, quoyque i'eusse la santé ferme et entiere, et quand et quand un naturel doulx et traictable, i'estoy parmy cela si poisant, mol et endormy, qu'on ne me pouvoit arracher de l'oysifveté, non pas pour me faire iouer. Ce que ie veoyois, ie le veoyois bien ; et, soubs cette complexion lourde, nourrissois des imaginations hardies et des opinions au dessus de mon aage. L'esprit, ie l'avoit lent, et qui n'alloit qu'autant qu'on le menoit; l'apprehension, tardifve ; l'invention, lasche ; et, aprez tout, un incroyable default de memoire. De tout cela, il n'est pas merveille s'il ne sceut rien tirer qui vaille. Secondement, comme ceulx que presse un furieux desir de guarison se laissent allerà toute sorte de conseils, le bon homme, ayant extreme peur de faillir en chose qu'il avoit tant à cœur, se laissa enfin emporter à l'opinion commune, qui suyt tousiours ceulx qui vont devant, comme les grues, et se rengea à la coustume, n'ayant plus autour de luy ceulx qui luy anoient donné ses premieres institutions, qu'il avoit apportées d'Italie; et m'envoya environ mes six ans au college de Guienne, tresflorissant pour lors, et le meilleur de France : et là, il n'est possible de rien adiouster au soing qu'il eut, et à me choisir des precepteurs de chambre suffisants, et à toutes les aultres circonstances de ma nourriture, en laquelle il reserva plusieurs façons particulieres, contre l'usage des colleges; mais tant y a que c'estoit tousiours college. Mon latin s'abastardit incontinent, duquel depuis par desaccoustumance i'ay perdu tout usage; et ne me servit cette mienne inaccoutumee institution, que de me faire eniamber d'arrivee aux premieres classes; car, à treize ans que ie sortis du college, i'avois achevé mon cours (qu'ils appellent), et, à la verité, sans aulcun fruict que ie peusse à present mettre en compte.

Le premier goust que i'eus aux livres, il me veint du plaisir des fables de la Metamorphose d'Ovide : car environ l'aage de sept ou huict ans, ie me desrobais de tout aultre plaisir pour les lire; d'autant que cette langue estoit la mienne maternelle, et que c'estoit le plus aysé livre que ie cogneuse, et le plus accommodé a la foiblesse de mon aage, à cause de la matiere : car des Lancelots du Lac, des Amadis, des Huons de Bordeaux, et tels fatras de livres à quoy l'enfance s'amuse, ie n'en cognoissoys pas seulement le nom, ny ne foys encores le corps; tant exacte estoit ma discipline! Ie m'en rendoys plus nonchachalant à l'estude de mes aultres leçons prescriptes. Là, il me veint singelierement à propos d'avoir affaire à un homme d'entendement de precepteur, qui sceut dextrement conniver à cette mienne desbauche et autres pareilles : car par là i'enfilay tout d'un train Virgile en l'Aeneide, et puis Terence, et puis Plaute, et des comedies italiennes, leurré tousiours par la douleur du subiect. S'il eust esté si fol de rompre ce train, i'estime que ie n'eusse rapporté du college que la haine des livres, comme faict quasi toute nostre noblesse. Il s'y gouverna ingenieusement, faisant semblant de n'en veoir rien : il aiguisoit ma faim, ne me laissant qu'à la desrobee gourmander ces livres, et me tenant doulcement en office pour les aultres estudes de la regle : car les principales parties que mon pere cherchoit à ceulx à qui il donnoit charge de moy, c'estoit la debonnaireté et facilité de complexion. Aussi n'avoit la mienne aultre vice que langueur et paresse. Le danger n'estoit pas que ie feisse mal, mais que ie ne feisse rien : nul ne prognostiquoit que ie deusse devenir mauvais, mais inutile; on y prevoyoit la faineantise, non pas de la malice. Le sens qu'il en est advenu de mesme : les plainctes qui me cornent aux aureilles sont telles : Il est oysif, froid aux offices d'amitié et de parenté; et, aux offices publiques, trop particulier, trop dedaignex. Les plus iniurieux mesme ne disent pas : Pourquoy a il prins? pourquoy n'a il payé? mais. Pourquoy ne quitte il? pourquoy ne donne il? Ie recevrois à faveur qu'on ne desirast en moy que tels effects de supererogation; mais ils sont iniustes d'exiger ce que ie doy pas, plus rigoureusement beaucoup qu'ils n'exigent d'eulx ce qu'ils doibvent. En m'y condamnant, ils effacent la gratification de l'action, et la gratitude qui m'en seroit deue : là où le bien faire actif debvroit plus poiser de ma main, en consideration de ce que ie n'en ay de passif nul qui soit. Ie puis d'autant plus librement disposer de ma fortune, qu'elle est plus mienne, et de moy, que ie suis plus mien. Toutesfois, si i'estoy grand enlumiueur de mes actions, à l'adventure rembarrerois ie bien ces reproches; et à quelques uns apprendrois qu'ils ne sont pas si offensez que ie face pas assez, que de quoy ie puisse faire assez plus que ie ne foys.

Mon ame ne laissoit pourtant en mesme temps d'avoir, à part soy, des remuements fermes, et des iugements seurs et ouverts autours des obiects qu'ele cognoissoit; et les digeroit seule, sans aulcune communication; et entre aultres choses, ie crois, à la verité, qu'elle eust esté du tout incapable de se rendre à la force et violence. Mettray ie en compte cette faculté de mon enfance? uns asseurance de visage, et souplesse de voix et de geste à m'appliquer aux roolles que i'entreprenois : car, avant l'aage,

Alter ab undecimo tum me vix ceperat annus,

i'ay sousténu les premiers personnages ez tragedies latines de Buchanan, de Guerente, et de Muret, qui se representerent en nostre college de Guienne avecques dignité : en cela, Andreas Goveanus, nostre principal, comme en toutes aultres parties de sa charge, feut sans comparaison le plus grand principal de France; et m'en tenoit on maistre ouvrier. C'est un exercice que ie ne mesloue point aux ieunes enfants de maison; et ay veu nos princes s'y addonner depuis en personne, à l'exemple d'aulcuns des anciens, honnestement et louablement : il estoit loisible mesme d'en faire mestier aux gents d'honneur, et en Grece : *Aristoni tragico actori rem aperit : huic et genus et fortuna honesta erant; nec ars, quia nihil tale apud Græcos pudori est, ea deformabat :* car i'ay tousiours accusé d'impertinence ceulx qui condamnent ces esbattements; et d'iniustice ceulx qui refusent l'entree de nos bonnes villes aux comediens qui le valent, et envient au peuple ces plaisirs publicques. Les bonnes polices prennent soing d'assembler les citoyens, et de les r'allier; comme aux offices serieux de la devotion, aussi aux exercices et ieux; la societé et amitié s'en augmente; et puis on ne leur sçauroit conceder des passe-temps plus reglez que ceulx qui se font en presence d'un chascun, et à la veue mesme du magistrat : et trouveroy raisonnable que le prince, à ses depens, en gratifiast quelquesfois la commune, d'une affection et bonté comme paternelle; et qu'aux villes populeuses il y eust des lieux destinez et disposez pour ces spectacles; quelque divertissement de pires actions et occultes.

Pour revenir à mon propos, il n'y a tel que d'alleicher l'appetit et l'affection : aultrement on ne faict que des asnes chargez de livres; on leur donne à coups de fouet en garde leur pochette pleine de science; laquelle, pour bien faire, il ne fault pas seulement loger chez soy, il la fault espouser.

Chapitre XXVI. — C'est folie de rapporter le vray et le faulx au iugement de nostre suffisance.

Ce n'est pas à l'adventure sans raison que nous attribuons à simplesse et ignorance la facilité de croire et de se laisser persuader : car il me semble avoir appris aultrefois que la creance estoit comme une impression qui se faisoit en nostre ame; et à mesure qu'elle se trouvoit plus molle et de moindre resistance, il estoit plus aysé à y empreindre quelque chose. *Ut necesse est, lancem in libra, ponderibus impositis, deprimi; sic animum perspicuis cedere.* D'autant que l'ame est plus vuide et sans contrepoids, elle se baisse plus facilement soubs la charge de la premiere persuasion : voylà pourquoy les enfants, le vulgaire, les femmes et les malades sont plus subiects à estre menez par les aureilles. Mais aussi, de l'aultre part, c'est une sotte presumption d'aller desdaignant et condamnant pour faulx ce qui ne nous semble pas vraysemblable : qui est un vice ordinaire de ceulx qui pensent avoir quelque suffisance oultre la commune. I'en faisois ainsin aultrefois; et si i'oyoy parler ou des esprits qui reviennent, ou du prognostique des choses futures; des enchantements, des sorcelleries, ou faire quelque aultre conte où ie ne peusse pas mordre,

Somnia, terrores magicos, miracula, sagas,
Nocturnos lemures, portentaque Thessala,

il me venoit compassion du pauvre peuple abusé de ces folies. Et, à present, ie treuve que i'estoy pour le moins aultant à plaindre moy mesme; non que l'experience m'aye depuis rien faict veoir au dessus de mes premieres creances, et si n'a pas tenu à ma curiosité; mais la raison m'a instruict que, de condamner ainsi resolument une chose pour faulse et impossible, c'est se donner l'advantage d'avoir dans la teste les bornes et limites de la volonté de Dieu et de la puissance de nostre nature; et qu'il n'y a point de plus notable folie au monde, que de les ramener à la mesure de nostre capacité et suffisance. Si nous appellons monstres, ou miracles, ce où nostre raison ne peult aller, combien s'en presente il continuellement à nostre veue? Considerons au travers de quels nuages, et comment à tastons, on nous mene à la cognoissance de la pluspart des choses qui nous sont entre mains : certes, nous trouverons que c'est plostost accoustumance que science qui nous en oste l'estrangeté :

Iam nemo, fessus saturusque videndi,
Suspicere in cœli dignatur lucida templa :

et que ces choses là, si elles nous estoyent presentees de nouveau, nous les trouverions autant ou plus incroyables qu'aulcunes aultres.

> Si nunc primum mortalibus adsint
> Ex improviso, ceu sint obiecta repente,
> Nil magis his rebus poterat mirabile dici,
> Aut minus ante quod auderent fore credere gentes.

Celuy qui n'avoit iamais veu de riviere, à la premiere qu'il rencontra, il pensa que ce feust l'ocean; et les choses qui sont à nostre cognoissance les plus grandes, nous les iugeons estre les extremes que nature face en ce genre :

> Scilicet et fluvius qui non est maximus, ei 'st
> Qui non ante aliquem maiorem vidit : et ingens
> Arbor, homoque videtur ; et omnia degenere omni
> Maxima quæ vidit quisque, hæc ingentia fingit. -

Consuetudine oculorum assuescunt animi, neque admirantur, neque requirunt rationes earum rerum, quas semper vident. La nouvelleté des choses nous incite, plus que leur grandeur, à en rechercher les causes. Il fault iuger avecques plus de reverence de cette infinie puissance de nature, et plus de recognoissance de nostre ignorance et foiblesse. Combien y a il de choses peu vraysemblables, tesmoignees par gents dignes de foy, desquelles, si nous ne pouvons estre persuadez, au moins les fault il laisser en suspens! car, de les condamner impossibles, c'est se faire fort, par une temeraire presumption, de sçavoir iusques où va la possibilité. Si l'on entendoit bien la difference qu'il y a entre l'impossible et l'inusité, et entre ce qui est contre l'ordre du cours de nature et contre la commune opinion des hommes, en ne croyant temerairement, ny aussi ne descroyant pas facilement, on observeroit la regle de *Rien trop* commandee par Chilon.

Quand on treuve dans Froissard que le comte de Foix sceut, en Bearn, la defaicte du roy Iean de Castille à Iuberoth, le lendemain qu'elle feut advenue, et les moyens qu'il en allegue, on s'en peult mocquer; et de ce mesme que nos annales disent, que le pape Honorius, le propre iour que le roy Philippe Auguste mourut à Mante, feit faire ses funerailles publicques, et les manda faire par toute l'Italie : car l'auctorité de ces tesmoings n'a pas à l'adventure assez de reng pour nous tenir en bride. Mais quoy! si Plutarque, oultre plusieurs exemples qu'il allegue de l'antiquité, dict sçavoir de certaine science que, du temps de Domitian, la nouvelle de la bataille perdue par Antonius en Allemaigne, à plusieurs iournees de là, feut publiee à Rome, et semee par tout le monde, le mesme iour qu'elle avoit esté perdue ; et si Cesar tient qu'il est souvent advenu que la renommee a devancé l'accident, dirons nous pas que ces simples gents là se sont laissez piper aprez le vulgaire, pour n'estre pas clairvoyants comme nous? Est il rien plus delicat, plus net et plus vif que le iugement de Pline, quand il luy plaist de le mettre en ieu? rien plus esloingné de vanité? ie laisse à part l'excellence de son sçavoir, duquel ie foys moins de compte : en quelle partie de ces deux là le surpassons nous? toutesfois il n'est si petit escholier qui ne le convainque de mensonge, et qui ne luy veuille faire leçon sur le progrez des ouvrages de nature.

Quand nous lisons dans Bouchet les miracles des reliques de sainct Hilaire, passe ; son credit n'est pas assez grand pour nous oster la licence d'y contredire : mais de condamner d'un train de pareilles histoires, me semble singuliere impudence. Ce grand sainct Augustin tesmoigne avoir veu, sur les reliques sainct Eervais et Protaise à Milan, un enfant aveugle recouvrer la veue ; une femme, à Carthage, estre guarie d'un cancer par le signe de la croix qu'une femme nouvellement baptisee lui feit; Hesperius, un sien familier, avoir chassé les esprits, qui infestoient sa maison, avecques un peu de terre du sepulchre de nostre Seigneur ; et cette terre depuis transportee à l'eglise, un paralytique en avoir esté soubdain guary; une femme, en une procession, ayant touché à la chasse sainct Estienne, d'un bouquet, et de ce bouquet s'estant frotté les yeulx, avoir recouvré la veue pieça perdue ; et plusieurs aultres miracles, où il dict luy mesme avoir assisté : de quoy accuserons nous et luy et deux saincts evesques Aurelius et Maximinus, qu'il appelle pour ses recors? sera ce d'ignorance, simplesse, facilité? ou de malice et imposture? Est-il homme en nostre siecle si impudent, qui pense leur estre comparable, soit en vertu et pieté, soit en sçavoir, iugement et suffisance? *qui ut rationem nullam afferrent, ipsa auctoritate me frangerent.*

C'est une hardiesse dangereuse et de consequence, oultre l'absurde temerité qu'elle traisne quand et soy, de mespriser ce que nous ne concevons pas : car aprez que, selon vostre bel entendement, vous avez estably les limites de la verité et de la mensonge, et qu'il se treuve que vous avez necessairement à croire des choses où il y a encores plus d'estrangete qu'en ce que vous niez, vous vous estes desia obligé de les abandonner. Or, ce qui me semble apporter autant de desordre en nos consciences, en ces troubles où nous sommes de la religion, c'est cette dispensation que les catholiques font de leur creance. Il leur semble faire bien les moderez et les entendus quand ils quittent aux adversaires aulcuns articles de ceulx qui sont en debat; mais, oultre ce qu'ils ne veoyent pas quel advantage c'est à celuy qui vous charge, de commencer à luy ceder et vous tirer arriere, et combien cela l'anime à poursuyvre sa poincte; ces articles là, qu'ils choisissent pour les plus legiers, sont aulcunefois tresimportants. Ou il faut se soubmettre du tout à l'auctorité de nostre police ecclesiastique, ou du tout s'en dispenser : ce n'est pas à nous à establir la part que nous luy debvons d'obeïssance. Et davantage, ie le puis dire pour l'avoir essayé, ayant aultrefois usé de cette liberté de mon chois et triage particulier, mettant à nonchaloir certains poincts de l'observance de nostre Église qui semblent avoir un visage ou plus vain ou plus estrange; venant à en communiquer aux hommes savants, i'ay trouvé que ces choses là ont un fondement massif et tressolide, et que ce n'est que bestise et ignorance qui nous faict les recevoir avecques moindre reverence que le reste. Que ne nous souvient il combien nous sentons de contradiction en nostre iugement mesme! combien de choses nous servoient hier d'articles de foy, qui nous sont fables auiourd'hui! La gloire et la curiosité sont les fleaux de nostre ame : cette cy nous conduict à mettre le nez par tout; et celle là nous deffend de rien laisser irresolu et indecis.

Chapitre XXVII. — De l'amitié.

Cousiderant la conduicte de la besongne d'un peintre que i'ay, il m'a prins envie de l'ensuyvre. Il choisit le plus bel endroict et milieu de chasque paroy pour y loger un tableau eslaboré de toute sa suffisance; et le vuide tout autour, il le remplit de crotesques, qui sont peinctures fantasques, n'ayants grace qu'en la varieté et estrangeté. Que sont ne icy aussi, à la verité, que crotesques et corps monstrueux, rappiecez de divers membres, sans certaine figure, n'ayants ordre, suitte, ny proportion que fortuite?

Desinit in piscem mulier formosa superne.

Ie vay bien iusques à ce second poinct avecques mon peintre : mais ie demeure court en l'aultre et meilleure partie; car ma suffisance ne va pas si avant que d'oser entreprendre un tableau riche, poly, et formé selon l'art. Ie me suis advisé d'en emprunter un d'Estienne de la Boëtie, qui honorera tout le reste de cette besongne : c'est un discours auquel il donna nom LA SERVITUDE VOLONTAIRE : mais ceulx qui l'ont ignoré l'ont bien proprement depuis rebaptisé, LE CONTRE UN. Il l'escrivit par maniere d'essay en sa premiere ieunesse, à l'honneur de la liberté contre les tyrans. Il court pieça ez mains des gents d'entendement, non sans bien grande et meritee recommandation; car il est gentil et plein ce qu'il est possible. Si y a il bien à dire, que ce ne soit le mieulx qu'il peust faire : et si en l'aage que ie luy cogneu plus avancé, il eust prins un tel desseing que le mien de mettre par escript ses fantasies, nous verrions plusieurs choses rares, et qui approcheroient bien prez de l'honneur de l'antiquité; car notamment en cette partie des dons de nature, ie n'en cognoy point qui luy soit comparable. Mais il n'est demeuré de luy que ce discours, encores par rencontre, et croy qu'il ne le veit oncques depuis qu'il luy eschappa; et quelques memoires sur cet edict de ianvier, fameux par nos guerres civiles, qui trouveront encores ailleurs peut estre leur place. C'est tout ce que i'ay peu recouvrer de ses reliques, moy qu'il laissa, d'une si amoureuse recommandation, la mort entre les dents, par son testament, heritier de sa bibliotheque et de ses papiers, oultre le livret de ses œuvres que i'ay faict mettre en lumiere. Et si suis obligé particulierement à cette piece, d'autant qu'elle a servy de moyen à nostre premiere accointance; car elle me feut montree longue espace avant que ie l'eusse veu, et me donna la premiere cognoissance de son nom, acheminant ainsi cette amitié que nous avons nourrie, tant que Dieu a voulu, entre nous, si entiere et si parfaicte, que certainement il ne s'en lit gueres de pareilles, et entre nos hommes il ne s'en vcoid aulcune trace en usage. Il fault tant de rencontres à la bastir, que c'est beaucoup si la fortune y arrive une fois en trois siecles.

Il n'est rien à quoy il semble que nature nous aye plus acheminez qu'à la societé; et dict Aristote, que les bons legislateurs ont eu plus de soing de l'amitié, que de la iustice. Or, le dernier poinct de sa perfection est cettuy cy : car en general toutes celles que la volupté, ou le proufit, le besoing publicque ou privé, forge et nourrit, en sont d'autant moins belles et genereuses, et d'autant moins amitiez, qu'elles meslent aultre cause et but et fruict en l'amitié, qu'elle mesme. Ny ces quatre especes anciennes, naturelle, sociale, hospitaliere, venerienne, particulierement n'y conviennent, ny conioinctement.

Des enfants aux peres, c'est plustost respect. L'amitié se nourrit de communication, qui ne peult se trouver entre eulx pour la trop grande disparité, e offenseroit à l'adventure les debvoirs de nature : car ny toutes les secrettes pensees des peres ne se peuvent communiquer aux enfants, pour n'y engendrer une messeante privauté; ny les advertissements et corrections, qui est un des premiers offices d'amitié, ne se pourroient exercer des enfants aux peres. Il s'est trouvé des nations où, par usage, les enfants tuoyent leurs peres, et d'aultres où les peres tuoyent leurs enfants, pour eviter l'empeschement qu'ils se peuvent quelquesfois entreporter, et naturellement l'un despend de la ruine de l'aultre. Il s'est trouvé des philosophes desdaignants cette cousture naturelle : tesmoings Aristippus, qui, quand on le pressoit de l'affection qu'il debvoit à ses enfants pour estre sortis de luy, il se meit à cracher, disant que cela en estoit aussi bien sorty; que nous engendrions bien des pouils et des vers : et cet aultre que Plutarque vouloit induire à s'accorder avecques son frere : « Ie n'en fais pas, dict il, plus grand estat pour estre sorti du mesme trou. » C'est, à la verité, un beau nom et plein de dilection, que le nom de *frere*, et à cette cause en feismes nous luy et moy nostre alliance : mais ce meslange de biens, ces partages, et que la richesse de l'un soit la pauvreté de l'aultre, cela destrempe merveilleusement et relasche cette soudure fraternelle; les freres ayant à conduire le progrez de leur advancement en mesme sentier et mesme train, il est force qu'ils se heurtent et chocquent souvent. Davantage, la correspondance et relation qui engendre ces vrayes et parfaictes amitiez, pourquoy se trouvera elle en ceulx cy? Le pere et le fils peuvent estre de complexion entierement esloingnee, et les freres aussi : c'est mon fils, c'est mon parent; mais c'est un homme farouche, un meschant, ou un sot. Et puis, à mesure que ce sont amitiez que la loy et l'obligation naturelle nous commande, il y a d'autant moins de nostre choix et liberté volontaire; et nostre liberté volontaire n'a point de production qui soit plus proprement sienne que celle de l'affection et amitié. Ce n'est pas que ie n'aye essayé de ce costé là tout ce qui en peult estre, ayant eu le meilleur pere qui feut oncques, et le plus indulgent iusques à son extreme vieillesse; et estant d'une famille fameuse de pere en fils, et exemplaire en cette partie de la concorde fraternelle :

> Et ipse
> Notus in fratres animi paterni.

D'y comparer l'affection envers les femmes, quoyqu'elle naisse de nostre choix, on ne peult, ny la loger en ce roole. Son feu, ie le confesse,

> Neque enim est dea nescia nostri,
> Quæ dulcem curis miscet amaritiem,

est plus actif, plus cuisant et plus aspre; mais c'est un feu temeraire et volage, ondoyant et divers, feu de fiebvre, subiect à accez et remises, et qui ne nous tient qu'à un coing. En l'amitié, c'est une chaleur generale et universelle, temperee, au demourant, et egale; une chaleur constante et rassise, toute doulceur et polissure, qui n'a rien d'aspre et de poignant. Qui plus est, en l'amour, ce n'est qu'un desir forcené aprez ce qui nous fuit :

> Coms segue la lepre il cacciatore
> Al freddo, al caldo, alla montagna, al lito;
> Nè più l' estima poi che presa vede;
> E sol dietro a chi fugge affreta il piede:

aussitost qu'il entre aux termes de l'amitié, c'est à dire en la convenance des volontez, il s'esvanouit et s'alanguit; la iouissance le perd, comme ayant la fin corporelle et subiecte à satieté. L'amitié, au rebours, est inouïe à mesure qu'elle est desiree; ne s'esleve, se nourrit, ny ne prend accroissance qu'en la iouissance, comme estant spirituelle, et l'ame s'affinant par l'usage. Soubs cette parfaicte amitié, ces affections volages ont aultrefois trouvé place chez moy, afin que ie ne parle de luy, qui n'en confesse que trop par ses vers: ainsi ces deux passions sont entrees chez moy, en cognoissance l'une de l'aultre, mais en comparaison, iamais; la premiere maintenant sa route d'un vol haultain et superbe, et regardant desdaigneusement cette cy passer ses poinctes bien loing au dessoubs d'elle.

Quant au mariage, oultre ce que c'est un marché qui n'a que l'entree libre, sa duree, estant constraincte et forcee, dependant d'ailleurs que de nostre vouleir, et marché qui ordinairement se faict à aultres fins, il y survient mille survient fusees estrangieres à desmesler parmy, suffisantes à rompre le fil et troubler le cours d'une vifve affection: là où, en l'amitié, il n'y a affaire ny commerce qu'elle mesme. Ioinct qu'à dire vray, la suffisance ordinaire des femme n'est pas pour respondre à cette conference et communication, nourrice de cette saincte cousture; ny leur ame ne semble assez ferme pour soustenir l'estreincte d'un nœud si pressé et si durable. Et certes, sans cela, s'il se pouvoit dresser une telle accointance libre et volontaire, où non seulement les ames eussent cette entiere iouïssance, mais encores où les corps eussent part à l'alliance, où l'homme feust engagé tout entier, il est certain que l'amitié en seroit plus pleine et plus comble : mais ce sexe, par nul exemple, n'y est encores peu arriver, et, par le commun consentement des escholes anciennes, en est reiecté.

Et cette aultre licence grecque est iustement abhorree par nos mœurs: laquelle pourtant, pour avoir, selon leur usage, une si necessaire disparité d'aage et difference d'offices entre les amants, ne respondoit non plus assez à la parfaicte union et convenance qu'icy nous demandons : *Quis est enim iste amor amicitiæ? Cur neque deformem adolescentem quisquam amat, neque formosum senem?* Car la peincture mesme qu'en faict l'academie ne me desadvouera pas, comme ie pense, de dire ainsi de sa part : Que cette premiere fureur, inspiree par le fils de Venus au cœur de l'amant sur l'obiect de la fleur d'une tendre ieunesse, à laquelle ils permettent touts les insolents et passionnez efforts que peult produire une ardeur immoderee, estoit simplement fondee en une beauté externe, faulse image de la generation corporelle; car elle ne se pouvoit fonder en l'esprit, duquel la montre estoit encores cachee, qui n'estoit qu'en sa naissance et avant l'aage de germer : Que si cette fureur saisissoit un bas courage, les moyens de sa poursuitte, c'estoient richesses, presents, faveur à l'advancement des dignitez, et telle aultre basse marchandise qu'ils reprouvent; si elle tomboit en un courage plus genereux, les entremises estoient genereuses de mesme, instructions philosophiques, enseignements à reverer la religion, obeïr aux loix, mourir pour le bien de son païs, exemples de vaillance, prudence, iustice; s'estudiant l'amant de se rendre acceptable par la bonne grace et beauté de son ame, celle de son corps estant fanee, et esperant, par cette societé mentale, establir un marché plus ferme et durable. Quand cette poursuitte arrivoit à l'effect en sa saison (car ce qu'ils ne requierent point en l'amant qu'il apportast loysir et discretion en son entreprinse, ils le requierent exactement en l'aimé, d'autant qu'il luy falloit iuger d'une beauté interne, de difficile cognoissance et abstruse descouverte), lors naissoit en l'aimé le desir d'une conception spirituelle par l'entremise d'une spirituelle beauté. Cette-cy estoit icy principale; la corporelle, accidentale et seconde: tout le rebours de l'amant. A cette cause preferent ils l'aimé, et verifient que les dieux aussi le preferent; et tansent grandement le poëte Aeschylus d'avoir en l'amour d'Achylles et de Patroclus donné la part de l'amant à Achilles, qui estoit en la premiere et imberbe verdeur de son adolescence, et le plus beau des Grecs Aprez cette communauté generale, la maistresse et plus digne partie d'icelle exerçant ses offices et predominant, ils disent qu'il en provenoit des fruicts tresutiles au privé et au public; que c'estoit la force des païs qui en recevoient l'usage, et la principale deffense de l'équité et de la liberté : tesmoings les salutaires amours de Harmodius et d'Aristogiton. Pourtant la nomment ils sacree et divine; et n'est, à leur compte, que la violence des tyrans et lascheté des peuples qui luy soit adversaire. Enfin, tout ce qu'on peult donner a la faveur de l'académie, c'est dire que c'estoit un amour se terminant en amitié ; chose qui ne se rapporte pas mal à la definition stoïque de l'amour : *Amorem conatum esse amicitiæ faciendæ ex pulchritudinis specie.*

Ie reviens à ma description de façon plus equitable et plus equable. *Omnino amicitiæ, corroboratis iam confirmatisque et ingeniis, et ætatibus, indicandæ sunt.* Au demourant, ce que nous appellons ordinairement amis et amitiez, ce ne sont qu'accointances et familiaritez nouées par quelque occasion ou commodité, par le moyen de laquelle nos ames s'entretiennent. En l'amitié de quoy ie parle, elles se meslent et confondent l'une en l'autre d'un meslange si universel, qu'elles effacent et ne retrouvent plus là couture qui les a ioinctes. Si on me presse de dire pourquoy ie l'aymoys, ie sens que cela ne se peult exprimer qu'en respondant, « Parce que c'estoit luy ; parce que c'estoit moy. » Il y a, au delà de tout mon discours et de ce que i'en puis dire particulierement, ie ne sçais quelle force inexplicable et fatale, mediatrice de cette union. Nous nous cherchions avant que de nous estre veus, et par des rapports que nous oyions l'un de l'aultre, qui faisoient en nostre affection plus d'effort que ne porte la raison des rapports; ie croys par quelque ordonnance du ciel. Nous nous embrassions par nos noms : et à nostre premiere rencontre, qui feust par hazard en une grande feste et compaignie de ville, nous nous trouvasmes si prins, si cogneus, si obligez entre nous, que rien dez lors ne nous feust si proche que l'un à l'aultre. Il escrivit une satyre latine excellente, qui est publiee, par laquelle il excuse et explique la precipitation de nostre intelligence si promptement parvenue à sa perfection. Ayant si peu à durer, et ayant si tard commencé (car nous estions touts deux hommes faicts, et luy plus de quelque annee), elle n'avoit point à perdre temps; et n'avoit à se regler au patron des amitiez molles et regulieres, ausquelles il fault tant de precautions de longue et prealable conversation. Cette ci n'a point d'aultre idee que d'elle mesme, et ne se peult rapporter qu'à soy : ce n'est pas une speciale consideration, ny deux, ny trois, ny quatre, ny mille ; c'est ie ne sçay quelle quintessence de tout ce meslange, qui, ayant saisi toute sa volonté, l'amena se plonger et se perdre en la mienne, d'une faim, d'une concurrence pareille; ie dis perdre, à la verité, ne nous reservant rien qui nous feust propre, ny qui feust ou sien, ou mien.

Quand Lelius, en presence des consuls romains, lesquels, aprez la condamnation de Tiberius Gracchus, poursuyvoient touts ceulx qui avoient esté de son intelligence, veint à s'enquerir de Caius Blossius (qui estoit le principal de ses amis), combien il eust voulu faire pour luy, et qu'il eust respondu : « Toutes choses : » « Comment, toutes choses? suyvit il : et quoy! s'il t'eust commandé de mettre le feu en nos temples? » « Il ne me l'eust iamais commandé, » repliqua Blossius. « Mais s'il l'eust faict? » adiousta Lelius. « I'y eusse obey, » respondict il. S'il estoit si parfaitement amy de Gracchus, comme disent les histoires, il n'avoit que faire d'offenser les consuls par cette derniere et hardie confession; et ne se debvoit despartir de l'asseurance qu'il avoit de la volonté de Gracchus. Mais toutesfois ceulx qui accusent cette response comme seditieuse, n'entendent pas bien ce mystere, et ne presupposent pas, comme il est, qu'il tenoit la volonté de Gracchus en sa manche, et par puissance et par cognoissance : ils estoient plus amis que citoyens, plus amis qu'amis ou qu'ennemis de leur païs, qu'amis d'ambition et de trouble ; s'estants parfaitement commis l'un à l'aultre, ils tenoient parfaitement les resnes de l'inclination l'un de l'aultre : et faictes guider cet harnois par la vertu et conduicte de la raison, comme aussi est il du tout impossible de l'atteler sans cela, la response de Blossius est telle qu'elle debvoit estre. Si leurs actions se desmancherent, ils n'estoient ny amis, selon ma mesure, l'un de l'aultre, ny amis à eulx mesmes. Au demourant, cette response ne sonne non plus que feroit la mienne à qui s'enquerroit à moy de cette façon : « Si vostre volonté vous commandoit de tuer vostre fille, la tueriez-vous? » et que ie l'accordasse : car cela ne porte aulcun tesmoignage de consentement à ce faire ; parce que ie ne suis point en doubte de ma volonté, et tout aussi peu de celle d'un tel amy. Il n'est pas en la puissance de touts les discours du monde de me desloger de la certitude que i'ay des intentions et iugements du mien : aulcune de ses actions ne me sçauroit estre presentee; quelque visage qu'elle eust, que ie n'en trouvasse incontinent le ressort. Nos ames ont charié si uniement ensemble; elles se sont considérees d'une si ardente affection, et de pareilles affection descouvertes jusques au fin fond des entrailles l'une de l'aultre, que non seulement ie cognoissois la sienne comme la mienne, mais ie me feusse certainement plus volontiers fié à luy de moy, qu'à moy.

Qu'on ne mette pas en ce reng les aultres amitiez communes; i'en ay autant de cognoissance qu'un aultre, et des plus parfaictes de leur genre : mais ie ne conseille pas qu'on confonde leurs regles ; on s'y tromperoit. Il fault marcher en ces aultres amitiez la bride à la main, aveecques prudence et precaution : la liaison n'est pas nouee en maniere qu'on n'ait aulcunement à s'en desfier : « Aimez le, disoit Chilon, comme ayant quelque jour à le haïr; haïssez le comme ayant à l'aimer. « Ce precepte, qui est si abominable en cette souveraine et maistresse amitié, il est salubre en l'usage des amitiez ordinaires et coustumieres; à l'endroit desquelles il fault employer le mot qu'Aristote avoit tresfamilier, « O mes amys ! il n'y a nul amy. » En ce noble commerce, les offices et les bienfaicts, nourriciers des aultres amitiez, ne meritent pas d'estre mis en compte ; cette confusion si pleine de nos volontez en est cause : car tout ainsi que l'amitié que ie me porte ne reçoit point augmentation pour le secours que ie me donne au besoing, quoy que dient les stoïciens, et comme ie ne me sçais aulcun gré du service que ie me foys, aussi l'union de tels amis estant veritablement parfaicte, elle leur faict perdre le sentiment de tels debvoirs, et haïr et chasser d'entre eulx ces mots de division et de difference, bienfaict, obligation, recognoissance, priere, remerciement, et leurs pareils. Tout estant, par effect, commun entre eulx, volontez, pensements, iugements, biens, femmes, enfants, honneur et vie, et leur convenance n'estant qu'une ame en deux corps, selon la trespropre definition d'Aristote, ils ne se peuvent ny prester ny donner rien. Voylà pourquoy les faiseurs de loix, pour honnorer le mariage de quelque imaginaire ressemblance de cette divine liaison, deffendent les donations entre le mary et la femme, voulants inferer par là que tout doibt estre à chascun d'eulx, et qu'ils n'ont rien à diviser et partir ensemble.

Si, en l'amitié de quoy ie parle, l'un pouvoit donner à l'aultre, ce seroit celuy qui recevroit le bienfaict qui obligeroit son compaignon : car cherchant l'un et l'autre, plus que toute aultre chpse, de s'entrebienfaire, celuy qui en preste la matiere et l'occasion est celuy la qui faict le liberal, donnant ce contentement à son amy d'effectuer en son endroict ce qu'il desire le plus. Quand le philosophe Diogènes avoit faulte d'argent, il disoit, Qu'il le redemandoit à ses amis, non qu'il le demandoit. Et pour montrer comment cela se practique par effect, i'en citeray un ancien exemple singulier. Eudamidas, corinthien, avoit deux amis, Chariyenus, sicyonien, et Areteus, corinthien : venant à mourir, estant pauvre, et ses deux amis riches, il feit ainsi son testament : « Ie legue à Areteus de nourrir ma mere, et l'entretenir en sa vieillesse : à Charixenus, de marier ma fille, et luy donner le douaire le plus grand qu'il pourra : et au cas que l'un d'eulx vienne à defaillir, ie subctitue en sa part celuy qui survivra. » Ceulx qui premiers veirent ce testament, s'en mocquerent ; mais ses heritiers en ayants esté advertis l'accepterent avec un singulier contentement : et l'un d'eulx, Charixenus, estant trespassé cinq iours aprez, la substitution estant ouverte en faveur d'Areteus, il nourrit curieusement cette mere ; et de cinq talents qu'il avoit en ses biens, il en donna les deux et demy en mariage à une sienne fille unique, et deux et demy pour le mariage de la fille d'Eudamidas, desquelles il feit les nopces en mesme iour.

Cet exemple est bien plein, si une condition en estoit à dire, qui est la multitude d'amis ; car cette parfaicte amitié de quoy ie parle est indivisible : chascun se donne si entier à son amy, qu'il ne luy reste rien à despartir ailleurs ; au rebours, il est marry qu'il ne soit double, triple ou quadruple, et qu'il n'ayt plusieurs ames et plusieurs volontez, pour les conferer toutes à ce subiect. Les amitiez communes, on les peult despartir ; on peult aimer en cettuy cy la beauté; en cet aultre, la facilité de ses mœurs ; en l'aultre, la liberalité ; en celuy là, la paternité ; en cet aultre, la fraternité, ainsi du reste : mais cette amitié qui possede l'ame et la regente en toute souveraineté, il est impossible qu'elle soit double. Si deux en mesme temps demandoient à estre secourus, auquel courriez vous? S'ils requeroient des offices contraires, quel ordre y trouveriez vous? Si l'un commettoit à vostre silence chose qui feust utile à l'aultre de sçavoir, comment vous en demesleriez vous? L'unique et principale amitié descoust toutes aultres obligations : le secret que i'ay iuré de ne deceler à un aultre, ie le puis sans pariure communiquer à celuy qui n'est pas aultre, c'est moy. C'est un assez grand miracle de se doubler; et n'en cognoissent pas la haulteur ceux qui parlent de se tripler. Rien n'est extreme, qui a son pareil : et qui presupposera que de deux i'en ayme autant l'un que l'aultre, et qu'ils s'entr'ayment et m'ayment autant que ie les ayme, il multiplie en confrairie la chose la plus une et unie, et de quoy une seule est encores la plus rare à trouver au monde. Le demourant de cette histoire convient tresbien à ce que ie disois : car Eudamidas donne pour grace et pour faveur à ses amis de les employer à son besoing; il les laisse heritiers de cette sienne liberalité, qui consiste à leur mettre en main les moyens de luy bienfaire : et sans doubte la force de l'amitié se montre bien plus richement en son faict qu'en celuy d'Areteus. Somme, ce sont effects inimaginables à qui n'en a gousté, et qui me font honnorer à merveille la response de ce ieune soldat à Cyrus, s'enquerant à luy pour combien il vouldroit donner un cheval par le moyen duquel il venoit de gaigner le prix de la course, et s'il le vouldroit eschanger à un royaume : « Non certes, sire; mais bien le lairrois ie volontiers pour en acquerir un amy, si ie trouvois homme digne de telle alliance. » Il ne disoit pas mal, « si ie trouvois; » car on treuve facilement des hommes propres à une superficielle accointance : mais en cette cy, en laquelle on negocie du fin fond de son courage, qui ne faict rien de reste, certes il est besoing que tous les ressorts soyent nets et seurs parfaictement.

Aux confederations qui ne tiennent que par un bout, on n'a à pourveoir qu'aux imperfections qui particulierement interessent ce bout là. Il n'importe de quelle religion soit mon medecin, et mon advocat; cette consideration n'a rien de commun avecques les offices de l'amitié qu'ils me doibvent : et en l'accointance domestique que dressent avecques moy ceulx qui me servent, i'en foys de mesme, et m'enquiers peu d'un laquay, s'il est chaste, ie cherche s'il est diligent; et ne crains pas tant un muletier ioueur que imbecille, ny un cuisinier iureur qu'ignorant. Ie ne me mesle pas de dire ce qu'il fault faire au monde, d'aultres assez s'en meslent, mais ce que i'y fois.

  Mihi sic usus est ı tibi ut opus est facto, face.

A la familiarité de la table i'associe le plaisant, non le prudent; au lict, la beauté avant la bonté; en la société du discours, la suffisance, veoire sans preud'hommie : pareillement ailleurs. Tout ainsi que cil qui feut rencontré à chevauchons sur un baston, se iouant avecques ses enfants, pria l'homme qui l'y surprint de n'en rien dire iusques à ce qu'il feust pere luy mesme, estimant que la passion qui luy naistroit lors en l'ame le rendroit iuge equitable d'une telle action : ie souhaiterois aussi parler à des gents qui eussent essayé ce que ie dis : mais sçachant combien c'est chose esloingnee du commun usage qu'une telle amitié, et combien elle est rare, ie ne m'attends pas d'en trouver aulcun bon iuge; car les discours mesmes que l'antiquité nous a laissez sur ce subiect, me semblent lasches au prix du sentiment que i'en ay; et, en ce poinct, les effects surpassent les preceptes mesmes de la philosophie.

  Nil ego contulerim iucundo sanus amico.

L'ancien Menander disoit celuy là heureux qui avoit peu rencontrer seulement l'ombre d'un amy : il avoit certes raison de le dire, mesme s'il en avoit tasté. Car, à la verité, si ie compare tout le reste de ma vie, quoyqu'avecques la grace de Dieu ie l'aye passee doulce, aysee, et, sauf la perte d'un tel amy, exempte d'affliction poisante, pleine de tranquillité d'esprit, ayant prins en payement mes commoditez naturelles et originelles, sans en rechercher d'aultres ; si ie la compare, dis ie, toute, aux quatre annees qu'il m'a esté donné de iouyr de la doulce compaignie et société de ce personnage, ce n'est que fumee, ce n'est qu'une nuict obscure et ennuyeuse. Depuis le iour que ie le perdis,

  Quem semper acerbum,
 Semper honoratum (sic di voluistis ! habebo.

ie ne foys que traisner languissant; et les plaisirs mesmes qui s'offrent à moy, au lieu de me consoler, me redoublent le regret de sa perte : nous estions à moitié de tout; il me semble que ie luy desrobe sa part.

> Nec fas esse ulla me voluptate hic frui
> Decrevi, tantisper dum ille abest meus particeps.

I'estois desia si faict et accoustumé à estre deuxiesme partout, qu'il me semble n'estre plus qu'à demy.

> Illam meæ si partem animæ tulit,
> Maturior vis, quid moror altera ?
> Nec caras æque, nec superstes
> Integer. Ille dies utramque
> Duxit ruinam......

Il n'est action ou imagination où ie ne le treuve à dire; comme si eust il bien faict à moy : car de mesme qu'il me surpassoit d une distance infinie en toute aultre suffisance et vertu, aussi faisoit il au debvoir de l'amitié.

> Quis desiderio sit pudor, aut modus
> Tam cari capitis ?
> O misero frater adempte mihi !
> Omnia tecum una perierunt gaudia nostra,
> Quæ tuus in vita dulcis alebat amor.
> Tu mea, tu moriens fregisti commoda, frater ;
> Tecum una tota est nostra sepulta anima :
> Cuius ego interitu tota de mente fugavi
> Hæc studia ; atque omnes delicias animi.
> Alloquar ? audiero numquam tua verba loquentem ?
> Nunquam ego te, vita frater amabilior
> Adspiciam posthac ? At certe semper amabo.

Mais oyons un peu parler ce garson de seize ans.

Parce que i'ay trouvé que cet ouvrage a esté depuis mis en lumiere, et à mauvaise fin, par ceulx qui cherchent à troubler et changer l'estat de nostre police, sans se soucier s'ils l'amenderont, qu'ils ont meslé à d'aultres escripts de leur farine, ie me suis dedict de le loger icy. Et à fin que la memoire de l'aucteur n'en soit interessee en l'endroict de ceulx qui n'ont peu cognoistre de prez ses opinions et ses actions, ie les advise que ce subiect feut traicté par luy en son enfance par maniere d'exercitation seulement, comme subiect vulgaire et tracassé en mille endroicts des livres. Ie ne foys nul doubte qu'il ne creust ce qu'il escrivoit ; car il estoit assez consciencieux pour ne mentir pas mesme en se iouant : et sçay davantage que s'il eust eu à choisir, il eust mieulx aymé estre nay à Venise qu'à Sarlac, et avecques raison. Mais il avoit une aultre maxime souverainement empreinte en son ame, d'obeyr et de se soubmettre tresreligieusement aux loix sous lesquelles il estoit nay. Il ne feut iamais un meilleur citoyen, ny plus affectionné au repos de son pays, ny plus ennemy des remuements et nouvelletez de son temps ; il eust bien plustost employé sa suffisance à les esteindre qu'à leur fournir de quoy les esmouvoir davantage : il avoit son esprit moulé au patron d'aultres siecles que ceulx cy. Or, en eschange de cet ouvrage serieux, i'en substitueray un aultre, produict en cette mesme saison de son aage, plus gaillard et plus enioué.

Chapitre xxviii. — Vingt et neuf sonnets d'Estienne de la Boetie.

A madame de Grammont, comtesse de Guissen.

Madame, ie ne vous offre rien du mien, ou parce qu'il est desia vostre, ou pour ce que ie n'y treuve rien digne de vous ; mais i'ay voulu que ces vers, en quelque lieu qu'ils se veissent, portassent vostre nom en teste, pour l'honneur que ce leur sera d'avoir pour guide cette grande Corisande d'Andoins. Ce present m'a semblé vous estre propre, d'autant qu'il est peu de dames en France qui iugent mieulx, et se servent plus à propos que vous, de la poësie ; et puis, qu'il n'en est point qui la puissent rendre vifve et animee comme vous faictes par ces beaux et riches accords de quoy, parmy un million d'aultres beautez, nature vous a estrenee. Madame, ces vers meritent que vous les cherissiez ; car vous serez de mon advis, qu'il n'en est point sorti de Gascoigne qui eussent plus d'invention et de gentillesse, et qui tesmoignent estre sortis d'une plus riche main. Et n'entrez pas en ialousie de quoy vous n'avez que le reste de ce que pieça i'en ay fayct imprimer soubs le nom de monsieur de Foix, vostre bon parent : car, certes, ceulx ci ont ie ne sçay quoy de plus vif et de plus bouillant; comme il les feit en sa plus verte ieunesse, et eschauffé d'une belle et noble ardeur que ie vous diray, madame, un iour à l'aureille. Les aultres furent faicts depuis, comme il estoit à la poursuitte de son mariage, en faveur de sa femme, et se sentant desia ie ne sçay quelle froideur maritale. Et moy ie suis de ceulx qui tiennent que la poësie ne rid point ailleurs, comme elle faict en un subiect folastre et desreglé.

SONNETS

I

Pardon, amour, pardon ; ô Seigneur ! ie te vouë
Le reste de mes ans, ma voix et mes escripts,
Mes sanglots, mes soupirs, mes larmes et mes cris;
Rien, rien tenir d'aulcun, que de toy, ie n'advouë.
Hélas ! comment de moy ma fortune se iouë !
De toy n'a pas longtemps, amour, ie me suis ris.
I'ay failly, ie le voi, ie me rends, ie suis pris.
I'ay trop gardé mon cœur, or ie le desadvouë.
Si i'ay pour le garder retardé la victoire,
Ne l'en traitte plus mal, plus grande en est la gloire.
Et si du premier coup tu ne m'as abbattu,
Pense qu'un bon vainqueur, et nay pour estre grand,
Son nouveau prisonnier, quand un coup il se rend,
Il prise et l'ayme mieulx, s'il a bien combattu.

II

C'est amour, c'est amour, c'est luy seul, ie le sens !
Mais le plus vif amour, la poison la plus forte,
A qui oncq pauvre cœur ait ouverte la porte.
Ce cruel n'a pas mis un de ses traicts perçants.
Mais arc, traicts et carquois, et luy tout dans mes sens.
Encor un mois n'a pas, que ma franchise est morte,
Que ce venin mortel dans mes veines ie porte,
Et desia i'ay perdu et le cœur et le sens.
Et quoy ? si cet amour à mesure croissoit,
Qui en si grand tourment dedans moy se conçoit ?
O croitz, si tu peulx croistre, et amende en croissant.
Tu te nourris de pleurs, des pleurs ie te promets,
Et pour te refreschir, des souspirs pour iamais :
Mais que le plus grand mal soit au moins en naissant.

III

C'est faict, mon cœur, quittons la liberté.
Dequoy meshuy serviroit la deffence,
Que d'agrandir et la peine et l'offence ?
Plus ne suis fort, ainsi que i'ai esté.
La raison feust un temps de mon costé :
Or, revoltee, elle veult que ie pense
Qu'il fault servir, et prendre en recompence
Qu'oncq d'un tel nœud nul ne feust arresté.
S'il fault rendre, alors il est saison,
Quand on n'a plus devers soy la raison.
Ie veoy qu'amour, sans que ie le deserve,
Sans aulcun droict, se vient saisir de moy :
Et veoy qu'encor il fault à ce grand roy,
Quand il a tort, que la raison luy serve.

IV

C'estoit alors, quand, les chaleurs passees,
La sale Automne aux cuves va foulant

Le raisin gros dessoubs le pied coulant,
Que mes douleurs furent encommencees.
Le paisan bat ses gerbes amassees,
Et aux caveaux ses bouillants muis roulant,
Et des fruitiers son automne croulant,
Se vange lors des peines advancees.
Seroit ce point un presage donné
Que mon espoir est desia moissonné?
Non, certes, non. Mais pour certain ie pense,
I'auray, si bien à deviner i'entends,
Si l'on peult rien prognostiquer du temps,
Quelque grand fruict de ma longue esperance.

V

I'ay vu ses yeulx perçants, i'ay veu sa face claire;
Nul iamais, sans son dam, ne regarde les dieux :
Froid, sans cœur me laissa son œil victorieux,
Tout estourdy du coup de sa forte lumiere.
Comme un surpris de nuict aux champs, quand il esclaire
Estonné, se pallist, si la fleche des cieulx
Sifflant luy passe contre, et luy serre les yeulx;
Il tremble, et veoit, transi, Jupiter en cholere.
Dy moy, madame, au vray, dy moy, si tes yeulx verts
Ne sont pas ceux qu'on dict que l'amour tient couverts?
Tu les avois, ie croy, la fois que ie t'ay veue;
Au moins il me souvient qu'il me feust lors advis
Qu'amour, tout à un coup, quand premier ie te vis,
Desbanda dessus moy et son arc et sa veue.

VI

Ce dict maint un de moy, Dequoy se plainct il tant,
Perdant ses ans meilleurs en chose si legiere;
Qu'a il tant à crier, si encores il espere?
Et s'il n'espere rien, pourquoy n'est il content?
Quand i'estois libre et sain, i'en disois bien autant.
Mais, certes, celuy là n'a la raison entiere,
Ains a le cœur gasté de quelque rigueur fiere,
S'il se plainct de ma plaincte, et mon mal il n'entend.
Amour tout à un coup de cent douleurs me point,
Et puis lon m'advertit que ie ne crie point.
Si vain ie ne suis pas que mon mal i'agrandisse
A force de parler : s'on m'en peult exempter,
Ie quitte les sonnets, ie quitte le chanter,
Qui me deffend le deuil, celuy là me guerisse.

VII

Quant à chanter ton los par fois ie m'adventure,
Sans oser ton grand nom dans mes vers exprimer,
Sondant le moins profond de cette large mer,
Ie tremble de m'y perdre et aux rives m'asseure.
Ie crains, en louant mal, que ie te face iniure.
Mais le peuple estonné d'ouïr tant t'estimer,
Ardant de te cognoistre essaye à te nommer,
Et cherchant ton sainct nom ainsi à l'adventure,
Eslbouï n'attaint pas à veoir chose si claire;
Et ne le trouve point ce grossier populaire,
Qui, n'ayant qu'un moyen, ne veult pas celuy là :
C'est que, s'il peult trier, la comparaison faicte
Des parfaictes du monde, une la plus parfaicte,
Lors, s'il a voix, qu'il crie hardiment, la voylà.

VIII

Quand viendra ce iour là, que ton nom au vray passe
Par France, dans mes vers? combien et quantesfois
S'en empresse mon cœur, s'en demangent mes doigts?
Souvent dans mes escripts de soy mesme il prend place.
Maugré moy ie t'escris, maugré moy ie t'efface.
Quand Astree viendroit, et la foy, et le droict,
Alors ioyeux ton nom au monde se rendroit.
Ores, c'est à ce temps, que cacher il te face,
C'est à ce temps maling une grande vergoigne.
Donc, Madame, tandis tu seras ma Dourdouigne.
Toutesfois laisse moy, laisse moy ton nom mettre;
Aye pitié du temps : si au iour ie le mets,
Si le temps se cognoist, lors ie te le promets,
Lors il sera doré, s'il le doit iamais estre.

IX

O, entre tes beautez, que ta constance est belle!
C'est ce cœur asseuré, ce courage constant,
C'est, parmy tes vertus, ce que l'on prise tant :
Aussi qu'est il plus beau qu'une amitié fidelle?
Or, ne charge donc rien de ta sœur infidelle,
De Vesere ta sœur : elle va s'escartant
Toûiours flotant mal seure en son cours inconstant.
Veoy tu comme à leur gré les vents se iouënt d elle?
Et ne te repens point, pour droict de ton aisnage,
D'avoir desia choisy la constance en partage.
Mesme race porta l'amitié souveraine
Des bons iumeaux, desquels l'un à l'aultre despart
Du ciel et de l'enfer la moitié de sa part;
Et l'amour diffamé de la trop belle Heleine.

X

Ie veois bien, ma Dourduigne, encor humble tu vas;
De te monstrer Gasconne en France, tu as honte.
Si du ruisseau de Sorgue on fait ores grand conte,
Si a il bien esté quelquesfois aussi bas.
Veoys tu le petit Loir comme il haste le pas?
Comme desia parmy les plus grands il se conte?
Comme il marche haultain d'une course plus prompte
Tout à costé du Mince, et il ne s'en plaint pas?
Un seul olivier d'Arne, enté au bord de Loire,
Le faict courir plus brave, et luy donne sa gloire.
Laisse, laisse moy faire, et un iour, ma Dourdouigne,
Si ie devine bien, on te cognoistra mieulx;
Et Garonne, et le Rhone, et ces aultres grands dieux
En auront quelque envie, et possible vergoigne.

XI

Toy qui oys mes souspirs, ne me sois rigoureux
Si mes larmes à part toutes miennes ie verse,
Si mon amour ne suit en sa douleur diverse
Du Florentin transi les regrets languoreux,
Ny de Catulle aussi, le folastre amoureux,
Qui le cœur de sa dame en chatouillant luy perce,
Ny le sçavant amour du migregeois Properce;
Ils n'ayment pas pour moi, ie n'ayme pas pour eulx.
Qui pourra sur aultruy ses douleurs limiter,
Celuy pourra d'aultruy les plainctes imiter :
Chascun sent son tourment, et sçait ce qu'il endure.

Chascun parla d'amour ainsi qu'il l'entendit.
Ie dis ce que mon cœur, ce que mon mal me dict.
Que celuy ayme peu, qui ayme à la mesure!

XII

Quoy! qu'est ce? ô vents! ô nuës! ô l'orage!
A poinct nommé, quand d'elle m'approchant,
Les bois, les monts, les baisses vois tranchant,
Sur moy d'aguest vous poussez vostre rage.
Ores mon cœur s'embrase davantage.
Allez, allez faire peur au marchand,
Qui dans la mer les thresors va cherchant;
Ce n'est ainsi qu'on m'abbat le courage.
Quand i'oy les vents, leur tempeste, et leurs cris,
De leur malice en mon cœur ie me ris.
Me pensent ils pour cela faire rendre?
Face le ciel du pire et l'air aussi :
Ie veulx, ie veulx, et le declare ainsi,
S'il faut mourir, mourir comme Leandre.

XIII

Vous qui aymer encore ne sçavez,
Ores m'oyant parler de mon Leandre,
Ou iamais non, vous y debvez apprendre,
Si rien de bon dans le cœur vous avez.
Il oza bien, branslant ses bras lavez,
Armé d'amour, contre l'eau se deffendre,
Qui pour tribut la fille voulut prendre,
Ayant le frere et le mouton sauvez.
Un soir, vaincu par les flots rigoureux,
Voyant desia ce vaillant amoureux,
Que l'eau maistresse à son plaisir le tourne,
Parlant aux flots, leur iecta cette voix :
Pardonnez moy maintenant que i'y veoys,
Et gardez moy la mort, quand ie retourne.

XIV

O cœur leger, ô courage mal seur!
Penses tu plus que souffrir ie te puisse?
O bonté creuze! ô couverte malice,
Traistre beauté, venimeuse douleeur!
Tu estois donc tousiours sœur de ta sœur?
Et moy, trop simple, il falloit que i'en fisse
L'essay sur moy, et que tard i'entendisse
Ton parler double et tes chants de chasseur?
Depuis le iour que i'ay prins à t'aymer,
I'eusse vaincu les vagues de la mer.
Qu'est ce meshuy que ie pourrois attendre?
Comment de toy pourrois ie estre content?
Qui apprendra ton cœur d'estre constant,
Puisque le mien ne le luy peult apprendre?

XV

Ce n'est pas moy que l'on abuse ainsi;
Qu'à quelque enfant ses ruses on employe,
Qui n'a nul goust, qui n'entend rien qu'il oye :
Ie sçay aimer, ie sçay haïr aussi.
Contente toy de m'avoir i'usqu'icy
Fermé les yeulx, il est temps que i'y voye;
Et que meshuy, las et honteux ie soye
D'avoir mal mis mon temps et mon soucy.

Oserois tu, m'ayant ainsi traicté,
Parler à moy iamais de fermeté?
Tu prends plaisir à ma douleur extreme;
Tu me deffends de sentir mon tourment;
Et si veulx bien que ie meure en t'aymant.
Si ie ne sens, commant veulx tu que i'ayme?

XVI

O l'ay ie dict? Hélas! l'ay ie songé?
Ou si pour vray i'ay dict blaspheme telle?
S'a fauce langue, il fault que l'honneur d'elle,
De moy, par moy, dessus moy, soit vengé.
Mon cœur chez toy, ô ma dame, est logé :
Là, donne luy quelque geene nouvelle ;
Fais luy souffrir quelque peine cruelle ;
Fais, fais luy tout, fors luy donner congé.
Or seras tu (ie le sçay) trop humaine,
Et ne pourras longuement veoir ma peine ;
Mais un tel faict, faut il qu'il se pardonne?
A tout le moins hault ie me desdiray
De mes sonnets, et me desmentiray :
Pour ces deux faux, cinq cents vrays ie t'en donne.

XVII

Si ma raison en moy s'est peu remettre,
Si recouvrer astheure ie me puis,
Si i'ay du sens, si plus homme ie suis,
Ie t'en mercie, ô bien-heureuse lettre !
Qui m'eust (hélas !) qui m'eust sçeu recognoistre,
Lors qu'enragé, vaincu de mes ennuys,
En blasphemant ma dame ie poursuis?
De loing, honteux, ie te vis lors paroistre,
O sainct papier ! alors ie me revins,
Et devers toy devotement ie vins.
Ie te donrois un autel pour ce faict,
Qu'on vist les traicts de cette main divine.
Mais de les veoir aulcun homme n'est digne;
Ny moy aussy, s'elle ne m'en eust faict.

XVIII

I'estois prest d'encourir pour iamais quelque blasme;
De cholere eschauffé mon courage brusloit,
Ma fole voix au gré de ma fureur branloit,
Ie despitois les dieux, et encore ma dame :
Lors qu'elle de loing iette un brevet dans ma flamme,
Ie le sentis soubdain comme il me rabilloit,
Qu'aussi tost devant luy ma fureur s'en alloit,
Qu'il me rendoit, vainqueur, en sa place mon ame
Entre vous, qui de moy ces merveilles oyez,
Que m'e dictes vous d'elle? et, ie vous pri', veoyez,
S'ainsi comme ie fais, adorer ie la dois?
Quels miracles en moy pensez vous qu'elle face
De son œil tout puissant, ou d'un ray de sa face,
Puis qu'en moy firent tant les traces de ses doigts?

XIX

Ie tremblois devant elle, et attendois, transy,
Pour venger mon forfaict quelque iuste sentence
A moy mesme consent du poids de mon offence,
Lors qu'elle me dict : Va, ie te prends à mercy.
Que mon loz desormais par tout soit esclaircy :

Employe là tes ans : et sans plus, meshuy pense
D'enrichir de mon nom par tes vers nostre France :
Couvre de vers ta faulte, et paye moy ainsi.
Sus donc, ma plume, il fault, pour iouyr de ma peine,
Courir par sa grandeur d'une plus large veine.
Mais regarde à son œil, qu'il ne nous abandonne.
Sans ses yeulx, nos esprits se mourroient languissants.
Ils nous donnent le cœur, ils nous donnent le sens.
Pour se payer de moy, il faut qu'elle me donne.

XX

O vous, maudits sonnets, vous qui printes l'audace
De toucher à ma dame! ô malings et pervers,
Des Muses le reproche, et honte de mes vers!
Si ie vous feis iamais, s'il fault que ie me face
Ce tort de confesser vous tenir de ma race,
Lors pour vous les ruisseaux ne furent pas ouverts
D'Apollon le doré, des Muses aux yeulx verts ;
Mais vous reçeut naissants Tisiphone en leur place.
Si i'ay oncq quelque part à la posterité,
Ie veulx que l'un et l'aultre en soit desherité.
Et si au feu vengeur dez or ie ne vous donne,
C'est pour vous diffamer : vivez chetifs, vivez ;
Vivez aux yeulx de tous, de tout honneur privez,
Car c'est pour vous punir, qu'ores ie vous pardonne.

XXI

N'ayez plus, mes amis, n'ayez plus cette envie
Que ie cesse d'aymer ; laissez moy, obstiné,
Vivre et mourir ainsi, puis qu'il est ordonné :
Mon amour, c'est le fil auquel se tient ma vie.
Ainsi me dict la Fee ; ainsi en Œagrie
Elle feit Meleagre à l'amour destiné,
Et alluma sa souche à l'heure qu'il feust né,
Et dict : Toy, et ce feu, tenez vous compaignie.
Elle le dict ainsi, et la fin ordonnee
Suyvit aprez le fil de cette destinee.
La souche (ce dict lon) au feu feut consommee ;
Et dez lors (grand miracle !), en un mesme moment,
On veid, tout à un coup, du miserable amant
La vie et le tison s'en aller en fumee.

XXII

Quand tes yeulx conquerants estonné ie regarde,
I'y veoy dedans à clair tout mon espoir escript,
I'y veoy dedans amour luy mesme qui me rit,
Et m'y montre mignard le bon heur qu'il me garde.
Mais quand de te parler par fois ie me hazarde,
C'est lorsque mon espoir desseiché se tarit ;
Et d'advouer iamais ton œil qui me nourrit,
D'un seul mot de faveur, cruelle, tu n'as garde.
Si tes yeulx sont pour moy, or veoy ce que ie dis :
Ce sont ceulx là sans plus, à qui ie me rendis.
Mon Dieu, quelle querelle en toy mesme se dresse,
Si ta bouche et tes yeulx se veulent desmentir !
Mieulx vault, mon doux tourment, mieulx vault les despartir,
Et que ie prenne au mot de tes yeulx la promesse.

XXIII

Ce sont tes yeulx tranchants qui me font le courage,
Ie veoy saulter dedans la gaye liberté.

Et mon petit archer, qui mene à son costé
La belle gaillardise et le plaisir volage.
Mais aprez, la rigueur de ton triste langage
Me montre dans ton cœur la fiere honnesteté;
Et condamne, ie vois la dure chasteté
Là gravement assise, et la vertu sauvage.
Ainsi mon temps divers par ces vagues se passe;
Ores son œil m'appelle, or sa bouche me chasse.
Hélas ! en cet estrif, combien ai ie enduré !
Et puis, qu'on pense avoir d'amour quelque asseurance :
Sans cesse nuict et iour à la servir ie pense,
Ny encor de mon mal ne puis estre asseuré.

XXIV

Or, dis ie bien, mon esperance est morte
Or est ce faict de mon ayse et mon bien.
Mon mal est clair : maintenant ie veoy bien,
I'ay espousé la douleur que ie porte.
Tout me court sus, rien ne me reconforte,
Tout m'abandonne, et d'elle ie n'ay rien,
Sinon touiours quelque nouveau soustien,
Qui rend ma peine et ma douleur plus forte.
Ce que j'attends, c'est un jour d'obtenir
Quelques soupirs des gents de l'advenir :
Quelqu'un dira dessus moy par pitié :
Sa dame et luy nasquirent destinez,
Egalement de mourir obstinez,
L'un en rigueur, et l'aultre en amitié.

XXV

I'ai tant vescu chetif, en ma langueur,
Qu'or i'ay veu rompre, et suis encor en vie,
Mon esperance avant mes yeulx ravie,
Contre l'escueil de sa fiere rigueur.
Que m'a servy de tant d'ans la longueur ?
Elle n'est pas de ma peine assouvie :
Elle s'en rit, et n'a point d'aultre envie
Que de tenir mon mal en sa vigueur.
Doncques i'auray, malheureux en aymant,
Tousiours un cœur, touiours nouveau tourment.
Ie me sens bien que i'en suis hors d'haleine,
Prest à laisser la vie soubs le faix :
Qu'y feroit on, sinon ce que ie fais ?
Piqué du mal, ie m'obstine en ma peine.

XXVI

Puis qu'ainsi sont mes dures destinees,
I'en saouleray, si ie puis, mon soucy.
Si i'ay du mal, elle le veut aussi :
I'accompliray mes peines ordonnees.
Nymphes des bois, qui avez, estonnees,
De mes douleurs, ie croy, quelque mercy,
Qu'en pensez vous ? puis ie durer ainsi,
Si à mes maulx trefves ne sont donnees ?
Or, si quelqu'une à m'escouter s'incline,
Oyez, pour Dieu, ce qu'ores ie devine :
Le iour est prez que mes forces ia vaines
Ne pourront plus fournir à mon tourment.
C'est mon espoir : si ie meurs en aymant,
A donc, ie croy, failliray ie à mes peines.

XXVII

Lors que lasse est de me lasser ma peine,
Amour, d'un bien mon mal refreschissant,
Flate au cœur mort ma playe languissant,
Nourrit mon mal, et luy faict prendre haleine.
Lors ie conceoy quelque esperance vaine :
Mais aussi tost, ce dur tyran, s'il sent
Que mon espoir se renforce en croissant,
Pour l'estouffer, cent tourments il m'ameine.
Encor tout frez : lors ie me veois blasmant
D'avoir esté rebelle à mon tourment.
Vive le mal, ô dieux ! qui me devore !
Vive à son gré mon tourment vigoureux !
O bien-heureux, et bien-heureux encore,
Qui sans relasche est touiours mal'heureux !

XXVIII

Si contre amour ie n'ay aultre deffence,
Ie m'en plaindray, mes vers le mauldiront,
Et aprez moy les roches rediront
Le tort qu'il faict à ma dure constance.
Puis que de luy i'endure cette offence,
Au moings tout hault mes rhythmes le diront,
Et nos neveus, alors qu'ils me liront,
En l'oultrageant, m'en feront la vengeance.
Ayant perdu tout l'ayse que i'avois,
Ce sera peu que de perdre ma voix.
S'on sçait l'aigreur de mon triste soucy,
Et feust celuy qui m'a fait cette playe,
Il en aura, pour si dur cœur qu'il aye,
Quelque pitié, mais non pas de mercy.

XXIX

Ia reluisoit la benoiste iournee
Que la nature au monde te debvoit,
Quand des thresors qu'elle te reservoit
Sa grande clef te feust abandonnee.
Tu prins la grace à toi seule ordonnee ;
Tu pillas tant de beautez qu'elle avoit,
Tant qu'elle, fiere, alors qu'elle te veoit,
En est parfois elle mesme estonnee.
Ta main de prendre enfin se contenta :
Mais la nature encor te presenta,
Pour t'enrichir, cette terre où nous sommes.
Tu n'en prins rien ; mais en toy tu t'en ris,
Te sentant bien en avoir assez pris
Pour estre icy royne du cœur des hommes.

Chapitre XXIX. — De la modération.

Comme si nous avions l'attouchement infect, nous corrompons par nostre maniement les choses qui d'elles-mesmes sont belles et bonnes. Nous pouvons saisir la vertu de façon qu'elle en deviendra vicieuse, si nous l'embrassons d'un desir trop aspre et violent. Ceulx qui disent qu'il n'y a iamais d'excez en la vertu, d'autant que ce n'est plus vertu si l'excez y est, se iouent des paroles :

> Insani sapiens nomen ferat, æquus iniqui,
> Ultra quam satis est, virtutem si petat ipsam.

C'est une subtile consideration de la philosophie. On peult et trop aymer la vertu, et se porter excessivement en une action iuste. A ce biais s'accommode la voix divine, « Ne soyez pas plus sages qu'il ne fault ; mais soyez sobrement sages. » l'ay veu tel grand blecer la reputation de sa religion, pour se montrer religieux oultre tout exemple des hommes de sa sorte. J'ayme des natures temperees et moyennes : l'immoderation vers le bien mesme, si elle ne m'offense, elle m'estonne, et me met en peine de la baptizer. Ny la mere de Pausanias, qui donna la premiere instruction, et porta la premiere pierre, à la mort de son fils; ny le dictateur Posthumius, qui feit mourir le sien, que l'ardeur de ieunesse avoit heureusement poulsé sur les ennemis un peu avant son reng, ne me semble si iuste, comme estrange ; et n'ayme ny à conseiller ny à suyvre une vertu si sauvage et si chere. L'archer qui oultrepasse le blanc fault, comme celuy qui n'y arrive pas ; et les yeulx me troublent à monter à coup vers une grande lumiere, esgalement comme à devaler à l'ombre. Callicles, en Platon, dict l'extremité de la philosophie estre dommageable, et conseille de ne s'y offenser oultre les bornes du proufit ; que prinse avec moderation, elle est plaisante et commode ; mais qu'en fin elle rend un homme sauvage et vicieux, desdaigneux des religions et loix communes, ennemy de la conversation civile, ennemy des voluptez humaines, incapable de toute administration politique, et de secourir aultruy et de se secourir soy mesme, propre à estre impunement soufflette. Il dict vray : car en son excez, elle esclave nostre naturelle franchise, et nous desvoye, par une importune subtilité, du beau et plain chemin que nature nous trace.

L'amitié que nous portons à nos femmes, elle est treslegitime : la theologie ne laisse pas de la brider pourtant et de la restreindre. Il me semble avoir leu aultrefois chez sainct Thomas, en un endroict où il condamne les mariages des parents ez degrez deffendus, cette raison parmy les aultres, qu'il y a dangier que l'amitié qu'on porte à une telle femme soit immoderee : car si l'affection maritale s'y treuve entiere et parfaicte comme elle doibt, et qu'on la surcharge encores de celle qu'on doibt à la parentelle, il n'y a point de doubte que ce surcroist n'emporte un tel mary hors les barrieres de la raison.

Les sciences qui reglent les mœurs des hommes, comme la theologie et la philosophie, elles se meslent de tout : il n'est action si privee et secrette qui se desrobe de leur cognoissance et iurisdiction. Bien apprentis sont ceulx qui syndicquent leur liberté : ce sont les femmes qui communiquent tant qu'on veult leurs pieces à garsonner ; à medeciner, la honte le deffend. Ie veulx donc de leur part, apprendre cecy aux maris, s'il s'en treuve encores qui y soient trop acharnez : c'est que les plaisirs mesmes qu'ils ont à l'accointance de leurs femmes sont reprouvez, si la moderation n'y est observee, et qu'il y a de quoy faillir en licence et desbordement en ce subiect là, comme un subiect illegitime. Ces encherimens deshontez, que la chaleur premiere nous suggere en ce ieu, sont non indecemment seulement, mais dommageablement employez envers nos femmes. Qu'elles apprennent l'impudence au moins d'une aultre main : elles sont tousiours assez esveillees pour nostre besoing. Ie ne m'y suis servy que de l'instruction naturelle et simple.

C'est une religieuse liaison et devote que le mariage : voylà pourquoy le plaisir qu'on en tire ce doibt estre un plaisir retenu, serieux, et meslé à quelque severité ; ce doibt estre une volupté aulcunement prudente et consciencieuse. Et parceque sa principale fin c'est la generation, il y en a qui mettent en doubte si, lorsque nous sommes sans l'esperance de ce fruict, comme quand elles sont hors d'aage ou enceinctes, il est permis d'en rechercher l'embrassement : c'est un homicide à la mode de Platon. Certaines nations, et entre aultres la mahumétane abominent la conionction avecques les femmes enceintes ; plusieurs aussi avecques celles qui ont leurs flueurs. Zenobia ne recevait son mary que pour une charge ; et cela faict, elle le laissoit courir tout le temps de sa conception, luy donnant lors seulement loy de recommencer : brave et genereux exemple de mariage. C'est de quelque poëte diseteux et affamé de ce deduit, que Platon emprunta cette narration : Que Iupiter feit à sa femme une si chaleureuse charge un iour, que, ne pouvant avoir patience qu'elle eust gaigné son lict, il la versa sur le plancher ; et par la vehemence du plaisir, oublia les resolutions grandes et importantes qu'il venait de prendre avec les aultres dieux en sa court celeste ; se vantant qu'il l'avoit trouvé aussi bon ce coup là, que lors que premierement il la depucella à cachettes de leurs parents.

Les roys de Perse appelloient leurs femmes à la compaignie de leurs festins ;

mais quand le vin venoit à les eschauffer en bon escient, et qu'il falloit tout à faict lascher la bride à la volupté, ils les renvoyoient en leur privé, pour ne les faire participantes de leurs appetits immoderez; et faisoient venir en leur lieu des femmes ausquelles ils n'eussent point cette obligation de respect. Touts plaisirs et toutes gratifications ne sont pas bien logees en toutes sortes de gents. Epaminondas avait faict emprisonner un garson desbauché; Pelopidas le pria de le mettre en liberté en sa faveur : il l'en refusa, et l'accorda à une sienne garse qui aussi l'en pria; disant, « que c'estoit une gratification deue à une amie, non à un capitaine. » Sophocles, estant compaignon en la preture avecques Pericles, voyant de cas de fortune passer un beau garson : « O le beau garson que voylà ! » dict il à Pericles. « Cela seroit bon à un aultre qu'à un preteur, luy dict Pericles, qui doibt avoir non les mains seulement, mais aussi les yeulx chastes. » Aelius Verus l'empereur respondit à sa femme, comme elle se plaignoit de quoy il se laissoit aller à l'amour d'aultres femmes, « qu'il le faisoit par occasion consciencieuse, d'autant que le mariage estoit un nom d'honneur et dignité, non de folastre et lascive concupiscence. » Et nostre histoire ecclesiastique a conservé avecques honneur la memoire de cette femme qui repudia son mary, pour ne vouloir seconder et soustenir ses attouchements trop insolents et desbordez. Il n'est, en somme, aulcune si iuste volupté en laquelle l'excez et l'intemperance ne nous soit reprochable.

Mais, à parler en bon escient, est ce pas un miserable animal que l'homme ? A peine est il en son pouvoir, par sa condition naturelle, de gouster un seul plaisir entier et pur; encores se met il en peine de le retrencher par discours : il n'est pas assez chetif, si par art et par estude il n'augmente sa misère.

Fortunæ miseras auximus arte vias.

La sagesse humaine faict bien sottement l'ingenieuse de s'exercer à rabattre le nombre et la doulceur des voluptez qui nous appartiennent; comme elle fait favorablement et industrieusement ses artifices à nous peigner et farder les maulx, et en alleger le sentiment. Si i'eusse esté chef de part, i'eusse prins aultre voye plus naturelle, qui est à dire, vraye, commode et saincte ; et me feusse peutestre rendu assez fort pour la borner : quoyque nos medecins spirituels et corporels, comme par complot faict entre eulx, ne treuvent aulcune voye à la guarison, ny remede aux maladies du corps et de l'ame, que par le torment, la douleur, et la peine. Les veilles, les ieusnes, les haires, les exils loingtains et solitaires, les prisons perpetuelles, les verges, les aultres afflictions, ont esté introduictes pour cela : mais en telle condition, que ce soyent veritablement afflictions, et qu'il y ait de l'aigreur poignante ; et qu'il n'en advienne point comme à un Gallio, lequel ayant esté envoyé en l'exil en l'isle de Lesbos, on feut adverty à Rome qu'il s'y donnoit du bon temps, et que ce qu'on luy avoit enioinct pour peine luy tournoit à commodité : parquoy ils se radviserent de le rappeller prez de sa femme et en sa maison, et luy ordonnèrent de s'y tenir, pour accommoder leur punition à son ressentiment. Car, à qui le ieusne aiguiseroit la santé et l'alaigresse, à qui le poisson seroit plus appetissant que la chair, ce ne seroit plus recepte salutaire : non plus qu'en l'aultre medecine, les drogues n'ont point d'effect à l'endroict de celuy qui les prend avecques appetit et plaisir ; l'amertume et la difficulté sont circonstances servants à leur operation. Le naturel qui accepteroit la rubarbe comme familiere, en corromproit l'usage ; il fault que ce soit chose qui blece nostre estomach pour le guarir : et icy fault la regle commune, que les choses se guarissent par leurs contraires ; car le mal y guarit le mal.

Cette impression se rapporte aulcunement à cette aultre si ancienne, de penser gratifier au ciel et à la nature par nostre massacre et homicide, qui feut universellement embrassee en toutes religions. Encores du temps de nos peres, Amurat, en la prinse de l'Isthme, immola six cents ieunes hommes grecs à l'ame de son pere, à fin que ce sang servist de propitiation à l'expiation des pechés du trespassé. Et en ces nouvelles terres descouvertes en nostre aage, pures encores et vierges au prix des nostres, l'usage en est aulcunement receu par tout ; toutes leurs idoles s'abruvent de sang humain, non sans divers exemples d'horrible cruauté : on les brusle vifs, et demy rostis on les retire du brasier pour leur arracher le cœur et les entrailles ; à d'aultre, voire aux femmes, on les escorche vifves, et de leur peau ainsi sanglante en revest on

et masque d'aultres. Et non moins d'exemples de constance et resolution; car ces pauvres gents sacrifiables, vieillards, femmes, enfants, vont, quelques jours avant, questants eulx mesmes les aumosnes pour l'offrande de leur sacrifice, et se presentent à la boucherie, chantants et dansants avec les assistants.

Les ambassadeurs du roy de Mexico, faisants entendre à Fernand Cortez la grandeur de leur maistre, aprez luy avoir dict qu'il avoit trente vassaux, desquels chascun pouvoit assembler cent mille combattants, et qu'il se tenoit en la plus belle et forte ville qui feust soubs le ciel, luy adiousterent qu'il avoit à sacrifier aux dieux cinquante mille hommes par an. De vray, ils disent qu'il nourrissoit la guerre avecques certains grands peuples voisins, non seulement pour l'exercice de la iuenesse du païs, mais principalement pour avoir de quoy fournir à ses sacrifices par des prisonniers de guerre. Ailleurs, en certain bourg, pour la bienvenue dudit Cortez, ils sacrificrent cinquante hommes tout à la fois. Ie dirai encores ce conte : aulcuns de ces peuples, ayant esté battus par luy, envoyerent le recognoistre, et rechercher d'amitié; les messagers luy presenterent trois sortes de presents, en cette maniere : « Seigneur, voylà cinq esclaves; si tu es un dieu fier qui te paisses de chair et de sang, mange les, et nous t'en enverrons davantage; si tu es un dieu debonnaire, voylà de l'encens et des plumes; si tu es homme, prends les oyseaux et les fruicts que voycy. »

Chapitre xxx. — Des Cannibales.

Quand le roy Pyrrhus passa en Italie, aprez qu'il eut recogneu l'ordonnance de l'armee que les Romains luy envoyoient au devant : « Ie ne sçay, dict il, quels barbares sont ceulx cy (car les Grecs appelloient ainsi toutes les nations estrangieres), mais la disposition de cette armee que ie veois n'est aulcunement barbare. » Autant en dirent les Grecs de celle que Flaminius feit passer en leur païs, et Philippus, voyant d'un tertre l'ordre et distribution du camp romain, en son royaume, sous Publius Sulpicius Galba. Voylà comment il se fault garder de s'attacher aux opinions vulgaires, et les fault iuger par la voye de la raison, non par la voix commune.

I'ay eu longtemps avecques moy un homme qui avoit demeuré dix ou douze ans en cet aultre monde qui a esté descouvert en nostre siecle, en l'endroict où Villegaignon print terre, qu'il surnomma *la France antartique*. Cette descouverte d'un païs infini semble estre de consideration. Ie ne sçay si ie me puis respondre que il ne s'en fasse à l'advenir quelque aultre, tant de personnages plus grands que nous ayants esté trompez en cette cy. I'ay peur que nous ayons les yeulx plus grands que le ventre, et plus de curiosité que nous n'avons de capacité : nous embrassons tout, mais nous n'estreignons que du vent.

Platon introduict Solon racontant avoir apprins des prebstres de la ville de Saïs en Aegypte, que, iadis et avant le deluge, il y avoit une grande isle nommee *Atlantide*, droict à la bouche du destroict de Gibraltar, qui tenoit plus de païs que l'Afrique et l'Asie toutes deux ensemble; et que les roys de cette contree là, qui ne possedoient pas seulement cette isle, mais s'estoyent estendus dans la terre ferme si avant, qu'ils tenoient de la largeur d'Afrique iusques en Aegypte, et de la longueur de l'Europe iusques en la Toscane, entreprinrent d'eniamber iusques sur l'Asie, et subiuguer toutes les nations qui bordent la mer Mediterranee iusques au golfe de la mer Maioua; et pour cet effect, traverserent les Espaignes, la Gaule, l'Italie, iusques en la Grece, où les Atheniens les souteinrent : mais que quelque temps aprez, et les Atheniens, et eulx, et leur isle, feurent engloutis par le deluge. Il est bien vraysemblable que cette extreme ravage d'eau ayt faict des changements estranges aux habitations de la terre, comme on tient que la mer a retranché la Sicile d'avecques l'Italie;

> Hæc loca, vi quondam et vasta convulsa ruina,
> . . . .
> Dissiluisse ferunt, quum protenus utraque tellus.
> Una foret. . . .

Chypre, d'avecques la Surie; l'isle de Negrepont, de la terre ferme de la Bœoce; et oincts ailleurs les terres qui estoyent divisees, comblant de limon et de sable les fosses d'entre deux :

Sterilisque diu palus, aptaque remis.
Vicinas urbes alit, et grave sentit aratrum.

Mais il n'y a pas grande apparence que cette isle soit ce monde nouveau que nous venons de descouvrir ; car elle touchoit quasi l'Espaigne, et ce seroit un effect incroyable d'inondation de l'en avoir reculee comme elle est, de plus de douze cents lieues ; oultre ce que les navigations des modernes ont desia presque descouvert que ce n'est point une isle, ains terre ferme et continente avecques l'Inde orientale d'un costé, et avecques les terres qui sont soubs les deux poles d'aultre part ; ou si elle en est separee, que c'est d'un si petit destroict et intervalle, qu'elle ne merite pas d'estre nommee isle pour cela.

Il semble qu'il y aye des mouvements, naturels les uns, les aultres fiebvreux, en ces grands corps comme aux nostres. Quand ie considere l'impression que ma riviere de Dordoigne faict, de mon temps, vers la rive droite de sa descende, et qu'en vingt ans elle a tant gaigné et desrobé le fondement à plusieurs bastiments, ie veois bien que c'est une agitation extraordinaire ; car si elle feust tousiours allee ce train, ou deut aller à l'advenir, la figure du monde seroit renversee ; mais il leur prend des changements ; tantost elles s'espandent d'un costé, tantost d'un aultre, tantost elles se contiennent. Ie ne parle pas des soubdaines inondations de quoy nous manions les causes. En Medoc, le long de la mer, mon frere, sieur d'Arsac, veoid une sienne terre ensepvelie soubs les sables que la mer vomit devant elle ; le faist d'aulcuns bastiments paroist encores : ses rentes et domaines se sont eschangez en pasquages bien maigres. Les habitants disent que, depuis quelque temps, la mer se poulse si fort vers eulx, qu'ils ont perdu quatre lieues de terre. Ces sables sont ses fourriers ; et veoyons de grandes montioies d'arene mouvante, qui marchent d'une demie lieue devant elle, et gaignent païs.

L'aultre tesmoignage de l'antiquité auquel on veult rapporter cette descouverte est dans Aristote, au moins si ce petit livret des Merveilles inouyes est à luy. Il raconte là que certains Carthaginois, s'estant iectez au travers de la mer Atlantique, hors le destroict de Gibraltar, et navigé longtemps, avoient descouvert enfin une grande isle fertile, toute revestue de bois, et arrousée de grandes et profondes rivieres, fort esloingnée de toutes terres fermes, et qu'eulx, et aultres depuis, attirez par la bonté et fertilité du terroir, s'y en allerent avec leurs femmes et enfants, et commencerent à s'y habituer. Les seigneurs de Carthege, voyant que leur païs se depeuploit peu à peu, feirent deffense expresse, sur peine de mort, que nul n'eust plus à aller là, et en chasserent ces nouveaux habitants, craignants, à ce qu'on dict, que par succession de temps ils ne veinssent à multiplier tellement, qu'ils les supplantassent eulx mesmes et ruinassent leur estat. Cette narration d'Aristote n'a non plus d'accord avecques nos terres neufves.

Cet homme que i'avois, estoit homme simple et grossier, qui est une condition propre à rendre veritable tesmoignage ; car les fines gens regardent bien plus curieusement et plus de choses, mais ils les glosent ; et, pour faire valoir leur interpretation, et la persuader, ils ne se peuvent garder d'alterer un peu l'histoire ; ils ne vous representent iamais les choses pures, ils les inclinent et masquent selon le visage qu'ils leur ont veu ; et, pour donner credit à leur iugement et vous y attirer, prestent volontiers de costé là à la matiere, l'allongent et l'amplifient. Ou il fault un homme tresfidelle, ou si simple, qu'il n'ayt pas de quoy bastir et donner de la vraysemblance à des inventions faulses, et qui n'ayt rien espousé. Le mien estoit tel, et outre cela, il m'a faict veoir à diverses fois plusieurs matelots et marchands qu'il avoit cogneus en ce voyage : ainsi, ie me contente de cette information, sans m'enquerir de ce que les cosmographes en disent. Il nous fauldroit des topographes qui nous feissent narration particuliere des endroits où ils ont esté : mais pour avoir cet advantage sur nous, d'avoir veu la Palestine, ils veulent iouïr du privilege de nous conter des nouvelles de tout le demourant du monde. Ie vouldrois que chascun escrivist ce qu'il sçait, et autant qu'il en sçait, non en cela seulement, mais en touts aultres subiects : car tel peult avoir quelque particuliere science ou experience de la nature d'une fontaine, qui ne sçait au reste que ce que chascun sçait ; il entreprendra toutesfois, pour faire courir ce petit loppin, d'escrire toute la physique. De ce vice sourdent plusieurs grandes incommoditez.

Or, ie treuve, pour revenir à mon propos, qu'il n'y a rien de barbare et de sauvage en cette nation, à ce qu'on m'en a rapporté, sinon que chascun appelle *barbarie* ce qui n'est pas de son usage. Comme de vray nous n'avons aultre mire de la verité et de la raison, que l'exemple et idee des opinions et usances du païs où nous sommes; là est tousiours la parfaicte religion, la parfaicte police, parfaict et accomply usage de toutes choses. Ils sont sauvages, de mesme que nous appellons sauvages les fruicts que nature de soy et de son progrez ordinaire a produicts; tandis qu'à la vérité ce sont ceulx que nous avons alterez par nostre artifice, et destournez de l'ordre commun, que nous devrions appellez plutost sauvages : en ceux là sont vifves et vigoreuses les vrayes et plus utiles et naturelles vertus et proprietez; lesquelles nous avons abbastardies en ceulx cy, les accommodants au plaisir de nostre goust corrompu; et si pourtant, la saveur mesme et delicatesse se treuve, à nostre goust mesme, excellente, à l'envi des nostres, en divers fruicts de ces contrees là. sans culture. Ce n'est pas raison que l'art gaigne le poinct d'honneur sur nostre grande et puissante mere nature. Nous avons tant rechargé la beauté et la richesse de ses ouvrages par nos inventions, que nous l'avons du tout estouffee : si est ce que partout où sa pureté reluict, elle faict une merveilleuse honte à nos vaines et frivoles entreprinses

    Et veniunt hederæ sponte sua melius ;
   Surgit et in solis formosior arbutus antris ;
. . . .
   Et volucres nulla dulcius arte canunt.

Touts nos efforts ne peuvent seulement arriver à representer le nid du moindre oyselet, sa contexture, sa beauté, et l'utilité de son usage; non pas mesme la tissure de la chestive araignee.

Toutes choses, dict Platon, sont produictes ou par la nature, ou par la fortune, ou par l'art : les plus grandes et plus belles, par l'une ou l'aultre des deux premieres ; les moindres et imparfaictes, par la derniere.

Ces nations me semblent doncques ainsi barbares pour avoir receu fort peu de façon de l'esprit humain, et estre encores fort voisines de leur naïfveté originelle. Les loix naturelles leur commandent encores, fort peu abbastardies par les nostres; mais c'est en telle pureté, qu'il me prend quelquefois desplaisir de quoy la cognoissance n'en soit venue plus tost, du temps qu'il y avoit des hommes qui en eussent sçeu mieulx iuger que nous : il me desplaist que Lycurgus et Platon ne l'ayent eue; car il me semble que ce que nous voyons par expérience en ces nations là surpasse non seulement toutes les peinctures de quoy la poësie a embelly l'aage doré, et toutes ses inventions à feindre une heureuse condition d'hommes, mais encores la conception et le désir mesme de la philosophie : ils n'ont peu imaginer une naïfveté si pure et simple, comme nous la veoyons par experience ; ny n'ont peu croire que nostre société se peust maintenir avecques si peu d'artifice et de soudeure humaine. C'est une nation, diroy ie à Platon, en laquelle il n'y a aulcune espece de traficque, nulle cognoissance de lettres, nulle science de nombres, nul nom de magistrat ny de superiorité politique, nul usage de service, de richesse ou de pauvreté, nuls contrats, nulles successions, nuls partages, nulles occupations qu'oysifves, nul respects de parenté que commun, nuls vêtements, nulle agriculture, nul metal, nul usage de vin ou de bled; les paroles mesmes qui signifient le mensonge, la trahison, la dissimulation, l'avarice, l'envie, la detraction, le pardon, inouyes. Combien trouveroit il la republique qu'il a imaginee, esloingnee de cette perfection! (*Viri a diis recentes.*)

    Hos natura modos primum dedit.

Au demourant, ils vivent en une contree de païs tresplaisante et bien temperee : de façon qu'à ce que m'ont dict mes tesmoings, il est rare d'y veoir un homme malade; et m'ont assuré n'en y avoir veu aulcun tremblant, chassieux, esdenté, ou courbé de vieillesse. Il sont assis le long de la mer, et fermez du costé de la terre de grandes et haultes montaignes, ayants, entre deux, cent lieues ou environ d'estendue en large. Ils ont grande abondance de poisson et de chairs qui n'ont aulcune ressemblance aux nostres; et les mangent sans aultre artifice que de les cuire. Le premier qui y mena un cheval, quoy qu'il les eust practiquez à plusieurs aultres voyages, leur feit tant d'horreur en cette assiette, qu'ils le tuerent à coup de traicts avant que le pouvoir recognoistre. Leurs bastiments sont fort longs, et capables de deux ou trois cents ames, estoffez d'escorce de grands arbres, tenants à terre par un bout, et se soutenants et appuyants l'un contre l'aultre par le faiste, a la mode d'aulcunes de nos granges, desquels la couverture prend iusques à terre et sert de flancq. Ils ont du bois si dur qu'ils en coupent, et en font les espees et des grils à cuire leur viande. Leurs licts sont d'un tissu de coton, suspendus contre le toict comme ceulx de nos navires, à chascun le sien; car les femmes couchent à part des maris. Ils se levent avec le soleil, et mangent soubdain aprez s'estre levez, pour toute la iournee : car ils ne font aultre repas que celuy là. Ils ne boivent pas lors, comme Suidas dict de quelques aultres peuples d'Orient, qui beuvoient hors du manger; ils boivent à plusieurs fois sur iour, et d'autant. Leur bruvage est faict de quelque racine, et est de la couleur de nos vins clairets ; ils ne le boivent que tiède. Ce bruvage ne se conserve que deux ou trois iours; il a le goust un peu picquant, nullement fumeux; salutaire à l'estomach, et laxatif à ceulx qui ne l'ont accoustumé : c'est une boisson tres-agreable à qui y est uyct. Au lieu de pain, ils usent d'une certaine matiere blanche comme du coriandre confict : i'en ai tasté ; le goust en est doulx et un peu fade. Toute la iournee se passe à dancer. Les plus ieunes vont à la chasse des bestes, à tout des arcs. Une partie des femmes s'amusent ce pendant à chauffer leur bruvage, qui est leur principal office. Il y a quelqu'un des vieillards qui, le matin, avant qu'ils se mettent à manger, presche en commun toute la grangee, en se promenant d'un bout à aultre, et redisant une mesme clause à plusieurs fois, iusques à ce qu'il ayt achevé le tour; car ce sont bastiments qui ont bien cent pas de longueur. Il ne leur recommende que deux choses, la vaillance contre les ennemys, et l'amitié à leurs femmes : et ne faillent iamais de remarquer cette obligation pour leur refrain, « que ce sont elles qui leur maintiennent leur boisson tiede et assaisonnee. » Il se veoid en plusieurs lieux, et entre aultres chez moy, la forme de leurs licts, de leurs cordons, de leurs espees, et brasselets de bois, de quoy ils couvrent leurs poignets aux combats, et des grandes cannes ouvertes par un bout, par le son desquelles ils soustiennent la cadence en leur dance. Ils sont raz partout, et se font le poil beaucoup plus nettement que nous, sans aultre rasoir que de bois ou de pierre. Ils croyent les ames eternelles; et celles qui ont bien merité des dieux, estre logees à l'endroict du ciel où le soleil se leve; les mauldites, du costé de l'occident.

Ils ont ie ne sçay quels presbtres et prophetes, qui se presentent bien rarement au peuple, ayants leur demeure aux montaignes. A leur arrivee, il se faict une grande feste et assemblee solennelle de plusieurs villages : chasque grange, comme ie l'ay descripte, faict un village, et sont environ à une lieue françoise l'une de l'aultre. Ce prophete parle à eulx en public, les exhortant à la vertu et à leur debvoir : mais toute leur science ethique ne contient que ces deux articles : de la resolution à la guerre, et affection à leurs femmes. Cettuy cy leur prognostique les choses à venir, et les evenements qu'ils doibvent esperer de leurs entreprinses; les achemine ou destourne de la guerre : mais c'est par tel si, que où il fault à bien deviner, et s'il leur advient aultrement qu'il ne leur a predict, il est haschè en mille pieces s'ils l'attrapent, et condamné pour faulx prophete. A cette cause, celuy qui s'est une fois mesconté, on ne le veoid plus.

C'est don de Dieu que la divination : voylà pourquoy ce devroit estre une imposture punissable d'en abuser. Entre les Scythes, quand les devins avoient failly de rencontre, on les couchoit, enforgez de pieds et de mains, sur des charriottes pleines de bruyere, tirees par des bœufs, en quoy on les faisoit brusler. Ceulx qui manient les choses subiectes à la conduicte de l'humaine suffisance sont excusables d'y faire ce qu'ils peuvent : mais ces aultres, qui nous viennent pipant des assurances d'une faculté extraordinaire qui est hors de nostre cognoissance, fault il pas les punir de ce qu'ils ne maintiennent l'effect de leur promesse, et de la temerité de leur imposture?

Ils ont leurs guerres contre les nations qui sont au delà de leurs montaignes, plus avant en la terre ferme, ausquelles il vont touts nuds, n'ayants aultres armes que des arcs ou des espees de bois appointees par un bout, à la mode des langues de nos espieux. C'est chose esmerveillable que de la fermeté de leurs combats, qui ne finissent iamais que par meurtre et effusion de sang : car de routes et d'effroy, ils ne sçavent que c'est. Chascun rapporte pour son trophée la teste de l'ennemy qu'il a tué, et l'attache à l'entrée de son logis. Aprez avoir longtemps bien traicté leurs prisonniers, et de toutes les commoditez dont ils se peuvent adviser, celuy qui en est le maistre faict une grande assemblée de ses cognoissants. Il attache une chorde à l'un des bras du prisonnier, par le bout de laquelle il le tient esloingné de quelques pas, de peur d'en estre offensé, et donne au plus cher de ses amis l'aultre bras à tenir de mesme; et eulx deux, en presence de toute l'assemblée, l'assomment à coups d'espée. Cela faict, ils le rostissent, et en mangent en commun, et en envoyent des loppins à ceulx de leurs amis qui sont absents. Ce n'est pas, comme on pense, pour s'en nourrir, ainsi que faisoient anciennement les Scythes: c'est pour representer une extreme vengeance : et qu'il soit ainsin, ayant apperceu que les Portugais, qui s'estoient ralliez à leurs adversaires, usoient d'une aultre sorte de mort contre eulx, quand ils les prenoient, qui estoit de les enterrer iusques à la ceincture, et retirer au demourant du corps force coups de traicts, et les pendre aprez; ils penserent que ces gents icy de l'aultre monde comme ceulx qui avoient semé la cognoissance de beaucoup de vices parmy leur voisinage, et qui estoient beaucoup plus grands maistres qu'eulx en toute sorte de malice) ne prenoient pas sans occasion cette sorte de vengeance, et qu'elle debvoit estre plus aigre que la leur, dont ils commencerent de quitter leur façon ancienne pour suyvre cette cy. Ie ne suis pas marry que nous remarquons l'horreur barbaresque qu'il y a en une telle action; mais oui bien de quoy, iugeants à poinct de leurs faultes, nous soyons si aveuglez aux nostres. Ie pense qu'il y a plus de barbarie à manger un homme vivant, qu'à le manger mort; à deschirer par torments et par gehennes un corps encores plein de sentiment, le faire rostir par le menu, le faire mordre et meurtrir aux chiens et aux pourceaux (comme nous l'avons non seulement leu, mais veu de fresche memoire, non entre des ennemis anciens, mais entre des voisins et concitoyens, et qui pis est, soubs pretexte de pieté et de religion), que de le rostir et manger aprez qu'il est trespassé.

Chrysippus et Zenon, chefs de la secte stoïque, ont bien pensé qu'il n'y avoit aulcun mal de se servir de nostre charongne à quoy que ce feust pour nostre besoing, et d'en tirer de la nourriture comme nos ancestres, estants assiegez par Cesar en la ville d'Alexia, se resolurent de soustenir la faim de ce siege par les corps des vieillards, des femmes et aultres personnes inutiles au combat.

> Vascones, ut fama est, alimentis talibus usi
> Produxere animas.

Et les medecins ne craignent pas de s'en servir à toute sorte d'usage pour nostre santé, soit pour l'appliquer au dedans ou au dehors. Mais il ne se trouva iamais aulcune opinion si desreglee qui excusast la trahison, la desloyauté, la tyrannie, la cruauté, qui sont nos faultes ordinaires. Nous les pouvons donc bien appeller barbares, eu esgard aux regles de la raison; mais non pas eu esgard à nous, qui les surpassons en toute sorte de barbarie. Leur guerre est toute noble et genereuse, et a autant d'excuse et de beauté que cette maladie humaine en peult recevoir : elle n'a aultre fondement parmy eulx, que la seule ialousie de la vertu. Ils ne sont pas en debat de la conqueste de nouvelles terres; car ils iouyssent encores de cette uberté naturelle qui les fournit, sans travail et sans peine, de toutes choses necessaires, en telle abondance, qu'ils n'ont que faire d'agrandir leurs limites. Ils sont encores en cet heureux poinct de ne desirer qu'autant que leurs necessitez naturelles leur ordonnent : tout ce qui est au delà est superflu pour eulx. Ils s'entr'appellent generalement, ceulx de mesme aage, freres; enfants, ceulx qui sont au dessoubs; et les vieillards sont peres à tous les aultres. Ceulx cy laissent à leurs heritiers en commun cette pleine possession de bien par indivis, sans aultre titre que celuy tout pur que nature donne à ses creatures, les produisant au monde. Si leurs voisins passent les montaignes pour les venir assaillir, et qu'ils emportent la victoire sur eulx, l'acquest du victorieux c'est la gloire et l'advantage d'estre demouré maistre en valeur et en vertu, car aultrement ils n'ont que faire des biens des vaincus; et s'en retournent à leurs païs, où ils n'ont faulte d'aulcune chose necessaire, ny faulte encores de cette grande partie, de sçavoir heureusement iouyr de leur condition et s'en contenter. Aultant en font ceulx cy à leur tour; ils ne demandent à leurs prisonniers aultre rançon que la confession et la recognoissance d'estre vaincus; mais il ne s'en treuve pas un en tout un siecle qui n'ayme mieulx la mort, que de relascher, ny par contenance ny de parole, un seul poinct d'une grandeur de courage invincible; il ne s'en veoid aulcun qui n'ayme mieulx estre tué et mangé que de requerir seulement de ne l'estre pas. Ils les traictent en toute liberté, à fin que la vie leur soit d'autant plus chere; et les entretiennent communement des menaces de leur mort future, des torments qu'ils y auront à souffrir, des appresls qu'on dresse pour cet effect, du destrenchement de leurs membres, et du festin qui se fera à leurs despens. Tout cela se faict pour cette seule fin, d'arracher de leur bouche quelque parole molle ou rabaissee, ou de leur donner envie de s'enfuyr, pour gaigner cet advantages de les avoir espouvantez et d'avoir faict force à leur constance. Car aussi, à le bien prendre, c'est en ce seul poinct que consiste la vraye victoire :

Victoria nulla est,
Quam quæ confessos animo quoque subiugat hostes.

Les Hongres, tresbelliqueux combattants, ne poursuyvoient iadis leur poincte oultre ces termes, d'avoir rendu l'ennemy à leur mercy; car, en ayant arraché cette confession, ils le laissoient aller sans offense, sans rançon : sauf, pour le plus, d'en tirer parole de ne s'armer dez lors en avant contre eulx. Assez d'avantages gaignons nous sur nos ennemis, qui sont advantages empruntez, non pas nostres : c'est la qualité d'un portefaix, non de la vertu, d'avoir les bras et les iambes plus roides : c'est une qualité morte et corporelle, que la disposition; c'est un coup de la fortune, de faire bruncher nostre ennemy et de luy esblouyr les yeulx par la lumiere du soleil; c'est un tour d'art et de science, et qui peult tomber en une personne lasche et de neant, d'estre suffisant à l'escrime. L'estimation et le prix d'un homme consiste au cœur et en la volonté : c'est là où gist son vray honneur. La vaillance, c'est la fermeté, non pas des iambes et des bras, mais du courage et de l'ame; elle ne consiste pas en la valeur de nostre cheval, ny de nos armes, mais en la nostre. Celuy qui tumbe obstiné en son courage, *si succiderit de genu pugnat;* qui, pour quelque danger de la mort voisine, ne relasche aulcun poinct de son asseurance; qui regarde encores, en rendant l'ame, son ennemy d'une veue ferme et desdaigneuse, il est battu, non pas de nous, mais de la fortune; il est tué, non pas vaincu : les plus vaillants sont par fois les plus infortunez. Aussi y a il des pertes triumphantes à l'envi des victoires. Ny ces quatre victoires sœurs, les plus belles que le soleil aye oncques veu de ses yeulx, de Salamine, de Platee, de Mycale, de Sicile, n'oserent oncques opposer toute leur gloire ensemble à la gloire de la desconfiture du roy Leonidas et des siens au pas des Thermopyles. Qui courut iamais d'une plus glorieuse envie et plus ambitieuse au gaing du combat que le capitaine Ischolas à la perte? qui plus ingenieusement et curieusement s'est asseuré de son salut que luy de sa ruyne? Il estoit commis à deffendre certain passage du Peloponnese contre les Arcadiens : pour quoy faire, se trouvant du tout incapable, veu la nature du lieu et inegalité des forces, et se resolvant que tout ce qui se presenteroit aux ennemis auroit de necessité à y demourer; d'aultre part, estimant indigne et de sa propre vertu et magnanimité, et du nom lacedemonien, de faillir à sa charge, il print entre ces deux extremitez un moyen party, de telle sorte : les plus ieunes et dispos de sa troupe, il les conserva à la tuition et service de leur païs, et les y renvoya; et avecques ceulx desquels le default estoit moins important, il delibera de soustenir ce pas, et par leur mort en faire escheter aux ennemis l'entree la plus chere qu'il luy seroit possible, comme il advient; car estant tantost environné de toutes parts par les Arcadiens, aprez en avoir faict une grande boucherie, luy et les siens feurent touts mis au fil de l'espee. Est il quelque trophee assigné pour les vainqueurs, qui ne soit mieulx deu à ces vaincus? Le vray vaincre a pour son roolle l'estour, non pas le salut; et consiste l'honneur de la vertu à combattre, non à battre.

Pour revenir à nostre histoire, il s'en fault tant que ces prisonniers se rendent pour tout ce qu'on leur faict, qu'au rebours, pendant ces deux ou trois mois qu'on les garde, ils portent une contenance gaye, ils pressent leurs maistres de se haster de les mettre en cette espreuve, il les desfient, les iniurient, leur reprochent leur lascheté et le nombre des battailles perdues contre les leurs. I'ay une chanson faicte par un prisonnier, où il y a ce traict : « Qu'ils viennent hardiment trestouts, et s'assemblent pour disner de luy; car ils mangeront quant et quant leurs peres et leurs ayeulx qui ont servy d'aliment et de nourriture à son corps : ces muscles, dict il, cette chair et ces veines, ce sont les vostres, pauvres fols que vous estes; vous ne recognoissez pas que la substance des membres de vos ancestres s'y tient encores; savourez les bien, vous y trouverez le goust de vostre propre chair. » Invention qui ne sent aulcunement la barbarie. Ceulx qui les peignent mourants, et qui representent cette action quand on les assomme, ils peignent le prisonnier crachant au visage de ceulx qui le tuent, et leur faisant la moue. De vray, ils ne cessent iusques au dernier soupir de les braver et desfier de parole et de contenance. Sans mentir, au prix de nous, voylà des hommes bien sauvages; car ou il faut qu'ils le soyent bien à bon escient, ou que nous le soyons; il y a une merveilleuse distance entre leur forme et la nostre.

Les hommes y ont plusieurs femmes, et en ont d'autant plus grand nombre qu'ils sont en meilleure reputation de vaillance. C'est une beauté remarquable en leurs mariages, que la mesme ialousie que nos femmes ont pour nous empescher de l'amitié et bienveillance d'aultres femmes, les leurs l'ont toute pareille pour la leur acquerir : estants plus soingneuses de l'honneur de leurs maris que de toute aultre chose, elles cherchent et mettent leur solicitude à avoir le plus de compaignes qu'elles peuvent, d'autant que c'est un tesmoignage de la vertu du mary. Les nostres crieront au miracle : ce ne l'est pas; c'est une vertu proprement matrimoniale, mais du plus hault estage. Et en la Bible, Lia, Rachel, Sara, et les femmes de Iacob, fournirent leurs belles servantes à leurs maris : et Livia seconda les appetits d'Auguste, à son interest : et la femme du roy Deiotarus, Stratonique, presta non seulement à l'usage de son mary une fort belle ieune fille de chambre qui la servoit, mais en nourrit soigneusement les enfants, et leur feit espaule à succeder aux estats de leur pere. Et à fin qu'on ne pense point que tout cecy se face par une simple et servile obligation à leur usance, et par l'impression de l'auctorité de leur ancienne coustume, sans discours et sans iugement, et pour avoir l'ame si stupide que de ne pouvoir prendre aultre party, il faut alleguer quelques traicts de leur suffisance. Oultre celuy que ie viens de reciter de l'une de leurs chansons guerrieres, i'en ai une aultre amoureuse, qui commence en ce sens : « Couleuvre, arreste toy; arreste toy, couleuvre, à fin que ma sœur tire sur le patron de ta peincture la façon et l'ouvrage d'un riche cordon que ie puisse donner à ma mie : ainsi soit en tout temps ta beauté et ta disposition preferee à tous les aultres serpents. » Ce premier couplet, c'est le refrain de la chanson. Or, i'ay assez de commerce avec la poësie pour iuger cecy, que non seulement il n'y a rien de barbarie en cette imagination, mais qu'elle est tout à faict anacreontique. Leur langage, au demourant, c'est un langage doulx, et qui a le son agreable, retirant aux terminaisons grecques.

Trois d'entre eulx, ignorants combien coustera un iour à leur repos et à leur bonheur la cognoissance des corruptions de deçà, et que de ce commerce naistra leur ruyne, comme ie presuppose qu'elle soit desia avancee (bien miserables de s'estre laissez piper au desir de la nouvelleté, et avoir quitté la doulceur de leur ciel pour venir veoir le nostre!), feurent à Rouan du temps que le feu roy Charles neufviesme y estoit. Le roy parla à eulx longtemps. On leur feit veoir nostre façon, nostre pompe, la forme d'une belle ville. Aprez cela, quelqu'un en demanda leur advis, et voulut sçavoir d'eulx ce qu'ils y avoient trouvé de plus admirable : ils respondirent trois choses, dont i'ay perdu la troisieme, et en suis bien marry; mais i'en ay encores deux en mémoire. Ils dirent qu'ils trouvoient en premier lieu fort estrange que tant de grands hommes portant barbe, forts et armez, qui estoient autour du roy (il est vraysemblable qu'ils parlaient des Souisses de sa garde), se soubmissent à obeir à un enfant, et qu'on ne choisissoit plutost quelqu'un d'entre eulx pour commander. Secondement (ils ont une façon de langage telle, qu'ils nomment les hommes moitié les uns des aultres), qu'ils avoient apperceu qu'il y avoit parmy nous des hommes pleins et gorgez de toutes sortes de commoditez, et que leurs moitiez estoient mendiants à leurs portes, descharnez de faim et de pauvreté; et trouvoient estrange comme ces moitiez icy necessiteuses pouvoient souffrir une telle iniustice, qu'ils ne prinssent les aultres à la gorge, ou meissent le feu à leurs maisons.

le parlay à l'un d'eulx fort longtemps; mais i'avois un truchement qui me suyvoit si mal et qui estoit si empesché à recevoir mes imaginations, par sa bestise, que ie n'en peus tirer rien qui vaille. Sur ce que ie luy demanday quel fruict il recevoit de la superiorité qu'il avoit parmy les siens (car c'estoit un capitaine, et nos matelots le nommoient roy), il me dict que c'estoit « Marcher le premier à la guerre : » De combien d'hommes il estoit suivi ? il me montra une espace de lieu, pour signifier que c'estoit autant qu'il en pourroit en une telle espace; ce pouvoit estre quatre ou cinq mille hommes. Si hors la guerre toute son auctorité estoit expiree ? il dict « Qu'il luy en restoit cela, que, quand il visitoit les villages qui despendoient de luy, on luy dressoit des sentiers au travers des hayes de leurs bois, par où il peust passer bien à l'ayse. » Tout cela ne va pas trop mal : mais quoy! ils ne portent point de hault de chausses.

Chapitre xxxi. — Qu'il fault sobrement se mesler de iuger des ordonnances divines.

Le vray champ et subiect de l'imposture sont les choses incogneues : d'autant que, en premier lieu, l'estrangeté mesme donne credit; et puis, n'estants point subiectes à nos discours ordinaires, elles nous ostent le moyen de les combattre. A cette cause, dict Platon, est il bien plus aysé de satisfaire, parlant de la nature des dieux, que de la nature des hommes, parce que l'ignorance des auditeurs preste une belle et large carrière, et toute liberté au maniement d'une matiere cachee. Il advient de là qu'il n'est rien creu si fermement que ce qu'on sçait le moins; ny gents si asseurez que ceulx qui nous content des fables, comme alchymistes, prognosticqueurs, iudiciaires, chiromantiens, medecins, *id genus omne* : auxquels ie ioindrois volontiers, si i'osois, un tas de gents, interpretes et contrerooleurs ordinaires des desseings de Dieu, faisants estats de trouver les causes de chasque accident, et de veoir dans les secrets de la volonté divine les motifs incomprehensibles de ses œuvres; et quoyque la varieté et discordance continuelle des evenements les reiecte de coing en coing, et d'orient en occident, ils ne laissent de suyvre pourtant leur esteuf, et de mesme creon peindre le blanc et le noir.

En une nation indienne, il y a cette louable observance : quand il leur mesadvient en quelque rencontre ou bataille, ils en demandent publicquement pardon au soleil, qui est leur dieu, comme d'une action iniuste; rapportants leur heur ou malheur à la raison divine, et luy soubmettant leur iugement et discours. Suffit à un chrestien croire toutes choses venir de Dieu, les recevoir avecques recognoissance de sa divine et inscrutable sapience ; pourtant les prendre en bonne part, en quelque visage qu'elles luy soyent envoyees. Mais ie treuve mauvais, ce que ie veois en usage, de chercher à fermir et appuyer nostre religion par la prosperité de nos entreprinses. Nostre creance a assez d'aultres fondements, sans l'auctoriser par les evenements; car le peuple accoustumé à ces arguments plausibles et proprement de son goust, il est dangier, quand les evenements viennent à leur tour contraires et desadvantageux, qu'il en esbranle sa foy : comme aux guerres où nous sommes pour la religion, ceulx qui eurent l'advantage à la rencontre de la Rochelabeille, faisants grand'feste de cet accident, et se servants de cette fortune pour certaine approbation de leur party; quand ils viennent aprez à excuser leurs desfortunes de Montcontour et de Iarnac, sur ce que ce sont verges et chastiments paternels, s'ils n'ont un peuple du tout à leur mercy, ils luy font assez aysement sentir que c'est prendre d'un sac deulx moultures, et de mesme bouche souffler le chaud et le froid. Il vauldroit mieux l'entretenir des vrays fondements de la vérité. C'est une belle bataille navale qui s'est gaignee ces mois passez contre les Turcs, soubs la conduicte de dom Ioan d'Austria : mais il a bien pleu à Dieu en faire aultresfois veoir d'aultres telles, à nos despens. Somme, il est malaysé de ramener les choses divines à nostre balance, qu'elles n'y souffrent du deschet. Et qui vouldroit rendre raison de ce que Arius, et Leon son pape, chefs principaux de cette heresie, moururent en divers temps de morts si pareilles et si estranges (car retirez de la dispute, par douleur de ventre, à la garde-robe, touts deux y rendirent subitement l'ame), et exaggerer cette vengeance divine par la circonstance du lieu, y pourroit bien encores adiouter la mort de Heliogabalus, qui feust aussi tué en un retraict : mais quoy! Irenee se treuve engagé en mesme fortune. Dieu nous voulant apprendre que les bons ont aultre chose à esperer, et les mauvais aultre chose à craindre, que les fortunes ou infortunes de ce monde, il les manie et applique selon sa disposition occulte, et nous oste le moyen d'en faire sottement nostre proufit. Et se mocquent ceulx qui s'en veulent prevaloir selon l'humaine raison : ils n'en donnent iamais une touche, qu'ils n'en reçoivent deux. Sainct Augustin en faict une belle preuve sur ses adversaires. C'est un conflict qui se decide par les armes de la memoire, plus que par celles de la raison. Il se fault contenter de la lumiere qu'il plaist au soleil nous communiquer par ses rayons ; et qui eslevera ses yeux pour en prendre une plus grande dans son corps mesme, qu'il ne treuve pas estrange, si pour la peine de son oultrecuidance, il y perd la vue. *Quis hominum potest scire consilium Dei? aut quis poterit cogitare quid velit Dominus?*

Chapitre XXXII. — De fuir les voluptez, au prix de la vie.

I'avois bien veu convenir en cecy la pluspart des anciennes opinions : Qu'il est heure de mourir lors qu'il y a plus de mal que de bien à vivre; et que de conserver nostre vie à nostre torment et incommodité, c'est chocquer les regles mesme de nature, comme disent ces vieux enseignements :

Ἡ ζῆν ἀλύπως, ἢ θανεῖν εὐδαιμόνως.
Καλὸν τὸ θνήσκειν οἷς ὕβριν τὸ ζῆν φέρει.
Κρεῖσσον τὸ μὴ ζῆν ἐστίν, ἢ ζῆν ἀθλίως.

Mais de poulser le mespris de la mort iusques à tel degré, que de l'employer pour se distraire des honneurs, richesses, grandeurs et aultres faveurs et biens que nous appellons de la fortune, comme si la raison n'avoit pas assez à faire à nous persuader de les abandonner, sans y adiouster cette nouvelle recharge, ie ne l'avois vu ny commander ny practiquer, iusques lors que ce passage de Seneca me tumba entre les mains, auquel conseillant à Lucilius, personnage puissant et de grande auctorité autour de l'empereur, de changer cette vie voluptueuse et pompeuse, et de se retirer de cette ambition du monde à quelque vie solitaire, tranquille et philosophique; sur quoy Lucilius alleguoit quelques difficultez : « Ie suis d'advis, dict il, que tu quittes cette vie là, ou la vie tout à faict : bien te conseille ie de suyvre la plus doulce voye, et de destacher plustost que de rompre ce que tu as mal noué; pourveu que, s'il ne se peult aultrement destacher, tu le rompes : il n'y a homme si couard qui n'ayme mieulx tumber une fois, que de demourer touiours en bransle. » I'eusse trouvé ce conseil sortable à la rudesse stoïcque ; mais il est plus estrange qu'il soit emprunté d'Epicurus, qui escript à ce propos choses toutes pareilles à Idomeneus. Si est ce que ie pense avoir remarqué quelque traict semblable parmy nos gents, mais avec la moderation chrestienne.

Sainct Hilaire, evesque de Poictiers, ce fameux ennemy de l'heresie arienne, estant en Syrie, feut adverty qu'Abra, sa fille unique, qu'il avait par deçà avecques sa mère, estoit poursuyvie en mariage par les plus apparents seigneurs du païs, comme fille tresbien nourrie, belle, riche, et en la fleur de son aage : il luy escrivit (comme nous veoyons) qu'elle ostast son affection de touts ces plaisirs et advantages qu'on luy presentoit ; qu'il lui avoit trouvé en son voyage un party bien plus grand et plus digne, d'un mary de bien aultre pouvoir et magnificence, qui luy feroit present de robes, et de ioyaux de prix inestimable. Son desseing estoit de luy faire perdre l'appetit et l'usage des plaisirs mondains, pour la ioindre toute à Dieu ; mais à cela le plus court et le plus certain moyen luy semblant estre la mort de sa fille, il ne cessa par vœux, prieres et oraisons, de faire requeste à Dieu de l'oster de ce monde, et de l'appeler à soy, comme il advient ; car bientost aprez son retour elle luy mourut, de quoy il montra une singuliere ioye. Cettuy cy semble encherir sur les aultres, de ce qu'il s'adresse à ce moyen de prime face, lequel ils ne prennent que subsidiairement ; et puis, que c'est à l'endroit de sa fille unique. Mais ie ne veulx obmettre le bout de cette histoire, encores qu'il ne soit pas de mon propos. La femme de sainct Hilaire, ayant entendu par luy comme la mort de leur fille s'estoit conduicte par son desseing et volonté, et combien elle avoit plus d'heur d'estre deslogee de ce monde que d'y estre, print une si vifve apprehension de la beatitude eternelle et celeste, qu'elle solicita son mary avecques extreme instance d'en faire autant pour elle. Et Dieu, à leurs prieres communes, l'ayant retiree à soy bientost aprez, ce feut une mort embrassee avecques singulier contentement commun.

Chapitre XXXIII. — La fortune se rencontre souvent au train de la raison.

L'inconstance du bransle divers de la fortune faict qu'elle nous doibve presenter toute espece de visages. Y a il action de iustice plus expresse que celle cy ? le duc de Valentinois ayant resolu d'emprisonner Adrian, cardinal de Cornete, chez qui le pape Alexandre sixiesme son pere et luy alloyent souper au Vatican, envoya devant quelque bouteille de vin empoisonné, et commanda au sommelier qu'il la gardast bien soigneusement : le pape y estant arrivé avant le fils, et ayant demandé à boire, ce sommelier, qui pensoit ce vin ne luy avoir esté recommendé que pour sa bonté, en servit au pape; et le duc mesme y arrivant sur le poinct de la collation, et se fiant qu'on n'auroit pas touché à sa bouteille, en print à son tour : en manière que le pere en mourut soubdain; et le fils, aprez avoir esté longuement tourmenté de maladie, feut reservé à un aultre pire fortune.

Quelquesfois il semble à poinct nommé qu'elle se ioue à nous : le seigneur d'Estrée, lors guidon de monsieur de Vandosme, et le seigneur de Licques, lieutenant de la compaignie du duc d'Ascot, estants touts deux serviteurs de de la sœur du sieur de Fougueselles, quoyque de divers partis (comme il advient aux voisins de la frontiere), le sieur de Licques l'emporta; mais le mesme iour des nopces, et qui pis est, avant le coucher, le marié, ayant envie de rompre un bois en faveur de sa nouvelle espouse, sortit à l'escarmouche prez de S. Omer, où le sieur d'Estree se trouvant le plus fort le feit son prisonnier : et pour faire valoir son advantage, encores fallust il que la damoiselle,

> Coniugis ante coacta novi dimittere collum,
> Quam veniens una atque altera rursus hyems
> Noctibus in longis avidum saturasset amorem.

luy feist elle mesme requeste par courtoisie de luy rendre son prisonnier, comme il feit, la noblesse françoise ne refusant iamais rien aux dames.

Semble il pas que ce soit un sort artiste? Constantin, fils de Helene, fonda l'empire de Constantinople; et tant de siecles aprez, Constantin, fils de Helene, le finit. Quelquefois il luy plaist envier sur nos miracles : nous tenons que le roy Clovis, assiegeant Angoulesme, les murailles cheurent d'elles mesmes par faveur divine : et Bouchet emprunte de quelqu'aucteur, que le roy Robert assiegeant une ville, et s'estant desrobé du siege pour aller à Orleans solenniser la feste sainct Aignan, comme il estoit en devotion sur certain poinct de la messe, les murailles de la ville assiegee s'en allerent sans aulcun effort en ruine. Elle feit tout à contrepoil en nos guerres de Milan : car le capitaine Rense assiegeant pour nous la ville d'Eronne, et ayant faict mettre la mine soubs un grand pan de mur, et le mur en estant brusquement enlevé hors de terre, recheut toutesfois tout empenné si droict dans son fondement, que les assiegez n'en vaulsirent pas moins.

Quelquesfois elle faict la medecine : Iason Phereus, estant abandonné des medecins pour une aposteme qu'il avoit dans la poictrine, ayant envie de s'en desfaire, eu moins par la mort, se iecta dans une bataille à corps perdu dans la presse des ennemis, où il feust blessé à travers le corps si à poinct, que son aposteme en creva, et guarit. Surpassa elle pas le peintre Protogenes en la science de son art? cettuy cy ayant parfaict l'image d'un chien las et recreu, à son contentement en toutes les aultres parties, mais ne pouvant representer à son gré l'escume et la bave, despité contre sa besongne, print son esponge, et, comme elle estoit abruvee de diverses peinctures, la iecta contre, pour tout effacer : la fortune porta tout à propos de le coup à l'endroict à la bouche du chien, et y parfournit ce à quoy l'art n'avoit pu atteindre. N'adresse elle pas quelquesfois nos conseils et les corrige? Isabelle, royne d'Angleterre, ayant à repasser de Zelande en son royaume, avecques une armee, en faveur de son fils, contre son mary, estoit perdue, si elle feust arrivee au port qu'elle avoit proiecté, y estant attendue par ses ennemis : mais la fortune la iecta contre son vouloir ailleurs, où elle print terre en toute seureté. Et cet ancien qui ruant la pierre à un chien, en assena et tua sa marastre, eust il pas raison de prononcer ce vers,

> Ταυτόματον ἡμῶν καλλίω βουλεύεται,
> La fortune a meilleur advis que nous ?

Icetes avoit practiqué deux soldats pour tuer Timoleon; seiournant à Adrane en la Sicile. Ils prinrent heure sur le poinct qu'il feroit quelque sacrifice; et se meslants parmy la multitude, comme ils se guignoyent l'un l'aultre que l'occasion estoit propre à leur besongne, voicy un tiers qui d'un grand coup d'espee en assene l'un par la teste, et le rue mort par terre, et s'enfuit. Le compaignon se tenant pour descouvert et perdu, recourut à l'autel, requerant franchise, avec promesse de dire toute la verité. Ainsi qu'il faisoit le conte de la coniuration, voicy le tiers qui avoit esté attrapé, lequel, comme meurtrier, le peuple poulse et saboule au travers la presse, vers Timoleon et les plus apparents de l'assemblée. Là il crie mercy, et dict avoir iustement tué l'assassin de son pere; verifiant sur le champ, par des tesmoings que son bon sort luy fournit tant à propos, qu'en la ville des Leontins son pere, de vray, avoit esté tué par celui sur lequel il s'estoit vengé. On luy ordonna dix mines attiques pour avoir eu cette heur, prenant raison de la mort de son pere, d'avoir retiré de mort le pere commun des Siciliens. Cette fortune surpasse en reglement les regles de l'humaine prudence.

Pour la fin, en ce faict icy se descouvre il pas une bien expresse application de sa faveur, de bonté et pieté singuliere? Ignatius pere et fils, proscripts par les triumvirs à Rome, se resolurent à ce genereux office de rendre leurs vies entre les mains l'un de l'aultre, et en frustrer la cruauté des tyrans; ils se coururent sus l'espee au poing: elle en dressa les poinctes, et en feit deux coups egualement mortels: et donna à l'honneur d'une si belle amitié, qu'ils eussent iustement la force de retirer encores des playes leurs bras sanglants et armez, pour s'entr'embrasser en cet estast d'une si forte estreinte, que les bourreaux couperent ensemble leurs deux testes, laissent leurs corps touiours prins en ce noble nœud, et les playes ioinctes, humants amoureusement le sang et les restes de la vie l'un de l'aultre.

Chapitre XXXIV. — D'un default de nos polices.

Feu mon pere, homme pour n'estre aydé que de l'experience et du naturel, d'un iugement bien net, m'a dict aultrefois qu'il avoit desiré mettre en train qu'il y eust ez villes certain lieu designé, auquel ceulx qui auroient besoing de quelque chose se peussent rendre, et faire enregistrer leur affaire à un officier estably pour cet effet: comme, « Ie cherche à vendre des perles; Ie cherche des perles à vendre; Tel veult compaignie pour aller à Paris; Tel s'enquiert d'un serviteur de telle qualité; Tel d'un maistre; Tel demande un ouvrier; qui cecy, qui cela, chascun selon son besoing. » Et semble que ce moyen de nous entr'advertir apporteroit une legiere commodité au commerce publicque; car à touts coups il y a des conditions qui s'entrecherchent, et pour ne s'entr'entendre, laissent les hommes en extreme necessité.

I'entends, avecques une grande honte de nostre siecle, qu'à nostre veue deux tres excellents personnages en sçavoir sont morts en estat de n'avoir pas leur saoul en manger, Lilius Gregorius Giraldus en Italie, et Sebastianus Castalio en Allemaigne; et crois qu'il y a mille hommes qui les eussent appelez avecques tres advantageuses conditions, ou secourus où ils estoient, s'ils l'eussent sceu. Le monde n'est pas si generalement corrompu, que ie ne sçache tel homme qui souhaitteroit, de bien grande affection, que les moyens que les siens luy ont mis en main se peussent employer, tant qu'il plaira à la fortune qu'il en iouïsse, à mettre à l'abri de la necessité les personnages rares et remarquables en quelque espèce de valeur, que le malheur combat quelquefois iusques à l'extremité; et qui les mettroit pour le moins en tel estat, qu'il ne tiendroit qu'à faulte de bon discours, s'ils n'estoient contents.

En la police œconomique, mon pere avoit cet ordre, que ie sçais louer, mais nullement ensuyvre: c'est qu'oultre le registre des négoces du mesnage où se logent les menus comptes, payements, marchés qui ne requierent la main du notaire, lequel registre un receveur a en charge, il ordonnoit à celuy de ses gents qui luy servoit à escrire, un papier iournal à inserer toutes les survenances de quelque remarque, et, iour par iour, les memoires de l'histoire de sa maison; tresplaisante à veoir quand le temps commence à en effacer la souvenance, et trez à propos pour nous oster souvent de la peine: « Quand feut entamée telle besongne, quand achevee; Quels trains y ont passé, combien arresté; Nos voyages, nos absences, mariages, morts; La reception des heureuses ou malencontreuses nouvelles ; Changement des serviteurs principaulx ; telles matieres. » Usage ancien, que ie trouve bon à refreschir, chascun en sa chascuniere : et me trouve un sot d'y avoir failly.

Chapitre xxxv. — De l'usage de se vestir.

Où que ie veuille donner, il me fault forcer quelque barriere de la coustume : tant elle a soigneusement bridé toutes nos advenues ! Ie devisois, en cette saison frilleuse, si la façon d'aller tout nud, de ces nations dernierement trouvees, est une façon forcee par la chaulde temperature de l'air, comme nous disons des Indiens et des Mores, ou si c'est l'originelle des hommes. Les gents d'entendement, d'autant que tout ce qui est soubs le ciel, comme dict la saincte parole, est subiect à mesmes loix, ont accoustumé en pareilles considérations à celles icy, où il fault distinguer les loix naturelles, des controuvées, de recourir à la generale police du monde, où il n'y peult avoir rien de contrefaict. Or, tout estant exactement fourny ailleurs de filet et d'aiguille, pour maintenir son estre, il est mescreable que nous soyons seuls produits en estat defectueux et indigent, et en estat qui ne se puisse maintenir sans secours estrangier. Ainsi ie tiens que, comme les plantes, arbres, animaulx, et tout ce qui vit, se treuve naturellement equippé de suffisante couverture pour se deffendre de l'iniure du temps,

    Proptereaque fere res omnes aut corio sunt,
    Aut seta, aut conchis, aut callo, aut cortice, tectæ,

aussi estions nous : mais, comme ceulx qui esteignent par artificielle lumiere celle du iour, nous avons esteinct nos propres moyens par les moyens empruntez. Et est aysé à veoir que c'est la coustume qui nous faict impossible ce qui ne l'est pas : car de ces nations qui n'ont aulcune cognoissance de vestements, il s'en trouve d'assises environ soubs mesme ciel que le nostre : et soubs bien plus rude ciel que le nostre ; et puis, la plus delicate partie de nous est celle qui se tient touiours descouverte, les yeulx, la bouche, le nez, les aureilles ; à nos contadins, comme à nos ayeulx, la partie pectorale et le ventre. Si nous feussions nays avecques condition de cotillons et de greguesques, il ne fault faire doubte que nature n'eust armé d'une peau plus espesse ce qu'elle eust abandonné à la batterie des saisons, comme elle a faict le bout des doigts et plante des pieds. Pourquoy semble il difficile à croire ? en ma façon d'estre vestu, et celle d'un païsan de mon païs, ie treuve bien plus de distance, qu'il n'y a de sa façon à celle d'un homme qui n'est vestu que de sa peau. Combien d'hommes, et en Turquie surtout, vont nuds par devotion ! Ie ne sçais qui demandoit à un de nos gueux, qu'il voyoit en chemise en plein hyver, aussi scarbillat que. tel qui se tient emmitonné dans les martes iusques aux aureilles, comme il pouvoit avoir patience. « Et vous, monsieur, res pondict il, vous avez bien la face descouverte : or moy, ie suis tout face. » Les Italiens content du fol du duc de Florence, ce me semble, que son maistre s'enquerant comment ainsi mal vestu il pouvoit porter le froid, à quoy il estoit bien empesché luy mesme : « Suyvez, dict il, ma recepte de charger sur vous touts vos accoustrements, comme ie foys les miens, vous n'en souffrirez non plus que moy. » Le roy Massinissa, iusques à l'extrême vieillesse, ne peut estre induict à aller la teste couverte, par froid, orage et pluye qu'il feist ; ce qu'on dict aussi de l'empereur Severus. Aux battailles donnees entre les Aegyptiens et les Perses, Herodote dict avoir esté remarqué, et par d'aultres et par luy, que de ceulx qui y demeuraient morts, le test estoit sans comparaison plus dur aux Aegyptiens qu'aux Persiens ; à raison que ceulx cy portent leurs testes touiours couvertes de beguins et puis de turbans ; ceulx là, razes dez l'enfance et descouvertes. Et le roy Agesilaus observa iusques à sa decrepitude de porter pareille vesture en hyver qu'en esté. Cesar, dict Suetone, marchoit touiours devant sa troupe, et le plus souvent à pied, la teste descouverte, soit qu'il feist soleil ou qu'il pleust ; et autant en dict on de Hannibal,

    Tum vertice nudo
    Excipere insanos imbres, cœlique ruinam.

Un Venitien, qui s'y est tenu longtemps, et qui ne faict que d'en venir, escrit qu'au royaume du Pegu, les aultres parties du corps vestues, les hommes et les femmes vont touiours les pieds nuds, mesme à cheval. Et Platon conseille merveilleusement, pour la santé de tout le corps, de ne donner aux pieds et à la teste aultre couverture que celle que la nature y a mise. Celuy que les Polonnois ont choisi pour leur roy aprez le nostre, qui est à la verité l'un des plus grands princes de nostre siecle, ne porte iamais gants, ny ne change, pour hyver et temps qu'il fasse, le mesme bonnet qu'il porte au couvert. Comme ie ne puis souffrir d'aller desboutonné et destaché, les laboureurs de mon voisinage se sentiroient entravez de l'estre. Varro tient que quand on ordonna que nous teinssions la teste descouverte en presence des dieux ou du magistrat, on le feit plus pour nostre santé et nous fermir contre les iniures du temps, que pour compte de la reverence. Et puisque nous sommes sur le froid, et François accoustumez à nous bigarrer (non pas moy, car ie ne m'habille gueres que de noir ou de blanc, à l'imitation de mon pere), adioustons d'une aultre piece, que le capitaine Martin du Bellay recite, au voyage de Luxembourg, avoir vu les gelees si aspres que le vin de la munition se coupoit à coups de hache et de cognee, se debitoit aux soldats par poids, et qu'ils l'emportoient dans des panniers : et Ovide,

> Nudaque consistunt, formam servantia testæ
> Vina; nec hausta meri, sed data frusta, bibunt.

Les gelees sont si aspres en l'embouchure des Palus Mæotides, qu'en la mesme place où le lieutenaut Mithridates avoit livré battaille aux ennemis à pied sec et les y avoit desfaicts, l'esté venu il gaigna contre eulx encore une battaille navale. Les Romains souffrirent grand desadvantage, au combat qu'ils eurent contre les Carthaginois prez de Plaisance, de ce qu'il allerent à la charge, le sang figé et les membres contraincts du froid : là où Hannibal avoit faict espandre du feu par tout son ost pour eschauffer ses soldats, et distribuer de l'huyle par les bandes, à fin que s'oignants ils rendissent leurs nerfs plus souples et desgourdis, et encroutassent les pores contre les coups de l'air et du vent gelé qui tiroit lors.

La retraicte des Grecs, de Babylone en leur païs, est fameuse des difficultez et mesayses qu'ils eurent à surmonter : cette cy en feut, qu'accueillis aux montaignes d'Armenie d'un horrible ravage de neiges, ils en perdirent la cognoissance du païs et des chemins; et en estants assiegez tout court, feurent un iour et une nuict sans boire et sans manger, la pluspart de leurs bestes mortes, d'entre eulx plusieurs morts, plusieurs aveugles du coup du gresil et lueur de la neige, plusieurs stropiez par les extremitez, plusieurs roides, transis et immobiles de froid, ayants encores le sens entier.

Alexandre veid une nation en laquelle on enterre les arbres fruictiers en hyver pour les deffendre de la gelee; et nous en pouvons aussi veoir.

Sur le subiect de vestir, le roy de la Mexique changeoit quatre fois par iour d'accoustrements, iamais ne les reïteroit, employant sa desferre à ses continuelles liberalitez et recompenses; comme aussi ny pot, ny ustensile de sa cuisine et de sa table, ne lui estoient servis à deux fois.

Chapitre xxxxvi. — Du ieune Caton.

Ie n'ay point cette erreur commune de iuger d'un aultre selon que ie suis : i'en crois aysement des choses diverses à moy. Pour me sentir engagé à une forme, ie n'y oblige pas le monde, comme chascun faict; et crois et conçois mille contraires façons de vie; et, au rebours du commun, reçois plus facilement la difference que la ressemblance en nous. Ie descharge, tant qu'on veult, un aultre estre de mes conditions et principes, et le considere simplement en luy mesme, sans relation, l'estoffant sur son propre modele. Pour n'estre continent, ie ne laisse d'avouer sincerement la continence des Feuillants et des Capuchins, et de bien trouver l'air de leur train : ie m'insinue par imagination fort bien en leur place; et les aime et les honore d'autant plus qu'ils sont aultres que moy. Ie desire singulierement qu'on nous iuge chascun à part soy, et qu'on ne me tire en consequence des communs exemples. Ma foiblesse n'altere aulcunement les opinions que ie dois avoir de la force et vigueur de ceulx qui le meritent. *Sunt qui nihil suadent, quam quod se imitari posse confidunt.* Rampant au limon de la terre, ie ne laisse pas de remarquer iusques dans les nues la haulteur d'aulcunes ames heroïques. C'est beaucoup pour moy d'avoir le iugement reglé, si les effects ne le peuvent estre, et maintenir au moins cette maistresse partie exempte de corruption : c'est quelque chose d'avoir la volonté bonne, quand les iambes me faillent. Ce siecle auquel nous vivons, au moins pour nostre climat, est si plombé, que, ie ne dis pas l'execution, mais l'imagination mesme, de la vertu en est à dire : et semble que ce ne soit aultre chose qu'un iargon de college ;

> Virtutum verba putant, ut
> Lucum ligna ;

quam vereri deberent, etiam si percipere non possent; c'est un affiquet à pendre en un cabinet, ou au bout de la langue, comme au bout de l'aureille, pour parement. Il ne se recognoist plus d'action vertueuse; celles qui en portent le visage, elles n'en ont pas pourtant l'essence; car le proufit, la gloire, la crainte, l'accoustumance, et aultres telles causes estrangieres, nous acheminent à les produire. La iustice, la vaillance, la debonnaireté que nous exerçons lors, elles peuvent estre ainsi nommees pour la consideration d'aultruy et du visage qu'elles portent en publicque; mais chez l'ouvrier ce n'est aulcunement vertu, il y a une aultre fin proposee, aultre cause mouvante. Or, la vertu n'advoue rien, que ce qui se faict par elle et pour elle seule.

En cette grande bataille de Potidee, que les Grecs soubs Pausanias gaignerent contre Mardonius et les Perses, les victorieux, suyvant leur coustume, venants à partir entre eulx la gloire de l'exploict, attribuerent à la nation spartiate la precellence de valeur en ce combat. Les Spartiates, excellents iuges de la vertu, quand ils vindrent à decider à quel particulier de leur nation debvoit demourer l'honneur d'avoir mieulx faict en cette iournee, trouverent qu'Aristodeme s'estoit courageusement hazardé; mais pourtant ils ne luy en donnerent point de prix, parce que sa vertu avoit esté incitee du desir de se purger du reproche qu'il avoit encouru au faict des Thermopyles, et d'un appetit de mourir courageusement pour garantir sa honte passee.

Nos iugements sont encores malades, et suyvent la depravation de nos mœurs. Ie veois la pluspart des esprits de mon temps faire les ingenieux à obscurcir la gloire des belles et genereuses actions anciennes, leur donnant quelque interpretation vile, et leur controuvant des occasions et des causes vaines : grande subtilité! Qu'on me donne l'action la plus excellente et pure, ie m'en voys y fournir vraysemblablemen cinquante vicieuses intentions. Dieu sçait, à qui les veut estendre, quelle diversité d'images ne souffre nostre interne volonté! Ils ne font pas tant malicieusement, que lourdement et grossierement, les ingenieux à tout leur mesdisance.

La mesme peine qu'on prend à detracter de ces grands noms, et la mesme licence, ie la prendrois volontiers à leur prester quelque tour d'espaule pour les haulser. Ces rares figures, et triees pour l'exemple du monde par le consentement des sages, ie ne me feindrois pas de les recharger d'honneur, autant que mon invention pourroit, en interpretation et favorable circonstance : et il fault croire que les efforts de nostre invention sont loing au dessoubs de leur merite. C'est l'office des gents de bien peindre la vertu la plus belle qui se puisse; et ne nous messieroit pas, quand la passion nous transporteroit à la faveur de si sainctes formes. Ce que ceulx cy font au contraire, ils le font ou par malice, ou par ce vice de ramener leur creance à leur portee, de quoy ie viens de parler; ou, comme ie pense plustost, pour n'avoir pas la veue assez forte et assez nette, ny dressee à concevoir la splendeur de la vertu en sa pureté naïve; comme Plutarque dict que de son temps aulcuns attribuoient la cause de la mort du ieune Caton à la crainte qu'il avoit eue de Cæsar; de quoy il se picque avecques raison : et peult on iuger par là combien il se feust encore plus offensé de ceulx qui l'ont attribuee à l'ambition. Sottes gents! Il eust bien faict une belle action, genereuse et iuste, plustost avecques ignominie que pour la gloire. Ce personnage là feut veritablement un patron, que nature choisit pour montrer iusques où l'humaine vertu et fermeté pouvoit atteindre.

Mais ie ne suis pas icy à mesme pour traicter ce riche argument : ie veux seulement faire luicter ensemble les traicts de cinq poëtes latins sur la louange de Caton, et pour l'interest de Caton, et, par incident, pour le leur aussi. Or, debvra l'enfant bien nourry trouver, au prix des aultres, les deux premiers traisnants; le troisiesme plus verd, mais qui s'est abattu par l'extravagance de sa force : il estimera que là il y aurait place à un ou deux degrez d'invention encores pour arriver au quatriesme, sur le poinct duquel il ioindra ses mains par admiration : au dernier, premier de quelque espace, mais laquelle espace il iurera ne pouvoir estre remplie par nul esprit humain, il s'estonnera, il se transira.

Voicy merveille : nous avons bien plus de poëtes que de iuges et interpretes de poësie; il est plus aysé de la faire que de la cognoistre. A certaine mesure basse, on la peult iuger par les preceptes et par art : mais la bonne, la supreme, la divine, est au dessus des regles et de la raison. Quiconque en discerne la beauté d'une veue ferme et rassise, il ne la veoid pas, non plus que la splendeur d'un esclair : elle ne practique point nostre iugement; elle le ravit et ravage. La fureur qui espoinçonne celuy qui la sçait penetrer, fiert encores un tiers à la luy ouyr traicter et reciter; comme l'aimant non seulement attire une aiguille, mais infond encores en icelle sa faculté d'en attirer d'aultres : et il se veoid plus clairement aux theatres, que l'inspiration sacrée des Muses, ayant premierement agité le poëte à la cholere, au deuil, à la hayne, et hors de soy, où elles veulent, frappent encores par le poëte l'acteur, et par l'acteur consecutivement tout un peuple; c'est l'enfileure de nos aiguilles suspendues l'une de l'aultre. Dez ma premiere enfance, la poësie a eu cela, de me transpercer et transporter; mais ce ressentiment vien vif, qui est naturellement en moy, a esté diversement manié par diversité de formes, non tant plus haultes et plus basses (car c'estoient tousiours des plus haultes en chaque espece), comme differentes en couleurs : premierement, une fluidité gaye et ingenieuse; depuis, une subtilité aiguë et relevee; enfin, une force meure et constante. L'exemple le dira mieulx; Ovide, Lucain, Virgile.

Mais voyla nos gents sur la carriere :

Sit Cato, dum vivit, sane vel Cæsare maior,

dict l'un;

Et invictum, devicta morte, Catonem,

dict l'aultre; et l'aultre, parlant des guerres civiles d'entre Cæsar et Pompeius,

Victrix causa diis placuit, sed victa Catoni;

et le quatriesme, sur les louanges de Cæsar :

Et cuncta terrarum subacta,
Præter atrocem animum Catonis;

et le maistre du cœur, aprez avoir estalé les noms des plus grands Romains en sa peincture, finit en cette maniere,

His dantem iura Catonem.

Chapitre XXXVII. — Comme nous pleurons et rions d'une mesme chose.

Quand nous rencontrons dans les histoires qu'Antigonus sceut tres mauvais gré à son fils de luy avoir presenté la teste du roy Pyrrhus, son ennemy, qui venoit sur l'heure mesme d'estre tué combattant contre luy, et que, l'ayant veue, il se print bien fort à pleurer; et que le duc René de Lorraine plaingnit aussi la mort du duc Charles de Bourgoigne qu'il venoit de desfaire, et en porta le deuil en son enterrement; et qu'en la battaille d'Auroy, que le comte de Montfort gaigna contre Charles de Blois, sa partie pour le duché de Bretaigne, le victorieux, rencontrant le corps de son ennemy trespassé, en mena grand deuil, il ne fault pas s'escrier soubdain :

E cosi avven, che l' animo ciascuna
Sua passion sotto 'l contrario manto
Ricopre, con la vista or' chiara, or bruna.

Quand on présenta à Cesar la teste de Pompeius, les histoires disent qu'il en destourna sa veue, comme d'un vilain et mal plaisant spectacle. Il y avoit eu entre eulx une si longue intelligence et societé au maniement des affaires publicques, tant de communauté de fortunes, tant d'offices reciproques et d'alliances, qu'il ne fault pas croire que cette contenance feust toute faulse et contrefaicte; comme estime cet aultre :

Tutumque putavit
Iam bonus esse socer; lacrymas non sponte cadentes
Effudit, gemitusque expressit pectore læto;

car, bien qu'à la verité la pluspart de nos actions ne soient que masque et fard, et qu'il puisse quelquesfois estre vray,

Heredis fletus sub persona risus est.

si est ce qu'au iugement de ces accidents, il fault considerer comme nos ames se treuvent souvent agitees de diverses passions. Et tout ainsi qu'en nos corps ils disent qu'il y a une assemblee de diverses humeurs, desquelles celle là est maistresse, qui commande le plus ordinairement en nous, selon nos complexions : aussi en nos ames, bien qu'il y ayt divers mouvements qui les agitent, si fault il qu'il y en ayt un à qui le champ demeure ; mais ce n'est pas avecques si entier avantage que, pour la volubilité et soupplesse de nostre ame, les plus foibles par occasion ne regaignent encores la place, et ne facent une courte charge à leur tour. D'où nous voyons non seulement les enfants, qui vont tout naïfvement aprez la nature, pleurer et rire souvent de mesme chose : mais nul d'entre nous ne se peult vanter, quelque voyage qu'il face à son souhait, qu'encores, au despartir de sa famille et de ses amis, il ne se sente frisonner le courage ; et si les larmes ne luy en eschappent tout à faict, au moins met il le pied à l'estrier d'un visage morne et contristé. Et quelque gentille flamme qui eschauffe le cœur des filles bien nees, encores les despend on à force du col de leurs meres pour les rendre à leurs espoux, quoy que die ce bon compaignon :

> Estne novis nuptis odio Venus? anne parentum
> Frustrantur falsis gaudia lacrymulis,
> Ubertim thalami quas intra limina fundunt?
> Non, ita me divi, vera gemunt, inverint

Ainsin il n'est pas estrange de plaindre celuy là mort, qu'on ne vouldroit aucunement estre en vie. Quand ie tanse avecques mon valet, ie tanse du meilleur courage que i'aye ; ce sont vrayes et non feinctes imprecations : mais, cette fumée passee, qu'il ayt besoing de moy, ie luy bien feray volontiers ; ie tourne à l'instant le feuillet. Quand ie l'appelle un badin, un veau, ie n'entreprends pas de luy coudre à iamais ces tiltres ; ny ne pense me desdire, pour le nommer honneste homme, tantost aprez. Nulle qualité ne nous embrasse purement et universellement. Si ce n'estoit la contenance d'un fol de parler seul, il n'est iour ny heure à peine en laquelle on ne m'ouis gronder en moy mesme et contre moi, « Bran du fat ! » et si n'entends pas que ce soit ma definition. Qui, pour me veoir une mine tantost froide, tantost amoureuse envers ma femme, estime que l'une ou l'aultre soit feincte ; il est un sot. Neron, prenant congé de sa mere, qu'il envoyoit noyer, sentit toutesfois l'esmotion de cet adieu maternel, et en eut horreur et pitié. On dict que la lumiere du soleil n'est pas d'une piece continue, mais qu'il nous eslance si dru, sans cesse, nouveaux rayons les uns sur les aultres, que nous n'en pouvons appercevoir l'entredeux :

> Largus enim liquidi fons luminis, ætherius sol
> Inrigat assidue cœlum candore recenti,
> Suppeditatque novo confestim lumine lumen.

Ainsin eslance nostre ame ses poinctes diversement et imperceptiblement.

Artabanus surprint Xerxes son nepveu, et le tansa de la soubdaine mutation de sa contenance. Il estoit à considerer la grandeur desmesuree de ses forces au passage de l'Hellespont pour l'entreprinse de la Grece : il luy print premierement un tressaillement d'ayse à veoir tant de milliers d'hommes à son service, et le tesmoigna par l'alaigresse et feste de son visage ; et tout soubdain, en mesme instant, sa pensee luy suggerant comme tant de vies avoient à desfaillir au plus loing dans un siecle, il refroigna son front, et s'attrista iusques aux larmes.

Nous avons poursuyvi avecques resolue volonté la vengeance d'une iniure, et ressenti un singulier contentement de la victoire ; nous en pleurons pourtant. Ce n'est pas de cela que nous pleurons ; il n'y a rien de changé : mais nostre ame regarde la chose d'un aultre œil, et se la represente par un aultre visage : car chasque chose a plusieurs biais et plusieurs lustres.

La parenté, les anciennes accointances et amitiez saisissent nostre imagination, et la passionnent pour l'heure, selon leur condition, mais le contour en est si brusque qu'il nous eschappe,

> Nil adeo fieri celeri ratione videtur,
> Quam si mens fieri proponit, et inchoat ipsa.
> Ocius ergo animus, quam res se perciet ulla,
> Ante oculos quorum in promptu natura videtur ;

et à cette cause, voulants de toute cette suitte continuer un corps, nous nous trompons. Quand Timoleon pleure le meurtre qu'il avoit commis d'une si meure et genereuse deliberation, il ne pleure pas la liberté rendue à sa patrie, il ne pleure pas le tyran; mais il pleure son frere. L'une partie de son debvoir est iouee; laissons luy en iouer l'aultre.

Chapitre xxxviii. — De la solitude.

Laissons à part cette longue comparaison de la vie solitaire à l'active : et quant à ce beau mot de quoy se couvre l'ambition et l'avarice, « Que nous ne sommes pas nayz pour nostre particulier, ains pour le public, » rapportons nous en hardiment à ceulx qui sont en la danse; et qu'ils se battent la conscience, si au contraire les estats, les charges, et cette tracasserie du monde ne se recherche plustost pour tirer du public son proufit particulier. Les mauvais moyens par où on s'y poulse en nostre siecle, montrent bien que la fin n'en vault gueres. Respondons à l'ambition, Que c'est elle mesme qui nous donne goust de la solitude : car, que fuit elle tant que la société? que cherche elle tant que ses coudees franches? Il y a de quoy bien et mal faire partout. Toutesfois, si le mot de Bias est vray, que « La pire part, c'est la plus grande, » ou ce que dict l'Ecclesiastique, que « De mille il n'en est pas un bon; »

Rari quippe boni : numero vix sunt totidem quot
Thebarum portæ, vel divitis ostia Nili,

la contagion est tresdangereuse en la presse. Il fault ou imiter les vicieux ou les haïr : touts les deux sont dangereux; et de leur ressembler, parce qu'ils sont beaucoup; et d'en haïr beaucoup, parce qu'ils sont dissemblables. Et les marchands qui vont en mer ont raison de regarder que ceulx qui se mettent en mesme vaisseau ne soyent dissolus, blasphemateurs, meschants; estimants telle société infortunee. Parquoy Bias plaisamment, à ceulx qui passoient avecques luy le dangier d'une grande tourmente, et appeloient le secours des dieux : « Taisez vous, dict il; qu'ils ne sentent point que vous soyez icy avecques moy. » Et d'un plus pressant exemple, Albuquerque, viceroy en l'Inde pour Emmanuel, roy de Portugal, en un extreme peril de fortune de mer, print sur ses espaules un ieune garson, pour cette seule fin, qu'en la société de leur peril son innocence luy servist de garant et de recommendation envers la faveur divine pour le mettre en sauveté. Ce n'est pas que le sage ne puisse partout vivre content, voire et seul en la foule d'un palais; mais s'il est à choisir, il en fuira, dict l'eschole, mesme la veue : il portera, s'il est besoing, cela; mais, s'il est en luy, il eslira cecy. Il ne lui semble point suffisamment s'estre defaict des vices, s'il fault encores qu'il conteste avecques ceulx d'aultruy. Charondas chastioit pour mauvais ceux qui estoient convaincus de hanter mauvaise compaignie. Il n'est rien si dissociable et sociable que l'homme : l'un par son vice, l'aultre par sa nature. Et Antisthenes ne me semble avoir satisfaict à celuy qui luy reprochoit sa conversation avecques les meschants, en disant, » que les medecins vivent bien entre les malades : » car s'ils servent à la santé des malades, ils deteriorent la leur par la contagion, la veue continuelle, et practique des maladies.

Or la fin, ce crois ie, en est toute une, d'en vivre plus à loisir et à son ayse : mais on n'en cherche pas touiours bien le chemin. Souvent on pense avoir quitté les affaires, on ne les a que changez : il n'y a guere moins de torment au gouvernement d'une famille, que d'un estat entier. Où que l'ame soit empeschee, elle y est toute : et pour estre les occupations domestiques moins importantes, elles n'en sont pas moins importunes. Davantage, pour nous estre desfaicts de la court et du marché, nous ne sommes pas defaicts des principaulx torments de nostre vie :

Ratio et prudentia curas,
Non locus effusi late maris arbiter, aufert :

l'ambition, l'avarice, l'irresolution, la peur et les concupiscences ne nous abandonnent point, pour changer de contree,

Et
Post equidem sedet atra cura;

elles nous suyvent iusques dans les cloistres et dans les escholes de philoso-

phie : ny les deserts, ny les rochiers creusez, ny la haire, ni les ieunes, ne nous en desmeslent :
>Hæret lateri lethalis arundo.

On disoit à Socrates que quelqu'un ne s'estoit aulcunement amendé en son voyage : « Ie crois bien, dict il ; il s'estoit emporté avecques soy. »
>Quid terras alio calentes
>Sole mutamus ? Patriæ quis exsul
>Se quoque fugit ?

Si on ne se descharge premierement et son ame du faix qui la presse, le remuement la fera fouler davantage : comme en un navire les charges empeschent moins, quand elles sont rassises. Vous faictes plus de mal que de bien au malade, de luy faire changer de place : vous ensachez le mal en le remuant ; comme les pals s'enfoncent plus avant et s'affermissent en les branslant et secouant. Parquoy ce n'est pas assez de s'estre escarté du peuple ; ce n'est pas assez de changer de place : il se fault escarter des conditions populaires qui sont en nous ; il se fault sequestrer et r'avoir de soy.
>Rupi iam vincula, dicas :
>Nam luctata canis nodum arripit; attamen illi,
>Quum fugit, a collo trahitur pars longa catenæ.

Nous emportons nos fers quand et nous. Ce n'est pas une entiere liberté ; nous tournons encores la veue vers ce que nous avons laissé, nous en avons la fantasie pleine :
>Nisi purgatum est pectus, quæ prædia nobis
>Atque pericula tunc ingratis insinuandum ?
>Quantæ conscindunt hominem cuppedinis acres
>Sollicitum curæ ? quantique perinde timores ?
>Quidve superbia, spurcitia, ac petulantia, quantas
>Efficiunt clades ? quid luxus, desidiesque ?

Nostre mal nous tient en l'ame : or, elle ne se peult eschapper à elle mesme ;
>In culpa est animus, qui se non effugit unquam ;

ainsin il la fault ramener et retirer en soy : c'est la vraye solitude, et qui se peult iouïr au milieu des villes et des courts des roys ; mais elle se iouït plus commodément à part. Or, puisque nous entreprenons de vivre seuls, et de nous passer de compaignie, faisons que nostre contentement despende de nous ; desprenons de nous toutes les liaisons qui nous attachent à aultruy ! gaignons sur nous de pouvoir à bon escient vivre seuls, et y vivre à nostre ayse.

Stilpon estant eschappé de l'embrasement de sa ville, où il avoit perdu femme, enfants et chevance, Demetrius Poliorcetes, le voyant en une si grande ruine de sa patrie, le visage non effroyé, luy demanda s'il n'avoit pas eu du dommage ; il respondit « Que non, et qu'il n'y avoit, Dieu mercy ! rien perdu du sien. » C'est ce que le philosophe Antisthenes disoit plaisamment : « Que l'homme se debvoit pourveoir de munitions qui flottassent sur l'eau, et peussent à nage eschapper avecques luy du naufrage. » Certes, l'homme d'entendement n'a rien perdu s'il a soy mesme. Quand la ville de Nale feut ruinee par les Barbares, Paulinus, qui en estoit evesque, y ayant tout perdu, et leur prisonnier, prioit ainsi Dieu : « Seigneur, garde moy de sentir cette perte : car tu sçais qu'ils n'ont encores rien touché de ce qui est à moy : » les richesses qui le faisoient riche, et les biens qui le faisoient bon, estoient encores en leur entier. Voilà que c'est de bien choisir les thresors qui se puissent affranchir de l'iniure, et de les cacher en lieu où personne n'aille, et lequel ne puisse estre trahi que par nous mesmes. Il fault avoir femmes, enfants, biens, et sur tout de la santé, qui peult ; mais non pas s'y attacher en matiere que nostre heur en despende : il se fault reserver une arriere boutique, toute nostre, toute franche, en laquelle nous establissons nostre vraye liberté et principale retraicte et solitude. En cette cy fault il prendre nostre ordinaire entretien de nous à nous mesmes, et si privé, que nulle accointance ou communication estrangiere y treuve place ; discourir et y rire, comme sans femme, sans enfants et sans biens, sans train et sans valets ; à fin que quand l'occasion adviendra de leur perte, il ne nous soit pas nouveau de nous en passer. Nous avons une ame contournable en soy mesme ; elle se peult faire compaignie ; elle a de quoy assaillir et de quoy deffendre, de quoy recevoir et de quoy donner. Ne craignons pas en cette solitude nous croupir d'oysifveté ennuyeuse :

In solis sis tibi turba locis.

La vertu se contente de soy, sans disciplines, sans paroles, sans effects. En nos actions accoustumées, de mille il n'en est pas une qui nous regarde. Celuy que tu veois grimpant contremont les ruines de ce mur, furieux et hors de soy, en butte de tant de harquebuzades; et cet aultre tout cicatrisé, transi et pasle de faim, deliberé de crever plutost que de luy ouvrir la porte; penses tu qu'ils y soyent pour eulx? Pour tel, à l'adventure, qu'ils ne veirent oncques, et qui ne se donne aulcune peine de leur faict, plongé ce pendant en l'oysifveté et aux delices. Cettuy cy, tout pituiteux, chassieux et crasseux, que tu veois sortir aprez minuict d'une estude, penses tu qu'il cherche parmy les livres comme il se rendra plus homme de bien, plus content et plus sage? nulles nouvelles: il y mourra, ou il apprendra à la posterité la mesure des vers de Plaute, et la vraye orthographe d'un mot latin. Qui ne contrechange volontiers la santé, le repos et la vie, à la reputation et à la gloire, la plus inutile, vaine et faulse monnoie qui soit en nostre usage? Nostre mort ne nous faisoit pas assez de peur, chargeons nous encores de celle de nos femmes, de nos enfants et de nos gents: nos affaires ne nous donnoient pas assez de peine, prenons encores, à nous tormenter et rompre la teste, de ceulx de nos voisins et amis.

> Vah! quemquamne hominem in animum instituere, aut
> Parare, quod sit carius, quam ipse est sibi?

La solitude me semble avoir plus d'apparence et de raison à ceulx qui ont donné au monde leur aage plus actif et fleurissant, suyvant l'exemple de Thales. C'est assez vescu pour aultruy; vivons pour nous, au moins ce bout de vie: ramenons à nous et à nostre ayse nos pensees et nos intentions. Ce n'est pas une legiere partie que de faire seurement sa retraicte: elle nous empesche assez, sans y mesler d'autres entreprinses. Puisque Dieu nous donne loisir de disposer de nostre deslogement, preparons nous y; plions bagage, prenons de bonne heure congé de la compaignie; despestrons nous de ces violentes prinses qui nous engagent ailleurs et esloignent de nous.

Il fault desnouer ces obligations si fortes; et meshuy aymer cecy et cela, mais n'espouser rien que soy: c'est à dire le reste soit à nous, mais non pas ioinct et collé en façon qu'on ne le puisse despendre sans nous escorcher, et arracher ensemble quelque piece du nostre. La plus grande chose du monde, c'est de sçavoir estre à soy. Il est temps de nous desnouer de la societé, puisque nous n'y pouvons rien apporter: et qui ne peult prester, qu'il se deffende d'emprunter. Nos forces nous faillent: retirons les, et resserrons en nous. Qui peult renverser et confondre en soy les offices de l'amitié et de la compaignie, qu'il le face. En cette cheute qui le rend inutile, poisant et importun aux aultres, qu'il se garde d'estre importun à soy mesme, et poisant, et inutile. Qu'il se flatte et caresse, et surtout se regente, respectant et craignant sa raison et sa conscience, s'il bien qu'il ne puisse sans honte bruncher en leur presence. *Rarum est enim, ut satis se quisque vereatur.* Socrates dict, que les ieunes se doibvent faire instruire; les hommes, s'exercer à bien faire; les vieils, se retirer de toute occupation civile et militaire, vivants à leur discretion, sans obligation à certain office. Il y a des complexions plus propres à ces preceptes de la retraicte, les unes que les aultres. Celles qui ont l'apprehension molle et lasche, et une affection et volonté delicate, et qui ne s'asservit ny s'employe pas ayseement, desquelles ie suis et par naturelle condition et par discours, ils se plieront mieulx à ce conseil, que les ames actives et occupees qui embrassent tout, et s'engagent par tout, qui se passionnent de toutes choses, qui s'offrent, qui se presentent, et qui se donnent à toutes occasions. Il se fault servir de ces commoditez accidentales et hors de nous, en tant qu'elles nous sont plaisantes, mais sans en faire nostre principal fondement; ce ne l'est pas: ny la raison ny la nature ne le veulent. Pourquoy, contre ses loix, asservirons nous nostre contentement à la puissance d'aultruy? D'anticiper aussi les accidents de fortune; se priver des commoditez qui nous sont en main, comme plusieurs ont faict par devotion, et quelques philosophes par discours; se servir soy mesme, coucher sur la dure, se crever les yeulx, icter ses richesses emmy la riviere, rechercher la douleur; ceulx là pour, par le torment de cette vie, en acquerir la beatitude d'une aultre; ceulx ci pour, s'estant logez en la plus basse marche, se mettre en seureté de nouvelle cheute, c'est l'action d'une vertu excessive. Les natures plus roides et plus fortes façent leur cachette mesme glorieuse et exemplaire :

> Tuta et parvula laudo,
> Quum res deficiunt, satis inter vilia fortis ;
> Verum, ubi quid melius contingit et unctius, idem
> Hos sapere, et solos aio bene vivere, quorum
> Conspicitur nitidis fundata pecunia villis :

il y a pour moi assez à faire, sans aller si avant. Il me suffit, soubs la faveur de la fortune, me preparer à sa desfaveur ; et me representer, estant à mon ayse, le mal advenir, autant que l'imagination y peult atteindre : tout ainsi que nous nous accoustumons aux ioustes et tournois, et contrefaisons la guerre en pleine paix. Ie n'estime point Arcesilaus le philosophe moins reformé, pour le sçavoir avoir usé d'utensiles d'or et d'argent, selon que la condition de sa fortune le luy permettoit ; et l'estime mieulx de ce qu'il en usoit modeerement et liberalement, que s'il s'en feust desmis. Ie vois iusques à quels limites va la necessité naturelle : et considerant le pauvre mendiant à ma porte, souvent plus enioué et plus sain que moy, ie me plante en sa place ; i'essaye de chausser mon ame à son biais : et, courant ainsi par les aultres exemples, quoyque ie pense la mort, la pauvreté, le mespris et la maladie à mes talons, ie me resouls aysecment de n'entrer en effroy de ce qu'un moindre que moy prend avecques telle patience ; et ne veulx croire que la bassesse de l'entendement puisse plus que la vigueur : ou que les effects du discours ne puissent arriver aux effects de l'accoustumance. Et cognoissant combien ces commoditez accessoires tiennent à peu, ie ne laisse pas en pleine iouïssance de supplier Dieu, pour ma souveraine requeste, qu'il me rende content de moy mesme et des biens qui naissent de moy. Ie vois des ieunes hommes gaillards qui portent, nonobstant, dans leurs coffres, une masse de pilules pour s'en servir quand le rheume les pressera, lequel ils craignent d'autant moins qu'ils en pensent avoir le remede en main : ainsi faut il faire ; et encores, si on se sent subiect à quelque maladie plus forte, se garnir de ces medicaments qui assoupissent et endorment la partie.

L'occupation qu'il fault choisir à une telle vie, ce doibt estre une occupation non penible ny ennuyeuse ; aultrement pour neant ferions nous estat d'y estre venus chercher le seiour. Cela despend du goust particulier d'un chascun. Le mien ne s'accommode aulcunement au mesnage : ceulx qui l'aiment, ils s'y doibvent adonner avecques moderation :

> Conentur sibi res, non se submittere rebus :

c'est, aultrement, un office servile que la mesnagerie, comme le nomme Salluste. Elle a des parties plus excusables, comme le soing des iardinages, que Xenophon attribue à Cyrus : et se peult trouver un moyen entre ce bas et vil soing, tendu et plein de solicitude qu'on veoid aux hommes qui s'y plongent du tout, et cette profonde et extreme nonchalance laissant tout aller à l'abandon qu'on veoid en d'aultres :

> Democriti pecus edit agellos
> Cultaque, dum peregre est animus sine corpore velox.

Mais oyons le conseil que donne le ieune Pline à Cornelius Rufus, son amy, sur ce propos de la solitude : Ie te conseille, en cette pleine et grasse retraicte où tu es, de quitter à tes gents ce bas et abiect soin du mesnage, et t'adonner à l'estude des lettres, pour en tirer quelque chose qui soit toute tienne. » Il entend la reputation : d'une pareille humeur à celle de Cicero, qui dict vouloir employer sa solitude et seiour des affaires publiques à s'en acquerir par ses escripts une vie immortelle.

> Usque adeone
> Scire tuum nihil est, nisi te scire hoc, sciat alter ?

Il semble que ce soit raison, puisqu'on parle de se retirer du monde, qu'on regarde hors de luy. Ceulx cy ne le font qu'à demy : ils dressent bien leur partie, pour quand ils n'y seront plus ; mais le fruict de leur desseing, ils pretendent le tirer encores lors du monde, absents, par une ridicule contradiction.

L'imagination de ceulx qui, par devotion, recherchent la solitude, remplissent leur courage de la certitude des promesses divines en l'aultre vie, est bien plus sainement assortie. Ils se proposent Dieu, obiect infini en bonté et en puissance; l'ame a de quoy y rassasier ses desirs en toute liberté : les afflictions, les douleurs, leur viennent à proufit, employees à l'acquest d'une santé et resiouïssance eternelle; la mort, à souhait, passage à un si parfaict estat : l'aspreté de leurs regles est incontinent applanie par l'accoustumance; et les appetits charnels, rebutez et endormis par leur refus; car rien ne les entretient que l'usage et exercice. Cette seule fin d'une aultre vie heureusement immortelle, merite loyalement que nous abandonnions les commoditez et douleurs de cette vie nostre; et qui peult embraser son ame de l'ardeur de cette vifve foy et esperance, reellement et constamment, il se bastit en la solitude une vie voluptueuse et delicieuse, au delà de toute aultre sorte de vie.

Ny la fin doncques ny le moyen de ce conseil ne me contente : nous retumbons tousiours de fiebvre en chauld mal. Cette occupation des livres est aussi penible que toute aultre, et autant ennemie de la santé, qui doibt estre principalement consideree : et ne se fault point laisser endormir au plaisir qu'on y prend; c'est ce mesme plaisir qui perd le mesnager, l'avaricieux, le voluptueux et l'ambitieux. Les sages nous apprennent assez à nous garder de la trahison de nos appetits, et à discerner les vrays plaisirs et entiers, des plaisirs meslez et bigarrez de plus de peine; car la pluspart des plaisirs, disent ils, nous chastouillent et embrassent pour nous estrangler, comme faisoient les larrons que les Aegyptiens appeloient *Philistas*; et si la douleur de teste nous venoit avant l'yvresse, nous nous garderions de trop boire; mais la volupté, pour nous tromper, marche devant, et nous cache sa suitte. Les livres sont plaisants; mais si de leur frequentation nous en perdons enfin la gayeté et la santé, nos meilleures pieces, quittons les : ie suis de ceulx qui pensent leur fruict ne pouvoir contrepoiser cette perte. Comme les hommes qui se sentent de longtemps affoiblis par quelque indisposition se rengent à la fin à la mercy de la medecine, et se font desseigner par art certaines regles de vivre, pour ne les plus oultrepasser : aussi celuy qui se retire ennuyé et desgousté de vie commune, doibt former cette cy aux regles de la raison, l'ordonner et renger par premeditation et discours. Il doibt avoir prins congé de toute espece de travail, quelque visage qu'il porte; et fuyr, en general, les passions qui empeschent la tranquillité du corps et de l'ame, et « choisir la route qui est plus selon son humeur, »
Unusquisque sua noverit ire via.

Au mesnage, à l'estude, à la chasse et tout aultre exercice, il fault donner iusques aux derniers limites du plaisir; et garder de s'engager plus avant, où la peine commence à se mesler parmy. Il fault reserver d'embesongnement et d'occupation autant seulement qu'il en est besoing pour nous tenir en haleine, et pour nous garantir des incommoditez que tire aprez soy l'aultre extremité d'une lasche oysifveté et assopie. Il y a des sciences steriles et espineuses, et la pluspart forgees pour la presse; il les fault laisser à ceulx qui sont au service du monde. Ie n'aime pour moy que des livres ou plaisants ou faciles qui me chatouillent, ou ceulx qui me consolent, et conseillent à regler ma vie et ma mort :
Tacitum silvas inter reptare salubres,
Curantem, quidquid dignum sapiente bonoque est.

Les gents plus sages peuvent se forger un repos tout spirituel, ayant l'ame forte et vigoreuse : moy qui l'ay commune, il fault que i'ayde à me sousteinir par les commoditez corporelles; et l'aage m'ayant tantost desrobé celles qui estoient plus à ma fantaisie, i'instruis et aiguise mon appetit à celles qui restent plus sortables à cette aultre saison. Il fault retenir, à tout nos dents et nos griffes, l'usage des plaisirs de la vie, que nos ans nous arrachent des poings les uns aprez les aultres :
Carpamus dulcia; nostrum est,
Quod vivis : cinis, et manes, et fabula fies.

Or, quant à la fin que Pline et Cicero nous proposent de la gloire, c'est bien loing de mon compte. La plus contraire humeur à la retraicte, c'est l'ambition : la gloire et le repos sont choses qui ne peuvent loger en mesme giste. A ce que ie veois, ceulx cy n'ont que les bras et les iambes hors de la presse; leur ame, leur intention y demeure engagee plus que iamais :
Tun', vetule, auriculis alienis colligis escas?

ils se sont seulement reculez pour mieulx saulter, et pour, d'un plus fort mouvement, faire une plus vifve faulsee dans la troupe. Vous plaist il veoir comme ils tirent court d'un grain? mettons au contrepoids l'advis de deux philosophes, et de deux sectes tresdifferentes, escrivants l'un à Idomeneus, l'aultre à Lucilius, leurs amis, pour, du maniement des affaires et des grandeurs, les retirer à la solitude. « Vous avez, disent ils, vescu nageant et flottant iusques à present; venez vous en mourir au port. Vous avez donné le reste de vostre vie à la lumiere; donnez cecy à l'ombre. Il est impossible de quitter les occupations, si vous n'en quittez le fruict : à cette cause, desfaictes vous de tout soing de nom et de gloire; il est dangier que la lueur de vos actions passees ne vous eclaire que trop, et vous suyve iusques dans vostre taniere. Quittez avecques les aultres voluptez celle qui vient de l'approbation d'aultruy : et quant à vostre science et suffisance, ne vous chaille; elle ne perdra pas son effect, si vous en valez mieulx vous mesme. Souvienne vous de celuy à qui, comme on demanda à quoy faire il se peinoit si fort en un art qui ne pouvoit venir à la cognoissance de gueres de gents : l'en ay assez de peu, respondit il; i'en ay assez d'un ; i'en ay assez de pas un. Il disoit vray. Vous et un compaignon estes assez suffisant theatre l'un à l'aultre, ou vous à vous mesme : que le peuple vous soit un, et un vous soit tout le peuple. C'est une lasche ambition de vouloir tirer gloire de son oisifveté et de sa cachette : il fault faire comme les animaux qui effacent la trace à la porte de leur taniere. Ce n'est plus ce qu'il vous fault chercher, que le monde parle de vous, mais comme il fault que vous parliez à vous mesmes. Retirez vous en vous; mais preparez vous premierement de vous y recevoir : ce seroit folie de vous fier à vous mesmes, si vous ne vous sçavez gouverner. Il y a moyen de faillir en la solitude, comme en la compaignie. Iusques à ce que vous vous soyez rendu tel devant qui vous n'osiez clocher, et iusques à ce que vous ayez honte et respect de vous mesmes, *obversentur species honestæ animo;* presentez vous tousiours en l'imagination Caton, Phocion et Aristides, en la presence desquels les fols mesmes cacheroient leurs faultes, et establissez les controlleurs de toutes vos intentions : si elles se detraquent, leur reverence vous remettra en train; ils vous contiendront en cette voye, de vous contenter de vous mesmes, de n'emprunter rien que de vous, d'arrester et fermir vostre ame en certaines et limitees cogitations où elle se puisse plaire, et, ayant compris et entendu les vroys biens desquels on iouït à à mesure qu'on les entend, s'en contenter, sans desir de prolongement de vie ny de nom. » Voilà le conseil de la vraye et naïfve philosophie, non d'une philosophie ostentatrice et parliere, comme est celle des deux premiers.

Chapitre XXXIX. — Consideration sur Cicero.

Encores un traict à la comparaison de ces couples. Il se tire des esprits de Cicero et de ce Pline, peu retirant à mon advis aux humeurs de son oncle, infinis tesmoignages de nature oultre mesure ambitieuse; entre aultres, qu'ils solicitent, au sceu de tout le monde, les historiens de leur temps de ne les oublier en leurs registres : et la fortune, comme par despit, a faict durer iusques à nous la vanité de ces requestes, et pieça faict perdre ces histoires. Mais cecy surpasse toute bassesse de cœur, en personnes de tel reng, d'avoir voulu tirer quelque principale gloire du caquet et de la parlerie, iusques à y employer les lettres privees escriptes à leurs amis; en maniere que aulcunes ayant failly leur saison pour estre envoyees, ils les font ce neantmoins publier, avecques cette digne excuse, qu'ils n'ont pas voulu perdre leur travail et veillees. Sied il pas bien à deux consuls romains, souverains magistrats de la chose publicque emperiere du monde, d'employer leur loisir à ordonner et fagotter gentiment une belle missive, pour en tirer la reputation de bien entendre le langage de leur nourrice! Que feroit pis un simple maistre d'eschole qui en gaignast sa vie? Si les gestes de Xenophon et de Cæsar n'eussent de bien loing surpassé leur eloquence, ie ne crois pas qu'ils les eussent iamais escripts : ils ont cherché à recommender, non leur dire, mais leur faire. Et si la perfection du bien parler pouvoit apporter quelque gloire sortable à un grand personnage, certainement Scipion et Lælius n'eussent pas resigné l'honneur de leurs comedies, et toutes les mignardises et delices du langage latin, à un serf africain : car, que cet ouvrage soit leur, sa beauté et son excellence le maintient assez, et

Terence l'advoue lui mesme; et me feroit on desplaisir de me desloger de cette creance.

C'est une espece de mocquerie et d'iniure de vouloir faire valoir un homme par des qualitez mesadvenantes à son reng, quoyqu'elles soient aultrement louables, et par les qualitez aussi qui ne doibvent pas estre les siennes principales; comme qui loueroit un roy d'estre bon peintre ou bon architecte, ou encores bon harquebuzier, ou bon coureur de bague. Ces louanges ne font honneur, si elles ne sont presentees en foule et à la suitte de celles qui lui sont propres; à sçavoir de la iustice, et de la science de conduire son peuple en paix et en guerre. De cette façon faict honneur à Cyrus l'agriculture, et à Charlemaigne l'eloquence et cognoissance des bonnes lettres. I'ay veu de mon temps, en plus forts termes, des personnages qui tiroient d'escrire et leurs tiltres et leur vocation, desadvouer leur apprentissage, corrompre leur plume, et affecter l'ignorance de qualité si vulgaire, et que nostre peuple tient ne se rencontrer gueres en mains sçavantes, se recommandants par meilleures qualitez. Les compaignons de Demosthenes, en l'ambassade vers Philippus, louoient ce prince d'estre beau, eloquent et bon beuveur : Demosthenes disoit que c'estoient louanges qui appartenoient mieulx à une femme, à un advocat, à une esponge, qu'à un roy.

> Imperet bellante prior, iacentem
> Lenis in hostem.

Ce n'est pas sa profession de sçavoir ou bien chasser, ou bien danser :

> Orabunt causas alii, cœlique meatus
> Describent radio, et fulgentia sidera dicent ;
> Hic regere imperio populos sciat.

Plutarque dict davantage, que de paroistre si excellent en ces parties moins necessaires, c'est produire contre soy le tesmoignage d'avoir mal dispensé son loisir, et l'estude qui debvoit estre employé à choses plus necessaires et utiles. De façon que Philippus, roy de Macedoine, ayant ouï ce grand Alexandre, son fils, chanter en un festin à l'envy des meilleurs musiciens : « N'as tu pas honte, lui dict il, de chanter si bien? » Et à ce mesme Philippus, un musicien contre lequel il debattoit de son art : « Ia à Dieu ne plaise, sire, dict il, qu'il t'advienne iamais tant de mal, que tu entendes ces choses là mieulx que moy! » Un roy doibt pouvoir respondre comme Iphicrates respondit à l'orateur qui le pressoit, en son invective, de cette maniere : « Eh bien! qu'es tu, pour faire tant le brave? es tu homme d'armes? es tu archer? es tu picquier? » « Ie ne suis rien de tout cela; mais ie suis celuy qui sçait commander à tous ceulx là. » Et Anthisthenes print pour argument de peu de valeur en Ismenias, de quoy on le vantoit d'estre excellent ioueur de fleutes.

Ie sçais bien, quand i'ois quelqu'un qui s'arreste au langage des *Essais*, que i'aimerois mieulx qu'il s'en teust : ce n'est pas tant eslever les mots, comme desprimer le sens, d'autant plus picquamment que plus obliquement. Si suis ie trompé, si gueres d'aultres donnent plus à prendre en la matiere; et, comment que ce soit, mal ou bien, si nul escrivain l'a semee ny gueres plus materielle, ny au moins plus drue en son papier. Pour en renger davantage, ie n'en entasse que les testes : que i'y attache leur suitte, ie multipliray plusieurs fois ce volume. Et combien y ay ie espandu d'histoires qui ne disent mot, lesquelles qui vouldra espluchier un peu plus curieusement, en produira infinis Essais. Ny elles, ny mes allegations, ne servent pas tousiours simplement d'exemple, d'auctorité, ou d'ornement; ie ne les regarde pas seulement par l'usage que i'en tire : elles portent souvent, hors de mon propos, la semence d'une matiere plus riche et plus hardie; et souvent, à gauche, un ton plus delicat, et pour moy qui n'en veulx en ce lieu exprimer davantage, et pour ceulx qui rencontreront mon air.

Retournant à la vertu parliere, ie ne treuve pas grand choix entre, Ne sçavoir dire que mal; ou, Ne sçavoir rien que bien dire : *Non est ornamentum virile, concinnitas*. Les sages disent que, pour le regard du sçavoir, il n'est que la philosophie, et pour le regard des effects, que la vertu, qui generalement soit propre à tous degrez et à touts ordres.

Il y a quelque chose de pareil en ces aultres deux philosophes; car ils promettent aussi eternité aux lettres qu'ils escrivent à leurs amis : mais c'est d'aultre façon, et s'accomodants, pour une bonne fin, à la vanité d'aultruy;

car ils leur mandent que si le soing de se faire cognoistre aux siecles advenir, et de la renommee, les arreste encores au maniement des affaires, et leur faict craindre la solitude et la retraicte où ils les veulent appeller, qu'ils ne s'en donnent plus de peine, d'autant qu'ils ont assez de credit avec la posterité pour leur respondre que, quand ce ne seroit que par les lettres qu'ils leur escrivent, ils rendront leur nom aussi cognen et fameux que pourroient faire leurs actions publicques! Et oultre cette difference, encores ne sont ce pas lettres vuides et descharnees, qui ne se soutiennent que par un delicat choix de mots entassez et rengez à une iuste cadence, ains farcies et pleines de beaux discours de sapience, par lesquelles on se rend, non plus eloquent, mais plus sage, et qui nous apprennent, non à bien dire, mais à bien faire. Fy de l'eloquence qui nous laisse envie de soy, non des choses! si ce n'est qu'on die que celle de Cicero, estant en si extreme perfection, se donne corps elle mesme.

I'adiousteray encores un conte que nous lisons de luy à ce propos, pour nous faire toucher au doigt son naturel : Il avoit à orer en publicque, et estoit un peu pressé du temps pour se preparer à son ayse. Eros, l'un de ses serfs, le veint advertir que l'audience estoit remise au lendemain : il en feut si ayse, qu'il lui donna liberté pour cette bonne nouvelle.

Sur ce subiect de lettres, ie veulx dire ce mot, que c'est un ouvrage auquel mes amis tiennent que ie puis quelque chose : et eusse prins plus volontiers cette forme à publier mes verves, si i'eusse eu à qui parler. Il me falloit, comme ie l'ay eu aultrefois, un certain commerce qui m'attirast, qui me soustinst et soulevast; car de negocier au vent comme d'aultres, ie ne sçaurois que de songe; ny forger des vains noms à entretenir en chose serieuse : ennemy iuré de toute espece de falsification. I'eusse esté plus attentif et plus seur, ayant une addresse forte et amie, que regardant les divers visages d'un peuple : et suis deceu s'il ne m'eust mieulx succedé. I'ay naturellement un style comique et privé; mais c'est d'une forme mienne, inepte aux negociations publicques, comme en toutes façons est mon langage, trop serré, desordonné, coupé, particulier : et ne m'entends pas en lettres cerimonieuses, qui n'ont aultre substance que d'une belle enfileure de paroles courtoises. Ie n'ay ny la faculté ny le goust de ces longues offres d'affection et de service : ie n'en crois pas tant, et me desplaist d'en dire gueres oultre ce que i'en crois. C'est bien loing de l'usage present; car il ne feut iamais si abiecte et servile prostitution de presentations : la Vie, l'Ame, Devotion, Adoration, Serf, Esclave, touts ces mots y courent si vulgairement, que quand ils veulent faire sentir une plus expresse volonté et plus respectueuse, ils n'ont plus de maniere pour l'exprimer.

Ie hais à mort de sentir le flatteur : qui faict que ie me iecte naturellement à un parler sec, rond et crud, qui tire, à qui ne me cognoist d'ailleurs, un peu vers le desdaigneux. I'honore le plus ceulx que i'honore le moins; et, où mon ame marche d'une grande alaigresse, i'oublie les pas de la contenance; et m'offre maigrement et fierement à ceulx à qui ie suis, et me presente moins à qui ie me suis le plus donné : il me semble qu'ils le doibvent lire en mon cœur, et que l'expression de mes paroles faict tort à ma conception. A bienveigner, à prendre congé, à remercier, à saluer, à presenter mon service, et tels compliments verbeux des loix cerimonieuses de nostre civilité, ie ne cognois personne si sottement sterile de langage que moy : et n'ay iamais esté employé à faire des lettres de faveur et recommendation, que celuy pour qui c'estoit n'aye trouvees seches et lasches. Ce sont grands imprimeurs de lettres, que les Italiens; i'en ay, ce crois ie, cent divers volumes : celles de Annibale Caro me semblent les meilleures. Si tout le papier que i'ay aultrefois barbouillé pour les dames estoit en nature, lorsque ma main estoit veritablement emportee par ma passion, il s'en trouveroit à l'adventure quelque page digne d'estre communiquee à la ieunesse oysifve, embabouinée de cette fureur. I'escris mes lettres tousiours en poste, et si precipiteusement, que, quoyque ie peigne insupportablement mal, i'aime mieulx escrire de ma main que d'y en employer une aultre; car ie n'en treuve point qui me puisse suyvre, et ne les transcris iamais. I'ay accoustumé les grands qui me cognoissent à y supporter des litures et des trasseures, et un papier sans plieure et sans marge. Celles qui me coustent le plus sont celles qui valent le moins . depuis que ie les traisne, c'est signe que ie n'y suis pas. Ie commence volontiers sans proiect;

le premier traict produict le second. Les lettres de ce temps sont plus en bordures et prefaces, qu'en matiere. Comme i'aime mieulx composer deux lettres que d'en clore et plier une, et resigne tousiours cette commission à quelque aultre : de mesme, quand la matiere est achevee, ie donnerois volontiers à quelqu'un la charge d'y adiouster ces longues harangues, offres et prieres que nous logeons sur la fin ; et desire que quelque nouvel usage nous en descharge, comme aussi de les inscrire d'une legende de qualitez et titres ; pour ausquels ne bruncher i'ay maintesfois laissé d'escrire, et notamment à gents de iustice et de finance ; tant d'innovations d'offices, une si difficile dispensation et ordonnance de divers noms d'honneur, lesquels, estants si cherement achetez, ne peuvent estre eschangez ou oubliez sans offense. Ie treuve pareillement de mauvaise grace d'en charger le front et inscription des livres que nous faisons imprimer.

Chapitre XL. — Que le goust des biens et des maulx despend, en bonne partie, de l'opinion que nous en avons.

Les hommes, dict une sentence grecque ancienne, sont tormentez par les opinions qu'ils ont des choses, non par les choses mesmes. Il y auroit un grand poinct gaigné pour le soulagement de nostre miserable condition humaine, qui pourroit-establir cette proposition vraye tout par tout. Car, si les maulx n'ont entree en nous que par nostre iugement, il semble qu'il soit en nostre pouvoir de les mespriser, ou contourner à bien : si les choses se rendent à nostre mercy, pourquoy n'en chevirons nous, ou ne les accommoderons nous à notre advantage ? si ce que nous appelons mal et torment, n'est ny mal ny torment de soy, ains seulement que nostre fantaisie luy donne cette qualité, il est en nous de la changer ; et en ayant le choix, si nul ne nous force, nous sommes estrangement fols de nous bander pour le party qui nous est le plus ennuyeux, et de donner aux maladies, à l'indigence et au mespris un aigre et mauvais goust, si nous le leur pouvons donner bon, et si, la fortune fournissant simplement de matiere, c'est à nous de luy donner la forme. Or, que ce que nous appelons mal ne le soit pas de soy ; ou au moins, tel qu'il soit, qu'il depende de nous de luy donner aultre saveur et aultre visage (car tout revient à un), veoyons s'il se peult maintenir.

Si l'estre originel de ces choses que nous craignons avoit credit de se loger en nous de son auctorité, il logeroit pareil et semblable en touts ; car les hommes sont touts d'une espece, et, sauf le plus et le moins, se treuvent garnis de pareils utils et instruments pour concevoir et iuger ; mais la diversité des opinions que nous avons de ces choses là, montre clairement qu'elles n'entrent en nous que par composition ; tel à l'adventure les loge chez soy en leur vray estre, mais mille aultres leur donnent un estre nouveau et contraire chez eulx. Nous tenons la mort, la pauvreté et la douleur pour nos principales parties : or, cette mort, que les uns appellent « des choses horribles la plus horrible, » qui ne sçait que d'aultres la nomment « l'unique port des torments de cette vie, le souverain bien de nature, seul appuy de nostre liberté, et commune et prompte recepte à touts maulx ? » Et comme les uns l'attendent tremblants et effroyez, d'aultres la supportent plus aysement que la vie ; celuy là se plaint de sa facilité.

> Mors, utinam pavidos vitæ subducere nolles,
> Sed virtus te sola daret !

Or laissons ces glorieux courages. Theodorus respondict à Lysimachus, menaçant de le tuer : « Tu feras un grand coup, d'arriver à la force d'une cantharide ! » La plupart des philosophes se treuvent avoir ou prevenu par desseing, ou hasté et secouru leur mort. Combien veoid on de personnes populaires, conduictes à la mort, et non à une mort simple, mais meslee de honte et quelquesfois de griefs torments, y apporter une telle asseurance, qui par opiniastreté, qui par simplesse naturelle, qu'on n'y apperçoit rien de changé de leur estat ordinaire ; establissants leurs affaires domestiques, se recommendants à leurs amis, chantants, preschants et entretenants le peuple, voire y meslants quelquesfois des mots pour rire, et beuvants à leurs cognoissants, aussi bien que Socrates ?

Un qu'on menoit au gibet disoit, « qu'on gardast de passer par telle rue, car il y avoit dangier qu'un marchand lui feist mettre la main sur le collet, à cause d'un vieux debte. » Un aultre disoit au bourreau, « qu'il ne le touchast pas à la gorge, de peur de le faire tressaillir de rire, tant il estoit chatouilleux. » L'aultre respondict à son confesseur qui luy promettoit qu'il souperoit ce iour là avecques nostre Seigneur. « Allez vous y en, vous; car de ma part ie ieusne. » Un aultre ayant demandé à boire, et le bourreau ayant beu le premier, dict ne vouloir boire aprez luy, de peur de prendre la verolle. Chascun a ouï faire le conte du Picard auquel, estant à l'eschelle, on presente une garse, et que, (comme nostre iustice permet quelquesfois), s'il la vouloit espouser, on luy sauveroit la vie : luy, l'ayant un peu contemplee, et apperceu qu'elle boittoit : « Attache! attache! dict il; elle cloche. » Et on dict de mesme qu'en Dannemarc, un homme condamné à avoir la teste trenchee, estant sur l'eschaffaud, comme on luy presenta une pareille condition, la refusa, parce que la fille qu'on luy offrit avoit les ioues avallees, et le nez trop poinctu. Un valet, à Toulouse, accusé d'heresie, pour toute raison de sa creance, se rapportoit à celle de son maistre, ieune escholier prisonnier avecques luy, et aima mieulx mourir que se laisser persuader que son maistre peust errer. Nous lisons de ceulx de la ville d'Arras, lors que le roy Louys unziesme la print, qu'il s'en trouva bon nombre parmy le peuple qui se laisserent pendre plustost que de dire, Vive le roi! Et de ces viles ames de bouffons, il s'en est trouvé qui n'ont voulu abandonner leur gaudisserie en la mort mesme. Celuy à qui le bourreau donnoit le bransle, s'escria, « Vogue la gallee! » qui estoit son refrain ordinaire. Et l'aultre qu'on avoit couché, sur le poinct de rendre sa vie, le long du foyer sur une paillasse, à qui le medecin, demandant où le mal le tenoit, « Entre le banc et le feu, » respondict il : et le presbtre, pour luy donner l'extreme onction, cherchant ses pieds, qu'il avait resserrez et contraincts par la maladie : « Vous les trouverez, dict il, au bout de mes iambes. » A l'homme qui l'exhortoit de se recommander à Dieu. « Qui y va? » demanda il : et l'aultre respondant, « Ce sera tantost vous mesme, s'il luy plaist : » « Y fusse ie bien demain au soir? » repliqua il. « Recommendez vous seulement à luy, suyvit l'aultre, vous y serez bientost : » « Il vault doncques mieulx, adiousta il, que ie lui porte mes recommendations moy mesme. »

Au royaume de Narsingue, encores auiourd'huy, les femmes de leurs presbtres sont vifves ensepvelies avecques le corps de leurs maris : toutes aultres femmes sont bruslees aux funerailles des leurs, non constamment seulement, mais gayement : à la mort du roy, ses femmes et concubines, ses mignons, et tous ses officiers et serviteurs, qui font un peuple, se presentent si alaigrement au feu où son corps est bruslé, qu'ils montrent prendre à grand honneur d'y accompaigner leurs maistres. Pendant nos dernieres guerres de Milan, en tant de prinses et rescousses, le peuple, impatient de si divers changements de fortune, print telle resolution à la mort, que i'ai ouï dire à mon pere qu'il y veit tenir compte de bien vingt et cinq maistres de maisons qui s'estoient desfaicts eulx mesmes en une semaine : accident approchant à celuy des Xanthiens, lesquels, assiegez par Brutus, se precipiterent pesle mesle, hommes, femmes et enfants, à un si furieux appetit de mourir, qu'on ne faict rien pour fuyr la mort que ceulx ne feissent pour fuyr la vie : de maniere qu'à peine Brutus en peut sauver un bien petit nombre.

Toute opinion est assez forte pour se faire espouser au prix de la vie. Le premier article de ce courageux serment que la Grece iura et maintcint en la guerre medoise, ce feut que chascun changeroit plustost la mort à la vie, que les loix persiennes aux leurs. Combien veoid on de monde en la guerre des Turcs et des Grecs accepter plustost la mort tresaspre, que de se descirconscire pour se baptiser? exemple de quoy nulle sorte de religion n'est incapable.

Les roys de Castille ayants banni de leurs terres les Iuifs, le roy Iehan de Portugal leur vendit, à huict escus pour teste, la retraicte aux siennes pour un certain temps; à condition que, iceluy venu, ils auroient à les vuider; et luy, promettoit leur fournir de vaisseaux à les traiecter en Afrique. Le iour arrivé, lequel passé il estoit dict que ceulx qui n'auroient obeï demeureroient esclaves, les vaisseaux leur feurent fournis escharcement, et ceulx qui s'y embarquerent, rudement et vilainement traictez par les passagiers, qui, oultre plusieurs aultres indignitez, les amuserent sur mer, tantost avant, tantost arriere, iusques à ce qu'ils eussent consommé leurs victuailles, et feussent contraincts d'en acheter d'eulx si cherement et si longuement, qu'on ne les meit à bord qu'ils ne feussent du tout mis en chemise. La nouvelle de cette inhumanité rapportée à ceulx qui estoient en terre, la pluspart se resolurent à la servitude ; aulcuns firent contenance de changer de religion. Emmanuel, successeur de Iehan, venu à la couronne, les meit premierement en liberté ; et, changeant d'advis depuis, leur ordonna de sortir de ses païs, assignant trois ports à leur passage. Il esperoit, dict l'evesque Osorius, non meprisable historien latin de nos siecles, que la faveur de la liberté qu'il leur avoit rendue ayant failli de les convertir au christianisme, la difficulté de se commettre à la volerie des mariniers, et d'abandonner un païs où ils estoient habituez avecques grandes richesses, pour s'aller iecter en region incogneue et estrangiere, les y rameneroit. Mais se veoyant descheu de son esperance, et eulx touts deliberez au passage, il retrancha deux des ports qu'il leur avoit promis, afin que la longueur et incommodité du traiect en reduisit aulcuns, ou qu'il eust moyen de les amonceler touts à un lieu pour une plus grande commodité de l'execution qu'il avoit destinée ; ce feut qu'il ordonna qu'on arrachast d'entre les mains des peres et des meres touts les enfants au debsoubs de quatorze ans pour les transporter, hors de leur veue et conversation, en lieu où ils feussent instruicts à nostre religion. Ils disent que cet effect produisit un horrible spectacle : la naturelle affection d'entre les peres et les enfants, et, de plus, le zele à leur ancienne creance, combattant à l'encontre de cette violente ordonnance, il y feut veu communement des peres et meres se desfaisants eulx mesmes, et d'un plus rude exemple encores, precipitants, par amour et compassion, leurs ieunes enfants dans des puits, pour fuyr à la loy. Au demourant, le terme qu'il leur avoit prefix expiré, par faulte de moyens, ils se remeirent en servitude. Quelques uns se feirent chrestiens ; de la foy desquels ou de leur race, encores auiourd'huy cent ans aprez, peu de Portugais s'asseurent, quoyque la coustume et la longueur du temps soyent bien plus fortes conseilleres à telles mutations, que toute aultre contraincte.

En la ville de Castelnau Darry, cinquante Albigeois heretiques souffrirent à la fois, d'un courage determiné, d'estre bruslez vifs en un feu, avant desadvouer leurs opinions. *Quoties non modo ductores nostri*, dict Cicero, *sed universi etiam exercitus, ad non dubiam mortem concurrerunt!* I'ay veu quelqu'un de mes intimes amis courre la mort à force, d'une vraye affection, et enracinée en son cœur par divers visages de discours que ie ne luy sceus rabattre ; et, à la premiere qui s'offrit coeffée d'un lustre d'honneur, s'y precipiter, hors de toute apparence, d'une faim aspre et ardente. Nous avons plusieurs exemples en nostre temps de ceulx, iusques aux enfants, qui, de crainte de quelque legiere incommodité, se sont donnez à la mort. Et à ce propos, « Que ne craindrons nous, dict un ancien, si nous craignons ce que la couardise mesme a choisi pour sa retraicte ? »

D'enfiler icy un grand roolle de ceulx de touts sexes et conditions et de toutes sectes, ez siecles plus heureux, qui ont ou attendu la mort constamment, ou recherché volontairement, et recherché non seulement pour fuyr les maulx de cette vie, mais aulcuns pour fuyr simplement la satieté de vivre, et d'aultres pour l'esperance d'une meilleure condition ailleurs, ie n'aurois iamais faict ; et en est le nombre si infini, qu'à la verité i'aurois meilleur marché de mettre en compte ceulx qui l'ont craincte : Cecy seulement : Pyrrho le philosophe se trouvant, un iour de grande tormente, dans un batteau, montroit à ceulx qu'il veoyoit les plus effroyez autour de luy, et les encourageoit par l'exemple d'un pourceau qui y estoit, nullement soulcieux de cet orage. Oserons nous donques dire que cet advantage de la raison, de quoy nous faisons tant de feste, et pour le respect duquel nous nous tenons maistres et empereurs du reste des creatures, ayt esté mis en nous pour nostre torment ? A quoy faire la cognoissance des choses, si nous en devenons plus lasches ? si nous en perdons le repos et la tranquillité où nous serions sans cela ? et si elle nous rend de pire condition que le pourceau de Pyrrho ? L'intelligence qui nous a esté donnée pour nostre plus grand bien, l'employerons nous à nostre ruyne ; combattants le desseing de nature et l'universel ordre des choses, qui porte, que chascun use de ses utils et moyens pour sa commodité ?

Bien, me dira lon, vostre regle serve à la mort : mais que direz vous de l'indigence ? que direz vous encores de la douleur ? que Aristippus, Hieronymus et la pluspart des sages ont estimé le dernier mal ; et ceulx qui le nioient de parole le confessoient par effect. Posidonius estant extremement tormenté d'une maladie aiguë et douloureuse, Pompeius le feut veoir, et s'excusa d'avoir prins heure si importune pour l'ouïr deviser de la philosophie : « Ia à Dieu ne plaise, luy dict Posidonius, que la douleur gaigne tant sur moy qu'elle m'empesche d'en discourir ! » et se iecta sur ce mesme propos du mespris de la douleur : mais ce pendant elle iouoit son roolle, et le pressoit incessamment ; à quoy il s'escrioit : « Tu as beau faire, douleur ! si ne diray ie pas que tu sois mal. » Ce conte, qu'ils font tant valoir, que porte il pour le mespris de la douleur? il ne debat que du mot : et ce pendant si ces poinctures ne l'esmeuvent, pourquoy en rompt il son propos? pourquoy pense il faire beaucoup de ne l'appeller pas Mal? Icy tout ne consiste pas en l'imagination : nous opinons du reste ; c'est icy la certaine science qui ioue son roolle ; nos sens mesmes en sont iuges ;

> Qui nisi sunt veri, ratio quoque falsa sit omnis.

Ferons nous accroire à nostre peau que les coups d'estriviere la chastouillent? et à nostre goust que l'aloé soit du vin de Graves? Le pourceau de Pyrrho est icy de nostre escot : il est bien sans effroy à la mort ; mais si on le bat, il crie et se tormente. Forcerons nous la generale loy de nature, qui se veoid en tout ce qui est vivant soubs le ciel, de trembler soubs la douleur? les arbres mesmes semblent gemir aux offences. La mort ne se sent que par le discours, d'autant que c'est le mouvement d'un instant ;

> Aut fuit, aut veniet ; nihil est præsentis in illa :
> Morsque minus pœnæ, quam mora mortis, habet :

mille bestes, mille hommes sont plustost morts que menacez. Aussy, ce que nous disons craindre principalement en la mort, c'est la douleur, son avant coureuse coustumiere. Toutesfois, s'il en fault croire un sainct pere, *malam mortem non facit, nisi quod sequitur mortem :* et ie dirois encores plus vraysemblablement, que ny ce qui va devant, ny ce qui vient aprez n'est des appartenances de la mort.

Nous nous excusons faulsement : et ie treuve par experience que c'est plustost l'impatience de l'imagination de la mort qui nous rend impatients de la douleur, et que nous la sentons doublement griefve de ce qu'elle nous menace de mourir ; mais la raison accusant nostre lascheté de craindre chose si soubdaine, si inevitable, si insensible, nous prenons cet aultre pretexte plus excusable. Touts les maulx qui n'ont aultre dangier que du mal, nous les disons sans dangier : celuy des dents ou de la goutte, pour grief qu'il soit, d'autant qu'il n'est pas homicide, qui le met en compte de maladie?

Or bien presupposons le, qu'en la mort nous regardons principalement la douleur ; comme aussi la pauvreté n'a rien à craindre que cela, qu'elle nous iecte entre ses bras par la soif, la faim, le froid, le chauld, les veilles qu'elle nous fait souffrir : ainsi n'ayons à faire qu'à la douleur. Ie leur donne que ce soit le pire accident de nostre estre ; et volontiers, car ie suis l'homme du monde qui luy veulx autant de mal et qui la fuys autant, pour iusques à present n'avoir pas eu, Dieu mercy, grand commerce avec elle ; mais il est en nous, sinon de l'aneantir, au moins de l'amoindrir par patience ; et, quand bien le corps s'en esmouveroit, de maintenir ce neantmoins l'ame et la raison en bonne trempe. Et s'il ne l'estoit, qui auroit mis en credit la vertu, la vaillance, la force, la magnanimité et la resolution ? où ioucroyent elles leur roolle, s'il n'y a plus de douleur à desfier ? *Avida est periculi virtus :* s'il ne fault coucher sur la dure, soustenir armé de toutes pieces la chaleur du midy, se paistre d'un cheval et d'un asne, se veoir destailler en pieces et arracher une balle d'entre les os, se souffrir recoudre, cauteriser et sonder, par où s'acquerra l'advantage que nous voulons avoir sur le vulgaire? C'est bien loing de fuyr le mal et la douleur, ce que disent les sages, « que des actions egualement bonnes, celle là est plus souhaitable à faire où il y a plus de peine. » *Non enim hilaritate, nec lascivia, nec risu, aut ioco, comite levitatis, sed sæpe etiam tristes firmitate et constantia sunt beati.* Et à cette cause, il a esté impossible de persuader à nos peres que les conquestes faictes par vifve force au hazard de la guerre, ne feussent plus advantageuses que celles qu'on faict en toute seureté par practiques et menees.

> Lætius est, quoties magno sibi constat honestum.

Davantage, cela nous doibt consoler, que naturellement « si la douleur est violente, elle est courte ; si elle est longue, elle est legiere : » *si gravis, brevis, si longus, levis.* Tu ne la sentiras gueres longtemps, si tu la sens trop ; elle mettra fin à soy ou à toy : l'un et l'aultre revient à un ; si tu ne la portes, elle t'emportera. *Memineris maximos morte finiri; parvos multa habere intervalla requietis; mediocrium nos esse dominos : ut si tolerabiles sint, feramus; sin minus, e vita, quum ea non placeat, tanquam e theatro, exeamus.* Ce qui nous faict souffrir avecques tant d'impatience la douleur, c'est de n'estre pas accoustumez de prendre nostre principal contentement en l'ame, de ne nous fonder point assez sur elle, qui est seule et souveraine maistresse de nostre condition. Le corps n'a, sauf le plus et le moins, qu'un train et qu'un pli : elle est variable en toute sorte de formes, et renge à soy, et à son estat quel qu'il soit, les sentiments du corps et tous aultres accidents : pourtant la fault il estudier et enquerir, et esveiller en elle ses ressorts touts puissants. Il n'y a raison, ny prescription, ny force qui vaille contre son inclination et son choix. De tant de milliers de biais qu'elle a en sa disposition, donnons luy en un propre à nostre repos et conservation : nous voylà, non couverts seulement de toute offense, mais gratifiez mesme, et flattez, si bon luy semble, des offenses et des maulx. Elle faict son proufit de tout indifferemment : l'erreur, les songes, luy servent utilement, comme une loyale matiere à nous mettre à garant et en contentement. Il est aysé à veoir que ce qui aiguise en nous la douleur et la volupté, c'est la poincte de nostre esprit : les bestes qui le tiennent soubs boucle, laissent aux corps leurs sentiments libres et naïfs, et par consequent uns, à peu prez, en chasque espece, ainsy qu'elles montrent par la semblable application de leurs mouvements. Si nous ne troublions pas en nos membres la iurisdiction qui leur appartient en cela, il est à croire que nous en serions mieulx, et que nature leur a donné un iuste et moderé temperament envers la volupté et envers la douleur; et ne peult faillir d'estre iuste, estant egal et commun. Mais, puisque nous nous sommes emancipez de ces regles pour nous abandonner à la vagabonde liberté de nos fantasies, au moins aidons nous à les plier du costé le plus agreable. Platon craint nostre engagement aspre à la douleur et à la volupté, d'autant qu'il oblige et attache par trop l'ame au corps : moy plustost, au rebours, d'autant qu'il l'en desprend et descloue. Tout ainsi que l'ennemy se rend plus aspre à nostre fuite : aussi s'enorgueillit la douleur à nous veoir trembler soubs elle. Elle se rendra de bien meilleure composition à qui luy fera teste : ils, faut opposer et bander contre. En nous acculant et tirant arriere, nous appellons à nous et attirons la ruyne qui nous menace. Comme le corps est plus ferme à la charge en le roidissant, aussi est l'ame.

Mais venons aux exemples, qui sont proprement du gibier des gents foibles de reins comme moy : où nous trouverons qu'il va de la douleur comme des pierres, qui prennent couleur ou plus haulte, ou plus morne, selon la feuille où l'on les couche, et qu'elle ne tient qu'autant de place en nous que nous luy en faisons : *Tantum doluerunt, quantum doloribus se inseruerunt.* Nous sentons plus un coup de rasoir du chirurgien, que dix coups d'espee en la chaleur du combat. Les douleurs de l'enfantement, par les medecins et par Dieu mesme estimees grandes, et que nous passons avecques tant de ceremonies, il y a des nations entieres qui n'en font nul compte. Ie laisse à part les femmes lacedemoniennes; mais aux souisses, parmy nos gents de pied, quel changement y trouvez vous? sinon que trottant aprez leurs maris vous leur veoyez auiourd'huy porter au col l'enfant qu'elles avoient hier au ventre : et ces Aegyptiennes contrefaictes, ramassees d'entre nous, vont elles mesmes laver les leurs qui viennent de naistre, et prennent leurs bains en la plus prochaine riviere. Oultre tant de garses qui desrobent touts les iours leurs enfants en la generation comme en la conception, cette belle et noble femme de Sabinus, patricien romain, pour l'interest d'aultruy, supporta seule, sans secours et sans voix et gemissement, l'enfantement de deux iumeaux. Un simple garsonnet de Lacedemone ayant desrobé un regnard (car ils craignoient encores plus la honte de leur sottise au larrecin que nous ne craignons la peine de nostre malice), et l'ayant mis sous sa cappe, endura plustost qu'il luy eust rongé le ventre, que de se descouvrir. Et un aultre, donnant de l'encens à un sacrifice, se laissa brusler iusques à l'os par un charbon tumbé dans sa manche, pour ne troubler le mystere : et s'en est veu un grand nombre, pour le seul essay de vertu, suyvant leur institution, qui ont souffert en l'aage de sept ans d'estre fouettez iusques à la mort sans alterer leur visage. Et Cicero les a veus se battre à troupes, de poings, de pieds et de dents, iusques à s'evanouïr, avant que d'advouer estre vaincus. *Numquam naturam mos vinceret; est enim ea semper invicta : sed nos umbris, deliciis, otio, languore, desidia animum infecimus; opinionibus maloque more delinitum mollivimus.* Chascun sçait l'histoire de Scevola, qui, s'estant coulé dans le camp ennemy pour en tuer le chef, et ayant failly d'attaincte, pour reprendre son effect d'une plus estrange invention, et descharger sa patrie, confessa à Porsenna, qui estoit le roy qu'il vouloit tuer, non seulement son desseing, mais adiousta qu il y avoit en son camp un grand nombre de Romains complices de son entreprinse, tels que luy : et, pour montrer quel il estoit, s'estant faict apporter un brasier, veit et souffrit griller et rostir son bras, iusqu'à ce que l'ennemy mesme en ayant horreur commanda oster le brasier. Quoy! celuy qui ne daigna interrompre la lecture de son livre, pendant qu'on l'incisoit? et celuy qui s'obstina à se mocquer et à rire, à l'envy des maulx qu'on luy faisoit; de façon que la cruauté irritee des bourreaux qui le tenoient, et toutes les inventions des torments redoublez les uns sur les aultres, luy donnerent gaigné? Mais c'estoit un philosophe. Quoy! un gladiateur de Cæsar endura, touiours riant, qu'on luy sondast et destaillast ses playes : *Quis mediocris gladiator ingemuit? quis vultum mutavit unquam? Quis non modo stetit, verum etiam decubuit turpiter? Quis, quum decubuisset, ferrum recipere iussus, collum contraxit?* Meslons y les femmes. Qui n'a ouï parler à Paris de celle qui se feit escorcher, pour seulement en acquerir le teint plus frais d'une nouvelle peau? Il y en a qui se sont faict arracher des dents vifves et saines, pour en former la voix plus molle et plus grasse, ou pour les renger en meilleur ordre. Combien d'exemples du mepris de la douleur avons nous en ce genre! Que ne peuvent elles, que craignent elles, pour peu qu'il y ayt d'adgencement à esperer en leur beauté?

        Vellere queis cura est albos a stirpe capillos,
        Et faciem, dempta pelle, referre novam.

I'en ay veu engloutir du sable, de la cendre, et se travailler à poinct nommé de ruyner leur estomach, pour acquerir les pasles couleurs. Pour faire un corps bien espagnolé, quelle gehenne ne souffrent elles, quindees et cenglees, à tout de grosses coches sur les costez, iusques à la chair vifve? ouy, quelquesfois à en mourir.

    Il est ordinaire à beaucoup de nations de nostre temps de se blecer à escient pour donner foy à leur parole : et nostre roy en recite des notables exemples de ce qu'il en a veu en Poloigne, et en l'endroict de luy mesme. Mais oultre ce que ie sçais en avoir esté imité en France par aulcuns, quand ie veins de ces fameux estats de Blois l'avois veu peu auparavant une fille, en Picardie, pour tesmoigner la sincerité de ses promesses et aussi sa constance, se donner, du poinçon qu'elle portoit en son poil, quatre ou cinq bons coups dans le bras, qui luy faisoient craqueter la peau, et la saignoient bien en bon escient. Les Turcs se font de grandes escarres pour leurs dames, et, à fin que la marque y demeure, ils portent soubdain du feu sur la playe, et l'y tiennent un temps incroyable, pour arrester le sang et former la cicatrice; gents qui l'ont veu l'ont escript, et me l'ont iuré : mais pour dix aspres, il s'en treuve touts les iours entre eulx personne qui se donnera une bien profonde taillade dans le bras ou dans les cuisses. Ie suis bien ayse que les tesmoings nous sont plus à main où nous en avons plus à faire; car la chrestienté nous en fournit à suffisance : et aprez l'exemple de nostre sainct Guide, il y en a eu force qui, par devotion, ont voulu porter la croix. Nous apprenons, par tesmoing tres-digne de foy, que le roy sainct Louys porta la haire iusques à ce que, sur sa vieillesse, son confesseur l'en dispensa; et que touts les vendredis il se faisoit battre les espaules, par son presbtre, de cinq chainsnettes de fer, que pour cet effect on portoit emmy ses besongnes de nuict.

    Guillaume, nostre dernier duc de Guyenne, pere de cet Alienor qui transmit ce duché aux maisons de France et d'Angleterre, porta, les dix ou douze derniers ans de sa vie, continuellement, un corps de cuirasse sous un habit de religieux, par penitence. Foulques, comte d'Aniou, alla iusques en Ierusalem, pour là se faire fouetter à deux de ses valets, la chorde au col, devant le sepulchre de nostre Seigneur. Mais ne veoid on encores touts les iours, au vendredi sainct, en divers lieux, un grand nombre d'hommes et femmes se battre iusques à se deschirer la chair et percer iusques aux os? cela ay ie veu souvent, et sans enchantement : et disoit on (car ils sont masquez) qu'il y en avoit qui pour de l'argent entreprenoient en cela de garantir la religion d'aultruy, par un mespris de la douleur d'autant plus grand, que plus peuvent les aiguillons de la devotion que de l'avarice. Q. Maximus enterra son fils consulaire, M. Cato le sien preteur designé, et L. Paulus les siens deux en peu de iours, d'un visage rassis, et ne portant nul tesmoignage de dueil. Ie disois, en mes iours, de quelqu'un, en gaussant, qu'il avoit choué la divine iustice ; car la mort violente de trois grands enfants luy ayant esté envoyee en un iour pour un aspre coup de verge, comme il est à croire, peu s'en fallut qu'il ne la prinst à faveur et gratification singuliere du ciel. Ie n'ensuys pas ces humeurs monstrueuses ; mais i'en ay perdu en nourrice deux ou trois, sinon sans regret, au moins sans fascherie : si n'est il gueres d'accident qui touche plus au vif les hommes. Ie veois assez d'aultres communes occasions d'affliction, qu'à peine sentirois ie si elles me venoient ; et en ay mesprisé, quand elles me sont venues, de celles ausquelles le monde donne une si atroce figure, que ie n'oscrois m'en vanter au peuple sans rougir : *ex quo intelligitur, non in natura, sed in opinione, esse ægritudinem.* L'opinion est une puissante partie, hardie, et sans mesure. Qui rechercha iamais de telle faim la seureté et le repos, qu'Alexandre et Cesar ont faict l'inquietude et les difficultez? Terez, le pere de Sitalcez, souloit dire que « Quand il ne faisoit point la guerre, il luy estoit advis qu'il n'y avoit point difference entre luy et son palfrenier. » Caton, consul, pour s'asseurer d'aulcunes villes en Espaigne, ayant seulement interdict aux habitans d'icelles de porter les armes, grand nombre se tuerent : *ferox gens, nullam vitam rati sine armis esse.* Combien en sçavons nous qui ont fuy la doulceur d'une vie tranquille en leurs maisons, parmy leurs cognoissants, pour suivre l'horreur des deserts inhabitables ; et qui se sont iectez à l'abiection, vilité et mespris du monde, et s'y sont pleus iusques à l'affectation ! Le cardinal Borromee, qui mourut dernierement à Milan, au milieu de la desbauche à quoy le convioit et sa noblesse, et ses grandes richesses, et l'air de l'Italie, et sa ieunesse, se maintient en une forme de vie si austere, que la mesme robbe qui luy servoit en esté luy servoit en hyver ; n'avoit pour son coucher que la paille ; et les heures qui luy restoient des occupations de sa charge, il les passoit estudiant continuellement, planté sur ses genouils, ayant un peu d'eau et de pain à costé de son livre, qui estoit toute la provision de ses repas, et tout le temps qu'il y employoit.

I'en sçais qui, à leur escient, ont tiré et proufit et avancement du cocuage, de quoy le seul nom effroye tant de gents.

Si la veue n'est le plus necessaire de nos sens, il est au moins le plus plaisant : mais les plus plaisants et utiles de nos membres semblent estre ceulx qui servent à nous engendrer ; toutesfois assez de gents les ont prins en haine mortelle, pour cela seulement qu'ils estoient trop aimables, et les ont reiectez à cause de leur prix : autant en opina des yeulx celuy qui se les creva. La plus commune et saine part des hommes tient à grand heur l'abondance des enfants ; moy et quelques aultres à pareil heur le default : et quand on demande à Thales pourquoy il ne se marie point, il respond « qu'il n'aime point à laisser lignee de soy. »

Que nostre opinion donne prix aux choses, il se veoid par celles en grand nombre ausquelles nous ne regardons pas seulement pour les estimer, ains à nous ; et ne considerons ny leurs qualitez ny leurs utilitez, mais seulement nostre coust à les recouvrer, comme si c'estoit quelque piece de leur substance ; et appellons valeur en elles, non ce qu'elles apportent, mais ce que nous y apportons. Sur quoy ie m'advise que nous sommes grands menagiers de nostre mise : selon ce qu'elle poise, elle sert ; de ce mesme qu'elle poise. Nostre opinion ne la laisse iamais courir à fauls fret : l'achat donne titre au diamant ; et la difficulté, à la vertu ; et la douleur, à la devotion ; et l'aspreté, à la medecine ; tel, pour arriver à la pauvreté, iecta ses escus en cette mesme mer, que tant d'aultres fouillent de toutes parts, pour y pescher des richesses. Epicurus dict que « L'estre riche n'est pas soulagement, mais changement d'affaires. »

De vray, ce n'est pas la disette, c'est plustost l'abondance, qui produict l'avarice. Ie veulx dire mon experience autour de ce subiect.

I'ay vescu en trois sortes de conditions depuis estre sorti de l'enfance. Le premier temps, qui a duré prez de vingt annees, ie le passay, n'ayant aultres moyens que fortuits, et despendant de l'ordonnance et secours d'aultruy, sans estat certain et sans prescription. Ma despense se faisoit d'autant plus alaigrement et avecques moins de soing, qu'elle estoit toute en la temerité de la fortune. Ie ne feus iamais mieulx. Il ne m'est oneques advenu de trouver la bourse de mes amis close ; m'estant enioinct, au delà de toute autre necessité, la necessité de ne faillir au terme que j'avois prins à m'acquitter, lequel ils m'ont mille fois allongé, voyant l'effort que ie me faisois pour leur satisfaire : en maniere que ie rendois ma loyauté mesnagiere, et aulcunement piperesse. Ie sens naturellement quelque volupté à payer ; comme si ie deschargeois mes espaules d'un ennuyeux poids et de cette image de servitude ; aussi qu'il y a quelque contentement qui me chatouille à faire une action iuste et contenter aultruy. I'excepte les payements où il fault venir à marchander et compter ; car si ie ne treuve à qui en commettre la charge, ie les esloingne honteusement et iniurieusement, tant que ie pnis, de peur de cette altercation, à laquelle et mon humeur et ma forme de parler est du tout incompatible. Il n'est rien que ie haïsse comme à marchander : c'est un pur commerce de tricheterie et d'impudence ; aprez une heure de debat et de barguignage, l'un et l'aultre abandonne sa parole et ses serments pour cinq sols d'amendement. Et si empruntois avec desadvantage : car n'ayant point le cœur de requerir en presence, i'en renvoyois le hazard sur le papier, qui ne faict gueres d'effort, et qui preste grandement la main au refuser. Ie me remettois de la conduicte de mon besoing plus gayement aux astres et plus librement, que ie n'ay faict depuis à ma providence et à mon sens. La pluspart des mesnagiers estiment horrible de vivre aidsin en incertitude, et ne s'advisent pas, Premierement, que la pluspart du monde vit ainsi : combien d'honnestes hommes ont reiecté tout leur certain à l'abandon, et le font tous les iours, pour chercher le vent de la faveur des roys et de la fortune ! Cesar s'endebta d'un million d'or, oultre son vaillant, pour devenir Cesar : et combien de marchands commencent leur traficque par la vente de leur metairie, qu'ils envoyent aux Indes,

Tot per impotentia freta!

En une si grande siccité de devotion, nous avons mille et mille colleges qui la passent commodement, attendants touts les iours de la liberalité du ciel ce qu'il fault à eulx disner. Secondement, ils ne s'advisent pas que cette certitude, sur laquelle ils se fondent, n'est gueres moins incertaine et hazardeuse que le hazard mesme. Ie veois d'aussi prez la misere au delà de deux mille escus de rente, que si elle estoit tout contre moy : car, oultre ce que le sort a de quoy ouvrir cent bresches à la pauvreté au travers de nos richesses, ny ayant souvent nul moyen en la supresme et infime fortune,

Fortuna vitrea est, tum, quum splendet, frangitur,

et envoyer cul sur poincte toutes nos deffenses et levees, ie treuve que, par diverses causes, l'indigence se veoid autant ordinairement logee chez ceulx qui ont des biens, que chez ceulx qui n'en ont point ; et qu'à l'adventure est elle aulcunement moins incommode, quand elle est seule, que quand elle se rencontre en compaignie des richesses. Elles viennent plus de l'ordre que de la recepte ; *faber est suæ quisque fortunæ :* et me semble plus miserable un riche malaysé, necessiteux, affaireux, que celuy qui est simplement pauvre. *In divitiis inopes, quod genus egestatis gravissimum est.* Les plus grands princes et plus riches sont, par pauvreté et disette, poulsez ordinairement à l'extreme necessité ; car en est il de plus extreme, que d'en devenir tyrans et iniustes usurpateurs des biens de leurs subiects ?

Ma seconde forme. ça esté d'avoir de l'argent : à quoy m'estant preins, i'en feis bientost des reserves notables, selon ma condition, n'estimant pas que ce feust avoir, sinon autant qu'on possede oultre sa despense ordinaire, ny qu'on se puisse fier du bien qui est encores en esperance de recepte, pour claire qu'elle soit. Car quoy ! disois-ie, si i'estois surprins d'un tel ou d'un tel accident ? Et à la suitte de ces vaines et vicieuses imaginations, i'allois faisant l'ingenieux à pourvoir, par cette superflue reserve, à touts inconveniens : et sçavois encores respondre, à celuy qui m'alleguoit que le nombre des inconvenients estoit trop infiny, Que si ce n'estoit à touts, c'estoit à aulcuns et plusieurs. Cela ne se passoit pas sans penible solicitude : i'en faisois un secret : et moy, qui ose tant dire de moy, ne parlois de mon argent qu'en mensonge, comme font les aultres qui s'appauvrissent riches, s'enrichissent pauvres, et dispensent leur conscience de iamais tesmoigner sincerement de ce qu'ils ont : ridicule et honteuse prudence! Allois ie en voyage? il ne me sembloit estre iamais suffisamment pourveu ; et plus ie m'étois chargé de monnoye, plus aussi ie m'estois chargé de crainte, tantost de la seureté des chemins, tantost de la fidelité de ceulx qui conduisoient mon bagage, duquel, comme d'aultres que ie cognois, ie ne m'asseurois iamais assez si ie ne l'avois devant mes yeulx. Laissois ie ma boiste chez moy? combien de soupçons et pensements espineux, et, qui pis est, incommunicables? i'avois tousiours l'esprit de ce costé. Tout compté, il y a plus de peine à garder l'argent qu'à l'acquérir. Si ie n'en faisois du tout tant que i'en dis, au moins il me coustoit à m'empescher de le faire. De commodité, i'en tirois peu ou rien : pour avoir plus de moyens de despense, elle ne m'en poisoit pas moins; car, comme disoit Bion, « Autant se fasche le chevelu comme le chauve, qu'on luy arrache le poil : » et, depuis que vous estes accoustumé et avez planté vostre fantasie sur certain monceau, il n'est plus à vostre service ; vous n'oseriez l'escorner; c'est un bastiment qui, comme il vous semble, croulera tout si vous y touchez ; il fault que la nécessité vous prenne à la gorge pour l'entamer : et auparavant i'engageois mes hardes et vendois un cheval, avecques bien moins de contraincte et moins d'envy, que lors ie ne faisois bresche à cette bourse favorie que ie tenois à part. Mais le dangier estoit que malaysecment peult on establir bornes certaines à ce desir (elles sont difficiles à trouver ez choses qu'on croit bonnes), et arrester un poinct à l'espargne : on va tousiours grossissant cet amas, et l'augmentant d'un nombre à aultre, iusques à se priver vilainement de la iouissance de ses propres biens, et l'establir toute en la garde, et n'en user point. Selon cette espece d'usage, ce sont les plus riches gents du monde ceulx qui ont charge de la garde des portes et murs d'une bonne ville. Tout homme pecunieux est avaricieux, à mon gré. Platon renge ainsi les biens corporels ou humains : la santé, la beauté, la force, la richesse : et la richesse, dict il, n'est pas aveugle, mais tres clairvoyante, quand elle est illuminee par la prudence. Dionysius le fils eut bonne grace : on l'advertit que l'un de ses Syracusains avoit caché dans terre un thresor ; il luy manda de le luy apporter ; ce qu'il feit, s'en reservant à la desrobee quelque partie, avecques laquelle il s'en alla en une aultre ville, où, ayant perdu cet appetit de thesauriser, il se meit à vivre plus liberalement : ce qu'entendant, Dionysius lui feit rendre le demourant de son thresor, disant que, puisqu'il avoit apprins à en sçavoir user, il le luy rendoit volontiers.

Ie feus quelques annees en ce poinct : je ne sçais quel bon daimon m'en iecta hors tresutilement, comme le Syracusain, et m'en envoya toute cette conserve à l'abandon ; le plaisir de certain voyage de grande despense ayant mis au pied cette sotte imagination : par où ie suis retumbé à une tierce sorte de vie (ie dis ce que i'en sens), certes plus plaisante beaucoup, et plus reglee; c'est que ie foys courir ma despense quand et quand ma recette ; tantost l'une devance, tantost l'aultre, mais c'est de peu qu'elles s'abandonnent. Ie vis du iour à la iournee, et me contente d'avoir de quoy suffire aux besoings presents et ordinaires : aux extraordinaires, toutes les provisions du monde ne sçauroient suffire. Et est folie de s'attendre que fortune elle mesme nous arme iamais suffisamment contre soy : c'est de nos armes qu'il la fault combattre ; les fortuites nous trahiront au bon du faict. Si i'amasse, ce n'est que pour l'esperance de quelque voisine emploite, non pour acheter des terres, de quoy ie n'ay que faire, mais pour acheter du plaisir. *Non esse cupidum, pecunia est; non esse emacem, vectigal est.* Ie n'ay ny gueres peur que bien me faille, ny nul desir qu'il augmente : *divitiarum fructus est in copia : copiam declarat satietas :* et me gratifie singulierement que cette correction me soit arrivee en un age naturellement enclin à l'avarice, et que ie me voye desfaict de cette folie si commune aux vieux, et la plus ridicule de toutes les humaines folies.

Feraulez, qui avoit passé par les deux fortunes, et trouvé que l'accroist de chevance n'estoit pas accroist d'appetit au boire, manger, dormir et embrasser sa femme; et qui, d'aultre part, sentoit poiser sur ses espaules l'importunité de l'œconomie, ainsi qu'elle faict à moy, delibera de contenter un ieune homme pauvre, son fidele amy, abboyant aprez les richesses; et luy feit present de toutes les siennes, grandes et excessives, et de celles encores qu'il estoit en train d'accumuler touts les iours par la liberalité de Cyrus son bon maistre, et par la guerre; moyennant qu'il prinst la charge de l'entretenir et nourrir honnestement comme son hoste et son amy. Ils vescurent ainsi depuis tresheureusement, et egualement contents du changement de leur condition.

Voylà un tour que i'imiterois de grand courage : et loue grandement la fortune d'un vieil prelat que ie veois s'estre si purement demis de sa bourse, de sa recepte et de sa mise, tantost à un serviteur choisi, tantost à un aultre, qu'il a coulé un long espace d'annees autant ignorant cette sorte d'affaires de son mesnage comme un estrangier. La fiance de la bonté d'aultruy est un non legier tesmoignage de la bonté propre; partant la favorise Dieu volontiers. Et pour son regard, ie ne veois point d'ordre de maison ny plus dignement ny plus constamment conduict que le sien. Heureux qui aye reglé à si iuste mesure son besoing, que ses richesses y puissent suffire sans son soing et empeschement, et sans que leur dispensation ou assemblage interrompe d'aultres occupations qu'il suyt, plus convenables, plus tranquilles, et selon son cœur!

L'aysance donc et l'indigence despendent de l'opinion d'un chascun; et non plus la richesse que la gloire, que la santé, n'ont qu'autant de beauté, et de plaisir, que leur en preste celuy qui les possede. Chascun est bien ou mal, selon qu'il s'en treuve : non de qui on le croid, mais qui le croid de soy, est content; et en cela seul la creance se donne essence et verité. La fortune ne nous faict ny bien ny mal; elle nous en offre seulement la matiere et la semence : laquelle nostre ame, plus puissante qu'elle, tourne et applique comme il luy plaist; seule cause et maistresse de sa condition heureuse ou malheureuse. Les accessions externes prennent saveur et couleur de l'interne constitution : comme les accoustrements nous eschauffent, non de leur chaleur, mais de la nostre, laquelle ils sont propres à couver et nourrir; qui en abricroit un corps froid, il en tireroit mesme service pour la froideur : ainsi se conserve la neige et la glace. Certes, tout en la maniere qu'à un faineant l'estude sert de torment; à un yvrogne, l'abstinence du vin; la frugalité est supplice au luxurieux; et l'exercice, gehenne à un homme delicat et oysif : ainsin est il du reste. Les choses ne sont pas si douloureuses ny difficiles d'elles mesmes; mais nostre foiblesse et lascheté les faict telles. Pour iuger des choses grandes et haultes, il fault une ame de mesme; aultrement nous leur attribuons le vice qui est le nostre : un aviron droict semble courbe en l'eau, il n'importe pas seulement qu'on veoye la chose, mais comment on la veoid.

Or sus, pourquoy, de tant de discours qui persuadent diversement les hommes de mespriser la mort et de porter la douleur, n'en trouvons nous quelqu'un qui face pour nous? et de tant d'especes d'imaginations qui l'ont persuadé à aultruy, que chascun n'en applique il à soy une, le plus selon son humeur? S'il ne peult digerer la drogue forte et abstersive pour desraciner le mal, au moins qu'il la prenne lenitive pour le soulager. *Opinio est quædam effeminata ac levis, nec in dolore magis, quam eadem in voluptate : qua quum liquescimus, fluimusque mollitia, apis aculeum sine clamore ferre non possumus.... Totum in eo est, ut tibi imperes.* Au demourant, on n'eschappe pas à la philosophie, pour faire valoir oultre mesure l'aspreté des douleurs et l'humaine foiblesse; car on la contrainct de se reiecter à ces invincibles repliques : « S'il est mauvais de vivre en necessité, au moins de vivre en necessité il n'est aucune necessité. » « Nul n'est mal longtemps, qu'à sa faulte. » Qui n'a le cœur de souffrir ny la mort ny la vie; qui ne veult ny resister ny fuyr : que luy feroit-on?

Chapitre XLI. — De ne communiquer sa gloire.

De toutes les resveries du monde, la plus receue et plus universelle est le soing de la reputation et de la gloire, que nous espousons iusques à quitter les richesses, le repos, la vie et la santé, qui sont biens intellectuels et substantiaux, pour suyvre cette vaine image et cette simple voix qui n'a ny corps, ny prinse :

> La fama, ch' invaghisce a un dolce suono
> Voi superbi mortali, e par si bella,
> E un' eco, un sogno, anzi del sogno un' ombra
> Ch' ad ogni vento si dilegua e sgombra ;

et des humeurs déraisonnables des hommes, il semble que les philosophes mesmes se desfacent plus tard et plus envy de cette cy que de nulle aultre : c'est la plus revesche et opiniastre ; *quia etiam bene proficientes animos tentare non cessat.* Il n'en est gueres de laquelle la raison accuse si clairement la vanité ; mais elle a ses racines si vifves en nous, que ie ne sçais si iamais aulcun s'en est peu nettement descharger. Aprez que vous avez tout dict et tout creu pour la desadvouer, elle produict contre vostre discours une inclination si intestine, que vous avez peu que tenir à l'encontre : car, comme dict Cicero, ceulx mesmes qui la combattent, encores veulent ils que les livres qu'ils en escrivent portent au front leur nom, et se veulent rendre glorieux de ce qu'ils ont mesprisé la gloire. Toutes aultres choses tumbent en commerce : nous prestons nos biens et nos vies au besoing de nos amis ; mais de communiquer son honneur, et d'estrener aultruy de sa gloire, il ne se veoid gueres.

Catulus Luctatius, en la guerre contre les Cimbres, ayant faict tous ses efforts pour arrester ses soldats qui fuyoient devant les ennemis, se meit luy mesme entre les fuyards, et contrefeit le couard, afin qu'ils semblassent plustost suyvre leur capitaine que fuyr l'ennemy : c'estoit abandonner sa reputation pour couvrir la honte d'aultruy. Quand Charles cinquiesme passa en Provence l'an mil cinq cent trente sept, on tient que Antoine de Leve, veoyant l'empereur resolu de ce voyage, et l'estimant luy estre merveilleusement glorieux, opinait toutesfois le contraire et le desconseilloit, à cette fin que toute la gloire et honneur de ce conseil en feust attribué à son maistre, et qu'il feust dict, son bon advis et sa prevoyance avoir esté telle que, contre l'opinion de touts, il eust mis à fin une si belle entreprinse : qui estoit l'honorer à ses despens. Les ambassadeurs thraciens, consolants Archileonide, mere de Brasidas, de la mort de son fils, et le hault louant iusques à dire qu'il n'avoit point laissé son pareil, elle refusa cette louange privee et particuliere, pour la rendre au public : « Ne me dictes pas cela, repliqua elle ; ie sçais que la ville de Sparte a plusieurs citoyens plus grands et plus vaillants qu'il estoit. » En la bataille de Crecy, le prince de Galles, encores fort ieune, avoit l'avant garde à conduire ; le principal effort de la rencontre feut en cet endroict : les seigneurs qui l'accompagnoient, se trouvants en dur party d'armes, manderent au roy Édouard de s'approcher pour les secourir. Il s'enquit de l'estat de son fils ; et luy ayant esté respondu qu'il estoit vivant et à cheval : « Ie luy ferois, dict il, tort de luy aller maintenant desrober l'honneur de la victoire de ce combat qu'il a si longtemps soustenu ; quelque hazard qu'il y ayt, elle sera toute sienne ; » et n'y voulut aller ny envoyer, sçachant, s'il feust allé, qu'on eust dict que tout estoit perdu sans son secours, et qu'on luy eust attribué l'advantage de cet exploict. *Semper enim quod postremum adiectum est, id rem totam videtur traxisse.* Plusieurs estimoient à Rome, et se disoit communement, que les principaulx beaux faicts de Scipion estoient en partie deus à Lælius, qui toutesfois alla tousiours promouvant et secondant la grandeur et gloire de Scipion, sans aulcun soing de la sienne. Et Theopompus, roy de Sparte, à celuy qui luy disoit que la chose publicque demeuroit sur ses pieds, pour autant qu'il sçavoit bien commander : « C'est plustost, dict il, parce que le peuple sçait bien obeïr. »

Comme les femmes qui succedoient aux pairies avoient, nonobstant leur sexe, droict d'assister et opiner aux causes qui appartiennent à la iurisdiction des pairs : aussi les pairs ecclesiastiques, nonobstant leur profession, estoient tenus d'assister nos roys en leurs guerres, non seulement de leurs amis et serviteurs, mais de leur personne. Aussi l'evesque de Beauvais, se trouvant avecques Philippe Auguste en la bataille de Bouvines, participoit bien fort courageusement à l'effect ; mais il luy sembloit ne debvoir toucher au fruict et gloire de cet exercice sanglant et violent. Il mena de sa main plusieurs des ennemis à raison, ce iour là : et les donnoit au premier gentilhomme qu'il trouvoit, à esgosiller ou prendre prisonniers, luy en resignant toute l'execution : et le feit ainsi de Guillaume, comte de Salsberi, à messire Ichan de Nesle. D'une pareille subtilité de conscience à cette aultre, il vouloit bien assommer, mais non pas blecer, et pourtant ne combattoit que de masse. Quelqu'un, en mes iours, estant reproché par le roy d'avoir mis les mains sur un presbtre, le nioit fort et ferme : c'estoit qu'il l'avoit battu et foulé aux pieds.

Chapitre XLII. — De l'inequalité qui est entre nous.

Plutarque dict, en quelque lieu, qu'il ne treuve point si grande distance, de beste à beste, comme il treuve d'homme à homme. Il parle de la suffisance de l'ame et qualitez internes. A la verité, ie treuve si loing d'Epaminondas, comme ie l'imagine, iusques à tel que ie cognois, ie dis capable de sens commun, que i'encherirois volontiers sur Plutarque; et dirois qu'il y a plus de distance de tel à tel homme, qu'il n'y a de tel homme à telle beste;

Hem! vir viro quid præstat?

et qu'il y a autant de degrez d'esprits, qu'il y a d'icy au ciel de brasses, et autant innumerables. Mais, à propos de l'estimation des hommes, c'est merveille que, sauf nous, aulcune chose ne s'estime que par ses propres qualitez : nous louons un cheval de ce qu'il est vigoureux et adroict,

Volucrem
Sic laudamus equum, facili cui plurima palma
Fervet, et exsultat rauco victoria circo,

non de son harnois; un levrier, de sa vistesse, non de son collier; un oyseau, de son aile, non de ses longes et sonnettes : pourquoy de mesme n'estimons nous un homme par ce qui est sien? Il a un grand train, un beau palais, tant de credit, tant de rente : tout cela est autour de luy, non en luy. Vous n'achetez pas un chat en poche : si vous marchandez un cheval, vous luy ostez ses bardes, vous le voyez nud et à descouvert; ou s'il est couvert, comme on les presentoit anciennement aux princes à vendre, c'est par les parties moins necessaires, à fin que vous ne vous ne vous amusiez pas à la beauté de son poil ou largeur de sa croupe, et que vous vous arrestiez principalement à considerer les iambes, les yeulx et le pied, qui sont les membres les plus utiles :

Regibus hic mos est : ubi equos mercantur, opertos
Inscipiunt; ne, si facies, ut sæpe, decora
Molli fulta pede est, emptorem inducat hiantem,
Quod pulchræ clunes, breve quod caput, ardua cervix :

pourquoy estimant un homme, l'estimez vous tout enveloppé et empacqueté? Il ne nous faict montre que des parties qui ne sont aulcunement siennes, et nous cache celles par lesquelles seules on peut vrayement iuger de son estimation. C'est le prix de l'espee que vous cherchez, non de la gaine : vous n'en donnerez à l'adventure pas un quatrain, si vous l'avez despouillee. Il le fault iuger par luy mesme, non par ses atours; et, comme dict tresplaisamment un ancien : « Sçavez vous pourquoy vous l'estimez grand? vous y comptez la haulteur de ses patins. » La base n'est pas de la statue. Mesurez le sans ses eschasses : qu'il mette à part ses richesses et honneurs; qu'il se presente en chemise. A il le corps propre à ses fonctions, sain et alaigre? Quelle ame a il? est elle belle, capable et heureusement pourveue de toutes ses pieces? est elle riche du sien, ou de l'aultruy? la fortune n'y a elle que veoir? Si les yeulx ouverts elle attend les espees traictes, s'il ne luy chault par où luy sorte la vie, par la bouche ou par le gosier; si elle est rassise, equable et contente : c'est ce qu'il fault veoir, et iuger par là les extremes differences qui sont entre nous. Est il

Sapiens, sibique imperiosus;
Quem neque pauperies, neque mors, neque vincula terrent;
Responsare cupidinibus, contemnere honores
Fortis; et in se ipso totus teres atque rotundus,
Externi ne quid valeat per læve morari;
In quem manca ruit semper fortuna?

un tel homme est cinq cents brasses au dessus des royaumes et des duchez; il est luy mesme à soy son empire :

Sapiens..... pol ipse fingit fortunam sibi :

que lui reste il à desirer?

Nonne videmus,
Nil aliud sibi naturam latrare, nisi ut, quoi

> Corpore seiunctus dolor absit, mente fruatur
> Iucundo sensu, cura semotus metuque?

Comparez luy la tourbe de nos hommes, stupide, basse, servile, instable, et continuellement flottante en l'orage des passions diverses qui la poulsent et repoulsent, pendante toute d'aultruy; il y a plus d'esloingnement que du ciel à la terre : et toutesfois l'aveuglement de nostre usage est tel, que nous en faisons peu ou point d'estat; là où, si nous considerons un paysan et un roy, un noble et un vilain, un magistrat et un homme privé, un riche et un pauvre, il se presente soubdain à nos yeulx une extreme disparité, qui ne sont differents, par maniere de dire, qu'en leurs chausses.

En Thrace, le roy estoit distingué de son peuple d'une plaisante maniere et bien rencherie : il avoit une religion à part, un dieu tout à luy, qu'il n'appartenoit à ses subiects d'adorer, c'estoit Mercure; et luy, desdaignoit les leurs, Mars, Bacchus, Diane. Ce ne sont pourtant que peinctures, qui ne font aucune dissemblance essentielle : car, comme les ioueurs de comedie, vous les veoyez sur l'eschaffaud faire une mine de duc ou d'empereur; mais tantost aprez les voylà devenus valets et crocheteurs miserables, qui est leur naïfve et originelle condition : aussi l'empereur, duquel la pompe vous esblouit en public,

> Scilicet et grandes viridi cum luce smaragdi
> Auro includuntur, teriturque thalassina vestis
> Assidue, et Veneris sudorem exercita potat :

voyez le derriere le rideau; ce n'est qu'un homme commun, et, à l'adventure, plus vil que le moindre de ses subiects : *ille beatus introrsum est; istius bracteata felicitas est;* la couardise, l'irresolution, l'ambition, le despit et l'envie, l'agitent comme un aultre ;

> Non enim gazæ, neque consularis
> Summovet lictor miseros tumultus
> Mentis, et curas laqueata circum
> Tecta volantes.

et le soing et la crainte le tiennent à la gorge au milieu de ses armees.

> Re veraque metus hominum, curæque sequaces
> Nec metuunt sonitus armorum, nec fera tela ;
> Audacterque inter reges, rerumque potentes
> Versantur, neque fulgorem reverentur ab auro.

La fiebvre, la migraine et la goutte l'espargnent elles non plus que nous? Quand vieillesse luy sera sur les espaules, les archers de sa garde l'en deschargeront ils? quand la frayeur de la mort le transira, se rasseura il par l'assistance des gentilshommes de sa chambre? quand il sera en ialousie et caprice, nos bonnettades le remettront elles? Ce ciel de lict, tout enflé d'or et de perles, n'a aucune vertu à rappaiser les tranchees d'une verte cholique.

> Nec calidæ citius decedunt corpore febres,
> Textilibus si in picturis, ostroque rubenti
> Iactaris, quam si plebeia in veste cubandum est.

Les flatteurs du grand Alexandre luy faisoyent accroire qu'il estoit fils de Iupiter : un iour estant blecé, regardant escouler le sang de sa playe, « Eh bien! qu'en dictes-vous? dict il, est ce pas icy un sang vermeil et purement humain? il n'est pas de la trempe de celuy que Homere faict escouler de la playe des dieux. » Hermodorus le poëte avoit faict des vers en l'honneur d'Antigonus, où il l'appelloit fils du soleil : et luy, au contraire : « Celuy, dict il, qui vuide ma chaize percee, sçait bien qu'il n'en est rien. » C'est un homme pour touts potages : et si de soy mesme c'est un homme mal nay, l'empire de l'univers ne le sçauroit rabiller.

> Puellæ
> Hunc rapiant; quidquid calcaverit hic, rosa fiat :

quoy pour cela si c'est une ame grossiere et stupide? La volupté mesme et le bonheur ne se perçoivent point sans vigueur et sans esprit.

> Hæc perinde sunt, ut illius animus, qui ea possidet :
> Qui uti scit, ei bona; illi, qui non utitur recte, mala.

Les biens de la fortune, touts tels qu'ils sont, encores faut il avoir le sentiment propre à les savourer. C'est le iouir non le posseder, qui nous rend heureux.

> Non domus et fundus, non æris acervus, et auri,
> Ægroto domini deduxit corpore febres,
> Non animo curas. Valeat possessor oportet,
> Qui comportatis rebus bene cogitat uti.
> Qui cupit, aut metuit, juvat illum sic domus, aut res,
> Ut lippum pictæ tabulæ, fomenta podagram.

Il est un sot, son goust est mousse et hebesté; il n'en iouït non plus qu'un morfondu de la doulceur du vin grec, où qu'un cheval, de la richesse du harnois duquel on l'a paré. tout ainsi, comme Platon dict, que la santé, la beauté, la force, les richesses, et tout ce qui s'appelle bien, est equalement mal à l'iniuste, comme bien au iuste; et le mal au rebours. Et puis, où le corps et l'ame sont en mauvais estat, à quoy faire ces commoditez externes? veu que la moindre picqueure d'espingle, et passion de l'ame, est suffisante à nous oster le plaisir de la monarchie du monde. A la premiere strette que luy donne la goutte, il a beau estre Sire et Maiesté,

> Totus et argento conflatus, totus et auro,

perd il pas le souvenir de ses palais et de ses grandeurs? s'il est en cholere, sa principaulté le garde elle de rougir, de paslir, de grincer les dents comme un fol? Or, si c'est un habile homme et bien nay, la royauté adiouste peu à son bonheur;

> Si ventri bene, si lateri est, pedibusque tuis, nil
> Divitiæ poterunt regales addere maius;

il veoid que ce n'est que biffe et piperie. Ouy, à l'adventure, il sera de l'advis du roy Seleucus, « Que qui sçauroit le poids d'un sceptre ne daigneroit l'amasser, quand il le trouveroit à terre : » il le disoit pour les grandes et penibles charges qui touchent à un bon roy. Certes, ce n'est pas peu de chose que d'avoir à regler aultruy, puisqu'à regler nous mesme il se presente tant de difficultez. Quant au commander, qui semble estre si doulx, considerant l'imbecillité du iugement humain, et la difficulté du choix ez choses nouvelles et doubteuses, ie suis fort de cet advis, qu'il est bien plus aisé et plus plaisant de suyvre que de guider : et que c'est un grand seiour d'esprit de n'avoir à tenir qu'une voye tracee, et à respondre que de soy :

> Ut satius multo iam sit parere quietum,
> Quam regere imperio res velle..

Ioinct que Cyrus disoit qu'il n'appartenoit de commander à homme qui ne vaille mieulx que ceulx à qui il commande. Mais le roy Hieron, en Xenophon, dict davantage : Qu'en la iouïssance des voluptez mesmes, ils sont de pire condition que les privez; d'autant que l'aysance et la facilité leur oste l'aigredoulce poincte que nous y trouvons.

> Pinguis amor, nimiumque potens, in tædia nobis
> Vertitur, et, stomacho dulcis ut esca, nocet.

Pensons nous que les enfants de chœur prennent grand plaisir à la musique? la satieté la leur rend plustost ennuyeuse. Les festins, les danses, les masquarades, les tournois, resiouïssent ceulx qui ne les voyent pas souvent, et qui ont desiré de les veoir; mais à qui en faict ordinaire, le goust en devient fade et malplaisant · ny les dames ne chatouillent celuy qui en iouït à cœur saoul : qui ne se donne loisir d'avoir soif, ne sçauroit prendre plaisir à boire : les farces des bateleurs nous resiouïssent; mais aux ioueurs elles servent de corvee. Et qu'il soit ainsi, ce sont delices aux princes, c'est leur feste, de se pouvoir quelquesfois travestir et desmettre à la façon de vivre basse et populaire :

> Plerumque gradæ principibus vices,
> Mundæque parvo sub lare pauperum
> Cœnæ, sine aulæis et ostro,
> Sollicitam explicuere frontem.

Il n'est rien si empeschant, si degousté, que l'abondance. Quel appetit ne se rebuteroit à veoir trois cents femmes à sa mercy, comme les a le grand Seigneur en son serrail? Et quel appetit et visage de chasse s'estoit reservé celuy de ses ancestres, qui n'alloit iamais aux champs à moins de sept mille faulconniers? Et oultre cela, ie crois que ce lustre de grandeur apporte non legieres incommoditez à la iouïssance des plaisirs plus doulx; ils sont trop esclairez et trop en butte : et ie ne sçais comment on requiert plus d'eulx de cacher et couvrir leur faulte; car ce qui est à nous indiscretion, à eulx le peuple iuge que ce soit tyrannie, mespris et desdaing des loix : et oultre l'inclination au vice, il semble qu'ils adioustent encores le plaisir de gourmander et soubmettre à leurs pieds les observances publicques. De vray, Platon, en son Gorgias, definit tyran celuy qui a licence en une cité de faire tout ce qui luy plaist : et souvent, à cette cause, la montre et publication de leur vice blece plus que le vice mesme. Chascun craint a estre espié et contreroollé : ils le sont iusques à leurs contenances et à leurs pensees, tout le peuple estimant avoir droict et interest d'en iuger; oultre ce que les taches s'agrandissent selon l'eminence et clarté du lieu où elles sont assises, et qu'un seing et une verrue au front paroissent plus que ne faict ailleurs une balafre. Voilà pourquoy les poëtes feignent les amours de Iupiter conduictes soubs aultre visage que le sien; et de tant de practiques amoureuses qu'ils luy attribuent, il n'en est qu'une seule, ce me semble, où il se trouve en sa grandeur et maiesté.

Mais revenons à Hieron : il recite aussi combien il sent d'incommoditez en sa royauté, pour ne pouvoir aller et voyager en liberté, estant comme prisonnier dans les limites de son païs; et qu'en toutes ses actions il se treuve enveloppé d'une fascheuse presse. De vray, à veoir les nostres touts seuls à table, assiegez de tant de parleurs et regardants incogneus, i'en ay eu souvent plus de pitié que d'envie. Le roy Alphonse disoit que les asnes estoient en cela de meilleure condition que les roys; leurs maistres les laissent paistre à leur ayse : là où les roys ne peuvent pas obtenir cela de leurs serviteurs. Et ne m'est iamais tumbé en fantasie que ce feust quelque notable commodité, à la vie d'un homme d'entendement, d'avoir une vingtaine de contreroolleurs à sa chaize percee; ny que les services d'un homme qui a dix mille livres de rentes, ou qui a prins Casal ou deffendu Siene, luy soyent plus commodes et acceptables que d'un bon valet et bien experimenté. Les advantages principesques sont quasi advantages imaginaires; chasque degré de fortune a quelque image de principaulté; Cæsar appelle roytelets touts les seigneurs ayants iustice en France de son temps. De vray, sauf le nom de Sire, on va bien avant avecques nos roys. Et veoyez, aux provinces esloingnees de la court, nommons Bretaigne pour exemple, le train, les subiects, les officiers, les occupations, le service et cerimonie d'un seigneur retiré et casanier, nourry entre ses valets; et veoyez aussi le vol de son imagination, il n'est rien plus royal : il oyt parler de son maistre une fois l'an, comme du roy de Perse, et ne le recognoist que par quelque vieux cousinage que son secretaire tient en registre. A la verité, nos loix sont libres assez; et le poids de la souveraineté ne touche un gentilhomme françois à peine deux fois en sa vie. La subiection essentielle et effectuelle ne regarde, d'entre nous, que ceulx qui s'y convient; et qui aiment à s'honnorer et enrichir par tel service : car qui se veult tapir en son foyer, et sçait conduire sa maison sans querelle et sans procez, il est aussi libre que le duc de Venise. *Paucos servitus, plures servitutem tenent.*

Mais sur tout Hieron faict cas de quoy il se veoid privé de toute amitié et socié mutuelle, en laquelle consiste le plus parfaict et doulx fruict de la vie humaine. Car quel tesmoignage d'affection et de bonne volonté puis ie tirer de celuy qui me doibt, veuille il ou non, tout ce qu'il peult? Puis ie faire estat de son humble parler et courtoise reverence, veu qu'il n'est pas en luy de me la refuser? L'honneur que nous recevons de ceulx qui nous craignent, ce n'est pas honneur; ces respects se doibvent à la royauté, non à moy.

> Maximum hoc regni bonum est,
> Quod facta domini cogitur populus sui
> Quam ferre, tam laudare.

Veois ie pas que le meschant, le bon roy, celuy qu'on hait, celuy qu'on aime, autant en a l'un que l'aultre? De mesmes apparences, de mesme cerimonie estoit servy mon predecesseur, et le sera mon successeur. Si mes subiects ne m'offensent pas, ce n'est tesmoignage d'aulcune bonne affection; pourquoy le prendrois ie en cette part là, puisqu'ils ne pourroient quand ils vouldroient? Nul ne me suyt pour l'amitié qui soit entre lui et moy; car il ne s'y sçauroit couldre amitié où il y a si peu de relation et de correspondance : ma haulteur m'a mis hors du commerce des hommes; il y a trop de disparité et de disproportion. Ils me suyvent par contenance et par coustume, ce qu'ils me dient et font, ce n'est que fard, leur liberté estant bridee de toutes parts par la grande puissance que i'ay sur eulx : ie ne veois rien autour de moy, que couvert et masqué.

Ses courtisans louoient un iour Iulian l'empereur de faire bonne iustice : « Ie m'enorgueillirois volontiers, dict il, de ces louanges, si elles venoient de personnes qui osassent accuser ou meslouer mes actions contraires, quand elles y seroient. » Toutes les vrayes commoditez qu'ont les princes leur sont communes avecques les hommes de moyenne fortune (c'est à faire aux dieux de monter des chevaulx aislez, et se paistre d'ambrosie) : ils n'ont point d'aultre sommeil et d'aultre appetit que le nostre ; leur acier n'est pas de meilleure trempe que celuy de quoy nous nous armons ; leur couronne ne les couvre ny du soleil ny de la pluie.

Diocletian, qui en portoit une si reveree et si fortunee, la resigna, pour se retirer au plaisir d'une vie privee ; et quelque temps aprez, la necessité des affaires publicques requerant qu'il reveinst en prendre la charge, il respondit à ceulx qui l'en prioient : « Vous n'entreprendriez pas de me persuader cela, si vous aviez veu le bel ordre des arbres que i'ay moy mesme plantez chez moy, et les beaux melons que i'y ai semez. »

A l'advis d'Anacharsis, le plus heureux estat d'une police seroit où, toutes aultres choses estant equales, la precedence se mesureroit à la vertu, et le rebut au vice.

Quand le roy Pyrrhus entreprenoit de passer en Italie, Cineas, son sage conseiller, luy voulant faire sentir la vanité de son ambition : « Eh bien ! sire, luy demanda il, à quelle fin dressez vous cette grande entreprinse ? » « Pour me faire maistre de l'Italie, » respondit il soubdain. « Et puis, suyvit Cineas, cela faict ? » « Ie passeray, dict l'aultre, en Gaule et en Espagne. » « Et aprez ? » « Ie m'en iray subiuguer l'Afrique ; et enfin, quand i'auray mis le monde en ma suiection, ie me reposeray, et vivray content et à mon ayse. » « Pour Dieu, sire, rechargea lors Cineas, dites moy à quoy il tient que vous ne soyez dez à present, si vous voulez, en cet estat ? pourquoy ne vous logez vous dez cette heure où vous dictes aspirer, et vous espargner tant de travail et de hazard, que vous iectez entre deux ? »

Nimirum, quia non bene norat, quæ esset habendi
Finis, et omnino quoad crescat vera voluptas.

Ie m'en vais clorre ce pas par un verset ancien que ie treuve singulierement beau à ce propos : *Mores cuique sui fingunt fortunam.*

Chapitre XLIII. — Des loix sumptuaires.

La façon de quoy nos loix essayent à regler les folles et vaines despenses des tables et vestements, semble estre contraire à sa fin. Le vray moyen, ce seroit d'engendrer aux hommes le mespris de l'or et de la soye, comme de choses vaines et inutiles ; et nous leur augmentons l'honneur et le prix, qui est une bien inepte façon pour en degouster les hommes. Car dire ainsi, qu'il n'y aura que les princes qui mangent du turbot, et qui puissent porter du velours et de la tresse d'or, et l'interdire au peuple, qu'est ce aultre chose que mettre en credit ces choses là, et faire croistre l'envie à chascun d'en user ? Que les roys quittent hardiment ces marques de grandeur ; ils en ont assez d'aultres : tels excez sont plus excusables à tout aultre qu'à un prince. Par l'exemple de plusieurs nations, nous pouvons apprendre assez de meilleures façons de nous distinguer exterieurement, et nos degrez (ce que i'estime à la verité estre bien requis en un estat), sans nourrir pour cet effect cette corruption et incommodité si apparente. C'est merveille comme la coustume en ces choses indifferentes plante ayseement et soubdain le pied de son auctorité. A peine feusmes nous un an, pour le deuil du roy Henry second, à porter du drap à la court, il est certain que desia à l'opinion d'un chascun les soyes estoient venues à telle vilité, que si vous en veoyiez quelqu'un vestu, vous en faisiez incontinent quelque homme de ville ; elles estoient demeurees en partage aux medecins et aux chirurgiens : et quoyqu'un chascun feust à peu prez vestu de mesme, si y avoit il d'ailleurs assez de distinctions apparentes des qualitez des hommes. Combien soubdainement viennent en honneur parmy nos armes les pourpoincts crasseux de chamois et de toile ; et la polisseure et richesse des vestements, à reproche et à mespris ! Que les roys commencent à quitter ces despenses, ce sera faict en un mois, sans edict et sans ordonnance nous irons touts aprez. La loy debvroit dire, au rebours, que le cramoisy et l'orfevrerie est deffendue à toute espece de gents, sauf aux basteleurs et aux courtisanes.

De pareille invention corrigea Zeleucus les mœurs corrompues des Locriens. Ses ordonnances estoient telles : « Que la femme de condition libre ne puisse mener aprez elle plus d'une chambriere, sinon lorsqu'elle sera yvre, ny ne puisse sortir hors la ville, de nuict, ny porter ioyaux d'or à l'entour de sa personne, ny robbe enrichie de broderie, si elle n'est publicque et putain : Que sauf les ruffiens, à homme ne loise porter en son doigt anneau d'or, ny robbe delicate, comme sont celles des draps tissus en la ville de Milet. » Et ainsi, par ces exceptions honteuses, il divertissoit ingenieusement ses citoyens des superfluitez et delices pernicieuses : c'estoit une tresutile maniere d'attirer, par honneur et ambition, les hommes à leur devoir et à l'obeïssance.

Nos roys peuvent tout en telles reformations externes; leur inclination y sert de loy : *Quidquid principes faciunt, præcipere videntur;* le reste de la France prend pour regle la regle de la court. Qu'ils se desplaisent de cette vilaine chausseure qui montre si à descouvert nos membres occultes ; ce lourd grossissement de pourpoincts, qui nous faict touts aultres que nous ne sommes, si incommode à s'armer; ces longues traces de poil, effeminees; cet usage de baiser ce que nous presentons à nos compaignons, et nos mains en les saluant, cerimonie deue aultresfois aux seuls princes; et qu'un gentilhomme se treuve en lieu de respect sans espee à son costé, tout esbraillé et destaché, comme s'il venoit de la garderobbe; et que, contre la forme de nos peres et la particuliere liberté de la noblesse de ce royaume, nous nous tenons descouverts bien loing autour d'eulx, en quelque lieu qu'ils soyent; et, comme autour d'eulx, autour de cent aultres, tant nous avons de tiercelets et quartelets de roys; et ainsi d'aultres pareilles introductions nouvelles et vicieuses : elles se verront incontinent esvanouies et descriees. Ce sont erreurs superficielles, mais pourtant de mauvais pronostic; et sommes advertis que le massif se desment quand nous voyons fendiller l'enduict et la crouste de nos parois.

Platon, en ses loix, n'estime peste au monde plus dommageable à sa cité, que de laisser prendre liberté à la ieunesse de changer, en accoustrements, en gestes, en danses, en exercices et en chansons, d'une forme à une aultre; remuant son iugement tantost en cette assiette, tantost en cette là; courant aprez les nouvelletez, honorant leurs inventeurs : par où les mœurs se corrompent, et toutes institutions viennent à desdaing et à mespris. En toutes choses, sauf simplement aux mauvaises, la mutation est à craindre; la mutation des saisons, des vents, des vivres, des humeurs. Et nulles loix ne sont en leur vray credit, que celles ausquelles Dieu a donné quelque ancienne duree, de mode que personne ne sçache leur naissance, ny qu'elles ayent iamais esté aultres.

Chapitre XLIV. — Du dormir.

La raison nous ordonne bien d'aller tousiours mesme chemin, mais non toutesfois mesme train : et, ores que le sage ne doibve donner aux passions humaines de se fourvoyer de la droicte carriere, il peult bien, sans interest de son debvoir, leur quitter aussi cela, d'en haster ou retarder son pas, et ne se planter comme un colosse immobile et impassible. Quand la vertu mesme seroit incarnee, ie crois que le pouls luy battroit plus fort, allant à l'assault qu'allant disner : voire il est necessaire qu'elle s'eschauffe et s'esmeuve. A cette cause, i'ay remarqué pour chose rare, de veoir quelquesfois les grands personnages, aux plus haultes entreprinses et importants affaires, se tenir si entiers en leur assiette, que de n'en accourcir pas seulement leur sommeil. Alexandre le Grand, le iour assigné à cette furieuse bataille contre Darius, dormit si profondément et si haulte matinée que Parmenium feut contrainct d'entrer en sa chambre, et, approchant de son lict, l'appeler deux ou trois fois par son nom pour l'esveiller, le temps d'aller au combat le pressant. L'empereur Othon ayant resolu de se tuer, cette mesme nuict, aprez avoir mis ordre à ses affaires domestiques, partagé son argent a ses serviteurs, et affilé le trenchant d'une espee de quoy il se vouloit donner, n'attendant plus qu'à sçavoir si chascun de ses amis s'estoit retiré en seureté, se print si profondément à dormir, que ses valets de chambre l'entendoient ronfler. La mort de cet empereur a beaucoup de choses pareilles à celle du grand Caton, et mesme cecy :

car Caton estant prest à se desfaire, ce pendant qu'il attendoit qu'on luy rapportast nouvelles si les senateurs qu'il faisoit retirer s'estoient eslargis du port d'Utique, se meit si fort à dormir, qu'on l'oyoit souffler de la chambre voisine ; et celuy qu'il avoit envoyé vers le port l'ayant esveillé pour luy dire que la tormente empeschoit les senateurs de faire voile à leur ayse, il y en envoya encores un aultre, et se r'enfonçant dans le lict, se remeit encores à sommeiller iusques à ce que ce dernier l'asseura de leur partement. Encores avons nous de quoy le comparer au faict d'Alexandre, en ce grand et dangereux orage qui le menaceoit par la sedition du tribun Metellus, voulant publier le decret du rappel de Pompeius dans la ville avecques son armee, lors de l'esmotion de Catilina; auquel decret Caton seul resistoit, et en avoient eu Metellus et luy de grosses paroles et grandes menaces au senat : mais c'estoit au lendemain, en la place, qu'il falloit venir à l'execution, où Metellus, oultre la faveur du peuple et de Cesar, conspirant lors aux advantages de Pompeïus, se debvoit trouver accompaigné de force esclaves estrangiers et escrimeurs à oultrance, et Caton, fortifié de sa seule constance; de sorte que ses parents, ses domestiques et beaucoup de gents de bien en estoient en grand soulcy et en y eut qui passerent la nuict ensemble sans vouloir reposer, ny boire, ny manger, pour le dangier qu'ils luy veoyaient preparé : mesme sa femme et ses sœurs ne faisoient que pleurer et se tormenter en sa maison : là où luy, au contraire, reconfortoit tout le monde, et, aprez avoir souppé, comme de coustume, s'en alla coucher, et dormir de fort profond sommeil iusques au matin, que l'un de ses campaignons au tribunal le veint esveiller pour aller à l'escarmouche. La cognoissance que nous avons de la grandeur du courage de cet homme, par le reste de sa vie, nous peult faire iuger, en toute seureté, que cecy luy partoit d'une ame si loing eslevée au dessus de tels accidents, qu'il n'en daignoit entrer en cervelle, non plus que d'accidents ordinaires.

En la battaille navale que Augustus gaigna contre Sextus Pompeius en Sicile, sur le poinct d'aller au combat, il se trouva pressé d'un si profond sommeil, qu'il fallut que ses amis l'esveillassent pour donner le signal de la battaille : cela donna occasion à M. Antonius de luy reprocher, depuis, qu'il n'avoit pas eu le cœur seulement de regarder les yeulx ouverts l'ordonnance de son armée, et de n'avoir osé se presenter aux soldats, iusques à ce qu'Agrippa luy veinst annoncer la nouvelle de la victoire qu'il avoit eue sur ses ennemis. Mais quant au ieune Marius, qui feit encores pis, car le iour de sa derniere iournee contre Sylla, aprez avoir ordonné son armee et donné le mot et signe de la battaille, il se coucha dessoubs un arbre à l'ombre pour se reposer, et s'endormit si serré qu'à peine se peut il esveiller de la route et fuitte de ses gents, n'ayant rien veu du combat; ils disent que ce feut pour estre si extremement aggravé de travail et de faulte de dormir, que nature n'en pouvoit plus. Et à ce propos, les medecins adviserent si le dormir est si necessaire, que nostre vie en despende : car nous trouvons bien qu'on feit mourir le roy Perseus de Macedoine prisonnier à Rome, luy empeschant le sommeil; mais Pline en allegue qui ont vescu longtemps sans dormir. Chez Herodote, il y a des nations ausquelles les hommes dorment et veillent par demy annees. Et ceulx qui escrivent la vie du sage Epimenides, disent qu'il dormit cinquante sept ans de suitte.

Chapitre XLV. — De la battaille de Dreux.

Il y eut tout plein de rares accidents en nostre battaille de Dreux ; mais ceux qui ne favorisent pas fort la reputation de M. de Guyse mettent volontiers en avant, qu'il ne se peult excuser d'avoir faict alte et temporisé avecques les forces qu'il commandait, ce pendant qu'on enfonçoit monsieur le connestable, chef de l'armee, avecques l'artillerie, et qu'il valloit mieulx se hazarder, prenant l'ennemy par flanc, que, attendant l'advantage de le veoir en queue, souffrir une si lourde perte. Mais oultre ce que l'issue en tesmoigna, qui en debattra sans passion me confessera aysement, à mon advis, que le but et la visee, non seulement d'un capitaine, mais de chasque soldat, doibt regarder la victoire en gros ; et que nulles occurrences particulieres, quelque interest qu'il y ait, ne le doibvent divertir de ce poinct là. Philopœmen, en un rencontre de Machanidas, ayant envoyé devant, pour attaquer l'escarmouche, bonne troupe d'archers et gents de traict ; et l'ennemy, aprez les avoir renversez, s'amusant à les poursuyvre à toute bride, et coulant, aprez sa victoire, le long de la bataille où estoit Philopœmen, quoy que ses soldats s'en esmeussent, il ne feut d'advis de bouger de sa place, ny de se pressenter a l'ennemy pour secourir ses gents ; ains les ayant laissé chasser et mettre en pieces à sa veue, commencea la charge sur les ennemis au bataillon de leurs gents de pied, lors qu'il les veid tout à fait abandonnez de leurs gents de cheval ; et bien que ce feust Lacedemoniens, d'autant qu'il les print à l'heure que, pour tenir tout gaigné, ils commençoient à se desordonner, il en veint ayseement à bout ; et, cela faict, se meit à poursuyvre Machanidas. Ce cas est germain à celuy de monseigneur de Guyse.

En cette aspre bataille d'Agesilaus contre les Bœotiens, que Xenophon, qui y estoit, dict estre la plus rude qu'il eust oncques veue, Agesilaus refusa l'advantage, que fortune luy presentoit, de laisser passer le bataillon des Bœotiens et les charger en queue, quelque certaine victoire qu'il en preveist, estimant qu'il y avoit plus d'art que de vaillance ; et pour montrer sa prouesse d'une merveilleuse ardeur de courage, choisit plustost de leur donner en teste : mais aussi feut il bien battu et bien blecé, et contrainct enfin de se desmesler, et prendre le party qu'il avoit refusé au commencement, faisant ouvrir ses gents pour donner passage à ce torrent de Bœotiens ; puis, quand ils feurent passez, prenant garde qu'ils marchoient en desordre comme ceulx qui cuidoient bien estre hors de tout dangier, il les feit suyvre et charger par les flancs : mais pour cela ne les peut il tourner en fuitte à val de route ; ains se retirerent le petit pas, monstrants touiours les dents, iusques à ce qu'ils se feurent rendus à sauveté.

Chapitre XLVI. — Des noms.

Quelque diversité d'herbes qu'il y ait, tout s'enveloppe sous le nom de salade : de mesme, sous la consideration des noms, ie m'en voys faire icy une galimafreee de divers articles.

Chasque nation a quelques noms qui se prennent, ie ne sçais comment, en mauvaise part : et à nous Iehan, Guillaume, Benoist. Item, il semble y avoir, en la genealogie des princes, certains noms specialement affectez : comme des Ptolemees à ceux d'Aegypte, des Henrys en Angleterre, Charles en France, Baudoins en Flandre, et en nostre ancienne Aquitaine, des Guillaumes, d'où l'on dict que le nom de Guienne est venu, par un froid rencontre, s'il n'en y avoit d'aussi cruds dans Platon mesme.

Item, c'est une chose legiere, mais toutesfois digne de memoire pour son estrangeté et escripte par tesmoing oculaire, que Henry, duc de Normandie, fils de Henry second, roi d'Angleterre, faisant un festin en France, l'assemblee de la noblesse y feut si grande, que, pour passe-temps, s'estant divisee en bandes par la ressemblance des noms; en la premiere troupe qui feut des Guillaumes, il se trouva cent dix chevaliers assis à table portants ce nom, sans mettre en compte les simples gentilshommes et serviteurs.

Il est autant plaisant de distribuer les tables par les noms des assistants, comme il estoit à l'empereur Geta de faire distribuer le service de ses mets par la consideration des premieres lettres du nom des viandes : on servoit celles qui se commençoient par M : mouton, marcassin, merlus, marsoin ; ainsi des aultres.

Item, il se dict qu'il faict bon avoir bon nom, c'est à dire credit et reputation ; mais encores, à la verité, est il commode d'avoir un nom beau, et qui aysement se puisse prononcer et retenir, car les rois et les grands nous en cognoissent plus ayseement, et oublient plus mal volontiers ; et de ceulx mesmes qui nous servent, nous commandons plus ordinairement et employons ceulx desquels les noms se presentent le plus facilement à la langue. I'ay veu le roy Henry second ne pouvoir nommer à droict un gentilhomme de ce quartier de Gascogne ; et à une fille de la royne, il feut luy mesme d'advis de donner le nom general de la race, parce que celuy de la maison paternelle luy sembla trop divers. Et Socrates estime digne du soing paternel de donner un beau nom aux enfants.

Item, on dict que la fondation de nostre Dame la grand' à Poitiers, print origine de ce qu'un ieune homme desbauché, logé en cet endroict, ayant recouvré une garse, et luy ayant d'arrivee demandé son nom, qui estoit Marie, se sentit si vifvement esprins de religion et de respect de ce nom sacrosainct de la Vierge mere de nostre Sauveur, que non seulement il la chassa soubdain, mais en amenda tout le reste de sa vie; et qu'en consideration de ce miracle, il feut basty, en la place où estoit la maison de ce ieune homme, une chapelle au nom de nostre Dame, et depuis l'eglise que nous y veoyons. Cette correction voyelle et auriculaire, devotieuse, tira droict à l'ame : cette aultre suivante, de mesme genre, s'insinua par les sens corporels : Pythagoras, estant en compaignie de ieunes hommes, lesquels il sentit complotter, eschauffez de la feste, d'aller violer une maïson pudique, commanda à la menestriere de changer de ton ; et, par une musique poisante, severe et spondaïque, enchanta tout doulcement leur ardeur, et l'endormit.

Item, dira pas la posterité que nostre reformation d'auiourd'huy ayt esté delicate et exacte, de n'avoir pas seulement combattu les erreurs et les vices, et rempli le monde de devotion, d'humilité, d'obeïssance, de paix et de toute espece de vertu ; mais d'avoir passé iusques à combattre ces anciens noms de nos baptesmes, Charles, Louys, François, pour peupler le monde de Mathusalem, Ezechiel, Malachie, beaucoup mieux sentants de la foy? Un gentilhomme, mien voisin, estimant les commoditez du vieux temps au prix du nostre, n'oublioit pas de mettre en compte la fierté et magnificence des noms de la noblesse de ce temps là, Dom Grumedan, Quedragan, Agesilan ; et qu'à les ouïr seulement sonner, il se sentoit qu'ils avaient esté bien aultres gents que Pierre, Guillot, et Michel.

Item, ie sçais bon gré à Iacques Amyot d'avoir laissé, dans le cours d'une oraison françoise, les noms latins touts entiers, sans les bigarrer et changer pour leur donner une cadence françoise. Cela sembloit un peu rude au commencement; mais desia l'usage, par le credit de son Plutarque, nous en a osté toute l'estrangeté. I'ai souhaité souvent que ceulx qui escrivent les histoires en latin nous laissassent nos noms touts tels qu'ils sont ; car, en faisant de Vaudemont *Vallemontanus*, et le metamorphosant pour les garber à la grecque ou à la romaine, nous ne sçavons où nous en sommes, et en perdons la cognoissance.

Pour clorre nostre compte, c'est un vilain usage, et de tresmauvaise consequence en nostre France, d'appeler chascun par le nom de sa terre et seigneurie, et la chose du monde qui faict plus mesler et mescognoistre les races. Un cadet de bonne maison, ayant eu pour son appanage une terre, sous le nom de laquelle il a esté cogneu et honoré, ne peult honnestement l'abandonner : dix ans aprez sa mort, la terre s'en va à un estrangier qui en faict de mesme ; devinez où nous sommes de la cognoissance de ces hommes. Il ne fault pas aller querir d'aultres exemples, que de nostre maison royale, où autant de partages, autant de surnoms : cependant l'originel de la tige nous est eschappé. Il y a tant de liberté en ces mutations, que de mon temps ie n'ay veu personne, eslevé par la fortune à quelque grandeur extraordinaire, à qui on n'ayt attaché incontinent des tittres genealogiques nouveaux et ignorez à son pere, et qu'on ayt enté en quelque illustre tige : et, de bonne fortune, les plus obscures familles sont plus idoines à falsification. Combien avons nous de gentilshommes en France qui sont de royale race selon leurs comptes? plus, ce crois ie, que d'aultres. Feut il pas dict de bonne grace par un de mes amis? ils estoient plusieurs assemblez pour la querelle d'un seigneur contre un aultre, lequel aultre avoit, à la verité, quelque prerogative de tiltres et d'alliances eslevees au dessus de la commune noblesse. Sur le propos de cette prerogative, chascun, cherchant à s'eguaier à luy, alléguoit, qui une origine, qui une aultre, qui la ressemblance du nom, qui des armes, qui une vieille pancharte domestique ; et le moindre se trouvoit arriere fils de quelque roy d'oultremer. Comme ce feust à disner, cettuy cy, au lieu de prendre sa place, se recula en profondes reverences, suppliant l'assistance de l'excuser de ce que, par temerité, il avoit iusques lors vescu avec eulx en compaignon; mais qu'ayant esté nouvellement informé de leurs vieilles qualitez, il commenceoit à les honnorer selon leurs degrez, et qu'il ne luy appartenoit pas de se seoir parmy tant de princes. Aprez sa farce, il leur dict mille iniures : « Contentons nous, de par Dieu! de ce de quoy nos peres se sont contentez, et de ce que nous sommes ; nous sommes assez, si nous le sçavons bien maintenir : ne desadvouons pas la fortune et condition de nos ayeuls, et ostons ces sottes imaginations, qui ne peuvent faillir à quiconque a l'impudence de les alleguer. »

Les armoiries n'ont de seureté non plus que les surnoms. Je porte d'azur semé de trefles d'or, à une patte de lyon de mesme, armee de gueules, mise en fasce. Quel privilege a cette figure pour demourer particulierement en ma maison? un gendre la transportera en une aultre famille : quelque chestif acheteur en fera ses premieres armes. Il n'est chose où il se rencontre plus de mutation et de confusion.

Mais cette consideration me tire par force à un aultre champ. Sondons un peu de prez, et, pour Dieu ! regardons à quel fondement nous attachons cette gloire et reputation pour laquelle se boulleverse le monde : où asseons nous cette renommee que nous allons questant avecques si grand' peine? c'est, en somme, Pierre ou Guillaume qui la porte, prend en garde, et à qui elle touche. O la courageuse faculté que l'esperance, qui, en un subiect mortel, et en un moment, va usurpant l'infinité, l'immensité, l'éternité, et remplissant l'indigence de son maistre de la possession de toutes les choses qu'il peult imaginer et desirer, autant qu'elle veult! Nature nous a là donné un plaisant iouet! Et ce Pierre ou Guillaume, qu'est ce qu'une voix pour touts potages, ou trois ou quatre traicts de plume, premierement si aysez à varier, que ie demanderois volontiers, à qui touche l'honneur de tant de victoires, à Guesquin, à Glesquin, ou à Gueaquin? Il y auroit bien plus d'apparence icy, qu'en Lucien, que Σ mit T en procez ; car

     Non levia aut ludicra petuntur
 Præmia :

il y va de bon ; il est question, laquelle de ces lettres doibt estre payee de tant de sieges, battailles, bleceures, prisons et services faicts à la couronne de France par ce sien fameux connestable.

Nicolas Denoist n'a eu soing que des lettres de son nom, et en a changé toute la contexture pour en bastir le conte d'Alsinois, qu'il a estrené de la gloire de sa poesie et peincture. Et l'historien Suetone n'a aimé que le sens du sien ; et, en ayant privé Lenis, qui estoit le surnom de son pere, a laissé Tranquillus successeur de la reputation de ses escripts. Qui croiroit que le capitaine Bayard n'eust honneur que celuy qu'il a emprunté des faicts de Pierre Terrail? et qu'Antoine Escalin se laisse voler, à sa veue, tant de navigations et charges par mer et par terre, au capitaine Poulin et au baron de La Garde?

Secondement, ce sont traicts de plume communs à mill'hommes. Combien y a il, en toutes les races, de personnes de mesmes nom et surnom? et en diverses races, siecles et païs, combien? L'histoire a cogneu trois Socrates, cinq Platons, huict Aristotes, sept Xenophons, vingt Demetrius, vingt Theodores ; et pensez combien elle n'en a pas cogneu. Qui empesche mon palefrenier de s'appeller Pompee le Grand? Mais, aprez tout, quels moyens, quels ressorts y a il qui attachent à mon palefrenier trespassé, ou à cet aultre homme qui eust la teste trenchee en Aegypte, et qui ioignent à eulx cette voix glorifiee et ces traicts de plume ainsin honnorez, à fin qu'ils s'en advantagent?

    Id cinerem et manes credis curare sepultos ?

Quel ressentiment ont les deux compaignons en principale valeur entre les hommes, Epaminondas, de ce glorieux vers qui court tant de siecles pour luy en nos bouches,

   Consiliis nostris laus est attrita Laconum ;

et Africanus, de cet aultre,

   A sole exoriente, supra Mæoti' paludes,
   Nemo est qui factis me æquiparare queat.

Les survivants se chatouillent de la douleur de ces voix, et, par icelles sollicitez de ialousie et desir, transmettent inconsidereement par fantasie aux trespassez cettuy leur propre ressentiment ; et, d'une pipeuse esperance, se donnent à croire d'en estre capables à leur tour. Dieu le sçait. Toutesfois,

    Ad hæc se
 Romanus, Graiusque, et Barbarus induperator
 Erexit ; causas discriminis, atque laboris
 Inde habuit : tanto maior famæ sitis est, quam
 Virtutis!

Chapitre XLVII. — De l'incertitude de nostre iugement.

C'est bien ce que dict ce vers,

Ἐπέων δὲ πολὺς νομὸς ἔνθα καὶ ἔνθα.

« Il y a prou de loy de parler, par tout, et pour et contre. » Pour exemple :

Vince Hannibal, et non seppe usar poi
Ben la vittoriosa sua ventura.

Qui vouldra estre de ce party, et faire valoir avecques nos gents la faulte de n'avoir dernierement poursuivy nostre poincte à Moncontour; ou qui vouldra accuser le roy d'Espaigne de n'avoir sceu se servir de l'advantage qu'il eut contre nous à Sainct Quentin; il pourra dire cette faulte partir d'une ame enyvree de sa bonne fortune, et d'un courage, lequel, plein et gorgé de ce commencement de bonheur, perd le goust de l'accroistre, desia par trop empesché à digerer ce qu'il en a : il en a sa brassee toute comble, il n'en peult saisir davantage, indigne que la fortune luy aye mis un tel bien entre mains : car quel proufit en sent il, si neantmoins il donne à son ennemy moyen de se remettre sus? Quelle esperance peult on avoir qu'il ose une aultre fois attaquer ceulx cy ralliez et remis, et de nouveau armez de despit et de vengeance, qui ne les a osé ou sceu poursuyvre touts rompus et effroyez,

Dum fortuna calet, dum conficit omnia terror?

Mais enfin, que peult il attendre de mieulx que ce qu'il vient de perdre? Ce n'est pas comme à l'escrime, où le nombre des touches donne gaing; tant que l'ennemy est en pied, c'est à recommencer de plus belle; ce n'est pas victoire, si elle ne met fin à la guerre. En cette escarmouche où Cæsar eut du pire prez la ville d'Oricum il reprochoit aux soldats de Pompeius qu'il eust esté perdu, si leur capitaine eust sceu vaincre; et luy chaussa bien aultrement les esperons quand ce feut à son tour.

Mais pourquoy ne dira on aussi, au contraire, Que c'est l'effect d'un esprit precipiteux et insatiable de ne sçavoir mettre à fin sa convoitise; Que c'est abuser des faveurs de Dieu, de leur vouloir faire perdre la mesure qu'il leur a prescrite; et Que de se reiecter au dangier aprez la victoire, c'est la remettre encores un coup à la mercy de la fortune; Que l'une des plus grandes sagesses en l'art militaire, c'est de ne poulser son ennemy au desespoir? Sylla et Marius, en la guerre sociale, ayants desfaict les Marses, en voyants encores une troupe de reste qui, par desespoir, se revenoient iecter sur eulx comme bestes furieuses, ne feurent pas d'advis de les attendre. Si l'ardeur de M. de Foix ne l'eust emporté à poursuyvre trop asprement les restes de la victoire de Ravenne, il ne l'eust pas souillee de sa mort : toutesfois encores servit la recente memoire de son exemple à conserver M. d'Anguien de pareil inconvenient à Serisoles. Il faict dangereux assaillir un homme à qui vous avez osté tout aultre moyen d'eschapper que par les armes : car c'est une violente maistresse d'eschole que la necessité : *gravissimi sunt morsus irritatæ necessitatis.*

Vincitur haud gratis, iugulo qui provocat hostem.

Voylà pourquoy Pharax empescha le roy de Lacedemone, qui venoit de gaigner la iournee contre les Mantineens, de n'aller affronter mille Argiens qui estoient eschappez entiers de la desconfiture; ains les laisser couler en liberté, pour ne venir à essayer la vertu picquee et despitee par le malheur. Clodomire, roy d'Aquitaine, aprez sa victoire, poursuyvant Gondemar, roy de Bourgoigne, vaincu et fuyant, le força de tourner teste; mais son opiniastreté lui osta le fruit de sa victoire, car il y mourut.

Pareillement, qui auroit à choisir, ou de tenir ses soldats richement et somptueusement armez, ou armez seulement pour la necessité, il se presenteroit en faveur du premier party, duquel estoit Sertorius, Philopœmen, Brutus, Cæsar, et aultres, que c'est tousiours un aiguillon d'honneur et de gloire au soldat de se veoir paré, et une occasion de se rendre plus obstiné au combat, ayant à sauver ses armes comme ses biens et heritages : raison, dict Xenophon, pourquoy les Asiatiques menaient en leurs guerres, femmes, concubines, avecques leurs ioyaux et richesses plus cheres. Mais il s'offriroit aussi, de l'aultre part, qu'on doibt plustost oster au soldat le soing de se conserver, que de le lui accroistre; qu'il craindra, par ce moyen, doublement à se hasarder, ioinct que c'est augmenter à l'ennemy l'envie de la victoire par ces riches despouilles; et a lon remarqué que d'aultres fois cela encouragea merveilleusement les Romains à l'encontre des Samnites. Antiochus, monstrant à Hannibal l'armee qu'il preparoit contre eulx, pompeuse et magnifique en toute sorte d'equipage, et luy demandant: « Les Romains s'en contenteront ils de cette armee? » « S'il s'en contenteront? respondict il: vrayment, ouy; pour avares qu'ils soyent. » Lycurgus deffendoit aux siens, non seulement la sumptuosité en leur equipage, mais encores de despouiller leurs ennemis vaincus; voulant, disoit il, que la pauvreté et frugalité reluisist avecques le reste de la battaille.

Aux sieges et ailleurs où l'occasion nous approche de l'ennemy, nous donnons volontiers licence aux soldats de le braver, desdaigner et injurier de toutes façons de reproches, et non sans apparence de raison; car ce n'est pas faire peu de leur oster toute esperance de grace et de composition, en leur representant qu'il n'y a plus ordre de l'attendre de celuy qu'ils ont si fort oultragé, et qu'il ne reste remede que de la victoire: si est ce qu'il en mesprint à Vitellius; car ayant affaire à Othon, plus foible en valeur de soldats desaccoustumez de longue main du faict de la guerre, et amollis par les delices de la ville, il les agassa tant enfin par ses paroles picquantes, leur reprochant leur pusillanimité, et le regret des dames et festes qu'ils venoient de laisser à Rome, qu'il leur remeit par ce moyen le cœur au ventre, ce que nuls exhortements n'avoient sceu faire, et les attira luy mesme sur ses bras, où l'on ne les pouvoit poulser. Et de vray, quand ce sont iniures qui touchent au vif, elles peuvent faire ayseement que celuy qui alloit laschement à la besongne pour la querelle de son roy, y aille d'une aultre affection pour la sienne propre.

A considerer de combien d'importance est la conservation d'un chef en une armee, et que la visee de l'ennemy regarde principalement cette teste à laquelle tiennent toutes les aultres et en despendent, il semble qu'on ne puisse mettre en doubte ce conseil, que nous veoyons avoir esté prins par plusieurs grands chefs, de se travestir et desguiser sur le poinct de la meslee; toutesfois l'inconvenient qu'on encourt par ce moyen n'est pas moindre que celuy qu'on pense fuyr; car le capitaine venant à estre mescogneu des siens, le courage qu'ils prennent de son exemple et de sa presence vient aussi quand et quand à leur faillir, et perdant la veue de ses marques et enseignes accoustumees, ils le jugent, ou mort, ou s'estre desrobbé desesperant de l'affaire. Et quant à l'experience, nous luy veoyons favoriser tantost l'un, tantost l'aultre party. L'accident de Pyrrhus, en la bataille qu'il eut contre le consul Levinus en Italie, nous sert à l'un et à l'aultre visage; car pour s'estre voulu cacher sous les armes de Megacles, et luy avoir donné les siennes, il sauva bien sans doubte sa vie, mais aussi il en cuida encourir l'aultre inconvenient de perdre la iournee. Alexandre, Cæsar, Lucullus, aimoient à se marquer au combat par des accoustrements et armes riches, de couleur reluisante et particuliere: Agis, Agesilaus, et ce grand Gylippus, au rebours, alloient à la guerre obscurement couverts, et sans atour imperial.

A la bataille de Pharsale, entre aultres reproches qu'on donne à Pompeius, c'est d'avoir arresté son armee pied coy, attendant l'ennemy: « Pour autant que cela (ie desroberay icy les mots mesmes de Plutarque, qui valent mieulx que les miens) affoiblit la violence que le courir donne aux premiers coups; et quand et quand oste l'eslancement des combattants les uns contre les aultres, qui a accoustumé de les remplir d'impetuosité et de fureur, plus qu'aultre chose, quand ils viennent à s'entrechocquer de roideur, leur augmentant le courage par cry et la course; et rend la chaleur des soldats, en maniere de dire, refroidie et figee. » Voylà ce qu'il dict pour le roolle. Mais si Cæsar eust perdu, qui n'eust peu aussi bien dire, Qu'au contre la plus forte et reide assiette est celle en laquelle on se tient planté sans bouger; et Que qui est en sa marche arresté, resserrant et espargnant pour le besoing sa force en soy mesme, a grand advantage contre celuy qui est esbranlé, et qui a desia consommé à la course la moitié de son haleine? oultre ce que l'armee estant un corps de tant de diverses pieces, il est impossible qu'elle s'esmeuve, en furie, d'un mouvement si iuste, qu'elle n'en altere ou rompe son ordonnance, et que le plus dispos ne soit aux prinses, avant que son compagnon le secoure. En cette vilaine bataille de deux frères Perses, Clearchus, Lacedemonien, qui commandoit les Grecs du party de Cyrus, les mena tout bellement à la charge, sans se haster : mais à cinquante pas prez, il les meit à la course, esperant, par la briefveté de l'espace, mesnager et leur ordre et leur haleine ; leur donnant cependant cependant l'advantage de l'impetuosité pour leurs personnes et pour leurs armes à traicts. D'aultres ont reglé ce doubte en leurs armees, de cette maniere : « Si les ennemis vous courent sus, attendez les de pied coy ; s'ils vous attendent de pied coy, courez leur sus. »

Au passage que l'empereur Charles cinquiesme feit en Provence, le roy François feut au propre d'eslire, ou de luy aller au devant en Italie, ou de l'attendre en ses terres : et bien qu'il considerast, Combien c'est d'advantage de conserver sa maison pure et nette des troubles de la guerre, à fin qu'entiere en ses forces, elle puisse continuellement fournir deniers et secours au besoing ; Que la necessité des guerres porte à touts les coups de faire le gast, ce qui ne se peult faire bonnement en nos biens propres; et si, le païsan ne porte pas si doulcement ce ravage de ceulx de son party que de l'ennemy ; en maniere qu'il s'en peult aysement allumer des seditions et des troubles parmy nous ; Que la licence de desrober et piller, qui ne peult estre permise en son païs, est un grand support aux ennuis de la guerre; et qui n'a aultre esperance de gaing que sa solde, il est malaysé qu'il soit tenu en office, estant à deux pas de sa femme et de sa retraicte ; Que celuy qui met la nappe, tumbe tousiours des despens ; Qu'il y a plus d'alaigresse à assaillir qu'à deffendre ; et Que la secousse de la perte d'une battaille dans nos entrailles est si violente, qu'il est malaysé qu'elle ne croule tout le corps, attendu qu'il n'est passion contagieuse comme celle de la peur, ny qui se prenne si aysement à credit, et qui s'espande plus brusquement ; et que les villes qui auront ouï l'esclat de cette tempeste à leurs portes, qui auront recueilly leurs capitaines et soldats tremblants encores et hors d'haleine, il est dangereux sur la chaulde qu'elles ne se iectent à quelque mauvais party : si est ce qu'il choisit de rappeler les forces qu'il avoit delà les monts, et de veoir venir l'ennemy. Car il peut imaginer, au contraire, Qu'estant chez luy et entre ses amis, il ne pouvoit faillir d'avoir planté de toutes commoditez ; Les rivieres, les passages, à sa devotion, luy conduiroient et vivres et deniers en toute seureté, et sans besoing d'escorte; Qu'il auroit ses subiects d'autant plus affectionnez, qu'ils auroient le dangier plus prez ; Qu'ayant tant de villes et de barrieres pour sa seureté, ce seroit à luy de donner loy au combat, selon son opportunité et advantage ; Et, s'il luy plaisoit de temporiser, qu'à l'abry et à son ayse, il pourroit veoir morfondre son ennemy, et se desfaire soy mesme par les difficultez qui le combattroient engagé en une terre contraire, où il n'auroit devant, ny derriere luy, ny à costé, rien qui ne luy feist guerre, ny le moyen de refreschir ou d'eslargir son armee, si les maladies s'y mettoient, ny de loger à couvert ses blecez, nuls deniers, nuls vivres, qu'à pointe de lance, nul loisir de se reposer et prendre haleine, nulle science de lieux ny de païs qui le sceust deffendre d'embusches et surprinses ; et, s'il venoit à la perte d'une battaille, aulcun moyen d'en sauver les reliques. Et n'avoit pas faulte d'exemples pour l'un et pour l'aultre party.

Scipion trouva bien meilleur d'aller assaillir les terres de son ennemy en Afrique, que de deffendre les siennes, et le combattre en Italie, où il estoit ; d'où bien luy print. Mais au rebours, Hannibal, en cette mesme guerre, se ruina d'avoir abandonné la conqueste d'un païs estrangier pour deffendre le sien. Les Atheniens, ayants laissé l'ennemy en leurs terres pour passer en la Sicile, eurent la fortune contraire : mais Agathocles, roy de Syracuse, l'eut favorable, ayant passé en Afrique, et laissé la guerre chez soy.

Ainsi nous avons bien accoustumé de dire, avecques raison, que les evenements et issues despendent, notamment en la guerre, pour la pluspart, de la fortune ; laquelle ne se veult pas ranger et assubiectir à nostre discours et prudence, comme disent ces vers :

> Et male consultis pretium est ; prudentia fallax
> Nec fortuna probat causas, sequiturque merentes,
> Sed vaga per cunctos nullo discrimine fertur.
> Scilicet est aliud, quod nos cogatque regatque
> Maius, et in proprias ducat mortalia leges.

Mais à le bien prendre, il semble que nos conseils et deliberations en despendent bien autant ; et que la fortune engage en son trouble et incertitude aussi nos discours. « Nous raisonnons hazardeusement et temerairement, dict Timæus en Platon, parce que, comme nous, nos discours ont grande participation à la temerité du hazard. »

Chapitre XLVIII. — Des destriers.

Me voicy devenu grammairien, moy qui n'apprins iamais langue que par routine, et qui ne sçais encores que c'est d'adiectif, coniunctif, et d'ablatif. Il me semble avoir ouï dire que les Romains avoient des chevaux qu'ils appelloient *funales*, ou *dextrarios*, qui se menoient à dextre, ou à relais pour les prendre tout frais au besoing : et de là vient que nous appellons *destriers* les chevaux de service; et nos romans disent ordinairement *adestrer*, pour *accompaigner*. Ils appeloient aussi *desultorios equos*, des chevaux qui estoient dressez de façon que, courants de toute leur roideur, accouplez coste à coste l'un de l'aultre, sans bride, sans selle, les gentilshommes romains, voire touts armez, au milieu de la course se iectoient et reiectoient de l'un à l'aultre. Les Numides gendarmes menoient en main un second cheval, pour changer au plus chauld de la meslee : *quibus, desultorum in modum, binos trahentibus equos, inter acerrimam sæpe pugnam, in recentem equum, ex fesso, armatis transsultare mos erat : tanta velocitas ipsis, tamque docile equorum genus !* Il se treuve plusieurs chevaux dressez à secourir leur maistre, courir sus à qui leur presente une espee nue, se ieter des pieds et des dents sur ceulx qui les attaquent et affrontent : mais il leur advient plus souvent de nuire aux amis qu'aux ennemis : ioinct, que vous ne les desprenez pas à vostre poste, quand ils se sont une fois harpez, et demeurez à la misericorde de leur combat. Il mespreint lourdement à Artybius, general de l'armee de Perse, combattant contre Onesilus, roy de Salamine, de personne à personne, d'estre monté sur un cheval façonné en cette eschole; car il feut cause de sa mort, le coustillier d'Onesilus l'ayant accueilly d'une faulx entre les deux espaules, comme il s'estoit cabré sur son maistre. Et ce que les Italiens disent, qu'en la battaille de Fornuove, le cheval du roy Charles le deschargea, à ruades et pennades, des ennemis qui le pressoient, et qu'il estoit perdu sans cela ; ce feut un grand coup de hazard, s'il est vray. Les Mammelus se vantent d'avoir les plus adroicts chevaux de gendarmes du monde ; que par nature et par coustume ils sont faicts à cognoistre et distinguer l'ennemy, sur qui il fault qu'ils se ruent de dents et de pieds, selon la voix ou signe qu'on leur faict; et pareillement à relever, de la bouche, les lances et dards emmy la place, et les offrir au maistre, selon qu'il le commande. On dict de Cæsar, et aussi du grand Pompeius, que parmy leurs aultres excellentes qualitez, ils estoient fort bons hommes de cheval : et de Cæsar, qu'en sa ieunesse, monté à dos sur un cheval, et sans bride, il luy faisoit prendre carriere, les mains tournees derriere le dos. Comme nature a voulu faire de ce personnage, et d'Alexandre, deux miracles en l'art militaire, vous diriez qu'elle s'est aussi efforcee à les armer extraordinairement : car chascun sçait, du cheval d'Alexandre, Bucephal, qu'il avoit la teste retirant à celle d'un taureau ; qu'il ne se souffrait monter à personne qu'à son maistre, ne peut estre dressé que par luy mesme, feut honnoré aprez sa mort, et une ville bastie en son nom. Cæsar en avoit aussi un aultre qui avoit les pieds de devant comme un homme, ayant l'ongle coupee en forme de doigts, lequel ne peut estre monté ny dressé que par Cæsar, qui dedia son image aprez sa mort à la deesse Venus.

Ie ne desmonte pas volontiers quand ie suis à cheval ; car c'est l'assiette en laquelle ie me treuve le mieulx, et sain, et malade. Platon la recommande pour la santé ; aussi dict Pline qu'elle est salutaire à l'estomach et aux ionctures. Poursuyvons doncques, puisque nous y sommes.

On lit en Xenophon la loy deffendant de voyager à pied à homme qui eust cheval. Trogus et Iustinus disent que les Parthes avoient accoustumé de faire à cheval, non seulement la guerre, mais aussi touts leurs affaires publicques et privez, marchander, parlementer, s'entretenir et se promener ; et que la plus notable difference des libres et des serfs, parmy eulx, c'est que les uns vont à cheval, les aultres à pied : institution nee du roy Cyrus.

Il y a plusieurs exemples en l'histoire romaine (et Suetone le remarque plus particulierement de Cæsar), des capitaines qui commandoient à leurs gents de cheval de mettre pied à terre, quand ils se trouvoient pressez de l'occasion, pour oster aux soldats toute esperance de fuyte, et pour l'advantage qu'ils esperoient en cette sorte de combat : *quo, haud dubie, superat Romanus*, dict Tite Live. Si est il que la premiere provision de quoy ils se servoient à brider la rebellion des peuples de nouvelle conqueste, c'estoit leur oster armes et chevaux : pourtant veoyons nous si souvent en Cæsar : *arma proferri, iumenta produci, obsides dari iubet*. Le grand Seigneur ne permet aujourd'huy, ny à chrestien, ny à Iuif, d'avoir cheval à soy, soubs son empire.

Nos ancestres, et notamment du temps de la guerre des Anglois, ez combats solennels et iournees assignees, se mettoient, la pluspart du temps, touts à pied, pour ne se fier à aultre chose qu'à leur force propre et vigueur de leur courage et de leurs membres, de chose si chere que l'honneur et la vie. Vous engagez, quoy qu'en die Chrysanthes en Xenophon, vostre valeur et vostre fortune à celle de vostre cheval : ses playes et sa mort tirent la vostre en consequence ; son effroy ou sa fougue vous rendent ou temeraire ou lasche ; s'il a faulte de bouche ou d'esperon, c'est à vostre honneur à en respondre. A cette cause, ie ne treuve pas estrange que ces combats là feussent plus fermes et plus furieux, que ceulx qui se font à cheval :

        Cædebant pariter, pariterque ruebant
    Victores victique ; neque his fuga nota, neque illis;

leurs battailles se veoyent bien mieux contestees ; ce ne sont à cette heure que routes, *primus clamor atque impetus rem decernit*. Et chose que nous appelons à la société d'un si grand hazard, doibt estre en nostre puissance le plus qu'il se peult; comme ie conseillerois de choisir les armes les plus courtes, et celles de quoy nous nous pouvons le mieulx respondre. Il est bien plus apparent de s'asseurer d'une espee que nous tenons au poing, que du boulet qui eschappe de nostre pistole, en laquelle il y plusieurs pieces, la pouldre, la pierre, le rouet, desquelles la moindre qui vienne à faillir vous fera faillir vostre fortune. On assene peu surement le coup que l'air vous conduict :

    Et, quo ferre velint, permittere vulnera ventis :
    Ensis habet vires ; et gens quæcumque virorum est,
    Bella gerit gladiis.

Mais quant à cette arme là, i'en parleray plus amplement, où ie feray comparaison des armes anciennes aux nostres ; et, sauf l'estonnement des aureilles, à quoy desormais chascun est apprivoisé, ie crois que c'est une arme de fort peu d'effect, et espere que nous en quitterons un iour l'usage. Celle de quoy les Italiens se servoient, de iect et à feu, estoit plus effroyable : ils nommoient *phalarica* une certaine espece de iaveline, armee par le bout d'un fer de trois pieds, à fin qu'il peust percer d'oultre en oultre un homme armé, et se lançoit tantost de la main en la campaigne, tantost à tout des engeins, pour deffendre les lieux assiegez : la hante, revestue d'estouppe empoixee et huilee, s'enflammoit de sa course ; et, s'attachant au corps ou au bouclier, ostoit tout usage d'armes et de membres. Toutesfois il me semble que pour venir au ioindre, elle portast aussi empeschement à l'assaillant, et que le champ ionché de ces tronçons bruslants peult produire en la meslee une commune incommodité :

    Magnum stridens contorta phalarica venit,
    Fulminis acta modo.

Ils avoient d'aultres moyens, à quoy l'usage les dressoit, et qui nous semblent incroyables par inexperience : par où ils suppleoient au deffault de nostre pouldre et de nos boulets. Ils dardoient leurs piles de telle roideur, que souvent ils en enfiloient deux boucliers et deux hommes armez, et les cousoient. Les coups de leurs fondes n'estoient pas moins certains et lointains : *saxis globosis..... funda, mare apertum incessentes..... coronas modici circuli, magno ex intervallo loci, assueti traiicere, non capita modo hostium vulnerabant, sed quem locum destinassent*. Leurs pieces de batterie representoient, comme l'effect, aussi le tintamarre des nostres : *ad ictus mœnium cum terribili sonitu editos, pavor et trepidatio cepit*. Les Gaulois nos cousins, en Asie, haïssoient ces armes traistresses et volantes ; duicts à combattre main à main avecques plus de courage. *Non tam patentibus plagis moventur... ubi latior quam altior plaga est, etiam gloriosus se pugnare putant : iidem, quum aculeus sagittæ, aut glandis abditæ introrsus tenui vulnere in speciem urit... tum, in rabiem et pudorem tam parvæ perimentis pestis versi, prosternunt corpora humi :* peincture bien voisine d'une harquebusade. Les dix mille Grecs, en leur longue et fameuse retraicte, rencontrerent une nation qui les endommagea merveilleusement, à coups de grands arcs et forts, et de sagettes si longues, qu'à les reprendre à la main, on les pouvait reiecter à la mode d'un dard, et perceoient de part en part un bouclier et un homme armé. Les engeins, que Dionysius inventa à Syracuse, tirer des gros traits massifs et des pierres d'horrible grandeur, d'une si grande volee et impetuosite, representoient de bien prez nos inventions.

Encores ne fault il pas oublier la plaisante assiette qu'avoit sur sa mule un maistre Pierre Pol, docteur en theologie, que Monstrelet recite avoir accoustumé se promener par la ville de Paris, assis de costé comme les femmes. Il dict aussi ailleurs que les Gascons avoient des chevaux terribles, accoustumez de virer en courant; de quoy les François, Picards, Flamands et Brabançons faisoient grand miracle, « pour n'avoir accoustumé de les veoir; » ce sont ses mots. Cæsar, parlant de ceulx de Suede : « Aux rencontres qui se font à cheval, dict il, ils se iectent souvent à terre pour combattre à pied, ayants accoustumé leurs chevaux de ne bouger cependant de la place, auxquelles ils recourent promptement, s'il en est besoing ; et selon leur coustume, il n'est rien si vilain et si lasche que d'user de selles et bardelles, et mesprisent ceulx qui en usent : de maniere que, fort peu en nombre, ils ne craignent pas d'en assaillir plusieurs. » Ce que i'ay admiré aultrefois, de veoir un cheval dressé à se manier à toutes mains avecques une baguette, la bride avallee sur ses aureilles, estoit ordinaire aux Massyliens, qui se servoient de leurs chevaux sans selle et sans bride :

Et gens, quæ nudo residens Massylia dorso,
Ora levi flectit, fræncrum nescia, virga.
Et Numidæ infræni cingunt.

Equi sine frœnis ; deformis ipse cursus, rigida cervice, et extento capite currentium.

Le roy Alphonse, celuy qui dressa en Espaigne l'ordre des chevaliers de la Bande ou de l'Escharpe, leur donna, entre aultres regles de ne monter ny mule ny mulet, sur peine d'un marc d'argent d'amende ; comme ie viens d'apprendre dans les Lettres de Guevara, desquelles ceulx qui les ont appelees Dorees faisoient un iugement bien aultre que celuy que i'en foys. *Le Courtisan* dict qu'avant son temps c'estoit reproche à un gentilhomme d'en chevaucher. Les Abyssins, au rebours, à mesure qu'ils sont les plus advancez prez le Pretteian leur prince, affectent pour la dignité et pompe de monter de grandes mules.

Xenophon recite que les Assyriens tenoient tousiours leurs chevaux entravez au logis, tant ils estoient fascheux et farouches ; et qu'il falloit tant de temps à les destacher et harnacher, que, pour que cette longueur ne leur apportast dommage, s'ils venoient à estre en desordre surprins par les ennemis, ils ne logeoient iamais en camp qui ne feust fossoyé et remparé. Son Cyrus, si grand maistre au faict de chevalerie, mettoit les chevaux de son escot, et ne leur faisoit bailler à manger qu'ils ne l'eussent gaigné par la sueur de quelque exercice. Les Scythes, où la necessité les pressoit en la guerre, tiroient du sang de leurs chevaux, et s'en abruvoient et nourrissoient :

Venit et epoto Sarmata pastus equo.

Ceulx de Crete, assiegez par Metellus, se trouverent en telle disette de tout aultre bruvage, qu'ils eurent à se servir de l'urine de leurs chevaux.

Pour verifier combien les armees turquesques se conduisent et maintiennent à meilleure raison que les nostres, ils disent qu'oultre ce que les soldats ne boivent que de l'eau, et ne mangent que riz et de la chair salee mise en pouldre, de quoy chascun porte aysement sur soy provision pour un mois, ils sçavent aussi vivre du sang de leurs chevaux, comme les Tartares et Moscovites, et le salent.

Ces nouveaux peuples des Indes, quand les Espaignols y arriverent, estimerent, tant des hommes que des chevaux, que ce feussent ou dieux, ou animaux en noblesse au dessus de leur nature : aulcuns, aprez avoir esté vaincus, venants demander paix et pardon aux hommes, et leur apporter de l'or et des viandes, ne faillirent d'en aller autant offrir aux chevaux, avecques une toute pareille harangue à celle des hommes ; prenants leur hennissement pour langage de composition et de trefve.

Aux Indes de deçà, c'estoit anciennement le principal et royal honneur de chevaucher un elephant ; le second, d'aller en coche traisné à quatre chevaux ; le tiers, de monter un chameau ; le dernier et plus vil degré, d'estre porté ou charrié par un cheval seul. Quelqu'un de nostre temps escrit avoir veu, en ce climat là, des païs où on chevauche les bœufs avecques bastines, estriers et brides, et s'estre bien trouvé de leur porture.

Quintus Fabius Maximus Rutilianus, contre les Samnites, voyant que ses gents de cheval, à trois ou quatre charges, avoient failly d'enfoncer le bataillon des ennemis, print ce conseil : qu'ils debridassent leurs chevaux, et brochassent à toute force des esperons ; si que, rien ne les pouvant arrester au travers des armes et des hommes renversez, ils ouvrirent le pas à leurs gents de pied, qui parfirent une très-sanglante desfaicte. Autant en commanda Quintus Fulvius Flaccus contre les Celtiberiens : *Id cum maiore vi equorum facietis, si effrænatos in hostes equos immittitis ; quod sæpe romanos equites cum laude fecis e sua, memoriæ proditum est... Detractisque frænis, bis ultro citroque cum magna strage hostium, infractis omnibus hastis transcurrerunt.*

Le duc de Moscovie debvoit anciennement cette reverence aux Tartares, quand ils envoyoient vers luy des ambassadeurs qu'il leur alloit au devant à pied, et leur presentoit un gobeau de laict de iument (bruvage qui leur est en delices) ; et si, en beuvant, quelque goutte en tumboit sur le crin de leurs chevaux, il estoit tenu de la leicher avec la langue. En Russie, l'armee que l'empereur Baiazet y avoit envoyee, feut accablee d'un si horrible ravage de neiges, que pour s'en mettre à couvert et sauver du froid, plusieurs s'adviserent de tuer et eventrer leurs chevaux pour se iecter dedans, et iouir de cette chaleur vitale. Baiazet, aprez cet aspre estour où il feut rompu par Tamburlan, se sauvoit belle erre sur une iument arabesque, s'il n'eust esté contrainct de la laisser boire son saoul au passage d'un ruisseau ; ce qui la rendit si flacque et refroidie, qu'il feut bien ayseement aprez acconsuyvi par ceulx qui le poursuivoient. On dict bien qu'on les lasche, les laissant pisser ; mais le boire, i'eusse plustost estimé qu'il l'eust renforcee.

Crœsus passant le long de la ville de Sardis, y trouva des pastis où il y avoit une grande quantité de serpents, desquels les chevaux de son armee mangeoient de bon appetit ; qui feut un mauvais prodige à ses affaires, dict Herodote.

Nous appelons un cheval entier, qui a crin et aureille ; et ne passent les aultres à la montre : les Lacedemoniens, ayant desfaict les Atheniens en la Sicile, retournants de la victoire en pompe en la ville de Syracuse, entre aultres bravades, feirent tondre les chevaux vaincus, et les menerent ainsin en triumphe. Alexandre combattit une nation, *Dahas :* ils alloient deux à deux armez à cheval à la guerre ; mais, en la meslee, l'un descendoit à terre, et combattoient ores à pied, ores à cheval, l'un aprez l'aultre.

Ie n'estime point qu'en suffisance et en grace à cheval, nulle nation nous emporte. Bon homme de cheval, à l'usage de nostre parler, semble plus regarder au courage qu'à l'adresse. Le plus sçavant, le plus seur, le mieulx advenant à mener un cheval à raison, que i'aye cogneu, feut, à mon gré, M. de Carnavalet, qui en servoit nostre roy Henry second. I'ay veu homme donner carriere à deux pieds sur sa selle, demonter sa selle, et au retour la relever, reaccommoder, et s'y rasseoir, fuyant tousiours à bride avallee ; ayant passé par dessus un bonnet, y tirer par derriere de bons coups de son arc ; amasser ce qu'il vouloit, se iectant d'un pied à terre, tenant l'aultre en l'estrier ; et aultres pareilles singeries, de quoy il vivoit.

On a veu de mon temps, à Constantinople, deux hommes sur un cheval, lesquels, en sa plus roide course, se reiectoient, à tours, à terre, et puis sur la selle : et un qui, seulement des dents, bridoit et enharnachoit son cheval : un aultre qui, entre deux chevaux, un pied sur une selle, l'aultre sur l'aultre, portant un second sur ses bras, picquoit à toute bride ; ce second, tout debout sur luy, tirant, en la course, des coups bien certains de son arc : plusieurs qui, les iambes contremont, donnoient carriere, la teste plantee sur leurs selles entre les poinctes des cimeterres attachez au harnois. En mon enfance, le prince de Sulmone, à Naples, maniant un rude cheval de toute sorte de maniements, tenoit soubs ses genouils, et soubs ses orteils, des reales, comme si elles y eussent esté clouees, pour montrer la fermeté de son assiette.

Chapitre XLIX. — Des coustumes anciennes.

I'excuserois volontiers, en nostre peuple, de n'avoir aultre patron et regle de perfection, que ses propres mœurs et usances; car c'est un commun vice, non du vulgaire seulement, mais quasi de touts hommes, d'avoir leur visee et leur arrest sur le train auquel ils sont nays. Ie suis content, quand il verra Fabricius ou Lælius, qu'il leur treuve la contenance et le port barbare, puisqu'ils ne sont ny vestus ny façonnez à nostre mode : mais ie me plains de sa particuliere indiscretion de se laisser si fort piper et aveugler à l'auctorité de l'usage present, qu'il soit capable de changer d'opinion et d'advis touts les mois, s'il plaist à la coustume, et qu'il iuge si diversement de soy mesme. Quand il portoit le busc de son pourpoinct entre les mammelles, il maintenoit, par vifves raisons, qu'il estoit en son vray lieu : quelques annees aprez, le voilà avalé iusques entre les cuisses ; il se moque de son aultre usage, le treuve inepte et insupportable. La façon de se vestir presente luy faict incontinent condamner l'ancienne, d'une resolution si grande et d'un consentement si universel, que vous diriez que c'est quelque espece de manie qui luy tourneboule ainsi l'entendement. Parce que nostre changement est si subit et si prompt en cela, que l'invention de touts les tailleurs du monde ne sçauroit fournir assez de nouvelletez, il est force que bien souvent les formes mesprisees reviennent en credit, et celles là mesmes tumbent en mespris tantost aprez ; et qu'un mesme iugement prenne, en l'espace de quinze ou vingt ans, deux ou trois, non diverses seulement, mais contraires opinions, d'une inconstance et legiereté incroyable. Il n'y a si fin entre nous qui ne se laisse embabouiner de cette contradiction, et esblouïr tant les yeulx internes que les externes insensiblement.

Ie veulx icy entasser aulcunes façons anciennes que i'ay en memoire, les unes de mesme les nostres, les aultres differentes ; à fin qu'ayant en l'imagination cette continuelle variation des choses humaines, nous en ayons le iugement plus esclaircy et plus ferme.

Ce que nous disons de combattre à l'espee et la cape, il s'usoit encores entre les Romains, ce dict Cæsar : *Sinistras sagis involvunt, gladiosque distringunt ;* et remarque dez lors en nostre nation ce vice, qui y est encores, d'arrester les passants que nous rencontrons en chemin, et de les forcer de nous dire qui ils sont, et de recevoir à iniure et occasion de querelle, s'ils refusent de nous respondre.

Aux bains, que les anciens prenoient tous les iours avant le repas, et les prenoient aussi ordinairement que nous faisons de l'eau à laver les mains, ils ne se lavoient du commencement que les bras et les iambes ; mais depuis, et d'une coustume qui a duré plusieurs siecles et en la plupart des nations du monde, ils se lavoient touts nuds d'eau mixtionnee, de maniere qu'ils employaient, pour tesmoignage de grande simplicité, de se laver d'eau simple. Les plus affettez et delicats se parfumoient tout le corps bien trois ou quatre fois par iour. Ils se faisoient souvent pinceter tout le poil, comme les femmes françoises ont prins en usage, depuis quelque temps, de faire leur front,

<blockquote>Quod pectus, quod crura tibi, quod brachia vellis,</blockquote>

quoyqu'ils eussent des oignements propres à cela :

<blockquote>Psilothro nitet, aut acida latet oblita creta.</blockquote>

Ils aimoient à se coucher mollement, et alleguent, pour preuve de patience, de coucher sur les matelats. Ils mangeoient couchez sur des licts, à peu prez en mesme assiette que les Turcs de nostre temps :

<blockquote>Inde toro pater Æneas sic orsus ab alto.</blockquote>

Et dict on du ieune Caton, que depuis la battaille de Pharsale, estant entré en duell du mauvais estat des affaires publicques, il mangea tousiours assis, prenant un train de vie austere. Ils baisoient les mains aux grands, pour les honnorer et caresser. Et entre les amis, ils s'entrebaisoient en se saluant, comme font les Venitiens :

<blockquote>Gratatusque darem cum dulcibus oscula verbis ;</blockquote>

et touchoient aux genouils pour requerir et saluer un grand. Pasiclez le philosophe, frere de Cratez, au lieu de porter la main au genouil, la porta aux genitoires : celuy à qui il s'adressoit l'ayant rudement repoulsé : « Comment, dict il, cette partie n'est elle pas vostre, aussi bien que l'aultre? » Ils mangeoient, comme nous, le fruict à l'issue de la table. Ils se torchoient le cul (il faut laisser aux femmes cette vaine superstition des parolles) avecques une esponge ; voilà pourquoy *spongia* est un mot obscœne en latin : et estoit cette esponge attachee au bout d'un baston, comme tesmoigne l'histoire de celuy qu'on menoit pour estre presenté aux bestes devant le peuple, qui demanda congé d'aller à ses affaires ; et n'ayant aultre moyen de se tuer, il se fourra ce baston et esponge dans le gosier, et s'en estouffa. Ils s'essuyoient le catze de laine parfumee, quand ils en avoient faict :

>At tibi nil faciam; sed lota mentula lana.

Il y avoit aux carrefours à Rome des vaisseaux et demy-cuves pour y appresier à pisser aux passants :

>Pusi sæpe lacum propter, se, ac dolia curta,
>Somno devincti, credunt extollere vestem.

Ils faisoient collation entre les repas. Et y avoit en esté des vendeurs de neige pour refreschir le vin ; et y en avoit qui se servoient de neige en hyver, ne trouvants pas le vin encores lors assez froid. Les grands avoient leurs eschansons et trenchants ; et leurs fols, pour leur donner du plaisir. On leur servoit en hyver la viande sur les fouyers qui se portoient sur la table ; et avoient des cuisines portatives, comme i'en ay veu, dans lesquelles tout leur service se traisnoit apres eulx.

>Has vobis epulas habete, lauti :
>Nos offendimur ambulante cœna.

Et en esté, ils faisoient souvent, en leurs salles basses, couler de l'eau fresche et claire dans des canaux au dessoubs d'eulx, où il y avoit force poisson en vie, que les assistants choisissoient et prenoient en la main, pour le faire appresier, chascun à sa poste. Le poisson a tousiours eu ce privilege, comme il a encores, que les grands se meslent de le sçavoir appresier : aussi en est le goust beaucoup plus exquis que de la chair, au moins pour moy. Mais en toute sorte de magnificence, desbauche, et d'inventions voluptueuses, de mollesse et de sumptuosité, nous faisons à la verité ce que nous pouvons pour les egualer (car nostre volonté est bien aussi gastee que la leur) ; mais nostre suffisance n'y peult arriver : nos forces ne sont non plus capables de les ioindre en ces parties là vicieuses, qu'aux vertueuses ; car les unes et les aultres partent d'une vigueur d'esprit qui estoit sans comparaison plus grande en eulx qu'en nous : et les ames, à mesure qu'elles sont moins fortes, elles ont d'autant moins de moyen de faire ny fort bien ny fort mal.

Le hault bout d'entre eulx, c'estoit le milieu. Le devant et derriere n'avoient, en escrivant et parlant, aulcune signification de grandeur, comme il se veoid evidemment par leurs escripts : ils diront Oppius et Cæsar aussi volontiers que Cæsar et Oppius ; et diront Moy et Toy indifferemment comme Toy et Moy. Voylà pourquoy i'ay aultrefois remarqué, en la vie de Flaminius de Plutarque françois, un endroict où il semble que l'aucteur, parlant de la ialousie de gloire qui estoit entre les Ætoliens et les Romains, pour le gaing d'une bataille qu'ils avoient obtenu en commun, face quelque poids de ce qu'aux chansons grecques on nommoit les Ætoliens avant les Romains, s'il n'y a de l'amphibologie aux mots françois.

Les dames estants aux estuves, y recevoient quand et quand des hommes ; et se servoient, là mesme, de leurs valets à les frotter et oindre :

>Inguina succinctus nigratibi servus aluta
>Stat, quoties calidis nuda foveris aquis.

Elles se saulpoudroient de quelque pouldre pour reprimer les sueurs.

Les anciens Gaulois, dict Sidonius Apollinaris, portoient le poil long par le devant, et le derriere de la teste tondu, qui est cette façon qui vient à estre renouvellée par l'usage efféminé et lasche de ce siecle :

Les Romains payoient ce qui estoit deu aux bateliers, pour leur noleage, dez l'entree du bateau, ce que nous faisons aprez estre rendus à port :

> Dum æs exigitur, dum mula ligatur,
> Tota abit hora.

Les femmes couchoient au lict du costé de la ruelle : voilà pourquoy on appeloit Cæsar, *spondam regis Nicomedis.* Ils prenoient haleine en beuvant. Ils baptisoient le vin :

> Quis puer ocius
> Restinguet ardentis falerni
> Pocula prætereunte lympha?

Et ces champisses contenances de nos laquais y estoient aussi :

> O Iane! a tergo quem nulla ciconia pinsit,
> Nec manus auriculas imitata est mobilis albas,
> Nec linguæ, quantum sitiat canis Appula, tantum.

Les dames argiennes et romaines portoient le dueil blanc, comme les nostres avoient accoustumé, et debvroient continuer de faire, si i'en estois creu. Mais il y a des livres entiers faicts sur cet argument.

Chapitre L. — De Democritus et Heraclitus.

Le iugement est un util à touts subiects, et se mesle partout : à cette cause, aux Essais que i'en foys icy, i'y employe toute sorte d'occasion. Si c'est un subiect que ie n'entende point, à cela mesme ie l'essaye, sondant le gué de bien loing ; et puis, le trouvant trop profond pour ma taille, ie me tiens à la rive : et cette recognoissance de ne pouvoir passer oultre, c'est un traict de son effect, ouy de ceulx dont il se vante le plus. Tantost, à un subiect vain et de neant, i'essaye veoir s'il trouvera de quoy luy donner corps, et de quoy l'appuyer et l'estansonner : tantost ie le promene à un subiect noble et tracassé, auquel il n'a rien à trouver de soy, le chemin en estant si frayé, qu'il ne peult marcher que sur la piste d'aultruy : là il faict son ieu à eslire la route qui luy semble la meilleure ; et de mille sentiers, il dict que cettuy cy ou cettuy là a esté le mieulx choisi. Ie prends, de la fortune, le premier argument ; ils me sont egualement bons, et ne desseigne iamais de les traicter entiers : car ie ne veois le tout de rien ; ne font pas ceulx qui nous promettent de nous le faire veoir. De cent membres et visages qu'a chasque chose, i'en prends un, tantost à leicher seulement, tantost à efflorer, et parfois à pincer iusqu'à l'os : i'y donne une poincte, non pas le plus largement, mais le plus profondement que ie sçais, et aime plus souvent à les saisir par quelque lustre inusité. Ie me hazarderois de traicter à fond quelque matiere, si ie me cognoissois moins, et me trompois en mon impuissance. Semant icy un mot, icy un aultre, eschantillons desprins de leur piece, escartez, sans desseing, sans promesse, ie ne suis pas tenu d'en faire bon, ny de m'y tenir moy mesme, sans varier quand il me plaist, et me rendre au doubte et incertitude, et à ma maistresse forme, qui est l'ignorance.

Tout mouvement nous descouvre : cette mesme ame de Cæsar qui se faict veoir à ordonner et dresser la battaille de Pharsale, elle se faict aussi veoir à dresser des parties oysifves et amoureuses : on iuge un cheval, non seulement à le veoir manier sur une carriere, mais encores à luy veoir aller le pas, voire et à le veoir en repos à l'estable.

Entre les functions de l'ame, il en est de basses : qui ne la veoit encores par là n'acheve pas de la cognoistre ; et à l'adventure, la remarque lon mieulx où elle va son plus simple. Les vents des passions la prennent plus en ses haultes assiettes : ioinct qu'elle se couche entiere sur chasque matiere, et s'y exerce entiere ; elle n'en traicte iamais plus d'une à la fois, et la traicte, non selon elle, mais selon soy. Les choses, à part elles, ont peutestre leurs poids, mesures et conditions ; mais au dedans, en nous, elle les leur taille comme elle l'entend. La mort est effroyable à Cicero, desirable à Caton, indifferente à Socrates. La santé, la conscience, l'auctorité, la science, la richesse, la beauté, et leurs contraires, se despouillent à l'entree, et receoivent, de l'asme, nouvelle vesture et de la teincture qu'il luy plaist : brune, claire, verte, obscure, aigre, doulce, profonde, superficielle, et qu'il plaist à chascune d'elles ; car elles n'ont pas verifié en commun leurs styles, regles et formes ; chascune est royne en son estat. Parquoy ne prenons plus excuse des externes qualitez des choses ; c'est à nous à nous en rendre compte. Nostre bien et nostre mal ne tient qu'à nous. Offrons y nos offrandes et nos vœux ; non pas à la fortune : elle ne peult rien sur nos mœurs ; au rebours, elles l'entraisnent à leur suitte, et la moulent à leur forme. Pourquoy ne iugeray ie d'Alexandre à table, devisant et beuvant d'autant ; ou s'il manioit des eschecs ? quelle chorde de son esprit ne touche et n'employe ce niais et puerile ieu ! ie le hais et fuys de ce qu'il n'est pas assez ieu, et qu'il nous esbat trop serieusement, ayant honte d'y fournir l'attention qui suffiroit à quelque bonne chose. Il ne feut pas plus embesongné à dresser son glorieux passage aux Indes ; ny cet aultre, à desnouer un passage duquel despend le salut du genre humain. Voyez combien nostre ame trouble cet amusement ridicule, si touts ces nerfs ne bandent ; combien amplement elle donne loy à chascun, en cela, de se cognoistre et iuger droictement de soy. Ie ne me veois et retaste plus universellement en nulle aultre posture : quelle passion ne nous y exerce ? la cholere, le despit, la hayne, l'impatience, et une vehemente ambition de vaincre en chose en laquelle il seroit plus excusable de se rendre ambitieux d'estre vaincu ; car la precellence rare, et au dessus du commun, messied à un homme d'honneur en chose frivole. Ce que ie dis en cet exemple se peult dire en touts aultres. Chasque parcelle, chasque occupation de l'homme l'accuse et le montre egualement qu'un' aultre.

Democritus et Heraclitus ont esté deux philosophes, desquels le premier, trouvant vaine et ridicule l'humaine condition, ne sortoit en publique qu'avecques un visage mocqueur et riant ; Heraclitus, ayant pitié et compassion de cette mesme condition nostre, en portoit le visage continuellement triste, et les yeulx chargez de larmes :

> Alter
> Pidebat, quoties a limine moverat unum
> Protuleratque pedem ; flebat contrarius alter.

I'aime mieulx la premiere humeur ; non parce qu'il est plus plaisant de rire que de plorer, mais parce qu'elle est plus desdaigneuse, et qu'elle nous condamne plus que l'aultre ; et il me semble que nous ne pouvons iamais estre assez mesprisez selon nostre merite. La plaincte et la commiseration sont meslees à quelque estimation de la chose qu'on plaind : les choses de quoy on se mocque, on les estime sans prix. Ie ne pense point qu'il y ait tant de malheur en nous, comme il y a de vanité ; ny tant de malice, comme de sottise : nous ne sommes pas si pleins de mal, comme d'inanité ; nous ne sommes pas si miserables, comme nous sommes vils. Ainsi Diogenes, qui baguenaudoit à part soy, roulant son tonneau, et hochant du nez le grand Alexandre, nous estimant des mouches ou des vessies pleines de vent, estoit bien iuge plus aigre et plus poignant, et par consequent plus iuste à mon humeur, que Timon, celuy qui feut surnommé le Haïsseur des hommes : car ce qu'on hait, on le prend à cœur. Cettuy cy nous souhaitoit du mal, estoit passionné du desir de nostre ruine, fuyoit nostre conversation comme dangereuse, de meschants et de nature despravee : l'aultre nous estimoit si peu, que nous ne pourrions ny le troubler ny l'alterer par nostre contagion ; nous laissoit de compaignie, non pour la crainte, mais pour le desdaing, de nostre commerce ; il ne nous estimoit capables ny de bien ny de mal faire.

De mesme marque feut la response de Statilius, auquel Brutus parla pour le ioindre à la conspiration contre Cæsar : il trouva l'entreprinse iuste ; mais il ne trouva pas les hommes dignes pour lesquels on se meist aulcunement en peine ; conformement à la discipline de Hegesias, qui disoit, « Le sage ne debvoir rien faire que pour soy ; d'autant que seul il est digne pour qui on face ; » et à celle de Theodorus, « Que c'est iniustice, que le sage se hazarde pour le bien de son pays, et qu'il mette en peril la sagesse pour des fols. « Nostre propre condition est autant ridicule que risible.

Chapitre LI. — De la vanité des paroles.

Un rhetoricien du temps passé disoit que son mestier estoit, « De choses petites, les faire paroistre et trouver grandes. » C'est un cordonnier qui sçait faire de grands souliers à un petit pied. On luy eust faict donner le fouet en Sparte, de faire profession d'un' art piperesse et mensongiere : et crois qu'Archidamus, qui en estoit roy, n'ouït pas sans estonnement la responce de Thucydides, auquel il s'enqueroit qui estoit plus fort à la luicte, ou Pericles, ou luy : « Cela, feit-il, seroit malaysé à verifier : car, quand ie l'ay porté par terre en luictant, il persuade à ceux qui l'ont veu qu'il n'est pas tombé, et le gaigne. » Ceulx qui masquent et fardent les femmes font moins de mal ; car c'est chose de peu de perte de ne les veoir pas en leur naturel : là où ceulx cy font estat de tromper, non pas nos yeulx, mais nostre iugement, et d'abastardir et corrompre l'essence des choses. Les republiques qui ne sont maintenues en un estat reglé et bien policé, comme la cretence ou lacedemonienne, elles n'ont pas faict grand compte d'orateurs. Ariston definit sagement la rhetorique, « Science à persuader le peuple : » Socrates, Platon, « Art de tromper et de flatter. » Et ceulx qui le nient en la generale description, le verifient par tout en leurs preceptes. Les Mahometans en deffendent l'instruction à leurs enfants pour son inutilité ; et les Atheniens, s'apperceyvants combien son usage, qui avoit tout credit en leur ville, estoit pernicieux, ordonnerent que sa principale partie, qui est esmouvoir les affections, feust ostee, ensemble les exordes et peroraisons. C'est un util inventé pour manier et agiter une tourbe et une commune desreglee ; et est util qui ne s'employe qu'aux estats malades, comme la medecine. En ceulx où le vulgaire, ou les ignorants, ou touts, ont tout peu, comme celuy d'Athenes, de Rhodes et Rome, et où les choses ont esté en perpetuelle tempeste, là ont afflué les orateurs. Et, à la verité, il se veoid peu de personnages en ces republiques là qui se soient poulsez en grand credit, sans le secours de l'eloquence. Pompeius, Cæsar, Crassus, Lucullus, Lentulus, Metellus, ont prins de là leur grand appuy à se monter à cette grandeur d'auctorité où ils sont enfin arrivez, et s'en sont aydez plus que des armes, contre l'opinion des meilleurs temps ; car L. Volumnius, parlant en publicque en faveur de l'election au consulat faicte des personnes de Q. Fabius et P. Decius : « Ce sont gents nays à la guerre, grands aux effects ; au combat du babil, rudes ; esprits vrayement consulaires : les subtils, eloquents et sçavants, sont bons pour la ville, preteurs à faire justice, » dict-il. L'eloquence a flori le plus à Rome lorsque les affaires ont esté en plus mauvais estat, et que l'orage des guerres civiles les agitoit : comme un champ libre et indompté porte les herbes plus gaillardes. Il semble par là que les polices qui despendent d'un monarque en ont moins de besoing que les aultres : car la bestise et facilité qui se treuve en la commune, et qui la rend subiecte à estre maniee et contournee par les aureilles au doulx son de cette harmonie, sans venir à poiser et cognoistre la verité des choses par la force de raison ; cette facilité, dis-ie, ne se treuve pas si aysement en un seul, et est plus aysé de le garantir, par bonne institution et bon conseil, de l'impression de cette poison. On n'a pas veu sortir de Macedoine, ny de Perse, aulcun orateur de renom.

I'en ay dict ce mot sur le subiect d'un Italien que ie viens d'entretenir, qui a servy le feu cardinal Caraffe de maistre d'hostel iusques à sa mort. Ie lui faisois conter de sa charge : il m'a faict un discours de cette science de gueule, avecques une gravité et contenance magistrale, comme s'il m'eust parlé de quelque grand poinct de theologie : il m'a dechiffré une difference d'appetits ; celuy qu'on a à ieun, qu'en a aprez le second et tiers service ; les moyens tantost de luy plaire simplement, tantost de l'esveiller et piquer ; la police de ses saulces ; premierement en general, et puis particularisant les qualitez des ingredients et leurs effects ; les differences des salades selon leur saison, celle qui doibt estre reschauffee, celle qui veult estre servie froide ; la façon de les orner et embellir pour les rendre encores plaisantes à la veue. Aprez cela, il est entré sur l'ordre du service, plein de belles et importantes considérations :

> Nec minimo sane discrimine refert,
> Quo gestu lepores, et quo gallina secetur;

et tout cela enflé de riches et magnifiques paroles, et celles mesme qu'on employe à traicter du gouvernement d'un empire. Il m'est souvenu de mon homme :

> Hoc salsum est, hoc adustum est, hoc lautum est parum :
> Illud recte; iterum sic memento ; sedulo
> Moneo quæ possum pro mea sapientia
> Postremo, tanquam in speculum, in patinas, Demea,
> Inspicere iubeo, et moneo, quid facto usus sit.

Si est ce que les Grecs mesmes louerent grandement l'ordre et la disposition que Paulus Æmilius observa au festin qu'il leur feit au retour de Macedoine. Mais ie ne parle point icy des effects, ie parle des mots.

Ie ne sçais s'il en advient aux aultres comme à moy ; mais ie ne me puis garder, quand i'oys nos architectes s'enfler de ces gros mots de Pilastres, Architraves, Corniches, d'ouvrage Corinthien et Dorique, et semblables de leur iargon, que mon imagination ne se saisisse incontinent du palais d'Apollidon : et, par effect, ie treuve que ce sont les chestifves pieces de la porte de ma cuisine.

Oyez dire Metonymie, Metaphore, Allegorie, et aultres tels noms de la grammaire, semble il pas qu'on signifie quelque forme de langage rare et pellegrin ? ce sont titres qui touchent le babil de vostre chambriere.

C'est une piperie voisine à cette cy, d'appeller les offices de nostre estat par les tiltres superbes des Romains, encores qu'ils n'ayent aulcune ressemblance de charge, et encores moins d'auctorité et de puissance. Et cette cy aussi, qui servira, à mon advis, un jour de reproche à nostre siecle, d'employer indignement, à qui bon nous semble, les surnoms les plus glorieux de quoy l'ancienneté ayt honoré un ou deux personnages en plusieurs siecles. Platon a emporté ce surnom de Divin, par un consentement universel qu'aulcun n'a essayé luy envier : et les Italiens, qui se vantent, et avecques raison, d'avoir communément l'esprit plus esveillé et le discours plus sain que les aultres nations de leur temps, en viennent d'estrener l'Aretin, auquel, sauf une façon de parler bouffie et bouillonnee de poinctes, ingenieuses à la verité, mais recherchees de loing et fantastiques, et oultre l'eloquence enfin. telle qu'elle puisse estre, ie ne veois pas qu'il y ait rien au dessus des communs aucteurs de son siecle : tant s'en fault qu'il s'approche de cette divinité ancienne. Et le surnom de Grand, nous l'attachons à des princes qui n'ont rien au dessus de la grandeur populaire.

Chapitre LII. — De la parcimonie des anciens.

Attilius Regulus, general de l'armee romaine en Afrique, au milieu de sa gloire et de ses victoires contre les Carthaginois, escrivit à la chose publicque qu'un valet de labourage, qu'il avoit laissé seul au gouvernement de son bien, qui estoit en tout sept arpents de terre, s'en estoit enfuy, ayant desrobé ses utils à labourer ; et demandoit congé pour s'en retourner et y pourveoir, de peur que sa femme et ses enfants n'en eussent à souffrir. Le senat pourveut à commettre un aultre à la conduicte de ses biens, et lui feit restablir ce qui luy avoit esté desrobé, et ordonna que sa femme et enfants seroient nourris aux despens du publicque.

Le vieux Caton, revenant d'Espaigne consul, vendit son cheval de service pour espargner l'argent qu'il eust cousté à le ramener par mer en Italie ; et, estant au gouvernement de Sardaigne, faisoit ses visitations à pied, n'ayant avecques luy aultre suitte qu'un officier de la chose publicque qui luy portoit sa robbe et un vase à faire des sacrifices ; et le plus souvent il portoit sa malle luy mesme. Il se vantoit de n'avoir iamais eu robbe qui eust cousté plus de dix escus, ny avoir envoyé au marché plus dix sols pour un iour ; et de ses maisons aux champs, qu'il n'en avoit aulcune qui feust crepie et enduite par dehors.

Scipion Æmilianus, aprez deux triumphes et deux consulats, alla en legation avec sept serviteurs seulement. On tient qu'Homere n'en eut iamais qu'un ; Platon, trois ; Zenon, le chef de la secte stoïque, pas un. Il ne feut taxé que cinq sols et demy pour iour à Tiberius Gracchus, allant en commission pour la chose publicque, estant lors le premier homme des Romains.

Chapitre LIII. — D'un mot de Cæsar.

Si nous nous amusions par fois à nous considerer ; et le temps que nous mettons à contrerooller aultruy, et à cognoistre les choses qui sont hors de nous, que nous l'employissions à nous sonder nous mesmes, nous sentirions aysement combien toute cette nostre contexture est bastie de pieces faibles et desfaillantes. N'est ce pas un singulier tesmoignage d'imperfection, ne pouvoir r'asseoir nostre contentement en aulcune chose ; et que, par desir mesme et imagination, il soit hors de nostre puissance de choisir ce qu'il nous faut ? De quoy porte bon tesmoignage cette grande dispute qui a tousiours esté entre les philosophes, pour trouver le souverain bien de l'homme, et qui dure encores. et durera eternellement, sans resolution et sans accord.

> Dum abest quod avemus, id exsuperare videtur
> Cætera; post aliud, quum contigit illud, avemus,
> Et sitis æqua tenet.

Quoy que ce soit qui tumbe en nostre cognoissance et iouïssance, nous sentons qu'il ne nous satisfaict pas, et allons beeant aprez les choses advenir et incogneues, d'autant que les presentes ne nous saoulent point; non pas, à mon advis, qu'elles n'ayent assez de quoy nous saouler, mais c'est que nous les saisissons d'une prinse malade et desreglee:

> Nam quum vidit hic, ad victum quæ flagitat usus,
> Omnia iam ferme mortalibus esse parata;
> Divitiis homines, et honore, et laude potentes
> Affluere, atque bona natorum excellere fama;
> Nec minus esse domi cuiquam tamen anxia corda
> Atque animum infestis cogi servire querelis;
> Intellexit ibi vitium vas efficere ipsum,
> Omniaque, illius vitio, corrumpier intus,
> Quæ collata foris et commoda quæque venirent.

Nostre appetit est irresolu et incertain; il ne sçait rien tenir ny rien iouïr de bonne façon. L'homme, estimant que ce soit le vice de ces choses qu'il tient, se remplit et se paist d'aultres choses qu'il ne sçait point et qu'il ne cognoist point, où il applique ses desirs et ses esperances, les prend en honneur et reverence, comme dict Cæsar: *Communi fit vitio naturæ, ut invisis, latitantibus atque incognitis rebus magis confidamus, vehementiusque exterreamur.*

Chapitre LIV. — Des vaines subtilitez.

Il est de ces subtilitez frivoles et vaines, par le moyen desquelles les hommes cherchent quelquesfois de la recommendation: comme les poëtes qui font des ouvrages entiers de vers commenceants par une mesme lettre; nous voyons des œufs, des boules, des ailes, des haches, façonnees anciennement par les Grecs avecques la mesure de leurs vers, en les allongeant ou accourcissant, en maniere qu'ils viennent à representer telle ou telle figure: telle estoit la science de celuy qui s'amusa à compter en combien de sortes se pouvoient renger les lettres de l'alphabet, et y en trouva ce nombre incroyable qui se veoid dans Plutarque. Ie treuve bonne l'opinion de celui à qui on presenta un homme apprins à iecter de la main un grain de mil avecques telle industrie, que, sans faillir, il le passoit tousiours dans le trou d'une aiguille; et luy demanda lon, aprez, quelque present pour loyer d'une si rare suffisance: sur quoy il ordonna bien plaisamment, et iustement, à mon advis, qu'on feist donner à cet ouvrier deux ou trois minots de mil, à fin qu'un si bel art ne demeurast sans exercice. C'est un tesmoignage merveilleux de la foiblesse de nostre iugement, qu'il recommende les choses par la rareté ou nouvelleté, ou encores par la difficulté, si la bonté et utilité n'y sont ioinctes.

Nous venons presentement de nous iouer chez moy, à qui pourroit trouver plus de choses qui se teinssent par les deux bouts extremes: comme, Sire; c'est un tiltre qui se donne à la plus eslevee personne de nostre estat, qui est le Roy; et se donne aussi au vulgaire, comme aux marchands, et ne touche point ceulx d'entre deux. Les femmes de qualité, on les nomme Dames; les moyennes, Damoiselles; et Dames encores, celles de la plus basse marche. Les daiz qu'on estend sur les tables ne sont permis qu'aux maisons des princes; et aux tavernes. Democritus disoit que les dieux, et les bestes, avoient leurs sentiments plus aigus que les hommes, qui sont au moyen estage. Les Romains portoient mesme accoustrement les iours de deuil et les iours de feste. Il est certain que la peur extreme, et l'extreme ardeur de courage, troublent egualement ventre et le laschent. Le saubriquet de Tremblant, duquel le douziesme roy de Navarre Sancho feut surnommé, apprend que la hardiesse, aussi bien que la peur, engendrent du tremoussement aux membres. Ceulx qui armoient ou luy, ou quelque aultre de pareille nature, à qui la peau frissonnoit, essayerent à le rasseurer, appetissants le dangier auquel il s'alloit iecter: « Vous me cognoissez mal, leur dict il; si ma chair sçavoit iusques où mon courage la portera tantost, elle s'en transiroit tout à plat. » La foiblesse qui nous vient de froideur et desgoutement aux exercices de Venus, elle nous vient aussi d'un appetit trop vehement, et d'une chaleur desreglee. L'extreme froideur, et l'extreme chaleur, cuisent et rotissent: Aristote dict que les cueux de plomb se fondent et coulent de froid et de la rigueur de l'hyver, comme d'une chaleur vehemente. Le desir et la satieté remplissent de douleur les sieges au dessus et au dessoubs de la volupté. La bestise et la sagesse se rencontrent en mesme poinct de sentiment et de resolution à la souffrance des accidents humains. Les sages gourmandent et commandent le mal, et les aultres l'ignorent : ceulx cy sont, par maniere de dire, au deçà des accidents ; les aultres au delà, lesquels, aprez en avoir bien poisé et consideré les qualitez, les avoir mesurez et iugez tels qu'ils sont, s'eslancent au dessus par la force d'un vigoreux courage ; ils les desdaignent et foulent aux pieds, ayants une ame forte et solide, contre laquelle les traicts de la fortune venants à donner, il est force qu'ils reiaillissent, et s'esmoussent, trouvants un corps dans lequel ils ne peuvent faire impression : l'ordinaire et moyenne condition des hommes loge entre ces deux extremitez ; qui est de ceulx qui apperceoivent les maux, les sentent, et ne les peuvent supporter. L'enfance et la decrepitude se rencontrent en imbecillité de cerveau ; l'avarice et la profusion, en pareil desir d'attirer et d'acquerir.

Il se peult dire, avecques apparence, qu'il y a ignorance abecedaire, qui va devant la science : une aultre doctorale, qui vient aprez la science ; ignorance que la science faict et engendre, tout ainsi comme elle desfaict et destruict la premiere. Des esprits simples, moins curieux et moins instruicts, il s'en faict de bons chrestiens, qui, par reverence et obeïssance, croient simplement, et se maintiennent soubs les loix. En la moyenne vigueur des esprits et moyenne capacité, s'engendre l'erreur des opinions ; ils suyvent l'apparence du premier sens, et ont quelque tiltre d'interpreter à niaiserie et bestise que nous soyons arrestez en l'ancien train, regardants à nous qui n'y sommes pas instruicts par estude. Les grands esprits, plus rassis et clairvoyants, font un aultre genre de biencroyants ; lesquels, par longue et religieuse investigation, penetrent une plus profonde et abstruse lumiere ez Escriptures, et sentent le mysterieux et divin secret de nostre police ecclesiastique ; pourtant en veoyons nous aulcuns estre arrivez à ce dernier estage par le second, avecques merveilleux fruict et confirmation, comme à l'extreme limite de la chrestienne intelligence, et iouïr de leur victoire avecques consolation, actions de graces, reformation de mœurs, et grande modestie. Et en ce reng n'entends ie pas loger ces aultres qui, pour se purger du souspeçon de leur erreur passee, et pour nous asseurer d'eulx, se rendent extremes, indiscrets et iniustes à la conduicte de nostre cause, et la tachent d'infinis reproches de violence. Les païsans simples sont honnestes gens ; et honnestes gents les philosophes, ou, selon que nostre temps les nomme, des natures fortes et claires, enrichies d'une large instruction de sciences utiles : les mestis, qui ont desdaigné le premier siege de l'ignorance des lettres, et n'ont peu ioindre l'aultre (le cul entre deux selles, desquels ie suis et tant d'aultres), sont dangereux, ineptes, importuns ; ceulx cy troublent le monde. Pourtant, de ma part, ie me recule tant que ie puis dans le premier et naturel siege, d'où ie me suis pour neant essayé de partir.

La poësie populaire et purement naturelle a des naïvetez et graces, par où elle se compare à la principale beauté de la poësie parfaicte, selon l'art ; comme il se veoid ez villanelles de Gascoigne, et aux chansons qu'on nous rapporte des nations qui n'ont cognoissance d'aulcune science, ny mesme d'escripture : la poësie mediocre, qui s'arreste entre deux, est desdaignee, sans honneur et sans prix.

Mais parce que, aprez que le pas a esté ouvert à l'esprit, i'ay trouvé, comme il advient ordinairement, que nous avions prins, pour un exercice malaysé et d'un rare subiect, ce qui ne l'est aulcunement, et qu'aprez que nostre invention a esté eschauffee, elle descouvre un nombre infiny de pareils exemples, ie n'en adiousteray que cettuy cy : Que si ces Essais estoient dignes qu'on en iugeast, il en pourroit advenir, à mon advis, qu'ils ne plairoient gueres aux esprits communs et vulgaires, ny gueres aux singuliers et excellents, ceulx là n'y entendroient pas assez ; ceulx cy y entendroient trop : ils pourroient vivoter en la moyenne region.

Chapitre LV. — Des senteurs.

Il se dict d'aulcuns, comme d'Alexandre le Grand, que leur sueur espandoit une odeur souefve, par quelque rare et extraordinaire complexion : de quoy Plutarque et aultres recherchent la cause. Mais la commune façon des corps est au contraire; et la meilleure condition qu'ils ayent, c'est d'estre exempts de senteur : la doulceur mesme des haleines plus pures n'a rien de plus parfaict que d'estre sans aulcune odeur qui nous offense, comme sont celles des enfants bien sains. Voylà pourquoy, dict Plaute,

> Mulier tum bene olet, ubi nihil olet;

« la plus exquise senteur d'une femme, c'est ne sentir rien. » Et les bonnes senteurs estrangieres, on a raison de les tenir pour suspectes à ceulx qui s'en servent, et d'estimer qu'elles soyent employees pour couvrir quelque default naturel de ce costé là. D'où naissent ces rencontres des poëtes anciens : C'est puïr que sentir bon.

> Rides nos, Coracine, n l olentes ;
> Malo, quam bene olere, nil olere.

Et ailleurs,

> Postume, non bene olet, qui bene semper olet.

l'aime pourtant bien fort à estre entretenu de bonnes senteurs; et hais oultre mesure les mauvaises, que ie tire de plus loing que tout aultre :

> Namque sagacius unus odoror,
> Polypus, an gravis hirsutis cubet hircus in alis,
> Quam canis acer, ubi lateat sus.

Les senteurs plus simples et naturelles me semblent plus agreables. Et touche ce soing principalement les dames : en la plus espesse barbarie, les femmes scythes, aprez s'estre lavees, se saulpouldrent et encroustrent tout le corps et le visage de certaine drogue qui naist en leur terroir, odoriferante; et pour approcher les hommes, ayants osté ce fard, elles s'en treuvent et polies et parfumees. Quelque odeur que ce soit, c'est merveille combien elle s'attache à moy, et combien i'ay la peau propre à s'en abruver. Celuy qui se plainct de nature, de quoy elle a laissé l'homme sans instrument à porter les senteurs au nez, a tort; car elles se portent elles mesmes : mais à moy particulierement, les moustaches que i'ay pleines m'en servent; si i'en approche mes gants ou mon mouchoir, l'odeur y tiendra tout un iour : elles accusent le lieu d'où ie viens. Les estroicts baisers de la ieunesse, savoureux, gloutons et gluants, s'y colloient aultrefois, et s'y tenoient plusieurs heures aprez. Et si pourtant ie me treuve peu subiect aux maladies populaires, qui se chargent par la conversation, et qui naissent de la contagion de l'air; et me suis sauvé de celles de mon temps, dequoy il y en a eu plusieurs sortes dans nos villes et en nos armees. On lit de Socrates, que, n'estant iamais party d'Athenes pendant plusieurs recheutes de peste qui la tormenterent tant de fois, luy seul ne s'en trouva iamais plus mal.

Les medecins pourroient, ce crois ie, tirer des odeurs plus d'usage qu'ils ne font; car i'ay souvent apperceu qu'elles me changent, et agissent en mes esprits, selon qu'elles sont : qui me faict approuver ce qu'on dict, que l'invention des encens et parfums aux eglises, si ancienne et si espandue en toutes nations et religions, regarde à cela de nous resiouïr, esveiller et purifier le sens, pour nous rendre plus propres à la contemplation.

Ie vouldrois bien, pour en iuger, avoir eu ma part de l'ouvrage de ces cuisiniers qui sçavent assaisonner les odeurs estrangieres avecques la saveur des viandes, comme on remarqua singulierement au service du roi de Thunes, qui de nostre aage print terre à Naples, pour s'aboucher avecques l'empereur Charles. On farcissoit ses viandes de drogues odoriferantes, de telle sumptuosité, qu'un paon et deux faisands se trouverent sur ses parties revenir à cent ducats, pour les apprester selon leur maniere; et quand on les despeçoit, non la salle seulement, mais toutes les chambres de son palais, et les rues d'autour, estoient remplies d'une tressouefve vapeur, qui ne s'esvanouïssoit pas si soudain.

Le principal soing que i'aye à me loger, c'est de fuyr l'air puant et poisant. Ces belles villes, Venise et Paris, alterent la faveur que ie leur porte, par l'aigre senteur, l'une de son marais, l'autre de sa bouc.

Chapitre LVI. — Des prieres.

Ie propose des fantasies informes et irresolues, comme font ceulx qui publient des questions doubteuses à desbattre aux escholes, non pour establir la verité, mais pour la chercher; et les soubmets aux iugements de ceulx à qui il touche de regler, non seulement mes actions et mes escripts, mais encores mes pensees. Egualement m'en sera acceptable et utile la condamnation comme l'approbation, tenant pour absurde et impie, si rien se rencontre, ignoramment ou inadvertamment couché en cette rapsodie, contraire aux sainctes resolutions et prescriptions de l'Eglise catholique, apostolique et romaine, en laquelle ie meurs, et en laquelle ie suis nay : et pourtant, me remettant tousiours à l'auctorité de leur censure, qui peult tout sur moi, ie me mesle ainsi temerairement à toute sorte de propos, comme icy.

Ie ne sçais si ie me trompe ; mais puisque par une faveur particuliere de la bonté divine, certaine façon de priere nous a esté prescripte et dictee mot à mot par la bouche de Dieu, il m'a tousiours semblé que nous en debvions avoir l'usage plus ordinaire que nous n'avons; et, si i'en estois creu, à l'entree et à l'issue de nos tables, à nostre lever et coucher, et à toutes actions particulieres ausquelles on a accoustumé de mesler des prieres, ie vouldrois que ce feust le Patenostre que les chretiens y employassent, si nonseulement, au moins tousiours. L'Eglise peult estendre et diversifier les prieres, selon le besoing de nostre instruction; car ie sçais bien que c'est tousiours mesme substance et mesme chose : mais on debvoit donner à celle là ce privilege, que le peuple l'eust continuellement en la bouche; car il est certain qu'elle dict tout ce qu'il fault, et qu'elle est trespropre à toutes occasions. C'est l'unique priere de quoy ie me sers partout, et la repete au lieu d'en changer : d'où il advient que ie n'en ay aussi bien en memoire que celle là.

I'avois presentement en la pensee, d'où nous venoit cette erreur, de recourir à Dieu en touts nos desseings et entreprinses, et l'appeller à toute sorte de besoing, et en quelque lieu que nostre foiblesse veult de l'aide, sans considerer si l'intention est iuste ou iniuste; et de escrier son nom et sa puissance, en quelque estat ou action que nous soyons, pour vicieuse qu'elle soit. Il est bien nostre seul et unique protecteur, et peult toutes choses à nous ayder : mais encores qu'il daigne nous honnorer de cette doulce alliance paternelle, il est pourtant autant iuste, comme il est bon et comme il est puissant ; mais il use bien plus souvent de sa iustice que de son pouvoir, et nous favorise selon la raison d'icelle, non selon nos demandes.

Platon, en ses loix, faict trois sortes d'iniurieuse creance des dieux : « Qu'il n'y en aye point; Qu'ils ne se meslent point de nos affaires; Qu'ils ne refusent rien à nos vœux, offrandes et sacrifices. » La premiere erreur, selon son advis, ne dura iamais immuable en homme, depuis son enfance iusques à sa vieillesse. Les deux suyvantes peuvent souffrir de la constance.

Sa iustice et sa puissance sont inseparables : pour neant implorons nous sa force en une mauvaise cause. Il fault avoir l'ame nette, au moins en ce moment auquel nous le prions, et deschargee de passions vicieuses ; aultrement nous luy presentons nous mesmes les verges de quoy nous chastier : au lieu de rabiller nostre faulte, nous la redoublons, presentants, à celuy à qui nous avons à demander pardon, une affection pleine d'irreverence et de haine. Voylà pourquoy ie ne loue pas volontiers ceulx que ie veois prier Dieu plus souvent et plus ordinairement, les actions voisines de la priere ne me tesmoignent quelque amendement et reformation,

Si nocturnus adulter,
Tempora santonico velas adoperta cucullo.

Et l'assiette d'un homme meslant à une vie execrable la devotion, semble estre aulcunement plus condamnable que celle d'un homme conforme à soy, et dissolu partout : pourtant refuse nostre Eglise touts les iours la faveur de son entree et societé aux mœurs obstinees à quelque insigne malice. Nous prions par usage et par coustume, ou, pour mieulx dire, nous lisons et prononceons nos prieres; ce n'est enfin que mine : et me desplaist de veoir faire trois signes de croix au Benedicite, autant à Graces (et plus m'en desplaist il de ce que c'est un signe que i'ay en reverence et continuel usage, mesmement quand ie baaille); et ce pendant, toutes les aultres heures du iour, les veoir occupees à la haine, l'avarice, l'iniustice : aux vices leur heure; son heure à Dieu, comme par compensation et composition. C'est miracle de veoir continuer des actions si diverses, d'une si pareille teneur, qu'il ne s'y sente point d'interruption et d'alteration, aux confins mesmes et passages de l'une à l'aultre. Quelle prodigieuse conscience se peult donner repos, nourrissant en mesme giste, d'une societé si accordante et si paisible, le crime et le iuge?

Un homme de qui la paillardise sans cesse regente la teste, et qui la iuge tresodieuse à la vue divine, que dict il à Dieu quand il luy en parle? Il se ramene; mais soubdain il recheoit. Si l'obiect de la divine iustice et sa presence frappoient, comme il dict, et chastioient son ame; pour courte qu'en feust la penitence, la crainte mesme y reietteroit si souvent sa pensee, qu'incontinent il se verroit maistre de ces vices qui sont habituez et acharnez en luy. Mais quoy! ceulx qui couchent une vie entiere sur le fruict et emolument du peché qu'ils sçavent mortel? combien avons nous de mestiers et vocations receues, de quoy l'essence est vicieuse? et celuy qui, se confessant à moy, me recitoit avoir, tout un aage, faict profession et les effects d'une religion damnable selon luy, et contradictoire à celle qu'il avoit en son cœur, pour ne perdre son credit et l'honneur de ses charges, comment pastissoit il ce discours en son courage? de quel langage entretiennent ils sur ce subiect la iustice divine? Leur repentance, consistant en visible et maniable reparation, ils perdent et envers Dieu et envers nous le moyen de l'alleguer : sont ils hardis de demander pardon, sans satisfaction et sans repentance? Ie tiens que de ces premiers, il en va comme ceulx icy; mais l'obstination n'y est pas si aysee à convaincre. Cette contrarieté et volubilité d'opinion si soubdaine, si violente, qu'ils nous feignent, sont pour moy son miracle : ils nous representent l'estat d'une indigestible agonie.

Que l'imagination me sembloit fantastique de ceulx qui, ces annees passees, avoient en usage de reprocher à chascun, en qui il reluisoit quelque clarté d'esprit, professant la religion catholique, que c'estoit à feincté : et tenoient mesme, pour luy faire honneur, quoy qu'il dist par apparence, qu'il ne pouvoit faillir au dedans d'avoir sa creance reformee à leur pied! Fascheuse maladie, de se croire si fort, qu'on se persuade qu'il ne se puisse croire au contraire! et plus fascheuse encores, qu'on se persuade d'un tel esprit, qu'il prefere ie ne sçais quelle disparité de fortune presente, aux esperances et menaces de la vie eternelle! Ils m'en peuvent croire : si rien eust deu tenter ma ieunesse, l'ambition du hazard et de la difficulté qui suyvoient cette recente entreprinse, y eust eu bonne part.

Ce n'est pas sans grande raison, ce me semble, que l'Eglise deffend l'usage promiscue, temeraire et indiscret, des sainctes et divines chansons que le sainct Esprit a dicté en David. Il ne faut mesler Dieu en nos actions, qu'avecques reverence et attention pleine d'honneur et de respect : cette voix est trop divine pour n'avoir aultre usage que d'exercer les poulmons et plaire à nos aureilles; c'est de la conscience qu'elle doibt estre produicte, et non pas de la langue. Ce n'est pas raison qu'on permette qu'un garson de boutique, parmy ses vains et frivoles pensements, s'en entretienne et s'en ioue; ny n'est certes raison de veoir tracasser, par une salle et par une cuisine, le sainct livre des sacrez mysteres de nostre creance : c'estoient aultrefois mysteres, ce sont à present desduits et esbats. Ce n'est pas en passant, et tumultuairement, qu'il faut manier un estude si serieux et venerable; ce doibt estre une action destinee et rassise, à laquelle on doibt tousiours adiouster cette preface de nostre office, *Sursum corda*, et y apporter le corps mesme disposé en contenance qui tesmoigne une particuliere attention et reverence. Ce n'est pas l'estude de tout le monde; c'est l'estude des personnes qui y sont vouees, que Dieu y appelle; les méchants, les ignorants, s'y empirent : ce n'est pas une histoire à conter; c'est une histoire à reverer, craindre, et adorer. Plaisantes gents, qui pensent l'avoir rendue palpable au peuple, pour l'avoir mise en langue populaire! Ne tient il qu'aux mots, qu'ils n'entendent tout ce qu'ils treuvent par escript? Diray ie plus? pour l'en approcher de ce peu, ils l'en reculent : l'ignorance pure, et remise toute en aultruy, estoit bien plus salutaire et plus sçavante que n'est cette science verbale et vaine, nourrice de presumption et de temerité.

Ie crois aussi que la liberté à chascun de dissiper une parole si religieuse et importante, à tant de sortes d'idiomes, a beaucoup plus de dangier que d'utilité. Les Iuifs, les Mahometans, et quasi tous aultres, ont espousé et reverent le langage auquel originellement leurs mysteres avoient esté conceus; et en est deffendue l'alteration et changement, non sans apparence. Sçavons nous bien qu'en Basque, et en Bretaigne, il y ayt des iuges assez pour establir cette traduction faicte en leur langue? L'Église universelle n'a point de iugement plus ardu à faire, et plus solenne. En preschant et parlant, l'interpretation est vague, libre, muable, et d'une parcelle; ainsi ce n'est pas de mesme.

L'un de nos historiens grecs accuse iustement son siecle, de ce que les secrets de la religion chrestienne estoient espandus emmy la place, ez mains des moindres artisans; que chascun en pouvoit desbattre et dire selon son sens; et que ce nous debvoit estre grande honte, nous qui, par la grace de Dieu, iouïssons des purs mysteres de la pieté, de les laisser profaner en la bouche de personnes ignorantes et populaires, veu que les Gentils interdisoient à Socrates, à Platon, et aux plus sages, de s'enquerir et parler des choses commises aux presbtres de Delphes: dict aussi que les factions des princes, sur le suiect de la theologie, sont armees, non de zele, mais de cholere; que le zele tient de la divine raison et iustice, se conduisant ordonneement et modereement, mais qu'il se change en haine et envie, et produict, au lieu de froment et de raisin, de l'ivroye et des orties, quand il est conduict d'une passion humaine. Et iustement aussi, cet aultre, conseillant l'empereur Theodose, disoit les disputes n'endormir pas tant les schismes de l'Eglise, que les esveiller, et animer les heresies; que pourtant il falloit fuyr toutes contentions et argumentations dialectiques, et se rapporter nuement aux prescriptions et formules de la foy establies par les anciens. Et l'empereur Andronicus, ayant rencontré en son palais des principaux hommes aux prinses de parole contre Lapodius, sur un de nos poincts de grande importance, les tansa iusques à menacer de les iecter en la riviere s'ils continuoient. Les enfants et les femmes, en nos iours, regentent les hommes plus vieux et experimentez sur les loix ecclesiastiques : là où la premiere de celles de Platon leur deffend de s'enquerir seulement de la raison des loix civiles, qui doibvent tenir lieu d'ordonnances divines; et permettant aux vieux d'en communiquer entre eulx, et avecques le magistrat, il adiouste : « Pourveu que ce ne soit pas en presence des icunes, et personnes profanes. »

Un evesque a laissé par escript, qu'en l'aultre bout du monde il y a une isle, que les anciens nommoient Dioscoride, commode en fertilité de toutes sortes d'arbres, fruicts et salubrité d'air; de laquelle le peuple est chretien, ayant des eglises et des autels qui ne sont parez que de croix sans aultres images, grand observateur de ieusnes et de festes, exact payeur de dismes aux presbtres, et si chaste, que nul d'eulx ne peult cognoistre qu'une femme en sa vie; au demourant, si content de sa fortune, qu'au milieu de la mer il ignore l'usage des navires, et si simple, que la religion qu'il observe si soigneusement, il n'en entend pas un seul mot: chose incroyable à qui ne sçauroit les païens, si devots idolastres, ne cognoistre de leurs dieux que simplement le nom et la statue. L'ancien commencement de *Menalippe*, tragedie d'Euripides, portoit ainsin,

> O Iupiter ! car de toy rien sinon
> Ie ne cognois seulement que le nom.

I'ay veu aussy de mon temps faire plaincte d'aulcuns escripts, de ce qu'ils sont purement humains et philosophiques, sans meslange de theologie. Qui diroit au contraire, ce ne seroit pourtant sans quelque raison, Que la doctrine divine tient mieulx son reng à part, comme royne et dominatrice; Qu'elle doibt estre principale par tout, point suffragante et subsidiaire; et Qu'à l'adventure se prendroient les exemples à la grammaire, rhetorique, logique, plus sortablement d'ailleurs, que d'une si saincte matiere; comme aussi les arguments des theastres, ieux et spectacles publicques; Que les raisons divines se considerent plus venerablement et reveremment seules, et en leur style, qu'apparices aux discours humains; Qu'il se veoid plus souvent cette faulte, que les theologiens escrivent trop humainement, que cette aultre, que les humanistes escrivent trop peu theologalement; la philosophie, dict sainct Chrysostome, est pieça bannie de l'eschole saincte comme servante inutile, et estimee indigne de veoir, seulement en passant de l'entree, le sacraire des saincts thresors de la doctrine celeste: Que le dire humain a ses formes plus basses, et ne se doibt servir de la dignité, maiesté, regence, du parler divin. Ie luy laisse, pour moy, dire *verbis indisciplinatis* Fortune, Destinee, Accident, Heur et Malheur, et les Dieux, et aultres phrases, selon sa mode. Ie propose les fantasies humaines, et miennes, simplement comme humaines fantasies, et separeement considerces; non comme arrestees et reglees par l'ordonnance celeste, incapable de doubte et d'altercation, matiere d'opinion, non matiere de foy; ce que ie discours selon moy, non ce que ie crois selon Dieu, d'une façon laïque, non clericale, mais tousiours tresreligieuse; comme les enfants proposent leurs essais, instruisables non instruisants.

Et ne diroit on pas aussi sans apparence, que l'ordonnance de ne s'entremettre, que bien reserveement, d'escrire de la religion à touts aultres qu'à ceulx qui en font expresse profession, n'aurait pas faulte de quelque image d'utilité et de iustice ; et à moy avecques, peutestre, de m'en taire. On m'a dict que ceulx mesmes qui ne sont pas des nostres, deffendent pourtant entre eulx l'usage du nom de Dieu en leurs propos communs; ils ne veulent pas qu'on s'en serve par une maniere d'interiection ou d'exclamation, ny pour tesmoignage, n'y pour comparaison ; en quoy ie treuve qu'ils ont raison; et en quelque maniere que ce soit que nous appellons Dieu à nostre commerce et société, il fault que ce soit serieusement et religieusement.

Il y a, ce me semble en Xenophon, un tel discours où il montre que nous debvons plus rarement prier Dieu, d'autant qu'il n'est pas aysé que nous puissions si souvent remettre nostre ame en cette assiette reglee, reformee et devotieuse, où il fault qu'elle soit pour ce faire : aultrement nos prieres ne sont pas seulement vaines et inutiles, mais vicieuses. « Pardonne nous, disons nous, comme nous pardonnons à ceulx qui nous ont offensez ; » que disons nous par là, sinon que nous luy offrons nostre ame exempte de vengeance et de rancune? Toutesfois nous invoquons Dieu et son ayde au complot de nos faultes, et le convions à l'iniustice :

> Quæ, nisi seductis, nequeas committere divis :

l'avaricieux le prie pour la conservation vaine et superflue de ses thresors; l'ambitieux, pour ses victoires et conduicte de sa fortune ; le voleur l'employe à son ayde, pour franchir le hazard et les difficultez qui s'opposent à l'execution de ses meschantes entreprinses, ou le remercie de l'aysance qu'il a trouvee à desgosiller un passant; au pied de la maison qu'ils vont escheller ou petarder, ils font leurs prieres, l'intention et l'esperance pleine de cruauté, de luxure, et d'avarice.

> Hoc ipsum, quo tu Iovis aurem impellere tentas.
> Dic agedum Staio : Proh Iupiter! o bone, clamet,
> Iuppiter ! At sese non clamet Iuppiter ipse ?

La royne de Navarre Marguerite recite d'un ieune prince, et, encores qu'elle ne le nomme pas, sa grandeur l'a rendu cognoissable assez, qu'allant à une assignation amoureuse, et coucher avecques la femme d'un advocat de Paris, son chemin s'addonnant au travers d'une église, il ne passoit iamais en ce lieu sainct, allant ou retournant de son entreprinse, qu'il ne feist ses prieres et oraisons. Ie vous laisse à iuger, l'ame pleine de ce beau pensement, à quoy il employoit la faveur divine. Toutesfois elle allegue cela pour un tesmoignage de singuliere devotion. Mais ce n'est pas par cette preuve seulement qu'on pourroit verifier que les femmes ne sont gueres propres à traicter les matieres de la theologie.

Une vraye priere et une religieuse reconciliation de nous à Dieu, elle ne peult tumber en une ame impure et soubmise, lors mesme, à la domination de Satan. Celuy qui appelle Dieu à son assistance pendant qu'il est dans le train du vice, il faict comme le coupeur de bourse qui appelleroit la iustice à son ayde, ou comme ceulx qui produisent le nom de Dieu en tesmoignage de mensonge.

> Tacito mala vota susurro
> Concipimus.

Il est peu d'hommes qui osassent mettre en evidence les requestes secrettes qu'ils font à Dieu :

> Haud cuivis promptum est, murmurque, humilesque susurros
> Tollere de templis, at aperto vivere voto;

voylà pourquoy les pythagoriens vouloient qu'elles fussent publicques et ouïes d'un chascun; à fin qu'on ne le requist de chose indecente et iniuste, comme celuy là,

> Clare quum dixit, Apollo!
> Labra movet, metuens audiri : « Pulchra Laverna,

Da mihi fallere, da iustum sanctumque videri ;
Noctem peccatis, et fraudibus obiice nubem. »

Les dieux punirent griefvement les iniques vœux d'OEdipus, en les luy octroyant : il avoit prié que ses enfants vuidassent entre eulx, par armes, la succession de son estat ; il feut si miserable de se veoir prins au mot. Il ne fault pas demander que toutes choses suyvent nostre volonté, mais qu'elles suyvent la prudence.

Il me semble, à la verité, que nous nous servons de nos prieres comme d'un iargon, et comme ceulx qui employent les paroles sainctes et divines à des sorcelleries et effects magiciens ; et que nous facions nostre compte que ce soit de la contexture, ou son, ou suitte des mots, ou de nostre contenance, que despende leur effect : car ayants l'ame pleine de concupiscence, non touchee de repentance ny d'aulcune nouvelle reconciliation envers Dieu, nous luy allons presenter ces paroles que la memoire preste à nostre langue, et esperons en tirer une expiation de nos faultes. Il n'est rien si aysé, si doulx et si favorable que la loy divine ; elle nous appelle à soy, ainsi faultiers et detestables comme nous sommes ; elle nous tend les bras, et nous receoit en son giron pour vilains, ords et bourbeux que nous soyons et que nous ayons à estre à l'advenir : mais encores, en recompense, la faut il regarder de bon œil ; encores fault il recevoir ce pardon avec action de graces ; et au moins, pour cet instant que nous nous adressons à elle, avoir l'ame desplaisante de ses faultes, et ennemie des passions qui nous ont poulsé à l'offenser. Ny les dieux, ny les gents de bien, dict Platon, n'acceptent le present d'un meschant.

Immunis aram si tetigit manus,
Non sumptuosa blandior hostia,
Mollivit aversos Penates
Farre pio, et salente mica.

Chapitre LVII. — De l'aage.

Ie ne puis recevoir la façon de quoy nous establissons la duree de nostre vie. Ie vois que les sages l'accourcissent bien fort, au prix de la commune opinion : « Comment, dict le jeune Caton à ceulx qui le vouloient empescher de se tuer, suis ie à cette heure en aage où l'on me puisse reprocher d'abandonner trop tost la vie ? » Si n'avoit il que quarante et huict ans. Il estimoit cet aage là bien meur et bien advancé, considerant combien peu d'hommes y arrivent. Et ceulx qui s'entretiennent de ce que ie ne sçais quel cours, qu'ils nomment naturel, promet quelques années au delà ; ils le pourroient faire, s'ils avoient privilege qui les exemptast d'un si grand nombre d'accidents ausquels chascun de nous est en bute par une naturelle subiection, qui peuvent interrompre ce cours qu'ils se promettent. Quelle resverie est ce de s'attendre de mourir d'une defaillance de forces que l'extreme vieillesse apporte, et de se proposer ce but à nostre duree? veu que c'est l'espece de mort la plus rare de toutes, et la moins en usage. Nous l'appellons seule, naturelle ; comme si c'estoit contre nature de veoir un homme se rompre le col d'une cheute, s'estouffer d'un naufrage, se laisser surprendre à la peste ou à une pleuresie ; et comme si nostre condition ordinaire ne nous presentoit à touts ces inconvenients. Ne nous flattons pas de ces beaux mots : on doibt à l'adventure appeler plustost naturel ce qui est general, commun et universel.

Mourir de vieillesse, c'est une mort rare, singuliere et extraordinaire, et d'autant moins naturelle que les aultres ; c'est la derniere et extreme sorte de mourir : plus elle est eloignee de nous, d'autant elle est moins esperable. C'est bien là la borne au delà de laquelle nous n'irons pas, et que la loy de nature a prescript pour n'estre point oultrepassee : mais c'est un sien rare privilege de nous faire durer iusques là ; c'est une exemption qu'elle donne par faveur particuliere à un seul, en l'espace de deux ou trois siecles, le deschargeant des traverses et difficultez qu'elle a iecté entre deux en cette longue carriere. Par ainsi, mon opinion est de regarder que l'aage auquel nous sommes arrivez, c'est un age auquel peu de gents arrivent. Puisque d'un train ordinaire les hommes ne viennent pas iusques là, c'est signe que nous sommes bien avant ; et puisque nous avons passé les limites accoustumez, qui est la vraye mesure de nostre vie, nous ne debvons esperer d'aller gueres oultre : ayant eschappé tant d'occasions de mourir où nous veoyons tresbucher le monde, nous debvous recognoistre qu'une fortune extraordinaire, comme celle là qui nous maintient, et hors de l'usage commun, ne nous doibt gueres durer.

C'est un vice des loix mesmes d'avoir cette faulse imagination; elles ne veulent pas qu'un homme soit capable du maniement de ses biens, qu'il n'ait vingt et cinq ans: et à peine conservera il iusques lors le maniement de sa vie. Auguste retrencha cinq ans des anciennes ordonnances romaines, et declara qu'il suffisoit à ceulx qui prenoient charge de iudicature d'avoir trente ans. Servius Tullius dispensa les chevaliers qui avoient passé quarante sept ans, des courvees de la guerre. Auguste les remeit à quarante et cinq. De renvoyer les hommes au seiour avant quarante-cinq ou soixante ans, il me semble n'y avoir pas grande apparence. Je serois d'advis qu'on estendist nostre vocation et occupation autant qu'on pourroit, pour la commodite publicque : mais ie treuve la faulte en l'austre costé, de ne nous y embesongner pas assez tost. Cettuy cy avoit esté iuge universel du monde à dix neuf ans, et veult que, pour iuger de la place d'une gouttiere, on en ayt trente.

Quant à moy, i'estime que nos ames sont desnouees, à vingt ans, ce qu'elles doibvent estre, et qu'elles promettent tout ce qu'elles pourront : iamais ame, qui n'ayt donné, en cet aage là, arrhe bien evidente de sa force, n'en donna depuis la preuve. Les qualitez et vertus naturelles produisent dans ce terme là, ou iamais, ce qu'elles ont de vigoreux et de beau :

> Si l'espine nou picque quand nai,
> A pene que picque iamai,

disent ils en Dauphiné. De toutes les belles actions humaines à ma cognoissance, de quelque sorte qu'elles soyent, ie penserois en avoir plus grande part à nombrer en celles qui ont esté produictes, et aux siecles anciens et au nostre, avant l'aage de trente ans, que aprez : ouy, en la vie des mesmes hommes souvent. Ne le puis ie pas dire en toute seureté de celles de Hannibal et de Scipion son grand adversaire? la belle moitié de leur vie, ils la vescurent de la gloire acquise en leur ieunesse : grands hommes depuis au prix de touts aultres, mais nullement au prix d'eulx mesmes. Quant à moy, ie tiens pour certain que, depuis cet aage, et mon esprit et mon corps ont plus diminué qu'augmenté, et plus reculé que advancé. Il est possible qu'à ceulx qui emploient bien le temps, la science et l'experience croissent aveccques la vie; mais la vivacité, la promptitude, la fermeté, et aultres parties bien plus nostres, plus importantes et essentielles, se fanissent et s'allanguissent.

> Ubi iam validis quassatum est viribus ævi,
> Corpus, et obtusis ceciderunt viribus artus,
> Claudicat ingenium, delirat linguaque, mensque.

Tantost c'est le corps qui se rend le premier à la vieillesse, parfois aussi c'est l'ame : et en ay assez veu qui ont eu la cervelle affoiblie avant l'estomach et les iambes, et d'autant que c'est un mal peu sensible à qui le souffre, et d'une obscure montre, d'autant est il plus dangereux. Pour ce coup, ie me plains des loix, non pas de quoy elles nous laissent trop tard à la besongne, mais de quoy elles nous y employent trop tard. Il me semble que considerant la foiblesse de nostre vie, et à combien d'escueils ordinaires et naturels elle est exposee, on n'en debvroit pas faire si grande part à la naissance, à l'oysifveté, et à l'apprentissage.

LIVRE SECOND

Chapitre premier. — De l'inconstance de nos actions.

Ceulx qui s'exercent à contrerooller les actions humaines ne se treuvent en aulcune partie si empeschez, qu'à les rapiecer et mettre à mesme lustre; car elles se contredisent communeement de si estrange façon, qu'il semble impossible qu'elles soyent parties de mesme boutique. Le ieune Marius se treuve tantost fils de Mars, tantost fils de Venus : le pape Boniface huictieme entra, dict on, en sa charge comme un regnard, s'y porta comme un lion, et mourut comme un chien : et qui croiroit que ce feust Neron, cette vraye image de cruauté, qui, comme on luy presenta à signer, suyvant le style, la sentence d'un criminel condamné, eust respondu, « Pleust à Dieu que ie n'eusse iamais sceu escrire! » tant le cœur luy serroit de condamner un homme à mort! Tout est si plein de tels exemples, voire chascun en peult tant fournir à soy mesme, que ie treuve estrange de veoir quelquesfois des gents d'entendement se mettre en peine d'assortir ces pieces; veu que l'irresolution me semble le plus commun et apparent vice de nostre nature : tesmoing ce fameux verset de Publius le farceur,

   Malum consilium est, quod mutari non potest.

Il y a quelque apparence de faire iugement d'un homme par les plus communs traicts de de sa vie; mais, veu la naturelle instabilité de nos mœurs et opinions, il m'a semblé souvent que les bons aucteurs mesmes ont tort de s'opiniastrer à former de nous une constante et solide contexture : ils choisissent un air universel; et, suyvant cette image, vont rangeant et interpretant toutes les actions d'un personnage; et, s'ils ne les peuvent assez tordre, les renvoyent à la dissimulation. Auguste leur est eschappé; car il se treuve en cet homme une varieté d'actions si apparente, soubdaine et continuelle, tout le cours de sa vie, qu'il s'est faict lascher entier, et indecis, aux plus hardis iuges. Ie crois, des hommes, plus malayseement la constance, que toute aultre chose, et rien plus ayseement que l'inconstance. Qui en iugeroit en detail et distinctement, piece à piece, rencontreroit plus souvent à dire vray. En toute l'ancienneté, il est malaysé de choisir une douzaine d'hommes qui ayent dressé leur vie à un certain et asseuré train, qui est le principal but de la sagesse : car, pour la comprendre toute en un mot, dict un ancien, et pour embrasser en une toutes les regles de nostre vie, « C'est vouloir, et ne vouloir pas, tousiours mesme chose : ie ne daignerois, dict il, adiouster, pourveu que la volonté soit iuste; car, si elle n'est iuste, il est impossible qu'elle soit tousiours une. » De vray, i'ay aultrefois appris que le vice n'est que desreglement et faulte de mesure; et par consequent il est impossible d'y attacher la constance. C'est un mot de Demosthenes, « que le commencement de toute vertu, c'est consultation et deliberation; et à la fin et perfection, constance. » Si, par discours, nous entreprenions certaine voye, nous la prendrions la plus belle; mais nulle n'y a pensé :

   Quod petiit, spernit; repetit, quod nuper omisit;
   Æstuat, et vitæ disconvenit ordine toto.

Nostre façon ordinaire, c'est d'aller aprez les inclinations de nostre appetit, à droite, à gauche, à dextre, contre mont, contre bas, selon que le vent des occasions nous emporte. Nous ne pensons ce que nous voulons, qu'à l'instant que nous le voulons; et changeons comme cet animal qui prend la couleur du lieu où on le couche. Ce que nous avons à cette heure proposé, nous le changeons tantost; et tantost encores retournons sur nos pas : ce n'est que bransle et inconstance;

   Ducimur, ut nervis alienis mobile lignum.

Nous n'allons pas; on nous emporte : comme les choses qui flottent, ores doulcement, ores avecques violence, selon que l'eau est ireuse ou bonasse;

   Nonne videmus,
   Quid sibi quisque velit, nescire, et quærere semper;
   Commutare locum, quasi onus deponere possit?

chasque iour, nouvelle fantasie; et se meuvent nos humeurs avecques les mouvements du temps :

   Tales sunt hominum mentes, quali pater ipse
   Iuppiter auctiferas lustravit lumine terras.

Nous flottons entre divers advis : nous ne voulons rien librement, rien absolument, rien constamment. A qui auroit prescript et estably certaines loix et certaine police en sa teste, nous verrions tout par tout en sa vie reluire une equalité de mœurs, un ordre et une relation infaillible des unes choses aux aultres (Empedocles remarquoit cette difformité aux Agrigentins, qu'ils s'abandonnoient aux delices comme s'ils avoient lendemain à mourir, et bastissoient comme si iamais ils ne debvoient mourir) : le discours en seroit bien aysé à faire, comme il se veoid du ieune Caton : qui en a touché une marche, a tout touché ; c'est une harmonie de sons tresaccordants, qui ne se peult desmentir. A nous, au rebours, autant d'actions, autant fault il de iugements particuliers. Le plus seur, à mon opinion, seroit de les rapporter aux circonstances voisines, sans entrer en plus longue recherche, et sans en conclure aultre consequence.

Pendant les desbauches de nostre pauvre estat, on me rapporta qu'une fille, de bien prez de là où i'estois, s'estoit precipitee du hault d'une fenestre pour eviter la force d'un belitre de soldat, son hoste : elle ne s'estoit pas tuee à la cheute, et, pour redoubler son entreprinse, s'estoit voulu donner d'un couteau par la gorge, mais on l'en avoit empeschee : toutesfois, aprez s'y estre bien fort blecee, elle mesme confessoit que le soldat ne l'avoit encores pressee que de requestes, solicitations et presents, mais elle avoit peur qu'enfin il en veinst à la contraincte : et là dessus les paroles, la contenance, et ce sang tesmoing de sa vertu, à la vraye façon d'une aultre Lucrece. Or, i'ai sceu, à la verité, qu'avant et depuis elle avoit esté garse de non si difficile composition. Comme dict le conte, « Tout beau et honneste que vous estes, quand vous aurez failly vostre poincte, n'en concluez pas incontinent une chasteté inviolable en vostre maistresse ; ce n'est pas à dire que le muletier n'y treuve son heure. »

Antigonus, ayant prins en affection un de ses soldats pour sa vertu et vaillance, commanda à ses medecins de le panser d'une maladie longue et intérieure qui l'avoit tormenté longtemps ; et s'appercevant, aprez sa guarison, qu'il alloit beaucoup plus froidement aux affaires ; luy demanda qui l'avoit ainsi changé et encouardy. « Vous mesme, sire, luy respondict il, m'ayant deschargé des maulx pour lesquels ie ne tenois compte de ma vie. » Le soldat de Lucullus, ayant esté desvalisé par les ennemis, feit sur eulx, pour se revencher, une belle entreprinse : quand il se feut remplumé de sa perte, Lucullus l'ayant prins en bonne opinion, l'employoit à quelque exploict hazardeux, par toutes les plus belles remonstrances de quoy il se pouvoit adviser ;

> Verbis, quæ timido quoque possent addere mentem.

« Employez y, respondict il, quelque miserable soldat dévalisé ; »

> Quantumvis rusticus, ibit,
> Ibit eo, quo vis, qui zonam perdidit, inquit ;

et refusa resolument d'y aller. Quand nous lisons que Mahomet, ayant oultrageusement rudoyé Chasan, chef de ses ianissaires, de ce qu'il veoyoit sa troupe enfoncee par les Hongres, et luy porter laschement au combat ; Chasan alla, pour toute response, se ruer furieusement, seul, en l'estat qu'il estoit, les armes au poing, dans le premier corps des ennemis qui se presenta, où il feut soubdain englouty : ce n'est, à l'adventure, pas tant iustification que radvisement ; ny tant prousse naturelle, qu'un nouveau despit. Celuy que vous vistes hier si avantureux, ne trouvez pas estrange de le veoir aussi poltron le lendemain ; ou la cholere, ou la necessité, ou la compaignie, ou le vin, ou le son d'une trompette, luy avoit mis le cœur au ventre : ce n'est pas un cœur ainsi formé par discours, ces circonstances le luy ont fermy ; ce n'est pas merveille si le voylà devenu aultre, par aultres circonstances contraires. Cette variation et contradiction qui se veoit en nous, si souple, a fait que aulcuns nous songent deux ames, d'aultres deux puissances, qui nous accompaignent et agitent chascune à sa mode, vers le bien l'une, l'aultre vers le mal ; une si brusque diversité ne se pouvant bien assortir à un subiect simple.

Non seulement le vent des accidents me remue selon son inclination, mais en oultre ie me remue et trouble moy mesme par l'instabilité de ma posture ; et qui y regarde primement, ne se treuve gueres deux fois en mesme estat. Ie donne à mon ame tantost un visage, tantost un aultre, selon le costé où ie la couche. Si ie parle diversement de moy, c'est que ie me regarde diversement : toutes les contrarietez s'y treuvent selon quelque tour et en quelque façon ; honteux, insolent ; chaste, luxuriant ; bavard, taciturne ; laborieux, délicat ; ingenieux, hebeté ; chagrin, debonnaire ; menteur, veritable ; sçavant, ignorant ; et liberal, et avare, et prodigue : tout cela ie le vois en moy aulcunement, selon que ie me vire ; et quiconque s'estudie bien attentivement treuve en soy, voeire et en son iugement mesme, cette volubilité et discordance. Ie n'ai rien à dire de moy entierement, simplement et solidement, sans confusion et sans meslange, ny en un mot : *Distinguo*, est le plus universel membre de ma logique.

Encores que ie sois touiours d'advis de dire du bien le bien, et d'interpreter plustost en bonne part les choses qui le peuvent estre, si est ce que l'estrangeté de nostre condition porte que nous soyons souvent, par le vice mesme, poulsez à bien faire ; si le bien faire ne se iugeoit par la seule intention : par quoy un faict courageux ne doibt pas conclure un homme vaillant ; celuy qui le seroit bien à poinct, il le seroit touiours et à toutes occasions. Si c'estoit une habitude de vertu, et non une saillie, elle rendroit un homme pareillement resolu à touts accidents ; tel seul, qu'en compaignie ; tel en camp clos, qu'en une battaille ; car, quoy qu'on die, il n'y a pas aultre vaillance sur le pavé, et aultre au camp ; aussi courageusement porteroit il une maladie en son lict, qu'une bleceure au camp, et ne craindroit non plus la mort en sa maison, qu'en un assault : nous ne verrions pas un mesme homme donner dans la bresche, d'une brave asseurance, et se tormenter aprez, comme une femme, de la perte d'un procez ou d'un fils : quand, estant lasche à l'infamie, il est ferme à la pauvreté ; quand, estant mol contre les razoirs des barbiers, il se treuve roide contre les espees des adversaires : l'action est louable, non pas l'homme. Plusieurs Grecs, dit Cicero, ne peuvent veoir les ennemis, et se treuvent constants aux maladies ; les Cimbres et les Celtiberiens, tout au rebours : *Nihil enim potest esse æquabile, quod non a certa ratione proficiscatur*. Il n'est point de vaillance plus extreme en son espece que celle d'Alexandre, mais elle n'est qu'en espece, ny assez pleine par tout, et universelle. Toute incomparable qu'elle est, si elle a encores ses taches : qui faict que nous le veoyons se troubler si eperduement aux plus legiers souspeçons qu'il prend des machinations des siens contre sa vie, et se porter en cette recherche d'une si vehemente et indiscrette iniustice, et d'une crainte qui subvertit sa raison naturelle. La superstition aussi de quoy il estoit si fort attainct, porte quelque image de pusillanimité : et l'excez de la penitence qu'il feit du meurtre de Clitus, est aussi tesmoignage de l'inequalité de son courage. Nostre faict, ce ne sont que pieces rapportees, et voulons acquerir un honneur à faulses enseignes. La vertu ne veult estre suyvie que pour elle mesme ; et si on emprunte parfois son masque pour aultre occasion, elle nous l'arrache aussitost du visage. C'est une vifve et forte teincture, quand l'ame en est une fois abbruvee ; et qui ne s'en va, qu'elle n'emporte la piece. Voylà pourquoy, pour iuger d'un homme, il faut suyvre longuement et curieusement sa trace : si la constance ne s'y maintient de son seul fondement, *cui vivendi via considerata atque provisa est;* si la varieté des occurrences luy faict changer de pas (ie dis de voye, car le pas s'en peult ou haster, ou appesantir), laissez le courre ; celuy là s'en va avau le vent, comme dict la devise de nostre Talebot.

Ce n'est pas merveille, ce dict un ancien, que le hazard puisse tant sur nous, puisque nous vivons par hazard. A qui n'a dressé en gros sa vie à certaine fin, il est possible de disposer les actions particulieres : il est impossible de renger les pieces, à qui n'a une forme du total en sa teste ; à quoy faire la provision des couleurs, à qui ne sçait ce qu'il a à peindre ? Aulcun ne faict certain desseing de sa vie, et n'en deliberons qu'à parcelles. L'archer doibt premierement savoir où il vise, et puis y accommoder la main, l'arc, la chorde, la flesche, et les mouvements : nos conseils fourvoyent, parce qu'ils n'ont pas d'adresse et de but : nul vent ne faict, pour celuy qui n'a point de port destiné. Ie ne suis pas d'advis de ce iugement qu'on feit pour Sophocles, de l'avoir argumenté suffisant au maniement des choses domestiques, contre l'accusation de son fils, pour avoir veu l'une de ses tragedies ; ny ne treuve la coniecture des Pariens, envoyez pour reformer les Milesiens, suffisante à la consequence qu'ils en tirerent : visitants l'isle, ils remarquoient les terres mieulx cultivees et maisons champestres mieulx gouvernees ; et ayants enregistré le nom des maistres d'icelles, comme ils eurent faict l'assemblee des citoyens en la ville, ils nommerent ces maistres là pour nouveaux gouverneurs et magistrats ; iugeants que, soigneux de leurs affaires privees, ils le seroient des publicques. Nous sommes touts de lopins, et d'une contexture si informe et diverse, que chasque piece, chasque moment, faict son ieu ; et se treuve autant de difference de nous à nous mesmes, que de nous à aultruy : *Magnam rem puta, unum hominem agere*. Puisque l'ambition peult apprendre aux hommes et la vaillance, et la temperance, et la liberalité, voire et la iustice ; puisque l'avarice peult planter au courage d'un garson de boutique, nourri à l'ombre et à l'oysifveté, l'asseurance de se iecter, si loing du foyer domestique, à la mercy des vagues et de Neptune courroucé, dans un fraile bateau ; et qu'elle apprend encores la discretion et la prudence ; et que Venus mesme fournit de resolution et de hardiesse la ieunesse encores soubs la discipline et la verge, et gendarme le tendre cœur des pucelles au giron de leurs meres :

> Hac duce, custodes furtim transgressa iacentes,
> Ad iuvenem tenebris sola puella venit :

ce n'est pas tour d'entendement rassis, de nous iuger simplement par nos actions de dehors ; il faut sonder iusqu'au dedans, et veoir par quels ressorts se donne le bransle. Mais d'autant que c'est une hazardeuse et haulte entreprinse, ie vouldrois que moins de gents s'en meslassent.

Chapitre II. — De l'yvrongnerie.

Le monde n'est que varieté et dissemblance : les vices sont touts pareils, en ce qu'ils sont touts vices ; et de cette façon l'entendent à l'adventure les stoïciens : mais encores qu'ils soient egualement vices, ils ne sont pas eguaux vices ; et que celuy qui a franchi de cent pas les limites,

> Quos ultra, citraque nequit consistere rectum,

ne soit de pire condition que celuy qui n'en est qu'à dix pas, il n'est pas croyable, et que le sacrilege ne soit pire que le larrecin d'un chou de nostre iardin :

> Nec vincet ratio hoc, tantumdem ut peccet, idemque,
> Qui teneros caules alieni fregerit horti,
> Et qui nocturnus divum sacra legerit...

Il y a autant en cela de diversité, qu'en aulcune aultre chose. La confusion de l'ordre et mesure des pechez est dangereuse : les meurtriers, les traistres, les tyrans, y ont trop d'acquest ; ce n'est pas raison que leur conscience se soulage sur ce que tel aultre ou est oysif, ou est lascif, ou moins assidu à la devotion. Chascun poise sur le peché de son compaignon, et esleve le sien. Les instructeurs mesmes les rengent souvent mal, à mon gré. Comme Socrates disoit, que le principal office de la sagesse estoit distinguer les biens et les maulx ; nous aultres, chez qui le meilleur est tousiours en vice, debvons dire de mesme de la science de distinguer les vices, sans laquelle, bien exacte, le vertueux et le meschant demeurent meslez et incogneus.

Or l'yvrongnerie, entre les aultres, me semble un vice grossier et brutal. L'esprit a plus de part ailleurs ; et il y a des vices qui ont ie ne sçais quoy de genereux, s'il le fault ainsi dire ; il y en a où la science se mesle, la diligence, la vaillance, la prudence, l'adresse et la finesse : cettuy cy est tout corporel et terrestre. Aussi la plus grossiere nation de celles qui sont auiourd'huy, c'est celle là seule qui le tient en credit. Les aultres vices alterent l'entendement ; cettuy cy le renverse, et estonne le corps.

> Quum vini vis penetravit...
> Consequitur gravitas membrorum, præpediuntur
> Crura vacillanti, tardescit lingua, madet mens,
> Nant oculi ; clamor, singultus, iurgia, gliscunt.

Le pire estat de l'homme, c'est où il perd la cognoissance et gouvernement de soy. Et en dict on, entre aultres choses, que comme le moult, bouillant dans un vaisseau, poulse à mont tout ce qu'il y a dans le fond ; aussi le vin faict desbonder les plus intimes secrets à ceulx qui en ont prins oultre mesure.

> Tu sapientium
> Curas, et arcanum iocoso
> Consilium retegis Lyæo.

Iosephe recite qu'il tira les vers du nez à un certain ambassadeur que les ennemis luy avoient envoyé, l'ayant faict boire d'autant. Toutesfois Auguste, s'estant fié à Lucius Piso, qui conquit la Thrace, des plus privez affaires qu'il eust, ne s'en trouva iamais mescompté ; ny Tiberius, de Cossus, à qui il se deschargeoit de touts ses conseils ; quoyque nous les sçachions avoir esté si forts subiects au vin, qu'il en a fallu rapporter souvent du senat et l'un et l'aultre yvre :

> Hesterno inflatum venas de more, Lyæo,

et commeit on, aussi fidellement qu'à Cassius, buveur d'eau, à Cimber le desseing de tuer Cæsar, quoyqu'il s'enyvrast souvent : d'où il respondit plaisamment : « Que ie portasse un tyran! moy, qui ne puis porter le vin! » Nous veoyons nos Allemands, noyez dans le vin, se souvenir de leur quartier, du mot, et de leur reng :

> Nec facilis victoria de madidis, et
> Blæsis, atque mero titubantibus.

Ie n'eusse pas creu d'yvresse si profonde, estoufee et ensepvelie, si ie n'eusse leu cecy dans les histoires : qu'Attalus, ayant convié à souper, pour luy faire une notable indignité, ce Pausanias qui, sur ce mesme subiect, tua depuis Philippus, roy de Macedoine, roy portant, par ses belles qualitez, tesmoignage de la nourriture qu'il avoit prinse en la maison et compaignie d'Epaminondas, il le feit tant boire, qu'il peust abandonner sa beauté, insensiblement, comme le corps d'une putain buissonniere, aux muletiers et nombre d'abiects serviteurs de sa maison : et ce que m'apprint une dame que i'honnore et prise fort, que prez de Bourdeaux, vers Castres, où est sa maison, une femme de village, veufve, de chaste reputation, sentant des premiers ombrages de grossesse, disoit à ses voisines qu'elle penseroit estre enceincte, si elle avoit un mary ; mais, du iour à la iournee croissant l'occasion de ce souspeçon, et enfin iusques à l'evidence, elle en veint là de faire declarer au prosne de son eglise, que qui seroit consent de ce faict, en l'advouant, elle promettoit de le luy pardonner, et, s'il le trouvoit bon, de l'espouser : un sien ieune valet de labourage, enhardy de cette proclamation, declara l'avoir trouvee un iour de feste, ayant bien largement prins son vin, endormie si profondement prez de son foyer, et si indecemment, qu'il s'en estoit peu servir sans l'esveiller : ils vivent encores mariez ensemble.

Il est certain que l'antiquité n'a pas fort descrié ce vice : les escripts mesmes de plusieurs philosophes en parlent bien mollement ; et, iusques aux stoïciens, il y en a qui conseillent de se dispenser quelquesfois à boire d'autant, et de s'enyvrer, pour relascher l'ame.

> Hoc quoque virtutum quondam certamine magnum
> Socratem palmam promeruisse ferunt.

Ce censeur et correcteur des aultres, Caton, a esté reproché de bien boire :

> Narratur et prisci Catonis
> Sæpe mero caluisse virtus.

Cyrus, roy tant renommé, allegue, entre ses aultres louanges pour se preferer à son frere Artaxerces, qu'il sçavoit beaucoup mieulx boire que luy. Et ez nations les mieux reglees et policees, cet essay de boire d'autant estoit fort en usage. I'ai ouï dire à Silvius, excellent medecin de Paris, que, pour garder que les forces de nostre estomach ne s'apparessent, il est bon, une fois le mois, de les esveiller par cet excez et les picquer, pour les garder de s'engourdir. Et escript on que les Perses, aprez le vin, consultoient de leurs principaulx affaires.

Mon goust et ma complexion est plus ennemie de ce vice que mon discours ; car, oultre ce que ie captive aysement mes creances soubs l'auctorité des opinions anciennes, ie le treuve bien un vice lasche et stupide, mais moins malicieux et dommageable que les aultres qui chocquent quasi touts, du plus droict fil, la societé publicque. Et, si nous ne pouvons nous donner du plaisir qu'il ne nous couste quelque chose, comme ils tiennent, ie treuve que ce vice couste moins à nostre conscience que les aultres ; outre ce qu'il n'est point de difficile apprest, ny malaysé à trouver : consideration non meprisable. Un homme avancé en dignité et en aage, entre trois principales commoditez qu'il me disoit luy rester en la vie, comptoit cette cy ; et où les veult on trouver plus iustement qu'entre les naturelles ? mais il la prenoit mal : la delicatesse y est à fuyr, et le soigneux triage du vin ; si vous fondez vostre volupté à le boire friand, vous vous obligez à la douleur de le boire aultre. Il fault avoir le goust plus lasche et plus libre : pour estre bon beuveur, il fault un palais moins tendre. Les Allemands boivent quasi egualement de tout vin avecques plaisir ; leur fin, c'est l'avaller, plus que de le gouster. Ils en ont bien meilleur marché : leur volupté est bien plus plantureuse et plus en main. Secondement, boire à la françoise, à deux repas, et moderement, c'est trop restreindre les faveurs de ce dieu ; il y fault plus de temps et de constance : les anciens franchissoient des nuicts entieres à cet exercice, et y attachoient souvent les iours; et si fault dresser son ordinaire plus large et plus ferme. I'ay veu un grand seigneur de mon temps, personnage de haultes entreprinses et fameux succez, qui, sans effort et au train de ses repas communs, ne beuvoit gueres moins de cinq lots de vin; et ne se montroit, au sortir de là, que trop sage et advisé aux despens de nos affaires. Le plaisir, duquel nous voulons tenir compte au cours de nostre vie, doit en employer plus d'espace; il fauldroit, comme des garsons de boutique et gents de travail, ne refuser nulle occasion de boire, et avoir ce desir tousiours en teste. Il semble que touts les iours nous raccourcissons l'usage de cettuy cy; et qu'en nos maisons, comme i'ay veu en mon enfance, les desieusners, les ressiners et les collations feussent plus frequentes et ordinaires qu'à present. Seroit ce qu'en quelque chose nous allassions vers l'amendement? Vrayement non : mais ce peult estre que nous sommes beaucoup plus iettez à la paillardise que nos peres. Ce sont deux occupations qui s'entr'empeschent en leur vigueur : ell' a affoibli nostre estomach, d'une part; et d'aultre part, la sobrieté sert à nous rendre plus coints, plus damerets, pour l'exercice de l'amour.

C'est merveille des contes que i'ay ouï faire à mon pere, de la chasteté de son siecle. C'estoit à lui d'en dire, estant tresadvenant, et par art et par nature, à l'usage des dames. Il parloit peu et bien; et si mesloit son langage de quelque ornement des livres vulgaires, sur tout espagnols; et entre les espagnols, luy estoit ordinaire celuy qu'ils nommoient *Marc Aurele*. Le port, il l'avoit d'une gravité doulce, humble et tresmodeste; singulier soing de l'honnesteté et decence de sa personne et de ses habits, soit à pied, soit à cheval : monstrueuse foy en ses paroles; et une conscience et religion, en general, penchant plustost vers la superstition que vers l'aultre bout : pour un homme de petite taille, plein de vigueur, et d'une stature droicte et bien proportionnee; d'un visage agreable, tirant sur le brun : adroict et exquis en touts nobles exercices. I'ay veu encores des cannes farcies de plomb, desquelles on dict qu'il exerçoit ses bras pour se preparer à ruer la barre ou la pierre, ou à l'escrime; et des souliers aux semelles plombees, pour s'alleger au courir et au saulter. Du primsault, il a laissé en memoire des petits miracles : ie l'ay veu, par de là soixante ans, se mocquer de nos alaigresses, se iecter avecques sa robbe fourree sur un cheval, faire le tour de la table sur son poulce, ne monter gueres en sa chambre, sans s'eslancer trois ou quatre degrez à la fois. Sur mon propos, il disoit qu'en toute une province, à peine y avoit il une femme de qualité, qui feust mal nommee; recitoit des estranges privautez, nommeement siennes, avec des honnestes femmes, sans souspeçon quelconque; et, de soy, iuroit sainctement estre venu vierge à son mariage; et si, c'estoit aprez avoir eu longue part aux guerres delà les monts, desquelles il nous a laissé un papier iournal de sa main, suyvant poinct par poinct ce qui s'y passa et pour le public, et pour son privé. Aussi se maria il bien avant en aage, l'an mil cinq cent vingt et huict, qui estoit son trente et troisiesme, sur le chemin de son retour d'Italie. Revenons à nos bouteilles.

Les incommoditez de la vieillesse, qui ont besoing de quelque appuy et refreschissement, pourroient m'engendrer avecques raison desir de cette faculté; car c'est quasi le dernier plaisir que le cours des ans nous desrobbe. La chaleur naturelle, disent les bons compaignons, se prend premierement aux pieds; celle là touche l'enfance : de là elle monte à la moyenne region, où elle se plante longtemps, et y produict, selon moy, les seuls vrays plaisirs de la vie corporelle; les aultres voluptez dorment au prix : sur la fin, à la mode d'une vapeur qui va montant et s'exhalant, elle arrive au gosier, où elle faict sa derniere pose. Ie ne puis pourtant entendre comment on vienne à allonger le plaisir de boire oultre la soif, et se forger en l'imagination un appetit artificiel et contre nature : mon estomach n'iroit pas iusques là; il est assez empesché à venir à bout de ce qu'il prend pour son besoing. Ma constitution est ne faire cas du boire que pour la suitte du manger; et bois, à cette cause, le dernier coup tousiours le plus grand. Et parce qu'en la vieillesse nous apportons le palais encrassé de rheume, ou alteré par quelque aultre mauvaise constitution, le vin nous semble meilleur, à mesme que nous avons ouvert et lavé nos pores : au moins il ne m'advient gueres que, pour la premiere fois, i'en prenne bien le goust. Anacharsis s'estonnoit que les Grecs beussent, sur la fin du repas, en plus grands verres qu'au commencement : c'estoit, comme ie pense, pour la mesme raison que les Allemands le font, qui commencent lors le combat à boire d'autant.

Platon deffend aux enfants de boire vin avant dix huict ans et avant quarante de s'enyvrer : mais, à ceulx qui ont passé les quarante, il pardonne de s'y plaire, et de mesler un peu largement en leurs convives l'influence de Dionysus, ce bon dieu qui redonne aux hommes la gayeté, et la ieunesse aux vieillards, qui adoucit et amollit les passions de l'ame, comme le fer s'amollit par le feu : et, en ses loix, treuve telles assemblees à boire utiles, pourveu qu'il aye un chef de bande à les contenir et regler ; l'yvresse estant, dict il, une bonne espreuve et certaine de la nature de chascun, et, quand et quand, propre à donner aux personnes d'aage le courage de s'esbaudir en danses et en la musique ; choses utiles, et qu'ils n'osent entreprendre en sens rassis : Que le vin est capable de fournir à l'ame de la temperance, au corps de la santé. Toutesfois ces restrictions, en partie empruntees des Carthaginois, luy plaisent : Qu'on s'en espargne en expedition de guerre ; Que tout magistrat et tout iuge s'en abstienne sur le poinct d'executer sa charge, et de consulter des affaires publicques ; Qu'on n'y employe le iour, temps deu à d'aultres occupations, ny celle nuict qu'on destine à faire des enfants.

Ils disent que le philosophe Stilpon, aggravé de vieillesse, hasta sa fin à escient par le bruvage de vin pur. Pareille cause, mais non du propre desseing, suffoqua aussi les forces abattues par l'aage du philosophe Arcesilaus.

Mais c'est une vieille et plaisante question, « Si l'ame du sage seroit pour se rendre à la force du vin, »

Si munitæ adhibet vim sapientiæ.

A combien de vanité nous poulse cette bonne opinion que nous avons de nous ! La plus reglee ame du monde et la plus parfaicte n'a que trop à faire à se tenir en pieds, et à se garder de s'emporter par terre de sa propre foiblesse : de mille, il n'en est pas une qui soit droicte et rassise un instant de sa vie ; et se pourroit mettre en doubte si, selon sa naturelle condition, elle y peult iamais estre : mais d'y ioindre la constance, c'est sa derniere perfection ; ie dis quand rien ne la choqueroit, ce que mille accidents peuvent faire : Lucrece, ce grand poëte, a beau philosopher et se bander ; le voylà rendu insensé par un bruvage amoureux. Pensent ils qu'une apoplexie n'estourdisse aussi bien Socrate qu'un portefaix ? Les uns ont oublié leur nom mesme par la force d'une maladie ; et une legiere bleceure a renversé le iugement à d'aultres. Tant sage qu'il voudra, mais enfin c'est un homme ; qu'est il plus caducque, plus miserable, et plus de neant ? la sagesse ne force pas nos conditions naturelles :

Sudores itaque, et pallorem exsistere toto
Corpore, et infringi linguam, vocemque aboriri,
Caligare oculos, sonere aures, succidere artus,
Denique concidere, ex animi terrori, videmus :

il fault qu'il cille les yeux au coup qui le menace : il fault qu'il fremisse planté au bord d'un precipice, comme un enfant ; nature ayant voulu se reserver ces legieres marques de son auctorité, inexpugnables à nostre raison et à la vertu stoïque, pour luy apprendre sa mortalité et nostre fadeze : il paslit à la peur, il rougit à la honte, il gemit à la cholique, sinon d'une voix desesperee et eclatante, au moins d'une voix cassee et enrouee :

Humani a se nihil alienum putet.

Les poëtes, qui feignent tout à leur poste, n'osent pas descharger seulement des larmes leurs heros :

Sic fatur lacrymans, classique immittit habenas.

Luy suffise de brider et moderer ses inclinations ; car, de les emporter, il n'est pas en luy. Cettuy mesme nostre Plutarque, si parfaict et excellent iuge des actions humaines, à veoir Brutus et Torquatus tuer leurs enfants, est entré en doubte si la vertu pouvoit donner iusques là, et si ces personnages n'avoient pas esté plustost agitez par quelque aultre passion. Toutes actions hors les bornes ordinaires sont subiectes à sinistre interpretation, d'autant que nostre goust n'advient non plus à ce qui est au dessus de luy, qu'à ce qui est au dessoubs.

Laissons cette aultre secte faisant expresse profession de fierté; mais quand, en la secte mesme estimee la plus molle, nous oyons ces vanteries de Metrodorus : *Occupavi te, fortuna, atque cepi; omnesque aditus tuos interclusi, ut ad me odspirare non posses :* quand Anaxarchus, par l'ordonnance de Nicocreon, tyran de Cypre, couché dans un vaisseau de pierre, et assommé à coups de mail de fer, ne cesse de dire, « Frappez, rompez; ce n'est pas Anaxarchus, c'est son estuy, que vous pilez : » quand nous oyons nos martyrs crier au tyran, au milieu de la flamme, « C'est assez rosti de ce costé là; hache le, mange le, il est cuit; recommence de l'aultre : » quand nous oyons, en Iosephe, cet enfant tout deschiré de tenailles mordantes et percé des alesnes d'Antiochus, le desfier encores, criant d'une voix ferme et asseuree : « Tyran, tu perds temps, me voicy tousiours à mon ayse; où est cette douleur, où sont ces torments de quoy tu me menaccois? n'y sçais tu que cecy? ma constance te donne plus de peine que ie n'en sens de ta cruauté : ô lasche belitre! tu te rends et ie me renforce : foys moy plaindre, foys moy flechir, foys moy rendre si tu peulx : donne courage à tes satellites et à tes bourreaux; les voylà defaillis de cœur, ils n'en peuvent plus; arme les, acharne les : » certes, il fault confesser qu'en ces ames là il y a quelque alteration et quelque fureur, tant saincte soit elle. Quand nous arrivons à ces saillies stoïques, « l'aime mieulx estre furieux que voluptueux; » mot d'Antisthenes, Μανείην μᾶλλον, ἢ ἡσθείην : quand Sextius nous dict, « qu'il aime mieulx estre enferré de la douleur que de la volupté : » quand Epicurus entreprend de se faire mignarder à la goutte; et, refusant le repos et la santé, que de gayeté de cœur il desfie les maulx; et, mesprisant les douleurs moins aspres, dedaignant les luicter et les combattre, qu'il en appelle et desire de fortes, poignantes, et dignes de luy;

> Spumantemque dari, pecora inter inertia, votis
> Optat aprum, aut fulvum descendere monte leonem;

qui ne iuge que ce sont bouées d'un courage eslancé hors de son giste? Nostre ame ne sçauroit de son siege atteindre si hault; il fault qu'elle le quitte et s'esleve, et que, prenant le frein aux dents, elle emporte et ravisse son homme si loing, qu'aprez il s'estonne luy mesme de son faict : comme aux exploicts de la guerre, la chaleur du combat poulse les soldats genereux souvent à franchir des pas si hazardeux, qu'estants revenus à eulx, ils en transissent d'estonnement les premiers : comme aussi les poëtes sont esprins souvent d'admiration de leurs propres ouvrages, et ne recognoissent plus la trace par où ils ont passé une si belle carriere; c'est ce qu'on appelle aussi en eulx ardeur et manie. Et comme Platon dict, que pour neant heurte à la porte de la poësie un homme rassis : aussi dict Aristote, qu'aulcune ame excellente n'est exempte de folie; et a raison d'appeler folie tout eslancement, tant louable soit il, qui surpasse nostre propre iugement et discours; d'autant que la sagesse est un maniement reglé de nostre ame, et qu'elle conduict avecques mesure et proportion, et s'en respond. Platon argumente ainsi, « que la faculté de prophetiser est au dessus de nous; qu'il fault estre hors de nous quand nous la traictons; il fault que nostre prudence soit offusquee ou par le sommeil, ou par quelque maladie, ou enlevee de sa place par un ravissement celeste. »

Chapitre III. — Coustume de l'isle de Cea.

Si philosopher c'est doubter, comme ils disent, à plus forte raison niaiser et fantastiquer, comme ie foys, doibt estre doubter; car c'est aux apprentis à enquerir et à debattre, et au cathedrant de resoudre. Mon cathedrant, c'est l'auctorité de la volonté divine, qui nous regle sans contredict, et qui a son reng au dessus de ces humaines et vaines contestations.

Philippus estant entré à main armee au Peloponnese, quelqu'un disoit à Damindas que les Lacedemoniens auroient beaucoup à souffrir, s'ils ne se remettoient en sa grace : « Eh, poltron! respondict il, que peuvent souffrir ceulx qui ne craignent point la mort? » On demandoit aussi à Agis comment un homme pourroit vivre libre : « Mesprisant, dict il, le mourir. » Ces propositions, et mille pareilles qui se rencontrent à ce propos, sonnent evidemment quelque chose au delà d'attendre patiemment la mort, quand elle nous vient : car il y a en la vie plusieurs accidents pires à souffrir que la mort mesme;

tesmoing cet enfant lacedemonien, prins par Antigonus, et vendu pour serf, lequel, pressé par son maistre de s'employer à quelque service abject : « Tu verras, dict il, qui tu as acheté : ce me seroit honte de servir, ayant la liberté si à main ; » et, ce disant, se precipita du hault de la maison. Antipater, menaçant asprement les Lacedemoniens, pour les renger à certaine sienne demande : « Si tu nous menaces de pis que la mort, respondirent ils, nous mourrons plus volontiers : » et à Philippus, leur ayant escript qu'il empescheroit toutes leurs entreprinses, « Quoy! nous empescheras tu aussi de mourir? » C'est ce qu'on dict, que le sage vit tant qu'il doibt, non pas tant qu'il peult; et que le present que nature nous ayt faict le plus favorable, et qui nous oste tout moyen de nous plaindre de nostre condition, c'est de nous avoir laissé la clef des champs : elle n'a ordonné qu'une entree à la vie, et cent mille yssues. Nous pouvons avoir faulte de terre pour y vivre ; mais de terre pour y mourir, nous n'en pouvons avoir faulte, comme respondict Boiocalus aux Romains. Pourquoy te plains tu de ce monde? il ne te tient pas : si tu vis en peine, ta lascheté en est cause. A mourir, il ne reste que le vouloir :

> Ubique mors est ; optime hoc cavit deus.
> Eripere vitam nemo non homini potest ;
> At nemo mortem : mille ad hanc aditus patent.

Et ce n'est pas la recepte à une seule maladie, la mort est la recepte à touts maulx ; c'est un port tresasseuré, qui n'est iamais à craindre, et souvent à rechercher. Tout revient à un, que l'homme se donne sa fin, ou qu'il la souffre ; qu'il courre au devant de son iour, ou qu'il l'attende ; d'où qu'il vienne, c'est tousiours le sien : en quelque lieu que le filet se rompe, il y est tout ; c'est le bout de la fusee. La plus volontaire mort, c'est la plus belle. La vie despend de la volonté d'aultruy ; la mort de la nostre. En aulcune chose nous ne debvons tant nous accommoder à nos humeurs, qu'en celle là. La reputation ne touche pas une telle entreprinse : c'est folie d'y avoir respect. Le vivre, c'est servir, si la liberté de mourir en est à dire. Le commun train de la guarison se conduict aux despens de la vie : on nous incise, on nous cauterise, on nous destrenche les membres, on nous soustraict l'aliment et le sang ; un pas oultre, nous voylà guaris tout à faict. Pourquoy n'est la veine du gosier autant à nostre commandement que la mediane? Aux plus fortes maladies, les plus forts remedes. Servius le grammairien, ayant la goutte, n'y trouva meilleur conseil que de s'appliquer du poison à tuer ses iambes : quelles fussent podagriques à leur poste, pourveu qu'elles feussent insensibles. Dieu nous donne assez de congé, quand il nous met en tel estat, que le vivre est pire que le mourir. C'est foiblesse de ceder aux maulx, mais c'est folie de les nourrir. Les stoïciens disent que c'est vivre convenablement à nature, pour le sage, de se despartir de la vie, encores qu'il soit en plein heur, s'il le faict opportunement ; et au fol, de maintenir sa vie, encores qu'il soit miserable, pourveu qu'il soit en la plus grande part des choses qu'ils disent estre selon nature. Comme ie n'offense les lois qui sont faictes contre les larrons, quand i'emporte le mien, et que ie coupe ma bourse ; ni des boutefeux, quand ie brusle mon bois : aussi ne suis ie tenu aux lois faictes contre les meurtriers, pour m'estre osté ma vie. Hegesias disoit, que comme la condition de la vie, aussi la condition de la mort debvoit despendre de nostre election. Et Diogenes, rencontrant le philosophe Speusippus affligé de longue hydropisie, se faisant porter en lictiere, qui luy escria : « Le bon salut! Diogesnes ; » « A toy, point de salut, respondict il, qui souffres le vivre, estant en tel estat. » De vray, quelque temps aprez, Speusippus se feit mourir, ennuyé d'une si penible condition de vie.

Mais cecy ne s'en va pas sans contraste : car plusieurs tiennent, Que nous ne pouvons abandonner cette garnison du monde, sans le commandement exprez de celuy qui nous y a mis; et Que c'est à Dieu, qui nous a icy envoyez, non pour nous seulement, ouy bien pour sa gloire, et service d'aultruy, de nous donner congé quand il luy plaira, non à nous de le prendre : Que nous ne sommes pas nays pour nous, ains aussi pour nostre païs : Les loix nous redemandent compte de nous pour leur interest, et ont action d'homicide contre nous ; aultrement, comme deserteurs de nostre charge, nous sommes punis en l'aultre monde.

> Proxima deinde tenent mœsti loca, qui sibi letum

> Insontes peperere manu, lucemque perosi
> Proiecere animas :

Il y a bien plus de constance à user la chaisne qui nous tient, qu'à la rompre, et plus d'espreuve de fermeté en Regulus qu'en Caton; c'est l'indiscretion et l'impatience qui nous hastent le pas : Nuls accidents ne font tourner le dos à la vifve vertu; elle cherche les maulx et la douleur comme son aliment; les menaces des tyrans, les gehennes et les bourreaux, l'animent et la vivifient;

> Duris ut ilex tonsa bipennibus
> Nigræ feraci frondis in Algido,
> Per damna, per cædes, ab ipso
> Ducit opes, animumque ferro :

et comme dict l'aultre,

> Non est, ut putas, virtus, pater,
> Timere vitam : sed malis ingentibus
> Obstare, nec se vertere, ac retro dare.
> Rebus in adversis facile est contemnere mortem :
> Fortius ille facit, qui miser esse potest.

C'est le roole de la couardise, non de la vertu, de s'aller tapir dans un creux, soubs une tumbe massive, pour eviter les coups de la fortune; la vertu ne rompt son chemin ny son train, pour orage qu'il fasse :

> Si fractus illabatur orbis,
> Impavidum ferient ruinæ.

Le plus communement, la fuitte d'aultres inconveniens nous poulse à celluy cy; voire quelquesfois la fuitte de la mort faict que nous y courons :

> Hic, rogo, non furor est, ne moriare, mori?

comme ceulx qui, de peur du precipice, s'y lancent eulx mesmes :

> Multos in summa pericula misit
> Venturi timor ipse mali : fortissimus ille est,
> Qui promptus metuenda pati, si cominus instent,
> Et differre potest.

> Usque adeo, mortis formidine, vitæ
> Percipit humanos odium, lucisque videndæ,
> Ut sibi consciscant moerenti pectore letum,
> Obliti fontem curarum hunc esse timorem.

Platon, en ses loix, ordonne sepulture ignominieuse à celuy qui a privé son plus proche et plus amy, sçavoir est soy mesme, de la vie et du cours des destinees, non contrainct par iugement publicque, ny par quelque triste et inevitable accident de la fortune, ny par une honte insupportable, mais par lascheté et foiblesse d'une ame craintifve. Et l'opinion qui desdaigne nostre vie, elle est ridicule; car enfin c'est nostre estre, c'est nostre tout. Les choses qui ont un estre plus noble et plus riche peuvent accuser le nostre : mais c'est contre nature que nous nous mesprisons et mettons nous mesmes à nonchaloir; c'est une maladie particuliere, et qui ne se veoid en aulcune aultre creature de se haïr et desdaigner. C'est de pareille vanité que nous desirons estre aultre chose que ce que nous sommes : le fruict d'un tel desir ne nous touche pas, d'autant qu'il se contredict et s'empesche en soy. Celuy qui desire d'estre faict, d'un homme, ange, il ne faict rien pour luy; il n'en vauldroit de rien mieux : car n'estant plus, qui se resiouira et ressentira de cet amendement pour luy?

> Debet enim, misere cui forte, ægreque futurum est,
> Ipse quoque esse in eo tum tempore, quum male possit
> Accidere.

La securité, l'indolence, l'impassibilité, la privation des maulx de cette vie, que nous achetons au prix de la mort, ne nous apporte aulcune commodité : pour neant evite la guerre, celuy qui ne peult iouïr de la paix; et pour neant fuit la peine, qui n'a de quoy savourer le repos.

Entre ceulx du premier advis, il y a eu grand doubte sur cecy, Quelles occasions sont assez iustes pour faire entrer un homme en ce party de se tuer? ils appellent cela *eulogon exagôgên*. Car, quoyqu'ils dient qu'il fault souvent mourir pour causes legieres, puisque celles qui nous tiennent en vie ne sont gueres fortes, si y faut il quelque mesure. Il y a des humeurs fantastiques et sans discours qui ont poulsé, non des hommes particuliers seulement, mais des peuples, à se desfaire : j'en ay allegué par cy devant des exemples; et nous lisons en oultre des vierges milesiennes, que, par une conspiration furieuse, elles se pendoient les unes aprez les aultres, iusques à ce que le magistrat y pourveust, ordonnant que celles qui se trouveroient ainsi pendues feussent traisnees du mesme licol toutes nues par la ville. Quand Threicion presche Cleomesnes dé se tuer pour le mauvais estat de ses affaires, et, ayant luy la mort plus honnorable en la battaille qu'il venoit de perdre, d'accepter cette aultre qui luy est seconde en honneur, et ne donner point de loisir aux victorieux de luy faire souffrir ou une mort ou une vie honteuse; Cleomenes, d'un courage lacedemonien et stoïque, refuse ce conseil, comme lasche et effeminé : « C'est une recepte, dit-il, qui ne me peult iamais manquer, et de laquelle il ne se fault pas servir tant qu'il y a un doigt d'esperance de reste; que le vivre est quelquesfois constance et vaillance; qu'il veult que sa mort mesme serve à son païs, et en veult faire un acte d'honneur et de vertu. » Threicion se creut dez lors, et se tua. Cleomenes en feit aussi autant depuis, mais ce feust aprez avoir essayé le dernier poinct de la fortune. Touts les inconvenients ne valent pas qu'on vueille les éviter; et puis, y ayant tant de soubdains changements aux choses humaines, il est malaysé à iuger à quel poinct nous sommes iustement au bout de nostre esperance :

> Sperat et in sæva victus gladiator arena,
> Sit licet infesto police turba minax.

Toutes choses, disoit un mot ancien, sont esperables à un homme, pendant qu'il vit. « Ouy, mais respond Seneca, pourquoy auroy ie plustost en la teste cela, Que la fortune peult toutes choses pour celuy qui est vivant; que cecy, Que fortune ne peult rien sur celuy qui sçait mourir? » On veoid Iosephe engagé en un si apparent dangier et si prochain, tout un peuple s'estant eslevé contre luy, que par discours il n'y pouvoit avoir aulcune ressource, toutesfois estant, comme il dict, conseillé sur ce poinct, par un de ses amis, de se desfaire, bien luy servit de s'opiniastrer encores à l'esperance : car la fortune contourna, oultre toute raison humaine, cet accident, si bien qu'il s'en veid delivré sans aucun inconvenient. Et Cassius et Brutus, au contraire, acheverent de perdre les reliques de la romaine liberté, de laquelle ils estoient protecteurs, par la precipitation et temerité de quoy ils se tuerent avant le temps et l'occasion. A la iournee de Serisolles, monsieur d'Anguien essaya deux fois de se donner de l'espee dans la gorge, desesperé de la fortune du combat qui se porta mal en l'endroict où il estoit; et cuida par precipitation se priver de la iouïssance d'une si belle victoire. I'ai veu cent lievres se sauver soubs les dents des levriers. *Aliquis carnifici suo superstes fuit.*

> Multa dies, variusque labor mutabilis ævi
> Rettulit in melius ; multos alterna revisens
> Lusit et in solido rursus fortuna locavit.

Pline dict qu'il n'y a que trois sortes de maladies pour lesquelles eviter on aye droict de se tuer; la plus aspre de toutes, c'est la pierre à la vessie, quand l'urine en est retenue : Seneque, celles seulement qui esbranlent pour longtemps les offices de l'ame. Pour eviter une pire mort, il y en a qui sont d'advis de la prendre à leur poste. Democritus, chef des Ætoliens, mené prisonnier à Rome, trouva moyen, de nuict, d'eschapper; mais, suyvi par ses gardes, avant de se laisser reprendre, il se donna de l'espee au travers du corps. Antinoüs et Theodotus, leur ville d'Epire reducte à l'extremité par les Romains, feurent d'advis au peuple de se tuer touts : mais le conseil de se rendre plustost ayant gaigné, ils allerent chercher la mort, se ruant sur les ennemis en intention de frapper, non de se couvrir. L'isle de Goze, forcee par les Turcs il y a quelques annees, un Sicilien, qui avoit deux belles filles prestes à marier, les tua de sa main, et leur mere aprez, qui accourut à leur mort : cela faict, sortant en rue avecques une arbaleste et une arquebuse, de deux coups il en tua les deux premiers Turcs qui s'approcherent de sa porte, et puis, mettant l'espee au poing, s'alla mesler furieusement, où il feut soubdain enveloppé et mis en pieces, se sauvant ainsi du servage aprez en avoir delivré les siens. Les femmes iuifves, aprez avoir faict circoncire leurs enfants, s'alloient precipiter quand et eulx, fuyant la cruauté d'Antiochus. On m'a conté qu'un prisonnier de qualité estant en nos conciergeries, ses parents, advertis qu'il seroit certainement condamné, pour eviter la honte de telle mort, aposterent un presbtre pour luy dire que le souverain remede de sa delivrance estoit, qu'il se recommendast à tel sainct avec tel et tel vœu, et qu'il feust huit iours sans prendre aulcun aliment, quelque desfaillance et foiblesse qu'il sentist en soy. Il l'en creut, et par ce moyen se desfeit, sans y penser, de sa vie et du dangier. Scribonia, conseillant Libo, son nepveu, de se tuer plustost que d'attendre la main de la iustice, luy disoit que c'estoit proprement faire l'affaire d'aultruy, que de conserver sa vie pour la remettre entre les mains de ceulx qui la viendroient chercher trois ou quatre iours aprez; et que c'estoit servir ses ennemis, de garder son sang pour leur en faire curee.

Il se lit dans la Bible, que Nicanor, persecuteur de la loy de Dieu, ayant envoyé ses satellites pour saisir le bon vieillard Razias, surnommé, pour l'honneur de sa vertu, le pere aux Iuifs; comme ce bon homme n'y veit plus d'ordre, sa porte bruslee, ses ennemis prests à le saisir, choisissant de mourir genereusement plustost que de venir entre les mains des meschants, et de se laisser mastiner contre l'honneur de son reng, il se frappa de son espee : mais le coup, pour la haste, n'ayant pas esté bien asséné, il courut se precipiter du hault d'un mur au travers de la troupe, laquelle, s'escartant et luy faisant place, il cheut droictement sur la teste : ce neantmoins, se sentant encores quelque reste de vie, il r'alluma son courage, et s'eslevant en pied, tout ensanglanté et chargé de coups, et faulsant la presse, donna iusques à certain rochier coupé et precipiteux, où, n'en pouvant plus, il print par l'une de ses plaies à deux mains ses entrailles, les deschirant et froissant, et les iecta à travers les poursuyvants, appellant sur eulx et attestant la vengeance divine.

Des violences qui se font à la conscience, la plus à eviter, à mon advis, c'est celle qui se faict à la chasteté des femmes, d'autant qu'il y a quelque plaisir corporel naturellement meslé parmy ; et, à cette cause, le dissentiment n'y peult estre assez entier, et semble que la force soit meslee à quelque volonté. L'histoire ecclesiastique a en reverence plusieurs tels exemples de personnes devotes, qui appellerent la mort à garant contre les oultrages que les tyrans preparoient à leur religion et conscience. Pelagia et Sophronia, toutes deux canonisees, celle là se precipita dans la riviere aveecques sa mere et ses sœurs, pour eviter la force de quelques soldats; et cette cy se tua aussi, pour eviter la force de Maxentius l'empereur.

Il nous sera à l'adventure honnorable aux siecles advenir, qu'un sçavant aucteur de ce temps, et notamment parisien, se mette en peine de persuader aux dames de nostre siecle de prendre plustost tout aultre party, que d'entrer en l'horrible conseil d'un tel desespoir. Ie suis marry qu'il n'a sceu, pour mesler à ses contes, le bon mot que i'apprins à Toulouse, d'une femme passee par les mains de quelques soldats : « Dieu soit loué ! disoit elle, qu'au moins une fois en ma vie ie m'en suis saoulee sans peché! » A la verité, ces cruautez ne sont pas dignes de la doulceur françoise. Aussi, Dieu mercy, nostre air s'en veoid infiniment purgé depuis ce bon advertissement. Suffit qu'elles dient « Nenny, » en le faisant, suivant la regle du bon Marot.

L'histoire est toute pleine de ceulx qui, en mille façons, ont changé à la mort une vie peineuse. Lucius Arruntius se tua, « pour, disoit il, fuyr et l'advenir et le passé. » Granius Silvanus et Statius Proximus, aprez estre pardonnez par Neron, se tuerent; ou pour ne vivre de la grace d'un si meschant homme, ou pour n'estre en peine une aultre fois d'un second pardon, veu sa facilité aux souspeçons et accusations à l'encontre des gents de bien. Spargapizez, fils de la royne Tomyris, prisonnier de guerre de Cyrus, employa à se tuer la premiere faveur que Cyrus luy feit de le faire destacher, n'ayant pretendu aultre fruict de sa liberté que de venger sur soy la honte de sa prinse. Bogez, gouverneur en Eione de la part du roy Xerxes, assiegé par l'armee des Atheniens soubs la conduicte de Cimon, refusa la composition de se rendre seurement en Asie à tout sa chevance, impatient de survivre à la perte de ce que son maistre luy avoit donné en garde ; et, aprez avoir deffendu iusqu'à l'extremité sa ville, n'y restant plus que manger, iecta premierement en la riviere de Strymon tout l'or et tout ce de quoy il luy sembla l'ennemy pouvoir faire plus de butin ; et puis, ayant ordonné d'allumer un grand buchier, et d'esgosiller femmes, enfants, concubines et serviteurs, les meit dans le feu, et puis soy mesme.

Ninachetuen, seigneur indois, ayant senty le premier vent de la deliberation du vice roy portugais de le desposseder, sans aulcune cause apparente, de la charge qu'il avoit en Malaca, pour la donner au roy de Campar, print à part soy cette resolution : il feit dresser un eschafauld plus long que large, appuyé sur des colonnes, royalement tapissé et orné de fleurs et de parfums en abondance ; et puis, s'estant vestu d'une robe de drap d'or, chargee de quantité de pierreries de hault prix, sortit en rue, et par des degrez monta sur l'eschafauld, en un coing duquel il y avoit un buchier de bois aromatiques allumé. Le monde accourut veoir à quelle fin ces preparatifs inaccoutumez : Ninachetuen remontra, d'un visage hardy et mal content, l'obligation que la nation portugaloise luy avoit ; combien fidelement il avoit versé en sa charge ; qu'ayant si souvent tesmoigné pour aultruy, les armes en main, que l'honneur luy estoit beaucoup plus cher que la vie, il n'estoit pas pour en abandonner le soing pour soy mesme ; que la fortune luy refusant tout moyen de s'opposer à l'iniure qu'on luy vouloit faire, son courage au moins luy ordonnoit de s'en oster le sentiment, et de ne servir de fable au peuple, et de triumphe à des personnes qui valoient moins que luy : ce disant, il se iecta dans le feu.

Sextilia, femme de Scaurus, et Paxea, femme de Labeo, pour encourager leurs maris à eviter les dangiers qui les pressoient, ausquels elles n'avoient part que par l'interest de l'affection coniugale, engagerent volontairement la vie, pour leur servir, en cette extreme necessité, d'exemple et de compaignie. Ce qu'elles feirent pour leurs maris, Cocceius Nerva le feit pour sa patrie, moins utilement, mais de pareil amour : ce grand iurisconsulte, fleurissant en santé, en richesses, en reputation, en credit prez de l'empereur, n'eust aultre cause de se tuer, que la compassion du miserable estat de la chose publicque romaine. Il ne se peult rien adjouster à la delicatesse de la mort de la femme de Fulvius, familier d'Auguste : Auguste, ayant descouvert qu'il avoit esventé un secret important qu'il luy avoit fié, un matin qu'il le veint veoir, luy en feit une maigre mine : il s'en retourne au logis plein de desespoir, et dict tout piteusement à sa femme, qu'estant tumbé en ce malheur, il estoit resolu de se tuer : elle tout franchement : « Tu ne feras que raison, veu qu'ayant assez souvent experimenté l'incontinence de ma langue, tu ne t'en es point donné de garde : mais laisse, que ie me tue la premiere : » et, sans aultrement marchander, se donna d'une espee dans le corps. Vibius Virius, desesperé du salut de sa ville, assiegee par les Romains, et de leur misericorde, en la derniere deliberation de leur senat, aprez plusieurs remontrances employees à cette fin, conclud que le plus beau estoit d'eschapper à la fortune par leurs propres mains ; les ennemis les auroient en honneur, et Hannibal sentiroit de combien fideles amis il auroit abandonnés : conviant ceulx qui approuveroient son advis, d'aller prendre un bon souper qu'on avoit dressé chez luy, où, aprez avoir faict bonne chere, ils boiroient ensemble ce qu'on luy presenteroit ; bruvage qui delivrera nos corps des torments, nos ames des iniures, nos yeulx et nos aureilles du sentiment de tant de vilains maux que les vaincus ont à souffrir des vainqueurs trescruels et offensez : i'ay, disoit il, mis ordre qu'il y aura personnes propres à nous iecter dans un buchier au devant de mon huis, quand nous serons expirez. Assez de gents approuverent cette haulte resolution ; peu l'imiterent : vingt et sept senateurs le suyvirent ; aprez avoir essayé d'estouffer dans le vin cette fascheuse pensee, finirent leur repas par ce mortel mets ; et s'entre embrassants, aprez avoir en commun deploré le malheur de leur païs, les uns se retirerent en leurs maisons, les aultres s'arresterent pour estre enterrez dans le feu de Vibius avec luy : et eurent touts la mort si longue, la vapeur du vin ayant occupé les veines et retardant l'effect du poison, qu'auleuns feurent à une heure prez de veoir les ennemis dans Capoue, qui feut emportee le lendemain, et d'encourir les miseres qu'ils avoient si cherement fuy. Taurea Iubellius, un aultre concitoyen de là, le consul Fulvius retournant de cette honteuse boucherie qu'il avoit faicte de deux cents vingt cinq senateurs, le rappela fierement par son nom, et l'ayant arresté : « Commande, feit il, qu'on me masssacre aussi aprez tant d'aultres, à fin que tu te puisses vanter d'avoir tué un beaucoup plus vaillant homme que toy. » Fulvius, le desdaignant comme insensé, aussi que sur l'heure il venoit de recevoir lettres de Rome, contraires à l'inhumanité de son execution, qui luy lioient les mains ; Iubellius continua « Puisque, mon païs prins, mes amis morts, et ayant occis de ma main ma femme et mes enfants pour les soustraire à la desolation de cette ruyne, il m'est interdict de mourir de la mort de mes concitoyens, empruntons de la vertu la vengeance de cette vie odieuse : » et tirant un glaive qu'il avoit caché, s'en donna au travers la poictrine, tumbant renversé, et mourant aux pieds du consul.

Alexandre assiegeoit une ville aux Indes; ceulx de dedans, se trouvants pressez, se resolurent vigoreusement à le priver du plaisir de cette victoire, et s'embraiserent universellement touts quand et leur ville, en despit de son humanité : nouvelle guerre; les ennemis combattoient pour les sauver, eulx pour se perdre, et faisoient, pour garantir leur mort, toutes les choses qu'on faict pour garantir sa vie.

Astapa, ville d'Espaigne, se trouvant foible de murs et de deffenses pour soustenir les Romains, les habitants feirent un amas de leurs richesses et meubles en la place; et, ayants rengé au dessus de ce monceau les femmes et les enfants, et l'ayant entouré de bois et matiere propre à prendre feu soubdainement, et laissé cinquante ieunes hommes d'entre eulx pour l'execution de leur resolution, feirent une sortie où, suyvant leur vœu, à faulte de pouvoir vaincre, ils se feirent touts tuer. Les cinquante, aprez avoir massacré toute ame vivante esparse par leur ville, et mis le feu en ce monceau, s'y lancerent aussi, finissants leur genereuse liberté en un estat insensible, plustost que douloureux et honteux, et montrants aux ennemis que, si la fortune l'eust voulu, ils eussent eu aussi bien le courage de leur oster la victoire, comme ils avoient eu de la leur rendre et frustratoire et hideuse, voire et mortelle à ceulx qui, amorcez par la lueur de l'or coulant en cette flamme, s'en estants approchez en bon nombre, y feurent suffoquez et bruslez, le reculer leur estant interdict par la foule qui les suyvoit.

Les Abydeens, pressez par Philippus, se resolurent de mesmes : mais, estants prins de trop court, le roy, ayant horreur de voir la precipitation temeraire de cette execution (les thresors et les meubles, qu'ils avoient diversement condamnez au feu et au naufrage, saisis), retirant ses soldats, leur conceda trois jours à se tuer avecques plus d'ordre et plus à l'ayse, lesquels ils remplirent de sang et de meurtre au delà de toute hostile cruauté, et ne s'en sauva une seule personne qui eust pouvoir sur soy. Il y a infinis exemples de pareilles conclusions populaires, qui semblent plus aspres d'autant que l'effect en est plus universel : elles le sont moins, que separees; ce que le discours ne feroit en chascun, il le faict en touts, l'ardeur de la societé ravissant les particuliers iugements.

Les condamnez qui attendoient l'execution, du temps de Tibere, perdoient leurs biens, et estoient privez de sepulture : ceux qui l'anticipoient, en se tuant eulx mesmes, estoient enterrez, et pouvoient faire testament.

Mais on desire aussi quelquesfois la mort pour l'esperance d'un plus grand bien : « Ie desire, dict saint Paul, estre dissoult, pour estre avecques Iesus Christ; » et : « Qui me desprendra de ces liens? » Cleombrotus Ambraciota, ayant leu le Phædon de Platon, entra en si grand appetit de la vie advenir, que, sans aultre occasion, il s'alla precipiter en la mer. Par où il appert combien improprement nous appellons Desespoir cette dissolution volontaire, à laquelle la chaleur de l'espoir nous porte souvent, et souvent une tranquille et rassise inclination de iugement. Iacques du Chastel, evesque de Soissons, au voyage d'oultremer que feit sainct Louys, voyant le roy et toute l'armee en train de revenir en France, laissant les affaires de la religion imparfaictes, print resolution de s'en aller plus tost en Paradis; et, ayant dict adieu à ses amis, donna seul, à la vue d'un chascun, dans l'armee des ennemis, où il feut mis en pieces. En certain royaume de ces nouvelles terres, au iour d'une solenne procession, auquel l'idole qu'ils adorent est promenee en publicque sur un char de merveilleuse grandeur; oultre ce qu'il se veoid plusieurs se detaillants les morceaux de leur chair vifve à luy offrir, il s'en veoid nombre d'aultres, se prosternants emmy la place, qui se font mouldre et briser sous les roues pour en acquerir, aprez leur mort, veneration de saincteté qui leur est rendue. La mort de cet evesque, les armes au poing, a de la generosité plus, et moins de sentiment, l'ardeur du combat en amusant une partie.

Il y a des polices qui se sont meslees de regler la iustice et opportunité des morts volontaires. En nostre Marseille il se gardoit, au temps passé, du venin preparé à tout de la ciguë, aux despens publicques, pour ceulx qui vouldroient haster leurs iours ; ayant premierement approuvé aux six cents, qui estoit leur senat, les raisons de leur entreprinse : et n'estoit loisible, aultrement que par congé du magistrat et par occasions legitimes, de mettre la main sur soy. Cette loy estoit encores ailleurs.

Sextus Pompeius, allant en Asie, passa par l'isle de Cea de Negrepont; il adveint, de fortune, pendant qu'il y estoit, comme nous l'apprend l'un de ceulx de sa compagnie, qu'une femme de grande auctorité, ayant rendu compte à ses citoyens pourquoy elle estoit resolue de finir sa vie, pria Pompeius d'assister à sa mort, pour la rendre plus honnorable : ce qu'il feit; et, ayant longtemps essayé pour neant, à force d'eloquence, qui luy estoit merveilleusement à main, et de persuasion, de la destourner de ce desseing, souffrit enfin qu'elle se contentast. Elle avoit passé quatre vingt dix ans en tresheureux estat d'esprit et de corps; mais, lors couchee sur son lict mieulx paré que de coustume, et appuyee sur le coude : « Les dieux, dict elle, ô Sextus Pompeius, et plustost ceulx que ie laisse que ceulx que ie voys trouver, te sçachent gré de quoy tu n'as desdaigné d'estre et conseiller de ma vie, et tesmoing de ma mort ! De ma part, ayant tousiours essayé le favorable visage de fortune, de peur que l'envie de trop vivre ne m'en face veoir un contraire, ie m'en voys d'une heureuse fin donner congé aux restes de mon ame, laissant de moy deux filles et une legion de nepveux. » Cela faict, ayant presché et exhorté les siens à l'union et à la paix, leur ayant desparty ses biens, et recommendé les dieux domestiques à sa fille aisnee, elle print d'une main asscuree la coupe où estoit le venin, et, ayant faict ses vœux à Mercure, et les prieres de la conduire en quelque heureux siege en l'aultre monde, avala brusquement ce mortel bruvage. Or enteteint elle la compaignie du progrez de son operation, et comme les parties de son corps se sentoient saisies de froid l'une aprez l'aultre ; iusques à ce qu'ayant dict enfin qu'il arrivoit au cœur et aux entrailles, elle appella ses filles pour luy faire le dernier office et luy clorre les yeulx.

Pline recite de certaine nation hyperboree, qu'en icelle, pour la doulce temperature de l'air, les vies ne se finissent communement que par la propre volonté des habitants; mais qu'estans las et saouls de vivre, ils ont en coustume, au bout d'un long aage, aprez avoir faict bonne chere, se precipiter en la mer, du hault d'un certain rochier destiné à ce service. La douleur et une pire mort me semblent les plus excusables incitations.

Chapitre IV. — A demain les affaires.

Ie donne avecques raison, ce me semble, la palme à Iacques Amyot sur touts nos escrivains françois, non seulement pour la naïveté et pureté du langage, en quoy il surpasse touts aultres, ny pour la constance d'un si long travail, ny pour la profondeur de son sçavoir, ayant peu developper si heureusement un aucteur si espineux et ferré (car on m'en dira ce qu'on vouldra, ie n'entends rien au grec, mais ie veois un sens si bien ioinct et entretenu partout en sa traduction, que, ou il a certainement entendu l'imagination vraye de l'aucteur, ou ayant, par longue conversation, planté vifvement dans son ame une generale idee de celle de Plutarque, il ne luy a au moins rien presté qui le desmente ou qui le desdie) ; mais, sur tout, ie luy sçais bon gré d'avoir sceu trier et choisir un livre si digne et si à propos, pour en faire present à son païs. Nous aultres ignorants estions perdus, si ce livre ne nous eust relevé du bourbier : sa mercy, nous osons à cett' heure et parler et escrire; les dames en regentent les maistres d'eschole; c'est nostre breviaire. Si ce bon homme vit, ie luy resigne Xenophon, pour en faire autant : c'est une occupation plus aysee, et d'autant plus propre à sa vieillesse; et puis, ie ne sçais comment il me semble, quoyqu'il se desmesle bien brusquement et nettement d'un mauvais pas, que toutesfois son style est plus chez soy, quand il n'est pas pressé et qu'il roule à son ayse.

I'estois à cett' heure sur ce passage où Plutarque dict de soy mesme, que Rusticus, assistant à une sienne declamation à Rome, y receut un pacquet de la part de l'empereur, et temporisa de l'ouvrir iusques à ce que tout feust faict : en quoy, dict il, toute l'assistance loua singulierement la gravité de ce personnage. De vray, estant sur le propos de la curiosité, et de cette passion avide et gourmande de nouvelles, qui nous faict, avec tant d'indiscretion et d'impatience, abandonner toutes choses pour entretenir un nouveau venu, et perdre tout respect et contenance pour crocheter soubdain, où que nous soyons, les lettres qu'on nous apporte, il a eu raison de louer la gravité de Rusticus ; et pouvoit encores y ioindre la louange de la civilité et courtoisie, de n'avoir voulu interrompre le cours de sa declamation. Mais ie foys doubte qu'on le peust louer de prudence ; car recevant à l'improveu lettres, et notamment d'un empereur, il pouvoit bien advenir que le differer à les lire eust esté d'un grand preiudice. Le vice contraire à la curiosité, c'est la nonchalance, vers laquelle ie penche evidemment de ma complexion, et en laquelle i'ay veu plusieurs hommes si extremes, que, trois ou quatre iours aprez, on retrouvoit encores en leur pochette les lettres toutes closes qu'on leur avoit envoyees.

Ie n'en ouvris iamais, non seulement de celles qu'on m'eust commises, mais de celles mesmes que la fortune m'eust faict passer les mains ; et foys conscience si mes yeulx desrobbent, par mesgarde, quelque cognoissance des lettres d'importance qu'il lit quand ie suis à costé d'un grand. Iamais homme ne s'enquit moins et ne fureta moins ez affaires d'aultruy.

Du temps de nos peres, monsieur de Boutieres cuida perdre Turin pour, estant en bonne compaignie à souper, avoir remis à lire un advertissement qu'on luy donnoit des trahisons qui se dressoient contre cette ville, où il commandoit. Et ce mesme Plutarque m'a appris que Iulius Cæsar se feust sauvé, si, allant au senat le iour qu'il y feust prié par les coniurez, il eust leu un memoire qu'on luy presenta : et faict aussi le conte d'Archias, tyran de Thebes, que, le soir, avant l'execution de l'entreprinse que Pelopidas avoit faicte de le tuer pour remettre son païs en liberté, il luy feust escript par un aultre Archias, Athenien, de poinct en poinct, ce qu'on luy preparoit ; et que ce pacquet luy ayant esté rendu pendant son souper, il remeit à l'ouvrir, disant ce mot, qui depuis passa en proverbe en Grece : « A demain les affaires. »

Un sage homme peult, à mon opinion, pour l'interest d'aultruy, comme pour ne rompre indecemment compaignie, ainsi que Rusticus, ou pour ne discontinuer un aultre affaire d'importance, remettre à entendre ce qu'on luy apporte de nouveau ; mais, pour son interest ou plaisir particulier, mesme s'il est homme ayant charge publicque, pour ne rompre son disner, voire ny son sommeil, il est inexcusable de le faire. Et anciennement estoit à Rome la place consulaire, qu'ils appelloient la plus honnorable à table, pour estre plus à delivre, et plus accessible à ceulx qui surviendroient pour entretenir celuy qui y seroit assis : tesmoignage que, pour estre à table, ils ne se despartoient pas de l'entremise d'aultres affaires et survenances. Mais, quand tout est dict, il est malaysé ez actions humaines de donner regle si iuste par discours de raison, que la fortune n'y maintienne son droict.

Chapitre v. — De la conscience.

Voyageant un iour, mon frere sieur de La Brousse et moy, durant nos guerres civiles, nous rencontrasmes un gentilhomme de bonne façon. Il estoit du party contraire au nostre : mais ie n'en sçavois rien, car il se contrefaisoit aultre ; et le pis de ces guerres, c'est que les chartes sont si meslees, vostre ennemy n'estant distingué d'avecques vous d'aulcune marque apparente, ny de langage, ny de port, nourry en mesmes loix, mœurs et mesme air, qu'il est malaysé d'y eviter confusion et desordre. Cela me faisoit craindre à moy mesme de rencontrer nos troupes en lieu où ie feusse cogneu, pour n'estre en peine de dire mon nom, et de pis, à l'adventure, comme il m'estoit autrefois advenu ; car en un tel mescompte ie perdis et hommes et chevaux, et m'y tua lon miserablement, entre aultres, un page, gentilhomme italien, que ie nourrissois soigneusement, et feut esteincte en luy une tresbelle enfance et pleine de grande esperance. Mais cettuy cy en avoit une frayeur si esperdue, et ie le veoyois si mort, à chasque rencontre d'hommes à cheval et passage de villes qui tenoient pour le roy, que ie devinay enfin que c'estoient alarmes que sa conscience luy donnoit. Il sembloit à ce pauvre homme qu'au travers de son masque, et des croix de sa casaque, on iroit lire iusques dans son cœur ses secrettes intentions : tant est merveilleux l'effort de la conscience ! Elle nous faict trahir, accuser et combattre nous mesmes, et, à faulte de tesmoing estrangier, elle nous produict contre nous,

Occultum quatiens animo tortore flagellum.

Ce conte est en la bouche des enfants : Bessus, pæonien, reproché d'avoir de gayeté de cœur abbattu un nid de moyneaux, et les avoir tuez, disoit avoir eu raison, parce que ces oysillons ne cessoient de l'accuser faulsement du meurtre de son pere. Ce parricide, iusques lors, avoit esté occulte et incogneu : mais les furies vengeresses de la conscience le feirent mettre hors à celuy mesme qui en debvoit porter la penitence. Hesiode corrige le dire de Platon, « que la peine suit de bien prez le peché ; » car il dict « qu'elle naist en l'instant et quand et quand le peché. » Quiconque attend la peine, il la souffre ; et quiconque l'a meritee, l'attend. La meschanceté fabrique des tormens contre soy :

> Malum consilium, consultori pessimum ;

comme la mousche guespe picque et offense aultruy, mais plus soy mesme : car elle y perd son aiguillon et sa force pour iamais,

> Vitasque in vulnere ponunt.

Les cantharides ont en elles quelque partie qui sert contre leur poison de contrepoison, par une contrarieté de nature : aussi à mesme qu'on prend le plaisir au vice, il s'engendre un desplaisir contraire en la conscience, qui nous tormente de plusieurs imaginations penibles, veillants et dormants :

> Quippe ubi se multi, per somnia sæpe loquentes,
> Aut morbo delirantes, protraxe ferantur,
> Et celata diu in medium peccata dedisse.

Apollodorus songeoit qu'il se veoyoit escorcher par les Scythes, et puis bouillir dedans une marmitte, et que son cœur murmuroit en disant : « Ie te suis cause de touts ces maulx. » Aulcune cachette ne sert aux meschants, disoit Epicurus, parce qu'ils ne peuvent asseurer d'estre cachez, la conscience les descouvrant à eulx mesmes.

> Prima est hæc ultio, quod se
> Iudice nemo nocens absolvitur.

Comme elle nous remplit de crainte, aussi faict elle d'asseurance et de confiance ; et ie puis dire avoir marché en plusieurs hazards d'un pas bien plus ferme, en consideration de la secrette science que i'avois de ma volonté, et innocence de mes desseings :

> Conscia mens ut cuique sua est, ita concipit intra
> Pectora pro facto spemque, metumque suo.

Il y en a mille exemples ; il suffira d'en alleguer trois de mesme personnage. Scipion, estant un iour accusé devant le peuple romain d'une accusation importante, au lieu de s'excuser, ou de flatter ses iuges : « Il vous siera bien, leur dict il, de vouloir entreprendre de iuger de la teste de celuy par le moyen duquel vous avez l'auctorité de iuger de tout le monde ! » Et une aultre fois, pour toute response aux imputations que luy mettoit sus un tribun du peuple, au lieu de plaider sa cause : « Allons, dict il, mes citoyens, allons rendre graces aux dieux de la victoire qu'ils me donnerent contre les Carthaginois en pareil iour que cettuy cy ; » et, se mettant à marcher devant, vers le temple, voylà toute l'assemblee et son accusateur mesme à sa suitte. Et Petilius ayant esté suscité par Caton pour luy demander compte de l'argent manié en la province d'Antioche, Scipion, estant venu au senat pour cet effect, produisit le livre de raisons, qu'il avoit dessoubs sa robbe, et dict que ce livre en contenoit au vray la recepte et la mise : mais, comme on le luy demanda pour le mettre au greffe, il le refusa, disant ne se vouloir pas faire cette honte à soy mesme ; et de ses mains, en la presence du senat, le deschira et meit en pieces. Ie ne crois pas qu'une ame cauterisee sceut contrefaire une telle asseurance. Il avoit le cœur trop gros de nature, et accoustumé à trop haulte fortune, dict Tite Live, pour sçavoir estre criminel, et se desmettre à la bassesse de deffendre son innocence.

C'est une dangereuse invention que celle des gehennes, et semble que ce soit plustost un essay de patience que de verité. Et celuy qui les peult souffrir cache la verité, et celuy qui ne les peult souffrir : car, pourquoy la douleur me fera elle plustost confesser ce qui en est, qu'elle ne me forcera de dire ce qui n'est pas ? Et, au rebours, si celuy qui n'a pas faict ce de quoy on l'accuse, est assez patient pour supporter ces torments ; pourquoy ne le sera celuy qui l'a faict, un si beau guerdon que de la vie luy estant proposé ? Ie pense que le fondement de cette invention vient de la consideration de l'effort de la conscience : car au coupable, il semble qu'elle ayde à la torture pour luy faire confesser sa faulte, et qu'elle l'affoiblisse ; et de l'aultre part, qu'elle fortifie l'innocent contre la torture. Pour dire vray, c'est un moyen plein d'incertitude et de dangier : que ne diroit on, que ne feroit on pour fuyr à si griefves douleurs ?

Etiam innocentes cogit mentiri dolor :

d'où il advient que celuy que le juge a gehenné, pour ne le faire mourir innocent, il le face mourir et innocent et gehenné. Mille et mille en ont chargé leur teste de fausses confessions, entre lesquels ie loge Philotas, considerant les circonstances du procez qu'Alexandre luy feit, et le progrez de sa gehenne. Mais tant y a que c'est, dict on, le moins mal que l'humaine foiblesse aye peu inventer : bien inhumainement pourtant, et bien inutilement, à mon advis.

Plusieurs nations, moins barbares en cela que la grecque et la romaine, qui les appellent ainsi, estiment horrible et cruel de tormenter et desrompre un homme, de la faulte duquel vous estes encores en doubte. Que peult il mais de votre ignorance ? Estes vous pas iniuste, qui, pour ne le tuer sans occasion, luy faictes pis que le tuer ? Qu'il soit ainsi, voyez combien de fois il aime mieulx mourir sans raison, que de passer par information plus penible que le supplice, et qui souvent, par son aspreté, devance le supplice, et l'execute. Ie ne sçais d'où ie tiens ce conte, mais il rapporte exactement la conscience de nostre iustice. Une femme de village accusoit devant un general d'armee, grand iusticier, un soldat pour avoir arraché à ses petits enfants un peu de bouillie qui luy restoit à les substanter, cette armee ayant tout ravagé. De preuve, il n'y en avoit point. Le general, aprez avoir sommé la femme de regarder bien à ce qu'elle disoit, d'autant qu'elle seroit coupable de son accusation, si elle mentoit ; et elle persistant, il feit ouvrir le ventre au soldat pour s'esclaircir de la verité du faict : et la femme se trouva avoir raison. Condamnation instructive.

Chapitre VI. — De l'exercitation.

Il est malaysé que le discours et l'instruction, encores que nostre creance s'y applique volontiers, soient assez puissantes pour nous acheminer iusques à l'action, si, oultre cela, nous n'exerceons et formons nostre ame par experience au train auquel nous la voulons renger : aultrement, quand elle sera au propre des effects, elle s'y trouvera sans doubte empeschee. Voylà pourquoy, parmy les philosophes, ceulx qui ont voulu atteindre à quelque plus grande excellence, ne se sont pas contentez d'attendre à couvert et en repos les rigueurs de la fortune, de peur qu'elle ne les surprinst inexperimentez et nouveaux au combat ; ains ils luy sont allez au devant, et se sont iectés, à escient, à la preuve des difficultez : les uns en ont abandonné les richesses, pour s'exercer à une pauvreté volontaire ; les aultres ont recherché le labeur et une austerité de vie penible, pour se durcir au mal et au travail ; d'aultres se sont privez des parties du corps les plus cheres, comme de la veue, et des membres propres à la generation, de peur que leur service, trop plaisant et trop mol, ne relaschast et n'attendrist la fermeté de leur ame.

Mais à mourir, qui est la plus grande besongne que nous ayons à faire, l'exercitation ne nous y peult ayder. On se peult, par usage et par experience, fortifier contre les douleurs, la honte, l'indigence, et tels aultres accidents : mais, quant à la mort, nous ne la pouvons essayer qu'une fois ; nous y sommes touts apprentis quand nous y venons.

Il s'est trouvé anciennement des hommes si excellents mesnagiers du temps, qu'ils ont essayé, en la mort mesme, de la gouster et savourer, et ont bandé leur esprit pour veoir que c'estoit de ce passage ; toutesfois ils ne sont pas revenus nous en dire des nouvelles :

Nemo expergitus exstat,
Frigida quem semel est vitai pausa sequuta.

Canius Iulius, noble romain, de vertu et fermeté singulière, ayant esté condamné à la mort par ce maraud de Caligula ; oultre plusieurs merveilleuses preuves qu'il donna de sa resolution, comme il estoit sur le poinct de souffrir la main du bourreau, un philosophe, son amy, luy demanda : « Eh bien, Canius ! en quelle 'demarche est à cette heure vostre ame ? que faict elle ? en quels pensements estes vous ? « « Ie pensois, luy respondict il, à me tenir prest et bandé de toute ma force, pour voir si, en cet instant de la mort, si court et si brief, ie pourray appercevoir quelque deslogement de l'ame, et si elle aura quelque ressentiment de son yssue ; pour, si i'en apprends quelque chose, en revenir donner aprez, si ie puis, advertissement à mes amis. » Cettuy cy philosophe, non seulement iusqu'à la mort, mais en la mort mesme. Quelle asseurance estoit ce, et quelle fierté de courage, de vouloir que sa mort luy servist de leçon, et avoir loisir de penser ailleurs un si grand affaire !

Ius hoc animi morientis habebat.

Il me semble toutesfois qu'il y a quelque façon de nous apprivoiser à elle, et de l'essayer aulcunement. Nous en pouvons avoir experience, sinon entiere et parfaicte, au moins telle qu'elle ne soit pas inutile, et qui nous rende plus fortifiez et asseurez : si nous ne la pouvons ioindre, nous la pouvons approcher, nous la pouvons recognoistre ; et si nous ne donnons iusques à son fort, au moins verrons nous et en praticquerons nous les advenues. Ce n'est pas sans raison qu'on nous faict regarder à nostre sommeil mesme, pour la ressemblance qu'il a de la mort : combien facilement nous passons du veiller au dormir ! avecques combien peu d'interest nous perdons la cognoissance de la lumiere et de nous ! A l'adventure pourroit sembler inutile et contre nature la faculté du sommeil, qui nous prive de toute action et de tout sentiment, n'estoit que par ce moyen nature nous instruict qu'elle nous a pareillement faicts pour mourir que pour vivre ; et, dez la vie, nous presente l'eternel estat qu'elle nous garde aprez icelle, pour nous y accoustumer et nous en oster la crainte. Mais ceulx qui sont tumbez par quelque violent accident en defaillance de cœur, et qui y ont perdu touts sentiments, ceulx là, à mon advis, ont esté bien prez de veoir son vray et naturel visage : car, quant à l'instant et au poinct du passage, il n'est pas à craindre qu'il porte avecques soy aulcun travail ou desplaisir, d'autant que nous ne pouvons avoir nul sentiment sans loisir ; nos souffrances ont besoing de temps, qui est si court et si precipité en la mort, qu'il fault necessairement qu'elle soit insensible. Ce sont les approches que nous avons à craindre ; et celles là peuvent tumber en experience.

Plusieurs choses nous semblent plus grandes par imagination que par effect : i'ay passé une bonne partie de mon aage en une parfaicte et entiere santé ; ie dis non seulement entiere, mais encores alaigre et bouillante ; cet estat, plein de verdeur et de feste, me faisoit trouver si horrible la consideration des maladies, que, quand ie suis venu à les experimenter, i'ay trouvé leurs poinctures molles et lasches au prix de ma crainte. Voicy que i'espreuve touts les iours : suis ie à couvert chauldement, dans une bonne salle, pendant qu'il se passe une nuict orageuse et tempestueuse, ie m'estonne et m'afflige pour ceulx qui sont lors en la campagne : y suis ie moy mesme, ie ne desire pas seulement d'estre ailleurs. Cela seul, d'estre tousiours enfermé dans une chambre, me sembloit insupportable : ie feus incontinent dressé à y estre une semaine et un mois, plein d'esmotion, d'alteration et de foiblesse ; et ay trouvé que, lors de ma santé, ie plaignois les malades beaucoup plus que ie ne me treuve à plaindre moy mesme, quand i'en suis ; et que la force de mon apprehension encherisssoit prez de moitié l'essence et verité de la chose. I'espere qu'il m'en adviendra de mesme de la mort, et qu'elle ne vault pas la peine que ie prends à tant d'apprests que ie dresse et tant de secours que i'appelle et assemble pour en soutenir l'effort. Mais, à toutes adventures, nous ne pouvons nous donner trop d'advantage.

Pendant nos troisiesmes troubles, ou deuxiesmes (il ne me souvient pas bien de cela), m'estant allé un iour promener à une lieue de chez moy, qui suis assis dans le moïau de tout le trouble des guerres civiles de France ; estimant estre en toute seureté, et si voisin de ma retraicte, que ie n'avois point besoing de meilleur equipage, i'avois prins un cheval bien aysé, mais non gueres ferme. A mon retour, une occasion soubdaine s'estant presentee de m'ayder de ce cheval à un service qui n'estoit pas bien de son usage, un de mes gents, grand et fort, monté sur un puissant roussin qui avoit une bouche desesperee, frais au demourant et vigoureux, pour faire le hardy et devancer ses compaignons, vient à le poulser à toute bride droict dans ma route, et fondre comme un colosse sur le petit homme et petit cheval, et le fouldroyer de sa roideur et de sa pesanteur, nous envoyant l'un et l'aultre les pieds contremont : si que voylà le cheval abattu et couché tout estourdy ; moy, dix ou douze pas au delà, estendu à la renverse, le visage tout meurtry et tout escorché, mon espee, que i'avois à la main, à plus de dix pas au delà, ma ceinture en pieces, n'ayant ny mouvement ny sentiment non plus qu'une souche. C'est le seul esvanouïssement que i'aye senty iusques à cette heure. Ceulx qui estoient avecques moy, aprez avoir essayé, par touts les moyens qu'ils peurent, de me faire revenir, me tenants pour mort, me prindrent entre leurs bras, et m'emportoient avecques beaucoup de difficulté en ma maison, qui estoit loing de là environ une demy lieue françoise. Sur le chemin, et aprez avoir esté plus de deux grosses heures tenu pour trespassé, ie commenceay à me mouvoir et respirer ; car il estoit tumbé si grande abondance de sang dans mon estomach, que, pour l'en descharger, nature eut besoing de ressusciter ses forces. On me dressa sur mes pieds, où ie rendis un plein seau de bouillons de sang pur ; et plusieurs fois, par le chemin, il m'en fallut faire de mesme. Par là, ie commenceay à reprendre un peu de vie ; mais ce feut par les menus, et par un si long traict de temps, que mes premiers sentiments estoient beaucoup plus approchants de la mort que de la vie :

> Perchè, dubbiosa ancor del suo ritorno,
> Non s'assicura attonita la mente.

Cette recordation, que i'en ay fort empreinte en mon ame, me representant son visage et son idee si prez du naturel, me concilie aulcunement à elle. Quand ie commenceay à y veoir, ce feut d'une veue si trouble, si foible et si morte, que ie ne discernois encores rien que la lumiere,

> Come quel ch' or apre, or chiude
> Gli occhi, mezzo tra 'l sonno e l'esser desto.

Quant aux functions de l'ame, elles noissoient avecques mesme progrez que celles du corps. Ie me veis tout sanglant ; car mon pourpoinct estoit taché partout du sang que i'avois rendu. La premiere pensee qui me veint, ce feut que i'avois une harquebusade à la teste : de vray, en mesme temps, il s'en tiroit plusieurs autour de nous. Il me sembloit que ma vie ne me tenoit plus qu'au bout des levres ; ie fermois les yeulx pour ayder, ce me sembloit, à la poulser hors, et prenois plaisir à m'alanguir et à me laisser aller. C'estoit une imagination qui ne faisoit que nager superficiellement en mon ame, aussi tendre et aussi foible que tout le reste ; mais à la verité non seulement exempte de desplaisir, ains meslee à cette doulceur que sentent ceulx qui se laissent glisser au sommeil.

Ie crois que c'est ce mesme estat où se trouvent ceulx 'qu'on veoid defaillants de foiblesse en l'agonie de la mort ; et tiens que nous les plaignons sans cause, estimants qu'ils soyent agitez de griefves douleurs, ou qu'ils ayent l'ame pressee de cogitations penibles. Ç'a esté tousiours mon advis, contre l'opinion de plusieurs, et mesme d'Estienne de La Boëtie, que ceulx que nous veoyons ainsi renversez et assopis aux approches de leur fin, ou accablez de la longueur du mal, ou par accident d'une apoplexie, ou mal caducque,

> Vi morbi sæpe coactus
> Ante oculos aliquis nostros, ut fulminis ictu.
> Concidit, et spumas agit ; ingemit, et fremit artus ;
> Desipit, extentat nervos, torquetur, anhelat,
> Inconstanter et in iactando membra fatigat,

ou blecez en la teste, que nous oyons rommeler et rendre par fois des soupirs trenchants, quoyque nous en tirons aulcuns signes par où il semble qu'il leur reste encore de la cognoissance, et quelques mouvements que nous leur veoyons faire du corps ; i'ay tousiours pensé, dis ie, qu'ils avoient et l'ame et le corps enseveli et endormi.

> Vivit, et est vitæ nescius ipse suæ ;

et ne pouvois croire qu'à un si grand estonnement de membres, et si grande defaillance des sens, l'ame peust maintenir aulcune force au dedans pour se recognoistre ; et que par ainsin il n'avoient aulcun discours qui les tourmentast, et qui leur peust faire iuger et sentir la misere de leur condition ; et que, par consequent, ils n'estoient pas fort à plaindre.

Ie n'imagine aulcun estat pour moy si insupportable et horrible, que d'avoir l'ame vifve et affligee, sans moyen de se declarer ; comme ie dirois de ceulx qu'on envoie au supplice, leur ayant coupé la langue (si ce n'estoit qu'en cette sorte de mort, la plus muette me semble la mieulx seante, si elle est accompaignee d'un ferme visage et grave); et comme ces miserables prisonniers qui tumbent ez mains des vilains bourreaux soldats de ce temps, desquels ils sont tormentez de toute espece de cruel traictement, pour les contraindre à quelque rançon excessifve et impossible ; tenus ce pendant en condition et en lieu où ils n'ont moyen quelconque d'expression et signification de leurs pensees et de leur misere. Les poëtes ont feinct quelques dieux favorables à la delivrance de ceulx qui traisnoient ainsin une mort languissante ;

Hunc ego Diti
Sacrum iussa fero, teque isto corpore solvo :

et les voix et responses courtes et descousues qu'on leur arrache quelquesfois, à force de crier autour de leurs aureilles et de les tempester, ou des mouvements qui semblent avoir quelque consentement à ce qu'on leur demande, ce n'est pas tesmoignage qu'ils vivent pourtant, au moins une vie entiere. Il nous advient ainsi sur le begueyement du sommeil, avant qu'il nous ayt du tout saisis, de sentir comme en songe ce qui se faict autour de nous, et suyvre les voix, d'une ouïe trouble et incertaine qui semble ne donner qu'aux bords de l'ame ; et faisons des responses, à la suitte des dernieres paroles qu'on nous a dictes, qui ont plus de fortune que de sens.

Or, a present que ie l'ay essayé par effect, ie ne foys nul doubte que ie n'en aye bien iugé iusques à cette heure : car, premierement, estant tout esvanouï, ie me travaillois d'entr'ouvrir mon pourpoinct à beaux ongles (car i'estois desarmé), et si sçais que ie ne sentois en l'imagination rien qui me bleceast : car il y a plusieurs mouvements en nous qui ne partent pas de nostre ordonnance ;

Semianimesque micant digiti, ferrumque retractant :

ceulx qui tumbent eslancent ainsi les bras au devant de leur cheute, par une naturelle impulsion qui faict que nos membres se prestent des offices, et ont des agitations à part de nostre discours ;

Falciferos memorant currus abscindere membra...
Ut tremere in terra videatur ab artubus id quod
Decidit abscissum, quum mens tamen atque hominis vis,
Mobilitate mali, non quit sentire dolorem.

l'avois mon estomach pressé de ce sang caillé : mes mains y couroient d'elles mesmes, comme elles font souvent où il nous demange, contre l'advis de nostre volonté. Il y a plusieurs animaulx, et des hommes mesmes, aprez qu'ils sont trespassez, ausquels on veoid resserrer et remuer des muscles : chascun sçait par experience qu'il a des parties qui se branslent, dressent et couchent souvent sans son congé. Or, ces passions, qui ne nous touchent que par l'escorce, ne se peuvent dire nostres : pour les faire nostres, il fault que l'homme y soit engagé tout entier ; et les douleurs que le pied ou la main sentent pendant que nous dormons, ne sont pas à nous.

Comme i'approchay de chez moy, où l'alarme de ma cheute avoit desia couru, et que ceulx de ma famille m'eurent rencontré avecques les cris accoustumez en telles choses, non seulement ie respondois quelque mot à ce qu'on me demandoit, mais encores ils disent que ie m'advisay de commander qu'on donnast un cheval à ma femme, que ie veoyois s'empestrer et tracasser dans le chemin, qui est montueux et malaysé. Il semble que cette consideration deust partir d'une ame esveillee ; si est ce que ie n'y estois aulcunement : c'estoient des pensements vains, en nue, qui estoient esmeus par les sens des yeulx et des aureilles ; ils ne venoient pas de chez moy. Ie ne sçavois pourtant ny d'où ie venois, ny où i'allois ; ny ne pouvois poiser et considerer ce qu'on me demandoit : ce sont de legiers effects que les sens produisoient d'eux mesmes, comme d'un usage ; ce que l'ame y prestoit, c'estoit en songe, touchee bien legierement, et comme leichee seulement et arrousee par la molle impression des sens. Ce pendant, mon assiette estoit à la verité tresdoulce et paisible : ie n'avois affliction ny pour aultruy ny pour moy ; c'estoit une langueur et une extreme foiblesse sans aulcune douleur. Ie veis ma maison sans la recognoistre. Quand on m'eut couché, ie sentis une infinie doulceur à ce repos; car i'avois esté vilainement tirassé par ces pauvres gents, qui avoient prins la peine de me porter sur leurs bras par un long et tresmauvais chemin, et s'y estoient lassez deux ou trois fois les uns aprez les aultres. On me presenta force remedes, de quoy ie n'en receus aulcun, tenant pour certain que i'estois blecé à mort par la teste. C'eust esté, sans mentir, une mort bien heureuse : car la foiblesse de mon discours me gardoit d'en rien iuger, et celle du corps d'en rien sentir; ie me laissois couler si doulcement, et d'une façon si molle et si aysee, que ie ne sens gueres aultre action moins poisante que celle là estoit. Quand ie veins à revivre et à reprendre mes forces,

> Ut tandem sensus convaluere mei,

qui feut deux ou trois heures aprez, ie me sentis tout d'un train rengager aux douleurs, ayant les membres touts moulus et froissez de ma cheute, et en feus si mal deux ou trois nuicts aprez, que i'en cuiday remourir encores un coup, mais d'une mort plus vifve; et me sens encores de la secousse de cette froissure. Ie ne veulx pas oublier cecy, que la derniere chose en quoy ie me peus remettre, ce feut la souvenance de cet accident; et me feis redire plusieurs fois où i'allois, d'où ie venois, à quelle heure cela m'estoit advenu, avant que de le pouvoir concevoir. Quant à la façon de ma cheute, on me la cachoit en faveur de celuy qui en avoit esté cause, et m'en forgeoit on d'aultres. Mais longtemps aprez, et le lendemain, quand ma memoire veint à s'entr'ouvrir, et me representer l'estat où ie m'estois trouvé, en l'instant que i'avois apperceu ce cheval fondant sur moy (car ie l'avois veu à mes talons, et me teins pour mort; mais ce pensement avois esté si soubdain, que la peur n'eut pas loisir de s'y engendrer), il me sembla que c'estoit un esclair qui me frappoit l'ame de secousse, et que ie revenois de l'aultre monde.

Ce conte d'un evenement si legier est assez vain, n'estoit l'instruction que i'en ay tiree pour moy : car, à la verité, pour s'apprivoiser à la mort, ie treuve qu'il n'y a que de s'en avoisiner. Or, comme dict Pline, chascun est à soy mesme une tresbonne discipline, pourveu qu'il ayt la suffisance de s'espier de prez. Ce n'est pas icy ma doctrine, c'est mon estude; et n'est pas la leçon d'aultruy, c'est la mienne : et ne me doibt on pourtant sçavoir mauvais gré si ie la communique; ce qui me sert peult aussi, par accident, servir à un aultre. Au demourant, ie ne gaste rien, ie n'use que du mien; et si ie foys le fol, c'est à mes despens, et sans l'interest de personne; car c'est en folie qui meurt en moy, qui n'a point de suitte. Nous n'avons nouvelles que de deux ou trois anciens qui ayent battu ce chemin; et si ne pouvons dire si c'est du tout en pareille maniere à cette cy, n'en cognoissant que les noms. Nul depuis ne s'est iecté sur leur trace. C'est une espineuse entreprinse, et plus qu'il ne semble, de suyvre une allure si vagabonde que celle de nostre esprit, de penetrer les profondeurs opaques de ses replis internes, de choisir et arrester tant de menus airs de ses agitations; et est un amusement nouveau et extraordinaire qui nous retire des occupations communes du monde, ouy, et des plus recommendees. Il y a plusieurs annees que ie n'ay que moy pour visee à mes pensees, que ie ne contreroolle et n'estudie que moy; et si i'estudie aultre chose, c'est pour soubdain le coucher sur moy, ou en moy, pour mieulx dire : et ne me semble point faillir, si, comme il se faict des aultres sciences sans comparaison moins utiles, ie foys part de ce que i'apprins en cette cy, quoyque ie ne me contente gueres du progrez que i'y ay faict. Il n'est description pareille en difficulté à la description de soy mesme, ny certes en utilité : encores se fault il testonner, encores se fault il ordonner et renger, pour sortir en place : or, ie me pare sans cesse, car ie me descris sans cesse. La coustume a faict le parler de soy vicieux, et le prohibe obstineement, en hayne de la ventance qui semble tousiours estre attachee aux propres tesmoignages : au lieu qu'on doibt moucher l'enfant, cela s'appelle l'enaser.

> In vitium ducit culpæ fuga;

ie treuve plus de mal que de bien à ce remede. Mais, quand il seroit vray que ce feust necessairement presumption d'entretenir le peuple de soy, ie ne doibs pas suyvant mon general desseing, refuser une action qui publie cette maladifve qualité, puisqu'elle est en moy; et ne doibs cacher cette faulte, que i'ay non seulement en usage, mais en profession. Toutesfois, à dire ce que i'en crois, cette coustume a tort de condamner le vin, parce que plusieurs s'y enyvrent : on ne peult abuser que des choses qui sont bonnes ; et crois de cette regle, qu'elle ne regarde que la populaire defaillance. Ce sont brides à veaux, desquelles ny les saincts, que nous oyons si haultement parler d'eulx, ny les philosophes, ny les theologiens, ne se brident ; ne foys ie moy, quoyque ie sois aussi peu l'un que l'aultre. S'ils n'en escrivent à poinct nommé, au moins, quand l'occasion les y porte, ne feignent ils pas de se iecter bien avant sur le trottoir. De quoy traicte Socrates plus largement que de soy? à quoy achemine il plus souvent les propos de ses disciples, qu'à parler d'eulx, non pas de la leçon de leur livre, mais de l'estre et bransle de leur ame ? Nous nous disons religieusement à Dieu et à nostre confesseur, comme nos voisins à tout le peuple. « Mais nous n'en disons, me respondra on, que les accusations. » Nous disons donc tout ; car nostre vertu mesme est faultive et repentable. Mon mestier et mon art, c'est vivre : qui me deffend d'en parler selon mon sens, experience et usage, qu'il ordonne à l'architecte de parler des bastiments, non selon soy, mais selon son voysin, selon la science d'un aultre, non selon la sienne. Si c'est gloire, de soy mesme publier ses valeurs, que ne met Cicero en avant l'eloquence de Hortense, Hortense celle de Cicero? A l'adventure entendent ils que ie tesmoigne de moy par ouvrages et effects, non nuement par des paroles. Ie peins principalement mes cogitations, subiect informe qui ne peult tumber en production ouvragiere ; à toute peine le puis ie coucher en ce corps aeré de la voix : des plus sages hommes et des plus desvots ont vescu fuyants touts apparents effects. Les effects diroient plus de la fortune que de moy : ils tesmoignent leur roolle, non pas le mien, si ce n'est coniecturalement et incertainement ; eschantillon d'une montre particuliere. Ie m'estale entier : c'est un skeletos où, d'une veue, les veines, les muscles, les tendons, paroissent, chasque piece en son siege : l'effect de la toux en produisoit une partie ; l'effect de la pasleur ou battement de cœur, un'aultre, et doubteusement. Ce ne sont mes gestes que i'escris ; c'est moy, c'est mon essence.

Ie tiens qu'il fault estre prudent à estimer de soy, et pareillement conscientieux à en tesmoigner, soit bas, soit hault, indifferemment. Si ie me semblois bon et sage tout à faict, ie l'entonnerois à pleine teste. De dire moins de soy qu'il n'y en a, c'est sottise, non modestie ; se payer de moins qu'on ne vault, c'est lascheté et pusillanimité, selon Aristote : nulle vertu ne s'ayde de la fausseté ; et la verité n'est iamais matiere d'erreur. De dire de soy plus qu'il n'y en a, ce n'est pas tousiours presumption, c'est encores souvent sottise : se complaire oultre mesure de ce qu'on est, en tumber en amour de soy indiscrete, est, à mon advis, la substance de ce vice. Le supreme remede à le guarir, c'est faire tout le rebours de ce que ceulx icy ordonnent, qui, en deffendant le parler de soy, deffendent par consequent encores plus de penser à soy. L'orgueil gist en la pensée ; la langue n'y peult avoir qu'une bien legiere part.

De s'amuser à soy, il leur semble que c'est se plaire en soy ; de se hanter et practiquer, que c'est se trop cherir : mais cet excez naist seulement en ceulx qui ne se tastent que superficiellement ; qui se veoyent apres leurs affaires ; qui appellent resverie et oysifveté, de s'entretenir de soy ; et s'estoffer et bastir, faire des chasteaux en Espaigne ; s'estimants chose tierce et estrangiere à eulx mesmes. Si quelqu'un s'enivre de sa science, regardant soubs soy, qu'il tourne les yeulx au dessus, vers les siecles passez, il baissera les cornes, y trouvant tant de milliers d'esprits qui le foulent aux pieds : s'il entre en quelque flatteuse presumption de sa vaillance, qu'il se ramentoive les vies de Scipion, d'Epaminondas, de tant d'armees, de tant de peuples, qui le laissent si loin derriere eulx. Nulle particuliere qualité n'enorgueillira celuy qui mettra quand et quand en compte tant d'imparfaictes et foibles qualitez aultres qui sont en luy, et au bal la nihilité de l'humaine condition. Parce que Socrates avoit seul mordu à certes au precepte de son dieu, « de se cognoistre, » et par cet estude estoit arrivé à se mespriser, il feust estimé seul digne du nom de *sage*. Qui se cognoistra ainsi, qu'il se donne hardiment à cognoistre par sa bouche.

Chapitre VII. — Des recompenses d'honneur.

Ceulx qui escrivent la vie d'Auguste Cæsar remarquent cecy, en sa discipline militaire, que des dons il estoit merveilleusement liberal envers ceulx qui le meritoient; mais que des pures recompenses d'honneur, il en estoit bien autant espargnant : si est ce qu'il avoit esté luy mesme gratifié par son oncle de toutes les recompenses militaires avant qu'il eust iamais esté à la guerre. C'a esté une belle invention, et receue en la pluspart des polices du monde, d'establir certaines marques vaines et sans prix pour en honorer et recompenser la vertu, comme sont les couronnes de laurier, de chesne, de meurte, la forme de certain vestement, le privilege d'aller en coche par ville, ou de nuict avecques flambeau; quelque assiette particuliere aux asssemblees publiques, la prerogative d'aulcuns surnoms et tiltres, certaines marques aux armoiries, et choses semblables; de quoy l'usage a esté diversement receu selon l'opinion des nations, et dure encores.

Nous avons pour nostre part, et plusieurs de nos voisins, les ordres de chevalerie, qui ne sont establis qu'à cette fin. C'est, à la verité, une bien bonne et proufitable coustume de trouver moyen de recognoistre la valeur des hommes rares et excellents, et de les contenter et satisfaire par des payements qui ne chargent aulcunement le publicque, et qui ne coustent rien au prince. Et ce qui a esté tousiours cogneu par experience ancienne, et que nous avons aultrefois aussi peu veoir entre nous, que les gents de qualité avoient plus de ialousie de telles recompenses, que de celles où il y avoit du gaing et du proufit, cela n'est pas sans raison et grande apparence. Si au prix, qui doibt estre simplement d'honneur, on y mesle d'aultres commoditez et de la richesse, ce meslange, au lieu d'augmenter l'estimation, la ravale et en retranche. L'ordre sainct Michel, qui a esté si longtemps en credit parmy nous, n'avoit point de plus grande commodité que celle là, de n'avoir communication d'aulcune aultre commodité : cela faisoit qu'aultrefois il n'y avoit ny charge, ny estat, quel qu'il feust, auquel la noblesse pretendist avec tant de desir et d'affection qu'elle faisoit à l'ordre, ny qualité qui apportast plus de respect et de grandeur; la vertu embrassant et aspirant plus volontiers à une recompense purement sienne, plustost glorieuse qu'utile. Car, à la verité, les aultres dons n'ont pas leur usage si digne, d'autant qu'on les employe à toutes sortes d'occasions; par des richesses, on satisfaict le service d'un valet, la diligence d'un courrier, le dancer, le voltiger, le parler, et les plus vils offices qu'on receoive; voire et le vice s'en paye, la flaterie, le maquerelage, la trahison : ce n'est pas merveille si la vertu receoit et desire moins volontiers cette sorte de monnoye commune, que celle qui luy est propre et particuliere, toute noble et genereuse. Auguste avoit raison d'estre beaucoup plus mesnagier et espargnant de cette cy, que de l'aultre; d'autant que l'honneur est un privilege qui tire sa principale essence de la rareté; et la vertu mesme.

Cui malus est nemo, quis bonus esse potest ?

On ne remarque pas, pour la recommendation d'un homme, qu'il ayt soing de la nourriture de ses enfants, d'aultant que c'est une action commune, quelque iuste qu'elle soit; non plus qu'un grand arbre, où la forest est toute de mesme. Ie ne pense pas qu'aulcun citoyen de Sparte se glorifiast de sa vaillance, car c'estoit une vertu populaire en leur nation; et aussi peu de la fidelité, et mespris des richesses. Il n'escheoit pas de recompense à une vertu, pour grande qu'elle soit, qui est passee en coustume; et ne sçais avecques, si nous l'appellerions iamais grande, estant commune.

Puis donc que ces loyers d'honneur n'ont aultre prix et estimation que cette là, que peu de gents en iouïssent, il n'est, pour les aneantir, que d'en faire largesse. Quand il se trouveroit plus d'hommes qu'au temps passé qui meritassent nostre ordre, il n'en falloit pas pourtant corrompre l'estimation : et peult ayseement advenir que plus le meritent; car il n'est aulcune des vertus qui s'espandent si ayseement que la vaillance militaire. Il y en a une aultre vraye, parfaicte et philosophique, de quoy ie ne parle point, et me sers de ce mot selon nostre usage, bien plus grande que cette cy et plus pleine, qui est une force et asseurance de l'ame, meprisant egualement toute sorte de contraires accidents, equable, uniforme et constante, de laquelle la nostre n'est qu'un bien petit rayon. L'usage, l'institution, l'exemple, et la coustume, peuvent tout ce qu'elles veulent en l'establissement de celle de quoy ie parle et la rendent ayseement vulgaire, comme il est tresaysé à veoir par l'experience que nous en donnent nos guerres civiles : et qui nous pourroit ioindre à cette heure, et acharner à une entreprinse commune tout nostre peuple, nous ferions refleurir nostre ancien nom militaire. Il est bien certain que la recompense de l'ordre ne touchoit pas, au temps passé, seulement la vaillance ; elle regardoit plus loing : ce n'a iamais esté le payement d'un valeureux soldat, mais d'un capitaine fameux ; la science d'obeir ne meritoit pas un loyer si honorable. On y requeroit anciennement une expertise bellique plus universelle et qui embrassast la plus part et les plus grandes parties d'un homme militaire : *neque enim eædem, militares et imperatoriæ, artes sunt;* qui feust encores, oultre cela, de condition accommodable à une telle dignité. Mais ie dis, quand plus de gents en seroient dignes qu'il ne s'en trouvoit aultrefois, qu'il ne falloit pas pourtant s'en rendre plus liberal; et eust mieulx vallu faillir à n'en estrener pas touts ceulx à qui il estoit deu, que de perdre pour iamais, comme nous venons de faire, l'usage d'une invention si utile. Aulcun homme de cœur ne daigne s'advantager de ce qu'il a de commun avec plusieurs; et ceulx d'auiourd'huy, qui ont moins merité cette recompense, font plus de contenance de la desdaigner, pour se loger par là au reng de ceulx à qui on faict tort d'espandre indignement et avilir cette marque qui leur estoit particulierement deue.

Or, de s'attendre, en effaceant et abolissant cette cy, de pouvoir soubdain remettre en credit et renouveller une semblable coustume, ce n'est pas entreprinse propre à une saison si licencieuse et malade qu'est celle où nous nous trouvons à present : et en adviendra que la derniere encourra, dez sa naissance, les incommoditez qui viennent de ruyner l'aultre. Les regles de la dispensation de ce nouvel ordre auroient besoing d'estre extremement tendues et contrainctes, pour luy donner auctorité; et cette saison tumulaire n'est pas capable d'une bride courte et reglee oultre ce qu'avant qu'on luy puisse donner credit, il est besoin qu'on ayt perdu la memoire du premier, et du mespris auquel il est cheu.

Ce lieu pourroit recevoir quelque discours sur la consideration de la vaillance, et difference de cette vertu aux aultres ; mais Plutarque estant souvent retumbé sur ce propos, ie me meslerois pour neant de rapporter icy ce qu'il en dict. Cecy est digne d'estre consideré, que nostre nation donne à la *vaillance* le premier degré des vertus, comme son nom montre, qui vient de *valeur :* et qu'à nostre usage, quand nous disons qu'un homme qui vault beaucoup, ou un homme de bien, au style de nostre court et de nostre noblesse, ce n'est à dire aultre chose qu'un vaillant homme, d'une façon pareille à la romaine; car la generale appellation de *vertu* prend chez eulx etymologie de la *force*. La forme propre, seule, et essentielle, de noblesse en France, c'est la vacation militaire. Il est vraysemblable que la premiere vertu qui se soit faict paroistre entre les hommes, et qui a donné advantage aux uns sur les aultres, c'a esté cette cy, par laquelle les plus forts et courageux se sont rendus maistres des plus foibles, et ont acquis reng et reputation particuliere, d'où luy est demeuré cet honneur et dignité de langage; ou bien, que ces nations, estants tresbelliqueuses, ont donné le prix à celle des vertus qui leur estoit plus familiere, et le plus digne tiltre : tout ainsi que nostre passion, et cette fiebvreuse solicitude que nous avons de la chasteté des femmes, faict aussi que Une bonne femme, Une femme de bien, et Femme d'honneur et de vertu, ce ne soit en effect à dire aultre chose pour nous que Une femme chaste ; comme si, pour les obliger à ce debvoir, nous mettions à nonchaloir touts les aultres, et leur laschions la bride à toute aultre faute, pour entrer en composition de leur faire quitter cette cy.

Chapitre VIII. — De l'affection des peres aux enfants.

A madame d'Estissac.

Madame, si l'estrangeté ne me sauve et la nouvelleté, qui ont accoustumé de donner prix aux choses, ie ne sors iamais à mon honneur de cette sotte entreprinse : mais elle est si fantastique, et a un visage si esloingné de l'usage commun, que cela luy pourra donner passage. C'est une humeur melancholique, et une humeur par consequent tresennemie de ma complexion naturelle, produicte par le chagrin de la solitude en laquelle il y a quelques annees que ie m'estois iecté, qui m'a mis premierement en teste cette resverie de me mesler d'escrire. Et puis, me trouvant entierement despourveu et vide de toute aultre matiere, ie me suis presenté moy mesme à moy pour argument et pour subiect. C'est le seul livre au monde de son espece, d'un desseing farouche et extravagant. Il n'y a rien aussi en cette besongne digne d'estre remarqué, que cette bizarrerie; car à un subiect si vain et si vil, le meilleur ouvrier de l'univers n'eust sceu donner façon qui merite qu'on en face compte. Or, madame, ayant à m'y pourtraire au vif, i'en eusse oublié un traict d'importance, si ie n'y eusse representé l'honneur que i'ay tousiours rendu à vos merites : et l'ay voulu dire signamment à la teste de ce chapitre, d'autant que, parmy vos aultres bonnes qualitez, celle de l'amitié que vous avez montree à vos enfants tient l'un des premiers rengs. Qui sçaura l'aage auquel monsieur d'Estissac, vostre mari, vous laissa veufve, les grands et honorables partis qui vous ont esté offerts autant qu'à dame de France de vostre condition, la constance et fermeté de quoy vous avez soutenu, tant d'annees, et au travers de tant d'espineuses difficultés, la charge et conduicte de leurs affaires, qui vous ont agitee par touts les coings de France, et vous tiennent encores assiegee, l'heureux acheminement que vous y avez donné par vostre seule prudence ou bonne fortune; il dira ayseement, avecques moy, que nous n'avons poinct d'exemple d'affection maternelle en nostre temps plus exprez que le vostre. Ie loue Dieu, madame, qu'elle aye esté si bien employée; car les bonnes esperances que donne de soy monsieur d'Estissac, vostre fils, asseurent assez que, quand il sera en aage, vous en tirerez l'obeïssance et recognoissance d'un tresbon enfant. Mais d'autant qu'à cause de sa puerilité, il n'a peu remarquer les extremes offices qu'il a receus de vous en si grand nombre, ie veulx, si ces escripts viennent un iour à luy tumber en main lorsque ie n'auray plus ny bouche ny parole qui le puisse dire, Qu'il receoive de moy ce tesmoignage en toute verité, qui luy sera encores plus vifvement tesmoigné par les bons effects de quoy, si Dieu plaist, il se ressentira, qu'il n'est gentilhomme en France qui doibve plus à sa mere, qu'il faict; et qu'il ne peult donner à l'advenir plus certaine preuve de sa bonté et de sa vertu, qu'en vous recognoissant pour telle.

S'il y a quelque loy vrayment naturelle, c'est à dire quelque instinct qui se veoye universellement et perpetuellement empreint aux bestes et en nous (ce qui n'est pas sans controverse), ie puis dire, à mon advis, qu'aprez le soing que chasque animal a de sa conservation et de fuyr ce qui nuit, l'affection que l'engendrant porte à son engeance tient le second lieu en ce reng. Et, parce que nature semble nous l'avoir recommendee, regardant à estendre et faire aller avant les pieces successives de cette sienne machine, ce n'est pas merveille, si, à reculons, des enfants aux peres, elle n'est pas si grande : ioinct cette aultre consideration aristotelique, que celuy qui bien faict à quelqu'un l'aime mieulx, qu'il n'en est aimé; et celuy à qui il est deu aime mieulx, que celuy qui doibt; et tout ouvrier aime mieulx son ouvrage, qu'il n'en seroit aimé si l'ouvrage avoit du sentiment : d'autant que nous avons cher, Estre; et Estre consiste en mouvement et action ; parquoy chascun est aulcunement en son ouvrage. Qui bien faict, exerce un' action belle et honneste; qui receoit, l'exerce utile seulement. Or, l'utile est de beaucoup moins aimable que l'honneste : l'honneste est stable et permanent, fournissant à celuy qui l'a faict une gratification constante; l'utile se perd et eschappe facilement, et n'en est la memoire ny si fresche ny si doulce. Les choses nous sont plus cheres, qui nous ont plus cousté ; et le donner est de plus de coust que le prendre.

Puisqu'il a pleu à Dieu nous douer de quelque capacité de discours, à fin que, comme les bestes, nous ne feussions pas servilement assubiectis aux loix communes, ains que nous nous y appliquassions par iugement et liberté volontaire, nous debvons bien prester un peu à la simple auctorité de nature, mais non pas nous laisser tyranniquement emporter à elle : la seule raison doibt avoir la conduicte de nos inclinations. I'ay, de ma part, le goust estrangement mousse à ces propensions qui sont produictes en nous sans l'ordonnance et entremise de nostre iugement, comme, sur ce subiect duquel ie parle, ie ne puis recevoir cette passion de quoy on embrasse les enfants à peine encore nays, n'ayants, ny mouvement en l'ame, ny forme recognoissable au corps, par où ils se puissent rendre aimables, et ne les ay pas souffert volontiers nourrir prez de moy. Une vraye affection et bien reglee debvroit naistre et s'augmenter avecques la cognoissance qu'ils nous donnent d'eulx; et lors, s'ils le valent, la propension naturelle marchant quand et quand la raison, les cherir d'une amitié vrayment paternelle : et en iuger de mesme, s'ils sont aultres : nous rendants tousiours à la raison, nonobstant la force naturelle. Il en va fort souvent au rebours; et le plus communement nous nous sentons plus esmeus des trepignements, ieux et niaiseries pueriles de nos enfants, que nous ne faisons aprez de leurs actions toutes formees; comme si nous les avions aimez pour nostre passetemps, ainsi que des guenons, non ainsi que des hommes : et tel fournit bien liberalement de iouets à leur enfance, qui se treuve resserré à la moindre despense qu'il leur fault estants en aage. Voire il semble que la ialousie que nous avons de les veoir paroistre et ouïr du monde quand nous sommes à mesme de le quitter, nous rende plus espargnants et retrains envers eulx : il nous fasche qu'ils nous marchent sur les talons, comme pour nous soliciter de sortir; et si nous avions à craindre cela, puisque l'ordre des choses porte qu'ils ne peuvent, à dire verité, estre ny vivre qu'aux despens de nostre estre et de nostre vie, nous ne debvions pas nous mesler d'estre peres.

Quant à moy, ie treuve que c'est cruauté et iniustice de ne les recevoir au partage et societé de nos biens, et compaignons en l'intelligence de nos affaires domestiques, quand ils en sont capables, et de ne retrancher et resserrer nos commoditez pour prouveoir aux leurs, puisque nous les avons engendrez à cet effect. C'est iniustice de veoir qu'un pere vieil, cassé et demy mort, iouïsse seul, à un coing du foyer, des biens qui suffiroient à l'advancement et entretien de plusieurs enfants, et qu'il les laisse ce pendant, par faulte de moyens, perdre leurs meilleures annees sans se poulser au service publicque et cognoissance des hommes. On les iecte au desespoir de chercher par quelque voye, pour iniuste qu'elle soit, à prouveoir à leur besoing : comme i'ay veu, de mon temps, plusieurs ieunes hommes, de bonne maison, si addonnez au larrecin, que nulle correction les en pouvoit destourner. I'en cognois un, bien apparenté, à qui, par la priere d'un sien frere treshonneste et brave gentilhomme, ie parlay une fois pour cet effect. Il me respondit, et confessa tout rondement, qu'il avoit esté acheminé à cett' ordure par la rigueur et avarice de son pere ; mais qu'à present il y estoit si accoustumé, qu'il ne s'en pouvoit garder. Et lors il venoit d'estre surprins en larrecin des bagues d'une dame, au lever de laquelle il s'estoit trouvé avecques beaucoup d'aultres. Il me feit souvenir du conte que i'avois ouï faire d'un aultre gentilhomme, si faict et façonné à ce beau mestier du temps de sa ieunesse, que, venant aprez à estre maistre de ses biens, deliberé d'abandonner cette traficque, il ne se pouvoit garder pourtant, s'il passoit prez d'une boutique où il y eust chose de quoy il eust besoing, de la desrobber, en peine de l'envoyer payer aprez. Et en ay veu plusieurs si dressez et duicts à cela, que, parmy leurs compaignons mesmes, ils desrobboient ordinairement des choses qu'ils vouloient rendre. Ie suis Gascon, et si n'est vice auquel ie m'entende moins : ie le hais un peu plus par complexion, que ie ne l'accuse par discours; seulement par desir, ie ne soustrais rien à personne. Ce quartier en est, à la verité, un peu plus descrié que les aultres de la françoise nation : si est ce que nous avons veu de nostre temps, à diverses fois, entre les mains de la iustice, des hommes de maison, d'aultres contrees, convaincus de plusieurs horribles voleries. Ie crains que, de cette desbauche, il s'en faille aulcunement prendre à ce vice des peres.

Et si on me respond ce que feit un iour un seigneur de bon entendement, « qu'il faisoit espargne des richesses, non pour en tirer aultre fruict et usage, que pour se faire honorer et rechercher aux siens ; et que l'aage luy ayant osté toutes aultres forces, c'estoit le seul remede qui luy restoit, pour se maintenir en auctorité dans sa famille, et pour eviter qu'il ne veinst à mespris et desdaing à tout le monde; » de vray, non la vieillesse seulement, mais toute imbecillité, selon Aristote, est promotrice de l'avarice : cela est quelque chose; mais c'est la medecine à un mal, duquel on debvoit eviter la naissance. Un pere est bien miserable, qui ne tient l'effection de ses enfants que par le besoing qu'ils ont de son secours, si cela se doibt nommer affection : il fault se rendre respectable par sa vertu et par sa suffisance, et aimable par sa bonté, et doulceur de ses mœurs; les cendres mesmes d'une riche matiere, elles ont leur prix ; et les os et reliques des personnes d'honneur, nous avons accoustumé de les tenir en respect et reverence. Nulle vieillesse peult estre si caducque et si rance à un personnage qui a passé en honneur son aage, qu'elle ne soit venerable, et notamment à ses enfants, desquels il fault avoir reglé l'ame à leur debvoir par raison, non par necessité et par le besoing, ny par rudesse et par force :

> Et errat longe, mea quidem sententia,
> Qui imperium credat esse gravius, aut stabilius,
> Vi quod fit, quam illud, quod amicitia adiungitur.

I'accuse toute violence en l'education d'une ame tendre, qu'on dresse pour l'honneur et la liberté. Il y a ie ne sçais quoy de servile en la rigueur et en la contraincte; et tiens que ce qui ne se peult faire par la raison, et par prudence et addresse, ne se faict iamais par la force. On m'a ainsi eslevé : ils disent qu'en tout mon premier aage, ie n'ay tasté des verges qu'à deux coups, et bien mollement. I'ay deu la pareille aux enfants que i'ay eu : ils me meurent touts en nourrice; mais Leonor, une seule fille qui est eschappee à cette infortune, a attainct six ans et plus, sans qu'on ayt employé à sa conduicte, et pour le chastiement de ses fautes pueriles (l'indulgence de sa mere s'y appliquant aysement), aultre chose que paroles, et bien doulces : et quand mon desir y seroit frustré, il est assez d'aultres causes ausquelles nous prendre, sans entrer en reproche avecques ma discipline, que ie sçais estre iuste et naturelle. I'eusse esté beaucoup plus religieux encores en cela envers des masles, moins nays à servir, et de condition plus libre : i'eusse aymé à leur grossir le cœur d'ingenuité et de franchise. Ie n'ay veu aultre effect aux verges, sinon de rendre les ames plus lasches, ou plus malicieusement opiniastres.

Voulons nous estre aimez de nos enfants? leur voulons nous oster l'occasion de souhaiter nostre mort (combien que nulle occasion d'un si horrible souhait ne peult estre ny iuste ny excusable, *nullum scelus rationem habet*)? accomodons leur vie raisonnablement de ce qui est en nostre puissance. Pour cela, il ne nous fauldroit pas marier si ieunes, que nostre aage vienne quasi à se confondre avecques le leur; car cet inconvenient nous iecte à plusieurs grandes difficultez : ie dis specialement à la noblesse, qui est d'une condition oysifve, et qui ne vit, comme on dict, que de ses rentes; car ailleurs où la vie est questuaire, la pluralité et compaignie des enfants, c'est un adgencement de mesnage, ce sont autant de nouveaux utils et instruments à s'enrichir.

Ie me mariay à trente trois ans, et loue l'opinion de trente cinq, qu'on dict estre d'Aristote. Platon ne veult pas qu'on se marie avant les trente ; mais il a raison de se mocquer de ceulx qui font les œuvres de mariage aprez cinquante cinq, et condamne leur engeance indigne d'aliment et de vie. Thales y donna les plus vrayes bornes; qui, ieune, respondit à sa mere, le pressant de se marier, « qu'il n'estoit pas temps; » et, devenu sur l'aage, « qu'il n'estoit plus temps. » Il fault refuser l'opportunité à toute action importune. Les anciens Gaulois estimoient à extreme reproche d'avoir eu accointance de femme avant l'aage de vingt ans, et recommendoient singulierement aux hommes qui se vouloient dresser pour la guerre, de conserver bien avant en aage leur pucelage, d'autant que les courages s'amollissent et divertissent par l'accouplage des femmes :

> Ma or congiunto a giovinetta sposa,
> E lieto omai de' figli, era invilito
> Ne gli affetti di padre e di marito.

Mulcasses, roy de Thunes, celuy que l'empereur Charles cinquiesme remeit en ses estats, reprochoit la memoire de Mahomet son pere, de sa hantise avecques les femmes, l'appellant brode, effeminé, engendreur d'enfants. L'histoire grecque remarque de Iccus, tarentin, de Crisso, d'Astyllus, de Diopompus, et d'aultres, que, pour maintenir leurs corps fermes au service de la course des ieux olympiques, de la palestrine, et tels exercices, ils se priverent, autant que que leur dura ce soing, de toute sorte d'acte venerien. En certaine contree des Indes espaignolles, on ne permettoit aux hommes de se marier qu'aprez quarante ans; et si le permettoit on aux filles à dix ans. Un gentilhomme qui a trente cinq ans, il n'est pas temps qu'il face place à son fils qui en vingt : il est luy mesme au train de paroistre et aux voyages des guerres, et en la court de son prince : il a besoing de ses pieces; et en doibt certainement faire part, mais telle part qu'il ne s'oublie pas pour aultruy. Et à celuy là peult servir iustement cette response, que les peres ont ordinairement en la bouche : « Ie ne me veulx pas despouiller, devant que de m'aller coucher. »

Mais un pere, atterré d'annees et de maulx, privé, par sa foiblesse et faulte de santé, de la commune société des hommes, il se faict tort, et aux siens, decouvrir inutilement un grand tas de richesses. Il est assez en estat, s'il est sage, pour avoir desir de se despouiller, à fin de se coucher, non pas iusques à la chemise, mais iusques à une robbe de nuict bien chaulde : le reste des pompes, de quoy il n'a plus que faire, il doibt en estrener volontiers ceulx à qui, par ordonnance naturelle, cela doibt appartenir. C'est raison qu'il leur en laisse l'usage, puisque nature l'en prive : aultrement sans doubte il y a de la malice et de l'envie. La plus belle des actions de l'empereur Charles cinquiesme feut celle là, à l'imitation d'aulcuns anciens de son qualibre, d'avoir sceu recognoistre que la raison nous commande assez de nous despouiller, quand nos robbes nous chargent et empeschent, et de nous coucher quand les iambes nous faillent : il resigna ses moyens, grandeur et puissance à son fils, lorsqu'il sentit defaillir en soy la fermeté et la force pour conduire les affaires avecques la gloire qu'il y avoit acquise.

> Solve senescentem mature sanus equum, ne
> Peccet ad extremum ridendus, et ilia ducat.

Cette faulte, de ne sçavoir recognoistre de bonne heure, et ne sentir l'impuissance et extreme alteration que l'aage apporte naturellement et au corps et à l'ame, qui, à mon opinion, est eguale, si l'ame n'en a plus de la moitié, a perdu la reputation de la pluspart des grands hommes du monde. I'ay veu, de mon temps, et cogneu familierement, des personnes de grande auctorité, qu'il estoit bien aysé à veoir estre merveilleusement descheus de cette ancienne suffisance, que ie cognoissois par la reputation qu'ils en avoient acquise en leurs meilleurs ans : ie les eusse, pour leur honneur, volontiers souhaitez retirez en leur maison à leur ayse, et deschargez des operations publicques et guerrieres, qui n'estoient plus pour leurs epaules. I'ay aultrefois esté privé en la maison d'un gentilhomme veuf et fort vieil, d'une vieillesse toutesfois assez verte ; cettuy cy avoit plusieurs filles à marier, et un fils desia en aage de paroistre : cela chargeoit sa maison de plusieurs despenses et visites estrangieres, à quoy il prenoit peu de plaisir, non seulement pour le soing de l'espargne, mais encores plus pour avoir, à cause de l'aage, prins une forme de vie fort esloingnee de la nostre. le luy dis un iour, un peu hardiment, comme i'ay accoustumé, qu'il luy sieroit mieulx de nous faire place, et de laisser à son fils sa maison principale (car il n'avoit que celle là de bien logee et accommodee), et se retirer en une sienne terre voisine, où personne n'apporteroit incommodité à son repos, puisqu'il ne pouvoit aultrement eviter nostre importunité, veu la condition de ses enfants. Il m'en creut depuis, et s'en trouva bien.

Ce n'est pas à dire qu'on leur donne par telle voye d'obligation, de laquelle on ne se puisse plus desdire : ie leur lairrois, moy qui suis à mesme de iouer ce roole, la iouïssance de ma maison et de mes biens, mais avecques liberté de m'en repentir, s'ils m'en donnoient occasion ; ie leur en lairrois l'usage, parce qu'il ne me seroit plus commode ; et de l'auctorité des affaires en gros, ie m'en reserverois autant qu'il me plairoit : ayant tousiours iugé que ce doibt estre un grand contentement à un pere vieil, de mettre luy mesme ses enfants en train du gouvernement de ses affaires, et de pouvoir, pendant sa vie, contrerooler leurs deportements, leur fournissant d'instruction et d'advis suyvant l'experience qu'il en a, et d'acheminer luy mesme l'ancien honneur et ordre de sa maison en la main de ses successeurs, et se respondre par là des esperances qu'il peult prendre de leur conduicte à venir. Et, pour cet effect, ie ne vouldrois pas fuyr leur compaignie ; ie vouldrois les esclairer de prez, et iouïr, selon la condition de mon aage, de leur alaigresse et de leurs festes. Si ie ne vivois parmi eulx (comme ie ne pourrois, sans offenser leur assemblee, par le chagrin de mon aage et la subiection de mes maladies, et sans contraindre aussi et forcer les regles et façons de vivre que i'aurois lors), ie vouldrois au moins vivre prez d'eulx, en un quartier de ma maison, non pas le plus en parade, mais le plus en commodité. Non comme ie veis, il y a quelques annees, un doyen de Sainct Hilaire de Poictiers, rendu à telle solitude par l'incommodité de sa melancholie, que, lorsque i'entray en sa chambre, il y avoit vingt et deux ans qu'il n'en estoit sorty un seul pas ; et si avoit toutes ses actions libres et aysees, sauf un rheume qui lui tumboit sur l'estomach : à peine une fois la sepmaine vouloit il permettre qu'aulcun entrast pour le veoir ; il se tenoit tousiours enfermé par le dedans de sa chambre, seul, sauf qu'un valet luy portoit une fois le iour à manger, qui ne faisoit qu'entrer et sortir : son occupation estoit de se promener, et lire quelques livres, car il cognoissoit aulcunement les lettres, obstiné, au demourant, de mourir en cette demarche, comme il feit bientost aprez. l'essayerois, par une doulce conversation, de nourrir en mes enfants une vifve amitié et bienveillance, non feincte, en mon endroict; ce qu'on gaigne ayseement envers des natures biens nees : car si ce sont bestes furieuses, comme nostre siecle en produict à milliers, il les fault haïr et fuyr pour telles.

Ie veulx mal à cette coustume, d'interdire aux enfants l'appellation paternelle, et leur en enioindre une estrangiere, comme plus reverentiale, nature n'ayant volontiers pas suffisamment pourveu à nostre auctorité. Nous appellons Dieu tout puissant, Pere; et desdaignons que nos enfants nous en appellent : i'ay reformé cett' erreur en ma famille. C'est aussi folie et iniustice de priver les enfants, qui sont en aage, de la familiarité des peres, et vouloir maintenir en leur endroict une morgue austere et desdaigneuse, esperant par là les tenir en crainte et obeïssance : car c'est une farce tresinutile, qui rend les peres ennuyeux aux enfants, et, qui pis est, ridicules. Ils ont la ieunesse et les forces en main, et par consequent le vent et la faveur du monde; et reçoivent avec mocquerie ces mines fieres et tyranniques d'un homme qui n'a plus de sang ny au cœur ny aux veines; vrais espovantails de cheneviere. Quand ie pourrois me faire craindre; i'aimerois encores mieulx me faire aimer : il y a tant de sortes de defaults en la vieillesse, tant d'impuissance, elle est si propre au mespris, que le meilleur acquest qu'elle puisse faire, c'est l'affection et amour des siens; le commandement et la crainte, ce ne sont plus ses armes. I'en ay veu quelqu'un, duquel la ieunesse avoit esté tresimperieuse; quand c'est venu sur l'aage, quoyqu'il le passe sainement ce qui se peult, il frappe, il mord, il iure, le plus tempestatif maistre de France; il se ronge de soing et de vigilance. Tout cela n'est qu'un bastelage, auquel la famille mesme complotte : du grenier, du cellier, voire et de sa bource, d'aultres ont la meilleure part de l'usage, ce pendant qu'il en a les clefs en sa gibbeciere, plus cherement que ses yeulx. Ce pendant qu'il se contente de l'espargne chicheté de sa table, tout est en desbauche en divers reduicts de sa maison, en ieu, et en despense, et en l'entretien des contes de sa vaine cholere et pourvoyance. Chascun est en sentinelle contre luy. Si, par fortune, quelque chestif serviteur s'y addonne, soubdain il luy est mis en souspeçon, qualité à laquelle la vieillessse mord si volontiers de soy mesme. Quantes fois s'est il vanté à moy de la bride qu'il donnoit aux siens, et exacte obeïssance et reverence qu'il en recevoit; combien il veoyoit clair en ses affaires!

Ille solus nescit omnia.

Ie ne sçache homme qui peust apporter plus de parties, et naturelles et acquises, propres à conserver la maistrise, qu'il faict; et si en est descheu comme un enfant : partant l'ay ie choisy, parmy plusieurs telles conditions que ie cognois, comme plus exemplaire. Ce seroit matiere à une question scholastique, « s'il est ainsi mieulx, ou aultrement. » En presence, toutes choses luy cedent; et laissent lon ce vain cours à son auctorité, qu'on ne luy resiste iamais. On le croit, on le craint, on le respecte, tout son saoul. Donne il congé à un valet? il plie son paquet, le voylà party; mais hors de devant luy seulement : les pas de la vieillesse sont si lents, les sens si troublés, qu'il vivra et fera son office en mesme maison, un an, sans estre apperceu. Et quand la saison en est, on faict venir des lettres loingtaines, piteuses, suppliantes, pleines de promesses de mieux faire : par où on le remet en grace. Monsieur faict il quelque marché ou quelque despeche qui desplaise? On la supprime, forgeant tantost aprez assez de causes pour excuser la faulte d'execution ou de response. Nulles lettres estrangieres ne luy estants premierement apportees, il ne veoid que celles qui semblent commodes à sa science. Si, par cas d'adventure, il les saisit, ayant en coustume de se reposer sur certaine personne de les luy lire, on y treuve sur le champ ce qu'on veult : et faict on, à touts coups, que tel luy demande pardon, qui l'iniurie par sa lettre. Il ne veoid enfin ses affaires que par une image disposee et desseignee, et satisfactoire le plus qu'on peult, pour n'esveiller son chagrin et son courroux. I'ay veu, soubs des figures differentes, assez d'œconomies longues, constantes, de tout pareil effect.

LIVRE II, CHAPITRE VIII.

Il est touiours proclive aux femmes de disconuenir à leurs maris : elles saisissent à deux mains toutes couuertures de leur contraster; la premiere excuse leur sert de pleniere iustification. I'en ay veu vne qui desrobboit gros à son mary, pour, disoit elle à son confesseur, faire ses aulmones plus grasses. Fiez vous à cette religieuse dispensation! Nul maniement leur semble avoir assez de dignité, s'il vient de la concession du mary; il fault qu'elles l'usurpent, ou finement, ou fierement, et touiours iniurieusement, pour luy donner de la grace et de l'auctorité. Comme en mes propos, quand c'est contre un pauvre vieillard, et pour des enfants, lors empoignent elles ce tiltre, et en servent leur passion avecques gloire; et, comme en un commun servage, monopolent facilement contre sa domination et gouvernement. Si ce sont masles grands et

Femme, fils et valets, autant d'ennemis à nous.

fleurissants, ils subornent aussi incontinent, ou par force ou par faveur, et maistre d'hostel, et receveur, et tout le reste. Ceulx qui n'ont ny femme ny fils tumbent en ce malheur plus difficilement, mais plus cruellement aussi et indignement. Le vieil Caton disoit en son temps, « qu'autant de valets, autant d'ennemis : » veoyez si, selon la distance de la pureté de son siecle au nostre, il ne nous a pas voulu advertir que femme, fils et valets, autant d'ennemis à nous. Bien sert à la decrepitude de nous fournir le doulx benefice d'inappercevance et d'ignorance, et facilité à nous laisser tromper. Si nous y mordions, que seroit ce de nous, mesme en ce temps où les iuges, qui ont à decider nos controverses, sont communement partisans de l'enfance, et interessez? Au cas que cette piperie m'eschappe à veoir, au moins ne m'eschappe il pas à veoir que ie suis trespipable. Et aura lon iamais assez dict de quel prix est un amy, à comparaison de ces liaisons civiles ? L'image mesme que i'en veois aux bestes, si pure, avecques quelle religion ie la respecte ! Si les aultres me pipent, au moins ne me pipe ie pas moy mesme à m'estimer capable de m'en garder, ny à me ronger la cervelle pour m'en rendre : ie me sauve de telle trahisons en mon propre giron, non par une inquiete et tumultuaire curiosité, mais par diversion plustost et resolution. Quand i'ois reciter l'estat de quelqu'un, ie ne m'amuse pas à luy; ie tourne incontinent les yeulx à moy, veoir comment i'en suis : tout ce qui le touche me regarde; son accident m'advertit, et m'esveille de ce costé là. Touts les iours et à toutes heures, nous disons d'un aultre ce que nous dirions plus propremeut de nous, si nous sçavions replier, aussi bien qu'estendre, nostre consideration. Et plusieurs aucteurs blecent en cette maniere la protection de leur cause, courant en avant temerairement à l'encontre de celles qu'ils attaquent, et lanceant à leurs ennemis des traicts propres à leur estre relancez plus advantageusement.

Feu monsieur le mareschal de Montluc, ayant perdu son fils, qui mourut en l'isle de Maderes, brave gentilhomme, à la verité, et de grande esperance, me faisoit fort valoir, entre ses aultres regrets, le desplaisir et crevecœur qu'il sentoit, de ne s'estre iamais communiqué à luy; et, sur cette humeur d'une gravité et grimace paternelle, avoir perdu la commodité de gouster et bien cognoistre son fils, et aussi de lui declarer l'extreme amitié qu'il luy portoit, et le digne iugement qu'il faisoit de sa vertu. « Et ce pauvre garson, disoit il, n'a rien veu de moy qu'une contenance renfrongnee et pleine de mespris; et a emporté cette creance, que ie n'ay sceu ny l'aimer ny l'estimer selon son merite. A qui gardois ie à descouvrir cette singuliere affection que ie luy portois dans mon ame? estoit ce pas luy qui en debvoit avoir tout le plaisir et toute l'obligation? Ie me suis contrainct et gehenné pour maintenir ce vain masque; et y ay perdu le plaisir de sa conversation, et sa volonté quand et quand, qu'il ne me peult avoir portee aultre que bien froide, n'ayant iamais receu de moy que rudesse, ny senty qu'une façon tyrannique. » Ie treuve que cette plaincte estoit bien prinse et raisonnable; car, comme ie sçais par une trop certaine experience, il n'est aulcune si doulce consolation en la perte de nos amis, que celle que nous apporte la science de n'avoir rien oublié à leur dire, et d'avoir eu avecques eulx une parfaicte et entiere communication. O mon amy! en vaulx ie mieulx d'en avoir le goust? ou si i'en vaulx moins? l'en vaulx, certes, bien mieulx; son regret me console et m'honore: est ce pas un pieux et plaisant office de ma vie, d'en faire à tout iamais les obseques? est il iouissance qui vaille cette privation?

Ie m'ouvre aux miens tant que ie puis, et leur signifie tresvolontiers l'estat de ma volonté et de mon iugement envers eulx, comme envers un chascun: ie me haste de produire et de me presenter; car ie ne veulx pas qu'on s'y mescompte, de quelque part que ce soit. Entre aultres coustumes particulieres qu'avoient nos anciens Gaulois, à ce que dict Cæsar, cette cy en estoit l'une, que les enfants ne se presentoient aux peres, ny s'osoient trouver en publicque en leur compaignie, que lorsqu'ils commenceoient à porter les armes; comme s'ils eussent voulu dire que lors il estoit aussi saison que les peres les receussent en leur familiarité et accointance.

I'ay veu encores une aultre sorte d'indiscretion en aulcuns peres de mon temps, qui ne se contentent pas d'avoir privé, pendant leur longue vie, leurs enfants de la part qu'ils debvoient avoir naturellement en leurs fortunes, mais laissent encores aprez eulx à leurs femmes cette mesme auctorité sur touts leurs biens, et loy d'en disposer à leur fantaisie. Et ay cogneu tel seigneur, des premiers officiers de nostre couronne, ayant, par esperance de droict à venir, plus de cinquante mille escus de rente, qui est mort necessiteux, et accablé de debtes, aagé de plus de cinquante ans, sa mere, en son extreme decrepitude, iouissant encores de touts ses biens par l'ordonnance du pere qui avoit de sa part vescu prez de quatre vingts ans. Cela ne me semble aulcunement raisonnable. Pourtant treuve ie peu d'advancement à un homme de qui les affaires se portent bien d'aller chercher une femme qui le charge d'une grande dot; il n'est point de debte estrangiere qui apporte plus de ruyne aux maysons: mes predecesseurs ont communement suyvi ce conseil bien à propos, et moy aussi. Mais ceulx qui nous desconseillent les femmes riches, de peur qu'elles soient moins traictables et recognoissantes, se trompent de faire perdre quelque reelle commodité pour une si frivole coniecture. A une femme desraisonnable, il ne couste non plus de passer par dessus une raison, que par dessus une aultre; elles s'aiment le mieulx où elles ont plus de tort: l'iniustice les alleiche; comme les bonnes, l'honneur de leurs actions vertueuses; et en sont debonnaires d'autant plus qu'elles sont plus riches; comme plus volontiers et glorieusement chastes, de ce qu'elles sont belles.

C'est raison de laisser l'administration des affaires aux meres pendant que les enfants ne sont pas en l'aage, selon les loix, pour en manier la charge;

mais le pere les a bien mal nourris, s'il ne peult esperer qu'en leur maturité ils auront plus de sagesse et de suffisance que sa femme, veu l'ordinaire foiblesse du sexe. Bien seroit il toutesfois, à la verité, plus contre nature, de faire despendre les meres de la discretion de leurs enfants. On leur doibt donner largement de quoy maintenir leur estat, selon la condition de leur maison et de leur aage; d'autant que la necessité et l'indigence est beaucoup plus malseante et malaysee à supporter à elles qu'aux masles : il faut plustost en charger les enfants que la mere.

En general, la plus saine distribution de nos biens, en mourant, me semble estre les laisser distribuer à l'usage du pays : les lois y ont mieulx pensé que nous; et vault mieulx les laisser faillir en leur eslection, que de nous hazarder de faillir temerairement en la nostre. Ils ne sont pas proprement nostres, puisque, d'une prescription civile, et sans nous, ils sont destinez à certains successeurs. Et encores que nous ayons quelque liberté au delà, ie tiens qu'il fault une grande cause, et bien apparente, pour nous faire oster à un ce que sa fortune luy avoit acquis, et à quoy la iustice commune l'appelloit; et que c'est abuser, contre raison, de cette liberté, d'en servir nos fantasies frivoles et privees. Mon sort m'a faict grace de ne m'avoir presenté des occasions qui me peussent tenter, et divertir mon affection de la commune et legitime ordonnance. I'en veois envers qui c'est temps perdu d'employer un long soing de bons offices : un mot receu de mauvais biais efface le merite de dix ans. Heureux qui se treuve à poinct pour leur oindre la volonté sur ce dernier passage! La voisine action l'emporte : non pas les meilleurs et plus frequents offices, mais les plus recents et presents, font l'operation. Ce sont gents qui se iouent de leurs testaments, comme de pommes ou de verges, à gratifier ou chastier chaque action de ceux qui y pretendent interest. C'est chose de trop longue suytte, et de trop de poids, pour estre ainsi promenee à chasque instant, et en laquelle les sages se plantent une fois pour toutes, regardants surtout à la raison et observance publicque. Nous prenons un peu trop à cœur ces substitutions masculines, et proposons une eternité ridicule à nos noms. Nous poisons aussi trop les vaines coniectures de l'advenir, que nous donnent les esprits pueriles. A l'adventure eust on faict iniustice de me desplacer de mon reng, pour avoir esté le plus lourd et plombé, le plus long et desgousté en ma leçon, non seulement que touts mes freres, mais que touts les enfants de ma province; soit leçon d'exercice d'esprit, soit leçon d'exercice de corps. C'est folie de faire des triages extraordinaires sur la foy de ces divinations, ausquelles nous sommes si souvent trompez. Si on peut blecer cette regle, et corriger les destinees au chois qu'elles ont fait de nos heritiers, on le peult, avecques plus d'apparence, en consideration de quelque remarquable et enorme difformité corporelle, vice constant, inamendable, et selon nous grands estimateurs de la beauté, d'important preiudice.

Le plaisant dialogue du legislateur de Platon avecques ses citoyens, fera honneur à ce passage. « Comment doncques, disent-ils, sentants leur fin prochaine, ne pourrons nous point disposer de ce qui est à nous à qui il nous plaira? O dieux! quelle cruauté, qu'il ne nous soit loisible, selon que les nostres nous auront servi en nos maladies, en nostre vieillesse, en nos affaires, de leur donner plus et moins, selon nos fantasies? » A quoy le legislateur respond en cette maniere : « Mes amis, qui avez sans doubte bientost à mourir, il est malaysé et que vous vous cognoissiez, et que vous cognoissiez ce qui est à vous, suyvant l'inscription delphique. Moy, qui foys les loix, tiens que ny vous n'estes à vous, ny n'est à vous ce que vous iouïssez. Et vos biens et vous estes à votre famille, tant passee que future; mais encores plus sont au publicque et vostre famille et vos biens. Parquoy, de peur que quelque flatteur en vostre vieillesse ou en vostre maladie, ou quelque passion, vous solicite mal à propos de faire testament iniuste, ie vous en garderay : mais, ayant respect et à l'interest universel de la cité et à celuy de vostre maison, establiray des loix, et feray sentir, comme de raison, que la commodité particuliere doibt ceder à la commune. Allez vous en ioyeusement où la necessité humaine vous appelle. C'est à moy, qui ne regarde pas l'une chose plus que l'aultre, qui, autant que ie puis, me soigne du general, d'avoir soucy de ce que vous laissez. »

Revenant à mon propos, il me semble, en toutes façons, qu'il naist rarement des femmes à qui la maistrise soit deue sur des hommes, sauf la maternelle et naturelle; si ce n'est pour le chastiment de ceulx qui, par quelque humeur fiebvreuse, se sont volontairement soubmis à elles : mais cela ne touche aulcunement les vieilles, de quoy nous parlons icy. C'est l'apparence de cette consideration qui nous a faict forger et donner pied si volontiers à cette loy, que nul ne veit oncques, qui prive les femmes de la succession de cette couronne ; et n'est gueres seigneurie au monde où elle ne s'allegue, comme icy, par une vraysemblance de raison qui l'auctorise : mais la fortune luy a donné plus de credit en certains lieux qu'aux aultres.

Il est dangereux de laisser à leur iugement la dispensation de nostre succession selon le chois qu'elles feront des enfants, qui est à touts les coups inique et fantastique : car cet appetit desreglé et goust malade, qu'elles ont au temps de leur groisses, elles l'ont en l'ame en tout temps. Communement on les veoid s'addonner aux plus foibles et malotrus, ou à ceulx, si elles en ont, qui leur pendent encores au col. Car, n'ayant point assez de force de discours pour choisir et embrasser ce qui le vault, elles se laissent plus volontiers aller où les impressions de nature sont plus seules ; comme les animaux qui n'ont cognoissance de leurs petits que pendant qu'ils tiennent à leurs mammelles. Au demourant, il est aysé à veoir, par experience, que cette affection naturelle, à qui nous donnons tant d'auctorité, a les racines bien foibles : pour un fort legier proufit, nous arrachons touts les iours leurs propres enfants d'entre les bras des meres, et leur faisons prendre les nostres en charge ; nous leur faisons abandonner les leurs à quelque chestifve nourrice à qui nous ne voulons pas commettre les nostres, ou à quelque chevre, leur defendant non seulement de les allaicter, quelque dangier qu'ils en puissent encourir, mais encores d'en avoir aulcun soing, pour s'employer du tout au service des nostres : et veoid on, en la plupart d'entres elles, s'engendrer bientost, par accoustumance, une affection bastarde plus vehemente que la naturelle, et plus grande solicitude de la conservation des enfants empruntez, que des leurs propres. Et ce que i'ay parlé des chevres, c'est d'autant qu'il est ordinaire, autour de chez moy, de veoir les femmes de village, lorsqu'elles ne peuvent nourrir les enfants de leurs mammelles, appeller des chevres à leur secours : et i'ay à cette heure deux laquays qui ne tetterent iamais que huict iours laict de femmes. Ces chevres sont incontinent duictes à venir allaicter ces petits enfants, recognoissent leur voix quand ils crient, et y accourent : si on leur en presente un aultre que leur nourrisson, elles le refusent ; et l'enfant en faict de mesme d'une aultre chevre. l'en veis un l'aultre iour à qui on osta la sienne, parce que son pere ne l'avoit qu'empruntee d'un sien voisin : il ne peut iamais s'adonner à l'aultre qu'on luy presenta, et mourut, sans doubte de faim. Les bestes alterent et abbastardissent, aussy aysement que nous, l'affection naturelle. Ie crois qu'en ce que recite Herodote, de certain destroict de la Libye, il y a souvent du mescompte ; il dict qu'on s'y mesle aux femmes indifferemment, mais que l'enfant, ayant force de marcher, treuve son pere celuy vers lequel, en la presse, la naturelle inclination porte ses premiers pas.

Or, à considerer cette simple occasion d'aimer nos enfants pour les avoir engendrez, pour laquelle nous les appellons aultres nous mesmes, il semble qu'il y ait bien une aultre production venant de nous qui ne soit pas de moindre recommandation : car ce que nous engendrons par l'ame, les enfantements de nostre esprit, de nostre courage et suffisance, sont produicts par une plus noble partie que la corporelle, et sont plus nostres; nous sommes pere et mere ensemble en cette generation. Ceulx cy nous coustent bien plus cher, et nous apportent plus d'honneur, s'ils ont quelque chose de bon : car la valeur de nos aultres enfants est beaucoup plus leur que nostre, la part que nous y avons est bien legiere ; mais de ceulx cy, toute la beauté, toute la grace et le prix, est nostre. Par ainsin, ils nous representent et nous rapportent bien plus vifvement que les aultres. Platon adiouste que ce sont icy des enfants immortels qui immortalisent leurs peres, voire et les deïfient, comme Lycurgus, Solon, Minos. Or, les histoires estants pleines d'exemples de cette amitié commune des peres envers les enfants, il ne m'a pas semblé hors de propos d'en trier aussi quelqu'un de cette cy. Heliodorus, ce bon evesque de Tricca, aima mieux perdre la dignité, le proufit, la devotion d'une prelature si venerable, que de perdre sa fille, fille qui dure encores bien gentille, mais à l'adventure pourtant un peu trop curieusement et mollement goderonnee pour fille ecclesiastique et sacerdotale, et de trop amoureuse façon. Il y eut un Labienus à Rome, personnage de grande valeur et auctorité, et, entre aultres qualitez, excellent en toute sorte de litterature, qui estoit, ce crois ie, fils de ce grand Labienus, le premier des capitaines qui feurent soubs Cæsar en la guerre des Gaules, et qui depuis, s'estant iecté au party du grand Pompeius, s'y mainteint si valeureusement, iusques à ce que Cæsar le desfeit en Espaigne : ce Labienus, de quoy ie parle, eut plusieurs envieux de sa vertu, et, comme il est vraysemblable, les courtisans et favoris des empereurs de son temps pour ennemis de sa franchise, et des humeurs paternelles qu'il retenoit encores contre la tyrannie, desquelles il est croyable qu'il avoit teinct ses escripts et ses livres. Ses adversaires poursuivirent devant le magistrat à Rome, et obteindrent de faire condamner plusieurs siens ouvrages, qu'il avoit mis en lumiere, à estre bruslez. Ce fut par luy que commencea ce nouvel exemple de peine, qui depuis feut continué à Rome à plusieurs aultres, de punir de mort les escripts mesmes et les estudes. Il n'y avoit point assez de moyen et matiere de cruauté, si nous n'y meslions des choses que nature a exemptees de tout sentiment et de toute souffrance, comme la reputation et les inventions de nostre esprit, et si nous n'allions communiquer les maulx corporels aux disciplines et monuments des Muses. Or, Labienus ne peut souffrir cette perte, ny de survivre à cette sienne si chere geniture : il se feit porter et enfermer tout vif dans le monument de ses ancestres ; là où il pourveut tout d'un train à se tuer et à s'enterrer ensemble. Il est malaysé de montrer aulcune aultre plus vehemente affection paternelle que celle là. Cassius Severus, homme tresèloquent, et son familier, veoyant brusler ses livres, crioit que, par mesme sentence, on le debvoit quand et quand condamner à estre bruslé tout vif ; car il portoit et conservoit en sa memoire ce qu'ils contenoient. Pareil accident advent à Cremutius Cordus, accusé d'avoir en ses livres loué Brutus et Cassius : ce senat vilain, servile et corrompu, et digne d'un pire maistre que Tibere, condamna ses escripts au feu. Il feut content de faire compaignie à leur mort, et se tua par abstinence de manger. Le bon Lucanus, estant iugé par ce coquin de Neron, sur les derniers traicts de sa vie, comme la pluspart du sang feut desia escoulé par les veines des bras qu'il s'estoit fait tailler à son medecin pour mourir, et que la froideur eut saisi les extremitez de ses membres ; et commencea à s'approcher des parties vitales, la derniere chose qu'il eut en sa memoire, ce feurent aulcuns des vers de son livre de la guerre de Pharsale, qu'il recitoit ; et mourut ayant cette derniere voix en la bouche. Cela qu'estoit ce, qu'un tendre et paternel congé qu'il prenoit de ses enfants, representant les adieux et les estroicts embrassements que nous donnons aux nostres en mourant, et un effect de cette naturelle inclination qui r appelle en nostre souvenance, en cette extremité, les choses que nous avons eu les plus cheres pendant nostre vie ?

Pensons nous qu'Epicurus, qui, en mourant, tormenté comme il dict, des extremes douleurs de la cholique, avoit toute sa consolation en la beauté de la doctrine qu'il laissoit au monde, eust receu autant de contentement d'un nombre d'enfants bien nays et bien eslevez, s'il en eust eu, comme il faisoit de la production de ses riches escripts? et que, s'il eust esté au chois de laisser, aprez luy, un enfant contrefaict et mal nay, ou un livre sot et inepte, il ne choisit plustost, et non luy seulement, mais tout homme de pareille suffisance, d'encourir le premier malheur que l'autre ?

Ce seroit à l'adventure impieté en sainct Augustin (pour exemple), si, d'un costé, on luy proposoit d'enterrer ses escripts, de quoy nostre religion reçoit un si grand fruict, ou d'enterrer ses enfants, au cas qu'il en eust, s'il n'aimoit mieulx enterrer ses enfants. Et ie ne sçais si ie n'aimerois pas mieulx beaucoup en avoir produict un, parfaictement bien formé, de l'accointance des Muses, que de l'accointance de ma femme. A cettuy cy, tel qu'il est, ce que ie donne, ie le donne purement et irrevocablement, comme on donne aux enfants corporels. Ce peu de bien que ie luy ay faict, il n'est plus en ma disposition : il peult sçavoir assez de choses que ie ne sçais plus, et tenir de moy ce que ie n'ay point retenu, et il fauldroit que, tout ainsi qu'un estrangier, i'empruntasse de luy, si besoing m'en venoit ; si ie suis plus sage que luy, il est plus riche que moy. Il est peu d'hommes addonnez à la poësie, qui ne se gratifiassent plus d'estre peres de l'Æneide, que du plus beau garson de Rome, et qui ne souffrissent plus ayseement une perte que l'aultre : car, selon Aristote, de touts ouvriers, le poëte est nommement le plus amoureux de son ouvrage. Il est malaysé à croire qu'Epaminondas, qui se vantoit de laisser pour toute posterité des filles qui feroient un iour honneur à leur pere (c'estoient les deux nobles victoires qu'il avoit gaigné sur les Lacedemoniens), eust volontiers consenti d'eschanger celles là aux plus gorgiases de toute la Grece ; ou qu'Alexandre et Cæsar ayent iamais souhaité d'estre privez de la grandeur de leurs glorieux faicts de guerre, pour la commodité d'avoir des enfants et heritiers, quelque parfaicts et accomplis qu'ils peussent estre. Voire ie fais grand doubte que Phidias, ou aultre excellent statuaire, aimast autant la conservation et la durée de ses enfants naturels, comme il feroit d'une image excellente qu'avecques long travail et estude il auroit parfaicte selon l'art. Et quant à ces passions vicieuses et furieuses qui ont eschauffé quelquesfois les peres à l'amour de leurs filles, ou les meres envers leurs fils, encores s'en trouve il de pareilles en cette aultre sorte de parenté : tesmoing ce que l'on recite de Pygmalion, qu'ayant basty une statue de femme, de beauté singuliere, il devint si esperduement esprins de l'amour forcené de ce sien ouvrage, qu'il fallut qu'en faveur de sa rage les dieux la luy vivifiassent :

> Tentatum mollescit ebur, positoque rigore
> Subsidit digitis.

Chapitre IX. — Des armes des Parthes.

C'est une façon vicieuse de la noblesse de nostre temps, et pleine de mollesse, de ne prendre les armes que sur le poinct d'une extremen necessité, et s'en descharger aussi tost qu'il y a tant soit peu d'apparence que le dangier soit esloigné : d'où il survient plusieurs desordres ; car, chascun riant et courant à ses armes sur le poinct de la charge, les uns sont à lacer encores leur cuirasse, que leurs compaignons sont desia rompus. Nos peres donnoient leur salade, leur lance et leurs gantelets à porter, et n'abandonnoient le reste de leur equipage tant que la courvee duroit. Nos troupes sont à cette heure toutes troublees et difformees par la confusion du bagage et des valets, qui ne peuvent esloigner leurs maistres à cause de leurs armes. Tite Live, parlant des nostres, *Intolerantissima laboris corpora vix arma humeris gerebant.* Plusieurs nations vont encores, et alloient anciennement, à la guerre sans se couvrir, ou se couvroient d'inutiles deffenses :

> Tegmina queis capitum, raptus de subere cortex.

Alexandre, le plus hazardeux capitaine qui feut iamais, s'armoit fort rarement. Et ceulx d'entre nous qui les mesprisent, n'empirent pour cela de gueres leur marché : s'il se veoid quelqu'un tué par le default d'un harnois, il n'en est gueres moindre nombre que l'empeschement des armes a faict perdre, engagez soubs leur pesanteur, ou froissez et rompus, ou par un contrecoup, ou aultrement. Car il semble, à la verité, à veoir le poids des nostres et leur espesseur, que nous ne cherchions qu'à nous deffendre, et en sommes plus chargez que couverts. Nous avons assez à faire à en soutenir le faix, entravez et contraincts, comme si nous n'avions à combattre que du choc de nos armes ; et comme si nous n'avions pareille obligation à les deffendre, qu'elles ont à nous. Tacitus peinct plaisamment des gents de guerre de nos anciens Gaulois, ainsin armez pour se maintenir seulement, n'ayants moyen ny d'offenser, ny d'estre offensez, ny de se relever abattus. Lucullus, voyant certains hommes d'armes medois qui faisoient front en l'armee de Tigranes, poisamment et malaysement armez, comme dans une prison de fer, print de là opinion de les desfaire ayseement, et par eulx commença sa charge et sa victoire. Et, à present que nos mousquetaires sont en credit, ie crois que l'on trouvera quelque invention de nous emmurer pour nous en garantir, et nous faire traisner à la guerre enfermez dans des bastions, comme ceulx que les anciens faisoient porter à leurs elephants.

Cette humeur est bien esloignee de celle du ieune Scipion, lequel accusa aigrement ses soldats de ce qu'ils avoient semé des chausse-trappes soubs l'eau, à l'endroict du fossé par où ceulx d'une ville qu'il assiegeoit debvoient penser à entreprendre, non pas à craindre : et craignoit, avecques raison, que cette provision endormist leur vigilance à se garder. Il dict aussi à un ieune homme qui luy faisoit montre de son beau bouclier : « Il est vroyment beau, mon fils! mais un soldat romain doibt avoir plus de fiance en sa main dextre qu'en la gauche. »

Or, il n'est que la coustume qui nous rende insupportable la charge de nos armes,

> L' usbergo in dosso haveano, et l' elmo in testa,
> Duo di questi guerrier, dei quali io canto;
> Ne notte o di, dopo ch' entraro in questa
> Stanza, gl' haveano mai messi da canto ;
> Che facile a portar come la vesta
> Era lor, perchè in uso l' havean tanto.

L'empereur Caracalla alloit par païs à pied, armé de toutes pieces, conduisant son armee. Les pietons romains portoient non seulement le morion, l'espee et l'escu (car, quant aux armes, dict Cicero, ils estoient si accoustumez à les avoir sur le dos qu'elles ne les empeschoient non plus que leurs membres, *arma enim, membra militis esse dicunt*), mais quand et quand encores ce qu'il leur falloit de vivres pour quinze iours, et certaine quantité de paulx pour faire leurs remparts, iusques à soixante livres de poids. Et les soldats de Marius, ainsi chargez, marchants en bataille, estoient duits à faire cinq lieues en cinq heures, et six, s'il y avoit haste. Leur discipline militaire estoit beaucoup plus rude que la nostre; aussi produisoit elle de bien aultres effects. Le ieune Scipion, reformant son armee en Espaigne, ordonna à ses soldats de ne manger que debout, et rien de cuict. Ce traict est merveilleux à ce propos, qu'il feut reproché à un soldat lacedemonien, qu'estant à l'expedition d'une guerre, on l'avoit veu soubs le couvert d'une maison : ils estoient si durcis à la peine, que c'estoit honte d'estre veu soubs un autre toict que celui du ciel, quelque temps qu'il feist. Nous ne menerions gueres loing nos gents, à ce prix là!

Au demourant, Marcellinus, homme nourry aux guerres romaines, remarque curieusement la façon que les Parthes avoient de s'armer, et la remarque d'autant qu'elle estoit esloingnee de la romaine. « Ils avoient, dict il, des armes tissues en maniere de petites plumes, qui n'empeschoient pas le mouvement de leurs corps; et si estoient si fortes, que nos dards reiaillissoient venants à les heurter : » (ce sont les escailles de quoy nos ancestres avoient fort accoustumé de se servir.) Et en aultre lieu : « Ils avoient, dict il, leurs chevaulx forts et roides, couverts de gros cuir; et eulx estoient armez, de cap à pied, de grosses lames de fer, rengees de tel artifice, qu'à l'endroict des ioinctures des membres elles prestoient au mouvement. On eust dict que c'estoient des hommes de fer ; car ils avoient des accoustrements de teste si proprement assis, et representants au naturel la forme et parties du visage, qu'il n'y avoit moyen de les assener que par des petits trous ronds qui respondoient à leurs yeux, leur donnant un peu de lumiere, et par des fentes qui estoient à l'endroict des naseaux, par où ils prenoient assez malayseement haleine. »

> Flexilis inductis animatur lamina membris,
> Horribilis visu ; credas simulacra moveri
> Ferrea, cognatoque viros spirare metallo.
> Par vestitus equis : ferrata fronte minantur,
> Ferratosque movent, securi vulneris, armos.

Voylà une description qui retire bien fort à l'equipage d'un homme d'armes françois, à tout ses hardes. Plutarque dict que Demetrius feit faire, pour luy et pour Alcimus, le premier homme de guerre qui feust prez de luy, à chascun un harnois complet du poids de six vingt livres, là où les communs harnois n'en poisoient que soixante.

Chapitre x. — Des livres.

Ie ne foys point de doubte qu'il ne m'advienne souvent de parler de choses qui sont mieulx traitees chez les maistres du metier, et plus veritablement. C'est icy purement l'essay de mes facultés naturelles, et nullement des acquises ; et qui me surprendra d'ignorance, il ne fera rien contre moy; car à peine respondrois ie à aultruy de mes discours, qui ne m'en reponds point à moy, ny n'en suis satisfait. Qui sera en cherche de science, si la pesche où elle se loge : il n'est rien de quoy ie face moins de profession. Ce sont icy mes fantasies, par lesquelles ie ne tasche point de donner à cognoistre les choses, mais moy : elles me seront à l'adventure cogneues un iour, ou l'ont aultrefois esté, selon que la fortune m'a peu porter sur les lieux où elles estoient esclaircies : mais il ne m'en souvient plus ; et si ie suis homme de quelque leçon, ie suis homme de nulle retention : ainsi ie ne pleuvis aulcune certitude si ce n'est de faire cognoistre iusques à quel poinct monte, pour cette heure, la cognoissance que i'en ay. Qu'on ne s'attende pas aux matieres, mais à la façon que i'y donne : qu'on veoye, en ce que i'emprunte, si i'ay sçeu choisir de quoy rehaulser ou secourir proprement l'invention, qui vient tousiours de moy ; car ie foys dire aux aultres, non à ma teste, mais à ma suitte, ce que ie ne puis si bien dire, par foiblesse de mon langage, ou par foiblesse de mon sens. Ie ne compte pas mes emprunts, ie les poise ; et si ie les eusse voulu faire valoir par nombre, ie m'en feusse chargé deux fois autant : ils sont touts, ou fort peu s'en fault, de noms si fameux et anciens, qu'ils me semblent se nommer assez sans moy. Ez raisons, comparaisons, arguments, si i'en transplante quelqu'un en mon solage, et confonds aux miens ; à escient i'en cache l'aucteur, pour tenir en bride la temerité de ces sentences hastifves qui se iectent sur toute sorte d'escripts, notamment ieunes escripts, d'hommes encore vivants, et en vulgaire, qui receoit tout le monde à en parler, et qui semble convaincre la conception et le desseing vulgaire de mesme : ie veulx qu'ils donnent une nazarde à Plutarque sur mon nez, et qu'ils s'eschauldent à iniurier Seneque en moy. Il fault musser ma foiblesse soubs ces grands credits. I'aimeray quelqu'un qui me sçache deplumer, ie dis par clarté de iugement, et par la seule distinction de la force et beauté des propos : car moy, qui, à faulte de memoire, demeure court touts les coups à les trier par cognoissance de nation, sçais tresbien cognoistre, à mesurer ma portee, que mon terroir n'est aulcunement capable d'aulcunes fleurs trop riches que i'y treuve semees ; et que touts les fruits de mon creu ne les sçauroient payer. De cecy suis ie tenu de respondre ; si ie m'empesche moy mesme ; s'il y a de la vanité et vice en mes discours, que ie ne sente point, ou que ie ne soye capable de sentir en me le representant : car il eschappe souvent des faultes à nos yeulx ; mais la maladie du iugement consiste à ne les pouvoir appercevoir lorsqu'un aultre nous les decouvre. La science et la verité peuvent loger chez nous sans iugement, et le iugement y peult aussi estre sans elles : voire la recognoissance de l'ignorance est l'un des plus beaux et plus seurs tesmoignages de iugement que ie treuve. Ie n'ay point d'aultre sergeant de bande, à renger mes pieces, que la fortune : à mesme que mes resveries se presentent, ie les entasse ; tantost elles se pressent en foule, tantost elles se traisnent à la file. Ie veulx qu'on veoye mon pas naturel et ordinaire, ainsi destracqué qu'il est : ie me laisse aller comme ie me treuve : aussi ne sont ce point icy matieres qu'il ne soit pas permis d'ignorer, et d'en parler casuellement et temerairement. Ie souhaiterois avoir plus parfaicte intelligence des choses ; mais ie ne la veulx pas acheter si cher qu'elle couste. Mon desseing est de passer doulcement, et non laborieusement, ce qui me reste de vie : il n'est rien pour quoy ie me veuille rompre la teste, non pas pour la science, de quelque grand prix qu'elle soit.

Ie ne cherche aux livres qu'à m'y donner du plaisir par un honneste amusement : ou si i'estudie, ie n'y cherche que la science qui traicte de la cognoissance de moy mesme, et qui m'instruise à bien mourir et à bien vivre :

Has meus ad metas sudet oportet equus.

Les difficultez, si i'en rencontre en lisant, ie n'en ronge pas mes ongles ; ie les laisse là, aprez leur avoir faict une charge ou deux. Si ie m'y plantois, ie m'y perdrois, et le temps ; car i'ay un esprit primsaultier ; ce que ie ne veois de la premiere charge, ie le veois moins en m'y obstinant. Ie ne foys rien sans gayeté, et la continuation et contention trop ferme esblouït mon iugement, l'attriste et le lasse. Ma veue s'y confond et s'y dissipe ; il fault que ie la retire, et que ie l'y remette à secousses : tout ainsi que pour iuger du lustre de l'escarlatte, on nous ordonne de passer les yeulx par dessus, en la parcourant à diverses veues, soubdaines reprinses, et reïterees. Si ce livre me fasche, i'en prends un aultre, et ne m'y addonne qu'aux heures où l'ennuy de rien faire commence à me saisir. Ie ne me prends gueres aux nouveaux, pource que les anciens me semblent plus pleins et plus roides : ny aux grecs, parce que mon iugement ne sçait pas faire ses besougnes d'une puerile et apprentisse intelligence.

Entre les livres simplement plaisants, ie treuve, des modernes, le Decameron de Boccace, Rabelais, et les Baisers de Iehan Second, s'il les fault loger soubs ce tiltre, dignes qu'on s'y amuse. Quant aux Amadis, et telles sortes d'escripts, ils n'ont pas eu le credit d'arrester seulement mon enfance. Ie diray encores cecy, ou hardiment, ou temerairement, que cette vieille ame poisante ne se laisse plus chatouiller, non seulement à l'Arioste, mais encores au bon Ovide : sa facilité et ses inventions, qui m'ont ravis aultrefois, à peine m'entretiennent elles à cette heure. Ie dis librement mon advis de toutes choses, voire et de celles qui surpassent à l'adventure ma suffisance, et que ie ne tiens aulcunement estre de ma iurisdiction : ce que i'en opine, c'est aussi pour declarer la mesure de ma veue, non la mesure des choses. Quand ie me treuve desgousté de l'Axioche de Platon, comme d'un ouvrage sans force, eu esgard à un tel aucteur, mon iugement ne s'en croit pas : il n'est pas si oultrecuidé de s'opposer à l'auctorité de tant d'aultres fameux iugements anciens, qu'il tient ses regens et ses maistres, et avecques lesquels il est plustost content de faillir ; il s'en prend à soy, et se condamne, ou de s'arrester à l'escorce, ne pouvant penetrer iusques au fonds, ou de regarder la chose par quelque fauls lustre. Il se contente de se garantir seulement du trouble et du desreglement : quant à sa foiblesse, il la recognoist et advoue volontiers. Il pense donner iuste interpretation aux apparences que sa conception luy presente ; mais elles sont imbecilles et imparfaictes. La pluspart des fables d'Esope ont plusieurs sens et intelligences : ceulx qui les mythologisent, en choisissent quelque visage qui quadre bien à la fable ; mais pour la pluspart, ce n'est que le premier visage et superficiel ; il y en a d'aultres plus vifs, plus essentiels et internes, auxquels ils n'ont sceu penetrer : voylà comme i'en foys.

Mais, pour suivre ma route, il m'a tousiours semblé qu'en la poésie, Virgile, Lucrece, Catulle et Horace tiennent de bien loing le premier reng ; et signamment Virgile en ses Georgiques, que i'estime le plus accomply ouvrage de la poësie : à comparaison duquel on peult recognoistre ayseement qu'il y a des endroicts de l'Æneïde ausquels l'aucteur eust donné encores quelque tour de pigne, s'il en eust eu loisir ; et le cinquieme livre de l'Æneïde me semble le plus parfaict. I'aime aussi Lucain, et le practique volontiers, non tant pour son style, que pour sa valeur propre et verité de ses opinions et iugements. Quant au bon Terence, la mignardise et les graces du langage latin, ie le treuve admirable à representer au vif les mouvements de l'ame et la condition de nos mœurs ; à toute heure nos actions me reiectent à luy : ie ne puis le lire si souvent, que ie n'y treuve quelque beauté et grace nouvelle. Ceulx des temps voisins à Virgile se plaignoient de quoy aulcuns luy comparoient Lucrece : ie suis d'opinion que c'est à la verité une comparaison inegale ; mais i'ay bien à faire à me r'asseurer en cette creance, quand ie me treuve attaché à quelque beau lieu de ceulx de Lucrece. S'ils se picquoient de cette comparaison, que diroient ils de la bestise et stupidité barbaresque de ceulx qui luy comparent à cette heure Arioste ? et qu'en diroit Arioste luy mesme ?

O seclum insipiens et inficetum !

I'estime que les anciens avoient encores plus à se plaindre de ceulx qui apparioient Plaute et Terence (cettuy cy sent bien mieulx son gentilhomme), que Lucrece et Virgile. Pour l'estimation et preference de Terence, faict beaucoup que le pere de l'eloquence romaine l'a si souvent en la bouche, seul de son reng ; et la sentence que le premier iuge des poëtes romains donne de son compaignon. Il m'est souvent tumbé en fantasie comme, en nostre temps, ceulx qui se meslent de faire des comedies (ainsi que les Italiens qui y sont assez heureux) employent trois ou quatre arguments de celles de Terence ou de Plaute pour en faire une des leurs : ils entassent en une seule comedie cinq ou six contes de Boccace. Ce qui les faict ainsi se charger de matiere, c'est la desfiance qu'ils ont de se pouvoir soustenir de leurs propres graces : il fault qu'ils treuvent un corps où s'appuyer ; et n'ayants pas, du leur, assez de quoy nous arrester, ils veulent que le conte nous amuse. Il en va de mon aucteur tout au contraire : les perfections et beautez de sa façon de dire nous font perdre l'appetit de son subiect ; sa gentillesse et sa mignardise nous retiennent par tout ; il est par tout si plaisant,

Liquidus, puroque simillimus amni,

et nous remplit tant l'ame de ses graces, que nous en oublions celles de sa fable. Cette mesme contideration me tire plus avant ! ic veois que les bons et anciens poëtes ont evité l'affectation et la recherche, non seulement des fantastiques eslevations espaignolles et petrarchistes, mais des poinctes mesmes plus doulces et plus retenues, qui sont l'ornement de touts les ouvrages poëtiques des siecles suyvants. Si n'y a il bon iuge qui les treuve à dire en ces anciens, et qui n'admire plus sans comparaison l'eguale polissure et cette perpetuelle doulceur et beauté fleurissante des epigrammes de Catulle, que touts les aiguillons de quoy Martial aiguise la queue des siens. C'est cette mesme raison que ie disois tantost, comme Martial de soy, *minus illi ingenio laborandum fuit, in cuius locum materia successerat.* Ces premiers là, sans s'esmouvoir et sans se picquer, se font assez sentir; ils ont de quoy rire par tout, il ne fault pas qu'ils se chatouillent : ceulx cy ont besoing de secours estrangiers; à mesure qu'ils ont moins d'esprit, il leur fault plus de corps; ils montent à cheval parce qu'ils ne sont assez forts sur leurs iambes : tout ainsi qu'en nos bals, ces hommes de vile condition qui en tiennent eschole, pour ne pouvoir representer le port et la decence de nostre noblesse, cherchent à se recommender par des saults perilleux, et aultres mouvements estrangiers et basteleresques; et les dames ont meilleur marché de leur contenance aux danses où il y a diverses descoupeures et agitations de corps, qu'en certaines aultres danses de parade, où elles n'ont simplement qu'à marcher un pas naturel, et representer un port naïf et leur grace ordinaire : et comme i'ay veu aussi les badins excellents, vestus en leur à tous les iours et en une contenance commune, nous donner tout le plaisir qui se peult tirer de leur art; les apprentifs et qui ne sont de si haulte leçon, avoir besoing de s'enfariner le visage, de se travestir, se contrefaire en mouvements de grimaces sauvages, pour nous appresier à rire. Cette mienne conception se recognoist mieulx, qu'en tout aultre lieu, en la comparaison de l'Æneïde et du Furieux : celuy là on le veoit aller à tire d'aile, d'un vol hault et ferme, suyvant tousiours sa poincte; cettuy cy, voleter et saulteler de conte en conte, comme de branche en branche, ne se fiant à ses ailes que pour une bien courte traverse, et prendre pied à chasque bout de champ, de peur que l'haleine et la force luy faille;

Excursusque breves tentat.

Voylà doncques, quant à cette sorte de subiects, les aucteurs qui me plaisent le plus.

Quant à mon aultre façon, qui me mesle un peu plus de fruict au plaisir, par où i'apprends à renger mes opinions et conditions, les livres qui m'y servent, c'est Plutarque, depuis qu'il est françois et Seneque. Ils ont touts deux cette notable commodité pour mon humeur, que la science que i'y cherche y est traictee à pieces descousues, qui ne demandent pas l'obligation d'un long travail, de quoy ie suis incapable : ainsi sont les opuscules de Plutarque, et les epistres de Seneque, qui sont la plus belle partie de leurs escripts et la plus belle proufitable. Il ne fault pas grande entreprinse pour m'y mettre; et les quitte où il me plaist : car elles n'ont point de suitte et dependance des unes des aultres. Ces aucteurs se rencontrent en la pluspart des opinions utiles et vrayes; comme aussi leur fortune les feit naistre environ mesme siecle; touts deux precepteurs de deux empereurs romains; touts deux venus de païs estrangier; touts deux riches et puissants. Leur instruction est de la cresme de la philosophie, et presentee d'une simple façon, et pertinente. Plutarque est plus uniforme et constant; Seneque, plus ondoyant et divers : Cettuy cy se peine, se roidit et se tend, pour armer la vertu contre la foiblesse, la crainte et les vicieux appetits; L'aultre semble n'estimer pas tant leurs efforts, et desdaigner d'en haster son pas et se mettre sur sa garde : Plutarque a les opinions platoniques, doulces et accommodables à la societé civile; L'aultre les a stoïques et epicuriennes, plus esloingnees de l'usage commun, mais, selon moy, plus commodes en particulier et plus fermes : Il paroist en Seneque qu'il preste un peu à la tyrannie des empereurs de son temps, car ie tiens pour certain que c'est d'un iugement forcé qu'il condemne la cause de ses genereux meurtriers de Cesar; Plutarque est libre par tout : Seneque est plein de poinctes et saillies; Plutarque, de choses : celuy là vous eschauffe plus et vous esmeut;

cettuy cy vous contente davantage et vous paye mieulx ; il nous guide, l'aultre nous poulse.

Quand à Cicero, les ouvrages qui me peuvent servir chez luy à mon desseing, ce sont ceulx qui traictent de la philosophie specialement morale. Mais, à confesser hardiement la verité (car, puisqu'on a franchi les barrieres de l'impudence, il n'y a plus de bride), sa façon d'escrire me semble ennuyeuse ; et toute aultre pareille façon : car ses prefaces, definitions, partitions, etymologies, consument la pluspart de son ouvrage ; ce qu'il y a de vif et de mouelle est estouffé par ses longueries d'apprets. Si i'ay employé une heure à le lire, qui est beaucoup pour moy, et que ie ramentoive ce que i'en ay tiré de suc et de substance, la plus part du temps ie n'y treuve que du vent ; car il n'est pas encores venu aux arguments qui servent à son propos, et aux raisons qui touchent proprement le nœud que ie cherche. Pour moy, qui ne demande qu'à devenir plus sage, non plus sçavant et eloquent, ces ordonnances logiciennes et aristoteliques ne sont pas à propos ; ie veulx qu'on commence par le dernier poinct : i'entends assez que c'est que Mort et Volupté ; qu'on ne s'amuse pas à les anatomizer. Ie cherche des raisons bonnes et fermes, d'arrivee, qui m'instruisent à en soustenir l'effort ; ny les subtilitez grammairiennes, ny l'ingenieuse contexture de paroles et d'argumentations, ny servent. Ie veulx des discours qui donnent la premiere charge dans le plus fort du doubte : les siens languissent autour du pot ; ils sont bons pour l'eschole, pour le barreau et pour le sermon, ou nous avons loisir de sommeiller, et sommes encores, un quart d'heure aprez, assez à temps pour en retrouver le fil. Il est besoing de parler ainsin aux iuges qu'on veult gaigner à tort ou à droict, aux enfants et au vulgaire à qui il fault tout dire, et veoir ce qui portera. Ie ne veulx pas qu'on s'employe à me rendre attentif, et qu'on me crie cinquante fois ; « Or oyez ! » à la mode de nos heraults : les Romains disoient en leur religion : *Hoc age*, que nous disons en la nostre, *Sursum corda* : ce sont autant de paroles perdues pour moy ; i'y viens tout preparé du logis. Il ne me fault point d'alleichement ny de saulse ; ie mange bien la viande crue : et au lieu de m'aiguiser l'appetit par ces preparatoires et avant ieux, on me le lasse et affadit. La licence du temps m'excusera elle de cette sacrilege audace, d'estimer aussi trainants les dialogismes de Platon mesme, estouffant par trop sa matiere ; et de plaindre le temps que met à ces longues interlocutions vaines et preparatoires un homme qui avoit tant de meilleures choses à dire ? mon ignorance m'excusera mieulx, sur ce que ie ne veois rien en la beauté de son langage. Ie demande en general les livres qui usent des sciences, non ceulx qui les dressent. Les deux premiers, et Pline, et leurs semblables, ils n'ont point de *Hoc age ;* ils veulent avoir à faire à gents qui s'en soyent advertis eulx mesmes : ou s'ils en ont, c'est un *Hoc age* substantiel, et qui a son corps à part. Je veois aussi volontiers les epistres *ad Atticum*, non seulement parce qu'elles contiennent une tresample instruction de l'histoire et affaires de son temps, mais beaucoup plus pour y descouvrir ses humeurs privees : car i'ay une singuliere curiosité, comme i'ay dict ailleurs, de cognoistre l'ame et les naïfs iugements de mes aucteurs. Il fault bien iuger leur suffisance, mais non pas leurs mœurs ny eulx, par cette montre de leurs escripts qu'ils etalent au theatre du monde. I'ay mille fois regretté que nous ayons perdu le livre que Brutus avoit escript de la vertu : car il faict beau apprendre la theorique de ceulx qui sçavent bien la practique. Mais d'autant que c'est aultre chose le presche, i'aime bien autant veoir Brutus chez Plutarque que chez luy mesme : ie choisirois plustost de sçavoir au vray les devis qu'il tenoit en sa tente à quelqu'un de ses privez amis, la veille d'une battaille, que les propos qu'il teint le lendemain à son armee ; et ce qu'il faisoit en son cabinet et en sa chambre, que ce qu'il faisoit emmy la place et au senat. Quant à Cicero, ie suis du iugement commun, que, hors la science, il n'y avoit pas beaucoup d'excellence en son ame : il estoit bon citoyen, d'une nature debonnaire, comme sont volontiers les hommes gras et gosseurs, tel qu'il estoit ; mais de mollesse, et de vanité ambitieuse, il en avoit, sans mentir, beaucoup. Et si ne sçais comment l'excuser d'avoir estimé sa poësie digne d'estre mise en lumiere : ce n'est pas grande imperfection que de faire mal des vers ; mais c'est imperfection de n'avoir pas senty combien ils estoient indignes de la gloire de son nom. Quant à son eloquence, elle est du tout hors de comparaison : ie crois que iamais homme ne l'egualera. Le ieune

Cicero, qui n'a ressemblé son pere que de nom, commandant en Asie, il se trouva un iour en sa table plusieurs estrangiers, et entre aultres Cestius, assis au bas bout, comme on se fourre souvent aux tables ouvertes des grands. Cicero s'informa qui il estoit, à l'un de ses gents, qui luy dict son nom : mais, comme celuy qui songeoit ailleurs, et qui oublioit ce qu'on luy respondoit, il le luy redemanda encores, depuis, deux ou trois fois. Le serviteur, pour n'estre plus en peine de luy redire si souvent mesme chose, et pour le luy faire cognoistre par quelque circonstance, « C'est, dict il, ce Cestius, de qui on vous a dict qu'il ne faict pas grand estat de l'eloquence de vostre pere, au prix de la sienne. » Cicero, s'estant soubdain picqué de cela, commanda qu'on empoignast ce pauvre Cestius, et le feit tresbien fouetter en sa presence. Voylà un mal courtois hoste ! Entre ceulx mesme qui ont estimé, toutes choses comptees, cette sienne eloquence incomparable, il y en a eu qui n'ont pas laissé d'en remarquer des faultes ; comme ce grand Brutus, son amy, disoit que c'estoit une eloquence cassee et esrenee, *fractam et elumbem*. Les orateurs voisins de son siecle reprenoient aussi en luy ce curieux soing de certaine longue cadence au bout de ses clauses, et notaient ces mots *esse videatur*, qu'il y employe si souvent. Pour moy, i'aime mieulx une cadence qui tumbe plus court, coupee en ïambes. Si mesle il par fois bien rudement ses nombres, mais rarement ; i'en ay remarqué ce lieu à mes aureilles : *Ego verò me minus diu senem mallem, quam esse senem ante quam essem*.

Les historiens sont ma droicte balle ; car ils sont plaisants et aysez ; et quand et quand l'homme en general, de qui ie cherche la cognoissance, y paroist plus vif et plus entier qu'en nul aultre lieu ; la varieté et verité de ses conditions internes, en gros et en detail ; la diversité des moyens de son assemblage, et des accidents qui le menacent. Or ceulx qui escrivent les vies, d'autant qu'ils s'amusent plus aux conseils qu'aux evenements, plus à ce qui part du dedans qu'à ce qui arrive au dehors, ceulx là me sont plus propres : voylà pourquoy, en toutes sortes, c'est mon homme que Plutarque. Ie suis bien marry que nous n'ayons une douzaine de Laertius, ou qu'il ne soit plus estendu, ou plus entendu : car ie suis pareillement curieux de cognoistre les fortunes et la vie de ces grands precepteurs du monde, comme de cognoistre la diversité de leurs dogmes et fantasies. En ce genre d'estude des histoires, il fault feuilleter, sans distinction, toutes sortes d'aucteurs et vieils et nouveaux, et barragouins et françois, pour y apprendre les choses de quoy diversement ils traictent. Mais Cæsar singulierement me semble meriter qu'on l'estudie, non pour la science de l'histoire seulement, mais pour luy mesme : tant il a de perfection et d'excellence par dessus touts les aultres, quoyque Salluste soit du nombre. Certes, ie lis cet aucteur avec un peu plus de reverence et de respect, qu'on ne lict les humains ouvrages ; tantost le considerant luy mesme par ses actions et le miracle de sa grandeur ; tantost la pureté et inimitable polissure de son langage, qui a surpassé non seulement touts les historiens, comme dit Cicero, mais à l'adventure Cicero mesme : avecques tant de sinceritè en ses iugements, parlant de ses ennemis, que, sauf les faulses couleurs de quoy il veult couvrir sa mauvaise cause et l'ordure de sa pestilente ambition, ie pense qu'en cela seul on y puisse trouver à redire qu'il esté trop espargnant à parler de soy : car tant de grandes choses ne peuvent avoir esté executees par luy, qu'il n'y soit allé beaucoup plus du sien qu'il n'y en met.

I'aime les historiens ou fort simples, ou excellents. Les simples, qui n'ont point de quoy y mesler quelque chose du leur, et qui n'y apportent que le soing et la diligence de r'amasser tout ce qui vient à leur notice, et d'enregistrer, à la bonne foy, toutes choses sans chois et sans triage, nous laissent le iugement entier pour la cognoissance de la verité : tel est entre aultres, pour exemple, le bon Froissard, qui a marché, en son entreprinse, d'une si franche naïfveté, qu'ayant faict une faulte, il ne craint aulcunement de la recognoistre et corriger à l'endroict où il en a esté adverty, et qui nous represente la diversité mesme des bruits qui couroient, et les differents rapports qu'on luy faisoit : c'est la matiere de l'histoire nue et informe ; chascun en peult faire son prouffit autant qu'il a d'entendement. Les bien excellents ont la suffisance de choisir ce qui est digne d'estre sceu ; peuvent trier, de deux rapports, celuy qui est plus vraysemblable ; de la condition des princes et de leurs humeurs, ils en concluent les conseils, et leur attribuent les paroles convenables : ils ont raison de prendre l'auctorité de regler nostre creance à la leur; mais, certes, cela n'appartient à gueres de gents. Ceulx d'entre deux (qui est la plus commune façon) nous gastent tout; ils veulent nous mascher les morceaux; ils se donnent loy de iuger, et par consequent d'incliner l'histoire à leur fantasie; car, depuis que le iugement pend d'un costé, on ne se peult garder de contourner et tordre la narration à ce biais : ils entreprennent de choisir les choses dignes d'estre sceues, et nous cachent souvent telle parole, telle action privee, qui nous instruiroit mieulx; obmettent, pour choses incroyables, celles qu'ils n'entendent pas, et peut estre encores telle chose, pour ne la sçavoir dire en bon latin ou françois. Qu'ils estalent hardiment leur eloquence et leur discours, qu'ils iugent à leur poste : mais qu'ils nous laissent aussi de quoy iuger aprez eulx, et qu'ils n'alterent ny dispensent, par leurs raccourcimens et par leur choix, rien sur le corps de la matiere, ains qu'ils nous la r'envoyent pure et entiere en toutes ses dimensions.

Le plus souvent on trie, pour cette charge, et notamment en ces siecles icy, des personnes d'entre le vulgaire, pour cette seule consideration de sçavoir bien parler; comme si nous cherchions d'y apprendre la grammaire : et eulx ont raison, n'ayants esté gagez que pour cela, et n'ayants mis en vente que le habil, de ne se soulcier aussi principalement que de cette partie; ainsin, à force beaux mots, ils nous vont pastissant une belle contexture des bruits qu'ils r'amassent ez carrefours des villes. Les seules bonnes histoires sont celles qui ont esté escriptes par ceulx mesmes qui commandoient aux affaires, ou qui estoient participants à les conduire, ou au moins qui ont eu la fortune d'en conduire d'aultres de mesme sorte : telles sont quasi toutes les grecques et romaines; car plusieurs tesmoings oculaires ayants escript de mesme subiect (comme il advenoit en ce temps là, que la grandeur et le sçavoir se rencontroient communement), s'il y a de la faulte, elle doibt estre merveilleusement legiere, et sur un accident fort doubteux. Que peult on esperer d'un medecin traictant de la guerre, ou d'un escholier traictant les desseings des princes? Si nous voulons remarquer la religion que les Romains avoient en cela, il n'en fault que cet exemple : Asinius Pollio trouvoit ez histoires mesmes de Cæsar quelque mescompte en quoy il estoit tumbé, pour n'avoir peu iecter les yeulx en touts les endroicts de son armee, et en avoir creu les particuliers qui luy rapportoient souvent des choses non verifiees; ou bien pour n'avoir esté assez curieusement adverty par ses lieutenants des choses qu'ils avoient conduictes en son absence. On peult voir, par là, si cette recherche de la verité est delicate, qu'on ne se puisse pas fier d'un combat à la science de celuy qui a commandé, ny aux soldats, de ce qui s'est passé prez d'eulx, si, à la mode d'une information iudiciaire, on ne confronte les tesmoings et reçoit les obiects sur la preuve des ponctilles de chasque accident. Vrayement la cognoissance que nous avons de nos affaires est bien plus lasche : mais cecy a esté suffisamment traicté par Bodin, et selon ma conception.

Pour subvenir un peu à la trahison de ma memoire, et à son default, si extreme, qu'il m'est advenu plus d'une fois de reprendre en main des livres comme recents et à moy incogneus, que i'avois leu soigneusement quelques annees auparavant, et barbouillé de mes notes, i'ay prins en coustume, d'adiouster au bout de chasque livre (ie dis de ceulx desquels ie ne me veulx servir qu'une fois) le temps auquel i'ay achevé de le lire, et le iugement que i'en ay retiré en gros; à fin que cela me represente au moins l'air et idee generale que i'avois conceu de l'aucteur en le lisant. Ie veulx ici transcrire aulcunes de ces annotations.

Voicy ce que ie meis, il y a environ dix ans, en mon Guicciardin (car, quelque langue que parlent mes livres, ie leur parle en la mienne) : « Il est historiographe diligent, et duquel, à mon advis, autant exactement que de nul aultre, on peult apprendre la verité des affaires de son temps : aussi, en la plus part, en a il esté acteur luy mesme, et en reng honorable. Il n'y a aulcune apparence que par haine, faveur ou vanité, il y ayt desguisé les choses; de quoy font foy les libres iugements qu'il donne des grands, et notamment de ceulx par lesquels il avoit esté avancé et employé aux charges, comme du pape Clement septiesme. Quant à la partie de quoy il semble se vouloir prevaloir le plus, qui sont ses digressions et discours, il y en a de bons, et enrichis de beaux traicts : mais il s'y est trop pleu; car, pour ne vouloir rien laisser à dire, ayant un subiect si plein et ample, et à peu prez infiny, il en devient lasche, et sentant un peu le cacquet scholastique. I'ay aussi remarqué cecy, que tant d'ames et d'effects, qu'il juge, de tant de mouvements et conseils, il n'en rapporte iamais un seul à la vertu, religion et conscience, comme si ces parties là estoient du tout esteinctes au monde; et de toutes les actions, pour belles par apparence qu'elles soient d'elles mesmes, il en reiecte la cause à quelque occasion vicieuse ou à quelque proufit. Il est impossible d'imaginer que, parmy cet infiny nombre d'actions de quoy il iuge, il n'y en ayt eu quelqu'une produicte par la voye de la raison : nulle corruption peult avoir avoir saisi les hommes si universellement, que quelqu'un n'eschappe de la contagion. Cela me faict craindre qu'il y aye un peu du vice de son goust; et peult estre advenu qu'il ayt estimé d'aultruy selon soy. »

En mon Philippe de Comines, il y a cecy : « Vous y trouverez le langage doulx et agreable, d'une naïfve simplicité, la narration pure, et en laquelle la bonne foy de l'aucteur reluit evidemment, exempte de vanité parlant de soy, et d'affection et d'envie parlant d'aultruy; ses discours et exhortations accompagnez plus de bon zele et de verité, que d'aulcune exquise suffisance; et, tout par tout, de l auctorité et gravité, representant son homme de bon lieu, et eslevé aux grands affaires. »

Sur les Memoires de monsieur du Bellay : « C'est tousiours plaisir de veoir les choses escriptes par ceulx qui ont essayé comme il les fault conduire; mais il ne se peult nier qu'il ne se descouvre evidemment, en ces deux seigneurs icy, un grand deschet de la franchise et liberté d'escrire, qui reluit ez anciens de leur sorte, comme au sire de Ioinville, domestique de sainct Louis; Eginard, chancelier de Charlemaigne, et, de plus fresche memoire, en Philippe de Comines. C'est icy plustost un plaidoyer pour le roy François, contre l'empereur Charles cinquiesme, qu'une histoire. Ie ne veulx pas croire qu'ils ayent rien changé quant au gros du faict; mais, de contourner le iugement des evenements, souvent contre raison, à nostre advantage, et d'obmettre tout ce qu'il y a de chatouilleux en la vie de leur maistre, ils en font mestier : tesmoing les recalements de messieurs de Montmorency et de Biron, qui y sont oubliez; voire le seul nom de madame d'Estampes ne s'y treuve point. On peult couvrir les actions secrettes; mais de taire ce que tout le monde sçait, et les choses qui ont tiré des effects publiques et de telle consequence, c'est un default inexcusable. Somme, pour avoir l'entiere cognoissance du roy François et des choses advenues de son temps, qu'on s'adresse ailleurs, si on m'en croit. Ce qu'on peult faire ici de proufit, c'est par la deduction particuliere des battailles et exploicts de guerre où ces gentilshommes se sont trouvez; quelques paroles et actions privees d'aulcuns princes de leur temps; et les practiques et negociations conduictes par le seigneur de Langeay, où il y a tout plein de choses dignes d'estre sceues, et des discours non vulgaires. »

Chapitre XI. — De la cruauté.

Il me semble que la vertu est chose aultre, et plus noble, que les inclinations à la bonté qui naissent en nous. Les ames reglees d'elles mesmes et bien nees, elles suyvent mesme train, et representent, en leurs actions, mesme visage que les vertueuses : mais la vertu sonne ie ne sçais quoy de plus grand et de plus actif que de se laisser, par une heureuse complexion, doulcement et paisiblement conduire à la suitte de la raison. Celuy qui, d'une doulceur et facilité naturelle, mepriseroit les offenses receues, feroit chose tresbelle et digne de louange : mais celuy qui, picqué et oultré iusques au vif d'une offense, s'armeroit des armes de la raison contre ce furieux appetit de vengeance, et, aprez un grand conflict, s'en rendroit enfin maistre, feroit sans doubte beaucoup plus. Celuy là feroit bien; et cettuy cy, vertueusement : l'une action se pourroit dire bonté; l'aultre, vertu; car il semble que le nom de la vertu presuppose de la difficulté et du contraste, et qu'elle ne peult s'exercer sans partie. C'est à l'adventure pourquoy nous nommons Dieu, bon, fort, et liberal, et iuste, mais nous ne le nommons pas *vertueux;* ses operations sont toutes naïfves et sans effort. Des philosophes, non seulement stoïciens, mais encores epicuriens (et cette enchere ie l'emprunte de l'opinion commune, qui est faulse, quoy que die ce subtil rencontre d'Arcesilaus à celuy qui luy reprochoit que beaucoup de gents passoient de son eschole en l'epicurienne, mais jamais au rebours : « Ie crois bien : des coqs il se faict des chappons assez; mais des chappons il ne s'en faict iamais des coqs : » car, à la verité, en fermeté et rigueur d'opinions et de preceptes, la secte epicurienne ne cede aulcunement à la stoïcque ; et un stoïcien, recognoissant meilleure foy que ces disputateurs, qui, pour combattre Epicurus et se donner beau ieu, luy font dire ce à quoy il ne pensa iamais, contournants ses paroles à gauche, argumentants par la loy grammairienne aultre sens de sa façon de parler, et aultre creance que celle qu'ils sçavent qu'il avoit en l'ame et en ses mœurs, dict qu'il a laissé d'estre epicurien pour cette consideration, entre aultres, qu'il treuve leur route trop haultaine et inaccessible : *et ii, qui* φιλήδονοι *vocantur, sunt* φιλόκαλοι *et* φιλοδίκαιοι *omnesque virtutes et colunt, et retinent*) : des philosophes stoïciens, et epicuriens, dis ie, il y en a plusieurs qui ont iugé que ce n'estoit pas assez d'avoir l'ame en bonne assiette, bien reglee et bien disposee à la vertu ; ce n'estoit pas assez d'avoir nos resolutions et nos discours au dessus de touts les efforts de fortune ; mais qu'il falloit encores rechercher les occasions d'en venir à la preuve : ils veulent quester de la douleur, de la necessité, et du mespris, pour les combattre, et pour tenir leur ame en haleine : *multum sibi adiicit virtus lacessita*. C'est l'une des raisons pourquoy Epaminondas, qui estoit encores d'une tierce secte, refuse des richesses que la fortune luy met en main par une voye teslegitime, pour avoir, dict il, à s'escrimer contre la pauvreté, en laquelle extreme il se maintient tousiours. Socrates s'essayoit, ce me semble, encores plus rudement, conservant pour son exercice la malignité de sa femme, qui est un essay à fer esmoulu. Metellus, ayant, seul de touts les senateurs romains, entreprins, par l'effort de sa vertu, de soustenir la violence de Saturninus, tribun du peuple à Rome, qui vouloit à toute force faire passer une loy iniuste en faveur de la commune, et ayant encouru par là les peines capitales que Saturninus avoit establies contreles refusants, entretenoit ceulx qui en cette extremité le conduisoient en la place, de tels propos : « Que c'estoit chose trop facile et trop lasche que de mal faire ; et Que de faire bien où il n'y eust point de dangier, c'estoit chose vulgaire : mais De faire bien où il y eust dangier, c'estoit le propre office d'un homme de vertu. » Ces paroles de Metellus nous representent bien clairement ce que ie voulois verifier, que la vertu refuse la facilité pour compaigne ; et que cette aysee, doulce et penchante voye par où se conduisent les pas reglez d'une inclination de nature, n'est pas celle de la vraye vertu : elle demande un chemin aspre et espineux ; elle veult avoir, ou des difficultez estrangieres à luicter, comme celle de Metellus, par le moyen desquelles fortune se plaist à luy rompre la roideur de sa course, ou des difficultez internes que luy apportent les appetits desordonnez et imperfections de nostre condition.

Ie suis venu iusques icy bien à mon ayse : mais, au bout de ce discours, il me tumbe en fantaisie que l'ame de Socrates, qui est la plus parfaicte qui soit venue à ma cognoissance, seroit, à mon compte, une ame de peu de recommendation : car ie ne puis concevoir en ce personnage aulcun effort de vicieuse concupiscence ; au train de sa vertu, ie n'y puis imaginer aulcune difficulté ny aulcune contraincte ; ie cognois sa raison si puissante et si maistresse chez luy, qu'elle n'eust iamais donné moyen à un appetit vicieux seulement de naistre ; à une vertu si eslevee que la sienne, ie ne puis rien mettre en teste ; il me semble la veoir marcher d'un victorieux pas et triumphant, en pompe et à son ayse, sans empeschement ne destourbier. Si la vertu ne peult luire que par le combat des appetits contraires, dirons nous doncques qu'elle ne se puisse passer de l'assistance du vice, et qu'elle luy doibve cela, d'en estre mise en credit et en honneur? que deviendroit aussi cette brave et genereuse volupté epicurienne, qui faict estat de nourrir mollement en son giron et y faire folastrer la vertu, luy donnant pour ses iouets la honte, les fiebvres, la pauvreté, la mort et les gehennes? Si ie presuppose que la vertu parfaicte se cognoist à combattre et porter patiemment la douleur, à soustenir les efforts de la goutte sans s'esbranler de son assiette ; si ie luy donne pour son obiect necessaire l'aspreté et la difficulté : que deviendra la vertu qui sera montee à tel poinct, que de non seulement mespriser la douleur, mais de s'en esiouïr, et de se faire chatouiller aux poinctes d'une forte cholique ; comme est celle que les epicuriens ont establie, et de laquelle plusieurs d'entre eulx nous ont laissé par leurs actions des preuves trescertaines? comme ont bien d'aultres, que ie treuve avoir surpassé par effect les regles mesmes de leur discipline; tesmoing le ieune Caton : quand ie le veois mourir et se deschirer les entrailles, ie ne me puis contenter de croire simplement qu'il eust lors son ame exempte totalement de trouble et d'effroy; ie ne puis croire qu'il se maintcint seulement en cette desmarche, que les regles de la secte stoïcque luy ordonnoient, rassise, sans esmotion et impassible; il y avoit, ce me semble, en la vertu de cet homme trop de gaillardise et de verdeur pour s'en arrester là : ie crois sans doubte qu'il sentit du plaisir et de la volupté en une si noble action, et qu'il s'y agrea plus qu'en aultre de celles de sa vie : *Sic abiit e vita, ut causam moriendi nactum se esse gauderet.* Ie le crois si avant, que i'entre en doubte s'il eust voulu que l'occasion d'un si bel exploict luy feust ostee; et, si la bonté qui luy faisoit embrasser les commoditez publicques plus que les siennes ne me tenoit en bride, ie tumberois aysement en cette opinion, Qu'il sçavoit bon gré à la fortune d'avoir mis sa vertu à une si belle espreuve, et d'avoir favorisé ce brigand à fouler aux pieds l'ancienne liberté de sa patrie. Il me semble lire en cette action ie ne sçais quelle esiouïssance de son ame, et une esmotion de plaisir extraordinaire et d'une volupté virile, lorsqu'elle consideroit la noblesse et la haulteur de son entreprinse :

Deliberata morte ferocior :

non pas aiguisee par quelque esperance de gloire, comme les iugements populaires et effeminez d'aulcuns hommes ont iugé (car cette consideration est trop basse pour toucher un cœur si genereux, si haultain et si roide); mais pour la beauté de la chose mesme en soy, laquelle il voyoit bien plus claire et en sa perfection, luy qui en manioit les ressorts, que nous ne pouvons faire. La philosophie m'a faict plaisir de iuger qu'une si belle action eust esté indecemment logee en toute aultre vie qu'en celle de Caton, et qu'à la sienne seule il appartenoit de finir ainsi : pourtant ordonna il, selon raison, et à son fils et aux senateurs qui l'accompaignoient, de prouvoir aultrement à leur faict : *Catoni quum incredibilem natura tribuisset gravitatem, eamque ipse perpetua constantia roboravisset, semperque in proposito consilio permansisset, moriendum potius, quam tyranni vultus adspiciendus, erat.* Toute mort doibt estre de mesme sa vie : nous ne devenons pas aultres pour mourir. l'interprete tousiours la mort par la vie : et, si on m'en recite quelqu'une, forte par apparence, attachee à une vie foible, ie tiens qu'elle est produicte de cette cause foible, et sortable à sa vie. L'aisance doncques de cette mort, et cette facilité qu'il avoit acquise par la force de son ame, dirons nous qu'elle doibve rabattre quelque chose du lustre de sa vertu? Et qui, de ceulx qui ont la cervelle tant soit peu teincte de la vraye philosophie, peult se contenter d'imaginer Socrates seulement franc de crainte et de passion en l'accident de sa prison, de ses fers et de sa condamnation? et qui ne recognoist en luy non seulement de la fermeté et de la constance (c'estoit son assiette ordinaire que celle là), mais encores ie ne sçais quel contentement nouveau, et une alaigresse eniouee en ses propos et façons derniers? A ce tressaillir, du plaisir qu'il sent à gratter sa iambe aprez que les fers en feurent hors, accuse il pas une pareille doulceur et ioye en son ame pour estre desenforgee des incommoditez passees, et à mesme d'entrer en cognoissance des choses à venir? Caton me pardonnera, s'il luy plaist; sa mort est plus tragicque et plus tendue, mais cette cy est encores, ie ne sçais comment, plus belle. Aristippus, à ceulx qui la plaignoient, « Les dieux m'en envoyent une telle! » dict il. On veoid aux ames de ces deux personnages et de leurs imitateurs (car, de semblables, ie foys grand doubte qu'il y en ait eu), une si parfaicte habitude à la vertu, qu'elle leur est passee en complexion. Ce n'est plus vertu penible, ny des ordonnances de la raison, pour lesquelles maintenir il faille que leur ame se roidisse; c'est l'essence mesme de leur ame, c'est son train naturel et ordinaire; ils l'ont rendue telle par un long exercice des preceptes de la philosophie, ayants rencontré une belle et riche nature : les passions vicieuses, qui naissent en nous, ne treuvent plus par où faire entree en eulx : la force et roideur de leur ame estouffe et esteinct les concupiscences aussitost qu'elles commencent à s'esbranler.

Or, qu'il ne soit plus beau, par une haulte et divine resolution, d'empescher la naissance des tentations, et de s'estre formé à la vertu, de maniere que les semences mesmes des vices en soyent desracinees, que d'empescher à vifve force leur progrez, et, s'estant laissé surprendre aux esmotions premieres des passions, s'armer et se bander pour arrester leur course et les vaincre ; et que ce second effect ne soit encores plus beau, que d'estre simplement garny d'une nature facile et debonnaire, et desgoutee par soy mesme de la desbauche et du vice, ie ne pense point qu'il y ait doubte : car cette tierce et derniere façon, il semble bien qu'elle rende un homme innocent, mais non pas vertueux, exempt de mal faire, mais non assez apte à bien faire : ioinct que cette condition est si voisine à l'imperfection et à la foiblesse, que ie ne sçais pas bien comment en desmesler les confins et les distinguer ; les noms mesmes de Bonté et d'Innocence sont à cette cause aulcunement noms de mespris. Ie veois que plusieurs vertus, comme la chasteté, sobrieté et temperance, peuvent arriver à nous par defaillance corporelle ; la fermeté aux dangiers (si fermeté il la fault appeler), le mespris de la mort, la patience aux infortunes, peuvent venir et se trouvent souvent aux hommes par faulte de bien iuger de tels accidents, et ne les concevoir tels qu'ils sont : la faulte d'apprehension et la bestise contrefont ainsi parfois les effects vertueux ; comme i'ay veu souvent advenir qu'on a loué des hommes de ce de quoy il meritoient du blasme. Un seigneur italien tenoit une fois ce propos en ma presence, au desadvantage de sa nation : Que la subtilité des Italiens et la vivacité de leurs conceptions estoit si grande, qu'ils prevoyoient les dangiers et accidents qui leur pouvoient advenir, de si loing, qu'il ne falloit pas trouver estrange si on les voyoit souvent à la guerre pourveoir à leur seureté, voire avant que d'avoir recogneu le peril : Que nous et les Espaignols, qui n'estions pas si fins, allions plus oultre ; et qu'il nous falloit faire veoir à l'œil et toucher à la main le dangier, avant que de nous en effroyer ; et que lors aussi nous n'avions plus de tenue : mais que les Allemans et les Souisses, plus grossiers et plus lourds, n'avoient le sens de se radviser, à peine lors mesmes qu'ils estoient accablez sous les coups. Ce n'estoit à l'adventure que pour rire. Si est il bien vray qu'au mestier de la guerre, les apprentifs se iectent bien souvent aux hazards, d'aultre inconsideration qu'ils ne font aprez y avoir esté eschauldez :

       Haud ignarus... quantum nova gloria in armis,
       Et prædulce decus, primo certamine, possit.

Voylà pourquoy, quand on iuge d'une action particuliere, il fault considerer plusieurs circonstances, et l'homme tout entier qui l'a produicte, avant la baptiser.

Pour dire un mot de moy mesme : i'ay veu quelquefois mes amis appeller prudence en moy ce qui estoit fortune ; et estimer advantage de courage et de patience ce qui estoit advantage de iugement et opinion ; et m'attribuer un tiltre pour aultre, tantost à mon gaing, tantost à ma perte. Au demourant, il s'en fault tant que ie sois arrivé à ce premier et plus parfaict degré d'excellence, où de la vertu il se faict une habitude, que du second mesme ie n'en ay faict gueres de preuves. Ie ne me suis mis en grand effort pour brider les desirs de quoy ie me suis trouvé pressé : ma vertu, c'est une vertu ou innocence, pour mieulx dire, accidentale et fortuite. Si ie feusse nay d'une complexion plus desreglee, ie crains qu'il feust allé piteusement de mon faict ; car ie n'ay essayé gueres de fermeté en mon ame pour soustenir des passions, si elles eussent esté tant soit peu vehementes : ie ne sçay point nourrir des querelles et du desbat chez moy. Ainsi, ie ne me puis dire nul grand mercy de quoy ie me treuve exempt de plusieurs vices.

       Si vitiis mediocribus et mea paucis
      Mendosa est natura, alioqui recta ; velut si
      Egregio inspersos reprehendas corpore nævos :

ie le dois plus à ma fortune qu'à ma raison. Elle m'a faict naistre d'une race fameuse en preud'hommie, et d'un tresbon pere : ie ne sçais s il a escoulé en moy partie de ses humeurs, ou bien si les exemples domestiques, et la bonne institution de mon enfance, y ont insensiblement aydé, ou si ie suis aultrement ainsi nay,

       Seu Libra, seu me Scorpius adspicit
      Formidolosus, pars violentior
      Natalis horæ, seu tyrannus
      Hesperiæ Capricornus undæ :

mais tant y a que la pluspart des vices, ie les ay de moy mesme en horreur.

Le mot d'Antisthenes à celuy qui luy demandoit le meilleur apprentissage : « Desapprendre le mal, » semble s'arrester à cett'image. Ie les ay, dis ie, en horreur; d'une opinion si naturelle et si mienne, que ce mesme instinct et impression que i'en ay apporté de la nourrice, ie l'ay conservé sans qu'aulcunes occasions me l'ayent sceu faire alterer; voire non pas mes discours propres, qui, pour s'estre desbandez en aulcune chose de la route commune, me licencieroient ayseement à des actions que cette naturelle inclination me faict haïr. Ie diray un monstre, mais ie le diray pourtant : ie treuve par là en plusieurs choses plus d'arrest et de regle en mes mœurs qu'en mon opinion ; et ma concupiscence moins desbauchee que ma raison. Aristippus establit des opinions si hardies en faveur de la volupté et des richesses, qu'il meit en rumeur toute la philosophie à l'encontre de luy : mais, quant à ses mœurs, Dionysius le tyran luy ayant presenté trois belles garses, pour qu'il en feist le chois, il respondit qu'il les choisissoit toutes trois, et qu'il avoit mal prins à Paris d'en preferer une à ses compaignes; mais, les ayant conduictes à son logis, il les renvoya plus sans en taster. Son valet se trouvant surchargé en chemin de l'argent qu'il portoit aprez luy, il luy ordonna qu'il en versast et iectast là ce qui luy faschoit. Et Epicurus, duquel les dogmes sont irreligieux et delicats, se porta en sa vie tresdevotieusement et laborieusement : il escrit à un sien amy, qu'il ne vit que de pain bis et d'eau; le prie de luy envoyer un peu de fromage, pour quand il voudra faire quelque somptueux repas. Seroit il vray que, pour estre bon tout à faict, il nous le faille estre par occulte, naturelle et universelle propriété, sans loy, sans raison, sans exemple? Les debordements ausquels ie me suis trouvé engagé ne sont pas, Dieu mercy, des pires ; ie les ay bien condamnez chez moy selon qu'ils le valent, car mon iugement ne s'est pas trouvé infecté par eulx ; au rebours, ie les accuse plus rigoureusement en moy qu'en un aultre : mais c'est tout; car, au demourant, i'y apporte trop peu de resistance, et me laisse trop ayseement pencher à l'aultre part de la balance, sauf pour les regler et empescher du meslange d'aultres vices, lesquels s'entretiennent et s'entr'enchaisnent pour la pluspart les uns aux aultres, qui ne s'en prend garde; les miens, ie les ay retrenchez et contraincts les plus seuls et les plus simples que i'ay peu ;

Nec ultra
Errorem foveo.

Car, quant à l'opinion des stoïciens, qui disent, « le sage œuvrer, quand il œuvre, par toutes les vertus ensemble, quoyqu'il y en ayt une plus apparente, selon la nature de l'action ; » et à cela leur pourroit servir aulcunement la similitude du corps humain; car l'action de la cholere ne se peult exercer que toutes les humeurs ne nous y aydent, quoyque la colere predomine : si de là ils veulent tirer pareille consequence, que quand le faultier fault, il fault par touts les vices ensemble, ie ne les en crois pas ainsi simplement, ou ie ne les entends pas; car ie sens par effect le contraire : ce sont subtilitez aiguës, insubstantielles, ausquelles la philosophie s'arreste par fois. Ie suys quelques vices; mais i en fuys d'aultres autant que sçauroit faire un sainct. Aussi desadvouent les peripateticiens cette connexité et cousture indissoluble; et tient Aristote, qu'un homme prudent et iuste peult estre et intemperant et incontinent. Socrates advouoit à ceulx qui recognoissoient en sa physionomie quelque inclination au vice, que c'estoit, à la verité, sa propension naturelle, mais qu'il l'avoit corrigee par discipline : et les familiers du philosophe Stilpo disoient qu'estant nay subiect au vin et aux femmes, il s'estoit rendu par estude tresabstinent de l'un et de l'aultre.

Ce que i'ay de bien, ie l'ay, au rebours, par le sort de ma naissance; ie ne le tiens ni de loy, ny de precepte, ou aultre apprentissage : l'innocence qui est en moy est une innocence niaise; peu de vigueur, et point d'art. Ie hais, entre aultres vices, cruellement la cruauté, et par nature et par iugement, comme l'extreme de touts les vices; mais c'est iusques à telle mollesse, que ie ne veois pas esgorger un poulet sans desplaisir, et ois impatiemment gemir un lievre soubs les dents de mes chiens, quoyque ce soit un plaisir violent que la chasse. Ceulx qui ont à combattre la volupté usent volontiers de cet argument, pour montrer qu'elle est toute vicieuse et desraisonnable, « Que lorsqu'elle est en son plus grand effort, elle nous maistrise de façon que la raison n'y peult avoir accez, » et alleguent l'experience que nous en sentons en l'accointance des femmes,

> Quum iam præsagit gaudia corpus,
> Atque in eo est Venus, ut muliebria conserat arva :

où il leur semble que le plaisir nous transporte si fort hors de nous, que nostre discours ne sçauroit lors faire son office, tout perclus et ravi en la volupté. Ie sçais qu'il en peult aller aultrement, et qu'on arrivera par fois, si on veult, à reiecter l'ame, sur mesme instant, à aultres pensements : mais il la fault tendre et roidir d'aguet. Ie sçais qu'on peult gourmander l'effort de ce plaisir ; et m'y cognois bien : et n'ay point trouvé Venus si imperieuse deesse, que plusieurs et plus reformez que moy la tesmoignent. Ie ne prends pour miracle, comme faict la royne de Navare en l'un des contes de son Heptameron (qui est un gentil livre pour son estoffe), ny pour chose d'extreme difficulté, de passer des nuicts entieres, en toute commodité et liberté, avecques une maistresse de longtemps desiree, maintenant la foy qu'on luy aura engagee de se contenter des baisers et simples attouchements. Ie crois que l'exemple du plaisir de la chasse y seroit plus propre : comme il y a moins de plaisir, il y a plus de ravissements et de surprinse, par où nostre raison estonnee perd ce loisir de se preparer à l'encontre, lorsqu'aprez une longue queste la beste vient en sursault à se presenter en lieu où, à l'adventure, nous l'esperions le moins ; cette secousse, et l'ardeur de ces huees, nous frappe si bien, qu'il seroit malaysé à ceulx qui aiment cette sorte de petite chasse, de retirer sur ce poinct la pensee ailleurs : et les poëtes font Diane victorieuse du brandon et des flèches de Cupidon :

> Quis non malarum, quas amor curas habet,
> Hæc inter obliviscitur?

Pour revenir à mon propos, ie me compassionne fort tendrement des afflictions d'aultruy, et pleurerois ayseement par compaignie, si, pour occasion que ce soit, ie sçavois pleurer. Il n'est rien qui tente mes larmes que les larmes, non vrayes seulement, mais comment que ce soit, ou feinctes, ou peinctes. Les morts, ie ne les plains gueres, et les envierois plustost ; mais ie plains bien fort les mourans. Les sauvages ne m'offensent pas tant de rostir et manger les corps des trespassez, que ceulx qui les tormentent et persecutent vivants. Les executions mesmes de la iustice, pour raisonnables qu'elles soient, ie ne les puis voir d'une veue ferme. Quelqu'un ayant à tesmoigner la clemence de Iulius Cæsar : « Il estoit, dict-il, doulx en ses vengeances : ayant forcé les pirates de se rendre à luy, qui l'avoient auparavant prins prisonnier et mis à rançon ; d'autant qu'il les avoit menacez de le faire mettre en croix, il les y condemna, mais ce feut aprez les avoir faict estrangler. Philemon, son secretaire, qui l'avait voulu empoisonner, il ne le punit pas plus aigrement que d'une mort simple. » Sans dire qui est cet auteur latin, qui ose alleguer pour tesmoignage de clemence, de seulement tuer ceulx desquels on a esté offensé, il est aysé à deviner qu'il est frappé des vilains et horribles exemples de cruauté que les tyrans romains meirent en usage.

Quant à moy, en la iustice mesme, tout ce qui est au delà de la mort simple me semble pure cruauté ; et notamment à nous, qui debvrions avoir respect d'envoyer les ames en bon estat ; ce qui ne se peult, les ayant agitees et desesperees par torments insupportables. Ces iours passez, un soldat prisonnier ayant apperceu, d'une tour où il estoit, que le peuple s'assembloit en la place, et que des charpentiers y dressoient leurs ouvrages, creut que c'estoit pour luy ; et, entré en la resolution de se tuer, ne trouva, qui l'y peust secourir, qu'un vieux clou de la charrette, rouillé, que la fortune luy offrit : de quoy il se donna premierement deux grands coups autour de la gorge ; mais, veoyant que ce avoit esté sans effect, bientôt aprez il s'en donna un tiers dans le ventre, où il le laissa fiché. Le premier de ses gardes qui entra où il estoit, le trouva en cet estat, vivant encores, mais couché, et tout affoibly de ses coups. Pour employer le temps avant qu'il defaillist, on se hasta de luy prononcer sa sentence : laquelle ouïe, et qu'il n'estoit condemné qu'à avoir la teste tranchee, il sembla reprendre un nouveau courage, accepta du vin qu'il avoit refusé ; remercia ses iuges de la doulceur inesperee de leur condemnation ; qu'il avoit prins party d'appeler la mort, pour la crainte d'une mort plus aspre et insupportable, ayant conceu opinion, par les appresls qu'il avoit veu faire en la place, qu'on le voulsist tormenter de quelque horrible supplice; et sembla estre delivré de la mort, pour l'avoir changee.

Ie conseillerois que ces exemples de rigueur par le moyen desquels on veult tenir le peuple en office, s'exerceassent contre les corps des criminels : car de les veoir priver de sepulture, de les veoir bouillir et mettre en quartiers, cela toucheroit quasi autant le vulgaire, que les peines qu'on fait souffrir aux vivants; quoyque, par effect, ce soit peu ou rien, comme Dieu dict, *qui corpus occidunt, et postea non habent, quod faciant :* et les poëtes font singulierement valoir l'horreur de cette peincture, et au dessus de la mort :

> Heu ! reliquias semiassi regis, denudatis ossibus,
> Per terram sanie delibutas fœde divevarier !

Ie me rencontrai un iour à Rome, sur le poinct qu'on desfaisoit Catena, un voleur insigne : on l'estrangla, sans aulcune esmotion de l'assistance; mais, quand on veint à le mettre à quartiers, le bourreau ne donnoit coup, que le peuple ne suyvist d'une voix plaintifve et d'une exclamation, comme si chascun eust presté son sentiment à cette charongne. Il fault exercer ces inhumains excez contre l'escorce, non contre le vif. Ainsin amollit, en cas aulcunement pareil, Artaxerces, l'aspreté des loix anciennes de Perse, ordonnant que les seigneurs qui avoient failly en leur charge, au lieu qu'on les souloit fouetter, feussent despouillez, et leurs vestements fouettez pour eulx; et, au lieu qu'on leur souloit arracher les cheveux, qu'on leur ostast leur hault chapeau seulement. Les Aegyptiens, si devotieux, estimoient bien satisfaire à la iustice divine, luy sacrifiant des pourceaux en figure et representez : invention hardie, de vouloir payer en peincture et en umbrage Dieu, substance si essentielle!

Ie vis en une saison en laquelle nous abondons en exemples incroyables de ce vice, par la licence de nos guerres civiles; et ne veoid on rien aux histoires anciennes de plus extreme, que ce que nous en essayons touts les iours : mais cela ne m'y a nullement apprivoisé. A peine me pouvois ie persuader, avant que ie l'eusse veu, qu'il se feust trouvé des ames si farouches, qui, pour le seul plaisir du meurtre, le voulussent commettre; hacher et destrencher les membres d'aultruy; aiguiser leur esprit à inventer des torments inusitez et des morts nouvelles, sans inimitié, sans proufit, et pour cette seule fin de iouïr du plaisant spectacle des gestes et mouvements pitoyables, des gemissements et voix lamentables, d'un homme mourant en angoisse. Car voylà l'extreme poinct où la cruauté puisse attaindre : *Ut homo hominem, non iratus, non timens, tantum spectaturus, occidat.* De moy, ie n'ay pas sceu veoir seulement, sans desplaisir, poursuyvre et tuer une beste innocente qui est sans deffense, et de qui nous ne recevons aulcune offense; et comme il advient communement que le cerf, se sentant hors d'haleine et de force, n'ayant plus aultre remede, se reiecte et rend à nous mesme qui le poursuivons, nous demandant mercy par ses larmes,

> Questuque, cruentus,
> Atque implorant similis :

ce m'a tousiours semblé un spectacle tresdesplaisant. Ie ne prends guere beste en vie, à qui ie ne redonne les champs; Pythagoras les achetoit des pescheurs et des oyseleurs, pour en faire autant :

> Primoque a cæde ferarum
> Incaluisse puto maculatum sanguine ferrum.

Les naturels sanguinaires à l'endroict des bestes tesmoignent une propension naturelle à la cruauté. Aprez qu'on se feut apprivoisé à Rome aux spectacles des meurtres des animaulx, on veint aux hommes et aux gladiateurs. Nature a, ce crains ie, elle mesme attaché à l'homme quelque instinct à l'inhumanité; nul ne prend son esbat à veoir des bestes s'entreiouer et caresser; et nul ne fault de le prendre à les veoir s'entredeschirer et desmembrer. Et, à fin qu'on ne se mocque de cette sympathie que i'ay avecques elles, la theologie mesme nous ordonne quelque faveur en leur endroict; et, consideránt qu'un mesme maistre nous a logez en ce palais pour son service, et qu'elles sont, comme nous, de sa famille, elle a raison de nous enioindre quelque respect et affection envers elles. Pythagoras emprunta la metempsychose des Aegyptiens; mais depuis elle a esté receue par plusieurs nations, et notamment par nos Druydes :

> Morte carent animæ; semperque, priore relicta
> Sede, novis domibus vivunt, habitantque receptæ :

la religion de nos anciens Gaulois portoit que les ames estant eternelles ne cessoient de se remuer et changer de place d'un corps à un aultre : meslant en oultre à cette fantasie quelque consideration de la iustice divine ; car, selon les deportements de l'ame, pendant qu'elle avoit esté chez Alexandre, ils disoient que Dieu luy ordonnoit un aultre corps à habiter, plus ou moins penible, et rapportant à sa condition :

> Mulla ferarum
> Cogit vincla pati : truculentos ingerit ursis,
> Prædonesque lupis ; fallaces vulpibus addit.
> . . . .
> Atque ubi per varios anno-, per mille figuras
> Egit, Lethæo purgatos flumine, tandem
> Rursus ad humanæ revocat primordia formæ :

si elle avoit esté vaillante, ils la logeoient au corps d'un lion ; si voluptueuse, en celuy d'un pourceau ; si lasche, en celuy d'un cerf ou d'un lievre ; si malicieuse, en celuy d'un regnard ; ainsi du reste, iusques à ce que purifiée par ce chastiment, elle reprenoit le corps de quelque aultre homme :

> Ipse ego nam memeni, Troiani tempore belli,
> Panthoïdes Euphorbus eram.

Quant à ce cousinage là, d'entre nous et les bestes, ie n'en foys pas grand recepte : ny de ce aussi que plusieurs nations, et notamment des plus anciennes et plus nobles, ont non seulement receu des bestes à leur societé et compaignie, mais leur ont donné un reng bien loing au dessus d'eulx, les estimant tantost familieres et favories de leurs dieux, et les ayant en respect et reverence plus qu'humaine ; et d'aultres ne recognoissant aultre Dieu ny aultre divinité qu'elles. *Belluæ a barbaris propter beneficium consecratæ :*

> Crocodilon adorat.
> Pars hæc ; illa pavet saturam serpentibus ibin :
> Effigies sacri hic nitet aurea cercopitheci ;
> . . . . . . hic piscem fluminis, illic
> Oppida tota canem venerantur.

Et l'interpretation mesme que Plutarque donne à cette erreur, qui est trez bien prinse, leur est encores honorable : car il dict que ce n'estoit pas le chat ou le bœuf (pour exemple) que les Aegyptiens adoroient, mais qu'ils adoroient en ces bestes là quelque image des facultez divines : en cette cy, la patience et l'utilité ; en cette là, la vivacité, ou, comme nos voisins les Bourguignons, avecques toute l'Allemaigne, l'impatience de se veoir enfermez ; par où ils representoient la Liberté, qu'ils aimoient et adoroient au delà de toute aultre faculté divine ; et ainsi des aultres. Mais quand ie rencontre, parmy les opinions plus moderees, les discours qui essayent à monstrer la prochaine ressemblance de nous aux animaulx, et combien ils ont de part à nos plus grands privileges, et avecques combien de vraysemblance on nous les apparie, certes, i'en rabats beaucoup de nostre presumption, et me demets volontiers de cette royauté imaginaire qu'on nous donne sur les aultres creatures.

Quand tout cela en seroit à dire, si y a il un certain respect qui nous attache, et un general debvoir d'humanité, non aux bestes seulement qui ont vie et sentiment, mais aux arbres mesmes et aux plantes. Nous debvons la iustice aux hommes, et la grace et la benignité aux aultres creatures qui en peuvent estre capables : il y a quelque commerce entre elles et nous, et quelque obligation mutuelle. Ie ne crains point à dire la tendresse de ma nature, si puerile, que ie ne puis pas bien refuser à mon chien la feste qu'il m'offre hors de saison, ou qu'il me demande. Les Turcs ont des aulmosnes et des hospitaulx pour les bestes. Les Romains avoient un soing publique de la nourriture des oyes, par la vigilance desquelles leur Capitole avoit esté sauvé. Les Atheniens ordonnerent que les mules et mulets qui avoient servy au bastiment du temple, appellé Hecatompedon, feussent libres, et qu'on les laissast paistre par tout sans empeschement. Les Agrigentins avoient en usage commun d'enterrer serieusement les bestes qu'ils avoient eu cheres, comme les chevaulx de quelque rare merite, les chiens et les oyseaux utiles, ou mesme qui avoient servi de passetemps à leurs enfants : et la magnificence, qui leur estoit ordinaire en toutes aultres choses, paroissoit aussi singulierement à la sumptuosité et nombre des monuments eslevez à cette fin, qui ont duré en parade plusieurs siecles depuis. Les Aegyptiens enterroient les loups, les ours, les crocodiles, les chiens et les chats, en lieux sacrez, embaumoient leurs corps, et portoient le deuil à leur trespas. Cimon feit une sepulture honorable aux iuments avec lesquelles il avoit gaigné par trois fois le prix de la course aux ieux olympiques. L'ancien Xantippus feit enterrer son chien sur un chef, en la coste de la mer qui en a depuis retenu le nom. Et Plutarque faisoit, dict il, conscience de vendre et envoyer à la boucherie, pour un legier proufit, un bœuf qui l'avoit long temps servy.

Chapitre XII. — Apologie de Raimond Sebond.

C'est, à la verité, une tresutile et grande partie que la science; ceulx qui la mesprisent tesmoignent assez leur bestise : mais ie n'estime pas pourtant sa valeur iusques à cette mesure extreme qu'aulcuns luy attribuent, comme Herillus le philosophe, qui logeoit en elle le souverain bien, et tenoit qu'il feut en elle de nous rendre sages et contents; ce que ie ne crois pas : ny ce que d'aultres ont dict, que la science est mere de toute vertu, et que tout vice est produict par l'ignorance. Si cela est vray, il est subiect à une longue interpretation. Ma maison a esté dez long temps ouverte aux gents de sçavoir, et en est fort cogneue ; car mon pere, qui l'a commandee cinquante ans et plus, eschauffé de cette ardeur nouvelle de quoy le roy François premier embrassa les lettres et les meit en credit, rechercha avecques grand soing et despense l'accointance des hommes doctes, les recevant chez lui comme personnes sainctes, et ayants quelque particuliere inspiration de sagesse divine, recueillant leurs sentences et leurs discours comme des oracles, et avecques d'autant plus de reverence et de religion, qu'il avoit moins de loy d'en iuger ; car il n'avoit aulcune cognoissance des lettres, non plus que ses predecesseurs. Moy, ie les aime bien; mais ie ne les adore pas. Entre aultres, Pierre Bunel, homme de grande reputation de sçavoir en son temps, ayant arresté quelques iours à Montaigne, en la compaignie de mon pere, avecques d'aultres hommes de sa sorte, luy feit present, au desloger, d'un livre qui s'intitule : *Theologia naturalis, sive Liber creaturarum, magistri Raimondi de Sabonde;* et parce que la langue italienne et espaignolle estoient familieres à mon pere, et que ce livre est basty d'un espaignol baragouiné en terminaisons latines, il esperoit qu'avecques bien peu d'ayde il en pourroit faire son proufit, et le luy recommenda comme livre tresutile, et propre à la saison en laquelle il le luy donna ; ce feut lors que les nouvelletez de Luther commenceoint d'entrer en credit et esbranler en beaucoup de lieux nostre ancienne creance : en quoy il avoit un tresbon advis, prevoyant bien, par discours de raison, que ce commencement de maladie declineroit aysement en un exsecrable atheïsme ; car le vulgaire n'ayant pas la faculté de iuger des choses par elles mesmes, se laissant emporter à la fortune et aux apparences, aprez qu'on lui a mis en main la hardiesse de mespriser et contrerooller les opinions qu'il avoit cues en extreme reverence, comme sont celles où il va de son salut, et qu'on a mis aulcuns articles de sa religion en doubte et à la balance, il iecte tantost aprez aysement en pareille incertitude toutes les aultres pieces de sa creance, qui n'avoient pas chez luy plus d'auctorité ny de fondement que celles qu'on luy a esbranlees, et secoue un ioug tyrannique, toutes les impressions, qu'il avoit receues par l'auctorité des loix ou reverence de l'ancien usage,

Nam cupide conculcatur nimis ante metutun ;

entreprenant dez lors en avant de ne recevoir rien à quoy il n'ayt interposé son decret, et presté particulier consentement.

Or, quelques iours avant sa mort, mon pere, ayant, de fortune, rencontré ce livre soubs un tas d'aultres papiers abandonnez, me commanda de le luy mettre en françois.

Il faict bon traduire les aucteurs comme celuy là, où il n'y a gueres que la matiere à representer : mais ceulx qui ont donné beaucoup à la grace et à l'elegance du langage, ils sont dangereux à entreprendre, nommeement pour les rapporter à un idiome plus foible. C'estoit une occupation bien estrange, et nouvelle pour moy : mais estant, de fortune, pour lors de loisir, et ne pouvant rien refuser au commandement du meilleur pere qui feut onsques, i'en veins à bout, comme ie peus : à quoi il print un singulier plaisir, et donna charge qu'on le feist imprimer : ce qui feut executé aprez sa mort. Ie trouvay belles les imaginations de cet aucteur, la contexture de son ouvrage bien suyvie, et son desseing plein de pieté. Parce que beaucoup de gents s'amusent à le lire, et notamment les dames, à qui nous debvons plus de service, ie me suis trouvé souvent à mesmes de les secourir; pour descharger leur livre de deux principales obiections qu'on luy faict. Sa fin est hardie et courageuse ; car il entreprend, par raisons humaines et naturelles, d'establir et verifier contre les atheistes touts les articles de la religion chrestienne : en quoy, à dire la verité, ie le treuve si ferme et si heureux, que ie ne pense point qu'il soit possible de mieulx faire en cet argument là; et crois que nul ne l'a egualé. Cet ouvrage me semblant trop riche et trop beau pour un aucteur duquel le nom soit si peu cogneu, et duquel tout ce que nous sçavons, c'est qu'il estoit Espaignol, faisant profession de medecine, à Toulouse, il y a environ deux cents ans; ie m'enquis aultresfois à Adrianus Turnebus, qui sçavoit toutes choses, que ce pouvoit estre de ce livre : il me respondit qu'il pensoit que ce feust quelque quintessence tiree de sainct Thomas d'Aquin; car, de vray, cet esprit là, plein d'une erudition infinie et d'une subtilité admirable, estoit seul capable de telles imaginations. Tant y a que, quiconque en soit l'aucteur ou inventeur (et ce n'est pas raison d'oster sans plus grande occasion à Sebond ce tiltre), c'estoit un tressuffisant homme, et ayant plusieurs belles parties.

La premiere reprehension qu'on faict de son ouvrage, c'est que les chrestiens se font tort de vouloir appuyer leur creance par des raisons humaines, qui ne se conceoit que par foy, et par une inspiration particuliere de la grace divine. En cette obiection, il semble qu'il y ayt quelque zele de pieté; et, à cette cause, nous faut il, avecques autant plus de douleceur et de respect, essayer de satisfaire à ceulx qui la mettent en avant. Ce seroit mieulx la charge d'un homme versé en la theologie, que de moy, qui n'y sçais rien : toutesfois ie iuge ainsi, qu'à une chose si divine et si haultaine, et surpassant de si loing l'humaine intelligence, comme est cette Verité de laquelle il a pleu à la bonté de Dieu nous esclairer, il est bien besoing qu'il nous preste encores son secours, d'une faveur extraordinaire et privilegiee, pour la pouvoir concevoir et loger en nous; et ne crois pas que les moyens purement humains en soient aucunement capables; et, s'ils l'estoient, tant d'ames rares et excellentes, et si abondamment garnies de forces naturelles ez siecles anciens, n'eussent pas failly, par leur discours, d'arriver à cette cognoissance. C'est la foy seule qui embrasse vivement et certainement les haults mysteres de nostre religion : mais ce n'est pas à dire que ce ne soit une tresbelle et treslouable entreprinse d'accommoder encores au service de nostre foy les utils naturels et humains que Dieu nous a donnez; il ne fault pas doubter que ce ne soit l'usage le plus honorable que nous leur sçaurions donner, et qu'il n'est occupation ni desseing plus digne d'un homme chrestien, que de viser, par touts ses estudes et pensements, à embellir, estendre et amplifier la verité de sa creance. Nous ne nous contentons point de servir Dieu d'esprit et d'ame; nous lui debvons encores, et rendons, une reverence corporelle; nous appliquons nos membres mesmes, et nos mouvements, et les choses externes, à l'honorer : il en fault faire de mesme, et accompaigner nostre foy de toute la raison qui est en nous; mais tousiours avecques cette reservation, de n'estimer pas que ce soit de nous qu'elle despende, ny que nos efforts et arguments puissent attaindre à une si supernaturelle et divine science. Si elle n'entre chez nous par une infusion extraordinaire; si elle y entre non seulement par discours, mais encores par moyens humains, elle n'y est pas en sa dignité ny en sa splendeur : et certes ie crains pourtant que nous ne la iouïssions que par cette voye. Si nous tenions à Dieu par l'entremise d'une foy vifve; si nous tenions à Dieu par luy, non par nous; si nous avions un pied et un fondement divin : les occasions humaines n'auroient pas le pouvoir de nous esbranler comme elles ont; nostre fort ne seroit pas pour se rendre à une si foible batterie; l'amour de la nouvelleté, la contraincte des princes, la bonne fortune d'un party, le changement temeraire et fortuit de nos opinions, n'auroient pas la force de secouer et alterer nostre croyance; nous ne la lairrions pas troubler à la mercy d'un nouvel argument, et à la persuasion, non pas de toute la rhetorique qui feut onques; nous soustiendrions ces flots, d'une fermeté inflexible et immobile :

> l'lisos fluctus rupes ut vasta refundit,
> Et varias circum latrantes dissipat undas
> Mole sua.

Si ce rayon de la divinité nous touchoit aulcunement, il y paroistroit partout; non seulement nos paroles, mais encores nos operations en porteroient la lueur et le lustre; tout ce qui partiroit de nous, on le verroit illuminé de cette noble clarté. Nous debvrions avoir honte, qu'ez sectes humaines il ne feut iamais partisan, quelque difficulté et estrangeté que mainteinst sa doctrine, qui n'y conformast aulcunement ses desportements et sa vie : et une si divine et celeste institution ne marque les chrestiens que par la langue! Voulez vous veoir cela? comparez nos mœurs à un mahometan, à un païen; vous demeurez tousiours au dessoubs : là où, au regard de l'advantage de nostre religion, nous debvrions luire en excellence d'une extreme et incomparable distance; et debvroit on dire : « Sont ils si iustes, si charitables, si bons? ils sont donc chrestiens. » Toutes apparences sont communes à toutes religions; esperance, confiance, evenements, cerimonies, penitence, martyres : la marque particuliere de nostre Verité debvroit estre nostre vertu, comme elle est aussi la plus celeste marque et la plus difficile, et comme c'est la plus digne production de la Verité. Pourtant eut raison nostre bon sainct Louys, quand ce roy tartare qui s'estoit faict chrestien desseignoit de venir à Lyon baiser les pieds au pape, et à recognoistre la sanctimonie qu'il esperoit trouver en nos mœurs, de l'en destourner instamment, de peur qu'au contraire nostre desbordee façon de vivre ne le desgoustast d'une si saincte creance : combien que depuis il adveint tout diversement à cet aultre, lequel, estant allé à Rome pour mesme effect, y voyant la dissolution des prelats et peuple de ce temps là, s'establit d'autant plus fort en nostre religion, considerant combien elle debvoit avoir de force et de divinité, à maintenir sa dignité et sa splendeur parmy tant de corruption, et en mains si vicieuses.

Si nous avions une seule goutte de foy, nous remuerions les montaignes de leur place, dict la saincte Parole : nos actions, qui seroient guidees et accompaignees de la Divinité, ne seroient pas simplement humaines ; elles auroient quelque chose de miraculeux comme nostre croyance : *Brevis est institutio vitæ honestæ beatæque, si credas.* Les uns font accroire au monde qu'ils croyent ce qu'ils ne croyent pas; les aultres, en plus grand nombre, se le font accroire à eulx mesmes, ne sçachants pas penetrer que c'est que croire : et nous trouvons estrange si, aux guerres qui pressent à cette heure nostre estat, nous veoyons flotter les evenements et diversifier d'une maniere commune et ordinaire ; c'est que nous n'y apportons rien que le nostre. La iustice, qui est l'un des partis, elle n'y est que pour ornement et couverture : elle y est bien alleguee; mais elle n'y est ny receue, ny logee, ny espousee : elle y est comme en la bouche de l'advocat, non comme dans le cœur et affection de la partie. Dieu doibt son secours extraordinaire à la foy, et à la religion, non pas à nos passions : les hommes y sont conducteurs, et s'y servent de la religion; ce debvroit estre le contraire. Sentez, si ce n'est pas par nos mains que nous la menons : à tirer, comme de cire, tant de figures contraires d'une regle si droicte et si ferme. Quand s'est il veu mieulx, qu'en France, en nos iours? Ceulx qui l'ont prinse à gauche, ceulx qui l'ont prinse à droicte, ceulx qui en disent le noir, ceulx qui en disent le blanc, l'employent si pareillement à leurs violentes et ambitieuses entreprinses, s'y conduisent d'un progrez si conforme en desbordement et iniustice, qu'ils rendent doubteuse et malaysee à croire la diversité qu'ils pretendent de leurs opinions, en chose de laquelle despend la conduicte et loy de nostre vie : peut on voir partir de mesme eschole et discipline des mœurs plus unies, plus unes ? Voyez l'horrible impudence de quoy nous pelotons les raisons divines ; et combien irregulierement nous les avons et reiectees, et reprinses, selon que la fortune nous a changé de place en ces orages publiques. Cette proposition si solenne, « S'il est permis au subiect de se rebeller et armer contre son prince pour la deffense de la religion : » souvienne vous en quelles bouches, cette annee passee, l'affirmative d'icelle estoit l'arc boutant d'un party : la negative, de quel aultre party c'estoit l'arc boutant : et oyez à present de quel quartier vient la voix et instruction de l'une et de l'aultre ; et si les armes bruyent moins pour cette cause que pour celle là. Et nous bruslons les gents qui disent qu'il fault faire souffrir à la Verité le ioug de nostre besoing : et de combien faict la France pis que le dire? Confessons la verité : qui tricroit de l'armee, mesme legitime, ceulx qui y marchent par le seul zele d'une affection religieuse, et encores ceulx qui regardent seulement la protection des loix de leur païs, ou service du prince, il n'en sçauroit bastir une compaignie de gentsd'armes complette. D'où vient cela, qu'il s'en treuve si peu qui ayent maintenu mesme volonté et mesme progrez en nos mouvements publicques, et que nous les voyions tantost n'aller que le pas, tantost y courir à bride avalee, et mesmes hommes tantost gaster nos affaires par leur violence et aspreté, tantost par leur froideur, mollesse et pesanteur; si ce n'est qu'ils y sont poulsez par des considerations particulieres et casuelles, selon la diversité desquelles ils se remuent?

Ie veois cela evidemment, que nous ne prestons volontiers à la devotion que les offices qui flattent nos passions : il n'est point d'hostilité excellente comme la chrestienne : nostre zele faict merveilles, quand il va secondant nostre pente vers la haine, la cruauté, l'ambition, l'avarice, la detraction, la rebellion ; à contrepoil, vers la bonté, la benignité, la temperance, si, comme par miracle, quelque rare complexion ne l'y porte, il ne va ny de pied, ny d'aile. Nostre religion est faicte pour extirper les vices : elle les couvre, les nourrit, les incite. Il ne fault point faire barbe de foarre à Dieu, comme on dict. Si nous le croyions, ie ne dis pas par foy, mais d'une simple croyance ; voire (et ie le dis à nostre grande confusion) si nous le croyions et cognoissions, comme une aultre histoire, comme l'un de nos compaignons, nous l'aimerions au dessus de toutes aultres choses, pour l'infinie bonté et beauté qui reluict en luy; au moins marcheroit il en mesme reng de nostre affection que les richesses, les plaisirs, la gloire, et nos amis. Le meilleur de nous ne craint point de l'oultrager, comme il craint d'oultrager son voisin, son parent, son maistre. Est il si simple entendement, lequel, ayant d'un costé l'obiect d'un de nos vicieux plaisirs, et de l'aultre, en pareille cognoissance et persuasion, l'estat d'une gloire immortelle, entrast en bigue de l'un pour l'aultre? et si, nous y renonccons souvent de pur mespris : car quelle envie nous attire au blasphemer, sinon à l'adventure l'envie mesme de l'offense? Le philosophe Antisthenes, comme on l'initioit aux mysteres d'Orpheus, le prebstre luy disant que ceulx qui se vouoient à cette religion avoient à recevoir, aprez leur mort, des biens eternels et parfaicts : « Pourquoy, si tu le crois, ne meurs tu doncques toy mesme? » luy feit il. Diogenes, plus brusquement, selon sa mode, et plus loing de nostre propos, au presbtre qui le preschoit de mesme de se faire de son ordre pour parvenir aux biens de l'aultre monde : « Veulx tu pas que ie croye qu'Agesilaus et Epaminondas, si grands hommes, seront miserables ; et que toy, qui n'es qu'un veau, et qui ne fais rien qui vaille, seras bienheureux, parce que tu es presbtre ? » Ces grandes promesses de la beatitude eternelle, si nous les recevions de pareille auctorité qu'un discours philosophique, nous n'aurions pas la mort en telle horreur que nous avons :

> Non iam se moriens dissolvi conquereretur ;
> Sed magis ire foras, vestemque relinquere, ut anguis,
> Gauderet, prælonga senex aut cornua cervus.

« Ie veux estre dissoult, dirions nous, et estre avecques Iesus-Christ. » La force du discours de Platon, de l'immortalité de l'ame, poulsa bien aulcuns de ses disciples à la mort, pour iouïr plus promptement des esperances qu'il leur donnoit.

Tout cela, c'est un signe tresevident que nous ne recevons nostre religion qu'à nostre façon, et par nos mains, et non aultrement que comme les aultres religions se reçoivent. Nous nous sommes rencontrez au païs où elle estoit en usage ; ou nous regardons son ancienneté, ou l'auctorité des hommes qui l'ont maintenue; ou craignons les menaces qu'elle attache aux mescreants, ou suyvons ses promesses. Ces considerations là doibvent estre employees à nostre creance, mais comme subsidiaires; ce sont liaisons humaines : une aultre religion, d'aultres tesmoings, pareilles promesses et menaces nous pourroient imprimer, par mesme voye, une creance contraire. Nous sommes chrestiens, à mesme titre que nous sommes ou perigordins ou allemans. Et ce que dict Plato, qu'il est peu d'hommes si fermes en l'atheisme, qu'un dangier pressant ne ramesne à la recognoissance de la divine puissance, ce roolle ne touche point un vrai chrestier.; c'est à faire aux religions mortelles et humaines, d'estre receues par une humaine conduicte.

Quelle foy doibt ce estre, que la laschete ou la foiblesse de cœur plantent en nous et establissent? plaisante foy, qui ne croid ce qu'elle croid que pour n'avoir pas le courage de ne le descroire! Une vicieuse passion, comme celle de l'inconstance et de l'estonnement, peult elle faire en nostre ame aucune production reglee? Ils establissent, dict il par la raison de leur iugement, que ce qui se recite des enfers, et des peines futures, est feinct : mais l'occasion de l'experimentation s'offrant lorsque la vieillesse ou les maladies les approchent de leur mort, sa terreur les remplit d'une nouvelle creance, par l'horreur de leur condition à venir. Et, parce que telles impressions rendent les courages craintifs, il deffend, en ses loix, toute instruction de telles menaces, et la persuasion que des dieux il puisse venir à l'homme aulcun mal, sinon pour son plus grand bien, quand il y eschoit, et pour un medecinal effect. Ils recitent de Bion, qu'infect des atheïsmes de Theodorus, il avoit esté long temps se mocquant des hommes religieux; mais, la mort le surprenant, qu'il se rendit aux plus extremes superstitions : comme si les dieux s'ostoient et se remettoient selon l'affaire de Bion. Platon, et ces exemples, veulent conclurre que nous sommes ramenez à la creance de Dieu, ou par raison, ou par force. L'atheïsme estant une proposition comme desnaturee et monstrueuse, difficile aussi et malaysee d'establir en l'esprit humain, pour insolent et desreglé qu'il puisse estre, il s'en est veu assez, par vanité, et par fierté de concevoir des opinions non vulgaires et reformatrices du monde, en affecter la profession par contenance; qui, s'ils sont assez fols, ne sont pas assez forts pour l'avoir plantee en leur conscience : pourtant ils ne lairront de ioindre leurs mains vers le ciel, si vous leur attachez un bon coup d'espee en la poictrine; et quand la crainte ou la maladie aura abbattu et appesanti cette licencieuse ferveur d'humeur volage, ils ne lairront pas de se revenir, et se laisser tout discrettement manier aux creances et exemples publicques. Aultre chose est un dogme serieusement digeré: aultre chose, ces impressions superficielles, lesquelles, nees de la desbauche d'un esprit desmanché, vont nageant temerairement et incertainement en la fantaisie. Hommes bien miserables et escervellez, qui taschent d'estre pires qu'ils ne peuvent!

L'erreur du paganisme, et l'ignorance de nostre saincte Verité, laissa tumber cette grande ame de Platon, mais grande d'humaine grandeur seulement, encores en cet aultre voisin abus, « que les enfants et les vieillards se treuvent plus susceptibles de religion : » comme si elle naissoit et tiroit son credit de nostre imbecillité. Ce nœud qui debvroit attacher nostre iugement et nostre volonté, qui debvroit estreindre nos ames, et ioindre à nostre createur, ce debvroit estre un nœud prenant ses plis et sa force, non pas de nos considerations, de nos raisons et passions, ni d'une estreincte divine et supernaturelle, n'avant qu'une forme, un visage et un lustre, qui est l'auctorité de Dieu et sa grace. Or, nostre cœur et nostre ame estant regie et commandee par la foy, c'est raison qu'elle tire au service de son desseing toutes nos aultres pieces, selon leur portee. Aussi n'est il pas croyable que toute cette machine n'ayt quelques marques empreintes de la main de ce grand architecte, et qu'il n'y ayt quelque image ez choses du monde rapportant aulcunement à l'ouvrier qui les a basties et formees. Il a laissé en ces haults ouvrages le charactere de sa divinité, et ne tient qu'à nostre imbecillité que nous ne le puissions descouvrir : c'est ce qu'il nous dict luy mesme, « Que ses operations invisibles il nous les manifeste par les visibles. » Sebond s'est travaillé à ce digne estude, et nous montre comment il n'est piece du monde qui ne desmente son facteur. Ce seroit faire tort à la bonté divine, si l'univers ne consentoit à nostre creance : le ciel, la terre, les elements, nostre corps et nostre ame, toutes choses y conspirent; il n'est que de trouver le moyen de s'en servir : elles nous instruisent, si nous sommes capables d'entendre : car ce monde est un temple tressainct, dedans lequel l'homme est introduict pour y contempler des statues, non ouvrees de mortelle main, mais celles que la divine Pensee a faict sensibles, le soleil, les estoilles, les eaux et la terre, pour nous representer les intelligibles. « Les choses invisibles de Dieu, dict sainct Paul, apparoissent par la creation du monde, considerant sa sapience eternelle, et sa divinité, par ses œuvres. »

> Atque adeo faciem cœli non invidet orbi
> Ipse Deus, vultusque suos, corpusque recludit
> Semper volvendo ; seque ipsum inculcat, et offert :
> Ut bene cognosci possit, doceatque videndo
> Qualis eat, doceatque suas attendere leges.

Or, nos raisons et nos discours humains, c'est comme la matiere lourde et sterile : la grace de Dieu en est la forme ; c'est elle qui y donne la façon et le prix. Tout ainsi que les actions vertueuses de Socrates et de Caton demeurent vaines et inutiles pour n'avoir eu leur fin, et n'avoir regardé l'amour et obeïssance du vray createur de toutes choses et pour avoir ignoré Dieu : ainsin est il de nos imaginations et discours ; ils ont quelque corps, mais une masse informe, sans façon et sans iour, si la foy et grace de Dieu n'y sont ioinctes. La foy venant à teindre et illustrer les arguments de Sebond, elle les rend fermes et solides : ils sont capables de servir d'acheminement et de premiere guide à un apprentif, pour le mettre à la voye de cette cognoissance ; ils le façonnent aulcunement, et rendent capable de la grace de Dieu, par le moyen de laquelle se parfournit, et se perfect aprez, nostre creance. Ie sais un homme d'auctorité, nourry aux lettres, qui m'a confessé avoir esté ramené des erreurs de la mescreance, par l'entremise des arguments de Sebond. Et quand on les despouillera de cet ornement et du secours et approbation de la foy, et qu'on les prendra pour fantaisies pures humaines, pour en combattre ceulx qui sont precipitez aux espoventables et horribles tenebres de l'irreligion, ils se trouveront encores lors aussi solides et autant fermes, que nuls aultres de mesme condition qu'on leur puisse opposer : de façon que nous serons sur les termes de dire à nos parties,

> Si melius quid habes, arcesse ; vel imperium fer :

qu'ils souffrent la force de nos preuves, ou qu'ils nous en façent veoir ailleurs, et sur quelque aultre subiect, de mieulx tissues et mieulx estoffees. Ie me suis, sans y penser, à demy desia engagé dans la seconde obiection à laquelle i'avois proposé de respondre pour Sebond.

Aulcuns disent que ces arguments sont foibles, et ineptes à verifier ce qu'il veult : et entreprennent de les choquer ayseement. Il fault secouer ceulx cy un peu plus rudement ; car ils sont plus dangereux et plus malicieux que les premiers. On couche volontiers les dicts d'aultruy à la faveur des opinions qu'on a preiugees en soy : à un atheïste, touts escripts tirent à l'atheïsme ; il infecte de son propre venin la matiere innocente. Ceulx cy ont quelque preoccupation de iugement qui leur rend le goust fade aux raisons de Sebond. Au demourant, il leur semble qu'on leur donne beau ieu, de les mettre en liberté de combattre nostre religion par les armes pures d'auctorité et de commandement.

Le moyen que ie prends pour rabbattre cette frenesie, et qui me semble le plus propre, c'est de froisser et fouler aux pieds l'orgueil et l'humaine fierté ; leur faire sentir l'inanité, la vanité et deneantise de l'homme ; leur arracher des poings les chestifves armes de leur raison ; leur faire baisser la teste et mordre la terre soubs l'auctorité et reverence de la maiesté divine. C'est à elle seule qu'appartient la science et la sapience ; elle seule qui peult estimer de soy quelque chose, et à qui nous desrobbons ce que nous nous comptons et ce que nous nous prisons. Οὐ γὰρ ἐᾷ φρονέειν ὁ Θεὸς μέγα ἄλλον, ἢ ἑαυτόν Abbattons ce cuider, premier fondement de la tyrannie du maling esprit : *Deus superbis resistit ; humilibus autem dat gratiam.* L'intelligence est en touts les dieux, dict Platon, et poinct ou peu aux hommes. Or, c'est cependant beaucoup de consolation à l'homme chrestien, de veoir nos utils mortels et caducques si proprement assortis à nostre foy saincte et divine, que, lorsqu'on les employe aux subiects de leur nature mortels et caducques, ils n'y soyent pas appropriez plus uniement, ny avec plus de force. Voyons donc si l'homme a en sa puissance d'aultres raisons plus fortes que celles de Sebond ; voire s'il est en luy d'arriver à aulcune certitude, par argument et par discours. Car sainct Augustin, plaidant contre ces gents icy, a occasion de reprocher leur iniustice, en ce qu'ils tiennent faulses les parties de nostre creance que nostre raison fault à establir ; et, pour montrer qu'assez de choses peuvent estre et avoir esté, desquelles nostre discours ne sçauroit fonder la nature et les causes, il leur met en avant certaines experiences cogneues et indubitables auxquelles l'homme confesse ne rien veoir: et cela faict il, comme toutes aultres choses, d'une curieuse et ingenieuse recherche. Il fault plus faire, et leur apprendre que pour convaincre la foiblesse de leur raison, il n'est besoing d'aller triant les rares exemples: et qu'elle est si manque et si aveugle, qu'il n'y a nulle si claire facilité qui luy soit assez claire; que l'aysé et le malaysé luy sont un; que touts subiets egualement, et la nature en general desadvoue sa iurisdiction et entremise.

Que nous presche la Verité, quand elle nous presche De fuyr la mondaine philosophie; quand elle nous inculque si souvent Que nostre sagesse n'est que folie devant Dieu; que de toutes les vanitez, la plus vaine, c'est l'homme; Que l'homme, qui presume de son sçavoir, ne sçait pas encores que c'est que sçavoir; et Que l'homme, qui n'est rien, s'il pense estre quelque chose, se seduict soy mesme et se trompe? ces sentences du sainct Esprit expriment si clairement et si vifvement ce que ie veulx maintenir, qu'il me fauldroit aulcune aultre preuve contre des gents qui se rendroient avecques toute soubmission et obeïssance à son auctorité: mais ceulx cy veulent estre fouettez à leurs propres despens, et ne veulent souffrir qu'on combatte leur raison, que par elle mesme.

Considerons doncques pour cette heure l'homme seul, sans secours estrangier, armé seulement de ses armes et despourveu de la grace et cognoissance divine, qui est tout son bonheur, sa force, et le fondement de son estre: voyons combien il a de tenue en ce bel equipage. Qu'il me face entendre, par l'effort de son discours, sur quels fondements il a basty ces grands advantages qu'il pense avoir sur les aultres creatures. Qui lui a persuadé que ce branle admirable de la voulte celeste, la lumiere eternelle de ces flambeaux roulants si fierement sur sa teste, les mouvements espoventables de cette mer infinie, soyent establis, et se continuent tant de siecles, pour sa commodité et pour son service? Est il possible de rien imaginer si ridicule, que cette miserable et chestifve creature, qui n'est pas seulement maistresse de soy, exposee aux offenses de toutes choses, se die maistresse et emperiere de l'univers, duquel il n'est pas en sa puissance de cognoistre la moindre partie, tant s'en fault de la commander? Et ce privilege qu'il s'attribue d'estre seul en ce grand bastiment, qui ayt la suffisance d'en recognoistre la beauté et les pieces, seul qui en puisse rendre grace à l'architecte, et tenir compte de la recepte et mise du monde; qui luy a scellé ce privilege? Qu'il nous montre lettres de cette belle et grande charge: ont elles esté octroyees en faveur des sages seulement? elles ne touchent gueres de gents: les fols et les meschants sont ils dignes de faveur si extraordinaire, et, estants la pire piece de l'humaine nature, d'estre preferez à tout le reste? En croirons nous cettuy là? *Quorum igitur causa quis dixerit effectum esse mundum? Eorum scilicet animantium, quæ ratione utuntur; hi sunt dii et homines, quibus profecto nihil est melius:* nous n'aurons jamais assez bafoué l'impudence de cet accouplage. Mais, pauvret, qu'a il en soy digne d'un tel advantage? A considerer cette vie incorruptible des corps celestes, leur beauté, leur grandeur, leur agitation continuee d'une si iuste regle;

> Quum suspicimus magni cœlestia mundi
> Templa super, stellisque micantibus æthera fixum,
> Et venit in mentem lunæ solisque viarum;

à considerer la domination et puissance que ces corps là ont, non seulement sur nos vies et conditions de nostre fortune,

> Facta etenim et vitas hominum suspendit ab astris,

mais sur nos inclinations mesmes, nos discours, nos volontez, qu'ils regissent, poulsent et agitent à la mercy de leurs influences, selon que nostre raison nous l'apprend et le treuve;

> Speculataque longe
> Deprendit tacitis dominantia legibus astra,
> Et totum alterna mundum ratione moveri,
> Fatorumque vices certis discurrere signis;

à veoir que non un homme seul, non un roy, mais les monarchies, les empires, et tout ce bas monde, se meust au bransle des moindres mouvements celestes;

> Quantaque quam parvi faciant discrimina motus...
> Tantum est hoc regnum, quod regibus imperat ipsis!

si nostre vertu, nos vices, nostre suffisance et science, et ce mesme discours que nous faisons de la force des astres, et cette comparaison d'eulx à à nous, elle vient, comme iuge nostre raison, par leur moyen et de leur faveur.

> Furit alter amore,
> Et pontum tranare potest, et vertere Troiam ;
> Alterius sors est scribendis legibus apta.
> Ecce patrem nati perimunt, natosque parentes ;
> Mutuaque armati coeunt in vulnera fratres
> Non nostrum hoc bellum est; coguntur tanta movere,
> Inque suas ferri pœnas, lacerandaque membra.
> . . . .
> Hoc quoque fatale est, sic ipsum expendere fatum ;

si nous tenons de la distribution du ciel cette part de raison que nous avons, comment nous pourra elle egaler à luy? comment souhmettre à nostre science son essence et ses conditions? Tout ce nous veoyons en ces corps là nous estonne : *Quæ molitio, quæ ferramenta, qui vectes, quæ machinæ, qui ministri tanti operis fuerunt?* Pourquoy les privons nous et d'ame, et de vie, et de discours? y avons nous recogneu quelque stupidité immobile et insensible, nous qui n'avons aulcun commerce avecques eulx, que d'obeïssance? Dirons nous que nous n'avons veu, en nulle aultre creature qu'en l'homme, l'usage d'une ame raisonnable? Eh quoy! avons nous veu quelque chose semblable au soleil? laisse il d'estre, parce que nous n'avons rien veu de semblable? et ses mouvements, d'estre, parce qu'il n'en est point de pareils? Si ce que nous n'avons pas veu n'est pas, nostre science est merveilleusement raccourcie : *Quæ sunt tantæ animi angustiæ!* Sont ce pas des songes de l'humaine vanité, de faire de la lune une terre celeste? y songer des montagnes, des vallees, comme Anaxagoras? y planter des habitations et demeures humaines, et y dresser des colonies pour nostre commodité, comme faict Platon et Plutarque? et de nostre terre, en faire un astre esclairant et lumineux? *Inter cœtera mortalitatis incommoda, et hoc est, caligo mentium: nec tantum necessitas errandi, sed errorum amor. Corruptibile corpus aggravat animum, et deprimit terrena inhabitio sensum multa cogitantem.*

La presumption est nostre maladie naturelle et originelle. La plus calamiteuse et fragile de toutes les creatures, c'est l'homme, et quand et quand la plus orgueilleuse : elle se sent et se veoid logee icy parmy la bourbe et le fient du monde, attachee et clouee à la pire, plus morte et croupie partie de l'univers, au dernier estage du logis et le plus esloigné de la voulte celeste, avecques les animaulx de la pire condition des trois; et se va plantant, par imagination, au dessus du cercle de la lune, et ramenant le ciel soubs ses pieds. C'est par la vanité de cette mesme imagination, qu'il s'egale à Dieu, qu'il s'attribue les conditions divines, qu'il se trie soy mesme, et separe de la presse des aultres creatures, taille les parts aux animaux ses confreres et compaignons, et leur distribue telle portion de facultez et de force que bon lui semble. Comment cognoist il, par l'effort de son intelligence, les bransles internes et secrets des animaux? par quelle comparaison d'eulx à nous conclud il la bestise qu'il leur attribue? Quand ie me ioue à ma chatte, qui sçait si elle passe son temps de moy, plus que ie ne fois d'elle? nous nous entretenons de singeries reciproques : si i'ay mon heure de commencer ou de refuser, aussi a elle la sienne. Platon, en sa peincture de l'aage doré soubs Saturne, compte, entre les principaulx advantages de l'homme de lors, la communication qu'il avoit avecques les bestes, desquelles s'enquerant et s'instruisant, il sçavoit les vrayes qualitez et differences de chascune d'icelles; par où il acqueroit une tresparfaicte intelligence et prudence, et en conduisoit de bien loing plus heureusement sa vie, que nous ne sçaurions faire : nous fault il meilleure preuve à iuger l'impudence humaine sur le faict des bestes? Ce grand aucteur a opiné qu'en la plus part de la forme corporelle que nature leur a donnee, elle a regardé seulement l'usage des prognostications qu'on en tiroit en son temps. Ce default, qui empesche la communication d'entre elles et nous, pourquoy n'est il aussi bien à nous, qu'à elles? c'est à deviner à qui est la faulte de ne nous entendre point ; car nous ne les entendons non plus qu'elles nous : par cette mesme raison, elles nous peuvent estimer bestes, comme nous les en estimons. Ce n'est pas grand'merveille si nous ne les entendons pas : aussi ne faisons nous les Basques et les

Troglodytes. Toutefois aulcuns se sont vantez de les entendre, comme Appollonius tyaneus, Melampus, Tiresias, Thales, et aultres. Et puis qu'il est ainsi, comme disent les cosmographes, qu'il y a des nations qui receoivent un chien pour leur roy, il fault bien qu'ils donnent certaine interpretation à sa voix et mouvements. Il nous fault remarquer la parité qui est entre nous : nous avons quelque moyenne intelligence de leurs sens; aussi ont les bestes des nostres, environ à mesme mesure : elles nous flattent, nous menacent, et nous requierent; et nous elles. Au demourant, nous descouvrons bien evidemment qu'entre elles il y a une pleine et entiere communication, et qu'elles s'entr'entendent, non seulement celles de mesme espece, mais aussi d'especes diverses :

   Et mutæ pecudes, et denique secla ferarum
   Dissimiles suerunt voces variasque ciere,
   Quum metus aut dolor est, aut quum iam gaudia gliscunt

En certain abbayer du chien, le cheval cognoist qu'il y a de la cholere; de certaine aultre sienne voix, il ne s'effroye point. Aux bestes mesmes qui n'ont point de voix, par la société d'offices que nous veoyons entre elles, nous argumentons aysement quelque aultre moyen de communication; leurs mouvements discourent et traictent :

   Non alia longe ratione, atque ipsa videtur
   Protrahere ad gestum pueros infantia linguæ.

Pourquoy non? tout aussi bien que nos muets disputent, argumentent et content des histoires, par signes : i'en ay veu de si souples et formez à cela, qu'à la verité il ne leur manquoit rien à la perfection de se sçavoir faire entendre. Les amoureux se courroucent, se reconcilient, se prient, se remercient, s'assignent, et disent enfin toutes choses, des yeulx :

   E 'l silentio ancor suole
   Aver prieghi e parole.

Quoy des mains? nous requerons nous promettons, appellons, congedions, menaceons, prions, supplions, nions, refusons, interrogeons, admirons, nombrons, confessons, repentons, craignons, vergoignons, doubtons, instruisons, commandons, incitons, encourageons, iurons, tesmoignons, accusons, condamnons, absolvons, iniurions, mesprisons, desfions, despitons, flattons, applaudissons, benissons, humilions, mocquons, reconcilions, recommendons, exaltons, festoyons, resiouïssons, complaignons, attristons, desconfortons, desesperons, estonnons, escrions, taisons, et quoy non? d'une variation et multiplication, à l'envy de la langue. De la teste, nous convions, renvoyons, advouons, desadvouons, desmentons, bienveignons, honorons, venerons, desdaignons, demandons, esconduisons, esguayons, lamentons, caressons, tansons, soubmettons, bravons, enhortons, menaceons, asseurons, enquerons. Quoy des sourcils? quoy des espaules? Il n'est mouvement qui ne parle, et un langage intelligible sans discipline, et un langage publicque; qui faict veoyant la varieté et usage distingué des aultres, que cettuy cy doibt plustost estre iugé le propre de l'humaine nature. Ie laisse à part ce que particulierement a necessité en apprend soubdain à ceulx qui ont besoing; et les alphabets des doigts, et grammaires en gestes; et les sciences qui ne s'exercent et ne s'expriment que par iceulx; et les nations que Pline dict n'avoir point d'aultre langue. Un ambassadeur de la ville d'Abdere, aprez avoir longuement parlé au roy Agis de Sparte, luy demanda : « Et bien, sire? quelle response veulx tu que ie rapporte à nos citoyens? » « Que ie t'ay laissé dire tout ce que tu as voulu, et tant que tu as voulu, sans iamais dire un mot. » Voilà pas un taire parler, et bien intelligible?

Au reste, quelle sorte de nostre suffisance ne recognoissons nous aux operations des animaulx? Est il police reglee avecques plus d'ordre, diversifiée à plus de charges et d'offices, et plus constamment entretenue que celle des mouches à miel? cette disposition d'actions et de vacations si ordonnee la pouvons nous imaginer se conduire sans discours et sans prudence?

   His quidam signis atque hæc exempla sequuti,
   Esse apibus partem divinæ mentis, et hanstus
   Æthereos, dixere.

Les arondelles, que nous veoyons au retour du printemps fureter touts les coins de nos maisons, cherchent elles sans iugement, et choisissent elles sans discretion, de mille places, celle qui leur est la plus commode à se loger? Et en cette belle et admirable contexture de leurs bastiments, les oyseaux peuvent ils se servir plustost d'une figure carree, que de la ronde, d'un angle obtus, que d'un angle droit, sans en sçavoir les conditions et les effects? prennent ils tantost de l'eau, tantost de l'argille, sans iuger que la dureté s'amollit en l'humectant? planchent ils de mousse leur palais, ou de duvet, sans prevoir que les membres tendres de leurs petits y seront plus mollement et plus à l'ayse? se couvrent ils du vent pluvieux, et plantent leurs loges à l'orient, sans cognoistre les conditions differentes de ces vents, et considerer que l'un leur est plus salutaire que l'aultre? Pourquoy espessit l'araignee sa toile en un endroict, et relasche en un aultre, se sert à cette heure de cette sorte de nœud, tantost de celle là, si elle n'a et deliberation et pensement, et conclusion? Nous recognoissons assez, en la pluspart de leurs ouvrages, combien les animaulx ont d'excellence au dessus de nous, et combien nostre art est foible à les imiter : nous veoyons toutesfois aux nostres, plus grossiers, les facultez que nous y employons, et que nostre ame s'y sert de toutes ses forces; pourquoy n'en estimons nous autant d'eulx? pourquoy attribuons nous à ie ne sçais quelle inclination naturelle et servile les ouvrages qui surpassent tout ce que nous pouvons par nature et par art? En quoy, sans y penser, nous leur donnons un tresgrand advantage sur nous, de faire que nature, par une douceur maternelle, les accompaigne et guide, comme par la main, à toutes les actions et commoditez de leur vie: et qu'à nous elle nous abandonne au hazard et à la fortune, et à quester, par art, les choses necessaires à nostre conservation; et nous refuse quand et quand les moyens de pouvoir arriver, par aulcune institution et contention d'esprit, à la suffisance naturelle des bestes : de maniere que leur stupidité brutale surpasse en toutes commoditez tout ce que peult nostre divine intelligence. Vrayement, à ce compte, nous aurions bien raison de l'appeller une tresiniuste marastre : mais il n'en est rien; nostre police n'est pas si difforme et desreglee.

Nature a embrassé universellement toutes ses creatures, et n'en est aulcune qu'elle n'ayt bien pleinement fournie de touts moyens necessaires à la conservation de son estre : car ces plainctes vulgaires que i'ois faire aux hommes (comme la licence de leurs opinions les esleve tantost au dessus des nues, et puis les ravalle aux antipodes), Que nous sommes le seul animal abandonné, nud sur la terre nue, lié garrotté, n'ayant de quoy s'armer et couvrir sur la despouille d'aultruy; là où toutes les aultres creatures nature les a revestues de coquilles, de gousses, d'escorce, de poil, de laine, de poinctes, de cuir, de bourre, de plume, d'escaille, de toison et de soye, selon le besoing de leur estre : les a armees de griffes, de dents, de cornes, pour assaillir et pour deffendre, et les a elle mesme instruicts à ce qui leur est propre, à nager, à courir, à voler, à chanter ; là où l'homme ne sçait ny cheminer, ny parler, ny manger, ny rien que pleurer, sans apprentissage :

> Tum porro puer, ut sævis proiectus ab undis
> Navita nudus humi iacet infans indigus omni
> Vitali auxilio, quum primum in luminis oras
> Nixibus ex alvo matris natura profudit.
> Vagituque locum lugubri complet; ut æquum est,
> Cui tantum in vita restet transire malorum.
> At variæ crescunt pecudes, armenta feræque.
> Nec crepitacula eis opus est, nec cuiquam adhibenda est
> Almæ nutricis blanda atque infracta loquela ;
> Nec varias quærunt vestes pro tempore cœli ;
> Denique non armis opus est, non mœnibus altis,
> Queis sua tutentur quando omnibus omnia large
> Tellus ipsa parit, naturaque dædala rerum ;

ces plainctes là sont faulses : il y a en la police du monde une egualité plus grande, et une relation plus uniforme. Nostre peau est pourveue, aussi suffisamment que la leur, de fermeté contre les iniures du temps : tesmoing plusieurs nations qui n'ont encores gousté aulcun usage de vestements; nos anciens Gaulois n'estoient gueres vestus; ne sont pas les Irlandois nos voisins, soubs un ciel si froid : mais nous le iugeons mieulx par nous mesmes; car touts les endroicts de la personne qu'il nous plaist descouvrir au vent et à l'air, se treuvent propres à le souffrir, le visage, les pieds, les mains, les iambes, les espaules, la teste, selon que l'usage nous y convie : car s'il y a partie en nous foible, et qui semble debvoir craindre la froidure, ce debvroit estre l'estomach, où se faict la digestion ; nos peres le portoient descouvert ; et nos dames, ainsi molles et delicates qu'elles sont, elles s'en vont tantost entr'ouvertes iusques au nombril. Les liaisons et emmaillottements des enfants ne sont non plus necessaires ; et les meres lacedemoniennes eslevoient les leurs en toute liberté de mouvements de membres, sans les attacher ne plier. Nostre pleurer est commun à la pluspart des aultres animaulx, et n'en est gueres qu'on ne veoye se plaindre et gemir longtemps aprez leur naissance ; d'autant que c'est une contenance bien sortable à la foiblesse en quoy ils se sentent. Quant à l'usage du manger, il est, en nous comme en eulx, naturel et sans instruction :

> Sentit enim vim qui-que suam quam possit abuti ;

qui faict doubte qu'un enfant, arrivé à la force de se nourrir, ne sceust quester sa nourriture ? et la terre en produict et luy en offre assez pour sa necessité, sans aultre culture et artifice ; et si non en tout temps, aussi ne faict elle pas aux bestes, tesmoing les provisions que nous veoyons faire aux fourmis, et aultres, pour les saisons steriles de l'annee. Ces nations que nous venons de descouvrir, si abondamment fournies de viande et de bruvage naturel, sans soing et sans façon, nous viennent d'apprendre que le pain n'est pas nostre seule nourriture, et que, sans labourage, nostre mere nature nous avoit munis à planté de tout ce qu'il nous falloit ; voire, comme il est vraysemblable, plus plainement et plus richement qu'elle ne faict à present que nous y avons meslé nostre artifice :

> Et tellus nitidas fruges, vinetaque læta
> Sponte sua primum mortalibus ipsa creavit ;
> Ipsa dedit dulces fœtus, et pabula læta ;
> Quæ nunc vix nostro grandescunt aucto labore,
> Conterimusque boves, et vires agricolarum :

le debordement et desreglement de nostre appetit devanceant toutes les inventions que nous cherchons de l'assouvir.

Quant aux armes, nous en avons plus de naturelles que la pluspart des aultres animaux, plus de divers mouvements de membres, et en tirons plus de service naturellement, et sans leçon ; ceulx qui sont duicts à combattre nuds, on les veoid se iecter aux hazards, pareils aux notres : si quelques bestes nous surpassent en cet advantage, nous en surpassons plusieurs aultres. Et l'industrie de fortifier le corps, et le couvrir par moyens acquis, nous l'avons par un instinct et precepte naturel : qu'il soit ainsi, l'elephant aiguise et esmould ses dents, desquelles il se sert à la guerre (car il en a de particulieres pour cet usage, lesquelles il espargne, et ne les employe aulcunement à ses aultres services) ; quand les taureaux vont au combat, ils respandent et iectent de la poussiere à l'entour d'eulx ; les sangliers affinent leurs deffenses ; et l'ichneumon, quand il doibt venir aux prinses avecques le crocodile, munit son corps, l'enduict et le crouste tout à l'entour de limon bien serré et bien paistri, comme d'une cuirasse : pourquoy ne dirons nous qu'il est aussi naturel de nous armer de bois et de fer ?

Quant au parler, il est certain que, s'il n'est pas naturel, il n'est pas necessaire. Toutesfois ie crois qu'un enfant qu'on aurait nourri en pleine solitude, esloigné de tout commerce (qui seroit un essay malaysé à faire), auroit quelque espece de parole pour exprimer ses conceptions : et n'est pas croyable que nature nous ayt refusé ce moyen qu'elle a donné à plusieurs aultres animaulx ; car qu'est ce aultre chose que parler, cette faculté que nous leur veoyons de se plaindre, de se resiouïr, de s'entr'appeler au secours, se convier à l'amour, comme ils font par l'usage de leur voix ? Comment ne parleroient elles entr'elles ? elles parlent bien à nous, et nous à elles : eu combien de sortes parlons nous à nos chiens ? et ils nous respondent : d'aultre langage, d'aultres appellations, devisons nous avecques eulx qu'avecques les oyseaux, avecques les pourceaux, les bœufs, les chevaulx ; et changeons d'idiome, selon l'espece.

> Cosi per entro loro schiera bruna
> S' ammusa l' una con l' altra formica,
> Forse a spiar lor via e lor fortuna.

Il me semble que Lactance attribue aux bestes, non le parler seulement, mais le rire encores. Et la difference de langage qui se veoid entre nous, selon la difference des contrees, elle se treuve aussi aux animaux de mesme espece : Aristote allegue à ce propos le chant divers des perdrix, selon la situation des lieux :

> Variæque volucres...
> Longe alias alio iaciunt in tempore voces...
> Et partim mutant cum tempestatibus una
> Raucisonos cantus.

Mais cela est à sçavoir, quel langage parleroit cet enfant : et ce qui s'en dict par devination n'a pas beaucoup d'apparence. Si on m'allegue, contre cette opinion , que les sourds naturels ne parlent point : ie responds que ce n'est pas seulement pour n'avoir peu recevoir l'instruction de la parole par les aureilles, mais plustost pource que le sens de l'ouïe, duquel ils sont privez, se rapporte à celuy du parler, et se tiennent ensemble d'une cousture naturelle; en façon que ce que nous parlons, il fault que nous le parlions premierement à nous, et que nous le facions sonner au dedans à nos aureilles, avant que de l'envoyer aux estrangieres.

I'ay dict tout cecy pour maintenir cette ressemblance qu'il y a aux choses humaines, et pour nous ramener et ioindre à la presse : nous ne sommes ny au dessus, ny au dessoubs du reste. Tout ce qui est soubs le ciel, dict le sage, court une loy et fortune pareille :

> Indupedita suis fatalibus omnia vinclis;

Il y a quelque difference, il y a des ordres et des degrez; mais c'est soubs le visage d'une mesme nature :

> Res... quæque suo ritu procedit; et omnes
> Fœdere naturæ certo discrimina servant.

Il fault contraindre l'homme, et le renger dans les barrieres de cette police. Le miserable n'a garde d'eniamber par effect au delà : il est entravé et engagé, il est assubiecty de pareille obligation que les aultres creatures de son ordre, et d'une condition fort moyenne, sans aulcune prerogative, preexcellence, vraye et essentielle; celle qu'il se donne, par opinion et par fantaisie, n'a ny corps ny goust. Et s'il est ainsi, que luy seul de touts les animaulx ayt cette liberté de l'imagination, et ce desreglement de pensees, luy representant ce qui est, ce qui n'est pas, et ce qu'il veult, le fauls et le veritable; c'est un advantage qui luy est bien cher vendu, et duquel il a bien peu à se glorifier : car de là naist la source principale des maulx qui le pressent, peché, maladie, irresolution, trouble, desespoir. Ie dis donc, pour revenir à mon propos, qu'il n'y a point d'apparence d'estimer que les bestes facent par inclination naturelle et force les mesmes choses que nous faisons par nostre choix et industrie : nous debvons conclure de pareils effects, pareilles facultez; et de plus riches effects, des facultez plus riches; et confesser, par consequent, que ce mesme discours, cette mesme voye, que nous tenons à ouvrer, aussi la tiennent les animaulx, ou quelque aultre meilleure. Pourquoy imaginons nous en eulx cette contraincte naturelle, nous qui n'en esprouvons aulcun pareil effect ? ioinct qu'il est plus honorable d'estre acheminé et obligé à reglement agir par naturelle et inevitable condition, et plus approchant de la Divinité, que d'agir reglement par liberté temeraire et fortuite; et plus seur de laisser à nature, qu'à nous les resnes de nostre conduicte. La vanité de nostre presumption faict que nous aimons mieulx debvoir à nos forces, qu'à sa liberalité, nostre suffisance; et enrichissons les aultres animaulx des biens naturels, et les leur renonceons, pour nous honorer et ennoblir des biens acquis : par une humeur bien simple, ce me semble; car ie priserois bien autant des graces toutes miennes et naïfves, que celles que i'aurois esté mendier et quester de l'apprentissage : il n'est pas en nostre puissance d'acquerir une plus belle recommendation, que d'estre favorisé de Dieu et de nature.

Par ainsi, le regnard, de quoy se servent les habitants de la Thrace, quand ils veulent entreprendre de passer par dessus la glace de quelque riviere gelee, et le laschent devant eulx pour cet effect; quand nous le verrions au bord de l'eau approcher son aureille bien prez de la glace, pour sentir s'il orra, d'une longue ou d'une voisine distance, bruire l'eau, courant au dessoubs, et, selon qu'il treuve par là qu'il y a plus ou moins d'espesseur en la glace, se reculer, ou s'advancer, n'aurions nous pas raison de iuger qu'il lui passe par la teste ce mesme discours qu'il feroit en la nostre, et que c'est une ratiocination, et consequence tiree du sens naturel : « Ce qui faict bruict se remue ; ce qui se remue, n'est pas gelé ; ce qui n'est pas gelé, est liquide ; et ce qui est liquide, plie sous le faix? » car d'attribuer cela seulement à une vivacité du sens de l'ouïe, sans discours et sans consequence, c'est une chimere, et ne peult entrer en nostre imagination. De mesme fault il estimer de tant de sortes de ruses et d'inventions, de quoy les bestes se couvrent des entreprinses que nous faisons sur elles.

Et si nous voulons prendre quelque advantage de cela mesme, qu'il est en nous de les saisir, de nous en servir, et d'en user à nostre volonté ; ce n'est que ce mesme advantage que nous avons les uns sur les aultres : nous avons à cette condition nos esclaves ; et les Climacides estoient ce pas des femmes, en Syrie, qui servoient, couchees à quatre pattes, de marchepied et d'eschelle aux dames pour monter en coche ; et la pluspart des personnages libres abandonnent, pour bien legieres commoditez, leur vie et leur estre à la puissance d'aultruy : les femmes et concubines des Thraces plaident à qui sera choisie pour estre tuee au tumbeau de son mary : les tyrans ont ils iamais failli de trouver assez d'hommes vouez à leur devotion, aulcuns d'eulx adioustants davantage cette necessité de les accompaigner à la mort comme en la vie? des armees entieres se sont ainsin obligees à leurs capitaines : la formule du serment, en cette rude eschole des escrimeurs à oultrance, portoit ces promesses : « Nous iurons de nous laisser enchaisner, brusler, battre, et tuer de glaive, et souffrir tout ce que les gladiateurs legitimes souffrent de leur maistre; engageant tresreligieusement et le corps et l'ame à son service : »

    Ure meum, si vis, flamma caput, et pete ferro
    Corpus, et intorto verbere terga seca :

c'estoit une obligation veritable ; et si, il s'en trouvoit dix mille, telle annee, qui y entroient et s'y perdoient. Quand les Scythes enterroient leur roy, ils estrangloient sur son corps la plus favorie de ses concubines, son eschanson, escuyer d'escurie, chambellan, huissier de chambre, et cuisinier ; et, en son anniversaire, ils tuoient cinquante chevaulx, montez de cinquante pages, qu'ils avoient empalez par l'espine du dos iusques au gozier, et les laissoient ainsi plantez en parade autour de la tumbe. Les hommes qui nous servent le font à meilleur marché et pour un traictement moins curieux et moins favorable, que celuy que nous faisons aux oyseaux, aux chevaulx et aux chiens. A quel soulcy ne nous desmettons nous pour leur commodité? il ne me semble point que les plus abiects serviteurs facent volontiers pour leurs maistres ce que les princes s'honorent de faire pour ces bestes. Diogenes voyant ses parents en peine de le racheter de servitude : « Ils sont fols, disoit il, c'est celuy qui me traicte et nourrit, qui me sert : » et ceulx qui entretiennent les bestes, se doibvent dire plustost les servir, qu'en estre servis. Et si, elles ont cela de plus genereux, que iamais lion ne s'asservit à un aultre lion, ny un cheval à un aultre cheval, par faulte de cœur. Comme nous allons à la chasse des bestes, ainsi vont les tigres et les lions à la chasse des hommes ; et ont un pareil exercice les unes sur les aultres, les chiens sur les lievres, les brochets sur les tenches, les arondelles sur les cigales, les esperviers sur les merles et sur les allouettes :

    Serpente ciconia pullos
    Nutrit, et inventa per devia rura lacerta...
    Et leporem aut capream famulæ Iovis et generosæ
    In saltu venantur aves.

Nous partons le fruict de nostre chasse avecques nos chiens et oyseaux, comme la peine et l'industrie : et au dessus d'Amphipolis, en Thrace, les chasseurs, et les faulcons sauvages, partent iustement le butin par moitié ; comme, le long des Palus Mæotides, si le pescheur ne laisse aux loups, de bonne foy, une part eguale de sa prinse, ils vont incontinent deschirer ses rets. Et comme nous avons une chasse qui se conduict plus par subtilité que par force, comme celle des colliers, de nos lignes, de l'hamesson, il s'en veoid aussi de pareilles entre les bestes : Aristote dict que la seche iecte de son col un boyau long comme une ligne, qu'elle estend au loing en le laschant, et le retire à soy quand elle veult ; à mesure qu'elle apperceoit quelque petit poisson s'approcher, elle luy laisse mordre le bout de ce boyau, estant cachee dans le sable ou dans la vase, et, petit à petit, le retire iusques à ce que ce petit poisson soit si prez d'elle, que d'un sault elle puisse l'attraper.

Quant à la force, il n'est animal au monde en butte de tant d'offenses, que l'homme : il ne nous fault point une baleine, un elephant et un crocodile, ny tels aultres animaux, desquels un seul est capable de desfaire un grand nombre d'hommes ; les pouils sont suffisants pour faire vacquer la dictature de Sylla ; c'est le deieusner d'un petit vers, que le cœur et la vie d'un grand et triumphant empereur.

Pourquoy disons nous que c'est à l'homme science et cognoissance, bastie par art et par discours, de discerner les choses utiles à son vivre, et au secours de ses maladies, de celles qui ne le sont pas ; de cognoistre la force de la rubarbe et du polypode : et, quand nous voyons les chevres de Candie, si elles ont receu un coup de traict, aller, entre un million d'herbes, choisir le dictame pour leur guarison ; et la tortue, quand elle a mangé de la vipere, chercher incontinent de l'origanum pour se purger ; le dragon, fourbir et esclairer ses yeulx avecques du fenoil ; les cigoignes, se donner elles mesmes des clysteres à tout de l'eau marine ; les elephants, arracher non seulement de leurs corps, et de leurs compaignons, mais des corps aussi de leurs maistres (tesmoing celuy du roy Porus, qu'Alexandre desfeit), les iavelots et les dards qu'on leur a iectez au combat, et les arracher si dextrement que nous ne le sçaurions faire avecques si peu de douleur, pourquoy ne disons nous de mesme que c'est science et prudence ? Car d'alleguer, pour les deprimer, que c'est par la seule instruction et maistrise de nature qu'elles le sçavent, ce n'est pas leur oster le tiltre de science et de prudence ; c'est la leur attribuer à plus forte raison qu'à nous, pour l'honneur d'une si certaine maistresse d'eschole. Chrysippus, bien qu'en toutes aultres choses autant desdaigneux iuge de la condition des animaulx que nul aultre philosophe, considerant les mouvements du chien qui, se rencontrant en un carrefour à trois chemins, ou à la queste de son maistre qu'il a esgaré, ou à la poursuitte de quelque proye qui fuyt devant luy, va essayant un chemin aprez l'aultre, et, aprez s'estre asseuré des deux, et n'y avoir trouvé la trace de ce qu'il cherche, s'eslance dans le troisiesme sans marchander, il est contrainct de confesser qu'en ce chien là un tel discours se passe : « l'ay suyvi iusques à ce carrefour mon maistre à la trace ; il fault necessairement qu'il passe par l'un de ces trois chemins : ce n'est ny par cettuy cy, ny par celuy là : il fault doncques infailliblement qu'il passe par cet aultre : » et que, s'asseurant par cette conclusion et discours, il ne se sert plus de son sentiment au troisiesme chemin, ny ne le sonde plus, ains s'y laisse emporter par la force de la raison. Ce traict, purement dialecticien, et cet usage de propositions divisees et conioinctes, et de la suffisante enumeration des parties, vault il pas aultant que le chien le sçache de soy, que de Trapezonce ?

Si ne sont pas les bestes incapables d'estres encores instruictes à nostre mode : les merles, les corbeaux, les pies, les perroquets, nous leur apprenons à parler ; et cette facilité que nous recognoissons à nous fournir leur voix et haleine si souple et si maniable, pour la former et l'astreindre à certain nombre de lettres et de syllabes, tesmoigne qu'ils ont un discours au dedans qui les rend ainsi disciplinables et volontaires à apprendre. Chascun est saoul, ce crois ie, de veoir tant de singeries que les basteleurs apprennent à leurs chiens ; les danses où ils ne faillent une seule cadence du son qu'ils oyent ; plusieurs divers mouvements et saults qu'ils leur font faire par le commandement de leur parole. Mais ie remarque avecques plus d'admiration cet effect, qui est toutesfois assez vulgaire, des chiens de quoy se servent les aveugles, et aux champs et aux villes ; ie me suis prins garde comme ils s'arrestent à certaines portes, d'où ils sont accoustumé de tirer aulmone ; comme ils evitent le choc des coches et des charrettes, lors mesme que, pour leur regard, ils ont assez de place pour leur passage ; i'en ay veu, le loug d'un fossé de ville, laisser un sentier plain et uni, et en prendre un pire, pour esloingner son maistre du fossé : comment pouvoit on avoir faict concevoir à ce chien, que c'estoit sa charge de regarder seulement à la seureté de son maistre, et mespriser ses propres commoditez pour le servir ? Et comment avoit il la cognoissance que tel chemin luy estoit bien assez large, qui ne le seroit pas pour un aveugle ? Tout cela se peult il comprendre sans ratiocination ?

Il ne fault pas oublier ce que Plutarque dict avoir veu à Rome d'un chien, avecques l'empereur Vespasian le pere, au theatre de Marcellus : ce chien servoit à un basteleur qui iouoit une fiction à plusieurs mines et plusieurs personnages, et y avoit son roolle. Il falloit, entre aultres choses, qu'il contrefeist pour un temps le mort, pour avoir mangé de certaine drogue : aprez avoir avalé le pain qu'on feignoit estre cette drogue, il commencea tantost à trembler et branster, comme s'il eust esté estourdi : finalement, s'estendant et se roidissant, comme mort, il se laissa tirer et traisner d'un lieu à aultre ainsi que portoit le subiect du ieu ; et puis, quand il cogneut qu'il estoit temps, il commencea premierement à se remuer tout bellement, ainsi que s'il se feust revenu d'un profond sommeil, et, levant la teste, regarda çà et là, d'une façon qui estonnoit touts les assistants.

Les bœufs qui servoient aux iardins royaux de Suse, pour les arrouser, et tourner certaines grandes roues à puiser de l'eau, ausquelles il y avoit des bacquets attachez (comme il s'en veoid plusieurs en Languedoc), on leur avoit ordonné d'en tirer par iour iusques à cent tours chascun, dont ils estoient si accoustumez à ce nombre, qu'il estoit impossible, par aulcune force, de leur en faire tirer un tour davantage ; et, ayants faict leur tasche, ils s'arrestoient tout court. Nous sommes en l'adolescence avant que nous sçachions compter iusques à cent, et venons de descouvrir des nations qui n'ont aulcune cognoissance des nombres.

Il y a encores plus de discours à instruire aultruy qu'à estre instruit : or, laissant à part ce que Democritus iugeoit, et prouvoit, que la pluspart des arts, les bestes nous les ont apprinses, comme l'araignee à tistre et à coudre, l'arondelle à bastir, le cygne et le rossignol la musique, et plusieurs animaulx, par leur imitation, à faire la medecine : Aristote tient que les rossignols instruisent leurs petits à chanter, et y employent du temps et du soing, d'où il advient que ceulx que nous nourrissons en cage, qui n'ont point eu loisir d'aller à l'eschole soubs leurs parents, perdent beaucoup de la grace de leur chant : nous pouvons iuger par là qu'il receoit de l'amendement par discipline et par estude ; et, entre les libres mesme, il n'est pas un et pareil, chascun en a prins selon sa capacité, et sur la ialousie de leur apprentissage, ils se debattent, à l'envy, d'une contention si courageuse, que, par fois, le vaincu y demeure mort, l'haleine luy faillant plustost que la voix. Les plus ieunes ruminent pensifs, et prennent à imiter certains couplets de chanson : le disciple escoute la leçon de son precepteur, et en rend compte aveccques grand soing ; ils se taisent, l'un tantost, tantost l'aultre ; on oyt corriger les faultes, et sent on aulcunes reprehensions du precepteur. I'ay veu, dict Arrianus, aultresfois un elephant ayant à chascune cuisse un cymbale pendu, et un aultre attaché à sa trompe, au son desquels touts les autres dansoient en rond, s'eslevants et s'inclinants à certaines cadences, selon que l'instrument les guidoit ; et y avoit plaisir à ouïr cette harmonie. Aux spectacles de Rome, il se veoyoit ordinairement des elephants dressez à se mouvoir, et danser, au son de la voix, des danses à plusieurs entrelasseures, coupeures, et diverses cadences tres-difficiles à apprendre. Il s'en est veu qui, en leur privé, rememoroient leur leçon, et s'exerçoient, par soing et par estude, pour n'estre tansez et battus de leurs maistres.

Mais cett' aultre histoire de la pie, de laquelle nous avons Plutarque mesme pour respondant, est estrange : elle estoit en la boutique d'un barbier, à Rome, et faisoit merveilles de contrefaire aveccques la voix tout ce qu'elle oyoit. Un iour, il advient que certaines trompettes s'arresterent à sonner longtemps devant cette boutique. Depuis cela, et tout le lendemain, voylà cette pie pensifve, muette et melancholique : de quoy tout le monde estoit esmerveillé, et pensoit que le son des trompettes l'eust ainsin estourdie et estonnee, et qu'aveccques l'ouïe, la voix se feust quand et quand esteincte : mais on trouva enfin que c'estoit une estude profonde, et une retraicte en soy mesme, son esprit s'exercitant, et preparant sa voix à representer le son de ces trompettes : de maniere que sa premiere voix ce feut celle là d'exprimer parfaictement leurs reprinses, leurs poses et leurs nuances, ayant quitté, par ce nouvel apprentissage, et prins à desdaing, tout ce qu'elle sçavoit dire auparavant.

Ie ne veulx pas obmettre d'alleguer cet autre exemple d'un chien que ce mesme Plutarque dict avoir veu (car, quant à l'ordre, ie sens bien que ie le trouble ; mais ie n'en observe non plus à renger ces exemples qu'au reste de toute ma besongne), luy estant dans un navire : ce chien, estant en peine d'avoir l'huile qui estoit dans le fond d'une cruche, où il ne pouvoit arriver de la langue, pour l'estroicte embouchure du vaisseau, alla querir des cailloux, et en meit dans cette cruche iusques à ce qu'il eust faict hausser l'huile plus prez du bord, où il la peust atteindre. Cela, qu'est ce, si ce n'est l'effect d'un esprit bien subtil? On dict que les corbeaux de Barbarie en font de mesme, quand l'eau qu'ils veulent boire est trop basse. Cette action est aulcunement voisine de ce que recitoit des elephants un roy de leur nation, Iuba, que quand, par la finesse de ceulx qui les chassent, l'un d'entre eulx se treuve prins dans certaines fosses profondes qu'on leur prepare, et les recouvre lon de menues brossailles pour les tromper, ses compaignons y apportent en diligence force pierres et pieces de bois, à fin que cela l'ayde à s'en mettre hors. Mais cet animal rapporte, en tant d'aultres effects, à l'humaine suffisance, que si ie voulois suyvre par le menu ce que l'experience en a appris, ie gaignerois ayseement ce que ie mainstiens ordinairement, qu'il se treuve plus de difference de tel homme à tel homme, que de tel animal à tel homme.

Le gouverneur d'un elephant, en une maison privee de Syrie, desrobboit à touts les repas la moitié de la pension qu'on luy avoit ordonnee : un iour le maistre voulut luy mesme le panser, versa dans sa mangeoire la iuste mesure d'orge qu'il luy avoit prescripte pour sa nourriture; l'elephant, regardant de mauvais œil ce gouverneur, separa aveccques la trompe et en meit à part la moitié, declarant par là le tort qu'on luy faisoit. Et un aultre, ayant un gouverneur qui mesloit dans sa mangeaille des pierres pour en croistre la mesure, s'approcha du pot où il faisoit cuire sa chair pour son disner, et le luy remplit de cendre. Cela ce sont des effects particuliers : mais ce que tout le monde a veu, et que tout le monde sçait, qu'en toutes les armees qui se conduisoient du païs de Levant, l'une des plus grandes forces consistoit aux elephants, desquels ou tiroit des effects sans comparaison plus grands que nous ne faisons à present de nostre artillerie, qui tient à peu prez leur place en battaille ordonnee (cela est aysé à iuger à ceulx qui cognoissent les histoires anciennes);

Siquidem Tyrio servire solebant
Annibali, et nostris ducibus, regique Molosso,
Horum maiores, et dorso ferre cohortes,
Partem aliquam belli, et euntem in prælia turrim :

il falloit bien qu'on se respondist à bon escient de la creance de ces bestes et de leurs discours, leur abandonnant la teste d'une battaille, là où le moindre arrest qu'elles eussent sceu faire pour la grandeur et pesanteur de leur corps, le moindre effroy qui leur eust faict tourner la teste sur leurs gents, estoit suffisant pour tout perdre : et s'est veu peu d'exemples où cela soit advenu qu'ils se reiectassent sur leurs troupes, au lieu que nous mesmes nous reiectons les uns sur les aultres, et nous rompons. On leur donnoit charge, non d'un mouvement simple, mais de plusieurs diverses parties, au combat; comme faisoient aux chiens les Espaignols à la nouvelle conqueste des Indes, ausquels ils payoient solde, et faisoient partage au butin : et montroient ces animaulx autant d'addresse et de iugement à poursuyvre et arrester leur victoire, à charger ou à reculer, selon les occasions, à distinguer les amis des ennemis, comme ils faisoient d'ardeur et d'aspreté.

Nous admirons et poisons mieulx les choses estrangieres que les ordinaires; et, sans cela, ie ne me feusse pas amusé à ce long registre : car, selon mon opinion, qui contreroollera de prez ce que nous voyons ordinairement ez animaulx qui vivent parmy nous, il y a de quoy y trouver des effects autant admirables que ceulx qu'on va recueillant ez païs et siecles estrangiers. C'est une mesme nature qui roule son cours : qui en auroit suffisamment iugé le present estat, en pourroit seurement conclure et tout l'advenir et tout le passé. I'ay veu aultrefois parmy nous des hommes amenez par mer de loingtain païs, desquels parce que nous n'entendions aulcunement le language, et que leur façon, au demourant, et leur contenance, et leurs vestements, estoient du tout esloingnez des nostres, qui de nous ne les estimoit et sauvages et brutes? qui n'attribuoit à stupidité et à bestise de les veoir muets, ignorants la langue françoise, ignorants nos baisemains et nos inclinations serpentees, nostre port, et nostre maintien, sur lequel, sans faillir, doibt prendre son patron la nature humaine? Tout ce qui nous semble estrange, nous le condamnons, et ce que nous n'entendons pas. Il nous advient ainsin au iugement que nous faisons des bestes.

Elles ont plusieurs conditions qui se rapportent aux nostres ; de celles là, par comparaison, nous pouvons tirer quelque coniecture : mais, de ce qu'elles ont particulier, que sçavons nous que c'est? Les chevaulx, les chiens, les bœufs, les brebis, les oyseaux, et la pluspart des animaulx qui vivent avecques nous, recognoissent nostre voix, et se laissent conduire par elle : si faisoit bien encores la murene de Crassus, et venoit à luy quand il l'appelloit; et le font aussi les anguilles qui se treuvent en la fontaine d'Arethuse; et i'ay veu des gardoirs assez, où les poissons accourent, pour manger, à certain cri de ceulx qui les traictent,

> Nomen habent, et ad magistri
> Vocem quisque sui venit citatus :

nous pouvons iuger cela. Nous pouvons aussi dire que les elephants ont quelque participation de religion, d'autant qu'aprez plusieurs ablutions et purifications, on les veoid haulsant leur trompe, comme des bras; et, tenant les yeulx fichés vers le soleil levant, se planter longtemps en meditation et contemplation, à certaines heures du iour, de leur propre inclination, sans instruction et sans precepte. Mais, pour ne veoir aulcune telle apparence ez aultres animaulx, nous ne pouvons pourtant establir qu'ils soient sans religion, et ne pouvons prendre en aulcune part ce qui nous est caché; comme nous veoyons quelque chose en cette action que le philosophe Cleantes remarqua, parce qu'elle retire aux nostres : il veit, dict il, des fourmis partir de leur fourmiliere, portants le corps d'un fourmi mort vers une aultre fourmiliere, de laquelle plusieurs aultres fourmis leur veindrent au devant, comme pour parler à eulx ; et, aprez avoir esté ensemble quelque piece, ceulx cy s'en retournerent pour consulter, pensez, avecques leurs concitoyens, et feirent ainsi deux ou trois voyages, pour la difficulté de la capitulation : enfin, ces derniers venus apporterent aux premiers un ver de leur taniere, comme pour la rançon du mort, lequel ver les premiers chargerent sur leur dos, et emporterent chez eulx, laissants aux aultres le corps du trespassé. Voylà l'interpretation que Cleanthes y donna, tesmoignant par là que celles qui n'ont point de voix ne laissent pas d'avoir practique et communication mutuelle, de laquelle c'est nostre defaut que nous ne soyons participants ; et nous meslons, à cette cause, sottement d'en opiner. Or, elles produisent encore d'aultres effects qui surpassent de bien loing nostre capacité; ausquels il s'en fault tant que nous puissions arriver par imitation, que, par imagination mesme, nous ne les pouvons concevoir. Plusieurs tiennent qu'en cette grande et derniere battaille navale qu'Antonius perdit contre Auguste, sa galere capitainesse feut arrestee au milieu de sa course par ce petit poisson que les Latins nomment *Remora*, à cause de cette sienne proprieté d'arrester toute sorte de vaisseaux ausquels il s'attache. Et l'empereur Caligula, voguant avecques une grande flotte en la coste de la Romanie, sa seule galere feut arrestee tout court par ce mesme poisson, lequel il feit prendre attaché comme il estoit au bas de son vaisseau, tout despit de quoy un si petit animal pouvoit forcer et la mer et les vents, et la violence de touts ses avirons, pour estre seulement attaché par le bec à sa galere (car c'est un poisson à coquille); et s'estonna encores, non sans grande raison, de ce que, luy estant apporté dans le bateau, il n'avoit plus cette force qu'il avoit au dehors.

Un citoyen de Cyzique acquit iadis reputation de bon mathematicien, pour avoir apprins la condition de l'herisson; il a sa taniere ouverte à divers endroicts et à divers vents, et prevoyant le vent advenir, il va boucher le trou du costé de ce vent là : ce que remarquant, ce citoyen apportoit en sa ville certaines predictions du vent qui avoit à tirer. Le cameleon prend la couleur du lieu où il est assis; mais le poulpe se donne luy mesme la couleur qu'il luy plaist, selon les occasions, pour se cacher de ce qu'il craint et attrapper ce qu'il cherche : au cameleon, c'est changement de passion; mais au poulpe, c'est changement d'action. Nous avons quelques mutations de couleur, à la frayeur, la cholere, la honte, et aultres passions, qui alterent le teint de nostre visage; mais c'est par l'effect de la souffrance, comme au cameleon : il est bien en la iaunisse de nous faire iaunir; mais il n'est pas en la disposition de nostre volonté. Or, ces effects, que nous recognoissons aux aultres animaulx, plus grands que les nostres, tesmoignent en eulx quelque faculté plus excellente qui nous est occulte; comme il est vraysemblable que sont plusieurs aultres de leurs conditions et puissances, desquelles nulles apparences ne viennent iusques à nous.

De toutes les predictions du temps passé, les plus anciennes et plus certaines estoient celles qui se tiroient du vol des oyseaux : nous n'avons rien de pareil, ny de si admirable. Cette regle, cet ordre du bransler de leur aile, par lequel on tire des consequences des choses à venir, il fault bien qu'il soit conduict par quelque excellent moyen à une si noble operation : car c'est prester à la lettre, d'aller attribuant ce grand effect à quelque ordonnance naturelle, sans l'intelligence, consentement et discours de qui le produict; et est une opinion evidemment faulse. Qu'il soit ainsi : La torpille a cette condition, non seulement d'endormir les membres qui la touchent, mais, au travers des filets et de la seine, elle transmet une pesanteur endormie aux mains de ceulx qui la remuent et manient; voire, dict on davantage, que si on verse de l'eau dessus, on sent cette passion qui gaigne contremont iusques à la main, et endort l'attouchement au travers de l'eau. Cette force est merveilleuse; mais elle n'est pas inutile à la torpille : elle la sent, et s'en sert, de maniere que, pour attraper la proye qu'elle queste, on la veoid se tapir soubs le limon, à fin que les aultres poissons, se coulants par dessus, frappez et endormis de cette sienne froideur, tombent en sa puissance. Les grues, les arondelles, et aultres oyseaux passagiers, changeants de demeure selon les saisons de l'an, montrent assez la cognoissance qu'elles ont de leur faculté divinatrice, et la mettent en usage. Les chasseurs nous asseurent que, pour choisir d'un nombre de petits chiens celuy qu'on doibt conserver pour le meilleur, il ne fault que mettre la mere au propre de le choisir elle mesme : comme, si on les emporte hors de leur giste, le premier qu'elle y rapportera sera tousiours le meilleur; ou bien, si on faict semblant d'entourer de feu leur giste de toutes parts, celuy des petits au secours duquel elle courra premierement : par où il appert qu'elles ont un usage de prognostique que nous n'avons pas, ou qu'elles ont quelque vertu à iuger de leurs petits aultre et plus vifve que la nostre.

La maniere de naistre, d'engendrer, nourrir, agir, mouvoir, vivre et mourir, des bestes, estant si voisine de la nostre, tout ce que nous retrenchons de leurs causes motrices, et que nous adioustons à nostre condition au dessus de la leur, cela ne peult aucunement partir du discours de nostre raison. Pour reglement de nostre santé, les medecins nous proposent l'exemple du vivre des bestes, et leur façon, car ce mot est de tout temps en la bouche du peuple :

> Tenez chaulds les pieds et la teste;
> Au demourant, vivez en beste.

La generation est la principale des actions naturelles; nous avons quelque disposition de membres qui nous est plus propre à cela : toutesfois ils nous ordonnent de nous renger à l'assiette et disposition brutale ;

> More ferarum,
> Quadrupedumque magis ritu, plerumque putantur
> Concipere uxores : quia sic loca sumere possunt,
> Pectoribus positis, sublatis semina lumbis;

et reiectent, comme nuisibles, ces mouvements indiscrets et insolents que les femmes y ont meslé de leur creu; les ramenant à l'exemple et usage des bestes de leur sexe, plus modeste et rassis :

> Nam mulier prohibet se concipere atque repugnat,
> Clunibus ipsa viri Venerem si læta retractet,
> Atque exossato ciet omni pectore fluctus.
> Eicit enim sulci recta regione viaque
> Vomerem, atque locis avertit seminis ictum.

Si c'est iustice de rendre à chascun ce qui luy est deu, les bestes qui servent, aiment et deffendent leurs bienfaicteurs, et qui poursuivent et outragent les estrangiers et ceulx qui les offensent, elles representent en cela quelque air de nostre iustice : comme aussi en conservant une egualité tresequitable en la dispensation de leurs biens à leurs petits. Quant à l'amitié, elles l'ont, sans comparaison, plus vifve et plus constante que n'ont pas les hommes. Hyrcanus, le chien du roy Lysimachus, son maistre mort, demeura obstiné sur son lict, sans vouloir boire ne manger; et le iour qu'on en brusla le corps, il print sa course, et se iecta dans le feu, où il feut bruslé : comme feit aussi le chien d'un nommé Pyrrhus; car il ne bougea de dessus le lict de son maistre depuis qu'il feut mort; et, quand on l'emporta, il se laissa enlever quant et luy, et finalement se lancea dans le buchier où on brusloit le corps de son maistre. Il y a certaines inclinaisons d'affection qui naissent quelquefois en nous sans le conseil de la raison, qui viennent d'une temerité fortuite que d'autres nomment sympathie; les bestes en sont capables comme nous : nous veoyons les chevaulx prendre certaine accointance des uns aux aultres, iusques à nous mettre en peine pour les faire vivre ou voyager separeement : on les veoid appliquer leur affection à certain poil de leurs compaignons, comme à certain visage, et, où ils le rencontrent, s'y ioindre incontinent avec feste et demonstration de bienveillance, et prendre quelque aultre forme à contre cœur et en haine. Les animaulx ont choix, comme nous, en leurs amours, et font quelque triage de leurs femelles; ils ne sont pas exempts de nos ialousies et d'envies extremes et irreconciliables.

Les cupiditez sont ou naturelles et necessaires, comme le boire et le manger; ou naturelles et non necessaires, comme l'accointance des femelles; ou elles ne sont ny naturelles ny necessaires : de cette derniere sorte sont quasi toutes celles des hommes; elles sont toutes superflues et artificielles; car c'est merveille combien peu il fault à nature pour se contenter, combien peu elle nous a laissé à desirer : les appresls de nos cuisines ne touchent pas son ordonnance; les stoïciens disent qu'un homme aurait de quoy se substanter d'une olive par iour : la delicatesse de nos vins n'est pas de sa leçon, ny la recharge que nous adioustons aux appetits amoureux :

Neque illa
Magno prognatum deposcit consule cunnum.

Ces cupiditez estrangieres, que l'ignorance du bien et une faulse opinion ont coulees en nous, sont en si grand nombre, qu'elles chassent presque toutes les naturelles : ny plus ny moins que si en une cité il y avoit si grand nombre d'estrangiers, qu'ils en meissent hors les naturels habitants, ou esteignissent leur auctorité et puissance ancienne, l'usurpant entierement et s'en saisissant. Les animaulx sont beaucoup plus reglez que nous ne sommes, et se contiennent avec plus de moderation soubs les limites que nature nous a prescripts; mais non pas si exactement, qu'ils n'ayent encores quelque convenance à nostre desbauche : et tout ainsi, comme il s'est trouvé des desirs furieux qui ont poulsé les hommes à l'amour des bestes, elles se treuvent aussi par fois esprinses de nostre amour, et receoivent des affections monstrueuses d'une espece à l'aultre : tesmoing l'elephant corrival d'Aristophanes le grammairien, en l'amour d'une ieune bouquetiere en la ville d'Alexandrie, qui ne luy cedoit en rien aux offices d'un poursuyvant bien passionné; car, se promenant par le marché où l'on vendoit des fruicts, il en prenoit avecques sa trompe, et les luy portoit; il ne la perdoit de veue que le moins qu'il luy estoit possible, et luy mettoit quelquefois la trompe dans le sein par dessoubs son collet, et luy tastoit les tettins. Ils recitent aussi d'un dragon amoureux d'une fille; et d'une oye esprinse de l'amour d'un enfant, en la ville d'Asope; et d'un belier serviteur de la menestriere Glaucia : et il se veoid tous les jours des magots furieusement esprins de l'amour des femmes. On veoid aussi certains animaulx s'addonner à l'amour des males de leur sexe. Oppianus, et aultres, recitent quelques exemples pour montrer la reverence que les bestes, en leurs mariages, portent à la parenté; mais l'experience nous faict bien souvent veoir le contraire :

Nec habetur turpe iuvencæ
Ferre patrem tergo, fit equo sua filia coniux;
Quasque creavit, init pecudes caper; ipsaque cuius
Semina concepta est, ex illo concipit ales.

De subtilité malicieuse, en est-il une plus expresse que celle du mulet du philosophe Thales? lequel, passant au travers d'une riviere, chargé de sel, et, de fortune, y estant bronché, si que les sacs qu'il portoit feurent touts mouillez, s'estant apperceu que le sel, fondu par ce moyen, luy avoit rendu sa charge plus legiere, ne failloit iamais, aussitost qu'il rencontroit quelque ruisseau, de se plonger dedans avec sa charge; iusques à ce que son maistre, descouvrant sa malice, ordonna qu'on le chargeast de laine; à quoy, se trouvant mesconté, il cessa de plus user de cette finesse. Il y en a plusieurs qui representent naïfvement le visage de nostre avarice; car on leur veoid un soin extreme de surprendre tout ce qu'elles peuvent, et de le curieusement cacher, quoyqu'elles n'en tirent point d'usage. Quant à la mesnagerie, elles nous surpassent, non seulement en cette prevoyance d'amasser et espargner pour le temps à venir,, mais elles ont encores beaucoup de parties de la science qui y est necessaire : les fourmis estendent au dehors de l'aire leurs grains et semences pour les esventer, refreschir, et seicher, quand ils veoyent qu'ils commencent à se moisir et à sentir le rance, de peur qu'ils ne se corrompent et pourrissent. Mais la caution et prevention dont ils usent à ronger le grain de froment, surpasse toute imagination de prudence humaine : parce que le froment ne demeure pas touiours sec ny sain, ains s'amollit, se resoult, et destrempe comme en laict, s'acheminant à germer et produire; de peur qu'il ne devienne semence, et perde sa nature et proprieté de magasin pour leur nourriture, ils rongent le bout par où le germe a coustume de sortir.

Quant à la guerre, qui est la plus grande et pompeuse des actions humaines, ie sçaurois volontiers si nous nous en voulons servir pour argument de quelque prerogative, ou, au rebours, pour tesmoignage de nostre imbecillité et imperfection ; comme de vray, la science de nous entredesfaire et entretuer, de ruyner et perdre nostre propre espece, il semble qu'elle n'a beaucoup de quoy se faire desirer aux bestes qui ne l'ont pas :

      Quando leoni
 Fortior eripuit vitam leo ? quo nemore unquam
 Exspiravit aper maioris dentibus apri ?

mais elles n'en sont pas universellement exemptes pourtant; tesmoing les furieuses rencontres des mouches à miel, et les entreprinses des princes des deux armees contraires :

      Sæpe duobus
 Regibus incessit magno discordia motu ;
 Continuoque animos vulgi et trepidantia bello
 Corda licet longe præsciscere.

Ie ne veois iamais cette divine description, qu'il ne m'y semble lire peincte l'ineptie et vanité humaine : car ces mouvemens guerriers, qui nous ravissent de leur horreur et espovantement, cette tempeste de sons et de cris,

 Fulgur ibi ad cœlum se tollit, totaque circum
 Ære renidescit tellus, subtesque virum vi
 Excitur pedibus sonitus, clamoreque montes
 Icti reiectant voces ad sidera mundi ;

cette effroyable ordonnance de tant de milliers d'hommes armez, tant de fureur, d'ardeur et de courage, il est plaisant à considerer par combien vaines occasions elle est agitee, et par combien legieres occasions esteincte :

 Paridis propter narratur amorem
 Græcia Barbariæ diro collisa duello :

toute l'Asie se perdit, et se consomma en guerres pour le macquerellage de Pâris : l'envie d'un seul homme, un despit, un plaisir, une ialousie domestique, causes qui ne debvroient pas esmouvoir deux harengieres à s'esgratigner, c'est l'ame et le mouvement de tout ce grand trouble. Voulons nous en croire ceulx mesmes qui en sont les principaulx aucteurs et motifs? oyons le plus grand, le plus victorieux empereur, et le plus puissant qui feust oncques, se iouant, et mettant en risee tresplaisamment et tresingenieusement plusieurs batailles hazardees et par mer et par terre, le sang et la vie de cinq cents mille hommes qui suyvirent sa fortune, et les forces et richesses des deux parties du monde espuisees, pour le service de ses entreprinses :

 Quod futuit Glaphyran Antonius, hanc mihi pœnam
  Fulvia constituit, se quoque uti futuam.
 Fulviam ego ut futuam ! quod, si me Manius oret
  Pædicem, faciam ? non puto, si sapiam.
 Aut futue, aut pugnemus, ait. Quid, si mihi vita
 Carior est ipsa mentula ? signa canant :

(i'use en liberté de conscience de mon latin, avecques le congé que vous m'en avez donné.) Or, ce grand corps, à tant de visages et de mouvemens, qui semble menacer le ciel et la terre;

 Quam multi Libyco volvuntur marmore fluctus,
 Sævus ubi Orion hibernis conditur undis,

> Vel quam sole novo densæ torrentur aristæ,
> Aut Hermi campo, aut Lyciæ flaventibus arvis :
> Scuta sonant, pulsuque pedum tremit excita tellus :

ce furieux monstre, à tant de bras et à tant de testes, c'est tousiours l'homme, foible, calamiteux et miserable ; ce n'est qu'une fourmilliere esmeue et eschauffée ;

> Ite nigrum campis agmen :

un souffle de vent contraire, le croassement d'un vol de corbeaux, le fauls pas d'un cheval, le passage fortuite d'un aigle, un songe, une voix, un signe, une brouee matiniere, suffisent à le renverser et porter par terre. Donnez luy seulement d'un rayon de soleil par le visage, le voylà fondu et esvanouï ; qu'on luy esvente seulement un peu de poulsiere aux yeulx, comme aux mouches à miel de nostre poëte, voylà toutes nos enseignes, nos legions, et le grand Pompeius mesme à leur teste, rompu et fracassé ; car ce feut luy, ce me semble, que Sertorius battit en Espaigne avecques ces belles armes, qui ont aussi servi à Eumenes contre Antigonus, à Surena contre Crassus :

> His motus animorum, atque hæc certamina tanta,
> Pulveris exigui iactu compressa quiescent.

Qu'on descouple mesme de nos mouches aprez, elles auront et la force et le courage de le dissiper. De fresche memoire, les Portugais assiegeants la ville de Tamly, au territoire de Xiatine, les habitants d'icelle porterent sur la muraille grand'quantité de ruches, de quoy ils sont riches ; et avec du feu chasserent les abeilles si vifvement sur leurs ennemis, qu'ils abandonnerent leur entreprinse, ne pouvants soustenir leurs assaults et piqueures : ainsi demeura la victoire et liberté de leur ville à ce nouveau secours ; avecques telle fortune, qu'au retour du combat il ne s'en trouva une seule à dire. Les ames des empereurs et des savetiers sont iectees à mesme moule : considerants l'importance des actions des princes, et leur poids, nous nous persuadons qu'elles soient produictes par quelques causes aussi poisantes et imposantes ; nous nous trompons : ils sont menez et ramenez en leurs mouvements par les mesmes ressorts que nous sommes aux nostres ; la mesme raison, qui nous faict tanser avecques un voisin, dresse entre les princes une guerre ; la mesme raison qui nous faict fouetter un laquay, tumbant en un roy, luy faict ruiner une province ; ils veulent aussi legierement que nous, mais ils peuvent plus ; pareils appetits agitent un ciron et un elephant.

Quant à la fidelité, il n'est animal au monde traistre au prix de l'homme. Nos histoires racontent la vifve poursuitte que certains chiens ont faict de la mort de leurs maistres. Le roy Pyrrhus, ayant rencontré un chien qui gardoit un homme mort, et ayant entendu qu'il y avoit trois iours qu'il faisoit cet office, commanda qu'on enterrast ce corps, et mena ce chien quand et luy. Un iour qu'il assistoit aux montres generales de son armee, ce chien, appercevant les meurtriers de son maistre, leur courut sus avecques grands abbays et aspreté de courroux, et, par ce premier indice, achemina la vengeance de ce meurtre, qui en feut faicte bientost aprez par la voye de la iustice. Autant en feit le chien du sage Hesiode, ayant convaincu les enfants de Ganyctor, naupactien, du meurtre commis en la personne de son maistre. Un aultre chien, estant à la garde d'un temple à Athenes, ayant apperceu un larron sacrilege qui emportoit les plus beaux ioyaux, se meit à abbayer contre luy tant qu'il peut, mais les marguilliers ne s'estants point esveillez pour cela, il se meit à à le suyvre, et, le iour estant venu, se teint un peu plus esloingné de luy sans le perdre iamais de veue : s'il luy offroit à manger, il n'en vouloit pas ; et, aux aultres passants qu'il rencontroit en son chemin, il leur faisoit feste de la queue, et prenoit de leurs mains ce qu'ils luy donnoient à manger : si son larron s'arrestoit pour dormir, il s'arrestoit quand et quand au lieu mesme. La nouvelle de ce chien estant venue aux marguilliers de cette eglise, ils se meirent à le suyvre à la trace, s'enquerants des nouvelles du poil de ce chien, et enfin le rencontrerent en la ville de Cromyon, et le larron aussi, qu'ils ramenerent en la ville d'Athenes, où il feut puni : et les iuges, en recognoissance de ce bon office, ordonnerent, du publicque, certaine mesure de bled pour nourrir le chien, et aux presbtres d'en avoir soing. Plutarque tesmoigne cette histoire chose tresaveree et advenue en son siecle.

Quant à la gratitude (car il me semble que nous avons besoing de mettre ce mot en credit), ce seul exemple y suffira, qu'Apion recite comme en ayant esté luy mesme spectateur : Un iour, dict il, qu'on donnoit à Rome, au peuple, le plaisir du combat de plusieurs bestes estranges, et principalement de lions de grandeur inusitee, il y en avoit un, entre aultres, qui, par son port furieux, par la force et grosseur de ses membres, et un rugissement haultain et espoventable attiroit à soy la veue de toute l'assistance. Entre les aultres esclaves qui feurent presentez au peuple en ce combat des bestes, feut un Androdus, de Dace, qui estoit à un seigneur romain de qualité consulaire. Ce lion, l'ayant apperceu de loing, s'arresta premierement tout court, comme estant entré en admiration, et puis s'approcha tout doulcement, d'une façon molle et paisible, comme pour entrer en recognoissance avecques luy : cela faict, et s'estant asseuré de ce qu'il cherchoit, il commença à battre de la queue, à la mode des chiens qui flattent leur maistre, et à baiser et leicher les mains et les cuisses de ce pauvre miserable, tout transy d'effroy, et hors de soy. Androdus ayant reprins ses esprits par la benignité de ce lion, et r'asseuré sa veue pour le considerer et recognoistre, c'estoit un singulier plaisir de veoir les caresses et les festes qu'ils s'entrefaisoient l'un à l'aultre. De quoy le peuple ayant eslevé des cris de ioye, l'empereur feit appeler cet esclave pour entendre de luy le moyen d'un si estrange evenement. Il luy recita une histoire nouvelle et admirable : « Mon maistre, dict il, estant proconsul en Afrique, ie feus contrainct, par la cruauté et rigueur qu'il me tenoit, me faisant iournellement battre, me desrobber de luy, et m'en fuyr; et, pour me cacher seurement d'un personnage ayant si grande auctorité en la province, ie trouvay mon plus court de gaigner les solitudes et les contrees sablonneuses et inhabitables de ce païs là ; resolu, si le moyen de me nourrir venoit à me faillir, de trouver quelque façon de me tuer moy mesme. Le soleil estant extremement aspre sur le midy, et les chaleurs insupportables, ie m'embatis sur une caverne cachee et inaccessible, et me iectay dedans. Bientost aprez y surveint ce lion, ayant une patte sanglante et blecee, tout plaintif et gemissant des douleurs qu'il y souffroit. A son arrivee, i'eus beaucoup de frayeur ; mais luy, me voyant mussé dans un coing de sa loge, s'approcha tout doulcement de moy, me presentant sa patte offensee, et me la monstrant comme pour demander secours : ie luy ostay lors un grand escot qu'il y avoit, et, m'estant un peu apprivoisé à luy, pressant sa playe, en feis sortir l'ordure qui s'y amassoit, l'essuyay et nettoyay le plus proprement que ie peus. Luy, se sentant allegé de son mal et soulagé de cette douleur, se print à reposer et à dormir, ayant tousiours sa patte entre mes mains. De là en hors, luy et moy vesquimes ensemble en cette caverne, trois ans entiers, de mesmes viandes ; car des bestes qu'il tuait à sa chasse, il m'en apportoit les meilleurs endroicts, que ie faisois cuire au soleil, à faulte de feu, et m'en nourrissois. A la longue, m'estant ennuyé de cette vie brutale et sauvage, comme ce lion estoit allé un iour à sa queste accoustumee, ie partis de là ; et à ma troisieme iournee feus surprins par les soldats qui me menerent d'Afrique en cette ville à mon maistre, lequel soubdain me condamna à mort, et à estre abandonné aux bestes. Or, à ce que ie veois, ce lion feut aussi prins bientost aprez, qui m'a à cette heure voulu recompenser du bienfaict et guarison qu'il avoit receu de moy. » Voylà l'histoire qu'Androdus recita à l'empereur, laquelle il feit aussi entendre de main à main au peuple : parquoy, à la requeste de touts, il feut mis en liberté; et absouls de cette condamnation, et, par ordonnance du peuple, luy feut fait present de ce lion. Nous voyions depuis, dict Apion, Androdus conduisant ce lion à tout une petite lesse, se promenant par les tavernes à Rome, recevoir l'argent qu'on luy donnoit, le lion se laisser couvrir des fleurs qu'on luy iectoit, et chascun dire en les rencontrant : « Voylà le lion, hoste de l'homme : voylà l'homme, medecin du lion. »

Nous pleurons souvent la perte des bestes que nous aimons; aussi font elles la nostre :

> Post, bellator equus, positis insignibus, Æthon
> It lacrymans, guttisque humectat grandibus ora.

Comme aulcunes de nos nations ont les femmes en commun; aulcunes, à chascun la sienne : cela ne se veoid il pas aussi entre les bestes ; et des mariages mieux gardez que les nostres? Quant à la societé et confederation qu'elles dressent entre elles pour se liguer ensemble et s'entresecourir, il se veoid, des bœufs, des porceaux, et aultres animaulx, qu'au cry de celuy que vous offensez, toute la troupe accourt à son ayde, et se rallie pour sa deffense : l'escare, quand il a avallé l'hameçon du pescheur, ses compaignons s'assemblent en foule autour de luy, et rongent la ligne; et, si d'adventure il y en a un qui ayt donné dedans la nasse, les aultres luy baillent la queue par dehors, et luy la serre tant qu'il peult à belles dents; ils le tirent ainsin au dehors, et l'entraisnent. Les barbiers, quand l'un de leurs compaignons est engagé, mettent la ligne contre leur dos, dressants un' espine, qu'ils ont dentelee comme une scie, à l'aide de laquelle ils la scient et coupent. Quant aux particuliers offices que nous tirons l'un de l'aultre pour le service de la vie, il s'en veoid plusieurs pareils exemples parmi elles : ils tiennent que la baleine ne marche iamais qu'elle n'ayt au devant d'elle un petit poisson semblable au gouion de mer, qui s'appelle pour cela *la Guide :* la baleine le suit, se laissant mener et tourner, aussi facilement que le timon faict retourner le navire; et, en recompense aussi, au lieu que toute aultre chose, soit beste, ou vaisseau, qui entre dans l'horrible chaos de la bouche de ce monstre, est incontinent perdu et englouty, ce petit poisson s'y retire en toute seureté, et y dort; et pendant son sommeil la baleine ne bouge : mais aussi tost qu'il sort, elle se met à le suyvre sans cesse; et si, de fortune, elle l'escarte, elle va errant çà et là, et souvent se froissant contre les rochiers, comme un vaisseau qui n'a point de gouvernail : ce que Plutarque tesmoigne avoir veu en l'isle d'Anticyre. Il y a une pareille societé entre le petit oyseau qu'on nomme le roytelet, et le crocodile : le roytelet sert de sentinelle à ce grand animal; et si l'ichneumon, son ennemy s'approche pour le combattre, ce petit oyseau, de peur qu'il ne le surprenne endormy, va, de son chant, et à coups de bec, l'esveillant, et l'advertissant de son dangier : il vit des demeurants de ce monstre, qui le receoit familierement en sa bouche, et luy permet de becqueter dans ses machoueres et entre ses dents, et y recueillir les morceaux de chair qui y sont demeurez; et, s'il veult fermer la bouche, il l'advertit premierement d'en sortir, en la serrant peu à peu, sans l'estreindre et l'offenser. Cette coquille, qu'on nomme la Nacre, vit aussi ainsin avecques le pinnotere, qui est un petit animal de la sorte d'un cancre, luy servant d'huissier et de portier, assis à l'ouverture de cette coquille, qu'il tient continuellement entrebaillée et ouverte, iusques à ce qu'il y veoye entrer quelque petit poisson propre à leur prinse : car lors il entre dans la nacre, et luy va pinceant la chair vifve, et la contrainct de fermer sa coquille : lors eulx deux ensemble mangent la proye enfermee dans leur fort. En la maniere de vivre des thuns, on y remarque une singuliere science des trois parties de la mathematique : quant à l'astrologie, ils l'enseignent à l'homme; car ils s'arrestent au lieu où le solstice d'hyver les surprend, et n'en bougent iusques à l'equinoxe ensuyvant; voilà pourquoy Aristote mesme leur concede volontiers cette science : quant à la geometrie et arithmetique, ils font tousiours leur bande de figure cubique, carree en touts sens, et en dressent un corps de battaillon solide, clos et environné tout à l'entour, à six faces toutes egales; puis nagent en cette ordonnance carree, autant large derriere que devant; de façon que qui en veoid et compte un reng, il peult aysement nombrer toute la troupe, d'autant que le nombre de la profondeur est egal à la largeur, et la largeur à la longueur.

Quant à la magnanimité, il est malaysé de luy donner un visage plus apparent qu'en ce faict du grand chien qui feut envoyé des Indes au roy Alexandre : on luy presenta premierement un cerf pour le combattre, et puis un sanglier, et puis un ours : il n'en feit compte, et ne daigna se remuer de sa place : mais, quand il veid un lion, il se dressa incontinent sur ses pieds, montrant manifestement qu'il declaroit celuy là seul digne d'entrer en combat avecques luy. Touchant la repentance et recognoissance des faultes, on recite d'un elephant, lequel ayant tué son gouverneur par impetuosité de cholere, en print un dueil si extreme, qu'il ne voulut onques puis manger, et se laissa mourir. Quant à la clemence, on recite d'un tigre, la plus inhumaine beste de toutes, que luy ayant esté baillé un chevreau, il souffrit deux iours la faim avant que de le vouloir offenser, et le troisiesme il brisa la cage où il estoit enfermé, pour aller chercher aultre pasture, ne se voulant prendre au chevreau, son familier et son hoste. Et quant aux droits de la familiarité et convenance, qui se dresse par la conversation, il nous advient ordinairement d'apprivoiser des chats, des chiens et des lievres ensemble.

Mais ce que l'experience apprend à ceulx qui voyagent par mer, et notamment en la mer de Sicile, de la condition des halcyons, surpasse toute humaine cogitation : de quelle espece d'animaulx a iamais nature tant honoré les couches, la naissance et l'enfantement? car les poëtes disent bien qu'une seule isle de Delos, estant auparavant vacante, feut affermie pour le service de l'enfantement de Latone; mais Dieu a voulu que toute la mer feust arrestee, affermie et applanie, sans vagues, sans vents et sans pluye, ce pendant que l'halcyon faict ses petits, qui est iustement environ le solstice, le plus court iour de l'an ; et, par son privilege, nous avons sept iours et sept nuicts, au fin cœur de l'hyver, que nous pouvons naviguer sans dangier.

Leurs femelles ne recognoissent aultre masle que leur propre; l'assistent toute leur vie, sans iamais l'abandonner : s'il vient à estre debile et cassé, elles le chargent sur leurs epaules, le portent partout, et le servent iusques à la mort. Mais aulcune suffisance n'a encore peu atteindre à la cognoissance de cette merveilleuse fabrique de quoy l'halcyon compose le nid pour ses petits, ny en deviner la matiere. Plutarque qui en a veu et manié plusieurs, pense que ce soit des arrestes de quelque poisson qu'elle conioinct et lie ensemble, les entrelaceant, les unes de long, les aultres de travers, et adioustant des courbes et des arrondissements, tellement qu'enfin elle en forme un vaisseau rond prest à voguer : puis, quand elle a parachevé de le construire, elle le porte au battement du flot marin, là où la mer, le battant tout doulcement, luy enseigne à radouber ce qui n'est pas bien lié, et à mieulx fortifier aux endroicts où elle veoid que sa structure se desmeut et se lasche par les coups de mer ; au contraire, ce qui est bien ioinct, le battement de la mer le vous estreinct et vous le serre, de sorte qu'il ne se peult ny rompre, ny dissouldre, ou endommager à coups de pierre, ny de fer, si ce n'est à toute peine. Et ce qui plus est à admirer, c'est la proportion et figure de la concavité du dedans : car elle est composee et proportionnee de maniere qu'elle ne peult recevoir ny admettre aultre chose que l'oyseau qui l'a bastie : car à toute aultre chose elle est impenetrable, close et fermee, tellement qu'il n'y peult rien entrer, non pas l'eau de la mer seulement. Voylà une description bien claire de ce bastiment, et empruntee de bon lieu : toutesfois il me semble qu'elle ne nous esclaircit pas encores suffisamment la difficulté de cette architecture. Or, de quelle vanité nous peult il partir, de loger au dessoubs de nous, et d'interpreter desdaigneusement les effects que nous ne pouvons imiter ny comprendre?

Pour suyvre encores un peu plus loing cette egualité et correspondance de nous aux bestes : le privilege, de quoy nostre ame se glorifie, de ramener à sa condition tout ce qu'elle conçoit, de despouiller de qualitez mortelles et corporelles tout ce qui vient à elle, de renger les choses, qu'elle estime dignes de son accointance, à desvestir et despouiller leurs conditions corruptibles, et leur faire laisser à part, comme vestements superflus et viles, l'espesseur, la longueur, la profondeur, le poids, la couleur, l'odeur, l'aspreté, la polisseure, la dureté, la molesse, et touts accidents sensibles, pour les accommoder à sa condition immortelle et spirituelle ; de maniere que Rome et Paris, que i'ay en l'ame, Paris que i'imagine, ie l'imagine et le comprends sans grandeur et sans lieu, sans pierre, sans plastre et sans bois : ce mesme privilege, dis ie, semble estre bien evidemment aux bestes, car un cheval accoustumé aux trompettes, aux harquebusades et aux combats, que nous veoyons tremousser et fremir en dormant, estendu sur sa lictiere, comme s'il estoit en la meslee, il est certain qu'il conceoit en son ame un son de tabourin sans bruict, une armee sans armes et sans corps :

> Quippe videbis equos fortes, quum membra iacebunt
> In somnis, sudare tamen, spirareque sæpe,
> Et quasi de palma summas contendere vires :

ce lievre, qu'un levrier imagine en songe, aprez lequel nous le veoyons haleter en dormant, alonger la queue, secouer les iarrets, et representer parfaictement les mouvements de sa course, c'est un lievre sans poil et sans os :

> Venantumque canes in molli sæpe quiete
> Iactant crura tamen subito, vocesque repente
> Mittunt, et crebas reducunt naribus auras,

> Ut vestigia si teneant inventa ferarum :
> Expergefactique sequuntur inania sæpe
> Corvorum simulacra, fugæ quasi dedita cernant;
> Donec discussis redeant erroribus ad se :

les chiens de garde que nous veoyons souvent gronder en songeant, et puis iapper tout à faict, et s'esveiller en sursault, comme s'ils appercevoient quelque estrangier arriver; cet estrangier, que leur ame veoid, c'est un homme spirituel et imperceptible, sans dimension, sans couleur, et sans estre :

> Consueta domi catulorum blanda propago
> Degere, sæpe levem ex oculis volucremque soporem
> Discutere, et corpus de terra corripere instant,
> Proinde quasi ignotas facies atque ora tuantur.

Quant à la beauté du corps, avant passer oultre, il me fauldroit sçavoir si nous sommes d'accord de sa description. Il est vraisemblable que nous ne sçavons gueres que c'est que beauté en nature et en general, puisque à l'humaine et nostre beauté nous donnons tant de formes diverses, de laquelle, s'il y avoit quelque prescription naturelle, nous la recognoistrions en commun, comme la chaleur du feu. Nous en fantasions les formes à nostre appetit :

> Turpis Romano Belgicus ore color :

les Indes la peignent noire et basannée, aux levres grosses et enflees, au nez plat et large; et chargent de gros anneaux d'or le cartilage d'entre les nazeaux, pour le faire pendre iusques à la bouche : comme aussi la balieure, de gros cercles enrichis de pierreries, si qu'elle leur tumbe sur le menton, et est leur grace de montrer leurs dents iusques au dessoubs des racines. Au Peru, les plus grandes aureilles sont les plus belles, et les estendent aultant qu'ils peuvent par artifice : et un homme d'aujourd'huy dict avoir veu, en une nation orientale, ce soing de les agrandir en tel credit, et de les charger de poisants ioyaux, qu'à touts coups il passoit son bras vestu au travers d'un trou d'aureille. Il est d'ailleurs des nations qui noircissent les dents avecques grand soing, et ont à mespris de les veoir blanches : ailleurs, ils les teignent de couleur rouge. Non seulement en Basque, les femmes se treuvent plus belles la teste rase; mais assez ailleurs, et, qui plus est, en certaines contrees glaciales, comme dict Pline. Les Mexicaines comptent entre les beautez la petitesse du front; et où elles se font le poil par tout le reste du corps, elles le nourrissent au front, et peuplent par art; et ont en si grande recommendation la grandeur des tettins, qu'elles affectent de pouvoir donner la mammelle à leurs enfants par dessus l'espaule : nous formerions ainsi la laideur. Les Italiens la façonnent grosse et massifve : les Espaignols, vuidee et estrillee : et entre nous, l'un la faict blanche, l'aultre brune; l'un molle et delicate, l'aultre forte et vigoreuse; qui y demande de la mignardise et de la doulceur; qui, de la fierté et maiesté. Tout ainsi que la preference en beauté, que Platon attribue à la figure spherique, les epicuriens la donnent à la pyramydale plustost, ou carree, et ne peuvent avaller un dieu en forme de boule. Mais, quoy qu'il en soit, nature ne nous a non plus privilegiez en cela qu'au demourant, sur ses loix communes : et, si nous nous iugeons bien, nous trouverons que s'il est quelques animaulx moins favorisez en cela que nous, il y en a d'aultres, et en grand nombre, qui le sont plus, *a multis animalibus decore vincimur*, voire des terrestres nos compatriotes; car, quant aux marins, laissant la figure, qui ne peult tumber en proportion, tant elle est aultre, en couleur, netteté, polisseure, disposition, nous leur cedons assez, et non moins, en toutes qualitez, aux aërez. Et cette prerogative que les poëtes font valoir nostre stature droicte, regardant vers le ciel son origine,

> Pronaque quum spectent animalia cetera terram,
> Os homini sublime dedit, cœlumque tueri
> Iussit, et erectos ad sidera tollere vultus,

elle est vrayement poëtique; car il y a plusieurs bestioles qui ont la veue renversee tout à faict vers le ciel, et l'encoleure des chameaux et des austruches, ie la treuve encores plus relevee et droicte que la nostre. Quels animaulx n'ont la face en hault, et ne l'ont devant, et ne regardent vis à vis, comme nous, et ne descouvrent, en leur iuste posture, autant du ciel et de la terre, que l'homme? et quelles qualitez de nostre corporelle constitution, en Platon et en Cicero, ne peuvent servir à mille sortes de bestes? Celles qui nous retirent le plus, ce sont les plus laides et les plus abiectes de toute la bande; car, pour l'apparence exterieure et forme du visage, ce sont les magots :

> Simia quam similis, turpissima bestia, nobis !

par le dedans et parties vitales, c'est le porceau. Certes, quand i'imagine l'homme tout nud, ouy en ce sexe qui semble avoir plus de part à la beauté, ses tares, sa subiection naturelle et ses imperfections, ie treuve que nous avons eu plus de raison que nul autre animal de nous couvrir. Nous avons esté excusables d'emprunter ceulx que nature avoit favorisez en cela plus que nous, pour nous parer de leur beauté, et nous cacher soubs leur despouille, de laine, plume, poil, soye. Remarquons au demourant que nous sommes le seul animal duquel le default offense nos propres compaignons, et seuls qui avons à nous desrobber, en nos actions naturelles, de nostre espece. Vrayement c'est aussi un effet digne de consideration, que les maistres du metier ordonnent pour remede aux passions amoureuses, l'entiere veue et libre du corps qu'on recherche; et que pour refroidir l'amitié, il ne faille que veoir librement ce qu'on aime :

> Ille quod obscœnas in aperto corpore partes
> Viderat, in cursu qui fuit, hæsit amor ;

or, encores que cette recepte puisse à l'adventure partir d'une humeur un peu delicate et refroidie, si est ce un merveilleux signe de nostre defaillance, que l'usage et la cognoissance nous desgouste les uns des aultres. Ce n'est pas tant pudeur, qu'art et prudence, qui rend nos dames si circonspectes à nous refuser l'entree de leurs cabinets, avant qu'elles soyent peinctes et parees pour la montre publicque :

> Nec veneres nostras hoc fallit ; quo magis ipsæ
> Omnia summopere hos vitæ postscenia celant,
> Quos retinere volunt, adstrictoque esse in amore :

là où, en plusieurs animaulx, il n'est rien d'eulx que nous n'aimions, et qui ne plaise à nos sens; de façon que de leurs excrements mesmes et de leur descharge nous tirons non seulement de la friandise au manger, mais nos plus riches ornements et parfums. Ce discours ne touche que nostre commun ordre, et n'est pas si sacrilege d'y vouloir comprendre ces divines, supernaturelles et extraordinaires beautez qu'on veoid par fois reluire entre nous, comme des astres soubs un voile corporel et terrestre.

Au demourant, la part mesme que nous faisons aux animaulx des faveurs de nature, par nostre confession, elle leur est bien advantageuse : nous nous attribuons des biens imaginaires et fantastiques, des biens futurs et absents, desquels l'humaine capacité ne se peult d'elle mesme respondre, ou des biens que nous nous attribuons faulsement par la licence de nostre opinion, comme la raison, la science et l'honneur; et à eulx nous laissons en partage des biens essentiels, maniables et palpables, la paix, le repos, la securité, l'innocence et la santé : la santé, dis ie, le plus beau et le plus riche present que nature nous sçache faire. De façon que la philosophie, voire la stoïque, ose bien dire que Heraclitus et Pherecydes, s'ils eussent peu eschanger leur sagesse avecques la santé, et se delivrer, par ce marché, l'un de l'hydropisie, l'aultre de la maladie pediculaire qui le pressoit, ils eussent bien faict. Par où ils donnent encores plus grand prix à la sagesse, la comparant et contrepoisant à la santé, qu'ils ne font en cette aultre proposition, qui est aussi des leurs : il disent que si Circé eust presenté à Ulysses deux bruvages, l'un pour faire devenir un homme de fol sage; l'aultre de sage fol, qu'Ulysses eust deu plustost accepter celuy de la folie, que de consentir que Circé eust changé sa figure humaine en celle d'une beste; et disent que la sagesse mesme eust parlé à luy en cette maniere : « Quitte moy, laisse moy là, plustost que de me loger soubs la figure et corps d'un asne. » Comment? cette grande et divine sapience, les philosophes la quittent donc pour ce voile corporel et terrestre? ce n'est doncques plus par la raison, par le discours et par l'ame, que nous excellons sur les bestes; c'est par nostre beauté, nostre beau teinct, et nostre belle disposition de membres, pour laquelle il nous fault mettre nostre intelligence, nostre prudence, et tout le reste à l'abandon. Or, i'accepte cette naïve et franche confession : certes, ils ont cogneu que ces parties là, de quoy nous faisons tant de feste, ce n'est que vaine fantasie. Quand les bestes auroient doncques toute la vertu, la science, la sagesse et suffisance stoïque, ce seroient touiours des bestes ; ny ne seroient pourtant comparables à un homme miserable, meschant et insensé. Car enfin tout ce qui n'est comme nous sommes, n'est rien qui vaille ; et Dieu mesme, pour se faire valoir, il fault qu'il y retire, comme nous dirons tantost : par où il appert que ce n'est pas par vray discours, mais par une fierté folle et opiniastreté, que nous nous preferons aux aultres animaulx, et nous sequestrons de leur condition et societé.

Mais pour revenir à mon propos, nous avons pour nostre part, l'inconstance, l'irresolution, l'incertitude, le dueil, la superstition, la solicitude des choses à venir, voire aprez nostre vie, l'ambition, l'avarice, la ialousie, l'envie, les appetits desreglez, forcenez et indomptables, la guerre, le mensonge, la desloyauté, la detraction, et la curiosité. Certes, nous avons estrangement surpayé ce beau discours, de quoy nous nous glorifions, et cette capacité de iuger et cognoistre, si nous l'avons achetee au prix de ce nombre infiny de passions ausquelles nous sommes incessamment en prinse : s'il ne nous plaist de faire encores valoir, comme faict bien Socrates, cette notable prerogative sur les aultres animaulx, que où nature leur a prescript certaines raisons et limites à la volupté venerienne, elle nous en a lasché la bride à toutes heures et occasions. *Ut vinum ægrotis, quia prodest raro, nocet sæpissime, melius et non adhibere omnino, quam, spe dubiæ salutis, in apertam perniciem incurrere : sic haud scio, an melius fuerit, humano generi motum istum celerem cogitationis, acumen, solertiam, quam rationem vocamus, quoniam pestifera sint multis, admodum paucis salutaria, non dari omnino, quam tam munifice et tam large dari.* De quel fruict pouvons nous estimer avoir esté à Varro et Aristote cette intelligence de tant de choses? les a elle exemptez des incommoditez humaines? ont ils esté deschargez des accidents qui pressent un crocheteur? ont ils tiré de la logique quelque consolation à la goutte? pour avoir sceu comme cette humeur se loge aux ioinctures, l'en ont ils moins sentie? sont ils entrez en composition de la mort, pour sçavoir qu'aulcunes nations s'en resiouïssent; et du cocuage, pour sçavoir les femmes estre communes en quelque region? au rebours, ayants tenu le premier reng en sçavoir, l'un entre les Romains, l'aultre entre les Grecs, et en la saison où la science fleurissoit le plus, nous n'avons pas pourtant apprins qu'ils ayent en aulcune particuliere excellence en leur vie ; voire le Grec a assez à faire à se descharger d'aulcunes taches notables en la sienne. A l'on trouvé que la volupté et la santé soyent plus savoureuses à celuy qui sçait l'astrologie et la grammaire?

Illiterati num minus nervi rigent ?

et la honte et pauvreté moins importunes?

Scilicet et morbis et debilitate carebis,
Et luctum et curam effugies et tempora vitæ
Longa tibi post hæc fato meliore dabuntur.

I'ay veu en mon temps cent courtisans, cent laboureurs, plus sages et plus heureux que des recteurs de l'université; et lesquels i'aimerois mieux ressembler. La doctrine, ce m'est advis, tient reng entre les choses necessaires à la vie, comme la gloire, la noblesse, la dignité, ou pour le plus, comme la beauté, la richesse, et telles aultres qualitez qui y servent voirement, mais de loing, et plus par fantasie que par nature. Il ne nous fault guere plus d'office, de regles et de loix de vivre en nostre communauté, qu'il en fault aux grues et aux fourmis en la leur; et ce neantmoins nous veoyons qu'elles y conduisent tresordonneement, sans erudition. Si l'homme estoit sage, il prendroit le vray prix de chasque chose, selon qu'elle seroit la plus utile et propre à sa vie. Qui nous comptera par nos actions et deportements, il s'en trouvera plus grand nombre d'excellents entre les ignorants qu'entre les sçavants : ie dis en toute sorte de vertu. La vieille Rome me semble en avoir porté de plus grande valeur, et pour la paix et pour la guerre, que cette Rome sçavante, qui se ruyna soy mesme : quand le demourant seroit tout pareil, au moins la preud'hommie et l'innocence demeureroit du costé de l'ancienne ; car elle loge singulierement bien avecques la simplicité. Mais ie laisse ce discours, qui me tireroit plus loing que ie ne vouldrois suyvre. I'en diray seulement encores cela, que c'est la seule humilité et soubmission qui peult effectuer un homme de bien. Il ne fault pas laisser au iugement de chascun la cognoissance de son debvoir; il le luy fault prescrire, non pas le laisser choisir à son discours ; aultrement, selon l'imbecillité et varieté infinie de nos raisons et opinions, nous nous forgerions enfin des debvoirs qui nous mettroient à nous manger les uns les aultres, comme dict Epicurus.

La premiere loy que Dieu donna iamais à l'homme, ce feut une loy de pure obeïssance ; ce feut un commandement nud et simple, où l'homme n'eust rien à cognoistre et à causer, d'autant que l'obeïr est le propre office d'une ame raisonnable, recognoissant un celeste superieur et bienfaicteur. De l'obeïr et ceder naist toute aultre vertu ; comme du cuider, tout peché. Et au rebours, la premiere tentation qui veint à l'humaine nature de la part du diable, sa premiere poison, s'insinua en nous par les promesses qu'il nous feit de science et de cognoissance : *Eritis sicut dii, scientes bonum et malum* : et les sireines, pour piper Ulysse en Homere, et l'attirer en leurs dangereux et ruyneux laqs, lui offrent en don la science. La peste de l'homme, c'est l'opinion de sçavoir : voylà pourquoy l'ignorance nous est tant recommendee par nostre religion, comme piece propre à la creance et à l'obeïssance. *Cavete, ne quis vos decipiat per philosophiam et inanes seductiones, secundum elementa mundi.* En cecy, a il une generale convenance entre touts les philosophes de toutes sectes, que le souverain bien consiste en la tranquillité de l'ame et du corps : mais où la trouvons nous ?

> Ad summum, sapiens uno minor est Iove, dives,
> Liber, honoratus, pulcher, rex denique regum ;
> Præcipue sanus, nisi quum pituita molesta est.

Il semble, à la verité, que nature, pour la consolation de nostre estat miserable et chestif, ne nous ayt donné en partage que la presumption : c'est ce que dict Epictete, « que l'homme n'a rien proprement sien que l'usage de ses opinions : » nous n'avons que du vent et de la fumee en partage. Les dieux ont la santé en essence, dict la philosophie, et la maladie en intelligence : l'homme, au contraire, possede ses biens par fantasie, les maulx en essence. Nous avons eu raison de faire valoir les forces de nostre imagination ; car touts nos biens ne sont qu'en songe. Oyez braver ce pauvre et calamiteux animal : « Il n'est rien, dict Cicero, si doux que l'occupation des lettres, de ces lettres, dis ie, par le moyen desquelles l'infinité des choses, l'immense grandeur de nature, les cieux en ce monde mesme, et les terres et les mers nous sont descouvertes : ce sont elles qui nous ont apprins la religion, la moderation, la grandeur de courage, et qui ont arraché nostre ame des tenebres, pour luy faire veoir toutes choses haultes, basses, premieres, dernieres et moyennes ; ce sont elles qui nous fournissent de quoy bien et heureusement vivre, et nous guident à passer nostre aage sans desplaisir et sans offense : » cettuy cy ne semble il pas parler de la condition de Dieu tout vivant et tout puissant ? Et, quant à l'effect, mille femmelettes ont vescu au village une vie plus equable, plus doulce et plus constante que ne feut la sienne.

> Deus ille fuit, deus, inclute Memmi,
> Qui princeps vitæ rationem invenit eam, quæ
> Nunc appellatur Sapientia; quique per artem
> Fluctibus e tantis vitam, tantisque tenebris,
> In tam tranquilla et tam clara luce locavit :

voylà des paroles tresmagnifiques et belles ; mais un bien legier accident meit l'entendement de cettuy cy en pire estat que celuy du moindre berger, nonobstant ce dieu precepteur, et cette divine sapience. De mesme impudence est cette promesse du livre de Democritus, « Ie m'en voys parler de toutes choses ; » et ce sot tiltre, qu'Aristote nous preste, de « dieux mortels ; » et ce iugement de Chrysippus, que « Dion estoit aussi vertueux que Dieu ; » et mon Seneca recognoist, dict il, que « Dieu luy a donné le vivre ; mais qu'il a de soy le bien vivre ; » conformement à cet aultre, *In virtute vere gloriamur; quod non contingeret, si id donum a deo, non a nobis haberemus :* cecy est aussi de Seneca : « que le sage a la fortitude pareille à Dieu, mais en l'humaine foiblesse ; par où il le surmonte. » Il n'est rien si ordinaire que de rencontrer des traicts de pareille temerité : il n'y a aulcun de nous qui s'offense tant de se veoir aparier à Dieu, comme il faict de se veoir deprimer au reng des aultres animaulx : tant nous sommes plus ialoux de nostre interest, que de celuy de nostre Createur !

Mais il fault mettre aux pieds cette sotte vanité, et secouer vifvement et hardiement les fondements ridicules sur quoy ces faulses opinions se bastissent. Tant qu'il pensera avoir quelque moyen et quelque force de soy, iamais l'homme ne recognoistra ce qu'il doibt à son maistre; il fera tousiours de ses œufs poules, comme on dict : il le fault mettre en chemise. Veoyons quelque notable exemple de l'effect de sa philosophie : Posidonius estant pressé d'une si douloureuse maladie qu'elle lui faisoit tordre les bras et grincer les dents, pensoit bien faire la figue à la douleur, pour s'escrier contre elle, « Tu as beau faire, si ne diray ie pas que tu sois mal. » Il sent mesmes passions que mon laquay ; mais il se brave, sur ce qu'il contient au moins sa langue soubs les loix de sa secte : *re succumbere non oportebat, verbis gloriantem*. Arcesilas estant malade de la goutte, Carneades, qui le veint visiter, s'en retournoit tout fasché ; il le rappella, et, luy montrant ses pieds et sa poictrine : « Il n'est rien venu de là icy, » luy dict il. Cettuy ci a un peu meilleure grace; car il sent avoir du mal, et en vouldroit estre depestré ; mais de ce mal pourtant son cœur n'en est pas abbattu ny affoibly : l'aultre se tient en sa roideur, plus, ce crains ie, verbale, qu'essentielle. Et Dionysius Heracleotes, affligé d'une cuison vehemente des yeulx, feut rengé à quitter ces resolutions stoïcques. Mais, quand la science feroit par effect ce qu'ils disent, d'esmoucer et rabattre l'aigreur des infortunes qui nous suyvent, que faict elle que ce que faict beaucoup plus purement l'ignorance, et plus evidemment ? Le philosophe Pyrrho, courant en mer le hazard d'une grande tourmente, ne presentoit à ceulx qui estoient avecques luy à imiter, que la securité d'un porceau qui voyageoit avecques eulx, regardant cette tempeste sans effroy. La philosophie, au bout de ses preceptes, nous renvoye aux exemples d'un athlete et d'un muletier, ausquels on veoid ordinairement beaucoup moins de ressentiment de mort, de douleur et d'aultres inconvenients, et plus de fermeté, que la science n'en fournit oncques à aulcun qui n'y feust nay et preparé de soy mesme par habitude naturelle. Qui faict qu'on incise et taille les tendres membres d'un enfant, et ceulx d'un cheval, plus ayseement que les nostres, si ce n'est l'ignorance ? Combien en a rendu de malades la seule force de l'imagination ? Nous en veoyons ordinairement se faire saigner, purger et medeciner pour guarir des maulx qu'ils ne sentent qu'en leur discours. Lorsque les vrays maulx nous faillent, la science nous preste les siens : cette couleur et ce teinct vous presagent quelque defluxion catarrheuse ; cette saison chaulde vous menace d'une esmotion fiebvreuse ; cette coupure de la ligne vitale de vostre main gauche vous advertit de quelque notable et voisine indisposition : et enfin elle s'en addresse tout detroussement à la santé mesme ; cette alaigresse et vigueur de ieunesse ne peult arrester en une assiette, il luy fault desrobber du sang et de la force, de peur qu'elle ne se tourne contre vous mesme. Comparez la vie d'un homme asservy à telles imaginations, à celle d'un laboureur se laissant aller aprez son appetit naturel, mesurant les choses au seul sentiment present, sans science et sans prognostique, qui n'a du mal que lorsqu'il l'a ; où l'aultre a souvent la pierre en l'ame avant qu'il l'ayt aux reins : comme s'il n'estoit point assez à temps de souffrir le mal lorsqu'il y sera, il l'anticipe par fantasie et luy court au devant. Ce que ie dis de la medecine se peult tirer par exemple generalement à toute science : de là est venue cette ancienne opinion des philosophes, qui logeoient le souverain bien à la recognoissance de la foiblesse de nostre iugement. Mon ignorance me preste autant d'occasion d'esperance que de crainte ; et, n'ayant aultre regle de ma santé que celle des exemples d'aultruy et des evenements que ie veois ailleurs en pareille occasion, i'en treuve de toute sortes, et m'arreste aux comparaisons qui me sont plus favorables. Ie receois la santé les bras ouverts, libre, plaine et entiere ; et aiguise mon appetit à la iouïr, d'autant plus qu'elle m'est à present moins ordinaire et plus rare, tant s'en fault que ie trouble son repos et sa doulceur par l'amertume d'une nouvelle et contraincte forme de vivre. Les bestes nous montrent assez combien l'agitation de nostre esprit nous apporte de maladies : ce qu'on nous dict de ceulx du Bresil, qu'ils ne mouroient que de vieillesse, on l'attribue à la serenité et tranquillité de leur air ; ie l'attribue plutost à la tranquillité et serenité de leur ame, deschargee de toute passion, pensee et occupation tendue ou desplaisante ; comme gents qui passoient leur vie en une admirable simplicité et ignorance, sans lettres, sans loy, sans roy, sans religion quelconque. Et d'où vient, ce qu'on veoid par experience, que les plus grossiers et plus lourds sont plus fermes et plus desirables aux executions amoureuses; et que l'amour d'un muletier se rend souvent plus acceptable que celle d'un galant homme; sinon qu'en cettuy ci l'agitation de l'ame trouble sa force corporelle, la rompt et lasse, comme elle lasse aussi et trouble ordinairement soy mesme? Qui la desmeut, qui la iecte plus coustumierement à la manie, que sa promptitude, sa poincte, son agilité, et enfin sa force propre? de quoy faict la plus subtile folie, que de la plus subtile sagesse? Comme des grandes amitiez naissent des grandes inimitiez; des santez vigoreuses, les mortelles maladies : ainsi des rares et vifves agitations de nos ames, les plus excellentes manies et plus destracquees ; il n'y a qu'un demi tour de cheville à passer de l'un à l'aultre. Aux actions des hommes insensez, nous veoyons combien proprement la folie convient avecques les plus vigoreuses operations de nostre ame. Qui ne sçait combien est imperceptible le voisinage d'entre la folie avecques les gaillardes eslevations d'un esprit libre, et les effects d'une vertu supreme et extraordinaire? Platon dict les melancholiques plus disciplinables et excellents : aussi n'en est il point qui ayent tant de propension à la folie. Infinis esprits se treuvent ruynez par leur propre force et souplesse : quel sault vient de prendre, de sa propre agitation et alaigresse, l'un des plus iudicieux, ingenieux, et plus formez à l'air de cette antique et pure poësie, qu'aultre poëte italien aye iamais esté? n'a il pas de quoy sçavoir gré à cette sienne vivacité meurtriere? à cette clarté qui l'a aveuglé, à cette exacte et tendue apprehension de la raison, qui l'a mis sans raison? à la curieuse et laborieuse queste des sciences, qui l'a conduict à la bestise? à cette rare aptitude aux exercices de l'ame, qui l'a rendu sans exercice et sans ame? I'eus plus de despit encores que de compassion, de le veoir à Ferrare en si piteux estat, survivant à soy mesme, mescognoissant et soy et ses ouvrages, lesquels, sans son sceu, et toutesfois à sa veue, on a mis en lumiere incorrigez et informes.

Voulez vous un homme sain, le voulez vous reglé et en ferme et seure posture? affublez le de tenebres, d'oysiveté et de pesanteur : il nous fault abestir, pour nous assagir, et nous esblouir, pour nous guider. Et si on me dict que la commodité d'avoir l'appetit froid et mouce aux douleurs et aux maulx, tire aprez soy cette incommodité de nous rendre aussi, par consequent, moins aigus et friands à la iouïssance des biens et des plaisirs; cela est vray : mais la misere de nostre condition porte que nous n'avons pas tant à iouïr qu'à fuyr, et que l'extreme volupté ne nous touche pas comme une legiere douleur, *segnius homines bona quam mala sentiunt :* nous ne sentons point l'entiere santé, comme la moindre des maladies;

> Pungit
> In cute vix summa violatum plagula corpus;
> Quando valere nihil quemquam movet. Hoc iuvat unum,
> Quod me non torquet latus, aut pes : cetera quisquam
> Vix queat aut sanum sese, aut sentire valentem :

nostre bien estre, ce n'est que la privation d'estre mal. Voylà pourquoy la secte de philosophie, qui a le plus faict valoir la volupté, encores l'a elle rengee à la seule indolence. Le n'avoir point de mal, c'est le plus avoir de bien que l'homme puisse esperer, comme disoit Ennius,

> Nimium boni est, cui nihil est mali;

car ce mesme chatouillement et aiguisement qui se rencontre en certains plaisirs, et semble nous enlever au dessus de la santé simple et de l'indolence; cette volupté actifve, mouvante, et ie ne scais comment cuisante et mordante, celle là mesme ne vise qu'à l'indolence, comme à son but; l'appetit qui nous ravit à l'accointance des femmes, il ne cherche qu'à chasser la peine que nous apporte le desir ardent et furieux, et ne demande qu'à l'assouvir et se loger en repos et en l'exemption de cette fiebvre : ainsi des aultres. Ie dis doncques que si la simplesse nous achemine à n'avoir point de mal, elle nous achemine à un tresheureux estat, selon nostre condition. Si ne la fault il point imaginer si plombee, qu'elle soit du tout sans sentiment : car Crantor avoit bien raison de combattre l'indolence d'Epicurus, si on la bastissoit si profonde, que l'abord mesme et la naissance des maux en feust à dire. « Ie ne loue point cette indolence qui n'est ny possible ny desirable : ie suis content de n'estre pas malade;

mais si ie le suis, ie veulx sçavoir que ie le suis; et si on me cauterise ou incise, ie le veulx sentir. » De vray, qui desracineroit la cognoissance du mal, il extirperoit quand et quand la cognoissance de la volupté, et enfin aneantiroit l'homme : *Istud nihil dolere, non sine magna mercede contingit immanitatis in animo, stuporis in corpore.* Le mal est à l'homme, bien à son tour : ni la douleur ne luy est tousiours à fuyr, ny la volupté tousiours à suyvre.

C'est un tresgrand advantage pour l'honneur de l'ignorance, que la science mesme nous reiecte entre ses bras, quand elle se treuve empeschee à nous roidir contre la pesanteur des maulx; elle est contraincte de venir à cette composition, de nous lascher la bride, et donner congé de nous sauver en son giron, et nous mettre, soubs sa faveur, à l'abri des coups et iniures de la fortune : car que veult elle dire aultre chose, quand elle nous presche « De retirer nostre pensee des maulx qui nous tiennent, et l'entretenir des voluptez perdues; De nous servir, pour consolation des maulx presents, de la souvenance des biens passez; et D'appeler à nostre secours un contentement esvanouï, pour l'opposer à ce qui presse? » *Levationes œgritudinum in avocatione a cogitanda molestia, et revocatione ad contemplandas voluptates, ponit :* si ce n'est que, où la force luy manque, elle veult utiliser de ruse, et donner un tour de soupplesse et de iambe, où la vigueur du corps et des bras vient à luy faillir, car non seulement à un philosophe, mais simplement à un homme rassis, quand il sent par effect l'alteration cuisante d'une fiebvre chaulde, quelle monnoye est ce de le payer de la soubvenance de la doulceur du vin grec? ce seroit plustost luy empirer son marché :

> Che ricordarsi il ben doppia la noia.

De mesme condition est cet aultre conseil que la philosophie donne, « De maintenir en la memoire seulement le bonheur passé, et d'en effacer les desplaisirs que nous avons soufferts; » comme si nous avions en nostre pouvoir la science de l'oubli : et conseil duquel nous valons moins, encores un coup.

> Suavis laborum est præteritorum memoria.

Comment? la philosophie, qui me doibt mettre les armes à la main pour combattre la fortune; qui me doibt roidir le courage pour fouler aux pieds toutes les adversitez humaines, vient elle à cette mollesse de me faire conniller par ces destours couards et ridicules? car la memoire nous represente, non pas ce que nous choisissons, mais ce qui luy plaist; voire, il n'est rien qui imprime si vifvement quelque chose en nostre souvenance, que le desir de l'oublier : c'est une bonne maniere de donner en garde, et d'empreindre en nostre ame quelque chose, que de la solliciter de la perdre. Et cela est fauls, *Est situm in nobis, ui et adversa quasi perpetua oblivione obruamus, et secunda iucunde et suaviter meminerimus;* et cecy est vray, *Memini etiam quæ nolo : oblivisci non possum quæ volo.* Et de qui est ce conseil? de celuy, *qui se unus sapientem profiteri sit ausus;*

> Qui genus humanum ingenio superavit, et omnes
> Præstinxit, stellas exortus uti ætherius sol.

De vuider et desmunir la memoire, est ce pas le vray et propre chemin à l'ignorance.

> Iners malorum remedium ignorantia est.

Nous veoyons plusieurs pareils preceptes, par lesquels on nous permet d'emprunter, du vulgaire, des apparences frivoles, où la raison vifve et forte ne peult assez, pourveu qu'elles nous servent de contentement et de consolation : où ils ne peuvent guarir la playe, ils sont contents de l'endormir et pallier. Ie crois qu'ils ne me nieront pas cecy, que s'ils pouvoient adiouster de l'ordre et de la constance, en un estat de vie qui se mainteinst en plaisir et en tranquillité par quelque foiblesse et maladie de iugement, qu'ils ne l'acceptassent :

> Potare, et spargere flores
> Incipiam, patiarque vel inconsultus haberi.

Il se trouveroit plusieurs philosophes de l'advis de Lycas : cettuy cy ayant, au demourant, ses mœurs bien reglees, vivant doulcement et paisiblement en sa famille, ne manquant à nul office de son debvoir envers les siens et les estrangiers, se preservant tresbien des choses nuisibles, s'estoit, par quelque alteration de sens, imprimé en la cervelle une resverie, C'est qu'il pensoit estre perpetuellement aux theastres à veoir des passetemps, des spectacles, et des plus belles comedies du monde. Guari qu'il feut, par les medecins, de cette humeur peccante, à peine qu'il ne les meist en procez pour le restablir en la doulceur de ces imaginations :

> Pol ! me occidistis, amici,
> Non servastis, ait ; cui sic extorta voluptas,
> Et demptus per vim mentis gratissimus error

d'une pareille resverie à celle de Thrasylaus, fils de Pythodorus, qui se faisoit accroire que tous les navires qui relaschoient du port de Piree et y abordoient ne travailloient que pour son service, se resiouïssant de la bonne fortune de leur navigation, les recueillant avecques ioye. Son frere Crito l'ayant faict remettre en son meilleur sens, il regrettoit cette sorte de condition en laquelle il avoit vescu en liesse, et deschargé de tout desplaisir. C'est ce que dict ce vers ancien grec, que « Il y a beaucoup de commodité à n'estre pas si advisé, »

> Ἐν τῷ φρονεῖν γὰρ μηδὲν, ἥδιστος βίος.

Et l'Ecclesiaste, « En beaucoup de sagesse, beaucoup de desplaisir; et qui acquiert science, s'acquiert du travail et du torment. »

Cela mesme à quoy la philosophie consent en general, cette derniere recepte qu'elle ordonne à toute sorte de necessitez, qui est De mettre fin à la vie que nous ne pouvons supporter. *Placet? pare. Non placet? quacumque vis, exi... Pungit dolor? vel fodiat sane. Si nudus es, da iugulum ; sin tectus armis Vulcaniis, id est fortitudine, resiste;* et ce mot des Grecs convives qu'ils y appliquent, *Aut bibat, aut abeat,* qui sonne plus sortablement en la langue d'un Gascon, qui change volontiers en V le B, qu'en celle de Cicero :

> Vivere si recte nescis, decede peritis.
> Lusisti satis, edisti satis, atque bibisti ;
> Tempus abire tibi est, ne potum largius æque
> Rideat, et puiset lasciva decentius ætas ;

qu'est ce aultre chose qu'une confession de son impuissance, et un renvoy non seulement à l'ignorance, pour y estre à couvert, mais à la stupidité mesme, au non sentir, et au non estre ?

> Democritum postquam matura vetustas
> Admonuit memorem, motus languescere mentis ;
> Sponte sua letho caput obvius obtulit ipse.

C'est ce que disoit Anthistenes, « qu'il falloit faire provision ou de sens pour entendre, ou de licol pour se pendre ; » et ce que Chrysippus alleguoit sur ce propos du poëte Tyrtæus,

> De la vertu, ou de la mort approcher ;

et Cratez disoit, « que l'amour se guarissoit par la faim, sinon par le temps, et, à qui ces deux moyens ne plairoient, par la hart. » Celuy Sextius, duquel Seneque et Plutarque parlent avecques si grande recommendation, s'estant iecté, toutes choses laissees, à l'estude de la philosophie, delibera de se precipiter en la mer, veoyant le progrez de ses estudes trop tardif et trop long : il couroit à la mort, au default de la science. Voicy les mots de la loy sur ce subiect : « Si d'adventure il survient quelque grand inconvenient qui ne se puisse remedier, le port est prochain, et se peult on sauver, à nage, du corps, comme hors d'un esquif qui faict eau ; car c'est la crainte de mourir, non pas le desir de vivre, qui tient le fol attaché au corps. »

Comme la vie se rend par la simplicité plus plaisante, elle s'en rend aussi plus innocente et meilleure, comme ie commenceois tantost à dire : Les simples, dict sainct Paul, et les ignorants, s'eslevent et se saisissent du ciel ; et nous, à tout nostre sçavoir, nous plongeons aux abismes infernaux. Ie ne m'arreste ny à Valentian, ennemy declaré de la science et des lettres ; ny à Licinius, touts deux empereurs romains, qui le nommoient le venin et la peste de tout estat politique; ny à Mahumet qui, comme i'ay entendu, interdict la science à ses hommes : mais l'exemple de ce grand Lycurgus, et son aûctorité, doibt certes avoir grand poids, et la reverence de cette divine police lacedemonienne, si grande, si admirable, et si long temps fleurissante en vertu et en bonheur, sans aulcune institution ny exercice de lettres. Ceulx qui reviennent de ce monde nouveau, qui a esté descouvert du temps de nos peres par les Espaignols, nous peuvent tesmoigner combien ces nations, sans magistrat et sans loy, vivent plus legitimement et plus reglement que les nostres, où il y a plus d'officiers et de loix qu'il n'y a d'aultres hommes, et qu'il n'y a d'actions :

> Di citatorie piene e di libelli.,
> D' esamine, e di carte di procure,
> Avea le mani e il seno, e gran fastelli
> Di chiose di consigli, e di letture :
> Per cui le faculta de' poverelli
> Non sono mai nelle citta sicure.
> Avea dietro e dinanzi, e d' ambi i lati,
> Notai, procuratori, ed avvocati.

C'estoit ce que disoit un senateur romain des derniers siecles, Que leurs predecesseurs avoient l'haleine puante à l'ail, et l'estomach musqué de bonne conscience; et qu'au rebours, ceulx de son temps ne sentoient au dehors que le parfum, puants au dedans à toute sorte de vices : c'est à dire, comme je pense, qu'ils avoient beaucoup de sçavoir et de suffisance, et grand' faulte de preud'hommie. L'invincibilité, l'ignorance, la simplesse, la rudesse, s'accompaignent volontiers de l'innocence; la curiosité, la subtilité, le sçavoir, traisnent la malice à leur suitte : l'humanité, la crainte, l'obeïssance, la debonnaireté, qui sont les pieces principales pour la conservation de la société humaine, demandent une ame vuide, docile, et presumant peu de soy. Les chrestiens ont une particuliere cognoissance, combien la curiosité est un mal naturel et originel en l'homme : le soing de s'augmenter en sagesse et en science, ce feut la premiere ruyne du genre humain; c'est la voye par où il est precipité à la damnation eternelle, l'orgueil est sa perte et sa corruption; c'est l'orgueil qui iecte l'homme à quartier des voyes communes, qui luy faict embrasser les nouvelletez, et aimer mieulx estre chef d'une troupe errante et desvoyee au sentier de perdition, aimer mieulx estre regent et precepteur d'erreur et de mensonge, que d'estre disciple en l'eschole de verité, se laissant mener et conduire par la main d'aultruy à la voye battue et droicturiere. C'est à l'adventure ce que dict ce mot grec ancien, que « la superstition suyt l'orgueil, et luy obeït comme à son pere : » ἡ δεισιδαιμονία καθάπερ πατρὶ τῷ τυφῷ πείθεται. O cuider! comme tu nous empesches!

Aprez que Socrates feut adverty que le dieu de sagesse luy avoit attribué le nom de Sage, il en feut estonné; et, se recherchant et secouant partout, n'y trouvoit aulcun fondement à cette divine sentence : il en sçavoit de iustes, temperants, vaillants, sçavants comme luy, et plus eloquents, et plus beaux, et plus utiles au païs. Enfin il se resolut, qu'il n'estoit distingué des aultres, et n'estoit sage, que parce qu'il ne se tenoit pas tel; et que son dieu estoit bestise singuliere à l'homme l'opinion de science et de sagesse; et que sa meilleure doctrine estoit la doctrine de l'ignorance, et la simplicité sa meilleure sagesse. La saincte Parole declare miserables ceulx d'entre nous qui s'estiment : « Bourbe et cendre, leur dict elle, qu'as tu à te glorifier? » Et ailleurs, « Dieu a faict l'homme semblable à l'ombre; » de laquelle qui iugera, quand par l'esloignement de la lumiere elle sera esvanouïe? Ce n'est rien que de nous.

Il s'en fault tant que nos forces conceoivent la haulteur divine, que, des ouvrages de nostre Createur, ceulx la portent mieulx sa marque, et sont mieulx siens, que nous entendons le moins. C'est aux chrestiens une occasion de croire, que de rencontrer une chose incroyable; elle est d'autant plus selon raison, qu'elle est contre l'humaine raison : si elle estoit selon raison, ce ne seroit plus miracle; et si elle estoit selon quelque exemple, ce ne seroit plus chose singuliere. *Melius scitur Deus, nesciendo*, dict sainct Augustin; et Tacitus, *Sanctius est ac reverentius de actis deorum credere, quam scire;* et Platon estime qu'il y ait quelque vice d'impieté à trop curieusement s'enquerir et de Dieu, et du monde, et des causes premieres des choses : *Atque illum quidem parentem huius universitatis invenire, difficile; et quum iam inveneris, iudicare in vulgus, nefas*, dict Cicero. Nous disons bien, Puissance, Verité, Iustice : ce sont paroles qui signifient quelque chose de grand; mais cette chose là, nous ne la veoyons aulcunement, ny ne la conceovons. Nous disons que Dieu craint, que Dieu se courrouce, que Dieu aime,

> Immortalia mortali sermone notantes :

ce sont toutes ces agitations et esmotions qui ne peuvent loger en Dieu, selon nostre forme; ny nous, l'imaginer selon la sienne. C'est à Dieu seul de se cognoistre, et interpreter ses ouvrages; et le faict en nostre langue improprement, pour s'avaller et descendre à nous, qui sommes à terre couchez. « La prudence, comment luy peult elle convenir, qui est l'eslite entre le bien et le mal; veu que nul mal ne le touche? quoy la raison et l'intelligence, desquelles nous nous servons pour arriver, par les choses obscures, aux apparentes; veu qu'il n'y a rien d'obscur à Dieu? la iustice, qui distribue à chascun ce qui luy appartient, engendree pour la societé et communauté des hommes, comment est elle en Dieu? la temperance, comment? qui est la moderation des voluptez corporelles, qui n'ont nulle place en la divinité : la fortitude à porter la douleur, le labeur, les dangiers, luy appartiennent aussi peu; ces trois choses n'ayants nul accez prez de luy : » parquoy Aristote le tient egualement exempt de vertu et de vice : *Neque gratia, neque ira teneri potest; quod quæ talia essent, imbecilla essent omnia.*

La participation que nous avons à la cognoissance de la Verité, quelle qu'elle soit, ce n'est point par nos propres forces que nous l'avons acquise : Dieu nous a assez apprins cela par les tesmoings de ses admirables secrets. Nostre foy, ce n'est pas nostre acquest; c'est un pur present de la liberalité d'aultruy : ce n'est pas par discours, ou par nostre entendement, que nous avons receu nostre religion; c'est par auctorité et par commandement estrangier : la foiblesse de nostre iugement nous y ayde plus que la force, et nostre aveuglement plus que nostre clairvoyance ; c'est par l'entremise de nostre ignorance, plus que de nostre science, que nous sommes sçavants de ce divin sçavoir. Ce n'est pas merveille, si nos moyens naturels et terrestres ne peuvent concevoir cette cognoissance supernaturelle et celeste : apportons y seulement, du nostre, l'obeïssance et la subiection; car, comme il est escript : « Ie destruirai la sapience des sages: et abbattray la prudence des prudents : où est le sage? où est l'escrivain? où est le disputateur de ce siecle? Dieu n'a il pas abesty la sapience de ce monde? car, puisque le monde n'a point cogneu Dieu par sapience, il luy a pleu, par l'ignorance et simplesse de la predication, sauver les croyants. »

Si me fault il veoir enfin s'il est en la puissance de l'homme de trouver ce qu'il cherche; et si cette queste qu'il a employee depuis tant de siecles l'a enrichy de quelque nouvelle force et de verité solide. Ie crois qu'il me confessera, s'il parle en conscience, que tout l'acquest qu'il a retiré d'une si longue poursuitte, c'est d'avoir apprins à recognoistre sa foiblesse. L'ignorance, qui estoit naturellement en nous, nous l'avons, par longue estude, confirmee et averee. Il est advenu aux gents veritablement sçavants ce qui advient aux espics de bled; ils vont s'eslevant et se haulsant la teste droicte et fiere, tant qu'ils sont vuides; mais, quand ils sont pleins et grossis de grains en leur maturité, ils commencent à s'humilier et baisser les cornes : pareillement, les hommes ayants tout essayé, tout sondé, et n'ayants trouvé, en cet amas de science et provision de tant de choses diverses, rien de massif et ferme, et rien que vanité, ils ont renoncé à leur presumption, et recogneu leur condition naturelle. C'est ce que Velleius reproche à Cotta et à Cicero, « qu'ils ont apprins de Philo n'avoir rien apprins. » Pherecydes, l'un des sept sages, escrivant à Thales, comme il expiroit, « I'ay, dict il, ordonné aux miens, aprez qu'ils m'auront enterré, de te porter mes escripts. S'ils contentent et toy et les aultres sages, public les; sinon, supprime les : ils ne contiennent nulle certitude qui me satisface à moy mesme; aussi ne foys ie pas profession de sçavoir la verité, ny d'y atteindre: i ouvre les choses plus que ie ne les descouvre. » Le plus sage homme qui feut oncques, quand on luy demanda ce qu'il sçavoit, respondict, « Qu'il sçavoit cela, qu'il ne sçavoit rien. » Il verifioit ce qu'on dict, que la plus grande part de ce que nous sçavons est la moindre de celle que nous ignorons; c'est à dire, que ce mesme que nous pensons sçavoir, c'est une piece, et bien petite de nostre ignorance. Nous sçavons les choses en songe, dict Platon, et les ignorons en verité. *Omnes pene veteres, nihil cognosci, nihil percipi, nihil sciri posse dixerunt; angustos sensus, imbecilles animos, brevia curricula vitæ.* Cicero mesme, qui debvoit au sçavoir tout son vaillant, Valerius dict que, sur sa vieillesse, il commencea à desestimer les lettres : et, pendant qu'il les traictoit, c'estoit sans obligation d'aulcun party ; suyvant ce qui luy sembloit probable, tantost en l'une secte, tantost en l'aultre ; se tenant tousiours soubs la dubitation de l'academie : *Dicendum est, sed ita, ut nihil affirmem, quæram omnia, dubitans plerumque, et nihil diffidens.*

I'aurois trop beau ieu, si ie voulois considerer l'homme en sa commune façon et en gros ; et le pourrois faire pourtant en sa regle propre, qui iuge la verité, non par le poids des voix, mais par le nombre. Laissons là le peuple,

Qui vigilans stertit,
Mortua cui vita est prope iam, vivo atque videnti ;

qui ne se sent point, qui ne se iuge point, qui laisse la pluspart de ses facultez naturelles oysifves ; ie veulx prendre l'homme en sa plus haulte assiette. Considerons le en ce petit nombre d'hommes excellents et triez, qui, ayants esté douez d'une belle et particuliere force naturelle, l'ont encores roidie et aiguisee par soing, par estude et par art, et l'ont montee au plus hault poinct de sagesse où elle puisse atteindre : ils ont manié leur ame à touts sens et à touts biais, l'ont appuyee et estansonnee de tout le secours estrangier qui luy a esté propre, et enrichie et ornee de tout ce qu'ils ont peu emprunter, pour sa commodité, du dedans et dehors du monde : c'est en eulx que loge la haulteur extreme de l'humaine nature : ils ont reglé le monde de polices et de loix : ils l'ont instruict par arts et sciences, et instruict encores par l'exemple de leurs mœurs admirables. Ie ne mettray en compte que ces gents là, leur tesmoignage et leur experience ; veoyons iusques où ils sont allez, et à quoy ils se sont tenus : les maladies et les defaults que nous trouverons en ce college là, le monde les pourra bien hardiment advouer pour siens.

Quiconque cherche quelque chose, il en vient à ce poinct, ou qu'il dict qu'il l'a trouvee, ou qu'elle ne se peult trouver ; ou qu'il en est encores en queste. Toute la philosophie est despartie en ces trois genres : son desseing est de chercher la verité, la science et la certitude. Les peripateticiens, epicuriens, stoïciens, et aultres, ont pensé l'avoir trouvee : ceulx cy ont estably les sciences que nous avons, et les ont traictees comme notices certaines. Clitomachus, Carneades, et les academiciens, ont desesperé de leur queste, et iugé que la verité ne se pouvoit concevoir par nos moyens : la fin de ceulx cy, c'est la foiblesse et humaine ignorance ; ce party a eu la plus grande suitte et les sectateurs les plus nobles. Pyrrho, et aultres sceptiques ou epechistes, les dogmes de qui plusieurs anciens ont tenu estre tirez de Homere, des sept sages, et d'Euripides, et y attachent Zeno, Democritus, Xenophanes, disent qu'ils sont encores en cherche de la verité : ceulx cy iugent que ceulx là qui pensent l'avoir trouvee se trompent infiniment, et qu'il y a encores de la vanité trop hardie en ce second degré qui asseure que les forces humaines ne sont pas capables d'y atteindre ; car cela, d'establir la mesure de nostre puissance, de cognoistre et iuger la difficulté des choses, c'est une grande et extreme science, de laquelle ils doubtent que l'homme soit capable.

Nil sciri si quis putat, id quoque nescit
An sciri possit quo se nil scire fatetur.

L'ignorance qui se sçait, qui se iuge, et qui se condamne, ce n'est pas une entiere ignorance ; pour l'estre, il fault qu'elle s'ignore soy mesme : de façon que la profession des pyrrhoniens est de bransler, doubter, et enquerir, ne s'asseurer de rien, de rien ne se respondre. Des trois actions de l'ame, l'imaginatifve, l'appetitifve, et la consentante, ils en receoivent les deux premieres ; la derniere, ils la soustiennent et la maintiennent ambiguë, sans inclination ny approbation d'une part ou d'aultre, tant soit elle legiere. Zenon peignoit de geste son imagination sur cette partition des facultez de l'ame : la main espandue et ouverte, c'estoit Apparence, la main à demy serree, et les doigts un peu croches, Consentement ; le poing fermé, Comprehension ; quand de la main gauche il venoit encores à clorre ce poing plus estroict, Science. Or, cette assiette de leur iugement droicte et inflexible, recevant touts obiects sans application et consentement, les achemine à leur Ataraxie, qui est une condition de vie paisible, rassise, exempte des agitations que nous recevons par l'impression de l'opinion et science que nous pensons avoir des choses ; d'où naissent la crainte, l'avarice, l'envie, les desirs immoderez, l'ambition, l'orgueil, la superstition, l'amour de nouvelleté, la rebellion, la desobeïssance, l'opiniastreté, et la pluspart des maulx corporels : voire ils s'exemptent par là de la ialousie de leur discipline ; car ils debattent d'une bien molle façon ; ils ne craignent point la revenche à leur dispute : quand ils disent que le poisant va contre bas, ils serraient bien marris qu'on ne les en creust, et cherchent qu'on ne les contredie, pour engendrer la dubitation et surseance de iugement, qui est leur fin. Ils ne mettent en avant leurs propositions, que pour combattre celles qu'ils pensent que nous ayons en nostre creance. Si vous prenez la leur, ils prendront aussi volontiers la contraire à soustenir : tout leur est un; ils n'ont aulcun chois. Si vous establissez que la neige soit noire, ils argumentent au rebours, qu'elle est blanche : si dites qu'elle n'est ny l'un ny l'aultre, c'est à eulx à maintenir qu'elle est touts les deux : si, par certain iugement, vous tenez que vous n'en sçavez rien, ils vous maintiendront que vous le sçavez : oui ; et si, par axiome affirmatif, vous asseurez que vous en doubtez, ils vous iront debattant que vous n'en doubtez pas, ou que vous ne pouvez iuger et establir que vous en doubtez. Et, par cette extremité de doubte, qui se secoue soy mesme, ils se separent et se divisent de plusieurs opinions, de celles mesmes qui ont maintenu en plusieurs façons le doubte et l'ignorance. Pourquoy ne leur sera il permis, disent ils, comme il est entre les dogmatistes, à l'un dire vert, à l'aultre, iaulne, à eulx aussi de doubter ? est il chose qu'on vous puisse proposer pour l'advouer ou refuser, laquelle il ne soit pas loisible de considerer comme ambiguë ? et; où les aultres sont portez, ou par la coustume de leurs païs, ou par l'institution des parents, ou par rencontre, comme par une tempeste, sans iugement et sans chois, voire le plus souvent avant l'aage de discretion, à telle ou telle opinion, à la secte ou stoïque ou epicurienne, à laquelle ils se treuvent hypothequez, asservis et collez, comme à une prinse qu'ils ne peuvent demordre, *ad quamcumque disciplinam, velut tempestate, delati, ad eam, tanquam ad saxum, adhærescunt;* pourquoy à ceulx cy ne sera il pareillement concedé de maintenir leur liberté, et considerer les choses sans obligation et servitude ? *hoc liberiores et solutiores, quod integra illis est iudicandi potestas.* N'est ce pas quelque advantage de se trouver desengagé de la necessité qui bride les aultres ? vaut il mieulx demeurer en suspens, que de s'infrasquer en tant d'erreurs que l'humaine fantasie a produictes ? vault il pas mieux suspendre sa persuasion que de se mesler à ces divisions seditieuses et querelleuses ? Qu'iray ie choisir « Ce qu'il vous plaira, pourveu que vous choisissiez. » Voylà une sotte response : à laquelle pourtant il semble que tout le dogmatisme arrive, par qui il ne nous est pas permis d'ignorer ce que nous ignorons. Prenez le plus fameux party, iamais il ne sera si seur, qu'il ne vous faille, pour le deffendre, attaquer et combattre cent et cent contraires partis : vault il pas mieulx se tenir hors de cette meslee ? Il vous est permis d'espouser, comme vostre honneur et vostre vie, la creance d'Aristote sur l'eternité de l'ame, et desdire et desmentir Platon là dessus ; et à eulx il sera interdict d'en douter ? S'il est loisible à Panætius de soustenir son iugement autour des aruspices, songes, oracles, vaticinations, desquelles choses les stoïciens ne doubtent aulcunement ; pourquoy un sage n'osera il, en toutes choses, ce que cettuy cy ose en celles qu'il a apprinses de ses maistres, establies du commun consentement de l'eschole, de laquelle il est sectateur et professeur ? Si c'est un enfant qui iuge, il ne sçait que c'est ; si c'est un sçavant, il est preoccupé. Ils se sont reservé un merveilleux advantage au combat, s'estants deschargez du soing de se couvrir : il ne leur importe qu'on les frappe, pourveu qu'ils frappent ; et font leurs besongnes de tout : s'ils vaincquent, votre proposition cloche ; si vous, la leur : s'il faillent, ils verifient l'ignorance ; si vous faillez, vous la verifiez : s'ils prouvent que rien ne se sçache, il va bien ; s'ils ne le sçavent pas prouver, il est bon de mesme : *Ut quum in eadem re paria contrariis in partibus momenta inveniuntur ; facilius ab utraque partio sustineatur :* et font estat de trouver bien plus facilement pourquoy une chose soit faulse, que non pas qu'elle soit vraye ; et ce qui n'est pas, que ce qui est ; et ce qu'ils ne croyent pas, que ce qu'ils croyent. Leurs façons de parler sont, « Ie n'establis rien : Il n'est non plus ainsi qu'ainsin, ou que ny l'un ny l'aultre : Ie ne le comprends point : Les apparences sont egales partout : La loy de parler, et pour et contre, est pareille : Rien ne me semble vray, qui ne puisse sembler fauls. » Leur mot sacramental, c'est ἐπέχω, c'est à dire, « ie soustiens, ie ne bouge : » voylà leurs refrains, et aultres de pareille substance. Leur effect, c'est une pure, entiere, et tresparfaicte surseance et suspension de iugement : ils se servent de leur raison pour enquerir et pour debattre, mais non pas pour arrester et choisir. Quiconque imaginera une perpetuelle confession d'ignorance, un iugement sans pente et sans inclination, à quelque occasion que ce puisse estre, il conceoit pyrrhonisme. J'exprime cette fantasie autant que ie puis, parce que plusieurs la treuvent difficile à concevoir; et les aucteurs mesmes la representent un peu obscurement et diversement.

Quant aux actions de la vie, ils sont en cela de la commune façon : ils se prestent et accomodent aux inclinations naturelles, à l'impulsion et contrainete des passions, aux constitutions des loix et des coustumes, et à la tradition des arts : *Non enim Deus ista scire, sed tantummodo uti, voluit.* Ils laissent guider à ces choses là leurs actions communes, sans aulcune opination ou iugement : qui faict que ie ne puis pas bien assortir à ce discours ce qu'on dict de Pyrrho; ils le peignent stupide et immobile, prenant un train de vie farouche et inassociable, attendant le heurt des charrettes, se presentant aux precipices, refusant de s'accomoder aux loix. Cela est encherir sa discipline : il a voulu se faire homme vivant, discourant et raisonnant, iouïssant de touts plaisirs et commoditez naturelles, et se servant de toutes pieces corporelles et spirituelles, en regle et doctrine : les privileges fantastiques, imaginaires et faulx, que l'homme s'est usurpé, de regenter, d'ordonner, d'establir, il les a de bonne foi renoncez et quittez. Si n'est il point des actes qui ne soit contraincte de permerre à son sage de suyvre assez de choses non comprinses, ny perceues, ny consenties, s'il veult vivre : et quand il monte en mer, il suyt ce desseing, ignorant s'il luy sera utile; et se plie à ce que le vaisseau est bon, le pilote experimenté, la saison commode, circonstances probables seulement, aprez lesquelles il est tenu d'aller, et se laisser remuer aux apparences, pourveu qu'elles n'aient point d'expresse contrarieté. Il a un corps, il a une ame; les sens poulsent, l'esprit l'agite. Encores qu'il ne treuve point en soy cette propre et singuliere marque de iuger, et qu'il s'apperceoive qu'il ne doibt engager son consentement, attendu qu'il peust estre quelque faulx pareil à ce vray, il ne laisse de conduire les offices de sa vie pleinement et commodement. Combien y a il d'arts qui font profession de consister en la coniecture plus qu'en la science ; qui ne decident pas du vray et du faulx, et suyvent seulement ce qu'il semble? Il y a, disent ils, et vray et faulx; et y a en nous de quoy le chercher, mais non pas de quoy l'arrester à la touche. Nous en valons bien mieulx de nous laisser manier, sans inquisition, à l'ordre du monde : une ame garantie de preiugez a un merveilleux advancement vers la tranquillité : gents qui iugent et contreroollent leurs iuges, ne s'y soubmettent iamais deuement.

Combien, et aux loix de la religion, et aux loix politiques, se treuvent plus dociles, et aysez à mener les esprits simples et incurieux, que ces esprits surveillants et paidagogues des causes divines et humaines! Il n'est rien en l'humaine invention où il y ayt tant de verisimilitude et d'utilité : cette cy presente l'homme nud et vuide; recognoissant sa foyblesse naturelle, propre à recevoir d'en hault quelque force estrangiere; desgarni d'humaine science, et d'autant plus apte à loger en soy la divine; aneantissant son iugement pour faire plus de place à la foy; ny mescreant, ny establissant aulcun dogme contre les observances communes; humble, obeissant, disciplinable, studieux, ennemy iuré de l'heresie, et s'exemptant, par consequent, de vaines et irreligieuses opinions introduictes par les faulses sectes : c'est une charte blanche, preparee à prendre du doigt de Dieu telles formes qu'il luy plaira d'y graver. Plus nous renvoyons et commettons à Dieu, et renonceons à nous; mieulx nous en valons. « Accepte, dict l'Ecclesiaste, en bonne part, les choses au visage et au goust qu'elles se presentent à toy, du iour à la iournee ; le demourant est hors de ta cognoissance. » *Dominus scit cogitationes hominum, quoniam vanæ sunt.*

Voylà comment, de trois generales sectes de philosophie, les deux font expresse profession de dubitation et d'ignorance : et, en celle des dogmatistes, qui est troisiesme, il est aysé à descouvrir que la pluspart n'ont prins le visage de l'asseurance, que pour avoir meilleure mine ; ils n'ont pas tant pensé nous establir quelque certitude, que nous montrer iusques où ils estoient allez en cette chasse de la verité, *quam docti fingunt magis, quam norunt.* Timæus, ayant à instruire Socrates de ce qu'il sçait des dieux, du monde et des hommes, propose d'en parler comme un homme à un homme ; et qu'il suffit, si ces raisons sont probables comme les raisons d'un aultre : car les exactes raisons n'estre en sa main, ny en mortelle main. Ce que l'un de ses sectateurs a ainsin imité : *Ut potero, explicabo : nec tamen, ut Pythius Apollo, certa ut sint ex fixa, quæ dixero; sed, ut homunculus, probabilia coniectura sequens;* et cela sur le discours du mespris de la mort, discours naturel et populaire : ailleurs il l'a traduit sur le propos mesme de Platon. *Si forte, de deorum natura ortuque mundi disserentes, minus id, quod habemus in animo, consequimur, haud erit mirum : æquum est enim meminisse, et me, qui disseram, hominem esse, et vos, qui iudicetis; ut, si probabilia dicentur, nihil ultra requiratis.* Aristote nous entasse ordinairement un grand nombre d'aultres opinions, et d'aultres creances, pour y comparer la sienne, et nous faire veoir de combien il est allé plus oultre, et combien il approche de plus prez la verisimilitude; car la verité ne se iuge point par auctorité et tesmoignage d'aultruy; et pourtant evita religieusement Epicurus d'en alleguer en ses escripts. Cettuy là est le prince des dogmatistes; et si nous apprenons de luy que le beaucoup sçavoir apporte l'occasion de plus doubter : on le veoid à escient se couvrir souvent d'obscurité si espesse et inextricable, qu'on n'y peult rien choisir de son advis; c'est par effect un pyrrhonisme soubs une forme resolutifve. Oyez la protestation de Cicero, qui nous explique la fantasie d'aultruy par la sienne : *Qui requirunt, quid de quaque re ipsi sentiamus, curiosius id faciunt, quam necesse est.... Hæc in philosophia ratio contra omnia disserendi, nullamque rem aperte iudicandi, profecta a Socrate, repetita ab Arcesila, confirmata a Carneade, usque ad nostram viget ætatem.... Hi sumus, qui omnibus veris falsa quædam adiuncta esse dicamus, tanta similitudine, ut in iis nulla insit certe iudicandi et assentiendi nota.* Pourquoy, non Aristote seulement, mais la plupart des philosophes ont ils affecté la difficulté, si ce n'est pour faire valoir la vanité du subiect, et amuser la curiosité de nostre esprit, luy donnant où se paistre, à ronger cet os creux et descharné? Clitomachus affirmoit n'avoir iamais sceu, par les escripts de Carneades, entendre de quelle opinion il estoit : pourquoy a evité aux siens Epicurus, la facilité; et Heraclitus en a esté surnommé σκοτεινός. La difficulté est une monnoye que les savants employent, comme les ioueurs de passe passe, pour ne descouvrir l'inanité de leur art, et de laquelle l'humaine bestise se paye aysement.

> Clarus, ob obscuram linguam, magis inter inanes...
> Omnia enim stolidi magis admirantur, amantque,
> Inversis quæ sub verbis latitantia cernunt.

Cicero, reprend aulcuns de ses amis d'avoir accoustumé de mettre à l'astrologie, au droict, à la dialectique et à la geometrie, plus de temps que ne meritoient ces arts; et que cela les divertissoit des debvoirs de la vie, plus utiles et honnestes : les philosophes cyrenaïques mesprisoient egalement la physique et la dialectique : Zenon, tout au commencement des livres de la Republique, declaroit inutiles toutes les liberales disciplines : Chrysippus disoit que ce que Platon et Aristote avoient escript de la logique, ils l'avoient escript par ieu et par exercice; et ne pouvoit croire qu'ils eussent parlé à certes d'une si vaine matiere : Plutarque le dict de la metaphysique; Epicurus l'eust encores dict de la rhetorique, de la grammaire, poësie, mathematique, et, hors la physique, de toutes les sciences; et Socrates, de toutes aussi, sauf celle seulement qui traicte des mœurs et de la vie : de quelque chose qu'on s'enquist à luy, il ramenoit en premier lieu tousiours l'enquerant à rendre compte des conditions de sa vie presente et passee, lesquelles il examinoit et iugeoit, estimant tout aultre apprentissage subsecutif à celuy là et supernumeraire : *parum mihi placeant eæ litteræ, quæ ad virtutem doctoribus nihil profuerunt;* la pluspart des arts ont esté ainsi mesprisees par le mesme sçavoir : mais ils n'ont pas pensé qu'il feust hors de propos d'exercer leur esprit, ez choses mesmes où il n'y avoit aulcune solidité proufitable.

Au demourant, les uns ont estimé Plato dogmatiste; les aultres, dubitateur; les aultres, en certaines choses l'un, et en certaines choses l'autre : le conducteur de ses dialogismes, Socrates, va tousiours demandant et esmouvant la dispute, non iamais l'arrestant, iamais satisfaisant; et dict n'avoir aultre science que la science de s'opposer. Homere, leur aucteur, a planté egalement les fondements à toutes les sectes de philosophie, pour montrer combien il estoit indifferent par où nous allassions. De Platon naquirent dix sectes diverses, dict on, aussi, à mon gré, iamais instruction ne feut titubante et rien asseverante, si la sienne ne l'est.

Socrates disoit, que les sages femmes, en prenant ce mestier de faire engendrer les aultres, quittent le mestier d'engendrer, elles ; que luy, par le tiltre de Sage homme que les dieux luy ont deferé, s'estoit aussi desfaict, en son amour virile et mentale de la faculté d'enfanter ; se contentant d'ayder et de favoriser de son secours les engendrants, ouvrir leur nature, graisser leurs conduicts, faciliter l'yssue de leur enfantement, iuger d'iceluy, le baptizer, le nourrir, le fortifier, l'emmailloter, et circoncire ; exerçant et maniant son engein aux perils et fortunes d'aultruy.

Il est ainsi de la pluspart des aucteurs de ce tiers genre, comme les anciens ont remarqué des escripts d'Anaxagoras, Democritus, Parmenides, Xenophanes, et aultres : ils ont une forme d'escrire doubteuse en substance et en desseing, enquerant plustost qu'instruisant ; encores qu'ils entresement leur style de cadences dogmatistes. Cela se veoid il pas aussi bien en Seneque et en Plutarque ? Combien disent ils tantost d'un visage, tantost d'un aultre, pour ceulx qui y regardent de prez ? Et les reconciliateurs des iurisconsultes debvoient premierement les concilier chascun à soy. Platon me semble avoir aimé cette forme de philosopher par dialogues, à escient, pour loger plus decemment en diverses bouches la diversité et variation de ses propres fantasies. Diversement traicter les matieres, est aussi bien les traicter que conformement, et mieulx ; à sçavoir plus copieusement et utilement. Prenons exemple de nous : les arrests font le poinct extreme du parler dogmatiste et resolutif ; si est ce que ceulx que nos parlements presentent au peuple, les plus exemplaires, propres à nourrir en luy la reverence qu'il doibt à cette dignité, principalement par la suffisance des personnes qui l'exercent, prennent leur beauté, non de la conclusion qui est à eux quotidienne, et qui est commune à tout iuge, tant comme de la disceptation et agitation des diverses et contraires ratiocinations que la matiere du droict souffre : et le plus large champ aux reprehensions des uns philosophes à l'encontre des aultres, se tire des contradictions et diversitez, en quoy chascun d'eulx se treuve empestré ; ou par desseing, pour montrer la vacillation de l'esprit humain autour de toute matiere, ou forcé ignoramment par la volubilité et incomprehensibilité de toute matiere ; que signifie ce refrain : « en un lieu glissant et coulant, suspendons nostre creance : » car, comme dit Euripides :

> Les œuvres de Dieu en diverses
> Façons, nous donnent des traverses ;

semblable à celuy qu'Empedocles semoit souvent en ses livres, comme agité d'une divine fureur, et forcé de la verité : « Non, non, nous ne sentons rien, nous ne veoyons rien ; toutes choses nous sont occultes, il n'en est aulcune de laquelle nous puissions establir quelle elle est ; » revenant à ce mot divin : *Cogitationes mortalium timidæ et incertæ adinventiones nostræ, et providentiæ*. Il ne fault pas trouver estrange, si gents desesperez de la prinse n'ont pas laissé d'avoir plaisir à la chasse, l'estude estant de soy une occupation plaisante, et si plaisante, que, parmy les voluptez, les stoïciens deffendent aussi celle qui vient de l'exercitation de l'esprit, y veulent de la bride, et treuvent de l'intemperance à trop sçavoir.

Democritus, ayant mangé à sa table des figues qui sentoient le miel, commencea soubdain à chercher en son esprit d'où leur venoit cette douleeur inusitee ; et, pour s'en eclaircir, s'alloit lever de table pour veoir l'assiette du lieu où ces figues avoient esté cueillies : sa chambriere, ayant entendu la cause de ce remuement, luy dict, en riant, qu'il ne se peinast plus pour cela ; car c'estoit qu'elle les avoit mises en un vaisseau où il y avoit eu du miel. Il se despita de quoy elle luy avoit osté l'occasion de cette recherche, et desrobbé matiere à sa curiosité : « Va, luy dict il, tu m'as faict desplaisir ; ie ne lairray poutant d'en chercher la cause, comme si elle estoit naturelle : » et volontiers n'eust failly de trouver quelque raison vraye à un effect faulx et supposé.

Cette histoire d'un fameux et grand philosophe nous represente bien clairement cette passion studieuse qui nous amuse à la poursuyte des choses, de l'acquest desquelles nous sommes desesperez. Plutarque recite un pareil exemple de quelqu'un qui ne vouloit pas estre esclaircy de ce de quoy il estoit en doubte, pour ne perdre le plaisir de le chercher; comme l'aultre, qui ne vouloit pas que son medecin lui ostast l'alteration de la fiebvre, pour ne perdre le plaisir de l'assouvir en beuvant. *Satius est supervacua discere, quam nihil.* Tout ainsi qu'en pasture, il y a le plaisir souvent seul; et tout ce que nous prenons, qui est plaisant, n'est pas tousiours nutritif, ou sain : pareillement ce que nostre esprit tire de la science ne laisse pas d'estre voluptueux, encores qu'il ne soit ny alimentant ny salutaire. Voicy comme ils disent : « La consideration de la nature est une pasture propre à nos esprits; elle nous esleve et enfle, nous faict desdaigner les choses basses et terriennes, par la comparaison des superieures et celestes; la recherche mesme des choses occultes et grandes est tresplaisante, voire à celuy qui n'en acquiert que la reverence et crainte d'en iuger : » ce sont des mots de leur profession. La vaine image de cette maladifve curiosité se veoid plus expressement encores en cet aultre exemple, qu'ils ont par honneur si souvent en la bouche : Eudoxus souhaitoit et prioit les dieux, qu'il peust une fois veoir le soleil de prez, comprendre sa forme, sa forme, sa grandeur et sa beauté, à peine d'en estre bruslé soubdainement. Il veult, au prix de sa vie, acquerir une science, de laquelle l'usage et possession luy soit quand et quand ostee; et, pour cette soubdaine et volage cognoissance, perdre toutes aultres cognoissances qu'il a, et qu'il peult acquerir par aprez.

Ie ne me persuade pas ayseement qu'Epicurus, Platon et Pythagoras, nous ayent donné pour argent comptant leurs Atomes, leurs Idees, et leurs Nombres : ils estoient trop sages pour establir leurs articles de foy de chose si incertaine et si debattable. Mais, en cette obscurité et ignorance du monde, chascun de ces grands personnages s'est travaillé d'apporter une telle quelle image de lumiere; et ont promené leur ame à des inventions, qui eussent au moins une plaisante et subtile apparence, pourveu que, toute faulse, elle se peust maintenir contre les oppositions contraires : *Unicuique ista pro ingenio finguntur, non ex scientiæ vi.*

Un ancien, à qui on reprochoit qu'il faisoit profession de la philosophie, de laquelle pourtant en son iugement il ne tenoit pas grand compte, respondit que « Cela c'estoit vrayement philosopher. » Ils ont voulu considerer tout, balancer tout, et ont trouvé cette occupation propre à la naturelle curiosité qui est en nous : aulcunes choses ils se sont escriptes pour le besoing de la societé publicque, comme leurs religions; et a esté raisonnable, pour cette consideration, que les communes opinions ils n'ayent voulu les espelucher au vif, aux fins de n'engendrer du trouble en l'obeïssance des loix et coutumes de leur païs.

Platon traicte ce mystere, d'un ieu assez descouvert : car, où il escript selon soy, il ne prescript rien à certes : quand il faict le legislateur, il emprunte un style regentant et asseverant, et si y mesle hardiment les plus fantastiques de ses inventions, autant utiles à persuader à la commune, que ridicules à persuader à soy mesme; sçachant combien nous sommes propres à recevoir toutes impressions, et, sur toutes, les plus farouches et enormes : et pourtant, en ses loix, il a grand soing qu'on ne chante en publicque que des poësies, desquelles les fabuleuses feinctes tendent à quelque utile fin; estant si facile d'imprimer toute sorte de phantosmes en l'esprit humain, que c'est iniustice de ne le paistre plustost de mensonges proufitables, que de mensonges ou inutiles, ou dommageables; il dict tout destrousseement, en sa Republique, « Que, pour le proufit des hommes, il est souvent besoing de les piper. » Il est aysé à distinguer quelques sectes avoir plus suyvi la verité, quelques aultres l'utilité, par où celles cy ont gaigné credit. C'est la misere de nostre condition, que souvent ce qui se presente à nostre imagination pour le plus vray, ne s'y presente pas pour le plus utile à nostre vie : les plus hardies sectes, epicurienne, pyrrhonienne, nouvelle academicque : encores sont elles contrainctes de se plier à la loy civile, au bout du compte.

Il y a d'aultres subiects qu'ils ont beluttez, qui à gauche, qui à dextre, chascun se travaillant d'y donner quelque visage, à tort ou à droict; car, n'ayant rien trouvé de si caché de quoy ils n'ayent voulu parler, il leur est souvent force de forger des coniectures foibles et folles, non qu'ils les prinssent eulx mesmes pour fondement, ny pour establir quelque verité, mais pour l'exercice de leur estude. *Non tam id sensisse quod dicerent, quam exercere ingenia materiæ difficultate videntur voluisse.* Et si on ne le prenoit ainsi, comment couvririons nous une si grande inconstance, varieté, et vanité d'opinions, que nous veoyons avoir esté produictes par ces ames excellentes et admirables? car, pour exemple, qu'est il plus vain que de vouloir deviner Dieu par nos analogies et coniectures? le regler, et le monde, à nostre capacité et à nos loix? et nous servir, aux depens de la Divinité, de ce petit eschantillon de suffisance qu'il luy a plu despartir à nostre naturelle condition; et, parce que nous ne pouvons estendre nostre veue iusques en son glorieux siege, l'avoir ramené çà bas à nostre corruption et à nos miseres?

De toutes les opinions humaines et anciennes touchant la religion, celle là me semble avoir eu plus de vraysemblance et plus d'excuse, qui recognoissoit Dieu comme une puissance incomprehensible, origine et conservatrice de toutes choses, toute bonté, toute perfection, recevant et prenant en bonne part l'honneur et la reverence que les humains luy rendoient, soubs quelque visage, soubs quelque nom et en quelque maniere que ce feust:

> Iupiter omnipotens, rerum, regumque, deumque
> Progenitor, genitrixque.

Ce zele universellement a esté veu du ciel de bon œil. Toutes polices ont tiré fruict de leur devotion: les hommes, les actions impies, ont eu partout les evenements sortables. Les histoires payennes recognoissent de la dignité, ordre, iustice, et des prodiges et oracles employez à leur proufit et instruction, en leurs religions fabuleuses: Dieu, par sa misericorde, daignant, à l'adventure, fomenter, par ces benefices temporels, les tendres principes d'une telle quelle brute cognoissance, que la raison naturelle leur donnoit de luy au travers des faulses images de leurs songes. Non seulement faulses, mais impies aussi et iniurieuses, sont celles que l'homme a forgé de son invention; et de toutes les religions que sainct Paul trouva en credit à Athenes, celle qu'ils avoient dediée à une « Divinité cachée et incogneue, » luy sembla la plus excusable.

Pythagoras adumbra la verité de plus prez, iugeant que la cognoissance de cette Cause premiere et Estre des estres debvoit estre indefinie, sans prescription, sans declaration; que ce n'estoit aultre chose que l'extreme effort de nostre imagination vers la perfection, chascun en amplifiant l'idee selon sa capacité. Mais si Numa entreprint de conformer à ce proiect la devotion de son peuple, l'attacher à une religion purement mentale, sans obiect prefix et sans meslange materiel, il entreprint chose de nul usage: l'esprit humain ne se sçauroit maintenir, vaguant en cet infini de pensees informes; il les luy fault compiler en certaine image à son modele. La maiesté divine s'est ainsi, pour nous, aulcunement laissé circonscrire aux limites corporels: ses sacrements supernaturels et celestes ont des signes de nostre terrestre condition; son adoration s'exprime par offices et paroles sensibles: car c'est l'homme qui croit et qui prie. Ie laisse à part les aultres arguments qui s'employent à ce subiect: mais à peine me feroit on accroire que la veue de nos crucifix et peincture de ce piteux supplice, que les ornements et mouvements cerimonieux de nos eglises, que les voix accommodees à la devotion de nostre pensee, et cette esmotion des sens, n'eschauffent l'ame des peuples d'une passion religieuse de tresutile effect.

De celles ausquelles on a donné corps, comme la necessité l'a requis parmy cette cecité universelle, ie me feusse, ce me semble, plus volontiers attaché à ceulx qui adoroient le soleil,

> La lumiere commune
> L'œil du monde: et si Dieu au chef porte des yeulx,
> Les rayons du soleil sont ses yeulx radieux,
> Qui donnent vie à touts, nous maintiennent et gardent,
> Et les faicts des humains en ce monde regardent:
> Ce beau, ce grand soleil qui nous faict les saisons,
> Selon qu'il entre ou sort de ses douze maisons;
> Qui remplit l'univers de ses vertus cogneues;
> Qui d'un traict de ses yeulx nous dissipe les nues:
> L'esprit, l'ame du monde, ardent et flamboyant,
> En la course d'un iour tout le ciel tournoyant:
> Plein d'immense grandeur, rond, vagabond et ferme;

LIVRE II, CHAPITRE XII.

Lequel tient dessoubs luy tout le monde pour terme :
En repos, sans repos; oysif, et sans seiour ;
Fils aisné de nature, et le pere du iour :

d'autant qu'oultre cette sienne grandeur et beauté, c'est la piece de cette machine que nous descouvrons la plus esloingnee de nous, et par ce moyen si peu cogneue, qu'ils estoient pardonnables d'en entrer en admiration et reverence.

Thales, qui le premier s'enquit de telle matiere, estima dieu un esprit qui feit d'eau toutes choses : Anaximander, que les dieux estoient mourants et naissants à diverses saisons, et que c'estoient des mondes infinis en nombre : Anaximenes, que l'air estoit dieu, qu'il estoit produict et immense, tousiours mouvant. Anaxagoras, le premier, a tenu la description et maniere de toutes choses estre conduicte par la force et raison d'un esprit infini. Alcmeon a donné la divinité au soleil, à la lune, aux astres, et à l'ame. Pythagoras a faict dieu un esprit espandu par la nature de toutes choses, d'où nos ames sont desprinses : Parmenides, un cercle entourant le ciel, et maintenant le monde par l'ardeur de la lumiere. Empedocles disoit estre des dieux, les quatre natures, desquelles toutes choses sont faictes : Protagoras, n'avoir rien que dire s'ils sont ou non, ou quels ils sont : Democritus, tantost que les images et leurs circuitions sont dieux; tantost cette nature qui eslance ces images; et puis, nostre science et intelligence. Platon dissipe sa creance à divers visages : il dict, au Timee, le pere du monde ne se pouvoir nommer; aux Loix, qu'il ne se fault enquerir de son estre; et ailleurs, en ces mesmes livres, il faict le monde, le ciel, les astres, la terre, et nos ames, dieux; et receoit, en oultre, ceulx qui ont esté receus par l'ancienne institution, en chasque republique. Xenophon rapporte un pareil trouble de la discipline de Socrates; tantost qu'il ne se qu'il ne se fault enquerir de la forme de dieu; et puis il luy faict establir que le soleil est dieu, et l'ame, dieu; qu'il n'y en a qu'un; et puis qu'il y en a plusieurs. Speusippus, nepveu de Platon, faict dieu certaine force gouvernant les choses, et qu'elle est animale : Aristote, asture que c'est l'esprit, asture le monde; asture il donne un aultre maistre à ce monde, et asture faict dieu l'ardeur du ciel. Xenocrates en faict huict; les cinq nommez entre les planetes; le sixiesme, composé de toutes les estoiles fixes, comme de ses membres; le septiesme et huictiesme, le soleil et la lune. Heraclides Ponticus ne faict que vaguer entre ses advis, et enfin prive dieu de sentiment, et le faict remuant de forme à aultre, et puis dict que c'est le ciel et la terre. Theophraste se promene, de pareille irresolution, entre toutes ses fantasies; attribuant l'intendance du monde, tantost à l'entendement, tantost au ciel, tantost aux estoiles; Strato, que c'est nature ayant la force d'engendrer, augmenter, et diminuer, sans forme et sentiment : Zeno, la loy naturelle, commandant le bien et prohibant le mal, laquelle loy est un animant; et oste les dieux accoustumez, Iupiter, Iuno, Vesta : Diogenes Apolloniates, que c'est l'aage. Xenophanes faict dieu rond, veoyant, oyant, non respirant, n'ayant rien de commun avecques l'humaine nature. Ariston estime la forme de dieu incomprenable, le prive de sens, et ignore s'il est aimant ou aultre chose : Cleanthes, tantost la raison, tantost le monde, tantost l'ame de la nature, tantost la chaleur supreme entourant et enveloppant tout. Perseus, auditeur de Zeno, a tenu qu'on a surnommé dieulx ceulx qui avoient apporté quelque notable utilité à l'humaine vie, et les choses mesmes proufitables. Chrysippus faisoit un amas confus de toutes les precedentes sentences, et compte entre mille formes de dieux qu'il faict, les hommes qui sont immortalisez. Diagoras et Theodorus nioient tout sec qu'il y eust des dieux. Epicurus faict les dieux luisants, transparents et perflables, logez, comme entre deux forts, entre deux mondes, à couvert des coups; revestus d'une humaine figure et de nos membres, lesquels membres leur sont de nul usage :

Ego deum genus esse semper dixi et dicam cœlitum :
Sed eos non curare opinor, quid agat humanum genus.

Fiez vous à vostre philosophie; vantez vous d'avoir trouvé la febve au gasteau, à veoir ce tintamarre de tant de cervelles philosophiques! Le trouble des formes mondaines a gaigné sur moi, que les diverses mœurs et fantasies aux miennes ne me desplaisent pas tant, comme ellle m'instruisent; ne m'enorgueillissent pas tant, comme elles m'humilient en les conferant : et tout aultre chois, que celuy qui vient de la main expresse de Dieu, me semble choisi de peu de prerogative. Les polices du monde ne sont pas moins contraires en ce subiect, que les escholes : par où nous pouvons apprendre que la fortune mesme n'est pas plus diverse et variable que nostre raison, ny plus aveugle et inconsideree. Les choses les plus ignorees sont plus propres à estre deïfiees : parquoy de faire de nous des dieux, comme l'ancienneté, cela surpasse l'extreme foiblesse de discours. I'eusse encores plustost suyvi ceulx qui adoroient le serpent, le chien et le bœuf; d'autant que leur nature et leur estre nous est moins cogneu, et avons plus de loy d'imaginer ce qu'il nous plaist de ces bestes là, et leur attribuer des facultez extraordinaires : mais d'avoir faict des dieux de nostre condition, de laquelle nous debvons cognoistre l'imperfection, leur avoir attribué le desir, la cholere, les vengeances, les mariages, les generations et les parenteles, l'amour et la ialousie, nos membres et nos os, nos fiebvres et nos plaisirs, nos morts, nos sepultures, il fault que cela soit party d'une merveilleuse yvresse de l'entendement humain ;

> Quæ procul usque adeo divino ab numine distant
> Inque deum numero quæ sint indigna videri ;
>
> *Formæ, ætates, vestitus, ornatus noti sunt ; genera, coniugia, cognationes, omniaque traducta ad similitudinem imbecillitatis humanæ : nam et perturbatis animis inducuntur ; accipimus enim deorum cupiditates, ægritudines, iracundias ;* comme d'avoir attribué la divinité non seulement à la foy, à la vertu, à l'honneur, concorde, liberté, victoire, pieté, mais aussi à la volupté, fraude, mort, envie, vieillesse, misere, à la fiebvre et à la peur, à la fiebvre et à la male fortune, et aultres iniures de nostre vie fraisle et caducque :

> Quid iuvat hoc, templis nostros inducere mores ?
> O curvæ in terris animæ, et cœlestium inanes !

Les Ægyptiens, d'une impudente prudence, deffendoient, sur peine de la hart, que nul eust à dire que Serapis et Isis, leurs dieux, eussent aultresfois esté hommes ; et nul n'ignoroit qu'ils ne l'eussent esté : et leur effigie, representee le doigt sur la bouche, signifioit, dict Varro, cette ordonnance mysterieuse, à leurs presbtres, de taire leur origine mortelle, comme, par raison necessaire, annullant toute leur veneration. Puisque l'homme desiroit tant de s'apparier à Dieu, il eust mieulx faict, dict Cicero, de ramener à soy les conditions divines et les attirer çà bas, que d'envoyer là hault sa corruption et sa misere : mais à le bien prendre, il a faict, en plusieurs façons, et l'un et l'aultre, de pareille vanité d'opinion.

Quand les philosophes espeluchent la hierarchie de leurs dieux, et font les empressez à distinguer leurs alliances, leurs charges et leur puissance, ie ne puis pas croire qu'ils parlent à certes. Quand Platon nous deschiffre le vergier de Pluton, et les commoditez ou peines corporelles qui nous attendent encores aprez la ruyne et aneantissement de nos corps, et les accommode au ressentiment que nous avons en cette vie :

> Secreti celant calles, et myrtea circum
> Silva tegit ; curæ non ipsa in morte relinquunt ;

quand Mahumet promet aux siens un paradis tapissé, paré d'or et de pierreries, peuplé de garses d'excellente beauté, de vins et de vivres singuliers : ie vois bien que ce sont des mocqueurs qui se plient à nostre bestise, pour nous emmieller et attirer par ces opinions et esperances, convenables à nostre mortel appetit. Si sont aulcuns des nostres tumbez en pareil erreur, se promettants, aprez la resurrection, une vie terrestre et temporelle, accompaignee de toutes sortes de plaisirs et commoditez mondaines. Croyons nous que Platon, luy qui a eu ses conceptions si celestes, et si grande accointance à la divinité, que le surnom luy en est demeuré, ayt estimé que l'homme, cette pauvre creature, eust rien en luy d'applicable à cette incomprehensible puissance ? et qu'il ayt cru que nos prinses languissantes feussent capables, ny la force de nostre sens assez robuste pour participer à la beatitude, ou peine eternelle ? Il fauldroit luy dire, de la part de la raison humaine : Si les plaisirs que tu nous promets en l'aultre vie sont de ceulx que i'ay sentis çà bas, cela n'a rien de commun avecques l'infinité : Quand touts mes cinq sens de nature seroient comblés de liesse, et cette ame saisie de tout le contentement qu'elle peult desirer et esperer, nous sçavons ce qu'elle peult ; cela, ce ne seroit encores rien : S'il y a quelque chose du mien, il n'y a rien de divin : Si cela n'est aultre que ce qui peult appartenir à cette nostre condition presente, il ne peult estre mis en compte; tout contentement des morts est mortel : la recognoissance de nos enfants et de nos amis, si elle nous peult toucher et chatouiller en l'aultre monde, si nous tenons encores à un tel plaisir, nous sommes dans les commoditez terrestres et finies : Nous ne pouvons dignement concevoir la grandeur de ces haultes et divines promesses, si nous les pouvons aulcunement concevoir; pour dignement les imaginer, il les fault imaginer inimaginables, indicibles et incomprehensibles, et parfaictement aultres que celles de nostre miserable experience. Œil ne sçauroit veoir, dict sainct Paul, et ne peult monter en cœur d'homme, l'heur que Dieu prepare aux siens. Et si, pour nous en rendre capables, on reforme et rechange nostre estre (comme tu dis, Platon, par tes purifications), ce doibt estre d'un si extreme changement et si universel, que, par la doctrine physique, ce ne sera plus nous;

    Hector erat tunc quum bello certabat; at ille
    Tractus ab Æmonio, non erat Hector, equo;

ce sera quelque aultre chose qui recevra ces recompenses,

    Quod mutatur... dissolvitur; interit ergo :
    Traiiciuntur enim partes, atque ordine migrant.

Car, en la metempsychose de Pythagoras, et changement d'habitation qu'il imaginoit aux ames, pensons nous que le lion, dans lequel est l'ame de Cesar, espouse les passions qui touchoient Cesar, ny que ce soit luy? si c'estoit encores luy, ceulx là auroient raison, qui, combattants cette opinion contre Platon, luy reprochent que le fils se pourroit trouver à chevaucher sa mere revestue d'un corps de mule; et semblables absurditez. Et pensons nous qu'ez mutations qui se font des corps des animaulx en aultres de mesme espece, les nouveaux venus ne soyent aultres que leurs predecesseurs? Des cendres d'un phœnix s'engendre, dict on, un ver, et puis un aultre phœnix; ce second phœnix, qui peult imaginer qu'il ne soit aultre que le premier? Les vers qu font nostre soye, on les veoid comme mourir et assecher, et de ce mesme corps se produire un papillon, et de là un aultre ver, qu'il seroit ridicule estimer estre encores le premier; ce qui a cessé une fois d'estre, n'est plus :

    Nec, si materiam nostram collegerit ætas
    Post obitum, rursumque redegerit, ut sita nunc est,
    Atque iterum nobis fuerint data lumina vitæ,
    Pertineat quidquam tamen ad nos id quoque factum,
    Interrupta semel quum sit repetentia nostra.

Et quand tu dis ailleurs, Platon, que ce sera la partie spirituelle de l'homme à qui il touchera de iouïr des recompenses de l'aultre vie, tu nous dis chose d'aussi peu d'apparence :

    Scilicet, avolsus radicibus, ut nequit ullam
    Dispicere ipse oculus rem, seorsum corpore toto ;

car, à ce compte, ce ne sera plus l'homme, ny nous, par consequent, à qu touchera cette iouïssance ; car nous sommes bastis de deux pieces principales essentielles, desquelles la separation c'est la mort et ruyne de nostre estre :

    Inter enim iecta est vitai pausa, vageque
    Deerrarunt passim motus ab sensibus omnes.

nous ne disons pas que l'homme souffre quand les vers luy rongent ses membres de quoy il vivoit, et que la terre les consomme :

    Et nihil hos ad nos, qui coitu coniugioque
    Corporis atque animæ consistimus uniter apti.

Davantage, sur quel fondement de leur iustice peuvent les dieux recognoistre et recompenser à l'homme, aprez sa mort, ses actions bonnes et vertueuses puisque ce sont eulx mesmes qui les ont acheminees et produictes en luy? E pourquoy s'offensent ils et vengent sur luy les vicieuses, puisqu'ils l'ont eulx mesmes produict en cette condition faultiere, et que d'un seul clin de leur volonté ils le peuvent empescher de faillir? Epicurus opposeroit il pas cela à Platon, avec grand' apparence de l'humaine raison, s'il ne se couvroit souvent par cette sentence, « Qu'il est impossible d'establir quelque chose de certain de l'immortelle nature, par la mortelle? » Elle ne faict que fourvoyer partout, mais specialement quand elle se mesle des choses divines. Qui le sent plus evidemment que nous? car encores que nous luy ayons donné des principes certains et infaillibles, encores que nous esclairions ses pas par la saincte lampe de la Verité, qu'il a pleu à Dieu nous communiquer, nous veoyons pourtant iournellement, pour peu qu'elle se desmente du sentier ordinaire, et qu'elle se destourne ou escarte de la voye trassee et battue par l'Eglise, comme tout aussitost elle se perd, s'embarrasse et s'entrave, tournoyant et flottant dans cette mer vaste, trouble et ondoyante, des opinions humaines, sans bride et sans but : aussitost qu'elle perd ce grand et commun chemin, elle se va divisant et dissipant en mille routes diverses.

L'homme ne peult estre que ce qu'il est, ny imaginer que selon sa portee. C'est plus grande presumption, dict Plutarque, à ceulx qui ne sont qu'hommes, d'entreprendre de parler et discourir des dieux et des demy dieux, que ce n'est à un homme ignorant de musique vouloir iuger de ceulx qui chantent, ou à un homme qui ne feut iamais au camp, vouloir disputer des armes et de la guerre, en presumant comprendre, par quelque legiere coniecture, les effects d'un art qui est hors de sa cognoissance. L'ancienneté pensa, ce crois je, faire quelque chose pour la grandeur divine, de l'apparier à l'homme, la vestir de ses facultez, et estrener de ses belles humeurs et plus honteuses necessitez, luy offrant de nos viandes à manger, de nos danses, mommeries et farces à la resiouïr, de nos vestements à se couvrir, et maisons à loger, la caressant par l'odeur des encens et sons de la musique, festons et bouquets, et, pour l'accommoder à nos vicieuses passions, flattant sa iustice de son inhumaine vengeance, l'esiouïssant de la ruyne et dissipation des choses par elles creees et conservees : comme Tiberius Sempronius, qui feit brusler, pour sacrifice à Vulcan, les riches despouilles et armes qu'il avoit gaigné sur les ennemis en la Sardaigne, et Paul Emyle, celles de Macedoine, à Mars et à Minerve; et Alexandre, arrivé à l'ocean indique, iecta en mer, en faveur de Thetis, plusieurs grands vases d'or; remplissant en oultre ses autels d'une boucherie, non de bestes innocentes seulement, mais d'hommes aussi; ainsi que plusieurs nations, et entre aultres la nostre, avoient en usage ordinaire; et crois qu'il n'en est aulcune exempte d'en avoir faict essay :

> Sulmone creatos
> Quatuor hic iuvenes, totidem, quos educat Ufens,
> Viventes rapit, inferias quos immolet umbris.

Les Getes se tiennent immortels; et leur mourir n'est que s'acheminer vers leur dieu Zamolxis. De cinq en cinq ans, ils despeschent vers luy quelqu'un d'entre eulx pour le requerir des choses necessaires. Ce deputé est choisi au sort; et la forme de le despecher, après l'avoir, de bouche, informé de sa charge, est que de ceulx qui l'assistent, trois tiennent debout autant de iavelines, sur lesquelles les aultres le lancent à force de bras. S'il vient à s'enferrer en lieu mortel, et qu'il trepasse soubdain, ce leur est certain argument de faveur divine : s'il en eschappe, ils l'estiment meschant et exsecrable, et en deputent encores un aultre de mesme. Amestris, mere de Xerxes, devenue vieille, feit, pour une fois, ensepvelir touts vifs quatorze iouvenceaux des meilleures maisons de Perse, suyvant la religion du païs, pour gratifier à quelque dieu soubterrain. Encores auiourd'huy les idoles de Themixtitan, se cimentent du sang des petits enfants; et n'aiment sacrifice que de ces pueriles et pures ames : iustice affamee du sang de l'innocence!

> Tantum relligio potuit suadere malorum!

Les Carthaginois immoloient leurs propres enfants à Saturne; et qui n'en avoit point, en achetoit : estant cependant le pere et la mere tenus d'assister à cet office avecques contenance gaye et contente.

C'estoit une estrange fantaisie, de vouloir payer la bonté divine de nostre affliction ; comme les Lacedemoniens, qui mignardoient leur Diane par le bourrellement des ieunes garsons qu'ils faisoient fouetter en sa faveur, souvent iusques à la mort : c'estoit une humeur farouche, de vouloir gratifier l'architecte de la subversion de son bastiment, et de vouloir garantir la peine due aux coulpables, par la punition des non coulpables; et que la pauvre Iphigenia, au port d'Aulide, par sa mort et par son immolation, deschargeast envers Dieu l'armee des Grecs des offenses qu'ils avoient commises :

> Et casta inceste, nubendi tempore in ipso,
> Hostia considerct mactatu mœsta parentis :

et ces deux belles et genereuses ames des deux Decius, pere et fils, pour propitier la faveur des dieux envers les affaires romaines, s'allassent iecter, à corps perdu, à travers le plus espais des ennemis. *Quæ fuit tanta deorum iniquitas, ut placari populo romano non possent, nisi tales viri occidissent?* Ioinct que ce n'est pas au criminel de se faire fouetter à sa mesure et à son heure ; c'est au iuge, qui ne met en compte de chastiement que la peine qu'il ordonne, et ne peult attribuer a punition ce qui vient à gré à celuy qui le souffre : la vengeance divine presuppose nostre dissentiment entier, pour sa iustice, et pour nostre peine. Et feut ridicule l'humeur de Polycrates, tyran de Samos, lequel, pour interrompre le cours de son continuel bonheur, et le compenser, alla iecter en mer le plus cher et precieux ioyau qu'il eust, estimant que, par ce malheur aposté, il satisfaisoit à la revolution et vicissitude de la fortune : et elle, pour se mocquer de son ineptie, feit que ce mesme ioyau revinst encores en ses mains, trouvé au ventre d'un poisson. Et puis, à quel usage les deschiremens et desmembremens des Corybantes, des Menades, et, en nos temps, des Mahumetans qui se balaffrent le visage, l'estomach, les membres, pour gratifier leur prophete : veu que l'offense consiste en la volonté, non en la poictrine, aux yeulx, aux genitoires, en l'embonpoinct, aux espaules et au gosier ? *Tantus est perturbatæ mentis, et sedibus suis pulsæ furor, ut sic dii placentur, quemadmodum ne homines quidem sæviunt.* Cette contexture naturelle regarde, par son usage, non seulement nous, mais aussi le service de Dieu et des aultres hommes ; c'est iniustice de l'affoler à nostre escient, comme de nous tuer pour quelque pretexte que ce soit : ce semble estre grande lascheté et trahison de mastiner et corrompre les functions du corps, stupides et serves, pour espargner à l'ame la solicitude de les conduire selon raison ; *ubi iratos deos timent, qui sic propitios habere merentur ?.... In regiæ libidinis voluptatem castrati sunt quidam, sed nemo sibi, ne vir esset, iubente domino, manus intulit.* Ainsi remplissoient ils leur religion de plusieurs mauvais effects :

> Sæpius olim
> Relligio peperit scelerosa atque impia facta.

Or rien du nostre ne se peult appariier ou rapporter, en quelque façon que ce soit, à la nature divine, qui ne la tache et marque d'autant d'imperfection. Cette infinie beauté, puissance et bonté, comment peult elle souffrir quelque correspondance et similitude à chose si abiecte que nous sommes, sans un extresme interest et deschet de sa divine grandeur ? *Infirmum Dei fortius est hominibus : et stultum Dei sapientius est hominibus.* Stilpon le philosophe, interrogé si les dieux s'esiouïssent de nos honneurs et sacrifices : « Vous estes indiscret, respondit il ; retirons nous à part, si vous voulez parler de cela. » Toutesfois nous luy prescrivons des bornes, nous tenons sa puissance assiegee par nos raisons (i'appelle raison nos resveries et nos songes, avecques la dispense de la philosophie, qui dict, « le fol mesme, et le meschant, forcener par raison ; mais que c'est une raison de particuliere forme ») : nous le voulons asservir aux apparences vaines et foibles de nostre entendement, lui qui a faict et nous et nostre cognoissance. Parce que rien ne se faict de rien, Dieu n'aura sceu bastir le monde sans matiere. Quoi ! Dieu nous a il mis en main les clefs et les derniers ressorts de sa puissance ? s'est il obligé à n'oultrepasser les bornes de nostre science ? Mets le cas, ô homme, que tu ayes pu remarquer ici quelques traces de ses effects, penses tu qu'il y ayt employé tout ce qu'il a peu, et qu'il ayt mis toutes ses formes et toutes ses idees en cet ouvrage ? Tu ne veois que l'ordre et la police de ce petit caveau où tu es logé ; au moins si tu la veois : sa divinité a une iurisdiction infinie au delà ; cette piece n'est rien au prix du tout :

> Omnia cum cœlo, terraque, marique,
> Nil sunt ad summam summai totius omnem :

c'est une loy municipale que tu allegues, tu ne sçais pas quelle est l'universelle. Attache toi à ce à quoy tu es subiect, mais non pas à luy ; il n'est pas ton confrere, ou concitoyen, ou compaignon. S'il s'est aulcunement communiqué à toy, ce n'est pas pour se ravaller à ta petitesse, ny pour te donner le contreroole de son pouvoir : le corps humain ne peult voler aux nues; c'est pour toy. Le soleil hransle, sans sejour, sa course ordinaire; les bornes des mers et de la terre ne se peuvent confondre; l'eau est instable et sans fermeté; un mur est, sans froissure, impenetrable à un corps solide; l'homme ne peult conserver sa vie dans les flammes; il ne peust estre et au ciel, et en la terre, et en mille lieux ensemble corporellement : c'est pour toy qu'il a faict ces regles; c'est toy qu'elles attachent : il a tesmoigné aux chrestiens qu'il les a toutes franchies, quand il luy a pleu. Du vray, pourquoi, tout puissant comme il est, auroit il restreinct ses forces à certaine mesure? en faveur de qui auroit il renoncé son privilege? Ta raison n'a, en aulcune aultre chose, plus de verisimilitude et de fondement, qu'en ce qu'elle te persuade la pluralité des mondes;

> Terramque, et solem, lunam, mare, cetera quæ sunt :
> Non esse unica, sed numero magis innumerali :

les plus fameux esprits du temps passé l'ont creue, et aulcuns des nostres mesmes, forcez par l'apparence de la raison humaine; d'autant qu'en ce bastiment que nous voyons, il n'y a rien seul et un,

> Quum in summa res nulla sit una,
> Unica quæ gignatur, et unica soluque crescat;

et que toutes les especes sont multipliees en quelque nombre; par où il semble n'estre pas vraysemblable que Dieu ayt faict ce seul ouvrage sans compaignon, et que la matiere de cette forme ayt esté tout espuisee en ce seul individu;

> Quare etiam atque etiam tales fateare necesse est,
> Esse alios alibi congressus materiai,
> Qualis hic est, avido complexu quem tenet æther :

notamment, si c'est un animant, comme ses mouvements le rendent si croyable que Platon l'asseure, et plusieurs des nostres, ou le confirment, ou ne l'osent infirmer; non plus que cette ancienne opinion, que le ciel, les estoiles et aultres membres du monde, sont creatures composees de corps et ame, mortelles en consideration de leur composition, mais immortelles par la determination du Createur. Or, s'il y a plusieurs mondes, comme Democritus, Epicurus, et presque toute la philosophie a pensé, que sçavons nous si les principes et les regles de cettuy cy touchent pareillement les aultres? ils ont à l'adventure, aultre visage et aultre police. Epicurus les imagine, ou semblables ou dissemblables. Nous voyons en ce monde une infinie difference et varieté, pour la seule distance des lieux : ny le bled ny le vin ne se veoid, ny aulcun de nos animaulx, en ce nouveau coin du monde que nos peres ont descouvert; tout y est divers : et, au temps passé, veoyez en combien de parties du monde on n'avoit cognoissance ny de Bacchus ny de Ceres. Qui en vouldra croire Pline et Herodote, il y a des especes d'hommes, en certains endroicts, qui ont fort peu de ressemblance à la nostre; et y a des formes mestisses et ambiguës entre l'humaine nature et la brutale : il y a des contrees où les hommes naissent sans teste, portant les yeulx et la bouche en la poictrine; où ils sont tous androgynes; où ils marchent de quatre pattes; où ils n'ont qu'un œil au front, et la teste plus semblable à celle d'un chien qu'à la nostre; où ils sont moitié poisson par embas, et vivent en l'eau; où les femmes accouchent à cinq ans, et n'en vivent que huict; où ils ont la teste si dure et la peau du front, que le fer n'y peult mordre, et rebouche contre; où les hommes sont sans barbe; des nations sans usage de feu : d'aultres qui rendent le sperme couleur noire; quoy, ceulx qui naturellement se changent en loups, en iuments, et puis encores en hommes? et s'il est ainsi, comme dict Plutarque, qu'en quelque endroict des Indes il y ait des hommes sans bouche, se nourrissants de la senteur de certaines odeurs, combien y a il de nos descriptions faulses? Il n'est plus risible, ny à l'adventure capable de raison et de societé; l'ordonnance et la cause de nostre bastiment interne seroient, pour la pluspart, hors de propos.

Davantage, combien y a il de choses de nostre cognoissance qui combattent ces belles regles que nous avons taillees et prescrites à nature? Et nous entreprendrons d'y attacher Dieu mesme! Combien de choses appellons nous miraculeuses et contre nature? Cela se faict par chasque homme et par chasque nation, selon la mesure de son ignorance : combien trouvons nous de proprietez occultes et de quintescences? car « aller selon nature, » pour nous, ce n'est qu' « aller selon nostre intelligence, » aultant qu'elle peult suyvre, et aultant que nous y veoyons : ce qui est au delà est monstrueux et desordonné. Or, à ce compte, aux plus advisez et aux plus habiles, tout sera doncques monstrueux : car à ceulx là l'humaine raison a persuadé qu'elle n'avoit ny pied ny fondement quelconque, non pas seulement pour asseurer si la neige est blanche, et Anaxagoras la disoit noire ; s'il y a quelquelque chose, ou s'il y a nulle chose ; s'il y a science ou ignorance, ce que Metrodorus Chius nioit l'homme pouvoir dire ; ou, si nous vivons, comme Euripides est en doubte. « si la vie que nous vivons est vie, ou si c'est ce que nous appellons mort qui soit vie : »

Τίς δ' οἶδεν εἰ ζῆν τοῦθ', ὃ κέκληται θανεῖν,
Τὸ ζῆν δε, θνήσκειν ἔστι;

et non sans apparence : car pourquoy prenons nous tiltre d'estre, de cet instant qui n'est qu'une cloise dans le cours infiny d'une nuict eternelle, et une interruption si briefve de nostre perpetuelle et naturelle condition, la mort occupant tout le devant et tout le derriere de ce moment, et encores une bonne partie de ce moment ? D'aultres iurent, Qu'il n'y a point de mouvement, que rien ne bouge, comme les suyvants de Melissus ; car s'il n'y a rien qu'Un, ny ce mouvement spherique ne luy peult servir, ny le mouvement de lieu à aultre, comme Platon preuve : d'aultres, Qu'il n'y a ny generation ny corruption en nature. Protagoras dict qu'il n'y a rien en nature que le doubte ; que de toutes choses, on peult egalement disputer ; et de cela mesme, si on peult egualement disputer de toutes choses : Nausiphanes, Que, des choses qui semblent, rien n'est non plus que non est, Qu'il n'y a aultre certain que l'incertitude : Parmenides, Que de ce qu'il semble il n'est aulcune chose en general ; qu'il n'est qu'Un : Zenon, qu'Un mesme n'est pas, et qu'il n'y a rien : si Un estoit, il seroit ou en un aultre, ou en soy mesme ; s'il est en un aultre, ce sont deux : s'il est en soy mesme, ce sont encores deux, le comprenant et le comprins. Selon ces dogmes, la nature des choses n'est qu'un'umbre ou faulse ou vaine.

Il m'a tousiours semblé qu'à un homme chrestien cette sorte de parler est pleine d'indiscretion et d'irreverence : « Dieu ne peult mourir ; Dieu ne se peult desdire ; Dieu ne peult faire cecy ou cela. » Ie ne treuve pas bon d'enfermer ainsi la puissance divine soubs les loix de nostre parole ; et l'apparence qui s'offre à nous en ces propositions, il la fauldroit representer plus reveremment et plus religieusement.

Nostre parler a ses foiblesses et ses defaults, comme tout le reste : la plus part des occasions des troubles du monde sont grammairiennes ; nos procez ne naissent que du debat de l'interpretation des loix ; et la plus part des guerres, de cette impuissance de n'avoir sceu clairement exprimer les conventions et traictez d'accord des princes : combien de querelles et combien importantes a produict au monde le doubte du sens de cette syllabe, *Hoc !* Prenons la clause que la logique mesme nous presentera pour la plus claire : si vous dictes, « Il faict beau temps, » et que vous dissiez verité, il faict doncques beau temps. Voylà pas une forme de parler certaine ? encores nous trompera elle : qu'il soit ainsi, suyvons l'exemple : si vous dictes, « Ie mens, » et que vous dissiez vray, vous mentez doncques. L'art, la raison, la force de la conclusion de cette cy sont pareilles à l'aultre ; toutesfois nous voylà embourbez. Ie veois les philosophes pyrrhoniens qui ne peuvent exprimer leur generale conception en aulcune maniere de parler ; car il leur fauldroit un nouveau langage : le nostre est tout formé de propositions affirmatifves, qui leur sont du tout ennemies ; de façon que, quand ils disent, « Ie doubte, » on les tient incontinent à la gorge, pour leur faire avouer qu'au moins asseurent et sçavent ils cela, qu'ils doubtent. Ainsin on les a contraincts de se sauver dans cette comparaison de la medecine, sans laquelle leur humeur seroit inexplicable : quand ils prononcent « I'ignore, » ou « Ie doubte, » ils disent que cette proposition s'emporte elle mesme, quand et quand le reste, ny plus ny moins que la rhubarbe qui poulse hors les mauvaises humeurs, et s'emporte hors quand et quand elle mesme. Cette fantasie est plus seurement conceue par interrogation : Que sais ie ? comme ie la porte à la devise d'une balance.

Voyez comment on se prevault de cette sorte de parler, pleine d'irreverence : aux disputes qui sont à present en nostre religion, si vous pressez trop les adversaires, ils vous diront tout destrousseement, qu' « Il n'est pas en la puissance de Dieu de faire que son corps soit en paradis et en la terre, et en plusieurs lieux ensemble. » Et ce mocqueur ancien, comment il en faict son proufit! « Au moins, dict il, est ce une non legiere consolation à l'homme de ce qu'il veoit Dieu ne pouvoir pas toutes choses : car il ne se peult tuer quand il le vouldroit, qui en est la plus grande faveur que nous en ayons en nostre condition; il ne peut faire les mortels immortels, ny revivre les trespassez, ny que celuy qui a vescu n'ayt point vescu, celuy qui a eu des honneurs ne les ayt point eus; n'ayant aultre droict sur le passé que de l'oubliance : et afin que cette societé de l'homme à Dieu s'accouple encores par des exemples plaisants, il ne peult faire que deux fois dix ne soient vingt. » Voylà ce qu'il dict, et qu'un chrestien debvroit eviter de passer par sa bouche : là où, au rebours, il semble que les hommes recherchent cette folle fierté de langage, pour ramener Dieu à leur mesure :

> Cras vel atra
> Nube polum Pater occupato,
> Vel sole puro; non tamen irritum,
> Quodcumque retro est, efficiet, neque
> Diffinget, infectumque reddet,
> Quod fugiens semel hora vexit.

Quand nous disons Que l'infinité des siecles, tant passez qu'à venir, n'est à Dieu qu'un instant; que sa bonté, sapience, puissance, sont mesme chose avecques son essence, nostre parole le dict, mais nostre intelligence ne l'apprehende. Et toutesfois nostre oultrecuidance veult faire passer la Divinité par nostre estamine; et de là s'engendrent toutes les resveries et les erreurs desquelles le monde se treuve saisi, ramenant et poisant à sa balance chose si esloingnee de son poids. *Mirum, quo procedat improbitas cordis humanis, parvulo aliquo invitata successu.* Combien insolemment rebrouent Epicurus les stoïciens, sur ce qu'il tient l'Estre veritablement bon et heureux n'appartenir qu'à Dieu, et l'homme sage n'en avoir qu'un umbrage et similitude! combien temerairement ont ils attaché Dieu à la destinee! (à la mienne volonté, qu'aulcuns du surnom de chrestien ne le facent pas encores!) et Thales, Platon et Pythagoras l'ont asservy à la necessité. Cette fierté de vouloir descouvrir Dieu par nos yeulx a faict qu'un grand personnage des nostres a attribué à la Divinité une forme corporelle; et est cause de ce qui nous advient tous les iours d'attribuer à Dieu les evenements d'importance, d'une particuliere assignation : parce qu'ils nous poisent, il semble qu'ils luy poisent aussi, et qu'il y regarde plus entier et plus attentif qu'aux evenements qui nous sont legiers, ou d'une suitte ordinaire; *magna dii curant, parva negligunt :* escoutez son exemple, il vous esclaircira de sa raison; *nec in regnis quidem reges omnia minima curant;* comme si à ce roy là c'estoit plus et moins de remuer un empire, ou la feuille d'un arbre; et si sa providence s'exerceoit aultrement, inclinant l'evenement d'une battaille, que le sault d'une pulce. La main de son gouvernement se preste à toutes choses, de pareille teneur, mesme force et mesme ordre : nostre interest n'y apporte rien; nos mouvements et nos mesures ne le touchent pas : *Deus ita artifex magnus in magnis, ut minor non sit in parvis.* Nostre arrogance nous remet tousiours en avant cette blasphemeuse appariation. Parce que nos' occupations nous chargent, Straton a estrené les dieux de toute immunité d'offices, comme sont leurs prebstres; il faict produire et maintenir toutes choses à nature; et de ses poids et mouvements construit les parties du monde, deschargeant l'humaine nature de la crainte des iugements divins; *quod beatum æternumque sit, id nec habere negotii quidquam, nec exhibere alteri.* Nature veult qu'en choses pareilles il y ayt relation pareille : le nombre doncques infiny des mortels conclud un pareil nombre d'immortels; les choses infinies qui tuent et ruynent en presupposent autant qui conservent et proufitent. Comme les ames des dieux, sans langue, sans yeulx, sans aureilles, sentent entre elles chascune ce que l'aultre sent; et iugent nos pensees : ainsi les ames des hommes, quand elles sont libres et desprinses du corps par le sommeil ou par quelque ravissement, divinent, prognostiquent, et voyent choses qu'elles ne sçauroient veoir meslees aux corps. Les hommes, dict sainct Paul, sont devenus fols, pensants estre sages, et ont mué la gloire de Dieu incorruptible, en l'image de l'homme corruptible. Voyez un peu ce bastelage des deifications anciennes : apres la grande et superbe pompe de l'enterrement, comme le feu venoit à prendre au hault de la pyramide et saisir le lict du trespassé, ils laissoient en mesme temps eschapper un aigle, lequel, s'envolant à mont, signifioit que l'ame s'en alloit en paradis : nous avons mille medailles, et notamment de cette honneste femme de Faustine, où cet aigle est representé emportant à la chevremorte vers le ciel ces ames deïfiees. C'est pitié que nous nous pipons de nos propres singeries et inventions ;

Quod finxere, timent ;

comme les enfants qui s'effroyent de ce mesme visage qu'ils ont barbouillé et noircy à leur compaignon : *quasi quidquam infelicius sit homine, cui sua figmenta dominantur.* C'est bien loing d'honorer celuy qui nous a faicts, que d'honorer celuy que nous avons faict. Auguste eut plus de temples que Iupiter, servis avec autant de religion et creance de miracles. Les Thasiens, en recompense des bienfaicts qu'ils avoient receus d'Agesilaus, lui veinrent dire qu'ils l'avoient canonisé : « Vostre nation, leur dict il, a elle ce pouvoir de faire Dieu qui bon luy semble? Faictes en, pour veoir, l'un d'entre vous : et puis, quand i'auray veu comme il s'en sera trouvé, ie vous diray grandmercy de vostre offre. » L'homme est bien insensé! il ne sçauroit forger un ciron, et forge des dieux à douzaine! oyez Trismegiste louant nostre suffisance : « De toutes les choses admirables, cecy a surmonté l'admiration, que l'homme ayt peu trouver la divine nature et la faire. » Voicy des arguments de l'eschole mesme de la philosophie,

Nosse cui divos et coeli numina soli,
Aut soli nescire, datum :

« Si Dieu est, il est animal ; s'il est animal, il a sens; et s'il a sens, il est subiect à corruption. S'il est sans corps, il est sans ame, et par consequent sans action ; et s'il a corps, il est perissable. » Voylà pas triumphé! « Nous sommes incapables d'avoir faict le monde : il y a doncques quelque nature plus excellente qui y a mis la main. Ce seroit une sotte arrogance de nous estimer la plus parfaicte chose de cet univers : il y a doncques quelque chose de meilleur; cela c'est Dieu. Quand vous veoyez une riche et pompeuse demeure, encores que vous ne sçachiez qui en est le maistre : si ne direz vous pas qu'elle soit faicte pour des rats : et cette divine structure que nous veoyons du palais celeste, n'avons nous pas à croire que ce soit le logis de quelque maistre plus grand que nous ne sommes? le plus hault est il pas tousiours le plus digne? et nous sommes placez au plus bas. Rien sans ame et sans raison ne peult produire un animant capable de raison : le monde nous produict; il a doncques ame et raison. Chasque part de nous est moins que nous : nous sommes part du monde; le monde est donc fourny de sagesse et de raison, et plus abondamment que nous ne sommes. C'est belle chose que d'avoir un grand gouvernement : le gouvernement du monde appartient doncques à quelque heureuse nature. Les astres ne nous font pas de nuisance : ils sont doncques pleins de bonté. Nous avons besoing de nourriture : aussi ont doncques les dieux, et se paissent des vapeurs de çà bas. Les biens mondains ne sont pas biens à Dieu : ce ne sont doncques pas biens à nous. L'offenser et l'estre offensé sont egualement tesmoignages d'imbecillité . c'est doncques folie de craindre Dieu. Dieu est bon par sa nature; l'homme par son industrie, qui est plus. La sagesse divine et l'humaine sagesse n'ont aultre distinction, sinon que celle là est eternelle : or, la durée n'est aulcune accession à la sagesse; parquoy nous voylà compaignons. Nous avons vie, raison et liberté, estimons la bonté, la charité et la iustice : ces qualitez sont doncques en luy. » Somme, le bastiment et le desbastiment, les conditions de la Divinité, se forgent par l'homme, selon la relation à soy. Quel patron ! et quel modele! Estirons, eslevons et grossissons les qualitez humaines tant qu'il nous plaira : enfle toy, pauvre homme, et encores, et encores, et encores;

Non, si te ruperis, inquit.

Profecto non Deum, quem cogitare non possunt, sed semetipsos pro illo cogitantes, non illum, sed ipsos, non illi, sed sibi comparant. Ez choses naturelles, les effects ne rapportent qu'à demy leurs causes : quoy cette cy? elle est au dessus de l'ordre de nature; sa condition est trop haultaine, trop esloingnee et trop maistresse, pour souffrir que nos conclusions l'attachent et la garottent. Ce n'est point par nous qu'on y arrive, cette route est trop basse : nous ne sommes non plus prez du ciel sur le mont Cenis, qu'au fond de la mer : consultez en pour veoir avecques vostre astrolabe. Ils ramenent Dieu iusques à l'accointance charnelle des femmes, à combien de fois, à combien de generations : Paulina, femme de Saturninus, matrone de grande reputation à Rome, pensant coucher avec le dieu Serapis, se trouva entre les bras d'un sien amoureux, par le macquerellage des presbtres de ce temple : Varro, le plus sçavant aucteur latin, en ses livres de la theologie, escript que le sacristain de Hercules, iectant au sort d'une main pour soy, de l'aultre pour Hercules, ioua contre luy un soupper et une garse; s'il gaignoit, aux despens des offrandes; s'il perdoit, aux siens : il perdit, paya son soupper et sa garse : son nom feut Laurentine, qui veid de nuict ce dieu entre ses bras, luy disant au surplus que, le lendemain, le premier qu'elle rencontreroit la payeroit celestement de son salaire : ce feut Taruncius, ieune homme riche, qui la mena chez luy, et avecques le temps la laissa heritiere. Elle, à son tour, esperant faire chose agreable à ce dieu, laissa heritier le peuple romain : pourquoy on iuy attribua des henneurs divins. Comme s'il ne suffisoit pas que, par double estoc, Platon feust originellement descendu des dieux, et avoir pour aucteur commun de sa race Neptune; il estoit tenu pour certain, à Athenes, que Ariston ayant voulu iouïr de la belle Perictione, n'avoit sceu; et feust adverty en songe par le dieu Apollo de la laisser impollue et intacte iusques à ce qu'elle feut accouchee : c'estoient les pere et mere de Platon. Combien y a il, ez histoires, de pareils cocuages procurez par les dieux contre les pauvres humains? et des maris iniurieusement descriez en faveur des enfants? En la religion de Mahumet, il se treuve, par la creance de ce peuple, assez de Merlins, à sçavoir enfants sans pere, spirituels, nays divinement au ventre des pucelles; et portent un nom qui le signifie en leur langue.

Il nous fault noter qu'à chasque chose il n'est rien plus cher et plus estimable que son estre : le lion, l'aigle, le daulphin, ne prisent rien au dessus de leur espece; et que chascune rapporte les qualitez de toutes aultres choses à ses propres qualitez; lesquelles nous pouvons bien estendre et raccourcir, mais c'est tout; car, hors de ce rapport et de ce principe nostre imagination ne peult aller, ne peult rien diviner aultre, et est impossible qu'elle sorte de là et qu'elle passe au delà : d'où naissent ces anciennes conclusions : « De toutes les formes, la plus belle est celle de l'homme : Dieu doncques est de cette forme. Nul ne peult estre heureux sans vertu; ny la vertu estre sans raison; et nulle raison loger ailleurs qu'en l'humaine figure : Dieu est doncques revestu de l'humaine figure. » *Ita est informatum anticipatumque mentibus nostris, ut homini, quum de Deo cogitet, forma occurrat humana.* Pourtant disoit plaisamment Xenophanes, que si les animaulx se forgent des dieux, comme il est vraysemblable qu'ils facent, ils les forgent certainement de mesme eulx, et se glorifient comme nous. Car pourquoy ne dira un oyson ainsi : « Toutes les pieces de l'univers me regardent; la terre me sert à marcher, le soleil à m'esclairer, les estoiles à m'inspirer leurs influences; i'ay telle commodité des vents, telle des eaux; il n'est rien que cette voulte regarde si favorablement que moy; ie suis le mignon de nature? Est ce pas l'homme qui me traicte, qui me loge, qui me sert? c'est pour moy qu'il faict et semer et mouldre; s'il me mange, aussi faict il bien l'homme son compaignon, et si foys ie moy les vers qui le tuent et qui le mangent. » Autant en diroit une grue; et plus magnifiquement encores, pour la liberté de son vol, et la possession de cette belle et haulte region : *Tam blanda conciliatrix, et tam sui est lena ipsa natura!*

Or doncques, par ce mesme train, pour nous sont les destinees, pour nous le monde; il luict, il tonne pour nous, et le createur et les creatures, tout est pour nous : c'est le but et le poinct où vise l'université des choses. Regardez le registre que la philosophie a tenu, deux mille ans et plus, des affaires celestes : es dieux n'ont agi, n'ont parlé que pour l'homme, elle ne leur attribue aultre consultation et aultre vacation. Les voylà contre nous en guerre :

> Domitosque Herculea manu
> Telluris iuvenes, unde periculum
> Fulgens contremuit domus
> Saturni veteris.

Les voicy partisans de nos troubles, pour nous rendre la pareille de ce que tant de fois nous sommes partisans des leurs :

> Neptunus muros, magnoquo emota tridenti

Fundamenta quatit, totamque a sedibus urbem
Eruit ; hic Iuno Scæas sævissima portas
Prima tenet.

Les Cauniens, par la ialousie de la domination de leurs dieux propres, prennent armes en dos le iour de leur devotion, et vont courant toute leur banlieue, frappants l'air par cy, par là, à tout leurs glaives, pourchassants ainsin à oultrance, et bannissants les dieux estrangiers de leur territoire. Leurs puissances sont retrenchees selon nostre necessité : qui guarit les chevaulx, qui les hommes, qui la peste, qui la teigne, qui la toux, qui une sorte de gale, qui une aultre ; *adeo minimis etiam rebus prava religio inserit deos !* qui faict naistre les raisins, qui les aulx ; qui a la charge de la paillardise, qui de la marchandise ; à chasque race d'artisans, un dieu ; qui a sa province en orient, et son credit ; qui en ponent :

Hic illius arma,
Hic currus fuit.
O sancte Appollo, qui umbilicum certum terrarum obtines !
Pallada Cecropidæ, Minoia Creta Dianam,
Vulcanum tellus Hypsipylea colit,
Iunonem Sparte, Pelopeiadesque Mycenæ ;
Pinigerum Fauni Mænalis ora caput ;
Mars Latio venerandus erat.

qui n'a qu'un bourg ou une famille en sa possession ; qui loge seul ; qui, en compaignie ou volontaire ou necessaire,

Iunctaque sunt magno templa nepotis avo :

il en est de si chestifs et si populaires (car le nombre s'en monte iusques à trente six mille), qu'il en fault entasser bien cinq ou six à produire un espic de bled, et en prennent leurs noms divers : trois à une porte, celuy de l'ais, celuy du gond, celuy du seuil ; quatre à un enfant, protecteurs de son maillot, de son boire, de son manger, de son tetter : aulcuns certains, aulcuns incertains et doubteux ; aulcuns qui n'entrent pas encores en paradis :

Quos, quoniam cœli nondum dignamur honore,
Quas dedimus, certe terras habitare sinamus :

il en est de physiciens, de poëtiques, de civils : aulcuns, moyens entre la divine et l'humaine nature, mediateurs, entremetteurs de nous à Dieu ; adorez par certain second ordre d'adoration et diminutif ; infinis en tiltres et offices ; les uns bons, les aultres mauvais : il en est de vieux et cassez, et en est de mortels ; car Chrysippus estimoit qu'en la derniere conflagration du monde, touts les dieux auroient à finir, sauf Iupiter. L'homme forge mille plaisantes societez entre Dieu et luy : est il pas son compatriote ?

Iovis incunabula Creten.

Voycy l'excuse que nous donnent, sur la consideration de ce subiect, Scevola, grand pontife, et Varron, grand theologien en leur temps : « Qu'il est besoing que le peuple ignore beaucoup de choses vrayes, et en croye beaucoup de faulses : » *Quum veritatem, qua liberetur, inquirat ; credatur ei expedire, quod fallitur.* Les yeulx humains ne peuvent appercevoir les choses que par les formes de leur cognoissance : et ne nous souvient pas quel sault print le miserable Phaëton pour avoir voulu manier les renes des chevaulx de son pere d'une main mortelle ? Nostre esprit retumbe en pareille profondeur, se dissipe et se froisse de mesme, par sa temerité. Si vous demandez à la philosophie de quelle maniere est le ciel et le soleil : que vous respondra elle, sinon de fer, ou, avecques Anaxagoras, de pierre, ou aultre estoffe de son usage ? S'enquiert on à Zenon, que c'est que nature ? « Un feu, dict il, artiste, propre à engendrer, procedant reglement. » Archimedes, maistre de cette science qui s'attribue la presseance sur toutes les aultres en verité et certitude, « Le soleil, dict il, est un dieu de fer enflammé. » Voylà pas une belle imagination produicte de la beauté et inevitable necessité des demonstrations geometriques ! non pourtant ni inevitable et utile, que Socrates n'ayt estimé qu'il suffisoit d'en sçavoir iusques à pouvoir arpenter la terre qu'on donnoit et recevoit ; et que Polyænus, qui en avoit esté fameux et illustre docteur, ne les ayt prinses à mesprins, comme pleines de faulseté et de vanité apparente, aprez qu'il eust gousté les doulx fruicts des iardins poltronesques d'Epicurus. Socrates, en Xenophon, sur ce propos d'Anaxagoras, estimé par l'antiquité entendu au dessus de touts aultres ez choses celestes et divines, dict qu'il se troubla du cerveau, comme font touts hommes qui perscrutent immoderement les cognoissances qui ne sont de leur appartenance : sur ce qu'il faisoit le soleil une pierre ardente, il ne s'advisoit pas qu'une pierre ne luict poinct au feu; et, qui pis est, qu'elle s'y consomme : en ce qu'il faisoit un du soleil et du feu; que le feu ne noircit pas ceulx qu'il regarde; que nous regardons fixement le feu; que le feu tue les plantes et les herbes. C'est, à l'advis de Socrates, et au mien aussi, le plus sagement iugé du ciel, que n'en iuger point. Platon, ayant à parler des daimons au Timee : « C'est entreprinse, dict il, qui surpasse nostre portee, il en fault croire ces anciens, qui se sont dicts engendrez d'eulx : c'est contre raison de refuser foy aux enfants des dieux, encores que leur dire ne soit estably par raisons necessaires ny vraysemblables, puisqu'ils nous respondent de parler de choses domestiques et familieres.

Veoyons si nous avons quelque peu plus de clarté en la cognoissance des choses humaines et naturelles. N'est ce pas une ridicule entreprinse, à celles ausquelles, par nostre propre confession, nostre science ne peult atteindre, leur aller forgeant un aultre corps, et prestant une forme faulse, de nostre invention; comme il se veoid au mouvement des planetes, auquel d'autant que nostre esprit ne peult arriver ny imaginer sa naturelle conduicte, nous leur prestons, du nostre, des ressorts materiels, lourds et corporels :

> Temo aureus, aurea summæ
> Curvatura rotæ, radiorum argenteus ordo :

vous diriez que nous avons eu des cochers, des charpentiers, et des peintres, qui sont allez dresser là hault des engins à divers mouvements, et renger les rouages et entrelassements des corps celestes bigarrez en couleur, autour du fuseau de la Necessité, selon Platon :

> Mundus domus est maxima rerum,
> Quam quinque altitonæ fragmine zonæ
> Cingunt, per quam limbus pictus bis sex signis
> Stellimicantibus, altus in obliquo æthere, lunæ
> Bigas acceptat :

en sont touts songes et fanatiques folies. Que ne plaist il un iour à nature nous ouvrir son sein, et nous faire veoir au propre les moyens et la conduicte de ses mouvements, et y preparer nos yeulx ? ô Dieu quel abus, quels mescomptes nous trouverions en nostre pauvre science ! ie suis trompé, si elle tient une seule chose droictement en son poinct : et m'en partiray d'ici plus ignorant toute aultre chose que mon ignorance.

Ay ie pas veu, en Platon, ce divin mot : « que nature n'est rien qu'une poësie ainigmatique ? » comme, peult estre, qui diroit une peincture voilee et tenebreuse, entreluisant d'une infinie varieté de faulx iours à exercer nos coniectures. *Latent ista omnia crassis occultata et circumfusa tenebris; ut nulla acies humani ingenii tanta sit, quæ penetrare in cœlum, terram intrare possit.* Et certes, la philosophie n'est qu'une poësie sophistiquee. D'où tirent ces aucteurs anciens toutes leurs auctoritez, que des poëtes ? et les premiers feurent poëtes aux mesmes, et la traicterent en leur art. Platon n'est qu'un poëte descousu : Timon l'appelle, par iniure, Grand forgeur de miracles. Toutes les sciences surhumaines s'accoustrent du style poëtique. Tout ainsi que les femmes employent des dents d'yvoire, où les leurs naturelles leur manquent; et au lieu de leur vray teinct, en forgent un de quelque matiere estrangiere; comme elles font des cuisses de drap et de feutre, et de l'embonpoinct de coton; et, au veu et sceu d'un chascun, s'embellissent d'une beauté faulse et empruntee : ainsi faict la science (et nostre droict mesme a, dict on, des fictions legitimes sur lesquelles il fonde la verité de sa iustice); elle nous donne en payement, et en presupposition, les choses qu'elle mesme nous apprend estre inventees; car ces epicycles excentriques, concentriques, de quoy l'astrologie s'ayde à conduire le bransle de ses estoiles, elle nous les donne pour le mieulx qu'elle ayt sceu inventer en ce subiect : comme aussi, au reste, la philosophie nous presente, non pas ce qui est, ou ce qu'elle croit, mais ce qu'elle forge ayant plus d'apparence et de gentillesse. Platon, sur le discours de l'estat de nostre corps, et de celuy des bestes : « Que ce que nous avons dict soit vray, nous en assurerions, si nous avions sur cela confirmation d'un oracle; seulement nous asseurons que c'est le plus vraysemblablement que nous ayons sceu dire. »

Ce n'est pas au ciel seulement qu'elle envoye ses cordages, ses engins, et ses roues; considerons ce qu'elle dict de nous mesmes et de notre contexture: il n'y a pas plus de retrogradation, trepidation, accession, reculement, ravissement, aux astres et corps celestes, qu'ils en ont forgé en ce pauvre petit corps humain. Vrayement ils ont eu par là raison de l'appeler le petit Monde: tant ils ont employé de pieces et de visages à le massonner et bastir. Pour accommoder les mouvements qu'ils voyent en l'homme, les diverses fonctions et facultez que nous sentons en nous, en combien de parties ont ils divisé nostre asme? en combien de sieges logee? à combien d'ordres et d'estages ont ils desparty ce pauvre homme, oultre les naturels et perceptibles? et à combien d'offices et de vacations? Ils en font une chose publicque imaginaire: c'est un subiect qu'ils tiennent et qu'ils manient; on leur laisse toute puissance de le descoudre, renger, rassembler et estoffer, chascun à sa fantaisie: et si ne le possedent pas encores. Non seulement en verité, mais en songe mesme, ils ne le peuvent regler, qu'il ne s'y treuve quelque cadence, ou quelque son, qui eschappe à leur architecture, toute enorme qu'elle est, et rapiecee de mille loppins fauls et fantastiques. Et ce n'est pas raison de les excuser: car, aux peintres, quand ils peignent le ciel, la terre, les mers, les monts, les isles escartees, nous leur condonnons qu'ils nous en rapportent seulement quelque marque legiere, et, comme de choses ignorees, nous contentons d'un tel quel umbrage et feincte; mais quand ils nous tirent aprez le naturel, ou autre subiect qui nous est familier et cogneu, nous exigeons d'eulx une parfaicte et exacte representation des lineaments et des couleurs; et les mesprisons, s'ils y faillent.

Ie sçais bon gré à la garse milesienne, qui, voyant le philosophe Thales s'amuser continuellement à la contemplation de la voulte celeste, et tenir tousiours les yeux eslevez contremont lui meit en son passage quelque chose à le faire bruncher, pour l'advertir qu'il seroit temps d'amuser son pensement aux choses qui estoient dans les nues, quand il auroit prouveu à celles qui estoient à ses pieds: elle lui conseilloit certes bien de regarder plustost à soy qu'au ciel; car, comme dict Democritus, par la bouche de Cicero,

Quod est ante pedes, nemo spectat: cœli scrutantur plagas.

Mais nostre condition porte que la cognoissance de ce que nous avons entre mains est aussi esloingnee de nous, et aussi bien au dessus des nues, que celle des astres: comme dict Socrates, en Platon, que à quiconque se mesle de la philosophie, on peut faire le reproche que faict cette femme à Thales, qu'il ne veoid rien de ce qui est devant luy: car tout philosophe ignore ce que faict son voisin; ouy, et ce quil faict luy mesme; et ignore ce qu'ils sont touts deux, ou bestes ou hommes.

Ces gents icy, qui treuvent les raisons de Sebond trop foibles, qui n'ignorent rien, qui gouvernent le monde, qui sçavent tout,

Quæ mare compescant causæ; quid temperet annum;
Stellæ sponte sua, iussæve, vagentur et errent;
Quid premat obscurum lunæ, quid proferat orbem,
Quid velit et possit rerum concordia discors:

n'ont ils pas quelquesfois sondé, parmy leurs livres, les difficultez qui se presentent à cognoistre leur estre propre? Nous veoyons bien que le doigt se meut, et que le pied se meut, qu'aulcunes parties se branslent d'elles mesmes, sans nostre congé, et que d'aultres nous les agitons par nostre ordonnance; que cette apprehension engendre la rougeur, certaine aultre la pasleur; telle imagination agit en la rate seulement, telle aultre au cerveau; l'une nous cause le rire, l'aultre le pleurer; telle aultre transit et estonne touts nos sens, et arreste le mouvement de nos membres; à tel obiect l'estomach se souleve, à tel aultre quelque partie plus basse: mais comme une impression spirituelle face une telle faulsee dans un subiect massif et solide, et la nature de la liaison et cousture de ces admirables ressorts, iamais homme ne l'a sceu; *omnia incerta ratione, et in naturæ maiestate abdita*, dict Pline; et sainct Augustin, *Modus, quo corporibus adhærent spiritus... omnino mirus est, nec comprehendi ab homine potest; et hoc ipse homo est;* et si ne le met on pas pourtant en doubte; car les opinions des hommes sont receues à la suitte des creances anciennes, par auctorité et à credit, comme si c'estoit religion et loix : on receoit comme un iargon ce qui en est communement tenu; on receoit cette verité avec tout son bastiment et attelage d'arguments et de preuves, comme un corps ferme et solide qu'on n'esbranle plus : qu'on ne iuge plus; au contraire, chascun, à qui mieulx mieulx, va plastrant et confortant cette creance receue, de tout ce que peult sa raison, qui est un util souple, contournable, et accommodable à toute figure : ainsi se remplit le monde, et se confit en fadese et en mensonge. Ce qui faict qu'on ne doubte de gueres de choses, c'est que les communes impressions, on ne les essaye iamais, on n'en sonde point le pied, où gist la faulte et la foiblesse; on ne debat que sur les branches; on ne demande pas si cela est vray, mais s'il a esté ainsin ou ainsin entendu; on ne demande pas si Galen a rien dict qui vaille, mais s'il a dict ainsin ou aultrement. Vrayement c'estoit bien raison que cette bride et contraincte de la liberté de nos iugements, et cette tyrannie de nos creances, s'estendist iusques aux escholes et aux arts : le dieu de la science scholastique, c'est Aristote : c'est religion de debattre de ses ordonnances, comme de celles de Lycurgus à Sparte; sa doctrine nous sert de loy magistrale, qui est, à l'adventure, autant faulse qu'une aultre. Ie ne sçay pas pourquoy ie n'acceptasse autant volontiers, ou les idees de Platon, ou les atomes d'Epicurus, ou le plein et le vuide de Leucippus et Democritus, ou l'eau de Thales, ou l'infinité de nature d'Anaximander, ou l'air de Diogenes, ou les nombres et symmetrie de Pythagoras, ou l'infiny de Parmenides, ou l'Un de Musaeus, ou l'eau et le feu d'Apollodorus, ou les parties similaires d'Anaxagoras, ou la discorde et amitié d'Empedocles, ou le feu de Heraclitus, ou toute aultre opinion de cette confusion infinie d'advis et de sentences que produict cette belle raison humaine, par sa certitude et clairvoyance, en tout ce de quoy elle se mesle, que ie ferois l'opinion d'Aristote sur ce subiect des principes des choses naturelles : lesquels principes il bastit de trois pieces, matiere, forme et privation. Et qu'est il plus vain que de faire l'inanité mesme, cause de la production des choses? la privation, c'est une negatifve; de quelle humeur en a il peu faire la cause et origine des choses qui sont? Cela toutesfois ne s'oseroit esbranler, que pour l'exercice de la logique; on n'y debat rien pour le mettre en doubte, mais pour deffendre l'aucteur de l'eschole des obiections estrangieres : son auctorité, c'est le but au delà duquel il n'est pas permis de s'enquerir.

Il est bien aysé, sur des fondements advouez, de bastir ce qu'on veult; car, selon la loy et ordonnance de ce commencement, le reste des pieces du bastiment se conduict ayseement sans se desmentir. Par cette voye, nous trouvons nostre raison bien fondee, et discourons à bouleveue : car nos maistres preoccupent et gaignent avant main autant de lieu en notre creance qu'il leur en fault pour conclure aprez ce qu'ils veulent, à la mode des geometriens, par leurs demandes avouees; le consentement et approbation que nous leur prestons, leur donnant de quoy nous traisner à gauche et dextre, et nous pirouetter à leur volonté. Quiconque est creu de ses presuppositions, il est nostre Dieu; il prendra le plan de ses fondements, si ample et si aysé, que par iceulx il nous pourra monter, s'il veult, iusques aux nues. En cette pratique et negociation de science, nous avons prins pour argent comptant le mot de Pythagoras, « Que chasque expert doibt estre creu en son art : » le dialecticien se rapporte au grammairien de la signification des mots; le rhetoricien emprunte du dialecticien les lieux des arguments; le poëte, du musicien, les mesures; le geometrien, de l'arithmeticien, les proportions; les metaphysiens prennent pour fondement les coniectures de la physique : car chasque science a ses principes presupposez; par où le iugement humain est bridé de toutes parts. Si vous venez à chocquer cette barriere en laquelle gist la principale erreur, ils ont incontinent cette sentence en la bouche, « Qu'il ne fault pas debattre contre ceulx qui nient les principes; » or n'y peult il avoir des principes aux hommes, si la Divinité ne les leur a revelez : de tout le demourant, et le commencement, et le milieu, et la fin, ce n'est que songe et fumee. A ceulx qui combattent par presupposition, il leur fault presupposer au contraire le mesme axiome de quoy on debat : car toute presupposition humaine, et toute enunciation, a auctant d'auctorité que l'aultre si la raison n'en faict la difference. Ainsin il les fault toutes mettre à la balance; et premierement les generales, et celles qui nous tyrannisent. La persuasion de la certitude est un certain tesmoignage de folie et d'incertitude extreme ; et n'est point de plus folles gents ny moins philosophes que les philodoxes de Platon : il faut sçavoir si le feu est chauld, si la neige est blanche, s'il y a rien de dur ou de mol en nostre cognoissance.

Et quant à ces responses, de quoy il se faict des contes anciens ; comme à celuy qui mettoit en double la chaleur ; à qui on dict qu'il se iectast dans le feu : à celuy qui nioit la froideur de la glace, qu'il s'en meist dans le sein ; elles sont tresindignes de la profession philosophique. S'ils nous eussent laissé en nostre estat naturel, recevant les apparences estrangieres, selon qu'elles se presentent à nous par nos sens, et nous eussent laissé aller aprez nos appetits simples et reglez par la condition de nostre naissance, ils auroient raison de parler ainsi ; mais c'est d'eulx que nous avons appris de nous rendre iuges du monde ; c'est d'eulx que nous tenons cette fantasie, « Que la raison humaine est contreroolleuse generale de tout ce qui est au dehors et au dedans de la voulte celeste ; qui embrasse tout, qui peult tout, par le moyen de laquelle tout se sçait et cognoist. » Cette reponse seroit bonne parmy les Cannibales, qui iouïssent l'heur d'une longue vie, tranquille et paisible, sans les preceptes d'Aristote, et sans la cognoissance du nom de l'adventure, et auroit plus de fermeté que toutes celles qu'ils emprunteront de leur raison et de leur invention : de cette cy seroient capables avecques nous touts les animaux, et tout ce où le commandement est encores pur et simple de la loy naturelle ; mais eulx, ils y ont renoncé. Il ne fault pas qu'ils me dient, « Il est vray ; car vous le voyez et le sentez ainsin : » il fault qu'ils me dient si ce que ie pense sentir, ie le sens pourtant en effect ; et si ie le sens, qu'ils me dient aprez pourquoy ie le sens, et comment, et quoy ; qu'ils me dient le nom, l'origine, les tenants et aboutissants de la chaleur, du froid, les qualitez de celuy qu'agit et de celuy qui souffre ; ou qu'ils me quittent leur profession, qui est de ne recevoir ny approuver rien que par la voye de la raison : c'est leur touche à toutes sortes d'essays ; mais, certes, c'est une touche pleine de faulseté, d'erreur, de foiblesse, et defaillance.

Par où la voulons nous mieux esprouver que par elle mesme ? s'il ne la fault croire, parlant de soy, à peine sera elle propre à iuger des choses estrangieres : si elle cognoist quelque chose, au moins sera ce son estre et son domicile ; elle est en l'ame, et partie, ou effect, d'icelle : car la vraye raison et essentielle, de qui nous desrobbons le nom à faulses enseignes, elle loge dans le sein de Dieu ; c'est là son giste et sa retraicte ; c'est de là où elle part quand il plaist à Dieu nous en faire veoir quelque rayon, comme Pallas saillit de la teste de son pere pour se communiquer au monde.

Or, veoyons ce que l'humaine raison nous a appris de soy, et de l'ame, non de l'ame, en general, de laquelle quasi toute la philosophie rend les corps celestes et les corps participants, ny de celle que Thales attribuoit aux choses mesme qu'on tient inanimées, convié par la consideration de l'aimant ; mais de celle qui nous appartient, que nous debvons mieulx cognoistre :

> Ignoratur enim, quæ sit natura animai ;
> Nata sit ; an, contra, nascentibus insinuetur ;
> Et simul intereat nobiscum morte dirempta ;
> An tenebras Orci visat, vastasque lacunas,
> An pecudes alias divinitus insinuet se.

A Crates et Dicæarchus, qu'il n'y en avoit du tout point, mais que le corps s'esbranloit ainsi d'un mouvement naturel : à Platon que c'estoit une substance se mouvant de soy mesme : à Thales, une nature sans repos : à Asclepiades, une exercitation des sens ; à Hesiodus et Anaximander, chose composee de terre et d'eau ; à Parmenides, de terre et de feu ; à Empedocles, de sang ;

> Sanguineam vomit ille animam :

à Posidonius, Cleanthes et Galen, une chaleur ou complexion chaleureuse,

> Igneus est ollis vigor, et cœlestis origo :

à Hippocrates, un esprit espandu par le corps ; à Varro, un air receu par la bouche, eschauffé au poulmon, attrempé au cœur, et espandu par tout le corps à Zeno, la quint'-essence des quatre elements ; à Heraclides Ponticus, la lumiere ; à Xenocrates et aux Egyptiens, un nombre mobile ; aux Chaldees, une vertu sans forme determinee ;

> Habitum quemdam vitalem corporis esso,
> Harmoniam Græci quam dicunt :

n'oublions pas Aristote, Ce qui naturellement faict mouvoir le corps, qu'il nomme *Entelechie*, d'une autant froide invention que nulle aultre ; car il ne parle ny de l'essence, ny de l'origine, ny de la nature de l'ame, mais en remarque seulement l'effect : Lactance, Senecque, et la meilleure part entre les dogmatistes, ont confessé que c'estoit chose qu'ils n'entendoient pas : Et aprez tout ce denombrement d'opinions, *harum sententiarum quæ vera sit, Deus aliqui viderit*, dict Cicero. Ie cognois par moy, dict sainct Bernard, combien Dieu est incomprehensible ; puisque les pieces de mon estre propre, ie ne les puis comprendre. Heraclitus, qui tenoit tout estre plein d'ames et de daimons, maintenoit pourtant qu'on ne pouvoit aller tant avant vers la cognoissance de l'ame, qu'on y peust arriver ; si profonde estre son essence.

Il n'y a pas moins de dissention ny de debat à la loger. Hippocrates et Herophilus la mettent au ventricule du cerveau ; Democritus et Aristote, par tout le corps ;

> Ut bona sæpe valetudo quum dicitur esse
> Corporis et non est tamen hæc pars ulla valentis :

Epicurus, en l'estomach ;

> Hic exultat enim pavor ac metus ; hæc loca circum
> Lætitiæ mulcent :

les stoïciens, autour et dedans le cœur ; Erasistratus, ioignant la membrane de l'epicrane ; Empedocles, au sang ; comme aussi Moïse, qui feut la cause pourquoy il deffendit de manger le sang des bestes, auquel leur ame est iointe : Galen a pensé que chasque partie du corps ayt son ame ; Strato l'a logee entre les deux sourcils : *Qua facie quidem sit animus, aut ubi habitet, ne quærendum quidem est*, dict Cicero ; ie laisse volontiers à cet homme ses mots propres : ircis ie à l'eloquence alterer son parler ? ioinct qu'il y a peu d'acquest à desrobber la matiere de ses inventions ; elles sont et peu frequentes, et peu roides, et peu ignorees. Mais la raison pourquoy Chrysippus l'argumente autour du cœur, comme les aultres de sa secte, n'est pas pour estre oubliee : c'est par ce, dict il, que quand nous voulons asseurer quelque chose, nous mettons la main sur l'estomach, et quand nous voulons prononcer Ἐγώ, qui signifie Moy, nous baissons vers l'estomach la maschouere d'en bas. Ce lieu ne se doibt passer sans remarquer la vanité d'un si grand personnage ; car oultre ce que ces considerations sont d'elles mesmes infiniment legieres, la derniere ne preuve qu'aux Grecs qu'ils ayent l'ame en cet endroict là : il n'est iugement humain, si tendu, qui ne sommeille par fois. Que craignons nous à dire ? voylà les stoïciens, peres de l'humaine prudence, qui treuvent que l'ame d'un homme, accablé soubs une ruyne, traisne et ahanne longtemps à sortir, ne se pouvant desmesler de la charge, comme une souris prinse à la trappelle. Aulcuns tiennent que le monde feut faict pour donner corps, par punition, aux esprits descheus, par leur faulte, de la pureté, en quoy ils avoient esté creez, la premiere creation n'ayant esté qu'incorporelle ; et que, selon qu'ils se sont plus ou moins esloingnez de leur spiritualité, on les incorpore plus et moins alaigrement ou lourdement : de là vient la varieté de tant de matiere creee. Mais l'esprit qui feut, pour sa peine, investi du corps du soleil, debvoit avoir une mesure d'alteration bien rare et particuliere.

Les extremitez de nostre perquisition tumbent toutes en eblouïssement ; comme dict Plutarque de la teste des histoires, qu'à la mode des chartes, l'oree des terres cogneues est saisie de marests, forests profondes, deserts et lieux inhabitables : voylà pourquoy les plus grossieres et pueriles ravasseries se treuvent plus en ceulx qui traictent les choses plus haultes et plus avant, s'abysmant en leur curiosité et presumption. La fin et le commencement de science se tiennent en pareille bestise : voyez prendre à mont l'essor à Platon en ses nuages poëtiques, voyez chez luy le iargon des dieux ; mais à quoy songeoit il, quand il definit l'homme « un animal à deux pieds, sans plumes ? » fournissant à ceulx qui avoient envie de se mocquer de luy une plaisante occasion ; car ayants plumé un chapon vif, ils alloient le nommant « l'Homme de Platon. »

Et quoy les epicuriens ? de quelle simplicité estoient ils allez premierement imaginer que leurs atomes, qu'ils disoient estre des corps ayants quelque poisanteur et un mouvement naturel contre bas, eussent basti le monde : iusques à ce qu'ils feussent advisez par leurs adversaires, que par cette description il n'estoit pas possible qu'ils se ioignissent et se prinssent l'un à l'aultre, leur cheute estant aussi droicte et perpendiculaire, et engendrant par tout des lignes paralleles? parquoy il feut force qu'ils y adioustassent depuis un mouvement de costé, fortuite, et qu'ils fournissent encore à leurs atomes des queues courbes et crochues pour les rendre aptes à s'attacher et se coudre : et lors mesme, ceulx qui les poursuyvent de cette aultre consideration les mettent ils pas en peine? « Si les atomes ont, par sort, formé tant de sortes de figures, pourquoy ne se sont ils iamais rencontrez à faire une maison et un soulier? pourquoy de mesme ne croit on qu'un nombre infini de lettres grecques versees emmy la place seroient pour arriver à la contexture de l'Iliade? »

« Ce qui est capable de raison, dict Zeno, est meilleur que ce qui n'en est point capable : il n'est rien meilleur que le monde; il est doncques capable de raison. » Cotta, par cette mesme argumentation, faict le monde mathematicien; et le faict musicien et organiste par cett'aultre argumentation aussi de Zeno : « Le tout est plus que la partie : nous sommes capables de sagesse, et sommes parties du monde, il est doncques sages. » Il se veoid infinis pareils exemples, non d'arguments fauls seulement, mais ineptes, ne se tenants point, et accusants leurs aucteurs, non tant d'ignorance que d'imprudence, ez reproches que les philosophes se font les uns aux aultres sur les dissentions de leurs opinions et de leurs sectes.

Qui fagoteroit suffisamment un amas des asneries de l'humaine sapience, il diroit merveilles. I'en assemble volontiers, comme une montre, par quelque biais non moins utile que les instructions plus moderees. Iugeons par là ce que nous avons a estimer de l'homme, de son sens et de sa raison, puisqu'en ces grands personnages, et qui ont porté si hault l'humaine suffisance, il s'y treuve des defauts si apparents et si grossiers.

Moy i'ayme mieulx croire qu'ils ont traicté la science casuellement, ainsi qu'un iouet à toutes mains, et se sont esbattus de la raison, comme d'un instrument vain et frivole, mettants en avant toutes sortes d'inventions et de fantasies, tantost plus tendues, tantost plus lasches. Ce mesme Platon, qui definit l'homme comme une poule, dict ailleurs, aprez Socrates, « Qu'il ne sçait à la verité que c'est que l'homme, et que c'est l'une des pieces du monde d'autant difficile cognoissance. » Par cette varieté et instabilité d'opinions, ils nous menent comme par la main tacitement à cette resolution de leur irresolution. Ils font profession de ne presenter pas tousiours leur advis à visage descouvert et apparent; ils l'ont caché tantost soubs des umbrages fabuleux de la poësie, tantost soubs quelque aultre masque : car nostre imperfection porte encores cela, que la viande crue n'est pas tousiours propre à nostre estomach; il la fault assecher, alterer et corrompre : ils font de mesme; ils obscurcissent par fois leurs naïfves opinions et iugements, et les falsifient, pour s'accommoder à l'usage publicque. Ils ne veulent pas faire profession expresse d'ignorance, et de l'imbecillité de la raison humaine, pour ne faire peur aux enfants; mais ils nous la descouvrent assez soubs l'apparence d'une science trouble et inconstante.

Ie conseillois, en Italie, à quelqu'un qui estoit en peine de parler italien, que pourveu qu'il ne cherchast qu'à se faire entendre, sans y vouloir aultrement exceller, qu'il employast seulement les premiers mots qui lui viendroient à la bouche, latins, françois, espaignols, ou gascons, et qu'en y adioustant la terminaison italienne, il ne fauldroit iamais à rencontrer quelque idiome du pays, ou toscan, ou romain, ou venitien, ou piemontois, ou napolitain, et de se ioindre à quelqu'une de tant de formes : ie dis de mesme de la philosophie ; elle a tant de visages et de varieté, et a tant dict, que touts nos songes et resveries s'y treuvent : l'humaine fantasie ne peult rien concevoir, en bien et en mal, qui n'y soit, *nihil tam absurde dici potest, quod non dicatur ab aliquo philosophorum*. Et i'en laisse plus librement aller mes caprices en public : d'autant que bien qu'ils soient nays chez moy et sans patron, ie sçais qu'ils trouveront leur relation à quelque humeur ancienne, et ne fauldra quelqu'un de dire : « Voylà d'où il le print. » Mes mœurs sont naturelles; ie n'ay point appelé à les bastir, le secours d'aulcune discipline : mais toutes imbeciles qu'elles sont, quand l'envie m'a prins de les reciter et que, pour les faire sortir en public un peu plus decemment, ie me suis mis en debvoir de les assister et de discours et d'exemples; ç'a esté merveille à moy mesme de les rencontrer, par cas d'adventure, conformes à tant d'exemples et discours philosophiques. De quel regiment estoit ma vie, ie ne l'ay apprins qu'aprez qu'elle est exploictee et employee : nouvelle figure, Un philosophe impremedité et ortuite.

Pour revenir à nostre ame : ce que Platon a mis la raison au cerveau, l'ire au cœur, et la cupidité au foye, il est vraysemblable que ç'a esté plustost une interpretation des mouvements de l'ame, qu'une division et separation qu'il en ayt voulu faire, comme d'un corps en plusieurs membres. Et la plus vraysemblable de leurs opinions est, Que c'est tousiours une ame qui, par sa faculté, ratiocine, se souvient, comprend, iuge, desire, et exerce toutes ses aultres operations par divers instruments de corps; comme le nocher gouverne son navire selon l'experience qu'il en a, ores tendant ou laschant une chorde, ores haulsant l'antenne, ou remuant l'aviron, par une seule puissance conduisant divers effects : et Qu'elle loge au cerveau; ce qui appert de ce que les bleceures et accidents qui touchent cette partie offensent incontinent les facultez de l'ame : de là il n'est pas inconvenient qu'elle s'escoule par le reste du corps;

> Medium non deserit unquam
> Cœli Phœbus iter; radiis tamen omnia lustrat;

comme le soleil espand du ciel en hors sa lumiere et ses puissances, et en remplit le monde :

> Cetera pars animæ, per totum dissita corpus,
> Paret, et ad numen mentis nomenque movetur.

Aulcuns ont dict qu'il y avoit une ame genereuse, comme un grand corps, duquel toutes les ames particulieres estoient extraictes, et s'y en retournoient, se resmeslant tousiours à cette matiere universelle :

> Deum namque ire per omnes
> Terrasque, tractusque maris, cœlumque profundum,
> Hinc pecudes, armenta, viros, genus omne ferarum,
> Quemque sibi tenues nascentem arcessere vitas :
> Scilicet huc reddi deinde ac resoluta referri
> Omnia; nec morti esse locum.

d'aultres, qu'elles ne faisoient que s'y reioindre et r'attacher, d'aultres, qu'elles estoient produictes de la substance divine; d'aultres, par les anges, de feu et d'air : aulcuns, de toute ancienneté; aulcuns, sur l'heure mesme du besoing; aulcuns les font descendre du rond de la lune, et y retourner; le commun des anciens croyoit qu'elles sont engendrees de pere en fils, d'une pareille maniere et production que toutes aultres choses naturelles; argumentants cela par la ressemblance des enfants aux peres;

> Instillata patris virtus tibi :
> Fortes creantur fortibus, et bonis;

et de ce qu'on veoid escouler des peres aux enfants, non seulement les marques du corps, mais encores une ressemblance d'humeurs, de complexions e nclinations de l'ame :

> Denique cur acris violentia triste leonum
> Seminium sequitur? dolu, vulpibus, et fuga cervis
> A patribus datur, et patrius pavor incita artus ?
> . . . .
> Si non certa suo quia semine, seminioque
> Vis animi pariter crescit cum corpus toto ?

que là dessus se fonde la iustice divine, punissant aux enfants la faulte des peres; d'autant que la contagion des vices paternels est aulcunement empreinte en l'ame des enfants, et que le desreglement de leur volonté les touche : dadvantage, que si les ames venoient d'ailleurs que d'une suitte naturelle, et qu'elles eussent esté quelque aultre chose hors du corps, elles auroient recordation de eur estre premier, attendu les naturelles facultez qui luy sont propres, de discourir, raisonner et se souvenir :

> Si in corpus nascentibus insinuatur,
> Cur super anteactam ætatem meminisse nequimus,
> Nec vestigia gestarum rerum ulla tenemus ?

car, pour faire valoir la condition de nos ames, commme nous voulons, il les ault presupposer toutes sçavantes, lors qu'elles sont en leur simplicité et pureté naturelles : par ainsin elles eussent esté telles, estants exemptes de la prison corporelle, aussi bien avant que d'y entrer, comme nous esperons qu'elles seront aprez qu'elles en seront sorties : et de ce sçavoir, il fauldroit

qu'elles se resouvinssent encores estants au corps, comme disoit Platon, « Que ce que nous apprenions n'estoit qu'un ressouvenir de ce que nous avions sceu : » chose que chascun par experience peult maintenir estre faulse ; en premier lieu, d'autant qu'il ne nous ressouvient iustement que de ce qu'on nous apprend, et que, si la memoire faisoit purement son office, au moins nous suggereroit quelque traict oultre l'apprentissage; secondement, ce qu'elle sçavoit estant en sa pureté, c'estoit une vraye science, cognoissant les choses comme elles sont, par sa divine intelligence : là où icy on luy faict recevoir le mensonge et le vice, si on l'en instruict; en quoy elle ne peult employer sa reminiscence, cette image et conception n'ayant iamais logé en elle. De dire que la prison corporelle estouffe de maniere ses facultez naïfves, qu'elles y sont toutes esteinctes : cela est premierement contraire à cette aultre creance, de recognoistre ses forces si grandes, et les operations que les hommes se sentent en cette vie, si admirables, que d'en avoir conclu cette divinité et eternité passee, et l'immortalité à venir :

> Nam si tantopere est animi mutata potestas,
> Omnis ut actarum exoderit retinentia rerum
> Non, ut opinor, ea ab letho iam longior erra

En oultre, c'est icy, chez nous, et non ailleurs, que doibvent estre considerees les forces et les effects de l'ame; tout le reste de ses perfections luy est vain et inutile : c'est de l'estat present que doibt estre payee et recogneue toute son immortalité; et de la vie de l'homme, qu'elle est comptable seulement. Ce seroit iniustice de luy avoir retrenché ses moyens et ses iuissances, de l'avoir desarmee, pour, du temps de sa captivité et de sa prison, de sa foiblesse et maladie, du temps où elle auroit esté forcee et contraincte, tirer le iugement et une condamnation de duree infinie et perpetuelle; et de s'arrester à la consideration d'un temps si court, qui est à l'adventure d'une ou de deux heures, ou au pis aller d'un siecle, qui n'ont non plus de proportion à l'infinité qu'un instant; pour, de ce moment d'intervalle, ordonner et establir definitifvement de tout son estre : ce seroit une disproportion inique aussi, de tirer une recompense eternelle en consequence d'une si courte vie. Platon, pour se sauver de cet inconvenient, veult que les payements futurs se limitent à la duree de cent ans, relativement à l'humaine duree, et des nostres assez leur ont donné bornes temporelles : par ainsin ils iugeoient que sa generation suyvoit la commune condition des choses humaines, comme aussi sa vie, par l'opinion d'Epicurus et de Democritus, qui a esté la plus receue : suyvant ces belles apparences, Qu'on la voyoit naistre à mesme que le corps en estoit capable ; on voyoit eslever ses forces comme les corporelles ; on y recognoissoit la foiblesse de son enfance, et avecques le temps sa vigueur et sa maturité, et puis sa declination et sa vieillesse, et enfin sa decrepitude :

> Gigni pariter cum corpore, et una
> Crescere sentimus, pariterque senescere mentem :

ils l'appercevoient capable de diverses passions, et agitee de plusieurs mouvements penibles, d'où elle tumboit en lassitude et en douleur; capable d'alteration et de changement, d'alaigresse, d'assopissement, et de langueur; subiecte à ses maladies et aux offenses, comme l'estomach ou le pied ;

> Mentem sanari, corpus ut ægrum,
> Cernimus, et flecti medicina posse videmus :

esblouïe et troublee par la force du vin ; desmeue de son assiette par les vapeurs d'une fiebvre chaulde ; endormie par l'application d'aulcuns medicaments, et reveillee par d'aultres ;

> Corpoream naturam animi esse necesse est,
> Corporeis quoniam telis ictuque laborat :

on luy voyoit estonner et renverser toutes ses facultez par la seule morsure d'un chien malade, et n'y avoir nulle si grande fermeté de discours, nulle suffisance, nulle vertu, nulle resolution philosophique, nulle contention de ses forces, qui la peut exempter de la subiection de ses accidents; la salive d'un chestif mastin, versee sur la main de Socrates, secouer toute sa sagesse et toutes ses grandes et si reglees imaginations, les aneantir de maniere qu'il ne restast aulcune trace de sa cognoissance premiere,

> Vis . . . . . . animal
> Conturbatur, et. . . . . . divisa seorsum
> Disiectatur, eodem illo distracta veneno ;

et ce venin ne trouver non plus de resistance en cette ame, qu'en celle d'un enfant de quatre ans : venin capable de faire devenir toute la philosophie, si elle estoit incarnee, furieuse et insensee; de sorte que Caton, qui tordoit le col à la mort mesme et à la fortune, ne peust souffrir la veue d'un mirouer ou de l'eau, accablé d'espovantement et d'effroy, quand il seroit tumbé, par la contagion d'un chien enragé, en la maladie que les medecins nomment hydrophobie :

> Vis morbi distracta per artus
> Turbat agens animam, spumantes æquore salso
> Ventorum ut validis fervescunt viribus undæ.

Or, quant à ce poinct, la philosophie a bien armé l'homme, pour la souffrance de touts aultres accidents, ou de patience, ou, si elle couste trop à trouver, d'une desfaicte infaillible, en se desrobbant tout à fait du sentiment : mais ce sont moyens qui servent à une ame estant à soy et en ses forces, capable de discours et de deliberation ; non pas à cet inconvenient où, chez un philosophe, une ame devient l'ame d'un fol, troublee, renversee, et perdue : ce que plusieurs occasions produisent, comme une agitation trop vehemente, que, par quelque forte passion, l'ame peult engendrer en soy mesme, ou une bleceure en certain endroict de la personne, ou une exhalation de l'estomach, nous iectant à un esblouissement et tournoyement de teste.

> Morbis in corporis avius errat
> Sæpe animus; dementit enim, deliraque fatur :
> Interdumque gravi lethargo fertor in altum
> Æternumque soporem, oculis nutuque cadenti.

Les philosophes n'ont, ce me semble, gueres touché cette chorde, non plus qu'un' aultre de pareille importance : ils ont ce dilemme tousiours en la bouche, pour consoler nostre mortelle condition : « Ou l'ame est mortelle, ou immortelle : Si mortelle, elle sera sans peine; Si immortelle, ell' ira en amendant. » Ils ne touchent iamais l'aultre branche; « Quoy, si elle va en empirant ? » et laissent aux poëtes les menaces des peines futures; mais par là ils se donnent un beau ieu. Ce sont deux omissions qui s'offrent à moy souvent en leurs discours. Ie reviens à la premiere.

Cette ame perd l'usage du souverain bien stoïque, si constant et si ferme : il fault que nostre belle sagesse se rende en cet endroict, et quitte les armes. Au demourant, ils consideroient aussi, par la vanité de l'humaine raison, que le meslange et societé de deux pieces si diverses, comme est le mortel et l'immortel, est inimaginable :

> Quippe etenim mortale æterno iungere, et una
> Consentire putare, et fungi mutua posse.
> Desipere est. Quid enim diversius esse putandum est,
> Aut magis inter se disiunctum discrepitansque,
> Quam, mortale quod est, immortali atque perenni
> Iunctum, in concilio sævas tolerare procellas ?

Dadvantage ils sentoient l'ame s'engager en la mort comme le corps :

> Simul ævo fessa fatiscit :

ce que, selon Zenon, l'image du sommeil nous montre assez; car il estime « que c'est une defaillance et cheute de l'ame, aussi bien que du corps; » *contrahit animum, et quasi labi putat atque decidere :* et, ce qu'on appercevoit en aulcuns, sa force et sa vigueur se maintenir en la fin de la vie, ils le rapportoient à la diversité des maladies; comme on veoid les hommes, en cette extremité, maintenir, qui un sens, qui un aultre, qui l'ouïr, qui le fleurer, sans alteration; et ne se veoid point d'affoiblissement si universel, qu'il n'y reste quelques parties entieres et vigoreuses :

> Non alio pacto, quam si, pes quum dolet ægri,
> In nullo caput interea sit forte dolore.

La veue de nostre iugement se rapporte à la verité, comme faict l'œil du chathuant à la splendeur du soleil, ainsi que dict Aristote. Par où le sçaurions nous mieulx convaincre, que par de si grossiers aveuglements en une si apparente lumiere? car l'opinion contraire de l'immortalité de l'ame, laquelle Cicero dict avoir esté premierement introduicte, au moins selon le tesmoignage des livres, par Pherecides Syrius, du temps du roy Tullus, d'aultres en attribuent l'invention à Thales, et aultres à d'aultres; c'est la partie de l'humaine science traictee avecques plus de reservation et de doubte. Les dogmatistes les plus fermes sont contraincts, en cet endroict principalement, de se reiecter à l'abry des umbrages de l'academie. Nul ne sçait ce qu'Aristote a establv de ce subiect, non plus touts les anciens, en general, qui le manient d'une vacillante creance; *rem gratissimam promittentium magis, quam probantium :* il s'est caché soubs le nuage de paroles et sens difficiles et non intelligibles, et a laissé à ses sectateurs autant à debattre sur son iugement que sur la matiere.

Deux choses leur rendoient cette opinion plausible : l'une, que sans l'immortalité des ames il n'y auroit plus de quoy asseoir les vaines esperances de la gloire, qui est consideration de merveilleux credit au monde; l'autre, que c'est une tresutile impression, comme dict Platon, que les vices, quand ils se desrobberont de la veue et cognoissance de l'humaine iustice, demeurent tousiours en butte à la divine, qui les poursuyvra, voire aprez la mort des coupables. Un soing extreme tient l'homme d'alonger son estre : il y a pourveu par toutes pieces : et pour la conservation du corps sont les sepultures; pour la conservation du nom, la gloire; il a employé toute son opinion à se rebastir, impatient de sa fortune, et à s'estansonner par ses inventions. L'ame, par son trouble et sa foiblesse, ne se pouvant tenir sur son pied, va questant de toutes parts des consolations, esperances et fondements, et des circonstances estrangieres où elle s'attache et plante; et, pour legiers et fantastiques que son invention les lui forge, s'y repose plus seurement qu'en soy, et plus volontiers. Mais les plus aheurtez à cette si iuste et claire persuasion de l'immortalité de nos esprits, c'est merveille comme ils se sont trouvez courts et impuissants à l'establir par leurs humaines forces : *somnia sunt non docentis, sed optantis,* disoit un ancien. L'homme peult recognoistre, par ce tesmoignage, qu'il doibt à la fortune et au rencontre la verité qu'il descouvre luy seul; puisque, lors mesme qu'elle luy est tumbee en main, il n'a pas de quoy la saisir et la maintenir, et que sa raison n'a pas la force de s'en prevaloir. Toutes choses produictes par nostre propre discours et suffisance, autant vrayes que faulses, sont subiectes à incertitude et debat. C'est pour le chastiement de nostre fierté, et instruction de nostre misere et incapacité, que Dieu produisit le trouble et la confusion de l'ancienne tour de Babel : tout ce que nous entreprenons sans son assistance, tout ce que nous veoyons sans la lampe de sa grace, ce n'est que vanité et folie; l'essence mesme de la verité, qui est uniforme et constante, quand la fortune nous en donne la possession, nous la corrompons et abastardissons par nostre foiblesse. Quelque train que l'homme prenne de soy, Dieu permet qu'il arrive tousiours à cette mesme confusion, de laquelle il nous represente si vivement l'image par le iuste chastiement de quoy il battit l'oultrecuidance de Nembroth, et aneantit les vaines entreprinses du bastiment de sa pyramide : *Peream sapientiam sapientium, et prudentiam prudentium reprobabo.* La diversité d'idiomes et de langues, de quoy il troubla cet ouvrage, qu'est ce aultre chose que cette infinie et perpetuelle altercation et discordance d'opinions et de raisons, qui accompaigne et embrouille le vain bastiment de l'humaine science, et l'embrouille utilement? Qui nous tiendroit, si nous avions un grain de cognoissance? Ce sainct m'a faict grand plaisir : *Ipsa veritatis occultatio aut humilitatis exercitatio est, aut elationis attritio.* Iusques à quel point de presumption et d'insolence ne portons nous nostre aveuglement et nostre bestise?

Mais pour reprendre mon propos, c'estoit vraiment bien raison que nous feussions tenus à Dieu seul, et au benefice de sa grace, de la verité d'une si noble creance, puisque de sa seule liberalité nous recevons le fruict de l'immortalité, lequel consiste en la iouïssance de la beatitude eternelle. Confessons ingenuement que Dieu seul nous l'a dict, et la foy; car leçon n'est ce pas de nature et de nostre raison : et qui retentera son estre et ses forces, et dedans et dehors, sans ce privilege divin, qui verra l'homme sans le flatter, il n'y verra ny efficace ny faculté qui sente aultre chose que la mort et la terre. Plus nous donnons, debvons, et rendons à Dieu, nous en faisons d'autant plus chestiennement. Ce que ce philosophe stoïcien dict tenir du fortuite consentement de la voix populaire, valoit il pas mieulx qu'il le tinst de Dieu? *Quum de animo-*

rum æternitate disserimus, non leve momentum apud nos habet consensus hominum aut timentium inferos, aut colentium. Utor hac publica persuasione.

Or la foiblesse des arguments humains, sur ce subiect, se cognoist singulierement par les fabuleuses circonstances qu'ils ont adioustees à la suitte de cette opinion pour trouver de quelle condition estoit cette nostre immortalité. Laissons les stoïciens (*usuram nobis largiuntur tanquam cornicibus : diu mansuros aiunt animos; semper, negant*) qui donnent aux ames une vie au delà de cette cy, mais finie. La plus universelle et plus receue fantasie, et qui dure iusques à nous en divers lieux, ç'a esté celle de laquelle on faict aucteur Pythagoras; non qu'il en feust le premier inventeur, mais d'autant qu'elle receut beaucoup de poids et de credit par l'auctorité de son approbation : c'est que « les ames, au partir de nous, ne faisoient que rouler d'un corps à un aultre, d'un lion à un cheval, d'un cheval à un roy, se promenants ainsi sans cesse de maison en maison : » et luy, disoit « se souvenir avoir esté Æthalides, depuis Euphorbus, puis aprez Hermotimus, enfin de Pyrrhus estre passé en Pythagoras; ayant memoire de soy de deux cents six ans. » Adioustoient aulcuns que ces mesmes ames remontent au ciel par fois, et aprez en devallent encores :

> O pater, anne aliquas ad cœlum hinc ire putandum est
> Sublimes animas, iterumque ad tarda reverti
> Corpora ? Quæ lucis miseris tam dira cupido ?

Origene les faict aller et venir eternellement du bon au mauvais estat. L'opinion que Varro recite est qu'en quatre cents quarante ans de revolution, elles se reioignent à leur premier corps : Chrysippus, que cela doibt advenir aprez certain espace de temps incogneu et non limité. Platon, qui dict tenir de Pindare et de l'ancienne poësie cette croyance des infinies vicissitudes de mutation ausquelles l'ame est preparee, n'ayant ny les peines ny les recompenses en l'aultre monde que temporelles, comme sa vie en cettuy cy n'est que temporelle, conclud en elle une singuliere science des affaires du ciel, de l'enfer, et d'icy, où elle a passé, repassé, et sciourné à plusieurs voyages; matiere à sa reminiscence. Voicy son progrez ailleurs : « Qui a bien vescu, il se reioinct à l'astre auquel il est assigné ; qui mal, il passe en femme ; et, si lors mesme il ne se corrige point, il se rechange en beste de condition convenable à ses mœurs vicieuses ; et ne verra fin à ses punitions, qu'il ne soit revenu à sa naïfve constitution, s'estant, par la force de la raison, desfaict des qualitez grossieres, stupides et elementaires qui estoient en luy. » Mais ie ne veulx oublier cette obiection que font les epicuriens à cette transmigration de corps en aultre ; elle est plaisante : ils demandent « Quel ordre il y auroit si la presse des mourants venoit à estre plus grande que des naissants ? car les ames deslogees de leur giste seroient à se fouler à qui prendroit place la premiere dans ce nouvel estuy ; » et demandent aussi « à quoy elles passeroient leur temps, cependant qu'elles attendroient qu'un logis leur feust appresté ? Ou, au rebours, s'il naissoit plus d'animaulx qu'il n'en mourroit, ils disent que les corps seroient en mauvais party, attendant l'infusion de leur ame ; et en adviendroit qu'aulcuns d'iceulx se mourroient avant que d'avoir esté vivants. »

> Denique connubia ad veneris, partusque ferarum
> Esse animas præsto, deridiculum esse videtur;
> Et spectare immortales mortalia membra
> Innumero numero, certareque præproperanter
> Inter se, quæ prima potissimaque insinuetur.

D'aultres ont arresté l'ame au corps des trespassez, pour en animer les serpents, les vers, et aultres bestes, qu'on dict s'engendrer de la corruption de nos membres, voire et de nos cendres : d'aultres la divisent en une partie mortelle, et l'aultre immortelle : aultres la font corporelle et ce neantmoins immortelle : aulcuns la font immortelle, sans science et sans cognoissance. Il y en a aussi qui ont estimé que des ames des condamnez il s'en faisoit des diables ; et aulcuns des nostres l'ont ainsi iugé : comme Plutarque pense qu'il se face des dieux de celles qui se sont sauvees ; car il est peu de choses que cet aucteur là establisse d'une façon de parler si resolue qu'il faict cette cy, maintenant partout ailleurs une maniere dubitatrice et ambiguë : « Il fault estimer, dict il, et croire fermement que les ames des hommes vertueux, selon nature et selon iustice divine, deviennent d'hommes, saincts; et de saincts, demy dieux; et de demy dieux, aprez qu'ils sont parfaictement, comme ez sacrifices de purgation, nettoyez et purifiez, estants delivrez de toute passibilité et de toute mortalité, ils deviennent, non par aulcune ordonnance civile, mais à la verité, et selon raison vraysemblable, dieux entiers et parfaicts, en recevant une fin tresheureuse et tresglorieuse. Mais qui le vouldra veoir, luy qui est des plus retenus pourtant et moderez de la bande, s'escarmoucher avecques plus de hardiesse, et nous conter ses miracles sur ce propos, ie le renvoye à son discours de la Lune, et du Daimon de Socrates, où, aussi evidemment qu'en nul autre lieu, il se peult adverer les mysteres de la philosophie avoir beaucoup d'estrangetez communes avecques celles de la poësie: l'entendement humain se pendant à vouloir sonder et contrerooller toutes choses iusques au bout; tout ainsi comme, lassez et travaillez de la longue course de nostre vie, nous retumbons en enfantillage. Voylà les belles instructions que nous tirons de la science humaine sur le subiect de nostre ame!

Il n'y a pas moins de temerité en ce qu'elle nous apprend des parties corporelles. Choisissons en un ou deux exemples; car aultrement nous nous perdrions dans cette mer trouble et vaste des erreurs medecinales. Sçachons si on s'accorde au moins en cecy, De quelle matiere les hommes se produisent les uns des aultres : car quant à leur premiere production, ce n'est pas merveille si, en chose si haulte et ancienne, l'entendement humain se trouble et dissipe. Archelaüs le physicien, duquel Socrates feut le disciple et le mignon, selon Aristoxenus, disoit, Et les hommes et les animaulx avoir esté faits d'un limon laicteux, exprimé par la chaleur de la terre : Pythagoras dict nostre semence estre l'escume de nostre meilleur sang : Platon, l'escoulement de la moëlle de l'espine du dos; ce qu'il argumente de ce que cet endroict se sent le premier de la lasseté de la besongne : Alcmeon, partie de la substance du cerveau; et qu'il soit ainsi, dict il, les yeulx troublent à ceulx qui se travaillent oultre mesure à cet exercice; Democritus, une substance extraicte de toute la masse corporelle; Epicurus, extraicte de l'ame et du corps : Aristote, un excrement tiré de l'aliment du sang, le dernier qui s'espand en nos membres : aultres, du sang cuict et digeré par la chaleur des genitoires, ce qu'ils iugent de ce qu'aux extremes efforts on rend des gouttes de pur sang; en quoy il semble qu'il y ait plus d'apparence, si on peult tirer quelque apparence d'une confusion si infinie. Or, pour mener à effect cette semence, combien en font ils d'opinions contraires? Aristote et Democritus tiennent Que les femmes n'ont point de sperme, et que ce n'est qu'une sueur qu'elles eslancent par la chaleur du plaisir et du mouvement, et qui ne sert de rien à la generation : Galen, au contraire, et ses suyvants, Que sans la rencontre des semences, la generation ne se peult faire. Voylà les medecins, les philosophes, les iurisconsultes et les theologiens, aux prinses pesle mesle avecques nos femmes, sur la dispute : « A quels termes les femmes portent leur fruict; » et moy ie secours, par l'exemple de moy mesme, ceulx d'entr'eulx qui maintiennent la grossesse d'onze mois. Le monde est basty de cette experience; il n'est si simple femmelette qui ne puisse dire son avis sur toutes ces contestations : et si nous n'en sçaurions estre d'accord.

En voylà assez pour verifier que l'homme n'est non plus instruict de la cognoissance de soy en la partie corporelle qu'en la spirituelle. Nous l'avons proposé luy mesme à soy; et sa raison, à sa raison, pour veoir ce qu'elle nous en diroit. Il me semble assez avoir montré combien peu elle s'entend en elle mesme; et qui ne s'entend en soy, en quoy se peult il entendre ? *Quasi vero mensuram illius rei possit agere, qui sui nesciat.* Vrayement, Protagoras nous en contoit de belles, faisant l'homme la mesure de toutes choses, qui ne sceut iamais seulement la sienne : si ce n'est luy, sa dignité ne permettra pas qu'aultre creature ayt cet advantage; or, luy estant en soy si contraire, et l'un iugement subvertissant l'aultre sans cesse, cette favorable proposition n'estoit qu'une risée, qui nous menoit à conclure, par necessité, la neantise du compas et du compasseur. Quand Thales estime la cognoissance de l'homme tresdifficile à l'homme, il luy apprend la cognoissance de toute aultre chose luy estre impossible.

Vous, pour qui i'ay prins la peine d'estendre un si long corps, contre ma coustume, ne refuyrez point de maintenir vostre Sebond par la forme ordinaire d'argumenter de quoy vous estes touts les iours instruicte, et exercerez en cela vostre esprit et vostre estude : car ce dernier tour d'escrime icy, il ne fault employer que comme un extreme remede ; c'est un coup desesperé, auquel il fault abandonner vos armes, pour faire perdre à vostre adversaire les siennes ; et un tour secret, duquel il se fault servir rarement et reserveement. C'est une grande temerité de vous perdre pour perdre un aultre : il ne fault pas vouloir mourir pour se venger, comme feit Gobrias ; car estant aux prinses bien estroictes avecques un seigneur de Perse, Darius y survenant l'espee au poing, qui craignoit de frapper de peur d'assener Gobrias, il luy cria qu'il donnast hardiement, quand il debvroit donner au travers de touts les deux. I'ay reprouver pour iniustes des armes et conditions de combats singuliers, desesperees, et ausquelles celuy qui les offroit mettoit luy et son compaignon en termes d'une fin à touts deux inevitable. Les Portugais prindrent, en la mer des Indes, certains Turcs prisonniers, lesquels, impatients de leur captivité, se resolurent, et leur succeda, de mettre, et eulx et leurs maistres, et le vaisseau, en cendre, frottant des clous de navire l'un contre l'aultre, tant qu'une estincelle de feu tumbast dans les caques de pouldre qu'il y avoit dans l'endroit où ils estoient gardez. Nous secouons icy les limites et dernieres closures des sciences, ausquelles l'extremité est vicieuse, comme en la vertu, Tenez vous dans la route commune ; il ne faict pas bon estre si subtil et si fin. Souvienne vous de ce que dict le proverbe toscan :

> Chi troppo s'assottiglia
> Si scavezza.

Ie vous conseille, en vos opinions et en vos discours, autant qu'en vos mœurs et en toute aultre chose, la moderation et l'attrempance, et la fuyte de la nouvelleté et de l'estrangeté : toutes les voyes extravagantes me faschent. Vous, qui, par l'auctorité que vostre grandeur vous apporte, et encores plus par les advantages que vous donnent les qualitez plus vostres, pouvez, d'un clin d'œil commander à qui il vous plaist, debviez donner cette charge à quelqu'un qui feist profession des lettres, qui vous eust bien aultrement appuyé et enrichy cette fantasie. Toutesfois en voicy assez pour ce que vous en avez affaire.

Epicurus disoit, des loix, que les pires nous estoient si necessaires, que, sans elles, les hommes s'entremangeroient les uns les aultres ; et Platon verifie que, sans loix, nous vivrions comme bestes. Nostre esprit est un util vagabond, dangereux et temeraire ; il est malaysé d'y ioindre l'ordre et la mesure : et, de mon temps, ceulx qui ont quelque rare excellence au dessus des aultres, et quelque vivacité extraordinaire, nous les veoyons quasi touts debordez en licence d'opinions et de mœurs ; c'est miracle s'il s'en rencontre un rassis et sociable. On a raison de donner à l'esprit humain les barrieres les plus contrainctes qu'on peult : en l'estude comme au reste, il luy fault compter et regler ses marches ; il luy fault tailler par art les limites de sa chasse. On le bride et garrotte de religions, de loix, de coustumes, de sciences, de preceptes, de peines et recompenses mortelles et immortelles ; encores veoid on que, par sa volubilité et dissolution, il eschappe à toutes ces liaisons : c'est un corps vain, qui n'a par où estre saisi et assené ; un corps divers et difforme, auquel on ne peult asseoir ni nœud ni prinse. Certes, il est peu d'ames, si reglees, si fortes, et bien nees, à qui on se puisse fier de leur propre conduicte, et qui puissent, avecques moderation et sans temerité, voguer en la liberté de leurs iugements, au delà des opinions communes : il est plus expedient de les mettre en tutelle. C'est un oultrageux glaive, à son possesseur mesme, que l'esprit, à qui ne sçait s'en armer ordonneement et discrettement ; et n'y a point de beste à qui plus iustement il faille donner des orbieres, pour tenir sa veue subiecte et contrainte devant ses pas, et la garder d'extravaguer ny çà ny là, hors les ornieres que l'usage et les loix luy tracent : parquoy il vous siera mieulx de vous resserrer dans le train accoustumé, quel qu'il soit, que de iecter vostre vol à cette licence effrenee. Mais si quelqu'un de ces nouveaux docteurs entreprend de faire l'ingenieux en vostre presence, aux despens de son salut et du vostre ; pour vous desfaire de cette dangereuse peste qui se respand touts les iours en vos courts, ce preservatif, à l'extreme necessité, empeschera que la contagion de ce venin n'offensera ny vous, ny vostre assistance.

La liberté doncques et gaillardise de ces esprits anciens produisoit, en la philosophie et sciences humaines, plusieurs sectes d'opinions differentes; chascun entreprenant de iuger, et de choisir, pour prendre party. Mais à present que les hommes vont touts un train, *qui certis quibusdam destinatisque sententiis addicti et consecrati sunt, ut etiam, quæ non probant, cogantur defendere*, et que nous recevons les arts par civile auctorité et ordonnance, si bien que les escholes n'ont qu'un patron et pareille institution et discipline circonscripte, on ne regarde plus ce que les monnoyes poisent et valent, mais chascun à son tour les receoit selon le prix que l'approbation commune et le cours leur donne; on ne plaide pas de l'alloy, mais de l'usage. Ainsi se mettent egualement toutes choses : on receoit la medecine comme la geometrie; et les bastelages, les enchantements, les liaisons, le commerce des esprits trespassez, les prognostications, les domifications, et iusques à cette ridicule poursuitte de la pierre philosophale, tout se met sans contredict. Il ne fault que sçavoir que le lieu de Mars loge au milieu du triangle de la main, celuy de Venus au poulce, et de Mercure au petit doigt; et que quand la mensale coupe le tubercle de l'enseigneur, c'est le signe de cruauté; quand elle fault soubs le mitoyen, et que la moyenne naturelle faict un angle avecques la vitale soubs mesme endroict, que c'est signe d'une mort miserable : que si une femme à la naturelle est ouverte, et ne ferme point l'angle avecques la vitale, cela denote qu'elle sera mal chaste : ie vous appelle vous mesme à tesmoing, si avecques cette science un homme ne peult passer, avecques reputation et faveur, parmy toutes compaignies.

Theophrastus disoit que l'humaine cognoissance, acheminee par les sens, pouvoit iuger des causes des choses iusques à certaine mesure; mais qu'estant arrivee aux causes extremes et premieres, il falloit qu'elle s'arrestast, et qu'elle rebouchast, à raison, ou de sa foiblesse, ou de la difficulté des choses. C'est une opinion moyenne et doulce, Que nostre suffisance ne peult conduire iusques à la cognoissance d'aulcunes choses, et qu'elle a certaines mesures de puissance, oultre lesquelles c'est temerité de l'employer : cette opinion est plausible, et introduicte par gents de composition. Mais il est malaysé de donner bornes à nostre esprit; il est curieux et avide, et n'a point occasion de s'arrester plustost à mille pas qu'à cinquante : ayant essayé, par experience, que ce à quoy l'un s'estoit failly, l'aultre y est arrivé, et que ce qui estoit incogneu à un siecle, le siecle suyvant l'a esclaircy, et que les sciences et les arts ne se iectent pas en moule, ains se forment et figurent peu à peu en les maniant et polissant à plusieurs fois, comme les ours façonnent leurs petits en les leschant à loisir; ce que ma force ne peult descouvrir, ie ne laisse pas de le sonder et essayer, et en retastant et pestrissant cette nouvelle matiere, la remuant et l'eschauffant, i'ouvre à celuy qui me suyt quelque facilité, pour en iouïr plus à son ayse, et la luy rends plus souple et plus maniable.

Ut Hymettia sole
Cera remollescit, tractataque pollice multas
Vertitur in facies, ipsoque fit utilis usu :

autant en fera le second au tiers : qui est cause que la difficulté ne me doibt pas desesperer, ny aussi peu mon impuissance, car ce n'est que la mienne.

L'homme est capable de toutes choses, comme d'aulcune : et s'il advoue, comme dict Theophrastus, l'ignorance des causes premieres et des principes, qu'il me quitte hardiment tout le reste de sa science, si le fondement lui fault, son discours est par terre : le disputer et l'enquerir n'a aultre but et arrest que les principes; si cette fin n'arreste son cours, il se iecte à une irresolution infinie. *Non potest aliud alio magis minusve comprehendi, quoniam omnium rerum una est definitio comprehendendi.* Or il est vraysemblable que si l'ame sçavoit quelque chose, elle le sçauroit premierement elle mesme, et si elle sçavoit quelque chose hors d'elle, ce seroit son corps et son estuy, avant toute aultre chose : si on veoid, iusques auiourd'huy, les dieux de la medecine se debattre de nostre anatomie,

Mulciber in Troiam, pro Troia stabat Apollo ?

quand attendons nous qu'ils en soient d'accord? Nous nous sommes plus voisins, que ne nous est la blancheur de la neige ou la pesanteur de la pierre; si l'homme ne se cognoist, comment cognoist il ses functions et ses forces? Il n'est pas, à l'adventure, que quelque notice veritable ne loge chez nous ; mais c'est par hazard : et d'autant que par mesme voye, mesme façon et conduicte, les erreurs se receoivent en nostre ame, elle n'a pas de quoy les distinguer, ni de quoy choisir la verité, du mensonge.

Les academiciens recevoient quelque inclination de iugement ; et trouvoient trop crud de dire « qu'il n'estoit pas plus vraysemblable que la neige feust blanche que noire ; et que nous ne feussions non plus asseurez du mouvement d'une pierre qui part de nostre main, que de celuy de la huictiesme sphere : » et, pour eviter cette difficulté et estrangeté, qui ne peult, à la verité, loger en nostre imagination que malayseement, quoiqu'ils establissent que nous n'estions aulcunement capables de sçavoir, et que la verité est engoufree dans de profonds abysmes où la veue humaine ne peult penetrer ; si advouoient ils aulcunes choses estre plus vraysemblables que les aultres ; et recevoient en leur iugement cette faculté de se pouvoir incliner plustost à une apparence qu'à une aultre : ils luy permettoient cette propension, lui deffendant toute resolution. L'advis des pyrrhoniens est plus hardy, et quand et quand plus vraysemblable : car cette inclination academique, et cette propension à une proposition plustost qu'à une aultre, qu'est ce aultre chose que la recognoissance de quelque plus apparente verité en cette cy qu'en celle là? Si nostre entendement est capable de la forme, des lineaments, du port et du visage de la verité, il la verroit entiere aussi bien que demie, naissante et imperfecte · cette apparence de verisimilitude, qui les faict prendre plustost à gauche qu'à droicte, augmentez la ; cette once de verisimilitude qui incline la balance, multipliez la de cent, de mille onces ; il en adviendra enfin que la balance prendra party tout à faict, et arrestera un chois et une verité entiere. Mais comment se laissent ils plier à la vraysemblance, s'ils ne cognoissent le vray ; comment cognoissent ils la semblance de ce de quoy ils ne cognoissent pas l'essence? Ou nous pouvons iuger tout à faict ; ou tout à faict nous ne le pouvons pas. Si nos facultez intellectuelles et sensibles sont sans fondement et sans pied, si elles ne font que flotter et venter, pour neant laissons nous emporter nostre iugement à aulcune partie de leur operation, quelque apparence qu'elle semble nous presenter ; et la plus seure assiette de nostre entendement, et la plus heureuse, ce seroit celle là où il se maintiendroit rassis, droict, inflexible, sans bransle et sans agitation : *Inter visa vera aut falsa, aut animi assensum, nihil interest.* Que les choses ne logent pas chez nous en leur forme et en leur essence, et n'y facent leur entree de leur force propre et auctorité, nous le veoyons assez : parce que s'il en estoit ainsi, nous le recevrions de mesme façon ; le vin seroit tel en la bouche du malade qu'en la bouche du sain ; celuy qui a des crevasses aux doigts, ou qui les a gourds, trouveroit une pareille dureté au bois ou au fer qu'il manie ; que faict un aultre : les subiects estrangiers se rendent doncques à nostre mercy ; ils logent chez nous comme il nous plaist. Or, si de nostre part nous recevions quelque chose sans alteration, si les prinses humaines estoient assez capables et fermes pour servir la verité par nos propres moyens, ces moyens estants communs à touts les hommes, cette verité se reiecteroit de main en main de l'un à l'aultre ; et au moins se trouveroit une chose au monde, de tant qu'il y en a, qui se croiroit par les hommes d'un consentement universel : mais ce, qu'il ne se veoid aulcune proposition qui ne soit debattue et controversee entre nous, ou qui ne le puisse estre, montre bien que nostre iugement naturel ne saisit pas bien clairement ce qu'il saisit ; car mon iugement ne le peult faire recevoir au jugement de mon compaignon : qui est signe que ie l'ay saisi par quelque aultre moyen que par une naturelle puissance qui soit en moy et en touts les hommes.

Laissons à part cette infinie confusion d'opinions qui se veoid entre les philosophes mesmes, et ce debat perpetuel et universel en la cognoissance des choses : car cela est presupposé tresveritablement, Que d'aulcune chose les hommes, ie dis les sçavants les mieulx nays, les plus suffisants, ne sont d'accord, non pas que le ciel soit sur nostre teste ; car ceulx qui doubtent de tout, doubtent aussi de cela ; et ceulx qui nient que nous puissions comprendre aulcune chose, disent que nous n'avons pas compris que le ciel soit sur nostre teste : et ces deux opinions sont, en nombre, sans comparaison les plus fortes.

Oultre cette diversité et division infinie, par le trouble que nostre iugement nous donne à nous mesmes, et l'incertitude que chascun sent en soy, il est aysé à veoir qu'il a son assiette bien mal asseuree. Combien diversement iugeons nous des choses? combien de fois changeons nous nos fantasies? Ce que ie tiens auiourd'huy, et ce que ie crois, ie le tiens et le crois de toute ma croyance; touts mes utils et touts mes ressorts empoignent cette opinion, et m'en respondent sur tout ce qu'ils peuvent : ie ne sçaurois embrasser aulcune verité, ny la conserver avec plus d'asseurance, que ie foys cette cy; i'y suis tout entier, i'y suis voirement : mais ne m'est il pas advenu, non une fois, mais cent, mais mille, et touts les iours, d'avoir embrassé quelque aultre chose, à l'aide de ces mesmes instruments, en cette mesme condition, que depuis i'ay iugee faulse? Au moins faut il devenir sage à ses propres despens : si ie me suis trouvé souvent trahy soubs cette couleur ; si ma touche se treuve ordinairement faulse, et ma balance inegale et iniuste, quelle asseurance en puis ie prendre à cette fois plus qu'aux aultres? n'est ce pas sottise de me laisser tant de fois piper à un guide? Toutesfois, que la fortune nous remue cinq cents fois de place, qu'elle ne face que vuyder et remplir sans cesse, comme dans un vaisseau, dans nostre creance aultres et aultres opinions; touiours la presente et la derniere, c'est la certaine et l'infaillible : pour cette cy il fault abandonner les biens, l'honneur, la vie et le salut, et tout.

>Posterior. . . . . . . res illa reperta
>Perdit et immutat sensus ad pristina quæque.

Quoy qu'on nous presche, quoy que nous apprenions, il fauldroit tousiours se souvenir que c'est l'homme qui donne, et l'homme qui reçoit : c'est une mortelle main qui nous la presente; c'est une mortelle main qui l'accepte. Les choses qui nous viennent du ciel ont seules droit et auctorité de persuasion; seules, la marque de verité : laquelle aussi ne veoyons nous pas de nos yeulx, ny ne la recevons par nos moyens; cette saincte et grande image ne pourrait pas en un si chestif domicile, si Dieu pour cet usage ne le prepare, si Dieu ne le reforme et fortifie par sa grace et faveur particuliere et supernaturelle. Au moins debvroit nostre condition faultiere nous faire porter plus moderement et retenuement en nos changements : il nous debvroit souvenir, quoy que nous receussions en l'entendement, que nous recevons souvent des choses faulses, et que c'est par ces mesmes utils qui se desmentent et qui se trompent souvent.

Or n'est il pas merveille s'ils se desmentent, estant si aisez à incliner et à tordre par bien legieres occurrences. Il est certain que nostre apprehension, nostre iugement, et les facultez de nostre ame, en general, souffrent selon les mouvements et alterations du corps, lesquelles alterations sont continuelles : n'avons nous pas l'esprit plus esveillé, la memoire plus prompte, le discours plus vif, en santé qu'en maladie? la ioye et la gayeté ne nous font elles pas recevoir les subiects qui se presentent à nostre ame, de tout aultre visage que le chagrin et la melancholie? Pensez-vous que les vers de Catulle ou de Sappho rient à un vieillard avaricieux et rechigné, comme a un ieune homme vigoreux et ardent? Cleomenes, fils d'Anaxandridas, estant malade, ses amis luy reprochoient qu'il avoit des humeurs et fantasies nouvelles et non accoustumees : « Ie crois bien, repliqua il; aussi ne suis ie pas celuy que ie suis estant sain : estant aultre, aussi sont aultres mes opinions et fantasies. » En la chicane de nos palais, ce mot est en usage, qui se dict des criminels qui rencontrent les iuges en quelque bonne trempe, doulce et debonnaire, *Gaudeat de bona fortuna;* car il est certain que les iugements se rencontrent, par fois plus tendus à la condamnation, plus espineux et aspres, tantost plus faciles, aysez, et enclins à l'excuse : tel qui rapporte de sa maison la douleur de la goutte, la ialousie, ou le larrecin de son valet, ayant toute l'ame teincte et abreuvee de cholere, il ne fault pas doubter que son iugement ne s'en altere vers cette part là. Ce venerable senat d'Areopage iugeoit de nuict, de peur que la veue des poursuyvants corrompist sa iustice. L'air mesme et la serenité du ciel nous apporte quelque mutation, comme dict ce vers grec, en Cicero,

>Tales sunt hominum mentes, quali pater ipse
>Iuppiter auctifera lustravit lampada terras.

Ce ne sont pas seulement les fiebvres, les bruvages, et les grands accidents, qui renversent nostre iugement; les moindres choses du monde le tournevirent : et ne fault pas doubter, encores que nous ne le sentions pas, que si la fiebvre continue peut atterrer nostre ame, que la tierce n'y apporte quelque alteration selon sa mesure et proportion ; si l'apoplexie assopit et esteinct tout à faict la veue de nostre intelligence, il ne fault pas doubter que le morfondement ne l'esblouïsse : et, par consequent, à peine se peut il rencontrer une seule heure en la vie où nostre iugement se treuve en sa deue assiette, nostre corps estant subiect à tant de continuelles mutations, et estoffé de tant de sortes de ressorts, que i'en crois les medecins, combien il est malaysé qu'il n'y en ayt tousiours quelqu'un qui tire de travers.

Au demourant, cette maladie ne se descouvre pas si aysement, si elle n'est du tout extreme et irremediable ; d'autant que la raison va tousiours, et torte, et boiteuse, et deshanchee, et avecques le mensonge, comme avecques la verité : par ainsin, il est malaysé de descouvrir son mescompte et desreglement. I'appelle tousiours raison, cette apparence de discours que chascun forge en soy : cette raison, de la condition de laquelle il y en peult avoir cent contraires autour d'un mesme subiect, c'est un instrument de plomb et de cire, alongeable, ployable, et accommodable à touts biais et à toutes mesures ; il ne reste que la suffisance de le sçavoir contourner. Quelque bon desseing qu'ayt un iuge, s'il ne s'escoute de prez, à quoy peu de gents s'amusent, l'inclination à l'amitié, à la parenté, à la beauté, et à la vengeance, non pas seulement choses si poisantes, mais cet instinct fortuite, qui nous faict favoriser une chose plus qu'une aultre, et qui nous donne sans le congé de la raison le chois en deux pareils subiects, ou quelque umbrage de pareille vanité, peuvent insinuer insensiblement en son iugement la recommendation ou desfaveur d'une cause, et donner pente à la balance.

Moy. qui m'espie de plus prez, qui ay les yeulx incessamment tendus sur moy, comme celuy qui n'a pas fort à faire ailleurs,

> Quis sub Arcto
> Rex gelidæ metuatur oræ
> Quid Tiridatem terreat, unice
> Securus.

à peine oserois ie dire la vanité et la foiblesse que ie treuve chez moy : i'ay le pied si instable et si mal assis, ie le treuve si aysé à crouler et si prest au bransle, et ma veue si desreglee, que à ieun ie me sens aultre qu'aprez le repas; si ma santé me rid et la clarté d'un beau iour, me voylà honneste homme; si i'ay un cor qui me presse l'orteil, me voylà renfrongné, mal plaisant, et inaccessible : un mesme pas de cheval me semble tantost rude, tantost aysé ; et mesme chemin, à cette heure plus court, une aultre fois plus long ; et une mesme forme, ores plus, ores moins agreable : maintenant ie suis à tout faire, maintenant à rien faire ; ce qui m'est plaisir à cette heure, me sera quelquefois peine. Il se faict mille agitations indiscrettes et casuelles chez moy ; ou l'humeur melancolique me tient, ou l'humeur cholerique ; et, de son auctorité privee, à cett'heure le chagrin predomine en moy, à cett'heure l'alaigresse. Quand ie prends des livres, i'auray apperceu, en tel passage, des graces excellentes, et qui auront feru mon ame : qu'un'aultrefois i'y retumbe, i'ay beau le tourner et virer, i'ay beau le plier et le manier, c'est une masse incogneue et informe pour moy. En mes escripts mesmes, ie ne retreuve pas tousiours l'air de ma premiere imagination ; ie ne sçais ce que i'ay voulu dire ; et m'eschaulde souvent à corriger et y mettre un nouveau sens, pour avoir perdu le premier qui valoit mieulx. Ie ne foys qu'aller et venir : mon iugement ne tire pas tousiours avant ; il flotte, il vague,

> Velut minuta magno
> Deprensa navis in mari, vesaniente vento.

Maintesfois, comme il m'advient de faire volontiers, ayant prins pour exercice, et pour esbat, à maintenir une contraire opinion à la mienne, mon esprit, s'appliquant et tournant de ce costé là, m'y attachent si bien, que ie ne treuve plus la raison de mon premier advis, et m'en despars. Ie m'entraisne quasi où ie penche, comment que ce soit, et m'emporte de mon poids.

Chascun à peu prez en diroit autant de soy, s'il se regardoit comme moy : les prescheurs sçavent que l'esmotion qui leur vient en parlant, les anime vers la creance ; en qu'en cholere nous nous addonnons plus à la deffense de nostre proposition, l'imprimons en nous, et l'embrassons avecques plus de vehemence et d'approbation, que nous ne faisons estant en nostre sens froid et reposé. Vous recitez simplement une cause à l'advocat : il vous y respond chancellant et doubteux; vous sentez qu'il luy est indifferent de prendre à soustenir l'un ou l'aultre party : l'avez vous bien payé pour y mordre et pour s'en formaliser, commence il d'en estre interessé, y a il eschauffé sa volonté? sa raison et sa science s'y eschauffent quand et quand; voilà une apparente et indubitable verité qui se presente à son entendement; il y descouvre une toute nouvelle umiere, et le croit à bon escient, et se le persuade ainsi. Voire, ie ne sçais si 'ardeur qui naist du despit et de l'obstination à l'encontre de l'impression et violence du magistrat et du dangier, ou l'interest de la reputation, n'ont envoyé tel homme soustenir iusques au feu l'opinion pour laquelle, entre ses amis et en liberté, il n'eust pas voulu s'eschaulder le bout du doigt. Les secousses et esbranlements que nostre ame reçoit par les passions corporelles peuvent beaucoup en elle, mais encores plus les siennes propres, ausquelles elle est si forte en prinse, qu'il est, à l'adventure, soustenable qu'elle n'a aulcune aultre allure et mouvement que du souffle de ses vents, et que sans leur agitation elle resteroit sans action, comme un navire en pleine mer, que les vents abandonnent de leur secours : et qui maintiendroit cela, suyvant le party des peripateticiens, ne nous feroit pas beaucoup de tort, puisqu'il est cogneu que la pluspart des plus belles actions de l'ame procedent, et ont besoing de cette impulsion des passions : la vaillance, disent ils, ne se peult parfaire sans l'assistance de la cholere; *semper Aiax fortis, fortissimus tamen in furore;* ny ne court en sus aux meschants et aux ennemis assez vigoureusement, si on n'est courroucé; et veulent que l'advocat inspire le courroux aux iuges, pour en tirer iustice.

Les cupiditez esmeurent Themistocles, esmeurent Demosthenes, et ont poulsé les philosophes aux travaux, veillees, et peregrination; nous menent à l'honneur, à la doctrine, à la santé, fins utiles : et cette laschete d'ame à souffrir l'ennuy et la fascherie sert à nourrir en la conscience la penitence et la repenance, et à sentir les fleaux de Dieu pour nostre chastiement, et les fleaux de la corruption politique : la compassion sert d'aiguillon à la clemence, et la prudence de nous conserver et gouverner est esveillee par nostre crainte : et combien de belles actions par l'ambition? combien par la presumption? aulcune eminente et gaillarde vertu enfin n'est sans quelque agitation desreglee. Seroit ce pas l'une des raisons qui auroient meu les epicuriens à descharger Dieu de tout soing et solicitude de nos affaires, d'autant que les effects mesmes de sa bonté ne se pouvoient exercer envers nous sans esbranler son repos par le moyen des passions, qui sont comme les picqueures et solicitations acheminant l'ame aux actions vertueuses? ou bien ont ils creu aultrement, et les ont prinses comme tempestes qui desbauchent honteusement l'ame de sa tranquillité? *ut maris tranquillitas intelligitur, nulla ne minima quidem, aura fluctus commovente : sic animi quietus et placatus status cernitur, quum perturbatio nulla est, quæ moveri queat.*

Quelles differences de sens et de raison, quelle contrarieté d'imaginations, nous presente la diversité de nos passions? Quelle asseurance pouvons nous donques prendre de chose si instable et si mobile, subiecte par sa condition à la maistrise du trouble? n'allant iamais qu'un pas forcé et emprunté? Si nostre iugement est en main à la maladie mesme et à la perturbation; si c'est de la folie et de la temerité, qu'il est tenu de recevoir l'impression des choses; quelle seureté pouvons nous attendre de luy?

N'y a il point de hardiesse à la philosophie d'estimer des hommes, qu'ils produisent leurs plus grands effects et plus approchants de la divinité, quand ils sont hors d'eulx, et furieux, et insensez? nous nous amendons par la privation de nostre raison et son assopissement; les deux voyes naturelles, pour entrer au cabinet des dieux, et y prevoir le cours des destinees, sont la fureur et le sommeil : cecy est plaisant à considerer; par la dislocation que les passions apportent à nostre raison, nous devenons vertueux; par son extirpation, que la fureur ou l'image de la mort apporte, nous devenons prophetes et devins. Iamais plus volontiers ie ne l'en creus. C'est un pur enthousiasme que la saincte Verité a inspiré en l'esprit philosophique, qui luy arrache, contre sa proposition, que l'estat tranquille de nostre ame, l'estat rassis, l'estat plus sain que la philosophie luy puisse acquerir, n'est pas son meilleur estat : nostre sagesse moins sage que la folie; nos songes valent mieulx que nos discours; la pire place que nous puissions prendre, c'est en nous. Mais pense elle pas que nous ayons l'advisement de remarquer que la voix qui faict l'esprit, quand il est desprins de l'homme, si clairvoyant, si grand, si parfaict, et pendant qu'il est en l'homme, si terrestre, ignorant et tenebreux, c'est une voix partant de l'esprit qui en l'homme terrestre, ignorant et tenebreux; et, à cette cause, voix infiable et incroyable?

Ie n'ay point grande experience de ces agitations vehementes, estant d'une complexion molle et puissante, desquelles la pluspart surprennent subitement nostre ame, sans luy donner loisir de se recognoistre; mais cette passion, qu'on dict estre produicte par l'oysifveté au cœur des ieunes hommes, quoyqu'elle s'achemine avecques loisir et d'un progrez mesuré, elle represente bien evidemment, à ceulx qui ont essayé de s'opposer à son effort, la force de cette conversion et alteration que nostre iugement souffre. I'ay aultrefois entreprins de me tenir bande pour la soustenir et rabbattre; car il s'en fault tant que ie sois de ceulx qui convient les vices, que ie ne les suys pas seulement, s'ils ne m'entraisnent : ie sentois naistre, croistre, et s'augmenter en despit de ma resistance, et enfin, tout voyant et vivant, me saisir et posseder, de façon que, comme d'une yvresse, l'image des choses me commenceoit à paroistre aultre que de coustume; ie veoyois evidemment grossir et croistre les advantages du subiect que i'allois desirant, et les sentois aggrandir et enfler par le vent de mon imagination; les difficultez de mon enterprinse s'ayser et se planir; mon discours et ma conscience se tirer arriere : mais, ce feu estant evaporé, tout à un instant, comme de la clarté d'un esclair, mon ame reprendre une aultre sorte de veue, aultre estat, et aultre iugement; les difficultez de la retraicte me sembler grandes et invincibles, et les mesmes choses de bien aultre goust et visage que la chaleur du desir ne me les avoit presentees : lequel plus veritablement? Pyrrho n'en sçait rien. Nous ne sommes iamais sans maladie : les fiebvres ont leur chaud et leur froid; des effects d'une passion ardente, nous retumbons aux effects d'une passion frilleuse : autant que ie m'estois iecté en avant, ie me relance d'autant en arriere :

> Qualis ubi alterno procurrens gurgite pontus,
> Nunc ruit ad terras, scopulosque superiacit undam
> Spumeus, extremamque sinu perfundit arenam :
> Nunc rapidus retro, atque æstu revoluta resorbens
> Saxa, fugit, littusque vado labente relinquit.

Or, de la cognoissance de cette mienne volubilité, i'ay, par accident, engendré en moy quelque constance d'opinion, et n'ay gueres alteré les premieres et naturelles : car, quelque apparence qu'il y ayt en la nouvelleté, ie ne change pas ayseement, de peur que i'ay de perdre au change; et puisque ie ne suis pas capable de choisir, ie prends le chois d'aultruy, et me tiens en l'assiette où Dieu m'a mis : aultrement ie ne me sçaurois garder de rouler sans cesse. Ainsi me suis ie, par la grace de Dieu, conservé entier, sans agitation et trouble de conscience, aux anciennes creances de nostre religion, au travers de tant de sectes et de divisions que nostre siecle a produictes. Les escripts des anciens, ie dis les bons escripts, pleins et solides, me tentent et remuent quasi où ils veulent; celuy que i'ois me semble tousiours le plus roide; ie les treuve avoir raison chascun à son tour, quoiqu'ils se contrarient : cette aysance que les bons esprits ont de rendre ce qu'ils veulent vraysemblable; et qu'il n'est rien si estrange à quoy ils n'entreprennent de donner assez de couleur pour tromper une simplicité pareille à la mienne, cela montre evidemment la foiblesse de leur preuve. Le ciel et les estoiles ont branslé trois mille ans; tout le monde l'avoit ainsi creu, iusques à ce que Cleanthes le samien, ou, selon Theophaste, Nicetas syracusien, s'advisa de maintenir que c'estoit la terre qui se mouvoit, par le cercle oblique du zodiaque, tournant à l'entour de son aixieu; et, de nostre temps, Copernicus a si bien fondé cette doctrine, qu'il s'en sert tresreglement à toutes les consequences astrologiennes : que prendrons nous de là, sinon qu'il ne nous doibt chaloir lequel ce soit des deux? et qui sçait qu'une tierce opinion, d'ici à mille ans, ne renverse les deux precedentes?

> Sic volvenda ætas commutat tempora rerum,

> Quod fuit in pretio, fit nullo denique honore ;
> Porro aliud succedit, et e contemptibus exit,
> Inque dies magis appetitur, floretque repertum
> Laudibus, et miro est mortales inter honore.

Ainsi, quand il se presente à nous quelque doctrine nouvelle, nous avons grande occasion de nous en desfier, et de considerer qu'avant qu'elle feust produicte, sa contraire estoit en vogue ; et, comme elle a esté renversee par cette cy, il pourra naistre à l'advenir une tierce intervention qui choquera de mesme la seconde. Avant que les principes qu'Aristote a introduicts feussent en credit, d'aultres principes contentoient la raison humaine, comme ceulx cy nous contentent à cette heure. Quelles lettres ont ceulx cy, quel privilege particulier, que le cours de nostre invention s'arreste à eulx, et qu'à eulx appartienne pour tout le temps advenir la possession de nostre creance ? ils ne sont non plus exempts du boutehors, qu'estoient leurs devanciers. Quand on me presse d'un nouvel argument, c'est à moy à estimer que ce à quoy ie ne puis satisfaire, un aultre y satisfera : car de croire toutes les apparences desquelles nous ne pouvons nous desfaire, c'est une grande simplesse ; il en adviendroit par là que tout le vulgaire, et nous sommes touts du vulgaire, auroit sa creance contournable comme une girouette : car son ame, estant molle et sans resistance, seroit forcee de recevoir sans cesse aultres et aultres impressions, la derniere effaceant tousiours la trace de la precedente. Celuy qui se treuve foible, il doit respondre, suyvant la practique, qu'il en parlera à son conseil ; ou s'en rapporter aux plus sages desquels il a receu son apprentissage. Combien y a il que la medecine est au monde ? On dict qu'un nouveau venu, qu'on nomme Paracelse, change et renverse tout l'ordre des regles anciennes, et maintient que iusques à cette heure elle n'a servy qu'à faire mourir les hommes. Ie crois qu'il verifiera aysemeent cela : mais de mettre ma vie à la preuve de sa nouvelle experience, ie treuve que ce ne seroit pas grand' sagesse. Il ne fault pas croire à chascun, dit le precepte, parce que chascun peult dire toutes choses. Un homme de cette profession de nouvelletez et de reformations physiques me disoit, il n'y a pas longtemps, que touts les anciens s'estoient notoirement mescomptez en la nature et mouvements des vents, ce qu'il me feroit tresevidemment toucher à la main, si ie voulois l'entendre. Aprez que i'eus eu un peu de patience à ouïr ses arguments qui avoient tout plein de verisimilitude, « Comment doncques, lui feis ie, ceulx qui navigeoient soubs les lois de Theophraste alloient ils en occident, quand ils tiroient en levant ? alloient ils à costé, ou à reculons ? » « C'est la fortune, me respondit il : tant y a qu'ils se mecomptoient. » Ie luy repliquay lors que i'aimois mieulx suyvre les effects que la raison. Or, ce sont choses qui se choc-quent souvent : et m'a lon dict qu'en la geometrie (qui pense avoir gaigné le hault poinct de certitude parmy les sciences), il se treuve des demonstrations inevitables, subvertisant la verité de l'experience : comme Iacques Peletier me disoit chez moy, qu'il avoit trouvé deux lignes s'acheminants l'une vers l'aultre pour se ioindre, qu'il verifioit toutesfois ne pouvoir iamais, iusques à l'infinité, arriver à se toucher. Et les Pyrrhoniens ne se servent de leurs arguments et de leur raison que pour ruyner l'apparence de l'experience : et est merveille iusques où la souplesse de nostre raison les a suyvis à ce desseing de combattre l'evidence des effects ; car ils verifient que nous ne nous mouvons pas, que nous ne parlons pas, qu'il n'y a point de poisant ou de chauld, avecques une pareille force d'argumentations que nous verifions les choses plus vraysemblables.

FIN DU PREMIER VOLUME.

TABLE DES MATIÈRES

Etude biographique sur Montaigne.   I-VIII

ESSAIS.

L'aucteur au lecteur.   1

LIVRE PREMIER.

Chapitre premier. — Par divers moyens on arrive à pareille fin.   1
Chapitre II. — De la tristesse.   3
Chapitre III. — Nos affections s'emportent au delà de nous.   5
Chapitre IV. — Comme l'âme descharge ses passions sur des obiects faulx, quand les vrays luy defaillent.   8
Chapitre V. — Si le chef d'une place assiegee doit sortir pour parlementer.   9
Chapitre VI. — L'heure des parlements, dangereuse.   10
Chapitre VII. — Que l'intention iuge nos actions.   11
Chapitre VIII. — De l'oysifveté.   12
Chapitre IX. — Des menteurs.   13
Chapitre X. — Du parler prompt, ou tardif.   15
Chapitre XI. — Des prognostications.   16
Chapitre XII. — De la constance.   18
Chapitre XIII. — Cerimonie de l'entreveue des roys.   19
Chapitre XIV. — On est puny pour s'opiniastrer à une place sans raison.   20
Chapitre XV. — De la punition de la couardise.   21
Chapitre XVI. — Un traict de quelques ambassadeurs.   21
Chapitre XVII. — De la peur.   23
Chapitre XVIII. — Qu'il ne fault iuger de nostre heur qu'aprez la mort.   24
Chapitre XIX. — Que philosopher c'est apprendre à mourir.   26
Chapitre XX. — De la force de l'imagination.   34
Chapitre XXI. — Le proufit de l'un est dommage de l'aultre.   40
Chapitre XXII. — De la coustume, et de ne changer ayseement une loi receue.   41
Chapitre XXIII. — Divers evenements de mesme conseil.   49
Chapitre XXIV. — Du pedantisme.   54
Chapitre XXV. — De l'institution des enfants.   60
Chapitre XXVI. — C'est folie de rapporter le vray et le faulx au iugement de nostre suffisance.   77
Chapitre XXVII. — De l'amitié.   79
Chapitre XXVIII. — Vingt et neuf sonnets d'Estienne de la Boetie.   85
Chapitre XXIX. — De la moderation.   93
Chapitre XXX. — Des Cannibales.   96
Chapitre XXXI. — Qu'il fault sobrement se mesler de iuger des ordonnances divines.   103
Chapitre XXXII. — De fuir les voluptez, au prix de la vie.   104
Chapitre XXXIII. — La fortune se rencontre souvent au train de la raison.   105

Chapitre xxxiv. — D'un default de nos polices. 106
Chapitre xxxv. — De l'usage de se vestir. 107
Chapitre xxxxvi. — Du ieune Caton. 108
Chapitre xxxvii. — Comme nous pleurons et rions d'une mesme chose. 110
Chapitre xxxviii. — De la solitude. 112
Chapitre xxxix. — Consideration sur Cicero. 117
Chapitre xl. — Que le goust des biens et des maulx despend, en bonne partie, de l'opinion que nous en avons. 120
Chapitre xli. — De ne communiquer sa gloire. 129
Chapitre xlii. — De l'inequalité qui est entre nous. 131
Chapitre xliii. — Des loix sumptuaires. 135
Chapitre xliv. — Du dormir. 136
Chapitre xlv. — De la bataille de Dreux. 137
Chapitre xlvi. — Des noms. 138
Chapitre xlvii. — De l'incertitude de nostre iugement. 141
Chapitre xlviii. — Des destriers. 144
Chapitre xlix. — Des coustumes des anciens. 148
Chapitre l. — De Democritus et Heraclitus. 150
Chapitre li. — De la vanité des paroles. 151
Chapitre lii. — De la parcimonie des anciens. 133
Chapitre liii. — D'un mot de Cæsar. 153
Chapitre liv. — Des vaines subtilitez. 154
Chapitre lv. — Des senteurs. 155
Chapitre lvii. — Des prieres. 156
Chapitre lviii. — De l'aage. 161

LIVRE DEUXIÈME.

Chapitre premier. — De l'inconstance de nos actions. 162
Chapitre ii. — De l'yvrongnerie. 166
Chapitre iii. — Coustume de l'isle de Cea. 170
Chapitre iv. — A demain les affaires. 177
Chapitre v. — De la conscience. 178
Chapitre vi. — De l'exercitation. 180
Chapitre vii. — Des recompenses d'honneur. 185
Chapitre viii. — De l'affection des peres aux enfants. 187
Chapitre ix. — Des armes des Parthes. 198
Chapitre x. — Des livres. 199
Chapitre xi. — De la cruauté. 206
Chapitre xii. — Apologie de Raimond Sebond. 214

FIN DE LA TABLE DU PREMIER VOLUME.

www.ingramcontent.com/pod-product-compliance
Lightning Source LLC
Chambersburg PA
CBHW070533160426
43199CB00014B/2253